Bindung und Verlust; Band 3

John Bowlby

Verlust
Trauer und Depression

Aus dem Englischen von Elke vom Scheidt

Ernst Reinhardt Verlag München Basel

John Bowlby (1907–1990), britischer Psychiater und Psychoanalytiker, arbeitete und forschte an der Tavistock Klinik in London. Für seine Arbeiten erhielt er weltweit zahlreiche Auszeichnungen bedeutender Fachgesellschaften, u. a. der American Psychological Association und der British Pediatric Association.

Titel der Originalausgabe:
Attachment and Loss, Volume 3: Loss – Sadness and Depression
© Loss: The Tavistock Institute of Human Relations 1980

Copyright für die deutsche Übersetzung: © 1983 Fischer Taschenbuch Verlag GmbH, Frankfurt am Main. Alle Rechte vorbehalten S. Fischer Verlag GmbH, Frankfurt am Main

Titelmotiv und Motive im Innenteil basieren auf Fotoarbeiten von K. E.

Bibliografische Information der Deutschen Bibliothek

Die Deutsche Bibliothek verzeichnet diese Publikation in der Deutschen Nationalbibliografie; detaillierte bibliografische Daten sind im Internet über <http://dnb.ddb.de> abrufbar.
   ISBN 10: 3-497-01832-5
   ISBN 13: 978-3-497-01832-1

© 2006 by Ernst Reinhardt, GmbH & Co KG, Verlag, München

Dieses Werk, einschließlich aller seiner Teile, ist urheberrechtlich geschützt. Jede Verwertung außerhalb der engen Grenzen des Urheberrechtsgesetzes ist ohne schriftliche Zustimmung der Ernst Reinhardt GmbH & Co KG, München, unzulässig und strafbar. Das gilt insbesondere für Vervielfältigungen, Übersetzungen in andere Sprachen, Mikroverfilmungen und für die Einspeicherung und Verarbeitung in elektronischen Systemen.

Printed in Germany
Satz: Fotosatz Reinhard Amann, Aichstetten
Druck und Bindung: Friedrich Pustet, Regensburg

Ernst Reinhardt Verlag, Kemnatenstr. 46, D-80639 München
Net: www.reinhardt-verlag.de E-Mail: info@reinhardt-verlag.de

Inhalt

Vorwort 11

I. Teil: Beobachtungen, Konzepte und Kontroversen 15

1 **Das Trauma des Verlusts** 16
   Kummer im Kleinkindalter und in der frühen Kindheit 18
   Trauern kleine Kinder? Eine Kontroverse 23
   Entfremdung 28

2 **Die Bedeutung von Verlust und Trauer in der Psychopathologie** 31
   Eine klinische Tradition 31
   Vorstellung in Bezug auf das Wesen gesunder und pathologischer Trauerprozesse 32
   Vorstellungen, die individuelle Unterschiede in der Reaktion auf Verlust erklären 39

3 **Der konzeptionelle Rahmen** 44
   Bindungstheorie: ein Überblick 44
   Stressoren und Zustände von Stress und Leid 47

4 **Abwehr und Informationsverarbeitung** 50
   Eine neue Annäherungsweise 50
   Ausschluss von Informationen von der Weiterverarbeitung 50
   Unterschwellige Wahrnehmung und Wahrnehmungsabwehr 52
   Stadien mit möglichen Prozessen von Abwehrausschluss 58
   Selbst oder Selbste 64
   Einige Folgen des Ausschlusses im Dienst der Abwehr 68

5 **Arbeitsplan** 79

II. Teil: Die Trauer Erwachsener ... 81

6 Verlust des Ehepartners ... 82
 Quellen ... 82
 Vier Phasen der Trauer ... 86
 Unterschiede zwischen Witwen und Witwern ... 102
 Anmerkung: Einzelheiten zu den Quellen ... 105

7 Verlust eines Kindes ... 110
 Einleitung ... 110
 Eltern tödlich erkrankter Kinder ... 111
 Eltern von Kindern, die tot zur Welt kommen oder früh sterben ... 120
 Gefühlsbindungen verschiedener Art: eine Anmerkung ... 122

8 Trauer in anderen Kulturen ... 123
 Überzeugungen und Bräuche, die vielen Kulturen gemeinsam sind ... 123
 Trauer um einen erwachsenen Sohn in Tikopia ... 129
 Trauer um einen Gatten in Japan ... 131

9 Gestörte Formen ... 134
 Zwei Hauptformen ... 134
 Chronische Trauer ... 138
 Falsche Lokalisierungen der Anwesenheit des Verstorbenen ... 156
 Euphorie ... 163

10 Bedingungen, die den Verlauf der Trauer beeinflussen ... 167
 Fünf Kategorien von Variablen ... 167
 Identität und Rolle der verlorenen Person ... 168
 Alter und Geschlecht der hinterbliebenen Person ... 172
 Ursachen und Umstände des Verlusts ... 174
 Soziale und psychologische Umstände, die den Hinterbliebenen beeinflussen ... 182
 Material aus therapeutischer Intervention ... 188

11 Persönlichkeiten mit einer Tendenz zu gestörter Trauer ... 194
 Grenzen der Evidenz ... 194

Disposition zur Herstellung angstvoller und ambivalenter
Beziehungen 195
Disposition zu zwanghafter Fürsorge 198
Disposition, Unabhängigkeit von Gefühlsbindungen
zu behaupten 202
Vorläufige Schlussfolgerungen 203

12 Kindheitserfahrungen von Personen, die zu gestörter Trauer neigen 205
Traditionelle Theorien 205
Position der vorliegenden Arbeit 207
Erfahrungen, die zu angstvoller und ambivalenter Bindung
disponieren 209
Erfahrungen, die zu zwanghafter Fürsorge disponieren 212
Erfahrungen, die zur Behauptung der Unabhängigkeit
von affektiven Bindungen disponieren 214

13 Kognitive Prozesse, die zu Variationen in der Reaktion auf Verlust beitragen 219
Ein Rahmen zur Konzeptualisierung kognitiver Prozesse 219
Kognitive Voreingenommenheiten, die die Reaktionen
auf Verlust beeinflussen 222
Voreingenommenheiten, die zu chronischer Trauer beitragen ... 224
Voreingenommenheiten, die zu längerem Fehlen von Trauer
beitragen 229
Voreingenommene Wahrnehmung potentieller Tröster 230
Voreingenommenheiten, die zu einem gesunden Ausgang
beitragen 232
Interaktion kognitiver Voreingenommenheiten mit anderen
Bedingungen, die die Reaktionen auf Verlust beeinflussen 233

14 Traurigkeit, Depression und depressive Störung 235
Traurigkeit und Depression 235
Depressive Störung und Kindheitserfahrung 236
Depressive Störungen und ihre Beziehung zu Verlust:
George Browns Studie 239
Die Rolle neurophysiologischer Prozesse 250

III. Teil: Die Trauer von Kindern 251

15 Tod eines Elternteils in Kindheit und Adoleszenz 252
  Quellen und Arbeitsplan 252
  Was wird dem Kind gesagt und wann wird es ihm gesagt? 257
  Vorstellungen von Kindern über den Tod 260

16 Reaktionen von Kindern unter günstigen Umständen 262
  Die Trauer zweier Vierjähriger 262
  Einige vorläufige Schlussfolgerungen 272
  Unterschiede zwischen der Trauer von Kindern und der von Erwachsenen 277
  Verhalten überlebender Elternteile gegenüber hinterbliebenen Kindern 278

17 Trauerfälle in der Kindheit und psychiatrische Störungen 281
  Erhöhtes Risiko psychiatrischer Störung 281
  Einige Störungen, zu denen Trauerfälle in der Kindheit beitragen 287
  Suizidgedanken und Verhalten bei Studenten 287

18 Umstände, die für unterschiedlichen Ausgang verantwortlich sind 297
  Quellen des Datenmaterials 297
  Beweismaterial aus Übersichten 298
  Datenmaterial aus therapeutischen Untersuchungen 302

19 Reaktionen von Kindern, wenn die Bedingungen ungünstig sind 305
  Vier Kinder, deren Trauer scheiterte 305
  Peter, beim Tode des Vaters elf Jahre alt 306
  Henry, beim Tode der Mutter acht Jahre alt 312
  Visha, beim Tode des Vaters zehn Jahre alt 318
  Geraldine, beim Tode der Mutter acht Jahre alt 325

20 Deaktivierung und das Konzept der abgetrennten Systeme ... 332

21 Gestörte Varianten und einige Umstände, die dazu beitragen 337
  Dauerhafte Angst 338
  Hoffnungen auf Wiedervereinigung: Wunsch zu sterben 341
  Dauerhafte Anschuldigungen und Schuldgefühle 346
  Überaktivität: Aggression und destruktive Ausbrüche 349
  Zwanghafte Fürsorge und Selbstgenügsamkeit 353
  Euphorie und Depersonalisierung 359
  Identifikatorische Symptome: Unfälle 365

22 Auswirkungen eines elterlichen Suizids 370
  Anteil der elterlichen Todesfälle durch Suizid 370
  Funde aus Übersichten 370
  Funde aus therapeutischen Untersuchungen 372

23 Reaktionen auf Verlust im dritten und vierten Lebensjahr 379
  Verbleibende Fragen 379
  Reaktionen unter günstigen Umständen 379
  Reaktionen unter ungünstigen Bedingungen 386

24 Reaktionen auf Verlust im zweiten Lebensjahr 401
  Eine Übergangsperiode 401
  Reaktionen unter günstigen Bedingungen 401
  Reaktionen unter ungünstigen Bedingungen 405

25 Reaktionen kleiner Kinder im Licht der frühen kognitiven Entwicklung 414
  Entwicklung des Konzepts der Personpermanenz 414
  Die Rolle der Personpermanenz bei der Bestimmung
  von Reaktionen auf Trennung und Verlust 422

  Epilog 427

Anhang 429
  Danksagungen 429
  Anmerkungen 431
  Literatur 450
  Personenregister 467
  Sachregister 471

Für meine Eltern,
die sich große Mühe
mit meiner Erziehung
gegeben haben

Vorwort

Dies ist der dritte und letzte Band eines Werkes, das die Reaktionen von Kleinkindern auf vorübergehenden oder dauernden Verlust der Mutterfigur und die sich daraus ergebenden Implikationen für die Psychologie und Psychopathologie der Persönlichkeit untersucht. Die Umstände, die zu dieser Untersuchung geführt haben, sind in den Vorworten zu den früheren Bänden erläutert worden. Die umfassende Strategie, nach der die klassischen Probleme der Psychoanalyse prospektiv angegangen werden, wurde im ersten Kapitel des ersten Bandes erläutert. Sie lässt sich wie folgt zusammenfassen: Die primären Daten sind Beobachtungen darüber, wie sich Kleinkinder in definierten Situationen verhalten; es wird versucht, bestimmte frühe Funktionsphasen der Persönlichkeit im Licht dieser Daten zu beschreiben und sie in die Zukunft zu extrapolieren. Das Ziel besteht vor allem darin, bestimmte Reaktionsmuster zu beschreiben, die in der frühen Kindheit regelmäßig auftreten, und, davon ausgehend, herauszufinden, welche ähnlichen Reaktionsmuster sich in späteren Persönlichkeitsfunktionen erkennen lassen.

Es gibt eine Reihe von Gründen dafür, dass mein ursprünglicher Bezugsrahmen die Psychoanalyse war und in vielerlei Hinsicht geblieben ist. Grund ist nicht zuletzt die Tatsache, dass die Psychoanalyse zu Beginn der Untersuchung die einzige Verhaltenswissenschaft war, die sich systematisch mit den Phänomenen und Konzepten befasste, die im Mittelpunkt meines Vorhabens zu stehen schienen: emotionale Bindungen, Trennungsangst, Kummer und Trauer, unbewusste psychische Prozesse, Abwehr, Traumata, kritische Perioden im frühen Leben. Die hier vertretene Theorie unterscheidet sich jedoch auf vielerlei Weise von den klassischen Theorien Freuds und seiner Nachfolger. Ich habe mich vor allem auf die Befunde und Konzepte zweier Forschungsrichtungen, nämlich der Ethologie und der Kontrolltheorie, gestützt, die zu Freuds Lebzeiten nur im Keim bestanden. Bei dem Versuch, Abwehrprobleme zu klären, stütze ich mich darüber hinaus in diesem Band auf neuere Arbeiten auf dem Gebiet der kognitiven Psychologie und der menschlichen Informationsverarbeitung. Infolgedessen läuft der hier vorgestellte Bezugsrahmen zum Verständnis der Entwicklung und Psychopathologie der Persönlichkeit auf ein neues Paradigma hinaus und ist daher Klinikern, die seit langem an andere Denkweisen gewöhnt sind, fremd. Die Kommunikationsschwierigkeiten, die sich daraus ergeben, sind ebenso bedauernswert, wie sie unvermeidlich sind.

Dennoch schöpfe ich großen Mut aus der Tatsache, dass es noch einen anderen Psychoanalytiker gibt, der unabhängig von mir eine theoretische Position bezogen hat, die mit meiner fast identisch ist. Es ist Emanuel

Peterfreund, dessen Monographie *Information, Systems and Psychoanalysis* 1971 herausgekommen ist. Interessanterweise ging Dr. Peterfreund zwar von den gleichen wissenschaftlichen Erwägungen aus wie ich, doch die Probleme, die er ursprünglich lösen wollte, Probleme „des klinischen analytischen Prozesses und der Phänomene der Einsicht", waren grundverschieden von den meinen. Dennoch haben sich die von beiden erarbeiteten theoretischen Bezugsrahmen als „erstaunlich konsistent" erwiesen, um den Ausdruck zu gebrauchen, den er in einer seiner Arbeiten kurz vor dem Druck hinzugefügten Fußnote (S. 149) benutzt hat.

Unsere beiden Arbeiten ergänzen sich in vielerlei Hinsicht. Besondere Aspekte von Dr. Peterfreunds Werk sind erstens seine präzise Kritik der gegenwärtigen psychoanalytischen Theorie, zweitens seine brillante Darstellung der grundlegenden Konzepte der Information, der Informationsverarbeitung und der Kontrolltheorie und drittens seine systematische Anwendung dieser Konzepte auf die klinischen Probleme, mit denen jeder Analytiker bei der Behandlung von Patienten täglich konfrontiert wird. Peterfreund zeigt vor allem auf, wie die unter den Begriffen Übertragung, Abwehr, Widerstand, Deutung und therapeutische Veränderung subsummierten Phänomene unter Bezugnahme auf das von uns beiden vertretene Paradigma erklärt werden können. Analytiker, die meine Arbeit nicht nur wegen des ihnen nicht vertrauten Paradigmas, sondern auch wegen der ihnen fremden prospektiven Betrachtungsweise verwirrend finden, sollten sich deshalb mit Dr. Peterfreunds Werk beschäftigen. Meine Arbeit unterscheidet sich von seiner hauptsächlich durch den zentralen Platz, den ich dem Konzept des Bindungsverhaltens als einer Verhaltenskategorie einräume, die eine vom Nahrungs- und Sexualverhalten unterschiedenen eigenen Dynamik von mindestens der gleichen Bedeutung besitzt.

Inzwischen macht eine Anzahl weiterer Psychoanalytiker ebenfalls auf die Vorzüge eines Paradigmas aufmerksam, das auf den gegenwärtigen Konzepten der Biologie, der Kontrolltheorie und der Informationsverarbeitung basiert. Ein Beispiel hierfür ist das Werk von Rosenblatt und Thickstun (1977).

Die ersten Schritte in Richtung auf eine Formulierung meines eigenen Schemas habe ich in einer Reihe von Aufsätzen unternommen, die zwischen 1958 und 1963 veröffentlicht worden sind. Das vorliegende dreibändige Werk ist ein weiterer Versuch in dieser Richtung. Der erste Band, *Bindung*, befasst sich mit Fragen, die ich ursprünglich in dem ersten Aufsatz der Reihe, „The Nature of the Child's Tie to his Mother" (1958), aufgeworfen habe. Der zweite Band, *Trennung*, beschäftigt sich mit Fragen, die ursprünglich in zwei weiteren Aufsätzen, „Separation Anxiety" (1960a) und „Separation Anxiety: A Critical Review of the Literature" (1961a), behandelt worden sind. In diesem, dem dritten Band, werden Probleme des Kummers und der Trauer sowie der Abwehrprozesse, zu denen Angst und Verlust führen können, behandelt. Er beinhaltet eine Revision und Ausweitung von Material, das zuerst in den aufeinander folgenden Aufsätzen der früheren Reihe – „Grief and Mourning in Infancy and Early Childhood" (1960b), „Processes of Mourning" (1961b) und „Pathological Mourning and Childhood Mourning" (1963) – veröffentlicht worden ist, und greift auch Material aus zwei weiteren Entwürfen zu Aufsätzen über Verlust und Abwehr auf, die während der frühen sechziger Jahre geschrieben worden sind und eine begrenzte Verbreitung erfahren haben, aber unveröffentlicht geblieben sind.

Seither habe ich den ungeheuren Vorzug genossen, in meinem Freund, Colin Murray Parkes, einen mir nahe stehenden Kollegen zu finden. Dies bedeutete, dass ich nicht nur bevorzugten Zugang zu seiner wertvollen Sammlung von Daten über Verluste Erwachsener erhielt, sondern auch ständig Gelegenheit hatte, in enger Verbindung mit seinem Denken zu bleiben.

Viele der grundlegenden Daten, von denen ich ausgehe, sind in den Anfangskapiteln der vorgehenden Bände (siehe vor allem Band I, Kapitel 2, und Band II, Kapitel 1 und 3) erläutert worden und infolgedessen recht bekannt geworden. Das Anfangskapitel dieses Bandes bringt deshalb nur eine kurze Zusammenfassung. Doch um dem Leser das Gewicht der beobachteten Reaktionen vor Augen zu führen und seine Aufmerksamkeit auf Daten zu lenken, von denen ich glaube, dass sie für das Verständnis der Genese psychopathologischer Prozesse von besonderer Bedeutung sind, wird noch weiteres illustratives Material angeführt.

Dieser Band enthält eine Reihe von Fallberichten, die den Publikationen anderer Kliniker entnommen sind. Die meisten von ihnen sind stark umgeschrieben worden, und dies verlangt eine Erklärung. Es gibt dreierlei Gründe für das Umschreiben. In einigen Fällen war der ursprüngliche Bericht zu lang und erforderte eine Kürzung. In vielen anderen Fällen war er mit Fachausdrücken durchsetzt, die nicht nur das einfache Verständnis von Ereignissen und Reaktionen, an dem mir gelegen war, erschwerten, sondern auch mit dem von mir vertretenen Paradigma unvereinbar waren. Schließlich habe ich es in einigen Fällen nützlich gefunden, die Folge von Ereignissen sowie die sich daraus ergebenden Reaktionen des Patienten auf eine mehr historische Weise als im Original darzustellen; und ich habe jedes Mal die Quelle vermerkt, aus der die einzelnen Teile des Berichts entnommen sind oder entnommen zu sein scheinen. Natürlich habe ich mir beim Umschreiben der Berichte alle erdenkliche Mühe gegeben, das Wesentliche des Originals zu bewahren. Eine Schwierigkeit ist jedoch unvermeidlich. Wenn ein Bericht verkürzt wird, muss einiges Faktenmaterial ausgelassen werden, und die von mir angewandten Auswahlkriterien können sich durchaus von denen unterscheiden, die der ursprüngliche Autor angewandt hätte. Bei allen denen, die das Gefühl haben, dass sich in meine Darstellung ihrer Daten Entstellungen eingeschlichen haben, möchte ich mich aufrichtig entschuldigen.

I. Teil:
Beobachtungen, Konzepte und Kontroversen

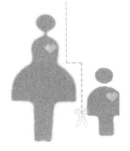

1 Das Trauma des Verlusts

> *Die Definition wissenschaftlicher Phänomene sollte auf den Phänomenen basieren, wie wir sie sehen. Es ist nicht unsere Aufgabe, Definitionen auf unseren Vorstellungen darüber, wie die Phänomene beschaffen sein sollten, zu begründen. Die Suche nach derartigen Anhaltspunkten scheint der privaten Überzeugung zu entstammen, dass jeder Gruppe von Phänomenen notwendigerweise einfache Gesetze und absolute Unterscheidungen zugrunde liegen.*
>
> C. F. A. Pantin, *The Relation between the Sciences*

Vorspiel

Im Laufe dieses Jahrhunderts hat eine Reihe von Psychoanalytikern und Psychiatern versucht, kausale Zusammenhänge zwischen psychiatrischer Krankheit, dem Verlust eines geliebten Menschen, pathologischer Trauer und Kindheitserfahrungen aufzuspüren.

Einige Jahrzehnte lang war der kranke Patient der einzige Ausgangspunkt für diese Untersuchungen. Dann begannen in den vierziger Jahren dieses Jahrhunderts Kliniker den intensiven Belastungen und emotionalen Störungen, die der Erfahrung eines Verlusts unmittelbar folgen, ihre Aufmerksamkeit zuzuwenden. In einigen dieser späteren Untersuchungen handelte es sich um den Verlust eines Ehegatten; in anderen hatte ein Kleinkind seine Mutter verloren. Obwohl jeder dieser Ausgangspunkte zu Befunden führte, die von großem Interesse waren, dauerte es einige Jahre, bis die Art und Weise, in der jeder Satz von Daten mit dem anderen in Beziehung gesetzt werden konnte, allmählich gewürdigt wurde. Eine ständige Schwierigkeit lag darin, dass Generalisierungen, die in Verbindung mit der früheren, retrospektiven Datensammlung getroffen worden waren, häufig irreführend waren, während die theoretischen Erklärungen für sie sich schlecht auf die beiden späteren, prospektiven Datensammlungen anwenden ließen.

In diesem Band mache ich den Versuch, diese verschiedenen Datengruppen miteinander in Verbindung zu bringen und eine Theorie aufzustellen, die sich auf sie alle anwenden lässt. Wie in den beiden vorangegangenen Bänden wird durchgehend solchen Daten der Vorzug gegeben, die aus prospektiven Untersuchungen stammen.

Da Verlust ein sehr belastendes Forschungsgebiet ist, wird derjenige, der sich damit beschäftigt, sowohl mit emotionalen als auch mit intellektuellen Problemen konfrontiert.

Der Verlust eines geliebten Menschen ist eine der schmerzlichsten Erfahrungen, die jemand machen kann. Und es ist nicht nur schmerzlich, einen Verlust zu erleiden, sondern auch sehr schmerzlich, Zeuge eines Verlusts zu sein, da man so wenig helfen kann. Der Mensch, der einen Verlust erlitten hat, kann nur durch die Rückkehr der geliebten Person getröstet werden; wenn wir ihn auf irgendeine andere Weise zu trösten versuchen, wird er das fast als Beleidigung auffassen. Dies erklärt vielleicht ein Vorurteil, das einen Großteil der älteren Literatur darüber, wie Menschen auf einen Verlust reagieren, durchzieht. Gleich, ob ein Autor die Auswirkungen eines Verlusts auf einen Erwachsenen oder ein Kind erörtert, es besteht die Tendenz, zu unterschätzen, wie belastend und beeinträchtigend ein Verlust in der Regel ist, und wie lang die dadurch bewirkte Belastung und Beeinträchtigung gewöhnlich dauert. Umgekehrt besteht eine Tendenz, anzunehmen, dass ein normaler, gesunder Mensch über einen Verlust nicht nur ziemlich schnell, sondern auch vollständig hinwegkommen kann und sollte.

In diesem Band werde ich durchgehend solchen Vorurteilen entgegentreten. Hervorgehoben werden immer wieder die lange Dauer des Kummers, die Schwierigkeiten, mit denen sich jemand von seinen Nachwirkungen erholt, und die nachteiligen Folgen für das Funktionieren der Persönlichkeit, die ein Verlust so häufig mit sich bringt. Nur dadurch, dass wir die Tatsachen so, wie sie zu sein scheinen, ernsthaft in Rechnung stellen, werden wir möglicherweise in der Lage sein, den Schmerz und die Funktionsunfähigkeit abzumildern und die Quote an Unglücksfällen zu reduzieren.

Obwohl der Gegenstand in den letzten Jahren verstärkte Aufmerksamkeit erfahren hat, mangelt es leider noch an empirischen Fakten in Hinblick darauf, wie Menschen unterschiedlichen Alters auf Verluste unterschiedlicher Art und unter verschiedenen Umständen reagieren. Das Beste, was wir deshalb tun können, ist, uns auf die systematisch erhobenen Daten zu beziehen, die uns zur Verfügung stehen, und klugen Gebrauch von der weit größeren Menge unsystematischer Darstellungen zu machen. Einige der Letzteren sind autobiographisch, doch die meisten entstammen der klinischen Beobachtung von Menschen in Behandlung. Aus ebendiesem Grund stellen sie sowohl eine Fundgrube als auch eine Falle dar – eine Fundgrube deshalb, weil sie wertvollen Einblick in die verschiedenen ungünstigen Verläufe gewähren, die Reaktionen auf Verlust nehmen können, und eine Falle, weil sie zu falschen Generalisierungen verleiten können. Diese sind von zweierlei Art. Einerseits hat man angenommen, dass bestimmte Merkmale, von denen nicht bekannt war, dass sie besonders charakteristisch für ungünstig verlaufende Reaktionen sind, ubiquitäre Merkmale von allgemeiner Bedeutung sind; und andererseits hat man angenommen, dass Reaktionen, von denen man jetzt weiß, dass sie allen Reaktionsformen eigen sind, für pathologische Zustände spezifisch sind. Ein Beispiel für die erste Art von Fehler ist die Annahme, dass Trauer unabänderlich mit Schuldgefühlen verknüpft ist, und für die zweite Art von Fehler die Annahme, dass die Unfähigkeit einer Person, die Tatsache zu akzeptieren, dass der Verlust wirklich eingetreten ist (oft als „Leugnung" bezeichnet), pathologisch relevant ist. Des Öfteren wird darauf hingewiesen, dass gesunde Trauer eine Reihe von Merkmalen besitzt, die früher als pathologisch galten, und dass ihr andere Merkmale fehlen, die früher für typisch gehalten wurden.

Da ich mich diesem Forschungsgebiet näherte, indem ich die Auswirkungen untersuchte, die der Verlust der Mutter auf kleine Kinder hat, wird die Aufmerksamkeit des Lesers in diesem, dem ersten von fünf einführenden Kapiteln auf die entsprechenden Daten und auf einige der Kontroversen gelenkt, zu denen sie Anlass gegeben haben.

Im zweiten Kapitel erörtere ich Vorstellungen, die bei der Behandlung von Patienten aufgetaucht sind, deren emotionale Probleme mit einem Verlust zusammenzuhängen scheinen, und umreiße außerdem Typen von Theorien, die aufgrund solcher Untersuchungen entstanden sind. Im Verlauf dieses Kapitels wird eine Reihe von Kernfragen aufgeworfen, um die es jeweils Kontroversen gibt und auf die in den folgenden Kapiteln Antworten gesucht werden.

Im dritten und vierten dieser einführenden Kapitel stecke ich den konzeptionellen Rahmen ab, den ich, nachdem er zuerst in Zusammenhang mit dieser Untersuchung entwickelt worden ist, nunmehr auf die Darstellung und Interpretation von Daten anwende. Nachdem auf diese Weise das Fundament gelegt worden ist, beginne ich mit dem Hauptteil des Werkes.

Kummer im Kleinkindalter und in der frühen Kindheit

Wenden wir uns zuerst den Fakten zu, die ursprünglich zu dieser Untersuchung geführt haben, Beobachtungen darüber, wie ein kleines Kind im Alter zwischen zwölf Monaten und drei Jahren reagiert, wenn es von der Mutterfigur[1], an die es gebunden ist, entfernt und zu Fremden an einen fremden Ort versetzt wird. Leser der vorhergehenden Bände werden sich daran erinnern[2], dass seine erste Reaktion aus Protest und dem dringlichen Bestreben besteht, wieder mit der abwesenden Mutter zusammenzukommen. „Es wird häufig laut schreien, an seinem Bett rütteln, sich hin- und herwerfen und eifrig auf jede Bewegung oder jedes Geräusch achten, die ihm die Rückkehr seiner Mutter anzeigen könnten." Dieses Verhalten kann mit Intensitätsschwankungen eine Woche oder länger andauern. Während dieser ganzen Zeit scheint das Kind durch die Hoffnung und Erwartung, dass seine Mutter zurückkehren wird, in seinen Anstrengungen angefeuert zu werden.

Früher oder später setzt jedoch Verzweiflung ein. Die Sehnsucht nach der Mutter wird zwar nicht geringer, aber es schwindet die Hoffnung auf ihre Erfüllung. Schließlich werden die ständigen lautstarken Forderungen eingestellt; das Kind wird apathisch und zurückgezogen, es gerät in einen

Zustand der Verzweiflung, der vielleicht nur durch ein zeitweiliges monotones Wimmern unterbrochen wird. Es fühlt sich unendlich elend.

Obwohl dieses Bild schon seit Jahrhunderten bekannt sein muss, ist es in der psychologischen Literatur erst in den letzten Jahrzehnten beschrieben und bei seinem richtigen Namen genannt worden – Kummer. Diesen Ausdruck haben Dorothy Burlingham und Anna Freud (1942), Spitz (1949b), der seinem Film den Titel *Grief: A Peril in Infancy* gab, und Robertson (1953) benutzt, der dem Studium der praktischen Implikationen des Kummers 25 Jahre gewidmet hat. Über das 18 bis 24 Monate alte Kind schreibt Robertson:

> „Wenn ein Kind in diesem Alter, wo es so besitzergreifend und leidenschaftlich an seine Mutter gebunden ist, ihre Pflege entbehren muss, ist es in der Tat so, als ob seine ganze Welt vernichtet wäre. Sein intensives Bedürfnis nach ihr ist unbefriedigt, und seine Frustration und seine Sehnsucht können es vor Kummer wahnsinnig machen. Es bedarf einer regen Phantasie, sich das Ausmaß dieser Qual vorzustellen. Das Kind ist ebenso überwältigt wie ein Erwachsener, dem der Tod einen geliebten Menschen geraubt hat. Für das zweijährige Kind mit seinem Mangel an Verständnis und seiner vollkommenen Unfähigkeit, Frustrationen zu ertragen, ist es wirklich so, als ob seine Mutter gestorben sei. Es hat kein Bewusstsein von Tod, sondern nur von Abwesenheit; und wenn die einzige Person, die sein dringendes Bedürfnis befriedigen kann, abwesend ist, könnte sie auch ebenso gut tot sein, so überwältigend ist sein Gefühl von Verlust."

Früher war man fest davon überzeugt, dass ein kleines Kind seine Mutter rasch vergisst und damit über sein Elend hinwegkommt. Man glaubte, dass Kummer in der Kindheit kurzlebig sei. Jetzt haben jedoch genauere Beobachtungen gezeigt, dass dem nicht so ist. Die Sehnsucht nach Mutters Rückkehr bleibt bestehen. Dies geht deutlich aus vielen von Robertsons frühen Untersuchungen kleiner Kinder in Kinderheimen und Krankenhäusern hervor und wurde durch zwei von Heinicke (Heinicke 1956; Heinicke und Westheimer 1966)[3] durchgeführte systematische Untersuchungen von Kindern, die in Kinderheimen untergebracht waren, bestätigt. Weinen nach den Eltern, besonders nach der Mutter, war eine dominante Reaktion, vor allem während der ersten drei Tage, die die Kinder entfernt vom Elternhaus verbrachten. Obwohl das Weinen danach abnahm, wurde es zumindest in den ersten neun Tagen bei jedem der Kinder sporadisch festgestellt. Es trat besonders häufig beim Zu-Bett-Gehen und während der Nacht auf. Zuweilen suchten die Kinder auch nach ihrer Mutter.

Zwar hat wahrscheinlich Wunschdenken zu der Vorstellung beigetragen, dass der Kummer eines kleinen Kindes kurzlebig ist, doch haben sich gewisse Züge seines Verhaltens als irreführend erwiesen. Zum Beispiel wird ein Kind nach der kritischen Protestphase ruhiger und in seiner Kommunikation weniger fordernd. Dies bedeutet jedoch nicht, dass es seine Mutter vergessen hat, sondern die Beobachtung zeigt, dass es stark auf sie hin orientiert ist. Robertson hat über viele Fälle von kleinen Kindern berichtet, deren Sehnsucht nach der abwesenden Mutter offensichtlich war, selbst wenn sie zeitweise so versteckt oder verkleidet auftrat, dass sie oft übersehen wurde. Über Laura, die Hauptperson seines Films *A Two-year-old Goes to Hospital* (1952), schreibt er: „Sie pflegte emotionslos und gleichgültig in Bemerkungen über etwas ganz anderes die Sätze ‚Ich will meine Mammi! Wo ist meine Mammi?' einzuflechten; und wenn niemand die eingeschobene Bemerkung aufgriff, wiederholte sie die Belanglosigkeit nicht." Dasselbe Kind ließ manchmal verborgene Gefühle in Liedern zum Vorschein kommen und ersetzte offenbar, ohne sich dessen bewusst zu sein, den Namen „Mammi" durch eine Figur aus einem Kinderbuch. Einmal drückte sie den dringlichen Wunsch aus, die Dampfwalze zu sehen, die gerade auf der unterhalb ihrer Krankenstation liegenden Straße vorbeigefahren war. Sie schrie: „Ich will die Dampfwalze sehen, ich will die Dampfwalze sehen, ich will meine *Mammi* sehen, ich will die Dampfwalze sehen."[4]

Ein anderes Kind, ein dreieinhalbjähriger Junge, der seit zehn Tagen im Krankenhaus war, wurde dabei beobachtet, wie er für sich ein auf den ersten Blick recht glücklich wirkendes Wiederholungsspiel spielte. Er verneigte sich, drehte den Kopf nach links und hob einen Arm. Dieses Spiel schien ganz harmlos und bedeutungslos zu sein. Doch als man sich ihm näherte, konnte man ihn zu sich selbst murmeln hören: „Meine Mammi kommt bald – meine Mammi kommt bald", und er deutete dabei offensichtlich auf die Tür, durch die sie eintreten würde. Dies ereignete sich mindestens drei Stunden, bevor sie erwartet wurde.[5]

Ein aufmerksamer Beobachter bemerkt eine derartige hartnäckige Orientierung hin zu der verlorenen Mutter sogar bei sehr viel kleineren Kindern. So berichtet Robertson auch über den Fall von Philip, der erst 13 Monate alt war, als er in ein Pflegeheim gebracht wurde. Obwohl er zu klein war, um den Wunsch nach seiner Mutter verbalisieren zu können, berichtete das Personal, dass er in den Tagen akuten Kummers und später immer dann, wenn er frustriert oder aufgeregt war, die mit dem Vers *Round and round the garden* verbundenen Bewegungen zu machen pflegte, womit seine Mutter ihn zu Hause immer aufgeheitert hatte, wenn er zornig war.

In den Hampstead Nurseries verzeichneten Anna Freud und Dorothy Burlingham viele Fälle von hartnäckigem, aber unterdrücktem Verlangen nach einer abwesenden Mutter (Freud und Burlingham, 1974).[6] Ein ausgezeichnetes Beispiel hierfür ist der Fall eines drei Jahre und zwei Monate alten Jungen, der bereits zweimal eine Trennung von seiner Mutter erlebt hatte, das erste Mal, als er zu Pflegeeltern gegeben worden war, bei denen er großen Kummer gezeigt hatte, und das zweite Mal, als er mit Masern ins

Krankenhaus kam. Als er im Kinderheim abgeliefert wurde, war er ermahnt worden, ein braver Junge zu sein und nicht zu weinen – sonst würde seine Mutter ihn nicht besuchen.

> „Patrick versuchte, sein Versprechen zu halten und nicht zu weinen. Stattdessen nickte er mit dem Kopf, wann immer ihn jemand ansah, und versicherte sich selbst und jedem beliebigen Zuhörer mit dem Brustton der Überzeugung, dass seine Mutter ihn bald wieder abholen werde: Sie werde ihm den Mantel anziehen und ihn nach Hause zurücknehmen. Wenn sein Zuhörer ihm Glauben zu schenken schien, war er befriedigt; sobald ihm aber jemand widersprach, ließ ihn seine Selbstbeherrschung im Stich, und er brach in heftige Tränen aus.
>
> Dieser Zustand hielt die nächsten zwei oder drei Tage an, ergänzt durch einige zusätzliche Züge. Das Nicken gewann zunehmend einen zwanghaften und automatischen Charakter, und der Satz: „Meine Mutter wird mir den Mantel anziehen und mich nach Hause zurücknehmen", wurde erweitert durch eine ständig wachsende Liste von Kleidungsstücken, die die Mutter ihm anziehen würde: „Sie wird mir Mantel und Stiefel anziehen, sie wird mir den Reißverschluss zumachen und die Mütze aufsetzen." Die ewig gleich bleibende Wiederholung dieser Formel war für die Umgebung so störend, dass man ihn drängte, doch endlich damit aufzuhören.
>
> Patrick versuchte wieder, dem Wunsch seiner Mutter gemäß „brav" zu sein. Er sagte seine Formel nicht mehr laut her, aber die Bewegung seiner Lippen zeigte, dass er sie für sich selber ununterbrochen wiederholte. Gleichzeitig stellte er, was er früher in Worte gefasst hatte, durch Gesten dar: den Sitz seiner Mütze, das Anziehen des Mantels, das Zumachen des Reißverschlusses usw. Am nächsten Tag war diese expressive Pantomime zu einem bloßen Fingerzucken zusammengeschrumpft. Während die meisten anderen Kinder spielten, tanzten, Musik machten usw., stand Patrick völlig unbeteiligt und mit einem absolut tragischen Gesichtsausdruck irgendwo in einer Ecke und bewegte seine Hände und Lippen."

Leider zog sich Patricks Mutter kurz nach dessen Einlieferung ins Kinderheim eine Erkältung zu und musste damit länger als eine Woche im Krankenhaus liegen. Deshalb war es erst nach ihrer Entlassung aus dem Krankenhaus möglich, für sie einen Aufenthalt zusammen mit Patrick im Kinderheim zu arrangieren.

> „Patricks Zustand veränderte sich schlagartig. Er gab seinen Tic auf und klammerte sich stattdessen mit äußerster Zähigkeit an seine Mutter. Mehrere Tage und Nächte wich er ihr nicht von der Seite. Wenn sie die Treppe hinauf- oder hinunterging, folgte er ihr auf den Fersen. Verschwand sie einmal für einen Augenblick, konnten wir im ganzen Haus

seine ängstlichen Fragen hören oder beobachten, wie er die Türen zu sämtlichen Zimmern öffnete und suchend jeden Winkel durchforschte. Niemand durfte ihn berühren; seine Mutter badete ihn, brachte ihn zu Bett und musste selbst im Nachbarbett schlafen." (Freud und Burlingham, 1980, Bd. II, S. 383ff)

Dieser Fall wird noch ausführlicher in Kapitel 23 erörtert, da er einen der allgemeinen Verläufe, die Kummer in der Kindheit nehmen kann, eindrucksvoll illustriert und gewisse typische Züge beleuchtet, die sich einstellen, wenn die Reaktionen eines Erwachsenen auf Verlust einen pathologischen Verlauf nehmen. Bemerkenswerte Züge sind: erstens, Patricks hartnäckiges Verlangen nach Wiedervereinigung mit seiner Mutter; zweitens, der Druck, der von wohlmeinenden Erwachsenen auf ihn ausgeübt wurde, die ihn dazu überreden wollten, von seinem Kummer abzulassen und an etwas anderes zu denken; drittens, die Tendenz seiner Sehnsucht, nichtsdestoweniger weiter zu bestehen, sich jedoch von da an in einer immer versteckteren Form zu äußern und auf ein immer undeutlicheres Ziel zu richten; und viertens die Umstände, unter denen er dazu kommt, die Rolle seiner fehlenden Mutter zu übernehmen. Letzteres liefert meiner Meinung nach einen wertvollen Hinweis zum Verständnis des Prozesses der Identifizierung mit der verlorenen Person, den Freud zum Fundament seiner Theorie des Trauerns gemacht hat.

Das hartnäckige Verlangen eines Kindes nach seiner Mutter ist oft überdeckt von intensiver generalisierter Feindseligkeit. Dies ist von verschiedenen Forschern, beispielsweise von Robertson (1953) und Spitz (1953), berichtet worden und war einer der wichtigsten Befunde der ersten von Heinickes systematischen Untersuchungen. Heinicke (1956) verglich das Verhalten von zwei Gruppen von Kindern, beide im Alter zwischen 16 und 26 Monaten; die eine Gruppe befand sich in einem Kinderheim, die andere in einer Kindertagesstätte. Die Kinder im Kinderheim weinten nicht nur mehr als die Tagesstättenkinder nach ihrer Mutter, sondern sie legten auch viel gewalttätige Feindseligkeit einer Art an den Tag, die bei den Kindern in der Tagesstätte kaum je beobachtet wurde. Die Zielscheiben für diese Feindseligkeit waren so verschieden, dass sich schwer feststellen ließ, gegen wen sie sich in erster Linie richtete.

Dennoch haben wir guten Grund zu der Annahme, dass ein Großteil der Wut getrennter Kinder ursprünglich gegen die abwesende Mutterfigur gerichtet ist. Dies zeigte sich deutlich im Fall von Reggie, einem kleinen, zwei Jahre und acht Monate alten Jungen (der auf den ersten Seiten von Band II beschrieben worden ist), der eine leidenschaftliche Bindung an eine der Schwestern in den Hampstead Nurseries entwickelt hatte, sich aber weigerte, auch nur das Geringste mit ihr zu tun zu haben, als sie ihn vierzehn Tage, nachdem sie fortgegangen war, um zu heiraten, besuchte. Nach ihrem Besuch starrte er auf die Tür, die sich hinter ihr geschlossen hatte, und abends im Bett drückte er seine ambivalenten Gefühle mit den Worten aus: „Meine liebe Mary-Ann. Aber ich mag sie nicht!" (Freud und Burlingham, 1974)

In den späteren Kapiteln wird noch viel eingehender von der Wut die Rede sein, die so häufig durch den Fortgang einer geliebten Person ausgelöst wird, gleichgültig, wodurch dieser veranlasst wurde.

Wie im Fall eines Erwachsenen, der einen Verlust erlitten hat und der eine bestimmte Person vermisst und sich nach ihr sehnt und deshalb bei anderen Gefährten keinen Trost finden kann, weist ein Kind in einem Krankenhaus oder Pflegeheim zuerst die Bemühungen derer, die sich um es kümmern wollen, zurück. Obwohl es nachdrücklich nach Hilfe verlangt, ist sein Verhalten oft ebenso widersprüchlich und frustrierend für den, der es trösten will, wie das einer erwachsenen Person, die vor kurzem einen Verlust erlitten hat. Manchmal weist es seine Tröster zurück. Manchmal verbindet es sein Anklammern an eine Schwester mit Seufzern nach seiner abwesenden Mutter. Anna Freud und Dorothy Burlingham haben über den Fall eines kleinen, 17 Monate alten Mädchens berichtet, das drei Tage lang nichts anderes als „Mam, Mam, Mam" sagte und das zwar gern auf den Knien der Schwester saß und es mochte, wenn die Schwester den Arm um es legte, das aber durchgehend darauf bestand, der Schwester den Rücken zuzukehren, um sie nicht sehen zu müssen.

Doch die vollkommene oder teilweise Ablehnung des fremden Erwachsenen hält nicht ewig an. Nach einer Phase des Rückzugs und der Apathie, die bereits beschrieben worden ist, beginnt ein Kind, neue Beziehungen zu suchen. Wie diese sich entwickeln, hängt von der Situation ab, in der das Kind sich befindet.

Wenn eine bestimmte Mutterfigur vorhanden ist, auf die es sich beziehen kann und die es liebevoll bemuttert, wird es sich mit der Zeit an sie anschließen und sie fast wie seine eigene Mutter behandeln. Anders sieht es in Situationen aus, in denen ein Kind keine einzelne Person hat, auf die es sich beziehen kann, oder in denen es zu einer Folge von Personen kurzfristige Bindungen anknüpft. In der Regel wird es in wachsendem Maß selbstzentriert und neigt dazu, mit jedem x-Beliebigen eine vorübergehende und oberflächliche Beziehung aufzunehmen. Wenn dieser Zustand zu einem eingefahrenen Muster wird, ist seine weitere Entwicklung gefährdet.

Trauern kleine Kinder? Eine Kontroverse

In dem 1960 veröffentlichten Aufsatz „Grief and Mourning in Infancy and Early Childhood", in dem ich zuerst auf diese Beobachtungen aufmerksam gemacht habe, habe ich auf die auffälligen Ähnlichkeiten zwischen den Reaktionen kleiner Kinder auf den Verlust der Mutter und den Reaktionen Erwachsener auf einen Verlust hingewiesen. Die Anzahl und das Ausmaß dieser Ähnlichkeiten hatte vor mir niemand betont. Dies kam teilweise daher, dass die traditionellen Darstellungen der Reaktionen von Kindern und Erwachsenen auf Verlust die tatsächlich existierenden Unterschiede stark betont hatten, und teilweise daher, dass es wenig Verständnis für das Wesen des Bindungsverhaltens und seine Rolle im menschlichen Leben gab. Da die Ähnlichkeiten zwischen Reaktionen von Kindern und Erwachsenen auf Verlust im Mittelpunkt meiner These stehen, werden sie ausführlich in Teil III untersucht. Inzwischen war ich 1960 zu dem Schluss gekommen,

> „dass ich es, da das Beweismaterial erkennen lässt, dass die Reaktionen auf einer deskriptiven Ebene in den beiden Altersgruppen ähnlich sind, für klüger halte, methodologisch anzunehmen, die zugrunde liegenden Prozesse seien ebenfalls ähnlich, und Unterschiede nur dann zu postulieren, wenn klare Beweise dafür vorliegen. Ich zweifle kaum daran, dass bestimmte Unterschiede zwischen den Altersgruppen existieren, da die Folgen eines Verlusterlebnisses bei Säuglingen und kleinen Kindern sehr viel häufiger Formen anzunehmen scheinen, die zu einer ungünstigen psychologischen Entwicklung führen. Meiner Meinung nach lassen sich diese Unterschiede jedoch am besten als spezielle Varianten des Trauerprozesses selbst verstehen und nicht als Prozesse einer qualitativ anderen Art. Mit dieser Auffassung, glaube ich, können wir sowohl sehen, wie Fakten hinsichtlich der Reaktionen kleiner Kinder auf eine Trennungserfahrung sich in die allgemeine psychoanalytische Theorie einbeziehen lassen, als auch diese Theorie in einfacheren Ausdrücken neu formulieren."

Diese Argumentation vertrat ich auch in den beiden folgenden Aufsätzen[7], in denen ich vor allem betonte:

> „Den Trauerreaktionen, die gewöhnlich im Säuglingsalter und in der frühen Kindheit beobachtet werden, sind viele von den Zügen eigen, die das Zeichen pathologischen Trauerns beim Erwachsenen sind" (1963, S. 504).

Vor allem lenkte ich die Aufmerksamkeit auf vier pathologische Varianten des Trauerns von Erwachsenen, die bereits in der klinischen Literatur beschrieben worden waren, und auf die Tatsache, dass Personen, die diese Reaktionen zeigen, häufig während der Kindheit oder Jugendzeit den Verlust eines Elternteils erlebt haben. Die vier Varianten, die hier in den jetzt gebräuchlichen Ausdrücken beschrieben werden, sind folgende:

- unbewusste Sehnsucht nach der verlorenen Person;
- unbewusste Vorwürfe gegenüber der verlorenen Person im Verein mit bewussten und oft erbarmungslosen Selbstvorwürfen;
- zwanghafte Sorge um andere Personen;
- hartnäckiges Nicht-glauben-Können, dass der Verlust bleibend ist (was oft als Leugnung bezeichnet wird).

Auf diese frühen Aufsätze folgte eine scharfe Kontroverse. Von den vielen Problemen, die diskutiert wurden, soll hier eins sofort aufgegriffen werden, nämlich die Benutzung des Begriffs „Trauer".

Wie ich in der ursprünglichen Reihe von Aufsätzen erklärt habe, schien es mir nützlich, den Ausdruck „Trauer" in einem weiten Sinn zu gebrauchen, damit er eine Vielzahl von Reaktionen auf Verlust umfassen kann, einschließlich solcher, die eine pathologische Entwicklung zur Folge haben, weil es dann möglich wird, eine Anzahl von Prozessen und Zuständen miteinander zu verbinden, die aufgrund des Beweismaterials miteinander in Beziehung stehen – auf ähnliche Weise, wie der Ausdruck „Entzündung" in der Physiologie und Pathologie dazu benutzt wird, eine Anzahl von Prozessen zusammenzufassen, von denen einige zu einer gesunden Entwicklung führen und andere zu einer Fehlentwicklung und zur Pathologie. Der Ausdruck „Trauer" *(mourning)* wurde gewählt, weil er in Freuds grundlegendem Aufsatz „Trauer und Melancholie" (1916) und in dessen Übersetzung „Mourning and Melancholia" in die Psychoanalyse eingeführt worden ist und seit vielen Jahren bei Klinikern allgemein in Gebrauch ist.

Meine These erregte jedoch starke Opposition, vor allem seitens der Psychoanalytiker, die Freud nahe standen, und derer, die in seiner Tradition stehen.[8] Die Schwierigkeiten, die sie anführen, sind zum Teil inhaltlicher und zum Teil terminologischer Art. Um die inhaltlichen Punkte identifizieren zu können, wollen wir uns zuerst mit den terminologischen Problemen befassen.

Die terminologischen Schwierigkeiten stammen aus der restriktiven Art, in der einige meiner Kritiker Freuds Äußerung interpretieren: „Die Trauer hat eine ganz bestimmte psychische Aufgabe zu erledigen, sie soll die Erinnerungen und Erwartungen der Überlebenden von den Toten ablösen" (Freud, G. W., IX, S. 82). Diese Kritiker bestehen darauf, dass der Ausdruck „Trauer" nur auf psychologische Prozesse mit diesem einen Ergebnis angewandt werden darf; ein anderer Gebrauch sei nicht erlaubt.

Eine derartige terminologische Rigidität ist dem Geist der Wissenschaft fremd. Denn sobald eine Definition festgelegt ist, neigt sie dazu, das Denken in eine Zwangsjacke zu stecken und zu kontrollieren, was der Forscher sich selbst zu beobachten erlaubt; so dass die Definition sich nicht entwickeln darf, um neue Fakten zu berücksichtigen, sondern Fakten, die nicht unter die ursprüngliche Definition fallen, vernachlässigt werden. Wenn wir deshalb der Aufforderung nachkommen und den Ausdruck „Trauer" in der vorgeschlagenen Weise eingrenzen würden, müssten wir ihn auf psychologische Prozesse mit einem Ergebnis beschränken, das nicht nur als ein Optimum vorherbestimmt ist, sondern das auch nie vollständig erreicht wird, wie wir jetzt guten Grund haben anzunehmen und wie Freud selbst zu Recht vermutet hat (siehe Kapitel 6 und 16). Prozesse, die zu einem anderen Ergebnis führen, wären *per definitionem* ausgeschlossen und müssten damit in anderen Ausdrücken beschrieben werden.

Ein begrenzter Gebrauch dieser Art ist nicht akzeptabel. Einer der Hauptbeiträge der Psychoanalyse hat darin bestanden, die Psychopathologie mit der allgemeinen Persönlichkeitstheorie zu integrieren. Wenn man verschiedene Begriffe für einen Prozess oder Prozesse benutzt, je nachdem, ob das Ergebnis günstig oder ungünstig ist, gefährdet man diese Integration. Insbesondere würden sich schwer zu handhabende Probleme ergeben, wenn es für notwendig erachtet würde, in einem frühen Stadium zu definieren, wo gesunde Prozesse aufhören und pathologische einsetzen. Falls sich eine solche Definition später als falsch erweist, würde Verwirrung herrschen. Das ist in der Tat auf unserem Gebiet eingetreten.

Da ich der Meinung bin, dass diese Überlegungen alle anderen überwiegen, ist die Art und Weise, wie der Begriff in den früheren Aufsätzen benutzt wurde, beibehalten worden. Somit wird der Ausdruck „Trauer" mit geeigneten qualifizierenden Adjektiven benutzt, um einen ziemlich weiten Bereich von psychologischen Prozessen zu bezeichnen, die unabhängig von ihrem Ergebnis durch den Verlust einer geliebten Person ausgelöst werden. Ein bereits häufig gebrauchter alternativer Ausdruck hierfür ist „Kummer" *(grieving)*, und es lassen sich Argumente dafür finden, diesen anstelle von „Trauer" zu verwenden. Außer dass er Kontroversen über den oben erörterten eingeschränkten Gebrauch von „Trauer" vermeiden würde, würde er auch eine andere und ganz verschiedene, aus der Anthropologie stammende Tradition des spezialisierten Gebrauchs dieses Begriffs vermeiden, die Trauer auf den öffentlichen Ausdruck von Kummer begrenzt. Weil öffentliche Trauer immer in einem gewissen Maß kulturell bestimmt ist, lässt sie sich zumindest konzeptionell von den spontanen Reaktionen eines Menschen unterscheiden. (Zu dem Gebrauch dieses Ausdrucks wird in Websters *Dictionary of the English Language* ermutigt, und er wird in einem Überblick von Averill 1968 verwandt.) Ein weiterer Grund, den Ausdruck „Kummer" in einem breiteren Sinn zu benutzen, wäre, dass er, wie wir gesehen haben, bereits von prominenten Psychoanalytikern angewandt worden ist und es deshalb keine Streitfrage ist, dass sehr kleine Kinder Kummer zeigen.

Dennoch gibt es gute Gründe dafür, den Ausdruck „Trauer" beizubehalten und ihn für alle die bewussten und unbewussten psychologischen Prozesse zu benutzen, die durch Verlust ausgelöst werden. Erstens ist er auf diese Weise seit langem in der Psychopathologie angewandt worden. Zweitens wird, wenn wir diesen Ausdruck so verwenden, der Ausdruck „Kummer" frei, um auf den Zustand einer Person angewandt zu werden, die Schmerz über einen Verlust empfindet und dies auf eine mehr oder weniger offene Weise erlebt. Dieser Gebrauch ist nicht nur üblich, sondern er bietet sich auch besonders dann an, wenn wir zur Erörterung des paradoxen Zustands, der als Abwesenheit von Kummer (Deutsch, 1937) bekannt ist, kommen. Um den öffentlichen Ausdruck von Trauer zu bezeichnen, können wir den Begriff „Trauerbräuche" benutzen.

Sobald wir Unterschiede im Gebrauch des Ausdrucks „Trauer" anerkennen, löst sich ein Großteil der Kontroversen auf. Wie Miller (1971) beispielsweise ausführt, herrscht jetzt bei Klinikern weitgehende Übereinstimmung darüber, dass Reaktionen auf einen Verlust, der in der Kindheit erlitten wurde, häufig einen pathologischen Verlauf nehmen. Trotzdem bleiben uns noch einige wesentliche Punkte der Unterscheidung.

Der wichtigste ist, ob ein Kind in der Voradoleszenz unter irgendwelchen Umständen fähig ist, auf den Verlust eines Elternteils mit gesunder Trauer zu reagieren, die wir in Anlehnung an eine Definition Anna Freuds[9] als den erfolgreichen Versuch einer Person definieren, sowohl zu akzeptieren, dass in ihrer äußeren Welt eine Veränderung eingetreten ist, als auch, dass sie in ihrer inneren Vorstellungswelt entsprechende Veränderungen vornehmen und ihr Bindungsverhalten entsprechend umorganisieren und vielleicht neu orientieren muss. Auf der einen Seite der Kontroverse steht eine Reihe von einflussreichen Analytikern, die unter dem Einfluss der vielen von ihnen behandelten Patienten, deren Reaktion auf einen Verlust in der Kindheit einen pathologischen Verlauf genommen hatte, zu dem Schluss gekommen sind, dass eine pathologische Form der Reaktion unvermeidlich ist, und die vermeintliche Unvermeidlichkeit durch die Postulierung zu erklären versucht haben, dass das Ich eines Kindes zu schwach und unentwickelt ist, „um die Anstrengung der Trauerarbeit zu ertragen". Diese Ansicht, die zuerst von Deutsch vertreten worden ist, wurde mit kleineren Abweichungen in der Betonung von vielen anderen befürwortet, unter anderem Mahler (1961), Fleming und Altschul (1963), Wolfenstein (1966) und Nagera (1970). Auf der anderen Seite stehen psychoanalytisch Ausgebildete, die sich mit dem Problem beschäftigt haben und die aufgrund ihrer Beobachtungen darauf bestehen, dass es selbst sehr kleinen Kindern mit der nötigen Unterstützung und ehrlicher Information möglich ist, um einen verlorenen Elternteil auf ebenso gesunde Weise wie ein Erwachsener zu trauern. Diese von Robert und Erna Furman (R. A. Furman, 1964a; E. Furman, 1974) und ebenso von Gilbert und Ann Kliman (G. Kliman, 1965) vertretene Ansicht wird gestützt durch Beschreibungen einer Reihe von Kindern von zwei Jahren an aufwärts, deren Trauer um einen verlorenen Elternteil beobachtet und aufgezeichnet worden ist.

Der zweite Streitpunkt betrifft das Wesen der Reaktionen auf den Verlust eines Elternteils, den ein Kind im ersten oder zweiten Lebensjahr erleidet. Er läuft unter anderem auf die Frage hinaus, wann ein Kind während seiner Entwicklung fähig wird, ein Bild von seiner abwesenden Mutter aufrechtzuerhalten. Dies führt zu Problemen sowohl der kognitiven als auch der sozio-emotionalen Entwicklung. Diese werden in Kapitel 25 unter Bezugnahme auf die Konzepte der Personenpermanenz und der libidinösen Objektkonstanz erörtert.

In Bezug auf diese und andere Kontroversen sind die Ansichten, die in diesem Band ausgedrückt werden, nicht sehr verschieden von denen, die ich in meinen früheren Aufsätzen geäußert habe. Die Unterschiede, die vorhanden sind, ergeben sich hauptsächlich aus der Berücksichtigung des seit der Veröffentlichung jener Aufsätze erstellten Beweismaterials über den Einfluss der Erfahrungen eines Kindes mit Eltern und einem Elternersatz vor, während und nach einem Verlust auf seine Reaktionen. Diese und andere Angelegenheiten werden von Kapitel 15 an erörtert.

Inzwischen hilft es dem Leser vielleicht, wenn seine Aufmerksamkeit auf die beiden komplementären Themen gelenkt wird, mit denen sich dieser Band beschäftigt. Wie schon in den früheren Aufsätzen betont worden ist, geht es bei dem einen Thema darum, dass Reaktionen auf Verlust, die im früheren Leben beobachtet werden, sehr viel gemeinsam haben mit Reaktionen auf Verlust, die im späteren Leben beobachtet werden, und dass scharfe Unterscheidungen sowohl der Grundlage entbehren als auch irreführend sind. Beim zweiten Thema handelt es sich darum, dass, wie weithin anerkannt wird, bestimmte Unterschiede bestehen, die eine genauere Untersuchung erfordern. In der Exposition wird mal dem einen, mal dem anderen dieser Themen Vorrang gewährt; aber ich hoffe, dass der Leser nie die Bedeutung von beiden vergessen wird.

Entfremdung

Ehe ich dieses einführende Kapitel abschließe, möchte ich zu der dritten der drei Phasen zurückkehren, in die Robertson und ich die Reaktion eines kleinen Kindes auf den Verlust seiner Mutterfigur unterteilt haben, nämlich die Phase, die wir „Entfremdung" *(detachment)* genannt haben. Diese Phase, die bereits in den einführenden Kapiteln der früheren Bände (Band I, Kapitel 2 und Band II, Kapitel 1) beschrieben worden, aber bisher nicht näher erörtert worden ist, lässt sich regelmäßig beobachten, wenn ein Kind im Alter zwischen etwa sechs Monaten und drei Jahren eine Woche oder länger nicht von seiner Mutter gepflegt worden ist und auch keine spezielle Ersatzpflege genossen hat. Sie ist gekennzeichnet durch eine fast vollständige Abwesenheit von Bindungsverhalten, wenn es seine Mutter zuerst wiedersieht.[10]

Dieses erstaunliche Phänomen wurde mit besonderer Sorgfalt von Heinicke und Westheimer (1966) in ihrer Untersuchung über zehn kleine Kinder im Alter zwischen 13 und 32 Monaten beobachtet, die ein Minimum von zwölf Tagen in einem von drei Pflegeheimen verbrachten.[11]

Beim ersten Zusammentreffen mit ihrer Mutter, nach den Tagen oder Wochen, die sie getrennt von ihr verbracht hatten, zeigte jedes der zehn Kinder einen gewissen Grad von Entfremdung. Zwei schienen ihre Mutter nicht zu erkennen. Die anderen acht wandten sich von ihr ab oder gingen sogar davon. Die meisten von ihnen weinten entweder oder waren den Tränen nahe; eine Anzahl wechselte zwischen einem tränenreichen und einem ausdruckslosen Gesicht.

Im Gegensatz zu diesen gleichgültigen, tränenreichen Rückzügen von der Mutter reagierten bis auf ein Kind alle sehr zärtlich, als sie das erste Mal wieder mit ihrem Vater zusammentrafen. Außerdem waren fünf der Kinder auch freundlich zu Ilse Westheimer.

In Bezug auf Entfremdung wurden zwei Befunde aus früheren in dieser Untersuchung deutlich bestätigt. Der erste ist, dass Entfremdung besonders charakteristisch für die Art ist, in der sich ein getrenntes Kind verhält, wenn es seine Mutter wieder trifft, und dass dieses Verhalten beim Zusammentreffen mit dem Vater weniger deutlich auftritt; der zweite ist, dass die Dauer der Entfremdung eines Kindes von der Mutter in hohem und signifikantem Maß mit der Länge seines Getrenntseins von ihr korreliert.

In neun Fällen hielt die Entfremdung von der Mutter in gewissem Ausmaß fast über die ersten drei Tage nach dem Wiedertreffen an. Bei fünf Kindern war sie so stark, dass ihre Mütter sich bezeichnenderweise darüber beklagten, dass ihr Kind sie wie eine Fremde behandele; keins von diesen Kindern zeigte eine Tendenz, sich an seine Mutter anzuklammern. Bei den anderen vier Kindern war die Entfremdung weniger deutlich sichtbar; Phasen, in denen sie sich von ihrer Mutter abwandten, wechselten mit Phasen, in denen sie sich an sie anklammerten. Nur ein Kind, Elizabeth, die das älteste Kind war und deren Trennung von der Mutter zu den kürzesten gehörte, zeigte ihr gegenüber am Ende des ersten Tages zu Hause liebevolle Zuneigung.

Wenn eine Mutter von ihrem Kind nicht die natürlichen Reaktionen erhält, die sie erwartet, ist sie sowohl erstaunt als auch verletzt. Selbst wenn das Kind sich weh tut, wird es kaum versuchen, ihren Trost zu erhalten, und wird sogar ihre Bemühungen, es zu trösten, abwehren. Jedem, der mit kleinen Kindern vertraut ist, muss dieses Verhalten ganz außergewöhnlich vorkommen. Vor einigen Jahren hat Robertson es bei einem kleinen Jungen beobachtet, der im Alter von 13 Monaten ins Krankenhaus gebracht worden war und drei Jahre lang dort geblieben war. Im Monat nach seiner Rückkehr nach Hause, in dem er vollkommen entfremdet blieb, verbrannte er sich am Feuer die Hand. Statt wie ein normales Kleinkind zu weinen und Trost zu suchen, lächelte er und blieb für sich. (Berichtet in Ainsworth und Boston, 1952.)

Das gleiche Verhalten wurde bei einem Kind der von Heinicke und Westheimer untersuchten Reihe beobachtet (S. 112–158):

> Owen war zwei Jahre und zwei Monate alt, als er für elf Wochen von seiner Familie getrennt wurde. Sowohl während der Heimfahrt mit seinem Vater als auch nach dem Betreten des Hauses und dem Wiedersehen mit seiner Mutter blieb er eigenartig starr, schweigsam und teilnahmslos; in der Tat dauerte es 50 Minuten, bis er die erste Regung von Lebhaftigkeit zeigte. Er wandte sich seinem Vater zu, was er auch in den nächsten Tagen manchmal tat; doch seine Mutter ignorierte er weiterhin. Während des zweiten

Tages zu Hause stieß er sich das Knie an, und als er daraufhin in Tränen auszubrechen drohte, wollte seine Mutter ihn sogleich trösten. Owen überging sie jedoch und wandte sich stattdessen an seinen Vater. Verständlicherweise empfand seine Mutter dies als eine grausame Ablehnung.

Zum Phänomen der Entfremdung lassen sich natürlich viele verschiedene Standpunkte einnehmen, und es ist bereits Gegenstand einiger Auseinandersetzungen geworden (A. Freud, 1960; Bowlby, 1963). In meinen früheren Aufsätzen habe ich die Ansicht vertreten, dass Entfremdung ein Ausdruck dessen ist, was in der psychoanalytischen Tradition immer als Abwehr oder, besser noch, als das Ergebnis eines Abwehrprozesses bezeichnet worden ist. Ich setzte mich dafür ein, dass Abwehrprozesse in jedem Alter ein regulärer Bestandteil der Trauer sind und dass das, was Pathologie charakterisiert, nicht ihr Auftreten ist, sondern die Form, die sie annehmen, und vor allem der Grad, in dem sie reversibel sind. Es hat den Anschein, als ob Abwehrprozesse bei Kleinkindern und Kindern, sobald sie einmal angelaufen sind, dazu neigen, sich zu stabilisieren und anzudauern.

Deshalb habe ich die These vorgetragen, dass bei einem kleinen Kind eine Erfahrung von Trennung von der Mutterfigur oder Verlust derselben besonders dazu geeignet ist, psychologische Prozesse einer Art auszulösen, die ebenso entscheidend für die Psychopathologie ist wie eine Entzündung und die daraus entstehende Narbe für die Physiopathologie. Dies bedeutet nicht, dass eine Beeinträchtigung der Persönlichkeit die unvermeidliche Folge ist; aber es bedeutet, dass sich, wie beispielsweise im Fall von rheumatischem Fieber, nur allzu oft Narbengewebe bildet, das im späteren Leben zu mehr oder weniger schweren Funktionsstörungen führt. Ich habe vorgeschlagen, dass die fraglichen Prozesse pathologische Varianten einiger der Prozesse sind, die gesunde Trauer charakterisieren.

Obwohl diese theoretische Position solchen, die von anderen eingenommen worden sind, nahe steht, scheint sie sich dennoch von ihnen zu unterscheiden. Ihre Stärke liegt darin, dass sie die pathologischen Reaktionen, die bei älteren Patienten angetroffen werden, in Beziehung setzt zu Reaktionen auf Verlust und Androhung von Verlust, die in der Kindheit zu beobachten sind, und dadurch eine mögliche Verbindung zwischen psychiatrischen Zuständen im späteren Leben und Kindheitserfahrungen herstellt. Diese Formulierung wird in der zweiten Hälfte des folgenden Kapitels und detaillierter in Bowlby (1960b) mit einigen ihrer Vorgänger verglichen. Ob sie sich als nützlich erweist, um die Daten zu ordnen und zu verstehen, und wenn ja, welche möglichen Modifikationen oder Erweiterungen sich dann noch als nötig erweisen, das sind Fragen, denen dieser Band gewidmet ist.

2 Die Bedeutung von Verlust und Trauer in der Psychopathologie

Man weiß, daß die akute Trauer nach einem solchen Verlust ablaufen wird, aber man wird ungetröstet bleiben, nie einen Ersatz finden. Alles, was an die Stelle rückt, und wenn es sie auch ganz ausfüllen sollte, bleibt doch etwas anderes. Und eigentlich ist es recht so. Es ist die einzige Art, die Liebe fortzusetzen, die man ja nicht aufgeben will.
Sigmund Freud[12]

Eine klinische Tradition

Es ist 80 Jahre her, seit Freud zum ersten Mal die Vorstellung formulierte, dass sowohl Hysterie als auch Melancholie Manifestationen pathologischer Trauer sind, die auf einen mehr oder weniger kürzlich erlittenen Verlust erfolgt[13], und 60 Jahre ist es her, seit er diese Hypothese in „Trauer und Melancholie" (1916) ausführlicher darlegte. Seither ist eine Unmenge anderer Untersuchungen erschienen, die diese These alle auf unterschiedliche Weise stützen. Die klinische Erfahrung und die Lektüre des Beweismaterials lassen kaum Zweifel an der Wahrheit der Hauptthese, dass ein Großteil der psychiatrischen Erkrankungen ein Ausdruck pathologischen Trauerns ist oder dass diese Krankheiten viele Fälle von Angstzuständen, Depression, Hysterie und auch mehr als eine Art von Charakterstörung umfassen. Freud hatte einfach ein weites und viel versprechendes Untersuchungsfeld entdeckt. Doch es hat erst in den letzten Jahren die Aufmerksamkeit erhalten, die es verdient.

An Kontroversen hat es nie gefehlt. Um sie zu verstehen, wenden wir uns der Geschichte zu. Dabei erweist es sich als notwendig zu verfolgen, wie sich Vorstellungen zu zwei verschiedenen Typen von Problemen entwickelt haben:

- Vorstellungen in Bezug auf das Wesen von Trauerprozessen selbst und darüber, wie sich gesunde und pathologische Prozesse unterscheiden;
- Vorstellungen in Bezug darauf, weshalb manche Menschen in pathologischer Weise auf Verlust reagieren und andere nicht.

Hinsichtlich der ersten Problemstellung beschäftigt sich die frühe Literatur fast ausschließlich mit der Trauer von Erwachsenen. Hinsichtlich der zweiten Problemstellung befasst sie sich großenteils mit Ereignissen und Reaktionen aus der Kindheit. Dennoch gibt es tiefgehende Unterschiede zwischen den verschiedenen psychoanalytischen Schulen in Bezug auf das

Wesen der Kindheitsereignisse, die Entwicklungsphasen, in denen Kinder vielleicht besonders sensitiv sind, und die Art und Weise, in der sowohl die Ereignisse als auch die ausgelösten Reaktionen konzeptionalisiert werden. Während wir verfolgen, wie sich Vorstellungen in Bezug auf diese Probleme im Lauf der Zeit bis ungefähr zum Jahr 1960 entwickelt haben, ergreifen wir die Gelegenheit, die Richtungen anzudeuten, in die das gegenwärtig verfügbare Beweismaterial zu weisen scheint.

Vorstellungen in Bezug auf das Wesen gesunder und pathologischer Trauerprozesse

In der Geschichte des psychoanalytischen Denkens hat man sich der Untersuchung von Kummer und Trauer gewöhnlich auf dem Wege der Untersuchung von Depressionen bei Erwachsenen genähert. Deswegen sind von Psychoanalytikern nur wenige Versuche unternommen worden, die Prozesse von Kummer und Trauer an sich zu konzeptionalisieren. Bis ungefähr 1960 hatten sich nur Freud, Melanie Klein, Lindemann und Edith Jacobson mit dem Problem beschäftigt; und Lindemann scheint als Einziger die direkte Untersuchung von akutem Kummer zu seinem Hauptanliegen gemacht zu haben. Ein Großteil der klinischen Literatur beschäftigt sich in der Tat ausschließlich mit Depressionen und bezieht sich wenig oder überhaupt nicht auf aktuellen Verlust durch Tod oder Trennung. Und selbst wenn die Rolle, die Verlust und Trauer spielen, deutlich erkannt werden, beschäftigt sich der Großteil der klinischen Literatur mehr mit den pathologischen Varianten der Trauer als mit dem normalen Prozess. Ein Bericht über die Entwicklung psychoanalytischer Theorien über Trauer findet sich in Bowlby (1961b).

Es ist ein wahres Trauerspiel, dass die klinische Tradition ein halbes Jahrhundert lang oder noch länger so einseitig geblieben ist, da das Gleichgewicht durch Beiträge aus anderen Traditionen des psychologischen Denkens leicht hätte wiederhergestellt werden können. Zu den bemerkenswertesten gehören die von Darwin (1872) und Shand (1920). Da Darwin von vergleichenden Untersuchungen ausging, bezog sich sein Interesse am Ausdruck von Emotionen auf die ausgeübten Funktionen und die dabei benutzten Muskeln. In Übereinstimmung mit Schlussfolgerungen, die auf anderem Wege erlangt worden sind, führt seine Analyse viele Elemente im Ausdruck eines Erwachsenen während Zeiten von Kummer auf das Gebrüll des Säuglings zurück.[14] Shand, der seine Fakten aus den Werken englischer Dichter und französischer Prosaschriftsteller bezieht, skizziert die meisten der Hauptzüge von Kummer, wie sie uns heute bekannt sind, erörtert jedoch auf systematische Weise die Beziehung von Kummer zu Furcht und Zorn. Sein Buch ist eine einfühlsame und scharfsinnige Untersuchung von hohem Rang, die mehr Bekanntheit verdient. Von Soziologen und Sozialpsychologen, deren Veröffentlichungen aus den dreißiger Jahren dieses

Jahrhunderts und später stammen und die Aufmerksamkeit der Kliniker verdienen, sind Eliot (1930, 1955), Waller (1951) und Marris (1958) zu nennen.

Weil die psychologischen Prozesse, die sowohl bei gesunder als auch bei pathologischer Trauer in Gang gesetzt werden, vielfältig und eng miteinander verknüpft sind, gab und gibt es zahlreiche Ansatzpunkte für Kontroversen. Wir wollen sie unter acht Gesichtspunkten betrachten:

1. Welches ist das Wesen der psychologischen Prozesse, die an gesunder Trauer beteiligt sind?
2. Wie lässt sich die Schmerzhaftigkeit von Trauer erklären?
3. Auf welche Weise ist Trauer mit Angst verknüpft?
4. Welche Arten von Motivation sind in der Trauer vorhanden?
5. Welche Rolle spielen Zorn und Hass in der Trauer?
6. Welche Rolle spielt die Identifikation mit der verlorenen Person in der Trauer?
7. In welcher Weise unterscheidet sich pathologische Trauer von gesunder Trauer?
8. In welchem Entwicklungsstadium und mittels welcher Prozesse gelangt ein Mensch in einen Zustand, der es ihm ermöglicht, von nun an auf Verlust in gesunder Weise zu reagieren?

1. Alle, die *das Wesen der Prozesse, die an gesunder Trauer beteiligt sind,* erörtert haben, sind übereinstimmend der Meinung, dass sie unter anderem und zumindest zu einem gewissen Grad einen Rückzug der emotionalen Zuwendung an die verlorene Person bewirken und dass sie darauf vorbereiten können, eine Beziehung zu einer neuen Person anzuknüpfen. Wie wir uns ihr Zustandebringen dieser Veränderung jedoch vorstellen, hängt davon ab, welches Konzept wir von liebevollen Beziehungen haben. Weil die in diesem Werk angenommenen Konzepte gerade in diesem Punkt am meisten von denen Freuds und anderer Analytiker abweichen, wird es in Bezug auf jene Prozesse am dringlichsten notwendig, neue Formulierungen zu versuchen.

Traditionsgemäß ist in psychoanalytischen Schriften die Identifikation mit dem verlorenen Objekt als der Hauptprozess beim Trauern betont und als kompensatorisch für den erlittenen Verlust betrachtet worden. Außerdem ist in Anlehnung an Freud die Dynamik des Trauerns gewöhnlich in eine Form von Theorie gepresst worden, die (a) den Prozess der Identifikation als seinem Wesen nach fast ausschließlich oral betrachtet und (b) die Libido als eine Energiemenge versteht, die eine Umwandlung durchmacht. Es gibt Gründe dafür, jede dieser Formulierungen abzulehnen. Erstens geht aus dem Beweismaterial hervor, dass Identifikation weder der einzige beim Trauern beteiligte Prozess noch der Hauptprozess ist. Zweitens ist Identifikation mit großer Sicherheit unabhängig von Oralität, obwohl sie manchmal damit verbunden sein kann. Drittens hat, wie in einem früheren Band (Bowlby, 1969) ausgeführt wurde, das hydrodynamische Triebmodell, das die Triebe wie eine Flüssigkeit versteht, die nach Menge und Druck variiert, gravierende Beschränkungen. Deshalb ist eine andere Darstellung der an gesunder Trauer beteiligten Prozesse im Rahmen eines neuen Paradigmas erforderlich.

2. Bei dem Versuch, die mit Trauer verbundene *Schmerzhaftigkeit* zu erklären, sind zwei Haupthypothesen vorgetragen worden:

- wegen des anhaltenden und unersättlichen Wesens der Sehnsucht nach der verlorenen Gestalt ist Schmerz unvermeidlich;
- Schmerz, der auf Verlust folgt, ist das Ergebnis von Schuldgefühlen und einer Furcht vor Vergeltung.

Es ist anzumerken, dass diese Hypothesen sich gegenseitig ausschließen und dass deshalb drei Schulen des Denkens möglich sind. Tatsächlich gibt es aber nur zwei. Die erste, der Freud angehört, ist der Auffassung, dass der Schmerz durch Sehnsucht an sich von großer Bedeutung ist; er kann durch Schuldgefühle oder Angst vor Vergeltung verschlimmert und kompliziert werden oder auch nicht. Die zweite Schule, die vor allem durch Melanie Klein repräsentiert wird, widmet der Sehnsucht als etwas, das an sich schmerzhaft ist, weniger Aufmerksamkeit und glaubt, dass Schuldgefühle und paranoide Furcht bei einem Verlust immer vorhanden sind und immer Schmerz verursachen und dass die Schmerzhaftigkeit der Sehnsucht selbst nur von sekundärer Bedeutung ist. Das Beweismaterial scheint die erste dieser Schulen zu begünstigen.

3. Unser drittes Thema, wie *Trauer mit Angst verknüpft ist,* wurde bereits in dem vorangegangenen Band erörtert. Dort habe ich die von Freud auf den letzten Seiten von *Hemmung, Symptom und Angst* vertretene Ansicht übernommen und ausgeführt, dass eine Reaktion der Angst erfolgt, wenn die geliebte Person für vorübergehend abwesend gehalten wird, und dass eine Reaktion des Schmerzes und der Trauer erfolgt, wenn ihre Abwesenheit von Dauer ist. Ich habe auch gezeigt, wie verschieden diese Ansicht von der Kleins ist, die Furcht vor Vernichtung und Verfolgungsangst als primär betrachtet. In dem Jahrzehnt vor Freuds Formulierung hat Shand eine im wesentlichen ähnliche Ansicht geäußert. Furcht setzt Hoffnung voraus, meint er. Nur wenn wir uns um bessere Dinge bemühen und auf sie hoffen, haben wir Angst, dass wir sie vielleicht nicht erlangen werden. „So lass denn die Hoffnung fahren, und mit der Hoffnung die Furcht", schrieb Milton.[15] Weil Hoffnung jedoch in allen möglichen Graden vorhanden sein kann, gibt es ein Kontinuum des Fühlens, das von Angst zu Verzweiflung reicht. In Zeiten des Kummers schwankt das Fühlen oft zwischen Angst und Verzweiflung hin und her.

4. Bei der Verfolgung dieser Gedankengänge hat Shand auch zum Verständnis eines vierten Themas beigetragen, der komplexen *Motivation, die in*

Situationen vorhanden ist, welche Kummer, oder um den von ihm bevorzugten Ausdruck zu benutzen, Leid erwecken. Er weist darauf hin, dass der Drang, die verlorene Person wiederzuerlangen, sehr stark ist und noch anhält, obwohl der Verstand ihn schon längst für nutzlos erklärt hat. Ausdruck dieses Drangs sind Weinen und der Appell an andere um Beistand, ein Appell, der unvermeidlich ein Eingeständnis von Schwäche in sich trägt: „So sind die Ausdrücke und Gesten von Leid – der Blick der Augen, der die Richtung der Erwartung anzeigt, sein Schauen und Warten sowie sein ergreifendes Weinen – sämtlich Beweise dafür, dass das wesentliche Ziel seines Systems darin besteht, die Kraft und Hilfe anderer zu erlangen, um seine eigene erwiesene Schwäche zu heilen" (S. 315). Wie Shand meiner Meinung nach zu Recht annimmt, stammt dieser Appell aus primitiven Wurzeln und besitzt Überlebenswert: „Der Leidensschrei ... neigt dazu, das Leben der Jungen zu erhalten, indem er diejenigen, die sie beaufsichtigen, zu Hilfe ruft." Dies ist eine Art, die Fakten in Konzepte zu fassen, die stark gestützt wird durch Darwins (1872) Befunde in Bezug auf die Ausdrucksbewegungen bei der Erfahrung von Kummer. In den nachfolgenden Kapiteln wird Shands und Darwins Vorstellungen stark beigepflichtet und eine zentrale Stellung eingeräumt. Hauptthemen sind, dass eine trauernde Person, ob sie es nun weiß oder nicht, wiederholt von dem Drang ergriffen wird, nach dem verlorenen Menschen zu rufen, zu suchen und danach zu trachten, ihn wiederzugewinnen, und dass sie nicht selten in Übereinstimmung mit diesem Drang handelt.

Doch wenn wir die verschiedenen klinischen Traditionen der Theoriebildung über Trauer untersuchen, stellen wir fest, dass der Drang, die verlorene Person wiederzugewinnen, und vor allem die Handlungen, die er auslöst, kaum Anerkennung finden. Allerdings herrscht kein Mangel an Hinweisen auf die Emotionen, die diesen Drang begleiten. Zum Beispiel äußert sich Freud wiederholt über die Sehnsucht nach dem verlorenen Objekt, ein Thema, das später von Jacobson (1957) aufgegriffen und ausgeführt wurde; Klein (1948) erörtert die Abwehr als einen gegen die Sehnsucht gerichteten Mechanismus; und Bibring (1953) macht auf den Wunsch des Trauernden aufmerksam, das verlorene Objekt wiederzugewinnen, und auf die daraus folgende Hilflosigkeit und Hoffnungslosigkeit, die er erfährt. Was wir vermissen, ist die klare Anerkennung dessen, dass diese Emotionen und Wünsche nur das subjektive Gegenstück zum Drang eines Trauernden, danach zu handeln, sind – nach der verlorenen Person zu rufen und zu suchen – und dass er nicht selten eben diese Handlungen unternimmt, so bruchstückhaft und unvollständig sie auch sein mögen.

5. Das fünfte Thema, das mit am meisten zu Kontroversen Anlass gegeben hat, betrifft die Rolle von *Zorn und Hass in der Trauer.* Obwohl alle übereinstimmend der Meinung sind, dass Zorn auf die verlorene Person (der oft unbewusst und anderswohin gerichtet ist) eine große Rolle bei der pathologischen Trauer spielt, haben viele Zweifel daran gehegt, ob seine Anwesenheit mit gesunder Trauer vereinbar ist. Freuds Haltung in diesem Punkt ist ganz und gar nicht eindeutig. Auf der einen Seite gibt es viele Textstellen, in denen er deutlich macht, dass nach seiner Ansicht alle Beziehungen durch Ambivalenz gekennzeichnet sind[16], und eine Folge hiervon wäre, dass Ambivalenz auch allen Formen von Trauer eigen sein muss. Auf der anderen Seite steht die Ansicht, die er in „Trauer und Melancholie" geäußert und anscheinend nie revidiert hat, dass Ambivalenz in normaler Trauer nicht vorhanden ist oder, wenn sie vorhanden ist, die normale Trauer in eine pathologische umwandelt: „Die Melancholie ... ist mit einer Bedingung behaftet, welche der normalen Trauer abgeht oder dieselbe, wo sie hinzutritt, in eine pathologische verwandelt. Der Verlust des Liebesobjekts ist ein ausgezeichneter Anlass, um die Ambivalenz der Liebesbeziehungen zur Geltung und zum Vorschein zu bringen." – „Die Melancholie hat aber ... etwas mehr zum Inhalt als die normale Trauer. Das Verhältnis zum Objekt ist bei ihr kein einfaches, es wird durch den Ambivalenzkonflikt kompliziert" (G.W., X., S. 437 u. 444).

In Kapitel 6 wird gezeigt, dass Beweismaterial, das aus Untersuchungen der Trauer bei normalen Erwachsenen stammt, diese Ansicht nicht stützt: Ambivalenz gegenüber der verlorenen Person kennzeichnet viele Fälle, in denen die Trauer einen gesunden Verlauf genommen hat, obwohl sie zugegebenermaßen in den Fällen, die sich pathologisch entwickelt haben, intensiver und hartnäckiger zum Vorschein kommt.

Es kann in der Tat nicht bezweifelt werden, dass Zorn, der sich gegen die eine oder andere Zielscheibe richtet, bei normaler Trauer die Regel ist. Soziologen wie beispielsweise Eliot (1955), Marris (1958) und Hobson (1964) haben über Wutausbrüche während des Trauerns berichtet, während die anthropologische Literatur Beweismaterial entweder für den direkten Ausdruck von Zorn liefert, zum Beispiel bei den australischen Ureinwohnern (Durkheim, 1915), oder für besondere soziale Sanktionen gegen den Ausdruck von Zorn.

Shand (1920) räumt in dem Bild, das er vom Kummer zeichnet, dem Zorn einen zentralen Platz ein: „Die Tendenz des Leids, unter bestimmten Bedingungen Zorn zu erwecken, scheint zur fundamentalen Konstitution der Seele zu gehören" (S. 347). Deshalb können weder das Auftreten noch die Häufigkeit von Zorn noch länger als umstritten gelten.

Außerdem gibt es gute Gründe für die Annahme, dass der Zorn einer Person selbst bei gesunder Trauer häufig gegen den Verlorenen gerichtet ist, obwohl er ebenso oft gegen andere Personen, einschließlich des eigenen Selbst, gerichtet sein kann. Zu den vielen Problemen, die eine Untersuchung erfordern, gehören deshalb die Gründe für diese verschiedenen Ausdrucksweisen von Zorn, die Funktionen, die sie erfüllen mögen (wenn sie überhaupt welche erfüllen), die Ziele, auf die sie gerichtet sein mögen, und die oftmals pathologischen und anderen Veränderungen, die Zornimpulse durchmachen können.

6. Seit Freuds frühen Beiträgen zu den klinischen Problemen der Trauer ist *der Prozess der Identifizierung mit dem verlorenen Objekt* ein Eckstein jeder psychoanalytischen Theorie gewesen. Obwohl Freud zuerst glaubte, dass dieser Prozess nur bei pathologischer Trauer auftritt, kam er später (1923) zu der Ansicht, dass er ein Grundzug jeder Art von Trauer ist. Bei dieser Schlussfolgerung war er sehr beeinflusst durch die Theorie, die er ungefähr zur gleichen Zeit entwickelte *(Massenpsychologie und Ich-Analyse,* 1921), „daß erstens die Identifizierung die ursprünglichste Form der Gefühlsbindung an ein Objekt ist, zweitens daß sie auf regressivem Wege zum Ersatz für eine libidinöse Objektbindung wird" (G. W., XIII, S. 118). Auf diesen Ansichten ist ein riesiges psychoanalytisches Theoriegebäude errichtet worden.

Wenn man also die Grundlagen in Frage stellt, auf denen die Identifizierung eine solche Schlüsselrolle erhalten hat, bricht man mit einer langen und einflussreichen Tradition. Doch sie müssen aus verschiedenen Gründen in Frage gestellt werden. Erstens ist außer dem Gewicht der Tradition wenig Unterstützung für die Annahme zu sehen, dass die Identifizierung die ursprünglichste Form der Gefühlsbindung ist. Zweitens ist die Vorstellung, dass die Identifizierung mit der verlorenen Person im Zentrum des Trauerprozesses steht, niemals durch systematische Fakten belegt worden, während ein Großteil des gegenwärtig zu diesem Thema vorhandenen Beweismaterials (beispielsweise Smith 1971) vermutlich viel eher dahingehend verstanden werden kann, dass der Trauernde sich hartnäckig, wenn auch versteckt, darum bemüht, die verlorene Person wiederzugewinnen (siehe Kapitel 6). Schließlich wird der von Freud und anderen auf seiner ursprünglichen Formulierung errichtete theoretische Überbau in dem hier übernommenen Paradigma durch andere Theorieformen ersetzt. Somit ist im Endergebnis die Rolle, die in der hier vertretenen Theorie identifikatorischen Prozessen eingeräumt wird, eine untergeordnete: Sie werden als nur sporadisch auftretend und, wenn sie im Vordergrund stehen, als Anzeichen von Pathologie betrachtet.

7. Dies bringt uns zu unserem siebten Thema, dem der *Unterschiede zwischen gesunder und pathologischer Trauer.* In „Trauer und Melancholie" hat Freud drei Kriterien angeführt, die alle die klinische Theoriebildung beeinflusst haben, von denen in diesem Werk jedoch keins übernommen wird. Sein erstes Kriterium, dass die Anwesenheit von Hass auf das verlorene Objekt (der sich entweder direkt oder indirekt in Selbstvorwürfen äußert) Pathologie anzeigt, ist bereits aufgegriffen und als mit dem Beweismaterial nicht vereinbar abgetan worden. Sein zweites Kriterium, dass eine Identifizierung mit dem verlorenen Objekt nur bei pathologischer Trauer anzutreffen ist, gab er ein paar Jahre, nachdem er es aufgestellt hatte, auf *(Das Ich und das Es,* 1923), vielleicht mehr aufgrund einer neuen Betonung der Identifizierung in seiner Theorie der Objektbeziehungen als aufgrund neuer Be-

obachtungen über den Verlauf von Trauerprozessen. Sein drittes Kriterium beruht auf der Libido-Theorie und lässt sich daher nicht auf das gegenwärtige Paradigma beziehen. (Es beinhaltet, dass eine Form des pathologischen Trauerns, nämlich die Melancholie, sich von gesunder Trauer durch die Disposition der Libido unterscheidet; bei gesunder Trauer wird die Libido, die von dem verlorenen Objekt abgezogen wird, auf ein neues Objekt übertragen, während sie in der Melancholie ins Ich abgezogen wird und zu sekundärem Narzißmus führt.)

Die hier angenommene Betrachtungsweise ist die gleiche wie die von Lindemann, der die verschiedenen morbiden Trauerprozesse, die er beschreibt, zu ihren gesunden Gegenstücken in Beziehung setzt und sie als Übertreibungen oder Verzerrungen der normalen Prozesse betrachtet. Je detaillierter das Bild wird, das wir von gesunder Trauer erhalten, desto klarer können wir die pathologischen Varianten als das Ergebnis von Abwehrprozessen, die seinen Verlauf gestört und abgebogen haben, identifizieren.

8. Dies führt zu unserem achten und letzten Problem: *In welchem Entwicklungsstadium und mittels welcher Prozesse gelangt eine Person in einen Zustand, der es ihr ermöglicht, von nun an auf Verlust in zuträglicher Weise zu reagieren?*

Traditionsgemäß ist diese Frage im Kontext des Versuchs erhoben worden, den Fixierungspunkt zu verstehen, auf den Melancholiker während ihrer Krankheit regredieren. Viele psychoanalytische Formulierungen postulieren, dass diese Phase in die früheste Kindheit verlegt werden muss, und enthalten die Schlussfolgerung, dass die Fähigkeit, auf Verlust in zuträglicher Weise zu reagieren, während jener frühen Periode erlangt werden sollte, wenn die Entwicklung richtig verläuft. Klein und ihre Anhänger haben diese kritische Phase der psychischen Entwicklung als die „depressive Position" bezeichnet. Der folgende Abschnitt berichtet darüber, wie diese und verwandte Vorstellungen sich entwickelt haben.

Damit ist unser kurzer Überblick über einige der wichtigsten Themen, die bei jeder Diskussion über Trauer erwogen werden müssen, abgeschlossen. Was an der Trauer so eindrucksvoll ist, ist nicht nur die Anzahl und Verschiedenartigkeit der Reaktionssysteme, die daran beteiligt sind, sondern auch die Art und Weise, in der sie dazu neigen, miteinander in Konflikt zu geraten. Der Verlust einer geliebten Person führt nicht nur zu dem intensiven Wunsch nach Wiedervereinigung, sondern auch zu Zorn über ihr Verschwinden und später gewöhnlich zu einem Grad von Ablösung; er löst nicht nur einen Schrei um Hilfe aus, sondern manchmal auch eine Ablehnung derjenigen, die darauf reagieren. Kein Wunder, dass er nur unter Schmerzen zu erleben und schwer zu verstehen ist. Shand kommt mit Recht zu dem Schluss: „Das Wesen des Leids ist so komplex, es übt bei unterschiedlichen Charakteren so verschiedene Wirkungen aus, dass es für den Forscher kaum möglich, wenn nicht gar unmöglich ist, in sie alle einen Einblick zu geben" (Shand, 1920, S.361).

Vorstellungen, die individuelle Unterschiede in der Reaktion auf Verlust erklären

Bei ihren Versuchen, individuelle Unterschiede in den Reaktionen von Erwachsenen auf Verlust zu erklären, haben die meisten Kliniker eine Form von Theorie übernommen, die Ereignissen und Reaktionen aus der Kindheit große Bedeutung beimisst. Doch darüber hinaus waren sie sehr geteilter Meinung: in Bezug auf das Wesen der relevanten Ereignisse, auf die Entwicklungsphasen, während derer sie vermutlich die größte Bedeutung haben, und auf die Art und Weise, wie sich Ereignisse und Reaktionen am besten in Konzepte fassen lassen.

Wie wir feststellen, misst die klassische Schule psychoanalytischen Denkens Kindheitserfahrungen große ätiologische Bedeutung bei, die von einer Art sind, die, wie wir meinen, ohne große Schwierigkeit als Verlust oder Drohung von Verlust aufgefasst werden kann, die aber in jener Tradition unter ganz anderen Begriffen aufgefasst wird. Dementsprechend haben Angehörige der klassischen Schule bei der Konzeptionalisierung der psychologischen Prozesse, die durch die betreffende Erfahrung in Gang gesetzt werden, nicht Konzepte benutzt, die mit Verlust und Trauer in Beziehung stehen, sondern ganz andere. Weil die daraus folgende Tradition früh einsetzte und sehr einflussreich war, ist es sinnvoll, mit einem Überblick über die Arbeit und die Konzepte dieser Pioniere zu beginnen und daraufhin erstens die Art und Weise zu betrachten, in der die klinischen Fakten, auf die sie hinweisen, für unsere Interessen relevant sind, und zweitens zu sehen, wie diese gleichen Fakten innerhalb der hier vertretenen Konzepte von Trennung, Verlust und Trauer verstanden und umformuliert werden können. Als einen gesonderten Schritt betrachten wir Vorstellungen einer rivalisierenden Schule des Denkens, der von Melanie Klein. Während die Angehörigen dieser Schule Verlusterfahrungen während der frühen Kindheit so wie ich als ätiologische Kräfte verstehen und die psychologischen Prozesse, die sie in Gang setzen, unter den Begriff der Trauer fassen, weichen das Wesen der Verluste sowie die Lebensphase, die sie implizieren, weit von denen ab, die ich für wichtig halte. Außerdem ist das theoretische Paradigma, das sie vertreten, von dem hier vertretenen sehr verschieden.

Bald nach der Veröffentlichung von Freuds „Trauer und Melancholie" brachte Abraham (1924a) eine Hypothese vor, die alle späteren psychoanalytisch Orientierten beeinflusst hat. Als Folge der Behandlung mehrerer melancholischer Patienten kam er zu dem Schluss, dass „sich die melancholische Depression letztlich von unangenehmen Erfahrungen in der Kindheit des Patienten herleitet". Er postulierte deshalb, dass Melancholiker während ihrer Kindheit an „primärer Parathymie" gelitten haben. In diesen Textpassagen benutzt Abraham jedoch nie die Ausdrücke „Kummer" und „Trauer", obwohl er bereits die Ansicht übernommen hatte, dass Melancholie als eine pathologische Variante der Trauer zu verstehen ist. Und es wird auch nicht deutlich, ob er erkannt hat, dass die Erfahrung des Verlusts der Mutter oder ihrer Liebe für ein kleines Kind einen echten Verlust darstellt.

Seither hat eine Reihe anderer Psychoanalytiker bei dem Versuch, die Kindheitswurzeln der Depression und bei Persönlichkeiten, die dazu neigen, sie zu entwickeln, aufzuspüren, die Aufmerksamkeit auf die unglücklichen Erlebnisse in den frühen Lebensjahren ihrer Patienten gelenkt. Außer Melanie Klein und ihren Anhängern haben jedoch nur wenige diese Erfahrungen in Begriffen wie Verlust, oder Drohung von Verlust, und Kindheitstrauer konzeptionalisiert. Doch wenn wir die genannten Erfahrungen im Licht dessen untersuchen, was jetzt über die Entwicklung der Bindung eines Kindes an seine Mutterfigur bekannt ist, scheint es evident zu sein, dass dies ein Bezugsrahmen ist, der gut auf sie passt. Wir wollen als Beispiel drei in der Literatur beschriebene Patienten betrachten.

1936 berichtete Gerö über zwei Patienten, die unter Depression litten. Er kam zu dem Schluss, dass der eine von ihnen als Kind keine Liebe bekommen hatte; der andere war in ein Pflegeheim geschickt worden und war erst mit drei Jahren wieder nach Hause zurückgekehrt. Beide zeigten intensive Ambivalenz gegenüber jeder Person, die sie liebten, ein Zustand, der nach Gerös Meinung auf die frühen Erfahrungen zurückzuführen war. Im zweiten Fall spricht er von einer Fixierung an die Mutter und einer Unfähigkeit, ihr die Trennung zu verzeihen.

Jacobson hat viel über die Psychopathologie der Depression geschrieben und dabei regelmäßig auf eine Patientin, Peggy, Bezug genommen, deren Analyse sie in zwei Aufsätzen (1943, 1946) dargestellt hat. Bei Beginn der Behandlung war Peggy 24 Jahre alt und befand sich in einem Zustand schwerer Depression mit suizidalen Impulsen und Depersonalisierungserscheinungen; diese Symptome waren durch einen Verlust, nämlich den Verlust ihres Geliebten, ausgelöst worden. Das Kindheitserlebnis, dem Jacobson größere Bedeutung beimisst, geschah, als Peggy dreieinhalb Jahre alt war. Ihre Mutter ging ins Krankenhaus, weil sie ein Baby bekam, während Peggy und ihr Vater bei der Großmutter mütterlicherseits blieben. Es kam zu Streitigkeiten, und Vater ging davon. „Das Kind war allein gelassen, von seinem Vater enttäuscht und wartete ungeduldig auf die Rückkehr der Mutter. Doch als die Mutter zurückkam, hatte sie das Baby bei sich." Peggy erinnerte sich an das, was sie dabei gefühlt hatte: „Dies war nicht meine Mutter, es war eine andere Person" (eine nicht ungewöhnliche Erfahrung bei kleinen Kindern, die für ein paar Wochen von ihrer Mutter getrennt waren). Jacobson glaubt, dass „das kleine Mädchen kurz danach in seine erste tiefe Depression fiel".

Nun kann allerdings angezweifelt werden, ob die Erlebnisse aus der frühen Kindheit dieser Patienten richtig erinnert worden sind und auch ob die Analytiker Recht hatten damit, dass sie ihnen eine ätiologische Bedeutung beimaßen. Doch wenn wir sowohl die Validität der Erfahrungen als auch ihre Bedeutung akzeptieren, wozu ich neige, erweist sich das Konzept der Kindheitstrauer als sehr geeignet, nicht nur, um zu beschreiben, wie der Patient zu jener Zeit reagiert hat, sondern auch, um die Erfahrung der Kindheit mit der psychiatrischen Krankheit des späteren Lebens in Beziehung zu setzen. Keiner der beiden Autoren wendet dieses Konzept jedoch an. Stattdessen benutzen beide Begriffe wie „Enttäuschung" und „Desillusionierung", die ganz andere Bedeutungen haben.

Einige andere Analytiker sind sich zwar in mehr oder weniger starkem Maß der pathogenen Rolle solcher Kindheitserfahrungen bewusst, aber sie fassen die Reaktion eines Kindes auf Verlust nicht in den Begriffen Kummer oder Trauer. Einer von ihnen ist Fairbairn (1952). Ein zweiter ist Stengel, der in seinen Untersuchungen über zwanghaftes Umherwandern (1939, 1941, 1943) besonders auf den Drang, eine verlorene geliebte Gestalt wiederzugewinnen, aufmerksam macht. Ein dritter ist der Autor dieses Bandes mit seinen früheren Schriften (1944, 1951). Weitere sind Anna Freud (1960) und René Spitz (1946b), die beide, indem sie die Vorstellung zurückweisen, dass kleine Kinder trauern, die Hypothese ausschließen, dass der neurotische und der psychotische Charakter in manchen Fällen die Folgen von Trauerprozessen sein können, die in der Kindheit ausgelöst wurden, einen ungünstigen Verlauf genommen haben und dadurch die Person dazu geneigt gemacht haben, auf spätere Verluste in pathologischer Weise zu reagieren.

Ein schwerwiegenderer Grund dafür, dass die Reaktion eines Kindes auf Verlust so häufig nicht als eine Form von Trauer betrachtet wird, ist, wie wir gesehen haben, die Tradition, die das Konzept auf Prozesse mit einem gesunden Ergebnis begrenzt. Die Schwierigkeiten, die sich aus einem so eingeschränkten Gebrauch ergeben, illustriert ein wichtiger Aufsatz von Helene Deutsch, „Absence of Grief" (1937). In ihrem Bericht über vier Patienten erkennt sie sowohl die zentrale Bedeutung eines Kindheitsverlusts für die Erzeugung von Symptomen und Charakterabweichungen an als auch die eines Abwehrmechanismus, der als Folge eines Verlusts einen Affektmangel bewirken kann. Doch obwohl sie diesen Mechanismus zur Trauer in Beziehung setzt, stellt sie ihn eher als eine Alternative zur Trauer denn als eine pathologische Variante davon dar. Diese Unterscheidung ist ganz und gar nicht trivial. Denn wenn man den auf einen Kindheitsverlust folgenden Abwehrprozess als eine Alternative zur Trauer betrachtet, entgeht einem sowohl, dass Abwehrprozesse ähnlicher Art, die jedoch von geringerer Stärke sind und später einsetzen, auch bei gesunder Trauer beteiligt sind, als auch, dass nicht so sehr die Abwehrprozesse selbst pathologisch sind, sondern ihr Umfang, ihre Intensität und ihre Dauerhaftigkeit.

Ähnlich war Freud einerseits stark an der pathogenen Rolle der Trauer interessiert und war sich andererseits, vor allem in den späteren Jahren, auch der pathogenen Rolle eines Kindheitsverlusts bewusst, aber es scheint ihm nie in den Sinn gekommen zu sein, Kindheitstrauer und deren Disposition, einen pathologischen Verlauf zu nehmen, als Konzepte zu betrachten, die zwischen diesen beiden Vorstellungsbereichen eine Brücke schlagen. Dies geht deutlich aus seiner Erörterung der „Ichspaltung im Abwehrvorgang" hervor, der er gegen Ende seines Lebens besondere Aufmerksamkeit widmete (1938).

In einem seiner Aufsätze (1927) beschreibt Freud zwei Patienten, bei denen der Verlust des Vaters eine Ichspaltung nach sich gezogen hatte.

> „Aus der Analyse zweier junger Männer erfuhr ich, daß sie beide den Tod des geliebten Vaters im zweiten und im zehnten Jahr nicht zur Kenntnis genommen ... hatten – und doch hatte keiner von beiden eine Psychose entwickelt. Da war also ein gewiss bedeutsames Stück der Realität vom Ich verleugnet worden ... [Aber] es war nur eine Strömung in ihrem Seelenleben, welche den Tod des Vaters nicht anerkannt hatte; es gab auch eine andere, die dieser Tatsache vollkommen Rechnung trug; die wunschgerechte wie die realitätsgerechte Einstellung bestanden nebeneinander" (G. W., XTV, S. 315– 316).

In diesem und verwandten Aufsätzen bezieht Freud seine Entdeckung solcher Spaltungen jedoch weder auf die Pathologie der Trauer im Allgemeinen noch auf die Kindheitstrauer im Besonderen. Dennoch erkannte er sie als die nicht seltenen Folgeerscheinungen von Verlusten im frühen Leben an. Anlässlich einer Diskussion seiner Befunde bemerkte er, dass ähnliche Erscheinungen in der Kindheit vermutlich keine Seltenheit seien. Spätere Untersuchungen zeigen, dass seine Vermutung wohlbegründet war.

So zeigt die Lektüre der zugehörigen Literatur, dass zwar dem Verlust eines Elternteils und dem Verlust von Liebe sehr viel pathogene Bedeutung beigemessen wird, dass jedoch in der Haupttradition der psychoanalytischen Theoriebildung die Ursprünge pathologischer Trauer bei Erwachsenen (oder pathologischer Alternativen zur Trauer, wie einige es vielleicht lieber formulieren würden) und der psychiatrischen Krankheiten, zu denen sie führen, weder mit Kindheitstrauer verbunden sind noch mit der Tendenz von Trauerprozessen, einen pathologischen Verlauf zu nehmen, wenn sie in der frühen oder späteren Kindheit ausgelöst werden.

Ein wichtiger Beitrag Melanie Kleins besteht darin, diese Verknüpfung hergestellt zu haben (1935, 1940). Sie vertritt die Ansicht, dass Säuglinge und kleine Kinder trauern und Depressionsphasen durchmachen und dass die Art und Weise, wie sie in solchen Zeiten reagieren, bestimmend ist für die Art und Weise, wie sie im späteren Leben auf weitere Verluste reagieren werden. Sie glaubt, dass gewisse Arten von Abwehr als „gegen die Sehnsucht nach dem verlorenen Objekt gerichtet" verstanden werden müssen. In dieser Hinsicht hat meine Betrachtungsweise nicht nur Ähnlichkeit mit der ihren, sondern ist auch durch sie beeinflusst worden. Dennoch gibt es viele und weit reichende Unterschiede zwischen unseren jeweiligen Positionen. Sie betreffen das Wesen der Verlusterfahrungen, denen ätiologische Bedeutung beigemessen wird, die Altersspanne, in der angenommen wird, dass solche Verluste mit dieser Bedeutung auftreten, das Wesen und den Ursprung von Angst und Zorn und auch die Rolle von gleichzeitigen und nachfolgenden Bedingungen, von denen angenommen wird, dass sie die Art und Weise, wie ein Kind auf Verlust reagiert, beeinflussen. Während es, wie wir in Teil III sehen werden, Beweismaterial dafür gibt, dass die Reaktionen eines Kindes stark durch die Bedingungen beeinflusst werden, die zur Zeit des Verlusts und danach in seiner Familie herrschen, versäumt Klein nicht nur, diese Möglichkeit zu erwähnen, sondern indem sie die Betonung auf andere Dinge legt, erweckt sie auch den Eindruck, dass solche Bedingungen wenig zu bedeuten haben.

Die Verlusterfahrungen, die Klein für pathogen hält, fallen alle ins erste Lebensjahr und hängen größtenteils mit Nähren und Entwöhnen zusammen. Aggression wird als ein Ausdruck des Todestriebs behandelt, und Angst als eine Folge ihrer Projektion. Nichts von all dem ist überzeugend. Erstens ist das Beweismaterial, das sie in Bezug auf die überragende Bedeutung des ersten Lebensjahrs und der Entwöhnung vorbringt, bei genauerer Betrachtung nicht sehr eindrucksvoll (Bowlby, 1960b). Zweitens lassen sich ihre Hypothesen in Bezug auf Aggression und Angst sowie ihr umfassendes Paradigma nicht mit biologischem Denken vereinbaren. Weil ein so großer Teil ihrer Theorie unplausibel ist, wäre es ein Leichtes, ihre nützlichen Vorstellungen zusammen mit dem übrigen abzulehnen. Es wäre schade darum.

Die Position, die hier eingenommen wird, lehnt zwar das Paradigma, das Klein vertritt, ab und auch die von ihr vorgebrachten Hypothesen zur Erklärung individueller Unterschiede in der Reaktion auf Verlust, sieht in ihren Vorstellungen jedoch die Ansätze zu einer produktiven Art, die Fakten zu ordnen. Die alternativen Vorstellungen, die, wie wir glauben, durch das Beweismaterial gestützt werden, sind, dass das bedeutendste Objekt, das verloren werden kann, nicht die Brust, sondern die Mutter selbst ist (und manchmal der Vater), dass die verletzbare Periode nicht auf das erste Lebensjahr begrenzt ist, sondern sich auf eine Reihe von Jahren der Kindheit erstreckt (wie es Freud immer angenommen hat) und sogar bis hinein in die Adoleszenz und dass der Verlust eines Elternteils nicht nur Trennungsangst und Kummer auslöst, sondern auch Trauerprozesse, in denen Aggression, die die Funktion hat, eine Wiedervereinigung herbeizuführen, eine größere Rolle spielt. Diese Formulierung, die sich eng an die Fakten hält, hat das zusätzliche Verdienst, dass es sich reibungslos in die biologische Theorie einfügen lässt.

Ein umfassenderer Bericht darüber, wie Reaktionen auf Verlust in der Kindheit in der psychoanalytischen Literatur abgehandelt worden sind, findet sich in einem früheren Aufsatz (Bowlby, 1960b).

3 Der konzeptionelle Rahmen

> *Entsprechend unserer Zeit und unserer Erfahrung repräsentieren wir die natürliche und die menschliche Welt durch einen großen Zusammenhang von Bildern. Diesem Zusammenhang von Bildern fügen wir als Schablone ein System von Hypothesen hinzu, die uns kohärent erscheinen. Für den wissenschaftlichen Fortschritt ergibt sich eine Schwierigkeit, wenn eine neue Erfahrung die Neuordnung des Musters unserer Bilder erfordert.*
>
> C. F. A. Pantin, *The Relation between the Sciences*

Bindungstheorie – ein Überblick

Da der konzeptionelle Rahmen, den ich auf die Untersuchung der Trauer anwende, sich von den traditionell angewandten unterscheidet, ist es vielleicht sinnvoll, hier einen Überblick über einige seiner Hauptzüge zu geben und diejenigen zu entwickeln, die von besonderer Relevanz sind.

Als ich meine Untersuchungen über die Auswirkungen des Umstandes begann, dass kleine Kinder von ihrer Mutter entfernt und zu fremden Menschen an einen fremden Ort gebracht werden, war mein theoretischer Bezugsrahmen der der Psychoanalyse. Da ich seinen metapsychologischen Überbau jedoch unbefriedigend fand, habe ich ein Paradigma entwickelt, das zwar viel psychoanalytisches Denken enthält, sich vom traditionellen jedoch darin unterscheidet, dass es eine Reihe von Grundsätzen aus den relativ neuen Wissenschaftszweigen der Ethologie und der Kontrolltheorie übernimmt. Auf diese Weise kann das neue Paradigma auf viele abstrakte Konzepte, einschließlich derer der psychischen Energie und des Triebs, verzichten und Verbindungen zur Erkenntnispsychologie herstellen. Seine Verdienste bestehen darin, dass seine Konzepte einerseits psychologisch sind und sich für die klinischen Fakten, die den Psychoanalytiker interessieren, in besonderem Maße eignen, sich andererseits aber auch mit den Konzepten der Neurophysiologie und der Entwicklungspsychologie vereinbaren lassen und außerdem die üblichen Anforderungen einer wissenschaftlichen Disziplin erfüllen.[17]

Ich sehe einen besonderen Vorteil dieses Paradigmas darin, dass es ermöglicht, die menschliche Neigung zur Knüpfung starker emotionaler Bindungen an bestimmte andere Menschen auf neue und erhellende Weise zu konzeptionalisieren und die vielen Formen von emotionalen und Persönlichkeitsstörungen, einschließlich Angst, Zorn, Depression und emotionale

Entfremdung, die durch ungewollte Trennung und Verlust ausgelöst werden, zu erklären. Die daraus resultierende Theorie, die ich der Einfachheit halber als Bindungstheorie bezeichne, beschäftigt sich mit den gleichen Phänomenen, die bisher unter den Begriffen „Abhängigkeitsbedürfnis" oder „Objektbeziehungen" oder „Symbiose und Individuation" behandelt worden sind. Im Unterschied zu diesen Theorien generalisiert die Bindungstheorie jedoch wie folgt:

a) Bindungsverhalten wird als jede Form von Verhalten aufgefasst, die darauf hinausläuft, dass eine Person zu einer anderen unterschiedenen und vorgezogenen Person Nähe erlangt oder aufrechterhält. Solange die Bindungsfigur zugänglich und reaktionsbereit bleibt, besteht das Verhalten unter Umständen aus nichts weiter als einem gelegentlichen Schauen oder Horchen, wo sich die Figur gerade aufhält, und hin und wieder einem Blickwechsel und Austausch von Begrüßungen. Unter bestimmten Umständen kann es jedoch auch zu einem Nachfolgen oder Anklammern an die Bindungsfigur kommen und auch zu Rufen oder Schreien, was mit Wahrscheinlichkeit bewirkt, dass sich die Bindungsfigur um die betreffende Person kümmert.
b) Als Verhaltensklasse mit einer eigenen Dynamik wird Bindungsverhalten als unterschieden von Nahrungsverhalten und Sexualverhalten aufgefasst, und ihm wird eine mindestens ebenso wichtige Rolle im menschlichen Leben zugemessen.
c) Im Verlauf einer gesunden Entwicklung führt Bindungsverhalten zur Herausbildung gefühlsmäßiger Bindungen ursprünglich zwischen Kind und Elternteil und später zwischen Erwachsenen. Die Verhaltensformen und die Bindungen, die dadurch erzeugt werden, bleiben während des ganzen Lebenszyklus anwesend und aktiv (und sind keineswegs auf die Kindheit beschränkt, wie andere Theorien annehmen).
d) Bindungsverhalten wird wie andere Formen instinktiven Verhaltens durch Verhaltenssysteme vermittelt, die zu einem frühen Zeitpunkt in der Entwicklung zielkorrigiert werden. Homöostatische Systeme dieses Typs sind so strukturiert, dass mittels Feedback ständig auf mögliche Diskrepanzen zwischen ursprünglicher Instruktion und laufender Ausführung aufmerksam gemacht wird, so dass das Verhalten entsprechend modifiziert werden kann. Bei der Planung und Lenkung zielkorrigierten Verhaltens werden repräsentierende Modelle sowohl von den Fähigkeiten des Selbst als auch von relevanten Zügen der Umgebung benutzt. Das Ziel von Bindungsverhalten besteht darin, bestimmte Grade von Nähe zu oder Kommunikation mit der (den) unterschiedenen Bindungsfigur(en) aufrechtzuerhalten.
e) Während eine Bindung besteht, werden die verschiedenen Formen von Bindungsverhalten, die zu dieser Bindung beitragen, nur dann aktiviert, wenn es erforderlich ist. So werden die Systeme, die Bindungsverhalten

vermitteln, nur unter bestimmten Bedingungen aktiviert, zum Beispiel Fremdheit, Erschöpfung, irgendetwas Erschreckendes und die Unerreichbarkeit oder Reaktionslosigkeit der Bindungsfigur, und sie werden nur durch bestimmte andere Bedingungen beendet, zum Beispiel eine vertraute Umgebung und die ständige Verfügbarkeit und Reaktionsbereitschaft einer Bindungsfigur. Wenn Bindungsverhalten jedoch in starkem Maß aktiviert ist, können zu seiner Beendigung eine Berührung oder Anklammern oder das aktiv beschwichtigende Verhalten der Bindungsfigur notwendig werden.

f) Viele der intensivsten Emotionen entstehen während der Bildung, der Aufrechterhaltung, der Unterbrechung und der Erneuerung von Bindungsbeziehungen. Die Anknüpfung einer Bindung wird als Sich-Verlieben beschrieben, die Aufrechterhaltung einer Bindung als Lieben und der Verlust eines Partners als Um-jemanden-Trauern. Auf ähnliche Weise erregt die Drohung eines Verlusts Angst und der tatsächliche Verlust Leid, während beide Situationen mit großer Wahrscheinlichkeit Zorn erregen. Die unangefochtene Aufrechterhaltung einer Bindung wird als eine Quelle von Sicherheit erlebt und die Erneuerung einer Bindung als eine Quelle von Freude. Weil solche Emotionen gewöhnlich den Zustand der gefühlsmäßigen Bindungen einer Person widerspiegeln, erweist sich die Psychologie und Psychopathologie der Emotionen größenteils als Psychologie und Psychopathologie gefühlsmäßiger Bindungen.

g) Bindungsverhalten ist im Lauf der Evolution zu einem Kennzeichen vieler Spezies geworden, weil es zum Überleben des Individuums beiträgt, indem es dieses in Kontakt mit seinem (seinen) Pfleger(n) hält und dadurch das Risiko verringert, dass es Schaden nimmt, beispielsweise durch Kälte, Hunger oder Ertrinken und in der menschlichen Umwelt der evolutionären Angepasstheit durch Raubtiere.

h) Verhalten, das komplementär zum Bindungsverhalten ist und eine komplementäre Funktion erfüllt, nämlich die, das gebundene Individuum zu schützen, ist Pflegeverhalten. Dies wird gewöhnlich von einem Elternteil oder einem anderen Erwachsenen gegenüber einem Kind oder einem Heranwachsenden gezeigt, aber auch von einem Erwachsenen gegenüber einem anderen Erwachsenen, vor allem in Zeiten von Krankheit, Stress oder Alter.

i) In Anbetracht der Tatsache, dass Bindungsverhalten potentiell das ganze Leben hindurch aktiv bleibt und die beschriebene lebenswichtige biologische Funktion hat, betrachte ich es als großen Irrtum anzunehmen, dass aktives Bindungsverhalten seitens eines Erwachsenen ein Anzeichen für Pathologie oder für eine Regression auf unreifes Verhalten ist. Letztere Betrachtungsweise, für fast alle anderen Versionen psychoanalytischer Theorien charakteristisch, ist Folge der aus Theorien über Oralität und Abhängigkeit abgeleiteten Konzepten, die hier abgelehnt werden, weil sie mit dem Beweismaterial nicht übereinstimmen.

j) Psychopathologie wird als Folge der auf Abwege geratenen psychologischen Entwicklung einer Person betrachtet und nicht als Folge ihrer Fixierung an oder Regression auf ein frühes Entwicklungsstadium.
k) Gestörte Muster von Bindungsverhalten können in jedem Alter als Folge einer auf Abwege geratenen Entwicklung auftreten. Eine der häufigsten Formen von Störung ist die allzu leichte Auslösung von Bindungsverhalten, die sich in einer ängstlichen Bindung äußert. Eine andere Form, der in diesem Band besondere Aufmerksamkeit geschenkt wird, ist ein teilweises oder vollständiges Aufgeben von Bindungsverhalten.
l) Hauptdeterminanten des Weges, den die Entwicklung des Bindungsverhaltens eines Individuums einschlägt, und des Musters, nach dem es organisiert wird, sind die Erfahrungen, die es während der Jahre der Unreife – Säuglingszeit, Kindheit und Adoleszenz – mit Bindungsfiguren macht.
m) Auf die gleiche Weise, in der das Bindungsverhalten eines Individuums innerhalb seiner Persönlichkeit organisiert wird, gestaltet sich das Muster der gefühlsmäßigen Bindungen, die es im Lauf seines Lebens anknüpft.

Innerhalb dieses Rahmens ist es nicht schwierig anzuzeigen, wie die Auswirkungen von Verlust und die Zustände von Stress und Leid, zu denen sie führen, konzipiert werden können.

Stressoren und Zustände von Stress und Leid

Es ist charakteristisch für jedes homöostatische System, dass es nur dann wirksam operieren kann, wenn die Umweltbedingungen, die für sein Operieren relevant sind, sich innerhalb bestimmter Grenzen halten. Wenn sie dies nicht tun, wird das System überbelastet und versagt schließlich. Ein Beispiel aus der Physiologie ist das System, das dafür zu sorgen hat, dass die Körpertemperatur innerhalb der Norm bleibt. Solange sich die Temperatur der Umgebung innerhalb bestimmter oberer und unterer Grenzen hält, kann das System wirksam operieren. Doch wenn die Temperatur der Umgebung genügend lange oberhalb oder unterhalb dieser Grenzen bleibt, kann das System sein Ziel nicht erreichen. Infolgedessen steigt oder sinkt die Körpertemperatur, und der Organismus leidet an Hyper- oder Hypothermie. Die Umweltbedingungen, die diese physiologischen Zustände hervorrufen, werden Stressoren genannt, die Zustände selbst Stresszustände. Die persönliche Erfahrung ist eine Erfahrung von Leid.

Da das Ziel des Bindungsverhaltens darin besteht, eine gefühlsmäßige Bindung aufrechtzuerhalten, ruft jede Situation, die die Bindung zu gefährden scheint, Aktionen hervor, die den Zweck haben, die Bindung zu erhalten; und je größer die Gefahr eines Verlusts erscheint, um so intensiver und unterschiedlicher sind die Aktionen, die hervorgerufen werden, um diesen

Verlust zu verhindern. Unter solchen Umständen werden die wirksamsten Formen von Bindungsverhalten aktiviert – Anklammern, Weinen und vielleicht das Druckmittel des Zorns. Dies ist die Phase des Protests, in der akuter physiologischer Stress und emotionales Leid herrschen. Wenn diese Aktionen zum Erfolg führen, ist die Bindung wiederhergestellt, die Aktivitäten hören auf, und die Stress- und Leidzustände bessern sich.

Wenn jedoch die Bemühung um die Wiederherstellung der Bindung nicht erfolgreich ist, lässt die Anstrengung früher oder später nach. Aber sie hört gewöhnlich nicht auf. Das Beweismaterial zeigt im Gegenteil, dass die Bemühung um die Wiederherstellung der Bindung in möglicherweise zunehmend längeren Abständen immer wieder erneuert wird: Die Schmerzen des Kummers und der Drang zu suchen werden von neuem erlebt. Das bedeutet, dass das Bindungsverhalten der Person ständig erhalten bleibt und unter Bedingungen, die noch zu definieren sind, von neuem aktiviert wird. Der Zustand des Organismus ist dann ein Zustand von chronischem Stress und wird als ein Zustand von chronischem Leid erlebt. Außerdem werden sowohl Stress als auch Leid mit großer Wahrscheinlichkeit in gewissen Abständen immer wieder akut.

Dieser kurze Abriss wird in den folgenden Kapiteln sehr viel umfassender ausgeführt. Inzwischen scheint es notwendig, darzulegen, wie die Begriffe „gesund" und „pathologisch" angewandt werden. Einem Hinweis Freuds (1926d) folgend hat Engel (1961) eine wertvolle Analogie vorgetragen. Er ist der Ansicht, dass der Verlust einer geliebten Person psychologisch ebenso traumatisch ist wie eine schwere Verletzung oder Brandwunde es in physiologischer Hinsicht ist. Unter Berufung auf homöostatische Prinzipien fährt er fort: „Das Erlebnis unkomplizierten Schmerzes stellt eine deutliche und grobe Abweichung von dem dynamischen Zustand dar, der für Gesundheit und Wohlbefinden kennzeichnend ist ... Es bringt Leiden und eine Störung der Fähigkeit zu funktionieren mit sich, die sich über Tage, Wochen oder sogar Monate hinziehen können." Die Trauerprozesse können so mit den Heilungsprozessen verglichen werden, die auf eine schwere Verletzung oder Verbrennung folgen. Wie wir wissen, können solche Heilungsprozesse einen Verlauf nehmen, der mit der Zeit zur Wiederherstellung der vollen oder fast vollen Funktionsfähigkeit führt; sie können andererseits aber auch eine von vielen Verlaufsmöglichkeiten einschlagen, die jeweils eine mehr oder weniger starke Verringerung der Funktionsfähigkeit zur Folge haben. In der gleichen Weise können Trauerprozesse einen Verlauf nehmen, der im Lauf der Zeit zu einer mehr oder weniger vollständigen Wiederherstellung der Funktion, das heißt zu einer Erneuerung der Fähigkeit, Liebesbeziehungen anzuknüpfen und aufrechtzuerhalten, führt; oder sie können einen Verlauf nehmen, bei dem diese Funktion am Ende mehr oder weniger stark beeinträchtigt ist. Ebenso wie die Begriffe gesund und pathologisch auf die verschiedenen Verläufe physiologischer Heilungsprozesse angewandt werden können, können sie auch auf die verschiedenen Verläufe von Trauerprozessen angewandt werden. Dennoch ist anzumerken, dass in Fragen von Gesundheit und Pathologie keine klaren Grenzen gezogen werden können und dass eine scheinbare Wiederherstellung der Funktionsfähigkeit oftmals eine gesteigerte Sensitivität gegenüber weiteren Traumata verbergen kann.

Engels Annäherungsweise an das Problem ist eine produktive. Sobald der Trauernde als jemand betrachtet wird, der sich in einem Zustand biologischen Ungleichgewichts befindet, das durch eine plötzliche Veränderung in der Umwelt hervorgerufen worden ist, können die in Gang gesetzten Prozesse sowie die Bedingungen, die ihren Verlauf beeinflussen, in der gleichen Weise wie Verletzungen, Verbrennungen und Infektionen zum Gegenstand systematischer Untersuchungen gemacht werden.

Um den ganzen Bereich von gesunden und pathologischen Reaktionen, die durch Verlust hervorgerufen werden, zu erfassen, muss der bis jetzt abgesteckte konzeptionelle Rahmen erweitert werden. Dies ist in keiner Richtung notwendiger als in Hinblick auf Abwehrkonzepte.

4   Abwehr und Informationsverarbeitung

Wir sehen nur das, was wir kennen.   Goethe

Eine neue Annäherungsweise

Man kann Reaktionen auf Verlust, mögen sie nun gesund oder pathologisch sein, nicht verstehen, ohne ständig die Konzepte des Abwehrprozesses, der Abwehrüberzeugung und der Abwehraktivität anzuführen – was meiner Meinung nach die drei Kategorien sind, in die sich Abwehrmechanismen am besten gruppieren lassen. In diesem Kapitel wird kurz umrissen, wie die beobachteten Phänomene und die postulierten Prozesse innerhalb des hier übernommenen konzeptionellen Rahmens verstanden werden können. Obwohl hin und wieder Vergleiche zwischen der hier vertretenen Theorie und bestimmten Konzepten Freuds in Bezug auf Abwehr und psychische Struktur angestellt werden, wird aus Platzgründen kein systematischer Versuch unternommen, die beiden Modelle zueinander in Beziehung zu setzen.

Die konzeptionellen Werkzeuge, die ich benutze, sind durch Wissenschaftler, die die menschliche Informationsverarbeitung erforscht haben, bereitgestellt worden. Diese Werkzeuge setzten uns in die Lage, Abwehrphänomene von einem neuen Gesichtswinkel aus zu untersuchen, auf systematischere Weise Fakten zu sammeln und Hypothesen in einer Sprache zu formulieren, die wir mit anderen Verhaltenswissenschaftlern gemeinsam haben. Dies sind große Vorteile. Trotzdem muss noch ein langer Weg zurückgelegt werden, bevor die umrissene Theorie so weit entwickelt ist, dass sie dem weiten Bereich von Abwehrphänomenen, denen wir klinisch begegnen, gerecht werden kann. Deshalb wird es so lange, bis mehr Forschungsarbeit geleistet worden ist, ungewiss bleiben, wie erfolgreich die neue Annäherungsweise sein wird.

Ausschluss von Informationen von der Weiterverarbeitung

Im ersten Band dieses Werkes habe ich am Ende von Kapitel 6 und in Kapitel 7 auf den gegenwärtigen Stand der Forschung in der Neurophysiologie und der Erkenntnispsychologie hinsichtlich der zentralen Kontrolle des sensorischen Inputs aufmerksam gemacht. Ob der sensorische Input nun durch exterozeptive Stimulation aus der Umwelt oder durch interozeptive Stimulation aus dem Organismus selbst kommt, er macht auf jeden Fall viele Stadien von Selektion, Interpretation und Einschätzung durch, bevor er entweder sofort oder später irgendwelchen Einfluss auf das Verhalten nehmen kann. Diese Verarbeitung geschieht in einer Folge von Stadien, die bis auf die einleitenden alle erfordern, dass der Input zu passenden Informationen, die bereits im Langzeitgedächtnis gespeichert sind, in Beziehung gesetzt wird. Dieser ganze Verarbeitungsprozess wird durch eine zentrale Kontrolle beeinflusst und spielt sich in außerordentlicher Geschwindigkeit ab; und nur an den komplexesten Prozessen hat das Bewusstsein teil.

In den meisten Fällen ist der Input für Psychologen und den Durchschnittsbürger von größtem Interesse, der, nachdem er ausgewählt, interpretiert und eingeschätzt worden ist, die Stimmung und das Verhalten beeinflusst und/oder im Langzeitgedächtnis gespeichert wird. Die Tatsache, dass der überwiegende Teil des ursprünglichen Inputs im Verlauf seiner Verarbeitung routinemäßig aus dem einen oder anderen Grund ausgeschlossen wird, wird ignoriert. Im Gegensatz dazu erstreckt sich das Interesse, um zum Verständnis pathologischer Bedingungen zu kommen, in entgegengesetzter Richtung, nämlich auf das, was ausgeschlossen wird, auf die Mittel, durch die es ausgeschlossen wird, und vor allem auf den Grund, aus dem es ausgeschlossen wird.

Im normalen Verlauf des Lebens eines Menschen wird der größte Teil der Informationen, die ihn erreichen, von der Weiterverarbeitung ausgeschlossen, damit seine Kapazitäten nicht überbelastet werden und seine Aufmerksamkeit nicht ständig abgelenkt wird. Der größte Teil des selektiven Ausschlusses ist deshalb sowohl notwendig als auch adaptiv. Wie andere physiologische und psychologische Prozesse kann der selektive Ausschluss jedoch unter gewissen Umständen Folgen haben, die von zweifelhaftem oder unterschiedlichem adaptivem Wert sind. Zum Beispiel kann der selektive Ausschluss von Informationen bestimmter Art unter gewissen ungünstigen Umständen während der Kindheit adaptiv sein. Doch wenn sich die Situation während der Adoleszenz und im Erwachsenenleben verändert, kann der hartnäckige Ausschluss der gleichen Arten von Information fehlangepasst sein. Die von den Psychoanalytikern postulierten Abwehrprozesse gehören meiner Meinung nach in diese Kategorie. Um diese ungewöhnlichen Fälle selektiven Ausschlusses, der nur vorübergehend adaptiven Wert besitzt, von der überwiegenden Mehrheit adaptiver Fälle zu unterscheiden, spricht man am besten von „Abwehrausschluss".

Das Grundkonzept der hier vorgetragenen Abwehrtheorie ist das des Ausschlusses bestimmter spezifischer Arten von Information von der Weiterverarbeitung für relativ lange Perioden oder sogar auf Dauer. Einige dieser Informationen sind bereits im Langzeitgedächtnis gespeichert, so dass Abwehrausschluss in diesen Fällen auf einen gewissen Grad von Amnesie hinausläuft. Andere Informationen werden durch die Sinnesorgane aufgenommen, und in diesem Fall läuft Abwehrausschluss auf einen gewissen Grad an Wahrnehmungsblockade hinaus. Wie an späterer Stelle in diesem Band deutlich gemacht wird, können die vielen anderen Phänomene, die von Klinikern als Abwehrphänomene beschrieben werden, vor allem bestimmte Arten von Überzeugung und bestimmte Muster von Aktivität oder Inaktivität sowie die mit ihnen verbundenen Gefühle innerhalb dieses Rahmens als tief greifende Folgen davon, dass bestimmte signifikante Informationen ausgeschlossen worden sind, verstanden werden. Entsprechend lassen sich analytische Therapien als Verfahren verstehen, die darauf abzielen, eine Person in die Lage zu versetzen, Informationen zur Verarbeitung zuzulassen, die sie bisher ausgeschlossen hat, und zwar in der Hoffnung, dass die Folgen hiervon ebenso tief greifend sein werden.

Bei der Darstellung der Theorie wird als Erstes den grundlegenden Fragen Aufmerksamkeit geschenkt, wie Informationen irgendwelcher Art zuerst ausgewählt und dann absichtlich ausgeschlossen werden können. Als Nächstes betrachten wir kurz das Wesen der spezifischen Informationen, die gewöhnlich für einen längeren oder einen Abwehrausschluss ausgewählt werden. Erst danach beschäftigen wir uns mit den beiden weiteren Fragen: Welches sind die kausalen Bedingungen, die zum Ausschluss bestimmter Informationen für längere Zeiträume führen? Und welches sind die Vor- und Nachteile dieses Vorgangs? Indem wir auf diese Weise vorgehen, bewegen wir uns von den weniger strittigen Fragen zu denen hin, die am meisten strittig sind.

Was die Befunde aus der experimentellen Forschung anbelangt, so ist bis jetzt mehr Licht auf den selektiven Ausschluss von Informationen während der Verarbeitung des sensorischen Inputs geworfen worden als auf den selektiven Ausschluss von Informationen, die bereits gespeichert worden sind. Aus diesem Grund beschäftigen wir uns besonders mit Untersuchungen über unterschwellige Wahrnehmung und Wahrnehmungsabwehr. Da jedoch keine Wahrnehmung möglich ist, ohne dass der sensorische Input in Hinblick auf bereits gespeicherte Informationen gedeutet wird, ist es einleuchtend, wenn man annimmt, dass die Mechanismen, die verhindern, dass bestimmte Informationen aus der Speicherung abberufen werden, eine gewisse Ähnlichkeit mit den Mechanismen haben, die durch die Sinnesorgane aufgenommene Informationen von ähnlicher Wichtigkeit daran hindern, dass sie weiterverarbeitet werden. Unter diesen Umständen kann das, was über unterschwellige Wahrnehmung und Wahrnehmungsabwehr bekannt ist, als Paradigma aufgefasst werden.[18]

Unterschwellige Wahrnehmung und Wahrnehmungsabwehr

Die Vorstellung, dass Informationen bestimmten Inhalts selektiv von der Wahrnehmung ausgeschlossen werden können, traf auf beträchtliche Skepsis, als sie um 1950 herum zum ersten Mal geäußert wurde. Man fragte sich, wie ein Mensch einen bestimmten Reiz selektiv ausschließen kann, wenn er den Reiz, den er ausschließen möchte, nicht zuerst wahrnimmt. Auf den ersten Blick scheint dies ein schlüssiges Argument zu sein, vor allem, wenn angenommen wird, dass Wahrnehmung eine Art von einmaligem Ereignis ist, das sich entweder einstellt oder nicht einstellt. Doch Erdelyi weist darauf hin, dass der Einwand entkräftet wird, sobald Wahrnehmung als ein Prozess mit vielen Stadien betrachtet wird. Denn während der Verarbeitung als Durchgang durch eine Reihe von Stadien würde es zumindest möglich sein, dass bestimmte Informationen ausgeschlossen werden, bevor sie ein mit Bewusstheit verbundenes Endstadium erreichen. Inzwischen liegt reichlich Beweismaterial dafür vor, dass dies geschehen kann.

Nach jahrzehntelangen Kontroversen, während denen die experimentellen Techniken ständig verbessert wurden, ist eine Viel-Stadien-Theorie der Wahrnehmung jetzt weithin akzeptiert. Wir wollen einige Züge davon zusammenfassen, die für eine Abwehrtheorie relevant sind.

Das sich während der Wahrnehmung einstellende Erkennen eines Musters verläuft gleichzeitig in zwei Richtungen. Einerseits löst die Ankunft eines sensorischen Reizes eine automatische Reihe von Analysen aus, die bei den Sinnesorganen anfangen und sich durch die ganze Kette der Verarbeitungsstadien bis ins Zentrum erstrecken. Andererseits und gleichzeitig löst die Situation, in der die sensorischen Ereignisse stattfinden, Erwartungen aus, die auf früheren Erfahrungen und allgemeinem Wissen basieren. Diese Erwartungen erzeugen eine konzeptionelle Verarbeitung, bei der Vermutungen darüber angestellt werden, was der Input zu bedeuten haben könnte. Während die beiden Formen von Verarbeitung ineinander übergehen, werden die Vermutungen an den Fakten gemessen, und die Aufgabe ist erfüllt.

Der Prozess des Erkennens wird stark beschleunigt, während er gleichzeitig in beiden Richtungen abläuft. Doch indem dabei so stark auf Erwartungen gebaut wird, die aus früheren Erfahrungen und bereits Gewusstem abgeleitet werden, vergrößert sich die Möglichkeit eines Irrtums. Beispielsweise wird, weil es außerhalb des Erfahrungsbereichs liegt, eine schwarze Karo-Drei, die kurz gesehen wird, in der Regel fälschlicherweise als Pik-Drei wahrgenommen. Befunde dieser Art werfen ein Licht auf verschiedene Merkmale, die bei Reaktionen auf Verlust häufig anzutreffen sind.

Ein zweiter Zug einer modernen Wahrnehmungstheorie ist der, dass sensorischer Input außerhalb des Bewusstseins eines Menschen bis zu einem Stadium verarbeitet werden kann, in dem ein Großteil seiner Bedeutung erfasst ist. Danach kann er das darauf folgende Verhalten der Person einschließlich ihrer verbalen Reaktionen beeinflussen, ohne dass sie sich dessen bewusst ist. Experimente mit der Methode des dichotomischen Zuhörens illustrieren diese Punkte.

Bei dieser Art von Experiment werden einer Person zwei verschiedene Botschaften übermittelt, die erste über das eine Ohr, die zweite über das andere. Dann wird der Person aufgetragen, nur eine von diesen Botschaften aufzunehmen, sagen wir die, die sie über das rechte Ohr hört. Um sicherzustellen, dass die Person ständig ihre Aufmerksamkeit auf diese Botschaft richtet, wird von ihr verlangt, dass sie sie „beschattet", indem sie Wort für Wort, das sie aufnimmt, wiederholt. Die beiden Botschaften voneinander zu trennen hat sich als ziemlich leicht herausgestellt, vor allem wenn sie von verschiedenen Stimmen gesprochen werden. Am Ende der Sitzung weiß die Versuchsperson gewöhnlich nichts über den Inhalt der Botschaft, der sie keine Aufmerksamkeit geschenkt hat. Es gibt jedoch gewisse Ausnahmen. Wenn beispielsweise ihr eigener Name oder ein anderes Wort von persönlicher Bedeutung in der nicht beachteten Botschaft auftaucht, kann sie sehr wohl davon Notiz nehmen und sich daran erinnern. Dies zeigt deutlich, dass, obwohl der Botschaft keine Beachtung geschenkt wird, eine ziemlich fortgeschrittene Verarbeitung von ihr stattgefunden haben muss.

Die Ergebnisse von zwei Experimenten, die dieses Verfahren benutzt haben, illustrieren, wie Informationen aus der unbeachteten Botschaft das Denken und/oder autonome Reaktionen beeinflussen können, obwohl die Botschaft niemals das Bewusstsein erreicht hat.[19]

Bei einem dieser Experimente wurden Versuchspersonen aufgefordert, mehrdeutige Botschaften anzuhören und zu beschatten, von denen die folgende ein Beispiel ist:

> Sie haben gestern Steine auf die Bank geworfen.

Gleichzeitig mit dieser Botschaft wurde dem nicht aufmerksamen Ohr entweder das Wort „Park" oder das Wort „Geld" präsentiert. Später wurden die Versuchspersonen einem Test in Bezug auf das Verständnis der Bedeutung des Satzes unterworfen, in dem sie zwischen folgenden Sätzen zu wählen hatten:

> a) Sie haben gestern Steine auf die Sitzgelegenheit im Park geworfen.
> b) Sie haben gestern Steine auf die Spar- und Leihvereinigung geworfen.

Versuchspersonen, denen das Wort „Park" in das nicht aufmerksame Ohr gesprochen worden war, neigten dazu, die Version (a) auszuwählen, während die Versuchspersonen, denen in das nicht aufmerksame Ohr das Wort „Geld" präsentiert worden war, dazu neigten, die Version (b) auszuwählen. Keine der Versuchspersonen erinnerte sich daran, welches Wort dem nicht aufmerksamen Ohr präsentiert worden war, und sie wussten ebenso wenig, dass ihre nachfolgende Wahl einer Bedeutung beeinflusst worden war.

Um die Wirkung zu erzielen, die es in diesem Experiment hatte, musste das Wort, das dem nicht aufmerksamen Ohr präsentiert worden war, genügend Verarbeitung erfahren haben, damit seine Bedeutung erkannt wurde. Ein ähnlicher Schluss lässt sich aus einem anderen Experiment ziehen, in dem ebenfalls die Technik des dichotomischen Zuhörens benutzt wurde.

Vor dem eigentlichen Experiment unterzogen sich die Versuchspersonen einigen Trainingssitzungen, während denen sie jedes Mal, wenn eins aus einer Reihe ausgewählter Wörter zu ihnen gesprochen wurde, einen Elektroschock erhielten. Infolgedessen waren die Versuchspersonen auf die Wort-Schock-Kombination konditioniert, so dass sie jedes Mal, wenn sie eins der ausgewählten Wörter hörten, mit einer Veränderung der galvanischen Hautreaktion reagierten. Bei dem eigentlichen Experiment wurden die Versuchspersonen aufgefordert, mit dem einen Ohr eine Botschaft anzuhören und zu beschatten, während dem anderen, nicht aufmerksamen Ohr eine Reihe von Wörtern präsentiert wurde. Diese Wörter waren von dreierlei Art: neutrale Wörter, einige der Wörter, auf die sie mit einem Schock konditioniert worden waren, und Synonyme wie Homonyme dieser Wörter. Trotz der Tatsache, dass während des Experiments selbst keine Elektroschocks verabreicht wurden, stieg die galvanische Hautreaktion jedes Mal dann merklich an, wenn dem nicht aufmerksamen Ohr ein konditioniertes Wort präsentiert wurde. Noch interessanter ist, dass die galvanische Hautreaktion merklich, wenn auch in geringerem Maß, stärker wurde, wenn die Homonyme und Synonyme präsentiert wurden. Auch in diesem Fall zeigen die Befunde wieder an, dass jedes Wort, welches dem nicht aufmerksamen Ohr präsentiert wurde, einen beträchtlichen Verarbeitungsprozess durchgemacht haben muss und dass seine Bedeutung erkannt worden ist.

Von diesen Befunden ist es nur ein kleiner Schritt bis hin zu dem Schluss, dass ebenso wie das Urteil und die autonomen Reaktionen einer Person auch deren Stimmung durch kognitive Verarbeitung außerhalb des Bewusstseins beeinflusst werden können. Sobald dies angenommen wird, steht ein Mechanismus zur Verfügung, vermittels dessen sich bestimmte, ansonsten unerklärliche Stimmungsänderungen erklären lassen.

Auf der Grundlage derartiger Befunde wie der beschriebenen kommen Erkenntnispsychologen zu der Ansicht, dass es einen analytischen Mechanismus gibt, der mit allen hereinkommenden Botschaften außerhalb des Bewusstseins eine Reihe von Tests durchführt. Infolge dieser Tests kann die Information eins von verschiedenen Schicksalen erleiden, von denen die folgenden leicht zu spezifizieren sind:

- sie kann ausgeschlossen werden, ohne eine Spur zu hinterlassen;
- sie kann lange genug außerhalb des Bewusstseins in einem zeitlich begrenzten Pufferraum festgehalten werden, um das Urteil, die autonomen Reaktionen und, wie ich glaube, die Stimmung zu beeinflussen;
- sie kann das Stadium von mit Bewusstheit verbundener fortgeschrittener Verarbeitung erreichen und damit die höchsten Stufen, auf denen Entscheidungen getroffen werden, beeinflussen sowie für die Langzeitspeicherung verfügbar werden.

Die Kriterien, nach welchen Informationen im Verlauf der Reihe von Tests in Bezug auf ihre Zuordnung beurteilt werden, sind sehr zahlreich und erstrecken sich von umfassenden und einfachen bis hin zu spezifischen und komplexen. Außerdem können viele dieser Kriterien, vielleicht sogar alle, durch die zentrale Kontrollfunktion verändert werden. Wir wissen genau, dass einige dieser Veränderungen die Folge bewusster und willentlicher Kontrolle sind, beispielsweise wenn nach Empfang einer neuen Instruktion die Aufmerksamkeit von einem Ohr auf das andere oder von einer Stimme zur anderen gelenkt wird. Wir wissen auch, dass andere Veränderungen unabsichtlich und außerhalb des Bewusstseins stattfinden, wenn beispielsweise die Aufmerksamkeit einer Person zur anderen Stimme hinüberwechselt, weil diese ihren Namen ausspricht.

Sobald die Möglichkeit einer unterschwelligen Wahrnehmung akzeptiert wird, fallen theoretische Einwände gegen die Vorstellung von einer Wahrnehmungsabwehr und ihrem Gegenstück, Wahrnehmungswachsamkeit, weg. Denn was die Befunde aus den vielen Hundert auf diesem Gebiet unternommenen Experimenten zeigen, ist, dass die Verarbeitung von sensorischem Input zu Bedeutung außerhalb des Bewusstseins außer der Beeinflussung von Urteil und automatischen Reaktionen auch den weiteren Input der gleichen Art von Informationen beeinflussen kann. Entweder kann der Input reduziert werden, wie beispielsweise bei der Wahrnehmungsabwehr, oder er kann wie bei der Wahrnehmungswachsamkeit gesteigert werden. Beispiele für diese Befunde werden aus Dixons (1971) detaillierter Untersuchung des Beweismaterials entnommen.

Viele Experimente sind mittels eines Tachistoskops durchgeführt worden, das es ermöglicht, Wörter oder Bilder mit unterschiedlicher Geschwindigkeit oder unterschiedlicher Beleuchtung zu zeigen. Da diese Geschwindigkeiten oder Beleuchtungsgrade solche umfassen, die entweder zu rasch oder zu undeutlich sind, um eine Wahrnehmung zu ermöglichen, geht man gewöhnlich so vor, dass man damit beginnt, ein Wort oder Bild mit einer Geschwindigkeit oder einem Beleuchtungsgrad zu zeigen, bei denen die Wahrnehmung unmöglich ist, und dann allmählich die Geschwindigkeit reduziert oder die Beleuchtung verstärkt, bis die Versuchsperson in der Lage ist, den Reiz zu identifizieren. Ein gut belegter Befund aus Experimenten mit dieser Technik ist, dass, wenn Wörter oder Bilder präsentiert werden, von denen bekannt ist, dass sie Emotionen erregen oder Angst hervorrufen, sich die Zeit, die nötig ist, um sie korrekt zu identifizieren, signifikant von der Zeit unterscheidet, die nötig ist, um neutrale Wörter oder Bilder zu identifizieren. Um zu demonstrieren, dass diese Ergebnisse die Folge von Veränderungen in den sensorischen Kanälen und nicht von Veränderungen in den Reaktionskanälen sind, sind andere Experimente durchgeführt worden. Bei einigen von ihnen ist eine signifikante Veränderung der Sensitivität für den sensorischen Input, der durch eine Sinnesmodalität, beispielsweise die Augen, aufgenommen wird, festgestellt worden, wenn der Reiz, der durch eine andere Modalität, beispielsweise das Gehör, dargeboten wird, von einem emotional erregenden zu einem neutralen oder umgekehrt verändert wird.

Die Richtung, in der eine Veränderung dieser Art erfolgt, ist von Individuum zu Individuum verschieden. Bei den einen ist die Sensitivität gegenüber emotional erregenden Wörtern gewohnheitsmäßig gesteigert, während sie bei anderen gewohnheitsmäßig abgeschwächt ist.

Bei den bisher beschriebenen Experimenten sind die Veränderungen im sensorischen Input nur durch unwillkürliche Mittel bewirkt worden. Bei bestimmten anderen Experimenten hat sich jedoch herausgestellt, dass die Versuchspersonen den Input auch durch Augenbewegungen oder Augenfixierung regulieren können. Die Versuchspersonen benutzen dabei ihre willkürliche Muskulatur, ohne sich dessen bewusst zu sein und, wie bei all diesen Experimenten, auch ohne etwas über das Wesen des Reizes, der ihnen dargeboten wird, zu wissen. Dixon weist darauf hin, dass die Systeme, die den sensorischen Input regulieren, aufgrund der Benutzung sowohl unwillkürlicher als auch willkürlicher Effektoren den Systemen ähneln, die die Körpertemperatur aufrechterhalten, deren Regulierung entweder durch unwillkürliche Mittel, das heißt die Reduzierung der peripheren Durchblutung, durch Zusammenziehung der Kapillargefäße oder durch willkürliche Mittel, das heißt das Anziehen von weiteren Kleidungsstücken, erreicht werden kann.

Physiologische Mechanismen

Es ist nicht ohne Bedeutung für den wissenschaftlichen Status von Theorien über unterschwellige Wahrnehmung und Wahrnehmungsabwehr, die von Erkenntnispsychologen vorgetragen werden, dass diese Theorien voll vereinbar sind mit Theorien über sensorische Verarbeitung, die von Neurophysiologen vertreten werden. Es gibt in der Tat viele physiologische Mechanismen, die grundsätzlich die erforderliche Rolle spielen könnten.

Eine von Horn (1965, 1976) beschriebene Möglichkeit, für die sich das Beweismaterial anhäuft, ist, dass zeitweilige Reduktionen der Reaktionsbereitschaft von Neuronen in den sensorischen Kanälen bewirkt werden können. Man nimmt an, dass das Mittel dazu Reduktionen im Grad eines speziellen Initialinputs sind, den diese Neuronen erfordern. Eine andere Möglichkeit, die zwar von der ersten verschieden, aber voll vereinbar mit ihr ist, wird von Dixon (1971)[20] beschrieben, dessen Überblick über die neurophysiologische Literatur von Dr. R. B. Livingston gelenkt wurde.

Ob Wahrnehmungsabwehr und Wachsamkeit durch Mechanismen dieser oder einer anderen Art vermittelt werden, ist für uns nicht weiter wichtig. Was zählt, ist, dass wir jetzt in experimenteller Hinsicht guten Grund haben zu glauben, wie es übrigens jeder Kliniker tut, dass der sensorische Input außerhalb des Bewusstseins verarbeitet werden und dass je nach der Bedeutung, die ihm beigemessen wird, der weitere Input entweder verstärkt oder reduziert werden kann. Wenn dem so ist, kommt man als logische Folge zu der Überlegung, ob es nicht vielleicht auch noch andere Stadien von Verarbeitung außerhalb des Bewusstseins gibt, in denen analoge Prozesse von Abwehrausschluss stattfinden.

Stadien mit möglichen Prozessen von Abwehrausschluss

Bei dem Versuch, die der Wahrnehmungsabwehr und Wachsamkeit zugrunde liegenden Prozesse zu klären, hat Erdelyi (1974) ein Diagramm vorgelegt, das mir ansprechend erscheint und das zumindest im Prinzip mit Vorstellungen von Norman (1976), Mackay (1972), Mandler (1975) und Hilgard (1974), auf deren Arbeiten ich mich ebenfalls beziehe, vereinbar ist. Unter anderem legen Erdelyis Vorschläge eine Möglichkeit nahe, die Rolle des kleinen, aber wichtigen Teils der Informationsverarbeitung zu verstehen, die sich innerhalb des Bewusstseins abspielt.

Man kann sich den geistigen Apparat als aus einer sehr großen Anzahl komplexer Kontrollsysteme bestehend vorstellen, die locker hierarchisch organisiert und durch ein ungeheures Netz von zweiseitigen Kommunikationswegen verbunden sind. An der Spitze dieser Hierarchie postulieren wir einen oder mehrere Hauptbewerter und Kontrolleure, die eng mit dem Langzeitgedächtnis verbunden sind und eine sehr große Anzahl von Bewertungs- oder Einschätzungsskalen umfassen, zwischen denen eine gewisse Rangordnung besteht. Dieses System oder diesen Verband von Systemen werde ich als Hauptsystem(e) bezeichnen und so die Frage offen lassen, ob man es am besten als eines oder als mehrere betrachtet.

Auf der Input-Seite besteht die Aufgabe dieses Hauptsystems (dieser Hauptsysteme) darin, das gesamte rohe Datenmaterial, das hereinkommt, kurz zu überprüfen (für Bruchteile einer Sekunde oder höchstens ein bis zwei Sekunden in einem „sensorischen Register"[21]), eine vorläufige Analyse und Bewertung in den Begriffen gespeicherten Wissens und relevanter Skalen vorzunehmen und dann Befehle an einen Chiffriermechanismus zu senden, die sich darauf beziehen, was zu weiterer Verarbeitung ausgewählt und was ausrangiert werden sollte. Dieses vorläufige Überprüfen und Sortieren findet nicht nur außerhalb des Bewusstseins statt, sondern es sieht auch so aus, als wäre Information, die in diesem Stadium zurückgewiesen wird, dauerhaft verloren (obwohl dies, wie die später diskutierte experimentelle Studie über Hypnose zeigt, nicht immer so sein muss). Dies ist das Stadium, in dem das Auftreten von Wahrnehmungsabwehr oder Wachsamkeit postuliert wird.

Der Grund für diese vorläufige Überprüfung liegt, wie Erdelyi annimmt, darin, dass die mit der fortgeschritteneren Verarbeitung befassten Kanäle nur eine begrenzte Kapazität haben und daher nicht in der Lage sind, mehr als einen kleinen Bruchteil des Inputs zu bewältigen. Die wesentlichen Engpässe scheinen in den Stadien des Chiffrierens zu bestehen, zuerst für die Kurzzeitspeicherung und später für die Langzeitspeicherung.

Die Information, die nach vorläufiger Überprüfung zur weiterer Verarbeitung ausgewählt und bereits für die Kurzzeitspeicherung chiffriert wurde, besteht dann in einer Form, die wahrscheinlich zur bewussten Wahrnehmung von Objekten in einem Raum-Zeit-Kontinuum führt. Wahrnehmung ist daher mit Erdelyis Worten „der bewusste Endpunkt einer Abfolge vorheriger nichtbewusster Prozesse" und tritt vermutlich in der Region der Kurzzeitspeicherung auf. „Während die Spanne des Bewusstseins oder bewusster Wahrnehmung klein ist, ist die Spanne der Wahrnehmungsverarbeitung und Analyse vermutlich sehr ausgedehnt."

Nach dem Stadium der Kurzzeitspeicherung und bewussten Verarbeitung wird einige Information zu weiterer Chiffrierung und schließlich zur Speicherung im Langzeitgedächtnis ausgewählt; andere Information, die ihren Zweck erfüllt hat, wird ausrangiert.

Bewusstsein

Während des vergangenen Jahrzehnts haben Experimentalpsychologen viel über den Begriff des Bewusstseins nachgedacht, der heute als wissenschaftlich „respektabel, nützlich und notwendig" akzeptiert wird, um Mandler (1975) zu zitieren, auf dessen Gedanken ich mich beziehe.[22]

Das Bewusstsein kann als ein Zustand der geistigen Strukturen angesehen werden, der das Auftreten gewisser spezifischer Arten der Verarbeitung erheblich erleichtert. Dazu gehören die folgenden:

a) Ordnen, Kategorisieren und Chiffrieren von Information (die bereits in einem fortgeschrittenen Zustand der Verarbeitung ist) auf neue und weitere Arten vor der Speicherung;
b) Abrufen von Information aus dem Langzeitspeicher durch Einstellung einfacher Adressen, um sie aus komplexen Gedächtnisstrukturen herauszuziehen;
c) Nebeneinanderstellen von Information verschiedener Art, z. B. Vorstellungsmodelle, Pläne und sensorischer Input aus verschiedenen Quellen; dies ermöglicht das reflektive Denken;
d) entstehend aus (c), die Bildung von Langzeitplänen durch Vorbereitung einer Reihe alternativer Pläne und Unterpläne und deren anschließende Bewertung, was Entscheidungen auf einem hohen Niveau ermöglicht;
e) Inspektion gewisser überlernter und automatisierter Aktionssysteme und der damit verbundenen Vorstellungsmodelle, die sich möglicherweise als fehlangepasst erweisen. Als Folge einer solchen Inspektion werden Systeme und Modelle, die schon lange aus dem Bewusstsein verschwunden waren, einer Neubewertung im Licht neuer Information zugänglich. Falls es notwendig ist, kann versucht werden, sie neu zu organisieren oder vielleicht zu ersetzen.

Inspektion, Neubewertung und Modifizierung automatisierter Systeme

Relevanz und Wert dieser fünften und letzten Funktion des bewussten Verarbeitens für die Praxis der Psychotherapie werden sofort deutlich; Psychotherapie wird ja so verstanden, dass sie eine Neubewertung und, falls nötig, eine gewisse Modifikation bestimmter grundlegender Strukturen (oder Programme) der Persönlichkeit ermöglicht. Wir wollen zwei solcher grundlegenden Strukturen betrachten, nämlich (a) die, die Bindungsverhalten zustande bringt, und (b) die, die alle jene Regeln für die Bewertung von Handeln, Denken und Fühlen anwendet, die zusammen gewöhnlich als Überich bezeichnet werden. Von beiden Programmen wird angenommen, dass sie im Langzeitgedächtnis gespeichert sind und zur Mitwirkung an Verarbeitung und Planung von Handlung herangezogen werden können, wie es der Input von Exterozeptoren und Interozeptoren anzuzeigen scheint.

Sowohl die Natur der Vorstellungsmodelle, die sich ein Mensch von seinen Bindungsfiguren macht, als auch die Form, in der sein Bindungsverhalten organisiert wird, werden in dieser Arbeit als Ergebnisse von Lernprozessen angesehen, die während des ersten Lebensjahres beginnen und im Verlauf von Kindheit und Adoleszenz fast täglich wiederholt werden. Analog zu einer körperlichen Fertigkeit, die auf die gleiche Weise erworben wurde, werden sowohl die kognitive als auch die handlungsmäßige Komponente der Bindung als so fest verwurzelt betrachtet (in technischen Begriffen übererlernt), dass sie automatisch und außerhalb des Bewusstseins tätig werden. Ähnlich werden auch die Regeln zur Bewertung von Handeln, Denken und Fühlen und deren jeweilige Rangordnung, verbunden mit dem Konzept des Überich, als im Verlauf von Kindheit und Jugend übererlernt betrachtet. Infolgedessen werden auch sie automatisch und außerhalb des Bewusstseins angewandt.

Diese Sachlage hat natürlich ihre Vor- und Nachteile. Einerseits spart sie Anstrengung und stellt vor allem keine Anforderungen an die Kanäle von begrenzter Kapazität, die die fortgeschrittene Verarbeitung übermitteln. Andererseits hat sie den Nachteil, dass Erkennen und Handeln, sobald sie einmal automatisiert wurden, der bewussten Verarbeitung nicht leicht zugänglich und so schwer zu ändern sind. Man kann den so entstandenen psychologischen Zustand mit dem eines Computers vergleichen, der, sobald er einmal programmiert ist, seine Ergebnisse automatisch produziert, wann immer er eingeschaltet wird. Falls es sich um das verlangte Programm handelt, ist alles in Ordnung. Sollte sich jedoch ein Fehler eingeschlichen haben, so erfordert dessen Berichtigung nicht nur große Fertigkeit und Aufmerksamkeit, sondern kann sich auch als mühselig und langwierig erweisen.

Vorausgesetzt, dass diese Vorstellungsmodelle und Programme gut angepasst sind, ist im Endeffekt die Tatsache, dass sie automatisch und ohne Bewusstsein herangezogen werden, ein großer Vorteil. Wenn sie jedoch nicht gut angepasst sind, aus welchem Grund auch immer, so entstehen aus dieser Einrichtung ernste Nachteile. Wie jeder weiß, der in irgendeiner körperlichen Fertigkeit einen schlechten Stil entwickelt hat, ist es mühsam und häufig enttäuschend, die kognitiven und handlungsmäßigen Komponenten eines seit langem automatisierten Systems ändern zu wollen; außerdem ist es nicht immer sehr erfolgreich. Daher einige der Schwierigkeiten, auf die man im Laufe einer Psychotherapie stößt.

Das ist jedoch weder das einzige Problem noch das größte. Die Aufgabe nämlich, ein übererlerntes Programm des Handelns und/oder der Bewertung abzuändern, ist ungeheuer erschwert, wenn vom Bewertungssystem seit langem befolgte Regeln seine Überprüfung verbieten. Ein Beispiel hierfür, das zum Folgenden sehr gut passt, ist ein Mensch, der sich nicht in der Lage sieht, das Vorstellungsmodell (oder die Vorstellungsmodelle) zu überprüfen, das (oder die) er sich von seinen Bindungsfiguren gemacht hat, weil dies gegen die lange gelernte Regel verstoßen würde, dass es den Wünschen eines oder beider Elternteile widerspricht, wenn er sie oder ihr Verhalten ihm gegenüber objektiv untersucht. Ein psychologischer Zustand dieser Art, bei dem die Überprüfung von Modellen und Handlungssystemen außerhalb des Bewusstseins mit einem Verbot belegt ist, ist in der Psychotherapie häufig anzutreffen. Er zeigt die Existenz eines anderen Verarbeitungsstadiums an, in dem der Ausschluss im Dienst der Abwehr ebenfalls stattfinden kann und das sich von dem Stadium unterscheidet, in dem Wahrnehmungsabwehr auftritt.

Informationsverarbeitung unter Hypnose

Weiteres Beweismaterial für die Rolle, die die Informationsverarbeitung außerhalb des Bewusstseins spielt, und für die Kraft des selektiven Ausschlusses, sie vom Bewusstsein fernzuhalten, ist aus Untersuchungen der Hypnose abgeleitet.

Im Anschluss an ein langes experimentelles Programm gelangt Hilgard (1973) zu dem Schluss, dass in der Hypnose und infolge der Suggestion des Hypnotiseurs das, was er als „exekutives Ego" bezeichnet und was ich Hauptsystem A nennen werde, die Kontrolle an ein „untergeordnetes System" abtritt, das ich als Hauptsystem B bezeichnen werde. Nachdem System A die Kontrolle abgetreten hat, werden die Anweisungen des Hypnotiseurs von System B empfangen, verarbeitet und befolgt, ohne dass System A sich in irgendeiner Weise dessen bewusst ist, was verarbeitet wird. Außerdem werden diese Anweisungen, noch immer außerhalb des Bewusstseins von System A, beständig von einem Bewertungssystem geprüft. Das wird immer dann deutlich, wenn System B eine Anweisung erhält, die zu befolgen unethisch wäre, und sich weigert, ihr zu entsprechen. Einwände, die besagen, das „exekutive Ego" gebe nur vor, sich der erhaltenen Anweisungen nicht bewusst zu sein, beantwortet Hilgard wirksam mit dem Hinweis auf die echte Überraschung, die seine Versuchspersonen äußern, wenn sie später Aufzeichnungen ihrer Sitzungen sehen oder hören.

Viele von Hilgards Experimenten beschäftigen sich mit hypnotischer Analgesie. Schmerz wurde erzeugt, indem Hand und Unterarm der Versuchsperson für 45 Sekunden in fließendes Eiswasser getaucht wurden. Gewöhnlich führt das dazu, dass die Versuchsperson viele Zeichen von Unbehagen erkennen lässt, etwa das Gesicht verzieht, ruhelos ist und berichtet, sie empfinde starken Schmerz. Außerdem lassen sich Veränderungen von Herzschlag, Blutdruck und anderen physiologischen Messwerten feststellen; der meisten dieser Veränderungen ist sich die Versuchsperson durchaus bewusst. Wenn ihr unter Hypnose die Suggestion gegeben wird, ihre Hand werde unempfindlich gegen den durch das fließende Eiswasser verursachten Schmerz sein, erzeugt die gleiche Situation dagegen keine sichtbaren Zeichen des Unbehagens, während System B weder von Schmerzgefühlen noch vom Bewusstsein autonomer Veränderungen berichtet.[23] Dennoch treten die Veränderungen ebenso auf wie bei der nicht hypnotisierten Versuchsperson.

Aus diesen Funden schließt Hilgard, dass im hypnotischen Zustand System B in der Lage ist, selektiv den sensorischen Input aus zwei Arten von Interozeptoren auszuschließen, nämlich den Schmerz-Endungen und jenen, die autonome Aktivität verzeichnen. Der Mechanismus, den er so postuliert, scheint ein Gegenstück zu dem Mechanismus zu sein, der für die Wahrnehmungsabwehr verantwortlich ist, die Input aus den Exterozeptoren ausschließt.

Es ist interessant zu erfahren, wie die Versuchspersonen selbst die Sitzung erleben. Das ist möglich, indem man ihnen, bevor die Hypnose beendet wird, die Anweisung gibt, sich an ihre Erfahrungen zu erinnern. Einige berichten, sie hätten sich auf die Vorstellung konzentriert, ihr Arm sei gefühllos. Andere benutzen etwas, das Hilgard als „dissoziative Technik" bezeichnet. Dabei konzentriert sich die Versuchsperson beispielsweise auf die Trennung zwischen ihrem Arm und ihrem Kopf oder stellt sich vor, sie ginge fort in ein Land, in dem alles ruhig ist.

Bei der Erörterung seiner Funde bemerkt Hilgard (1974), dass einige mit Freuds Verdrängungstheorie vereinbar sind, nicht aber mit Janets Dissoziationstheorie, während andere eher mit der Dissoziationstheorie in Übereinstimmung zu bringen sind als mit der psychoanalytischen Theorie. Hilgards Funde zeigen also, dass der Ausschluss von Information, die normalerweise akzeptiert werden würde, ein aktiver Prozess ist, der Anstrengung erfordert; das ist ein Punkt, der in Freuds Theorie enthalten ist, in der Dissoziationstheorie aber fehlt. Andererseits zeigen die Funde, dass der dissoziative Prozess organisierte Systeme voneinander trennt, wie Janet und andere Vertreter von Dissoziationstheorien betonen, was im Gegensatz steht zu Freuds Anschauung von einem unorganisierten, chaotischen Es. Weil die Auffassung, die Hilgard vertritt, der Dissoziationstheorie ähnelt, sich aber in gewissen kritischen Aspekten von ihr unterscheidet, beschreibt Hilgard seine Position als neo-dissoziativ.

Weitere Informationen über das, was in hypnotischen Zuständen vor sich geht, kann man von jenen wenigen Versuchspersonen erhalten, die fähig sind, während der Hypnose mittels eines weiteren Systems zu kommunizieren, nämlich durch automatisches Schreiben und automatisches Sprechen.[24] Hilgard bezeichnet dieses dritte System als „versteckten Beobachter"; ich werde es System C nennen.

Wenn diese Versuchspersonen an einem Experiment teilnahmen, bei dem hypnotische Analgesie herbeigeführt wurde, so dass System B sich weder des Schmerzes noch autonomer Veränderungen bewusst war, verzeichnete System C im Gegensatz dazu ein Bewusstsein von beiden (obwohl der Schmerz möglicherweise etwas weniger intensiv war als im normalen, nicht hypnotisierten Zustand) (Knox et al., 1974). Auch hier ist es sehr interessant, wie die Versuchsperson selbst die Sitzung erlebt hat.

Ein Versuchsteilnehmer gab folgende Beschreibung von einer Sitzung, bei der System C durch automatisches Sprechen immer dann Bericht erstattet hatte, wenn das Subjekt die Hand des Versuchsleiters auf seiner Schulter gespürt hatte. (Den erhaltenen Instruktionen entsprechend bezeichnet die Versuchsperson System C als „versteckten Beobachter".)

„In der Hypnose hielt ich Geist und Körper getrennt, und mein Geist wanderte an andere Orte – er bemerkte den Schmerz in meinem Arm nicht. Als der versteckte Beobachter aufgerufen wurde, musste der hypnotisierte Teil für einen Augenblick zurücktreten und den versteckten Teil die Wahrheit sagen lassen. Der versteckte Beobachter kümmert sich hauptsächlich darum, wie sich mein Körper fühlt. Er hat keinen Geist, der umherwandern kann, und so tat es ganz schön weh. Als Sie Ihre Hand wieder von meiner Schulter nahmen, kehrte ich zu der Trennung zurück, und es tat nicht mehr weh, aber die Trennung war immer schwerer herbeizuführen."

Die Versuchsleiterin kommentiert, dass aus den Grimassen und Bewegungen des Versuchsteilnehmers sehr deutlich hervorging, dass er intensiven Schmerz empfand, wann immer sie ihre Hand auf seine Schulter legte. Wenn sie jedoch ihre Hand wegnahm, entspannte sich sein Gesicht allmählich, und er schien sich wieder wohl zu fühlen. Nach dem Ende der Sitzung jedoch erklärte die Versuchsperson, es erfordere beständige Anstrengung, die Trennung herbeizuführen, und es sei schwierig, sie aufrechtzuerhalten.

Ein weiterer Punkt, den Hilgard hervorhebt, ist, dass die Unterbrechung der Kommunikation zwischen Systemen, die im hypnotischen Zustand vorliegt, selten vollständig ist. Oft hat ein System eine gewisse Kenntnis dessen, was im anderen vor sich geht, selbst wenn das zweite System nichts von dem weiß, was im ersten geschieht. Möglicherweise liefert die Existenz teilweise durchlässiger Schranken Hinweise für das Verständnis der Phänomene, die Kliniker paradoxerweise als „unbewusste Gefühle" bezeichnen.

Bei der Wiedergabe dieser Experimente bin ich mir klar darüber, dass nur eine kleine Minderheit von Individuen hypnotisierbar ist und ein noch geringerer Teil auch zum automatischen Schreiben fähig. (Aus der von Hilgard getesteten Studentenpopulation erwiesen sich nicht mehr als ein oder zwei Prozent als geeignet.) Dennoch machen die Funde deutlich, dass zumindest bei einigen Personen im geistigen Apparat nicht nur ein dominantes System fähig ist, selektiv einen großen Teil des sensorischen Inputs auszuschließen, der normalerweise das Bewusstsein erreichen würde, sondern dass auch die Verarbeitung dieses ausgeschlossenen Inputs innerhalb eines anderen Systems, das parallel zum ersten verläuft, aber von diesem getrennt ist, einen Zustand von Bewusstsein erreichen kann.

Selbst oder Selbste

Experimentelle Funde dieser Art und vergleichbare Funde von Klinikern werfen schwierige Fragen darüber auf, wie man sich das Selbst am besten vorzustellen hat. Im Falle von Hilgards Versuchen könnte man fragen, ob das Hauptsystem A als Selbst zu betrachten ist und, falls ja, was dann die Hauptsysteme B und C sind. Oder sollte man alle drei als Selbste betrachten? Und wie können wir auf klinischem Gebiet einen möglichst brauchbaren Begriff dessen bilden, was Winnicott als falsches Selbst bezeichnet, und es dem gegenüberstellen, was er wahres Selbst nennt?

Wenn man sich diesen Problemen nähert, ist es nützlich, mit Hilgards Annahme zu beginnen, dass das, was er als „exekutives Ego" bezeichnet, das System ist, welches zur Selbstwahrnehmung fähig ist und auch fähig wird, das Selbst als eine Wirkungskraft zu begreifen; und weiter, dass die Integrität dieses Systems herrührt aus seinem beständigen Zugang zu einem mehr oder weniger kontinuierlichen Speicher persönlicher Erinnerungen. Die Fragen, die sich dann erheben, sind erstens, ob wir uns mehr als ein System vorstellen können, das zur Selbstwahrnehmung fähig werden kann, und zweitens, ob es Beweise dafür gibt, dass der Gedächtnisspeicher unterteilt werden kann; und falls ja, ob es vernünftig ist zu postulieren, dass bei einigen Individuen Kommunikationsschranken zwischen zwei oder mehreren seiner Hauptunterteilungen errichtet werden.

Innerhalb des hier vorgetragenen begrifflichen Rahmens wirft keiner dieser Vorschläge prinzipielle Probleme auf.

Was den ersten betrifft, so postuliert Mackay (1972) in seiner Diskussion der Konfliktbeilegung eine Hierarchie von bewertenden und organisierenden Systemen, in der die höheren Systeme als Meta-Systeme, Meta-Meta-

Systeme und so weiter mit unendlicher Ausdehnung beschrieben werden können. Bei einer Hierarchie dieser Art denkt man üblicherweise an eine stetige Aufwärtsbewegung von einer großen Menge niedriger Systeme zu einem einzigen System an der Spitze, doch auch andere Konfigurationen sind möglich. Es wäre beispielsweise denkbar, dass zwei oder mehr Systeme an der Spitze stehen, die mehr oder weniger zusammenarbeiten. Eine derartige Einrichtung könnte zwar weniger effizient sein als eine, bei der die Befehlskette einheitlich ist, wäre aber möglicherweise flexibler. Was ich deutlich machen möchte, ist einfach, dass eine pluralische Einrichtung dieser Art durchaus innerhalb der Grenzen des Möglichen liegt und nicht *a priori* verworfen werden kann. Aus diesem Grund sprach ich zuvor in diesem Kapitel von Hauptsystem(en) und ließ offen, ob es sich um eines oder mehrere handelt.

Die Frage, ob es vernünftig ist anzunehmen, dass die Informationsverarbeitung die Phase des Bewusstseins in mehr als einem Hauptsystem erreichen kann, lässt sich ebenfalls nicht *a priori* abtun, besonders, da wir noch immer nichts über die speziellen Bedingungen wissen, die bestimmen, ob die Verarbeitung diese Phase jemals erreicht oder nicht.

Die zweite zuvor gestellte Frage betrifft die Möglichkeit, dass der persönliche Erinnerungsspeicher unterteilt und die Kommunikation zwischen den Unterteilungen erschwert oder blockiert sein könnte. Auch hier gibt es *a priori* keine Schwierigkeiten, da das Beweismaterial, über das wir verfügen, mit derartigen Vorstellungen absolut vereinbar ist.

Bei seiner Erörterung des Langzeitgedächtnisses betont Norman (1976), dass es mehr als eine Art gibt, auf die Information zum Zweck der Speicherung chiffriert werden kann, und dass dieselbe Information in mehreren verschiedenen Formen der Chiffrierung nebeneinander gespeichert und auch auf mehreren verschiedenen Wegen zugänglich sein kann. Eine geistige Vorstellung kann beispielsweise Information über die Welt in einer analogen Form chiffrieren, die gewisse selektierte Eigenschaften der Welt widerspiegelt wie eine Landkarte oder ein mechanisches Modell, oder sie kann Information in einer Angebotsform chiffrieren, die eine Reihe interpretierter abstrakter Feststellungen über Wahrnehmungsereignisse enthält wie eine Prosabeschreibung. Die Anordnung des menschlichen kognitiven Systems, so glaubt Norman, erlaubt Flexibilität in der Art und Weise, in der es Information darstellt. Es kann nicht nur jeweils das Chiffriersystem verwenden, das seinen Zwecken am besten entspricht, sondern scheint auch fähig, eine Form der Darstellung in eine andere umzuwandeln. Die analoge Darstellung beispielsweise scheint gut geeignet für die Speicherung von Operations- und Aktionsprogrammen, während die Angebotsdarstellung sich besonders für die Speicherung von Sinn und Deutung von Geschehnissen anzubieten scheint. Ein Kompromiss, bei dem verschiedene Formen der Chiffrierung kombiniert verwendet werden, um unterschiedliche Aspekte der Welt zu repräsentieren, ist vermutlich ebenfalls verfügbar. Norman weist darauf hin, dass die in Diagrammen übermittelte Information häufig teilweise in Analogform und teilweise in Angebotsform erfolgt.

Episodische und semantische Speicherung

Norman lenkt die Aufmerksamkeit auch auf die von Tulving (1972)[25] eingeführte Unterscheidung zwischen der Speicherung von Information auf autobiographische und den persönlichen Erfahrungen entsprechende Art und ihrer Speicherung entsprechend ihrer Bedeutung und ihrem Beitrag zum persönlichen Wissen. Da ich vermute, dass diese Unterscheidung vielleicht sehr bedeutsame Implikationen für die Psychopathologie hat, ist sie wert, näher untersucht zu werden.

Bei der episodischen Art der Speicherung wird die Information fortlaufend in Begriffen zeitlich datierter Episoden oder Ereignisse und räumlich-zeitlicher Beziehungen zwischen Ereignissen gespeichert. Sie behält gewöhnlich ihre Wahrnehmungseigenschaften, und jedes Element hat seinen eigenen besonderen Platz in der Lebensgeschichte eines Menschen. „Ein integraler Bestandteil der Darstellung einer erinnerten Erfahrung im episodischen Gedächtnis ist daher ihr Bezug zum Wissen dessen, der sich erinnert, um seine persönliche Identität" (Tulving, S. 389). Ein Beispiel hierfür wären die lebhaften Erinnerungen eines Menschen an die Geschehnisse, die sich während eines bestimmten Urlaubs ereigneten. Bei der semantischen Art der Speicherung dagegen besteht die Information in Form generalisierter Vorschläge oder Angebote im Hinblick auf die Welt, abgeleitet entweder aus den eigenen Erfahrungen eines Menschen oder aus dem, was er von anderen gelernt hat, oder aus einer Kombination von beidem. Input in das semantische Erinnerungssystem ist daher stets bezogen auf eine bestehende kognitive Struktur. Beispiele hierfür wären alle möglichen Ansichten, die die Person sich über Urlaub im Allgemeinen und über irgendeinen besonderen Urlaub im Vergleich zu anderen bildet.

Ein Ergebnis der Unterscheidung zwischen episodischer und semantischer Speicherung von womöglich erheblicher klinischer Relevanz ist, dass die Speicherung der Bilder der Eltern und des Selbst mit ziemlicher Sicherheit von mindestens zwei verschiedenen Arten ist. Während die Erinnerung an bei jeder Gelegenheit gezeigtes Verhalten und gesprochene Worte episodisch gespeichert wird, sind die Verallgemeinerungen über Mutter, Vater und Selbst, die in das eingeschlossen sind, was ich als Arbeits- oder Vorstellungsmodelle bezeichne, semantisch gespeichert (in Analogform, Propositionsform oder einer kombinierten Form). Aufgrund dieser verschiedenen Arten von Speicherung besteht ein fruchtbarer Boden für die Genese von Konflikten, denn die semantisch gespeicherte Information muss nicht immer mit dem übereinstimmen, was episodisch gespeichert ist; es könnte sogar sein, dass sich bei einigen Individuen die Information in dem einen Speicher erheblich von der in dem anderen unterscheidet.

Ich lenke die Aufmerksamkeit deshalb auf die verschiedenen Arten der Speicherung und die sich daraus ergebenden Gelegenheiten zu kognitivem und emotionalem Konflikt, weil es während der therapeutischen Arbeit nicht selten ist, dass man grobe Inkonsistenzen entdeckt zwischen den allgemeinen Aussagen, die ein Patient über seine Eltern macht, und seinen Erinnerungen an ihr tatsächliches Verhalten und ihre Aussprüche bei bestimmten Gelegenheiten. Manchmal bezieht sich eine Generalisierung in breiten und glänzenden Begriffen auf die bewundernswerten Eigenschaften eines Elternteils, die zum Teil oder ganz in Frage gestellt werden, wenn sich der Patient an Episoden ihres tatsächlichen Verhaltens und/oder ihre Aussprüche erinnert und diese bewertet. Manchmal ist es auch umgekehrt, die Verallgemeinerungen sind alle ungünstig, und das, was aus Episoden erinnert wird, wird günstiger bewertet. Ähnlich ist es auch nicht ungewöhnlich, dass man grobe Inkonsistenzen entdeckt zwischen den allgemeinen Urteilen, die ein Patient über sich selbst abgibt, und dem Bild, das wir uns von seinem gewöhnlichen Denken, Fühlen und Verhalten bei bestimmten Gelegenheiten gemacht haben. Aus diesen Gründen ist es häufig sehr hilfreich, den Patienten zu ermutigen, sich so detailliert wie möglich an tatsächliche Geschehnisse zu erinnern, damit er neu und mit allen entsprechenden Gefühlen sowohl seine eigenen Wünsche, Gefühle und Verhaltensweisen bei jeder speziellen Gelegenheit als auch das mögliche Verhalten seiner Eltern bewerten kann. Auf diese Weise hat er Gelegenheit, Vorstellungen im semantischen Speicher zu korrigieren oder zu modifizieren, von denen er feststellt, dass sie nicht mit dem historischen und gegenwärtigen Beweismaterial übereinstimmen.

Ein Grund für Unterschiede zwischen der Information in einer Art von Speicher und der in einer anderen liegt aller Wahrscheinlichkeit nach darin, dass beide den dominanten Anteil ihrer Information aus unterschiedlichen Quellen haben. Während bei der Information, die in den episodischen Speicher eingeht, der dominante Teil wahrscheinlich aus dem stammt, was die Person selbst wahrnimmt, und nur ein untergeordneter Teil aus dem, was man ihr über die Episode sagt, könnte es beim semantischen Speicher umgekehrt sein und das, was man ihr sagt, über das dominieren, was sie selbst vielleicht denkt. Ein alltägliches Beispiel für die starke Diskrepanz zwischen der Information im episodischen Speicher und der im semantischen Speicher finden wir in den Bildern, die wir von der Erde haben, auf der wir leben. In unserem alltäglichen Umkreis erleben wir die Erde als flach, und für die meisten Zwecke behandeln wir sie auch so, als wäre sie es. Dennoch würden die meisten gebildeten westlichen Menschen, da sie gelernt haben, dass die Erde rund ist, behaupten, ihr Modell von der Erde sei in der Tat rund. In diesem Fall wird natürlich heutzutage kein Konflikt mit emotionalen Folgen erlebt, obwohl die Diskrepanz existiert. Im Falle von Informationen über die Eltern und über das Selbst jedoch, um die sich so vieles dreht, was emotionale Konsequenzen hat, erzeugen größere Diskrepanzen wahrscheinlich ein störendes Gefühl des Unbehagens.

Wir wollen nun zu der am Beginn dieses Abschnitts gestellten Frage zurückkehren, wie wir nämlich innerhalb des vorgetragenen Rahmens das Selbst am besten zu denken haben, und wie möglicherweise auch ein Mensch denkbar wäre, der mehr als ein Selbst hat. Bei den meisten Individuen, so können wir annehmen, gibt es ein vereinigtes Hauptsystem, das nicht nur zur Selbstreflektion fähig ist, sondern auch mehr oder weniger leicht Zugang hat zu aller Information im Langzeitspeicher, ungeachtet ihrer Quellen, der Art ihrer Chiffrierung und der Art von Speicher, in der sie aufbewahrt wird. Wir können auch vermuten, dass es andere Individuen gibt, bei denen die Hauptsysteme nicht vereinigt sind und ein derartiges System vielleicht leichten Zugang hat zu Information, die in einer Art von Speicher aufbewahrt ist, aber wenig oder keinen Zugang zu Information, die in einer anderen Art gespeichert ist, während die Information, zu der ein anderes Hauptsystem Zugang oder keinen Zugang hat, in vieler Hinsicht komplementär sein könnte.

Die beiden Systeme würden sich dann unterscheiden im Hinblick auf das, was jedes wahrnahm, und darauf, wie jedes Ereignisse deutete und bewertete. Genau das scheinen wir in der klinischen Praxis manchmal anzutreffen. Da die Kommunikation zwischen den Systemen eingeschränkt ist, können sie als getrennt beschrieben werden.

Wenn ein Patient im Verlauf der Therapie die unterschiedlichen Bilder vergleicht, die er von seinen Eltern und von sich selbst hat und die aus Speichern verschiedener Art stammen, sind es, wie ich vermute, die Bilder aus dem episodischen Speicher, die er meist als gültiger beurteilt und mit denen er sich am engsten identifiziert. Wenn das so ist, wäre es das Selbst, das leichteren Zugang zu jenen Bildern hat, die er als sein wahres Selbst erleben würde.

Bis hierher sind diese recht spekulativen Gedanken im gegenwärtigen Stadium nützlich. In späteren Kapiteln, z. B. 12, 13, 20 und 21, werden sie herangezogen, um Möglichkeiten zum Verständnis gewisser nicht ungewöhnlicher Reaktionen auf Verlust zu liefern.

Einige Folgen des Ausschlusses im Dienst der Abwehr

Wann immer Information, die normalerweise zur Weiterverarbeitung angenommen würde, aufgrund ihrer Bedeutung für das Individuum für längere Zeit dem Ausschluss im Dienst der Abwehr unterworfen wird, hat das weit reichende Folgen. Dazu gehören, wie ich glaube, die meisten, wenn nicht alle die zahlreichen und sehr unterschiedlichen Phänomene, die zu irgendeiner Zeit in der psychoanalytischen Literatur als Abwehrmechanismen beschrieben wurden.[26]

An diesem Punkt möchte ich die Aufmerksamkeit auf zwei bedeutendere unter den vielen möglichen Konsequenzen lenken, die ihrerseits auch wieder gewisse Folgen haben:

a) Eines oder mehrere Verhaltenssysteme einer Person können partiell oder völlig außer Kraft gesetzt werden. Wenn das geschieht, können eine oder mehrere andere Aktivitäten Zeit und Aufmerksamkeit der Person ausschließlich in Anspruch nehmen und augenscheinlich als Ablenkung wirken.

b) Eine oder mehrere Reaktionen, die eine Person aufweist, können kognitiv losgelöst werden von der zwischenmenschlichen Situation, die sie auslöst, so dass die Person sich nicht bewusst ist, warum sie so reagiert, wie sie reagiert. Wenn das geschieht, kann der Betroffene verschiedene Dinge tun, die alle geeignet sind, seine Aufmerksamkeit von der Person oder Sache abzulenken, die für seine Reaktionen verantwortlich ist:

Der Betroffene kann fälschlich eine andere Person (oder Situation) als diejenige identifizieren, die seine Reaktionen auslöst.

Er kann seine Reaktionen von jemandem ablenken, der in gewissem Maße für ihre Entstehung verantwortlich ist, und sie irgendeiner irrelevanten Figur, einschließlich seiner eigenen Person, zuwenden.

Er kann so beharrlich über den Details seiner eigenen Reaktionen und Leiden brüten, dass er keine Zeit hat zu überlegen, welche zwischenmenschliche Situation wohl wirklich für seine Reaktionen verantwortlich sein könnte.

Die Deaktivierung[27] eines Systems: Verdrängung

Ein Verhaltenssystem wird nur dann aktiv, wenn die notwendige Inputkombination aus Exterozeptoren und/oder Interozeptoren und/oder Gedächtnisspeichern es erreicht. Soll solcher Input systematisch ausgeschlossen sein, so folgt daraus, dass das System immobilisiert werden muss, ebenso wie die Gedanken und Gefühle, zu denen solcher Input Anlass gibt, und dass es so bleiben muss, bis der notwendige Input aufgenommen ist. In traditionellen Begriffen spricht man von dem solcherart deaktivierten System als verdrängt. Oder, um es umgekehrt auszudrücken, die Wirkungen der Verdrängung werden betrachtet als Folgen gewisser für das Individuum bedeutsamer Information, die systematisch von der Weiterverarbeitung ausgeschlossen wird. Wie die Verdrängung wird auch der Ausschluss im Dienst der Abwehr als zum Kern der Psychopathologie gehörig angesehen. Nur im Hinblick auf ihre theoretischen Obertöne muss überhaupt zwischen den beiden Konzepten unterschieden werden.

Der Ausschluss bedeutsamer Information mit der daraus folgenden Deaktivierung eines Verhaltenssystems kann natürlich auch unvollständig sein. Wenn das so ist, gibt es Fälle, in denen Fragmente der im Dienst der Abwehr ausgeschlossenen Information durchsickern, so dass Fragmente des im Dienst der Abwehr deaktivierten Verhaltens sichtbar werden; oder aber Gefühle und andere Produkte der Verarbeitung, die mit dem Verhalten verbunden sind, erreichen das Bewusstsein, beispielsweise in Form von Stimmungen, Erinnerungen, Tag- oder Nachtträumen, und können berichtet werden. Diese psychologischen Phänomene haben in der traditionellen psychoanalytischen Theorie zu Konzepten wie dem dynamischen Unbewussten und der Wiederkehr des Verdrängten geführt.

Wenn ein Verhaltenssystem deaktiviert wird, so ist das Ausmaß der Auswirkungen, die dies auf das Funktionieren der Persönlichkeit hat, eindeutig von der Stellung und Bedeutung des Systems innerhalb der Persönlichkeit abhängig. Wenn das System nur marginale Bedeutung hat, so ist das Fehlen des Verhaltens im Repertoire der betreffenden Person möglicherweise nicht folgenschwer. Sollte es sich jedoch um ein Verhaltenssystem oder eine Gruppe von Verhaltenssystemen handeln, die so zentral für das Funktionieren der Persönlichkeit sind wie beispielsweise die Gruppe, die das Bindungsverhalten kontrolliert, so sind die Auswirkungen wahrscheinlich erheblich. Auf der einen Seite nämlich werden gewisse Formen von Verhalten, Denken und Fühlen nicht mehr auftreten oder nicht mehr erlebt werden, auf der anderen Seite werden andere Formen von Verhalten, Denken und Fühlen ihren Platz einnehmen. Wie Peterfreund (1971) betont, hat nämlich innerhalb eines Netzes von Kontrollsystemen eine größere Veränderung in einem Teil davon Auswirkungen auf das Ganze.

Die ablenkende Rolle von Abwehraktivität

Viele der Verhaltens-, Denk- und Fühlmuster, die von Klinikern als im Dienst der Abwehr stehend beurteilt werden, kann man als Alternativen zu dem Verhalten, Denken und Fühlen verstehen, die infolge der Deaktivierung verschwunden sind. Wenn man sie als defensiv bewertet, denkt man gewöhnlich daran, dass sie einerseits den Eindruck erwecken, unter Druck ausgeführt zu werden und einen ungebührlich großen Teil der Aufmerksamkeit, Zeit und Energie einer Person zu beanspruchen, vielleicht in Form von übermäßiger Arbeit, und dass sie andererseits in gewisser Weise auf Kosten der Zeit, Aufmerksamkeit und Energie ausgeführt werden, die der Betreffende sonst für etwas anderes aufgewendet hätte. Sie scheinen also nicht nur Alternativen zu sein, sondern auch eine Ablenkungsrolle zu spielen; vermutlich tun sie das tatsächlich. Denn je vollständiger Aufmerksamkeit, Zeit und Energie einer Person auf eine Aktivität und die diesbezügliche Information konzentriert werden, desto vollständiger kann Information, die sich auf eine andere Aktivität bezieht, ausgeschlossen werden.

Die Erfahrung legt nahe, dass es keine geistige oder körperliche Aktivität gibt, die nicht als Ablenkung betrieben werden kann. Ob es sich um Arbeit oder Spiel handelt, um eine Tätigkeit von großem sozialem Wert oder ohne sozialen Wert, wenn die Aktivität den Betreffenden völlig absorbiert, erfüllt sie die psychologischen Erfordernisse. Das bedeutet, dass die Wirkungen von Abwehraktivität anhand einer Reihe verschiedener Skalen beurteilt werden müssen. Wir können beispielsweise fragen:

- Welche günstigen oder anderen Wirkungen hat sie auf die betreffende Persönlichkeit?
- Welche günstigen oder anderen Wirkungen hat sie auf die Mitglieder der Familie des Betreffenden?
- Welche günstigen oder anderen Wirkungen hat sie auf die Gemeinschaft als Ganzes?

Die Antworten auf diese Fragen können durchaus unterschiedlich sein.

Kognitive Loslösung der Reaktion von der Situation

Wir sind so daran gewöhnt, unser Denken, Fühlen und Verhalten als mehr oder weniger direkt mit den Umständen verbunden anzusehen, in denen wir uns befinden, dass es uns vielleicht merkwürdig vorkommt, dass die Verbindung manchmal fehlen oder eine falsche Verbindung vorliegen könnte. Auf einer trivialen Ebene geschieht dies jedoch nicht selten. Ein Mann kommt von der Arbeit heim und findet an seinem Sohn etwas auszusetzen. Danach wird ihm bewusst oder auch nicht, dass seine Gereiztheit ursprünglich durch Ereignisse bei der Arbeit ausgelöst wurde und das Verhalten seines Sohnes nur von untergeordneter Bedeutung war. Ein anderer Mann wacht sorgenvoll und deprimiert auf und identifiziert vielleicht erst danach die Situation, derentwegen er sich so fühlt. Bei beiden Beispielen sind bestimmte Informationen, die für Stimmung und Verhalten bedeutsam sind, von der bewussten Weiterverarbeitung ausgeschlossen. Wenn dieser Ausschluss nur partiell oder temporär ist, entsteht kein großer Schaden. Wenn der Ausschluss jedoch systematisch und dauerhaft ist, können die ungünstigen Folgen schwerwiegend sein.

Diese kognitive Loslösung einer Reaktion von der zwischenmenschlichen Situation, die sie ausgelöst hat, spielt meines Erachtens eine ungeheure Rolle in der Psychopathologie. Manchmal ist diese Loslösung vollständig; in einem solchen Fall kann die Reaktion im psychologischen Sinne völlig unerklärlich erscheinen und wird folglich leicht etwas ganz anderem zugeschrieben, z. B. einer Magenverstimmung oder Stoffwechselstörung. In anderen Fällen ist die Loslösung nur partiell, da der betreffenden Person nur bestimmte Aspekte der Situation nicht bewusst sind, andere dagegen durchaus. In solchen Fällen sind es die Intensität und Dauerhaftigkeit der Reaktion, die Probleme aufwerfen.

Da in den folgenden Kapiteln, vor allem 9 bis 13 und 19 bis 24, sehr zahlreiche Beispiele für pathologische Reaktionen auf Verlust der völligen oder teilweisen Loslösung der Reaktion von der Situation zugeschrieben werden, braucht hier über den Prozess nichts weiter gesagt zu werden.

Falsche Identifizierung der zwischenmenschlichen Situation, die eine Reaktion auslöst

Abwehraktivitäten können teilweise dazu dienen sicherzustellen, dass defensiv ausgeschlossenem Input keine Aufmerksamkeit gewidmet wird; ebenso kann die Zuordnung einer Reaktion zu irgendeiner unbedeutenden Situation dazu dienen, die Aufmerksamkeit von der wirklich verantwortlichen Situation abzulenken. Mehrere Beispiele hierfür werden in Band II bei der Diskussion der Phobien angeführt (Kapitel 18 und 19). Ein Kind, das Angst hat, das Haus zu verlassen, aus Furcht, seine Mutter könne während seiner Abwesenheit fortgehen oder Selbstmord verüben, behauptet oder ist überzeugt, dass es sich in Wirklichkeit davor ängstigt, vom Lehrer kritisiert zu werden; ein Erwachsener, der ähnliche Befürchtungen in Bezug auf das hegt, was zu Hause während seiner Abwesenheit geschehen könnte, behauptet vielleicht, in Wirklichkeit habe er Angst davor, allein an öffentliche Orte zu gehen.

Umlenkung von Reaktionen fort von der Person, die sie erzeugt

Dass Wut von der Person abgelenkt wird, die sie erzeugt hat, und auf irgendeine mehr oder weniger irrelevante Person gerichtet wird, ist so bekannt, dass darüber hier nicht viel gesagt zu werden braucht. In der traditionellen Theorie wird dieser Vorgang als Verschiebung bezeichnet. Auch der Begriff „Spaltung" wird in diesem Zusammenhang benutzt, wenn eine ambivalente Reaktion erzeugt wird, bei der die liebende Komponente auf eine Person gerichtet und die wütende auf eine andere Person umgelenkt wird.

Nicht selten wird die Wut von einer Bindungsfigur, die sie erregt hat, umgelenkt und stattdessen auf das Selbst gerichtet. Unangemessene Selbstkritik ist die Folge.

Beanspruchtsein von persönlichen Reaktionen und Leiden

Wenn eine Gruppe von Reaktionen losgelöst worden ist von der zwischenmenschlichen Situation, die sie ausgelöst hatte, so kommt es häufig vor, dass der betreffende Mensch seine Aufmerksamkeit nicht auf irgendeine Person oder Situation richtet, die für seinen psychischen Zustand relevant oder auch irrelevant ist, sondern ausschließlich auf sich selbst. In solchen Fällen grübelt er unter Umständen ausdauernd über die Details seiner sowohl psychologischen als auch physiologischen Reaktionen nach und besonders über das Ausmaß seiner Leiden. Er kann dann als krankhaft introspektiv und/oder hypochondrisch beschrieben werden. Beispiele von Patienten, deren introspektives Beanspruchtsein ihre Aufmerksamkeit wirksam von einer schwierigen und schmerzlichen Situation ablenkt, sind von Wolff und anderen (1946b) sowie von Sacher u. a. (1968) beschrieben worden. In den Kapiteln 9 und 13 wird darauf weiter eingegangen werden.

Tatsächlich gibt es zusätzlich zu den oben angeführten noch viele weitere Konsequenzen des Abwehrausschlusses relevanter Information; dazu gehören auch die Umstände, die traditionell als Leugnung oder Verneinung beschrieben werden. Da sie jedoch häufig als Reaktion auf Verlust auftreten und überdies ihre Klassifizierung als Abwehrmechanismen der Untersuchung bedarf, werden sie in späteren Kapiteln erörtert werden.

Bedingungen, die den Ausschluss im Dienst der Abwehr fördern

Zu Beginn dieses Kapitels wurde darauf hingewiesen, dass im gewöhnlichen Lebensverlauf eines Menschen der größte Teil der Information, die ihn erreicht, routinemäßig von der bewussten Weiterverarbeitung ausgeschlossen wird, damit seine Kapazität nicht überlastet und seine Aufmerksamkeit nicht ständig abgelenkt wird; auch wurde erwähnt, dass da, wo sich der Ausschluss im Dienst der Abwehr von den üblichen Formen des Ausschlusses unterscheidet, der Unterschied nicht in den für den Ausschluss verantwortlichen Mechanismen liegt, sondern in der Natur der Information, die ausgeschlossen wird. Bei der Untersuchung der Bedingungen, die den Abwehrausschluss fördern, steht daher die Natur der ausgeschlossenen Information im Brennpunkt der Aufmerksamkeit.

Die Theorie, die meines Erachtens am besten zu dem vorliegenden Beweismaterial passt, wurde von Peterfreund (1971) vorgeschlagen und besagt, dass die Information, die wahrscheinlich im Dienst der Abwehr ausgeschlossen wird, einer Art angehört, die in der Vergangenheit bei der Annahme zur Weiterverarbeitung der betroffenen Person mehr oder weniger schweres Leid verursacht hat. Ob diese Formel alle Fälle umfasst, kann man erst wissen, wenn sie erprobt und getestet worden ist. Inzwischen übernehme ich sie, weil sie ausreichend scheint zum Verständnis der Reaktionen, mit denen sich der vorliegende Band befasst.

Es gibt eine Reihe möglicher Gründe, warum einlaufende Informationen bestimmter Art, wenn sie angenommen würde, den betroffenen Menschen leiden machen könnte. Ein in der klinischen Literatur seit langem anerkanntes Beispiel ist der Fall, bei dem die eintreffende Information, wenn sie angenommen würde, Gefühle und/oder Handlungen auslösen könnte, die von den eigenen Bewertungssystemen der Person nachteilig beurteilt würden und dadurch Konflikt und Schuldgefühle erzeugten. Ein weiteres, hiermit eng verwandtes Beispiel ist der Fall, in dem die hereinkommende Information, falls sie angenommen würde, zu einem schweren Konflikt mit den Eltern führen würde mit all dem akuten Kummer, den das wahrscheinlich mit sich bringt. Es gibt zwei Situationen dieser Art, die besonders gut zu meiner These passen.

Die erste ist die, bei der das Bindungsverhalten eines Kindes heftig erregt, aber aus irgendeinem Grunde nicht beantwortet und beendigt wird. Unter diesen Umständen protestiert das Kind mehr oder weniger stark und ist sehr bekümmert. Sollte die Situation häufig und über längere Zeiträume eintreten, so wird nicht nur der Kummer verlängert, sondern es sieht auch so aus, als würden die Systeme, die das Verhalten kontrollieren, schließlich deaktiviert. Das Beweismaterial weist darauf hin, dass dies um so eher geschieht, wenn das Fehlen der Beendigung von aktiver Zurückweisung begleitet ist, und vielleicht vor allem dann, wenn das Kind für die Art und Weise, auf die es wahrscheinlich reagiert, nämlich etwa für lautes und ausdauerndes Schreien, für das Fordern der Gegenwart seiner Mutter oder für allgemein widerspenstiges und schwieriges Verhalten bestraft oder mit Strafe bedroht wird.

Die Deaktivierung von Systemen, die Bindungsverhalten, -denken und -fühlen vermitteln, scheint erreicht zu werden durch den mehr oder weniger vollständigen im Dienst der Abwehr stehenden Ausschluss sensorischen Inputs jeglicher Art, die Bindungsverhalten und -fühlen aktivieren könnte. Der daraus resultierende Zustand ist eine emotionale Loslösung, die partiell oder vollständig sein kann.

Die Deaktivierung von Bindungsverhalten wird besonders leicht während der frühen Jahre begonnen, kann aber zweifellos während der späteren Kindheit und der Adoleszenz verstärkt und konsolidiert werden. Ein Grund dafür, dass ein kleines Kind außerordentlich dazu neigt, auf diese Weise zu reagieren, liegt in der Tatsache, dass während des zweiten Lebenshalbjahres und der folgenden etwa zwei Jahre das Bindungsverhalten überaus leicht auszulösen ist, und zwar sehr intensiv und für ausgedehnte Perioden, was zu großem Leid führt, wenn niemand verfügbar ist, um das Kind zu trösten. Infolgedessen ist es während dieser Jahre besonders verletzbar durch Trennungsperioden, durch Zurückweisung und die Drohung mit Zurückweisung. Ein weiterer und ganz anderer Grund scheint wohl der zu sein, dass ein selektiver Ausschluss bei Kindern bereitwilliger erfolgt als bei Erwachsenen. Ein Beispiel hierfür, auf das Hilgard (1964) aufmerksam macht, ist die Leichtigkeit, mit der bei Kindern im Vergleich zu Erwachsenen eine post-hypnotische Amnesie herbeigeführt werden kann.

Da es Beweismaterial dafür gibt, dass die Deaktivierung von Bindungsverhalten ein Schlüsselmerkmal gewisser häufiger Varianten von pathologischer Trauer und auch von Persönlichkeiten ist, die dazu neigen, auf solche

Arten zu reagieren, wird in späteren Kapiteln wiederholt auf diesen Umstand Bezug genommen werden.

Eine zweite Art von Konflikt mit den Eltern und eine, von der ich glaube, dass sie sehr viele Fälle von Abwehrausschluss erklärt, entsteht daraus, dass ein Kind Merkmale im Verhalten eines Elternteils beobachtet, die dieser vor dem Kind zu verbergen bestrebt ist. Die meisten der Daten, die durch diese Hypothese erklärt werden können, sind allgemein bekannt, wenn auch die angenommenen Erklärungen gewöhnlich sehr unterschiedlich waren.

Bei der therapeutischen Arbeit stellt man nicht selten fest, dass eine Person (Kind, Adoleszent oder Erwachsener) bewusst eine ausschließlich günstige Vorstellung von einem Elternteil hegt, unbewusst aber ein gegensätzliches Bild nährt, in dem dieser Elternteil als vernachlässigend oder abweisend dargestellt wird oder das Kind schlecht behandelt. Bei solchen Personen sind die beiden Bilder voneinander getrennt und stehen nicht in Verbindung zueinander; jede Information, die von der etablierten Vorstellung abweicht, wird ausgeschlossen.

Zur Erklärung dieser Sachlage sind unterschiedliche Ansichten vorgetragen worden. Eine davon, die in der traditionellen psychoanalytischen Theoriebildung führend ist, postuliert, dass ein kleines Kind nicht in der Lage ist, in einem einzigen Bild sowohl die freundliche Behandlung unterzubringen, die ein Elternteil ihm angedeihen lässt, als auch die weniger freundliche Behandlung, die es möglicherweise erfährt oder, wie einige Theoretiker hervorheben, die es sich vorstellt. Eine zweite Auffassung besagt, dass ein kleines Kind, weil es von der Fürsorge seiner Eltern völlig abhängig ist, stark dazu neigt, diese in einem günstigen Licht zu sehen und gegensätzliche Information daher auszuschließen. Eine dritte Ansicht, auf die an der Familieninteraktion interessierte Kliniker aufmerksam machen, betont, wie sehr manche Eltern darauf bestehen, dass ihre Kinder sie in einem vorteilhaften Licht sehen, und welchen Druck sie ausüben, um sie dazu zu bringen. Mit der Drohung, nicht geliebt oder sogar verlassen zu werden, wird dem Kind klar gemacht, dass es die feindselige Behandlung, die es von seinen Eltern erfährt, entweder nicht bemerken oder aber als vertretbare Reaktion eines gekränkten Elternteils auf sein (des Kindes) schlechtes Verhalten ansehen soll.

Da diese Erklärungen sich nicht gegenseitig ausschließen, ist es möglich, dass jeder der postulierten Faktoren einen gewissen Beitrag leistet. Wenn man aber das mutmaßliche Gewicht dieser Faktoren bewerten will, so stützt das vorhandene Datenmaterial meiner Ansicht nach am meisten den letztgenannten, nämlich die Rolle des elterlichen Drucks, und am wenigsten die traditionelle Auffassung. Da Beispiele für dieses Beweismaterial in vielen späteren Kapiteln angeführt werden (z. B. Kapitel 12, 18 und folgende), braucht darauf hier nicht näher eingegangen zu werden.

Zum Schluss wollen wir eine damit verbundene Frage betrachten, ob nämlich der Abwehrausschluss nur während der frühesten Kindheit seinen Anfang nimmt, wie im Allgemeinen von Psychoanalytikern angenommen wurde, oder ob er auch während der späteren Kindheit und vielleicht auch in der Adoleszenz und im Erwachsenleben beginnen kann. Das ist eine wichtige, aber schwierige Frage, denn das Datenmaterial ist alles andere als klar. Ein Hauptproblem liegt in der Unterscheidung zwischen den Bedingungen, die möglicherweise notwendig sind, um den Abwehrausschluss in Gang zu setzen, und jenen, die geeignet sind, ihn aufrechtzuerhalten oder zu erweitern.

Die im Folgenden versuchten Vorschläge sind, so glaube ich, vernünftige Deutungen des Datenmaterials:

a) Es besteht Grund zu der Annahme, dass die Verletzlichkeit gegenüber Umständen, die den Ausschluss im Dienst der Abwehr in Gang setzen, während der frühen Lebensjahre am größten ist, vor allem während der ersten drei Jahre (einige Gründe hierfür wurden bereits genannt, andere werden in Kapitel 24 untersucht werden).
b) Obwohl die Verletzlichkeit während der späteren Kindheit und Adoleszenz abnimmt, tut sie das wahrscheinlich nur langsam und bleibt während der meisten dieser Jahre vergleichsweise groß.
c) Vermutlich gibt es kein Lebensalter, in dem menschliche Wesen aufhören, empfindlich gegen Faktoren zu sein, die irgendeinen bereits bestehenden Abwehrausschluss aufrechterhalten oder verstärken.

Aus dieser Position ergibt sich, dass man bei der Untersuchung der Umstände, die den Abwehrausschluss herbeiführen, unbedingt sowohl diejenigen untersuchen muss, die größere Kinder und junge Adoleszenten betreffen könnten, als auch jene, durch die Säuglinge und sehr kleine Kinder verletzt werden könnten.

Abwehrausschluss: Anpassung oder Fehlanpassung

Bei der Frage, ob der Ausschluss im Dienst der Abwehr biologisch adaptiv ist, ist das relevante Kriterium, ob er in irgendeiner Weise zum Überleben des Individuums und dazu beiträgt, dass es lebensfähige Nachkommenschaft hinterlässt.[28] Da dieses Kriterium nicht leicht anzuwenden ist, müssen die Argumente abgewogen werden.

Zunächst einmal kann kaum bezweifelt werden, dass diejenigen Personen, bei denen der Abwehrausschluss eine hervorragende Rolle spielt, in ihrem Umgang mit anderen menschlichen Wesen behindert sind im Vergleich zu jenen, bei denen er nur eine geringfügige Rolle spielt. Außerdem erleiden sie eher Funktionszusammenbrüche, wenn sie unter Umständen wochen-, monate- oder jahrelang nicht fähig sind, effizient mit ihrer Umwelt umzugehen. Welchen Nutzen der Abwehrausschluss also auch immer haben mag, die Person, bei der er erfolgt, muss dafür einen manchmal sehr hohen Preis zahlen. Daraus ergibt sich die Frage, ob es irgendwelche Umstände gibt, unter denen dieser mögliche Nutzen größer ist als der Schaden. Dies bringt uns zu den Bedingungen zurück, die den Prozess fördern.

Im letzten Abschnitt wurde die Annahme vorgetragen, dass ein großer Teil der Information, die wahrscheinlich dem Abwehrausschluss unterliegt, weil sie bei vorheriger Annahme zu Leiden geführt hat, in zwei Hauptkategorien fällt: (a) Information, die zu einer intensiven Erregung des Bindungsverhaltens und -fühlens eines Kindes führt, nicht aber zu seiner Erleichterung und möglicherweise sogar zu seiner Bestrafung, und (b) Information, von der es weiß, dass seine Eltern seine Kenntnis dieser Information nicht wollen und es bestrafen würden, wenn es sie als wahr akzeptierte. Daraus ergibt sich die Frage, ob unter den Bedingungen, die diese Arten von Information unannehmbar machen, das Verhalten, zu dem ihr Ausschluss führt, zumindest in einigen Fällen Nutzen bringt, der den Schaden überwiegt.

Wir wollen beide Fälle betrachten.

Main (1977) beschreibt Beobachtungen von 12 bis 18 Monate alten Säuglingen und ihren Müttern und berichtet von der Feststellung, dass diejenigen, die unter Umständen, die dies normalerweise erwarten ließen, kein Bindungsverhalten zeigen, beispielsweise nach einer Trennung von einigen Minuten in einer fremden Umgebung, mit hoher Wahrscheinlichkeit Kinder solcher Mütter sind, die ihre Annäherungen gewöhnlich zurückweisen. Unter den beschriebenen Umständen wendet sich einer dieser Säuglinge, statt Bindungsverhalten zu zeigen, wie es die Säuglinge annehmender und reagierender Mütter tun, von seiner Mutter ab und macht sich mit einem Spielzeug zu schaffen. So schließt er wirksam jeden sensorischen Input aus, der sein Bindungsverhalten auslösen würde, und vermeidet damit jedes Risiko, abgelehnt, bekümmert und desorganisiert zu werden; außerdem läuft er auch nicht Gefahr, feindseliges Verhalten bei seiner Mutter auszulösen. Dennoch bleibt er in ihrer Nähe. Diese Art der Reaktion, so nimmt Main an, stellt möglicherweise eine alternative Überlebensstrategie zu dem Streben nach sehr enger Nähe zur Mutter dar. Ihre Vorteile liegen darin, dass das Kind es vermeidet, desorganisiert zu werden, dennoch in erträglicher Nähe zu seiner Mutter und auf gutem Fuß mit ihr bleibt und im Falle großer Gefahr wahrscheinlich von ihr beschützt wird.

Selbst wenn sich aber diese Annahme als gültig erweisen sollte, so betont Main, weist vieles darauf hin, dass diese Strategie nur die zweitbeste ist und nur dann übernommen wird, wenn die Haltung der Mutter ungünstig ist. Das zeigt sich durch die Bereitwilligkeit, mit der diese Reaktion durch Bindungsverhalten ersetzt wird, sobald ein Kind einmal die Zuversicht gewonnen hat, dass seine Mutter freundlich reagieren wird.

Die gleichen Argumente können im zweiten Fall angewandt werden, bei dem Information, von der ein Kind weiß, dass seine Eltern seine Kenntnis dieser Information nicht wünschen, dem Abwehrausschluss unterliegt. Auch hier, so wird angenommen, sind die Vorteile, den Forderungen der Eltern zu entsprechen, möglicherweise größer als die Nachteile. Denn Kinder haben ein gutes Gespür dafür, dass es, wenn Mutter zur Zurückweisung neigt, möglicherweise besser ist, sie zu besänftigen, als zu riskieren, sie völlig zu entfremden.

Wenn diese Überlegung richtig ist, muss dennoch ein Punkt kommen, an dem die Erfüllung der elterlichen Forderungen mehr Nachteile als Vorteile bringt. Das ist bei jenen Adoleszenten und Erwachsenen der Fall, die sich seit langem die Strategie angeeignet haben, einen Elternteil zu besänftigen, und die nun feststellen, dass sie unfähig sind, etwas anderes zu tun.

In diesem Kapitel habe ich die Linien aufzuzeigen versucht, an denen entlang es möglich sein könnte, eine Abwehrtheorie zu entwickeln unter Verwendung von Konzepten, die aus jüngeren Untersuchungen der Informationsverarbeitung beim Menschen abgeleitet sind. In den folgenden Kapiteln versuche ich diese Ideen zu verwenden, um Reaktionen auf Verlust zu beleuchten.

5   Arbeitsplan

Da ein Hauptziel dieses Bandes darin besteht, die Reaktionen kleiner Kinder auf Verlust mit denen Erwachsener zu vergleichen und, falls notwendig, einander gegenüberzustellen, muss entschieden werden, an welchem Ende des Altersspektrums zu beginnen ist. Ich halte es für vorteilhaft, mit dem anzufangen, was wir über die Reaktionen von Erwachsenen wissen, und uns dann an der Altersskala herunterzuarbeiten, zuerst zu den Reaktionen von Adoleszenten und Kindern und dann zu denen von Kindern in den frühesten Lebensjahren. Auf diese Weise stellen wir sicher, dass, bevor wir die kontroversen Fragen kindlicher Reaktionen auf Verlust erörtern, unser Bild von den Reaktionen der Erwachsenen sowohl genau als auch umfassend ist. Dies ist inzwischen glücklicherweise möglich geworden aufgrund mehrerer gut geplanter und systematischer Untersuchungen an Erwachsenen, die in den beiden letzten Jahrzehnten vollendet worden sind.

Mit ein oder zwei bemerkenswerten Ausnahmen sind diese Untersuchungen der Reaktionen Erwachsener auf Verluste durch Sterbefälle gerichtet gewesen. Außerdem befasst sich auch die große Mehrheit der klinischen Berichte sowohl über Erwachsene als auch über Kinder, die sich auf Verluste bezieht, auf solche Verluste, die durch Todesfälle verursacht sind. Aus diesem Grund ist die Ursache der Verluste, mit denen sich der größere Teil des vorliegenden Bandes beschäftigt, ebenfalls der Tod. Paradoxerweise sind nur im Hinblick auf die kleinen Kinder, deren Reaktionen den Ausgangspunkt für diese Arbeit liefern, Verluste enthalten, die nicht durch Todesfälle verursacht sind.

Einigen Lesern mag es bedauerlich erscheinen, dass der größte Teil der Diskussion sich auf die Auswirkungen nur einer einzigen Verlustursache, nämlich des Todes, bezieht, da viele, ja vermutlich die meisten Verluste, die in unserer Gesellschaft auftreten, durch andere Ursachen als den Tod bedingt sind. Vertraute Beispiele sind Verluste durch Scheidung oder Verlassen und auch zeitweilige Verluste, die durch die verschiedensten Umstände herbeigeführt und kurz- oder langfristig sein können. Eine derartige Beschränkung der Untersuchung bringt jedoch auch Vorteile mit sich. Selbst wenn wir uns mit dieser einzelnen Verlustursache begnügen, müssen wir die Auswirkungen einer ungeheuren Menge von Variablen erörtern, welche die Art und Weise beeinflussen, auf die ein Verlust beantwortet wird; hätten wir auch Verluste aufgrund anderer Ursachen berücksichtigt, so hätte sich diese Anzahl noch weiter vergrößert. Es hat daher seine Vorzüge, wenn wir unsere Aufmerksamkeit zunächst auf Verluste konzentrieren, die nur eine einzige Ursache haben, und wenn wir zu diesem Zweck die Verlustursache auswählen, auf die die Reaktionen am eingehendsten beschrieben worden sind. Je erfolgreicher wir bei dieser Untersuchung sind, desto besser werden wir meiner Überzeugung nach darauf vorbereitet sein, die Reaktionen auf Verluste anderer Art zu untersuchen. Denn es kann kaum ein Zweifel daran bestehen, was immer die Ursache eines Verlustes sein mag, dass gewisse grundlegende Reaktionsmuster bestehen und dass Unterschiede der Reaktionen, die möglicherweise aus Verlusten der verschiedensten Ursachen resultieren, sich am besten als Variationen eines einzigen Themas betrachten lassen.

Um ein Bild vom Spektrum der Reaktionen auf einen größeren Verlust zu geben, die bei Erwachsenen auftreten, sind mehrere Kapitel notwendig. In den ersten drei Kapiteln beschreiben wir die Reaktionen einer Mehrheit oder zumindest einer erheblichen Minderheit verheirateter Erwachsener in mehreren verschiedenen Kulturen auf den Verlust eines Ehegatten oder Kindes und den gewöhnlichen Verlauf der Trauer durch eine Reihe von Phasen. In Kapitel 9 erörtern wir, immer noch auf einer beschreibenden Ebene, die Reaktionen, die nur bei einer Minderheit der von einem Trauerfall betroffenen Menschen auftreten. Dies führt zu einer Diskussion individueller Variationen im Verlauf der Trauer mit besonderem Bezug auf die Merkmale, die während der frühen Monate zu Tage treten und mit einem späteren ungünstigen Ausgang korrelieren. Danach befassen wir uns in den Kapiteln 10 bis 12 mit der Erörterung der zahlreichen Faktoren, von denen angenommen wird, dass sie den Verlauf der Trauer bei verschiedenen Individuen beeinflussen, vor allem solcher, die eine Rolle spielen bei der Entscheidung darüber, ob das Ergebnis gesund oder pathologisch ist. Einige dieser Faktoren, die früher vergleichsweise vernachlässigt wurden, denen aber in jüngeren Untersuchungen wachsende Aufmerksamkeit zuteil wurde, betreffen Erfahrungen, die die von dem Trauerfall betroffene Person zur Zeit des Verlustes und in den Monaten und Jahren danach macht. Andere, stets Gegenstand intensiver Debatten in der psychoanalytischen Literatur, betreffen eine Reihe untereinander verbundener Variablen, die vor dem Verlust wirksam sind. Dazu gehören (a) die Persönlichkeit des von einem Trauerfall Betroffenen vor dem Verlust, (b) das Muster der Beziehung, die er zu der verlorenen Person hatte, und (c) die vielen Variablen, die von Theoretikern der Psychoanalyse postuliert wurden, um die Entwicklung verschiedener Persönlichkeitstypen und verschiedener Beziehungsmuster zu erklären und damit auch die Unterschiede in den Verläufen, die die Trauer nehmen kann. Das führt zu einem zentralen Thema dieses Bandes, nämlich wie die Reaktionen auf Verlust durch Erfahrungen beeinflusst sind, die die von einem Trauerfall betroffene Person mit Bindungsfiguren gemacht hat, und zwar während ihres ganzen Lebens und vor allem in der Säuglingszeit, der Kindheit und der Adoleszenz. Es wird angenommen, dass diese Erfahrungen einen großen Teil der Unterschiede erklären, die im Verlauf der Trauer beim Erwachsenen zu beobachten sind. An diesem Punkt unserer Untersuchung ist es fruchtbar, das neu zu untersuchen, was über den Verlauf von Verlustreaktionen bekannt ist, wenn der Verlust während der Jahre der Unreife bestehen bleibt, und auch die Faktoren, die für Unterschiede in den Reaktionen individueller Kinder verantwortlich sind. Das sind die Themen von Teil III.

II. Teil:
Die Trauer Erwachsener

6 Verlust des Ehepartners

Eva empfand zum ersten Mal Kummer. Als Keir ihr zuerst die Nachricht von Johns Krankheit eröffnet hatte, hatte sie einen Schock erlebt, aber das war anders gewesen – beinahe das Gegenteil. Denn das war eine Unfähigkeit zu fühlen gewesen, während dies hier eine Unfähigkeit war, nicht zu fühlen – eine hässliche, unkontrollierbare Überfülle von Gefühlen, die sich in ihr ausdehnte, bis sie meinte, sie könne platzen und zu einem Platschen von Eingeweiden auf dem Fußboden werden ... Sie wollte etwas zertrümmern, brüllen. Sie wollte sich auf den Boden werfen, herumrollen, treten, kreischen.

Bryan Magee, *Facing Death*

Quellen

Es gibt jetzt etliche verlässliche Informationen darüber, wie Erwachsene auf einen schmerzlichen Verlust reagieren. Außer den Daten, die von frühen Erforschern des Gegenstandes zusammengetragen wurden und auf die bereits in vorhergehenden Kapiteln und in den Appendizes I und II von Band II Bezug genommen wurde, stehen nun auch Beobachtungen aus späteren und sorgfältiger angelegten Projekten zur Verfügung. Für unsere gegenwärtigen Zwecke am nützlichsten sind Studien, bei denen mit den Beobachtungen kurz nach einem schmerzlichen Verlust und in einigen Fällen vor dessen Eintreten begonnen wurde und man diese dann noch ein Jahr oder länger nachher fortsetzte. In diesem und den folgenden Kapiteln wird ausführlich auf die Funde aus solchen Untersuchungen eingegangen. Sie sind in zwei Hauptkategorien einzuteilen. Die erste, im vorliegenden Kapitel beschrieben, umfasst Studien, die darauf abzielen, typische Muster der Reaktionen auf den Verlust des Ehegatten während des ersten Trauerjahres zu beschreiben und außerdem Merkmale zu identifizieren, die möglicherweise voraussagen, ob der geistige und körperliche Gesundheitszustand des Trauernden am Ende des ersten Jahres günstig oder ungünstig sein wird. Die zweite Gruppe umfasst Untersuchungen über den Verlauf der Trauer bei den Eltern todkranker Kinder und wird im folgenden Kapitel beschrieben.

Es liegt auf der Hand, dass aus ethischen Gründen alle derartigen Untersuchungen mit Feingefühl und Sympathie durchgeführt werden müssen und nur mit solchen Personen, die bereit sind, sich daran zu beteiligen. Die Erfahrung zeigt, dass unter diesen Bedingungen die Mehrzahl der Menschen aktiv mitarbeitet und außerdem gewöhnlich dankbar ist für die Gelegenheit, einem verständnisvollen Menschen den eigenen Kummer mitzuteilen.

Tabelle 1 führt die wesentlichen Untersuchungen an, auf die in diesem und in den Kapiteln 9 bis 12 Bezug genommen wird, und gibt gewisse grundlegende Informationen über jede davon. Alle strebten danach, für die untersuchte Population so repräsentativ wie möglich zu sein; daher wurden Angehörige aller sozio-ökonomischen Klassen angesprochen. Der Grad jedoch, in dem es gelang, die Angesprochenen weiter zu verfolgen und zur Mitarbeit zu gewinnen, war bei den Untersuchungen sehr unterschiedlich – von mehr als 90 % Erfolg bei einigen bis zu nur 25 % Erfolg bei anderen.

Bei fast allen Untersuchungen wurden die Interviews nach vorheriger Verabredung im Haus des Trauernden durchgeführt und dauerten mindestens eine Stunde, manchmal sogar drei Stunden. Bei den meisten Studien waren die Interviews halb strukturiert und sollten dem von einem schmerzlichen Verlust Betroffenen sowohl Gelegenheit geben, frei über seine Erfahrungen zu sprechen, als auch sicherstellen, dass bestimmte Themenkreise angemessen behandelt wurden.

Besonders viel verdanke ich den Studien meines Kollegen Collin Murray Parkes; eine führte er in London durch (Parkes, 1970a), die andere zusammen mit Ira O. Glick und Robert S. Weiss in Boston, Massachusetts (Glick, Weiss und Parkes, 1974).

Leser, die weitere Informationen über die Stichproben der untersuchten Subjekte, die angewandten Vorgehensweisen und die Veröffentlichungen wünschen, in denen die Ergebnisse mitgeteilt werden, verweise ich auf die Fußnote am Ende dieses Kapitels.

Begrenzungen der untersuchten Stichproben

Zusammengenommen stellen wir fest, dass die Anzahl der Witwen und Witwer, die zu diesen Stichproben gehören, einige hundert beträgt; wir stellen außerdem fest, dass mit wenigen Ausnahmen der Grad der Übereinstimmung zwischen den Funden beeindruckend ist. Wir müssen uns aber dennoch fragen, wie repräsentativ die untersuchten Stichproben für alle verwitweten Eheleute sind.

Zunächst wird man feststellen, dass es in den beschriebenen Studien wesentlich mehr Witwen als Witwer gibt. Das ist nicht überraschend, denn aufgrund des höheren relativen Alters und der geringeren Lebenserwartung sterben Ehemänner relativ viel häufiger als Ehefrauen. Wir sind daher über den Verlauf der Trauer bei Frauen besser informiert als über den bei Männern, so dass die Gefahr besteht, dass Verallgemeinerungen dieses Ungleichgewicht möglicherweise widerspiegeln. Im Folgenden beschreiben wir darum zuerst den Verlauf, den die Trauer bei Witwen nimmt, und diskutieren am Ende des Kapitels das, was über Unterschiede zum Verlauf der Trauer bei Witwern bekannt ist. Im Allgemeinen scheint das Muster der emotionalen Reaktion auf den Verlust des Ehepartners bei beiden Ge-

Tabelle 1: Verlust des Ehepartners: Einzelheiten der verwendeten Untersuchungen

Autor	Subjekte				Ort	Methode	seit dem Todesfall verstrichener Zeitraum
	Witwen	Witwer	Alter	% der Angesprochenen			
Parkes	22	–	26–65	über 90	London	wiederholte Interv.	1, 3, 6, 9 und 12 1/2 Monate
Glick, Weiss u. Parkes	49	19	unter 45	25	Boston, USA	wiederholte Interv.	3 und 6 Wochen, 13 Monate und 2–4 Jahre
Clayton u.a.	70	35	20–90 (Männer 61)	50	St. Louis, Missouri	wiederholte Interv.	1,4 und 13 Monate
Maddison Viola	132	–	40–60	50	Boston, USA	i Fragebogen	13 Monate
Walker	243	–	unter 60	50	Sydney, Austr.	ii einzelne Interv. v. Sub-Stichproben	13 Monate
Raphael	194	–	unter 60	unbekannt	Sydney, Austr.	i langes Interv. ii Fragebogen	innerhalb von 8 Wochen 13 Monate
Marris	72	–	25–56	70	London	einzelnes Interv.	1 bis 3 Jahre
Hobson	40	–	25–58	über 90	engl. Kreisstadt	einzelnes Interv.	6 Monate bis 4 Jahre
Rees	227	66	40–80	über 90	ländl. Wales	einzelnes Interv.	einige Jahre
Gorer	20	9	45–80	unbekannt	ganz England	einzelnes Interv.	bis zu 5 Jahre

schlechtern ähnlich zu sein. Die Unterschiede, die bestehen, kann man als Varianten der Art und Weise ansehen, auf die Männer und Frauen westlicher Kulturen mit ihren emotionalen Reaktionen und mit dem sich ergebenden Bruch in ihrer Lebensweise umgehen.

Zweitens sind in den meisten Stichproben die jüngeren Altersgruppen stärker vertreten. Die Harvard-Studie schließt alle Personen aus, die älter als 45 sind; Marris schließt fast alle aus, die über 50 sind; Hobson und auch Maddison und seine Kollegen die über 60. Nur in den Untersuchungen von Clayton und ihren Kollegen sowie von Rees und von Gorer sind Witwen und Witwer von über 65 vertreten. Dieses Übergewicht war beabsichtigt, denn vielen der Forscher ging es darum, Personen zu untersuchen, von denen angenommen wurde, dass bei ihnen das Risiko relativ hoch sei, eine schwere oder lang andauernde emotionale Störung zu erleiden; das verfügbare Datenmaterial legte nahe, dass die Intensität der Reaktion und vielleicht auch die Schwierigkeit, sich wieder zu erholen, bei jüngeren Personen eher größer sind als bei älteren.

Dies wiederum, darauf weist neueres Material hin, liegt daran, dass das Alter, in dem ein Mensch den Verlust des Ehegatten oder eines Kindes erleidet, korreliert mit dem Grade, in dem der Tod als unzeitig und als Abbruch eines Lebens vor seiner Erfüllung empfunden wird. Denn je jünger natürlich die Witwe oder der Witwer, desto jünger ist wahrscheinlich der verstorbene Ehemann oder die verstorbene Ehefrau gewesen, und desto eher wird der Tod von dem verwitweten Partner wohl als unzeitig empfunden.

Als Nächstes müssen wir erwägen, wieweit die Funde möglicherweise dadurch beeinflusst sind, dass die meisten Stichproben Freiwillige aus größeren Populationen von einem Trauerfall betroffener Menschen umfassten. In welchem Ausmaß sind die Reaktionen dieser Freiwilligen typisch für die, die man bei einer breiteren Population antreffen würde? Das ist nicht leicht zu beantworten, doch das verfügbare Datenmaterial, vor allem das aus den umfassenden Studien von Hobson (1964) und Rees (1971), deutet nicht darauf hin, dass die Reaktionen von Freiwilligen irgendwelche systematischen Voreingenommenheiten (Bias) aufweisen. Zu dem gleichen Schluss kommen Marris (1958) in Bezug auf seine Londoner Stichprobe und auch Glick *et al.* (1974) in Bezug auf ihre Bostoner Stichprobe. In beiden Fällen unterschieden sich die Teilnehmer im Hinblick auf demographische Variablen kaum von den Nichtteilnehmern. Außerdem ergab bei der Bostoner Untersuchung ein Telefonanruf bei einer Stichprobe der Nichtteilnehmer ungefähr zwei Jahre nach dem ersten (fruchtlosen) Kontakt, dass ihre emotionalen und sonstigen Erfahrungen nach dem schmerzlichen Verlust den Erfahrungen derjenigen, die an der Untersuchung teilgenommen hatten, nicht unähnlich waren.

Schließlich muss erkannt werden, dass die Personen dieser Studien ausschließlich aus der westlichen Welt stammen. Würde man anderswo zu ähnlichen Ergebnissen kommen? Obwohl das Datenmaterial zur Beantwortung dieser Frage unzulänglich ist, lassen die vorhandenen Daten vermuten, dass die Gesamtmuster tatsächlich ähnlich sind. Einige Beispiele für dieses Material werden in Kapitel 8 vorgetragen.

Vier Phasen der Trauer

Beobachtungen darüber, wie Individuen auf den Verlust eines nahen Angehörigen reagieren, zeigen, dass ihre Reaktionen im Verlauf von Wochen und Monaten gewöhnlich eine Reihe von Phasen durchlaufen. Zugegeben, diese Phasen sind nicht deutlich unterteilt, und jedes Individuum kann für eine gewisse Zeit zwischen zweien dieser Phasen hin und her pendeln, doch eine Gesamtabfolge lässt sich ausmachen. Die vier[29] Phasen sind folgende:

1. Phase der Betäubung, die gewöhnlich einige Stunden bis eine Woche dauert und unterbrochen werden kann von Ausbrüchen extrem intensiver Qual und/oder Wut.
2. Phase der Sehnsucht und Suche nach der verlorenen Figur, die einige Monate und manchmal Jahre dauert.
3. Phase der Desorganisation und Verzweiflung.
4. Phase eines größeren oder geringeren Grades von Reorganisation.

Im Folgenden konzentrieren wir uns vor allem auf die psychologischen Reaktionen auf Verlust mit besonderem Bezug auf die Art und Weise, auf die die ursprüngliche Beziehung weiterhin eine zentrale Rolle im emotionalen Leben eines trauernden Menschen spielt, in der Regel aber auch einer langsamen Formveränderung unterliegt, wenn die Monate und Jahre vergehen.[30] Diese fortdauernde Beziehung erklärt die Sehnsucht und Suche und auch die Wut, die in der zweiten Phase vorherrschen, sowie die Verzweiflung und das späte Annehmen des Verlustes als irreversibel, die auftreten, wenn die Phasen drei und vier erfolgreich durchlaufen werden. Sie erklärt außerdem auch viele, vielleicht sogar alle die Merkmale, die charakteristisch sind für einen pathologischen Ausgang.

Bei den Beschreibungen von Reaktionen, die für die ersten beiden Phasen typisch sind, ziehen wir insbesondere Parkes' Untersuchung an Londoner Witwen heran. Bei den Beschreibungen der beiden zweiten Phasen nehmen wir zunehmend Bezug auf die Funde der Harvard-Untersuchung und anderer Studien.

Betäubungsphase

Die unmittelbare Reaktion auf die Nachricht vom Tod des Ehegatten unterscheidet sich beträchtlich von Individuum zu Individuum und ist auch bei ein und demselben Individuum zu verschiedenen Zeitpunkten unterschiedlich. Die meisten fühlen sich betäubt und in verschiedenen Graden unfähig, die Nachricht zu akzeptieren. Bemerkungen wie „Ich konnte es einfach nicht fassen", „Ich konnte es nicht glauben", „Es war wie im Traum" und „Es erschien unwirklich" sind die Regel. Für eine Weile führt die Witwe vielleicht ihr gewöhnliches Leben fast automatisch weiter. Dennoch fühlt sie sich wahrscheinlich angespannt und furchtsam; diese ungewöhnliche Ruhe kann jeden Augenblick von einem Ausbruch intensiver Emotion durchbrochen werden. Einige beschreiben überwältigende Anfälle von Panik, in denen sie sich möglicherweise zu Freunden flüchten. Andere haben Wutausbrüche. Gelegentlich mag sich eine Witwe plötzlich erhoben fühlen in einem Erlebnis des Einsseins mit ihrem toten Gatten.

Phase der Sehnsucht und Suche nach der verlorenen Figur: Zorn

Wenige Stunden oder vielleicht wenige Tage nach dem Verlust tritt eine Veränderung ein, und die Witwe beginnt, wenn auch nur episodisch, die Realität des Verlusts zu verzeichnen. Das führt zu stechendem, intensivem Gram, Krämpfen von Qual und tränenreichem Schluchzen. Fast gleichzeitig jedoch bestehen große Ruhelosigkeit, Schlaflosigkeit und Beschäftigung mit Gedanken an den verlorenen Gatten, häufig kombiniert mit dem Gefühl seiner tatsächlichen Anwesenheit und einer ausgeprägten Tendenz, Signale oder Geräusche als Anzeichen dafür zu deuten, dass er nun zurückgekehrt ist. Hört die Witwe beispielsweise um fünf Uhr nachmittags eine Türklinke gehen, so wird das als Rückkehr des Ehemannes von der Arbeit gedeutet; oder in einem Mann auf der Straße erkennt sie fälschlich den fehlenden Ehegatten. Lebhafte Träume, in denen der Ehemann noch am Leben und wohlauf ist, sind nicht selten, und beim Erwachen stellt sich entsprechende Trostlosigkeit ein.

Da man weiß, dass einige dieser Merkmale oder alle bei der Mehrzahl der Witwen auftreten, kann nicht länger bezweifelt werden, dass sie ein übliches Anzeichen von Kummer und in keiner Weise abnorm sind.

Ein weiteres häufiges Kennzeichen der zweiten Phase der Trauer ist Zorn. Seine Häufigkeit als Teil der normalen Trauer ist unserer Meinung nach gewöhnlich unterschätzt worden, zumindest von Klinikern, denen er unangebracht und irrational vorgekommen zu sein scheint. Dennoch ist er, wie in Kapitel 2 bemerkt wurde, von jedem Verhaltenswissenschaftler jeder Disziplin berichtet worden, der Trauer in den Mittelpunkt seiner Forschung stellte.

Als ich vor einigen Jahren das damals verfügbare Datenmaterial untersuchte (Bowlby, 1960b, 1961b), fiel mir die Ähnlichkeit dieser Reaktionen mit dem anfänglichen Protest eines Kindes beim Verlust seiner Mutter und seinen Bemühungen auf, sie wiederzuerlangen, und ich dachte auch an Sands Annahme, dass das Suchen nach der verlorenen Person ein integraler Bestandteil der Trauer Erwachsener ist. Darum besagte die Auffassung, die ich vorbrachte, dass es während dieser frühen Phase der Trauer für den Trauernden normal ist, zwischen zwei geistigen Zuständen hin und her zu wechseln. Auf der einen Seite steht der Glaube, dass der Tod eingetreten ist, mit all dem Schmerz und der hoffnungslosen Sehnsucht, die das mit sich bringt. Auf der anderen Seite steht der Unglaube[31], dass er eingetreten ist, begleitet sowohl von der Hoffnung, es sei doch alles gut, als auch von dem Drang, nach der verlorenen Person zu suchen und sie wiederzuerlangen. Zorn wird, wie es scheint, sowohl von jenen hervorgerufen, die für den Verlust verantwortlich gemacht werden, als auch von den Versagungen, die dem Trauernden bei seiner fruchtlosen Suche begegnen.

Bei der weiteren Untersuchung dieser Auffassung nahm ich an, dass bei Menschen, die einen schmerzlichen Verlust erlitten haben und deren Trauer einen gesunden Verlauf nimmt, der Drang, zu suchen und wiederzugewinnen, der in den ersten Wochen und Monaten häufig intensiv ist, mit der Zeit allmählich geringer wird und dass er auch von Person zu Person sehr unterschiedlich erlebt wird. Einige Menschen, deren Partner gestorben ist, sind sich ihres Dranges zu suchen bewusst, andere nicht. Einige geben ihm bereitwillig nach, andere versuchen ihn als irrational und absurd zu ersticken. Welche Haltung auch immer ein von einem Todesfall betroffener Mensch gegenüber diesem Drang einnimmt, so nahm ich an, er fühlt sich dennoch getrieben, die verlorene Person zu suchen und wenn möglich wiederzuerlangen. In einer späteren Schrift (Bowlby, 1963) wies ich darauf hin, dass viele Merkmale, die charakteristisch sind für pathologische Formen von Trauer, als Folgen des aktiven Weiterbestehens dieses Dranges verstanden werden können, der die Tendenz hat, auf die verschiedensten versteckten und verzerrten Weisen ausgedrückt zu werden.

Diese Ansichten wurden zu Beginn der sechziger Jahre vorgetragen. Inzwischen sind sie bestätigt und weiter ausgearbeitet worden von Parkes, der diesen Fragen besondere Aufmerksamkeit gewidmet hat. In einer seiner Schriften (Parkes, 1970b) hat er Datenmaterial aus seinen eigenen Studien vorgetragen, das seiner Meinung nach die Hypothese von der Suche stützt. Da diese Hypothese für alles Folgende von zentraler Bedeutung ist, wird sein Datenmaterial unten wiedergegeben.

Zur Einleitung der These schreibt er: „Obwohl wir dazu neigen, an das Suchen in den Begriffen des motorischen Akts rastloser Bewegung in Richtung auf mögliche Standorte des verlorenen Objekts zu denken, hat (die Suche) auch wahrnehmungsmäßige und gedankliche Komponenten ... Zeichen des Objekts können nur identifiziert werden unter Bezugnahme auf Erinnerungen an das Objekt, wie es war. Das Absuchen der äußeren Welt nach Zeichen des Objekts schließt daher das Errichten eines inneren ‚Satzes' von Wahrnehmungen ein, die von früheren Erfahrungen mit dem Objekt abgeleitet wurden." Als Beispiel führt er eine Frau an, die nach ihrem kleinen Sohn sucht, den sie verloren hat; sie bewegt sich rastlos durch die in Frage kommenden Räume des Hauses, sucht sie mit den Augen ab und denkt an den Jungen; sie hört ein Knarren und identifiziert es sofort als das Geräusch, das der Fußball ihres Sohnes auf der Treppe macht; sie ruft: „John, bist du das?" Die Komponenten dieser Abfolge sind:

- rastloses Umhergehen und Absuchen der Umgebung;
- intensives Denken an die verlorene Person;
- Entwicklung eines die Person betreffenden Satzes von Wahrnehmungen, nämlich eine Bereitschaft, alle Reize, die die Anwesenheit der Person vermuten lassen, wahrzunehmen und zu beobachten, und alle Reize, die für dieses Ziel nicht von Bedeutung sind, zu ignorieren;
- Richten der Aufmerksamkeit auf die Teile der Umgebung, die für das Auffinden der Person in Frage kommen;
- Rufen nach der verlorenen Person.

„Jede dieser Komponenten", so betont Parkes, „ist bei Männern und Frauen zu finden, die einen schmerzlichen Verlust erlitten haben. Außerdem sind sich einige Trauernde eines Dranges zu suchen bewusst."

Parkes berichtet über seine diese fünf Punkte betreffenden Feststellungen an 22 Londoner Witwen und teilt mit:

a) Alle außer zwei Witwen sagten, sie hätten während des ersten Trauermonats eine Rastlosigkeit verspürt, die auch während des Interviews zu Tage trat. Bei der Zusammenfassung seiner eigenen Funde zitiert Parkes die klassische Beschreibung, die Lindemann von den ersten Wochen nach dem Sterbefall gegeben hat: „Es besteht keine Verzögerung von Handeln und Reden; ganz im Gegenteil, das Reden überstürzt sich, vor allem, wenn von dem Verstorbenen gesprochen wird. Es kommt zu Rastlosigkeit, der Unfähigkeit, still zu sitzen, ziellosem Umhergehen und ständigem Suchen nach einer Beschäftigung" (Lindemann, 1944). Dennoch glaubt Parkes, dass das Suchen alles andere als ziellos ist. Es erscheint nur so, weil es gehemmt oder auf fragmentarische Weise zu Tage tritt.

b) Während der ersten zwölf Trauermonate waren 19 der Witwen von Gedanken an ihren toten Gatten in Anspruch genommen, und ein Jahr später verbrachten zwölf noch immer viel Zeit damit, an ihn zu denken. Das visuelle Bild war so klar, dass häufig davon gesprochen wurde, als sei es eine Wahrnehmung: „Ich kann ihn auf dem Stuhl sitzen sehen."

c) Die Wahrscheinlichkeit, dass dieses klare visuelle Bild Teil eines allgemeinen Wahrnehmungssatzes ist, der sensorischen Input auf Zeichen von der vermissten Person untersucht, wird gestützt von der Häufigkeit, mit der Witwen sensorische Daten falsch identifizieren. Neun der interviewten Frauen beschrieben, wie sie während des ersten Trauermonats häufig Geräusche oder visuelle Wahrnehmungen als auf ihren Mann hinweisend gedeutet hatten. Eine glaubte ihn nachts husten zu hören, eine andere hörte ihn im Haus umhergehen, eine Dritte meinte mehrmals in Männern auf der Straße ihren Mann zu erkennen.

d) Nicht nur der Wahrnehmungssatz einer Witwe hat die Neigung, sensorische Daten bevorzugt aufzunehmen, die möglicherweise auf den Gatten hinweisen, sondern auch ihr motorisches Verhalten weist eine vergleichbare Voreingenommenheit auf. Die Hälfte der von Parkes interviewten Witwen beschrieb, wie sie sich zu Plätzen oder Gegenständen hingezogen fühlten, die sie mit dem Gatten assoziierten. Sechs suchten weiter alte Orte auf, an denen sie mit dem Ehemann gewesen waren, zwei fühlten sich zu dem Krankenhaus hingezogen, in dem er gestorben war, was in einem Fall so weit ging, dass die Witwe das Krankenhaus tatsächlich betrat; drei Frauen konnten das Haus nicht verlassen, ohne einen starken Impuls zu verspüren, dorthin zurückzukehren; andere fühlten sich zu dem Friedhof hingezogen, wo der Mann beerdigt war. Alle außer drei Frauen hegten und schätzten Besitztümer, die mit ihrem Mann assoziiert waren, und einige ertappten sich wiederholt dabei, dass sie zu solchen Objekten zurückkehrten.

e) Wann immer eine Witwe sich an die verlorene Person erinnert oder über sie spricht, kommt es zu Tränen, und manchmal führen diese zu unkontrollierbarem Schluchzen. Obwohl es überraschend erscheinen mag, dass solche Tränen und solches Schluchzen als Versuche zu betrachten sind, die verlorene Person zurückzugewinnen, gibt es gute Gründe für diese Annahme.

Die Gesichtsausdrücke, die für den Kummer des Erwachsenen typisch sind, so schloss Darwin (1872), sind Folgen einerseits der Tendenz, zu schreien wie ein Kind, wenn es sich verlassen fühlt, und andererseits einer Hemmung dieses Schreiens. Sowohl Weinen als auch Schreien sind natürlich Mittel, durch die ein Kind gewöhnlich die vermisste Mutter anzieht und wiedererlangt oder irgendeine andere Person, die ihm helfen kann, sie wieder zu finden; beim Trauern, so postulieren wir, treten sie mit dem gleichen Ziel auf – bewusst oder unbewusst. Diese Auffassung wird gestützt von der Feststellung, dass gelegentlich der von dem Verlust betroffene Mensch nach der verlorenen Person ruft, damit diese zurückkehrt. „Ach Fred, ich brauche dich so", rief eine Witwe während eines Interviews aus, ehe sie in Tränen ausbrach.

Schließlich waren sich mindestens vier dieser 22 Witwen bewusst, dass sie suchten. „Ich gehe umher und suche", sagte eine, „ich gehe zum Grab ... aber er ist nicht da", sagte eine andere. Eine der Frauen spielte mit dem Gedanken, einer spiritistischen Sitzung beizuwohnen in der Hoffnung, mit ihrem Mann zu kommunizieren; mehrere dachten daran, sich selbst zu töten, um wieder mit ihren Männern zusammen zu sein.[32]

Als Parkes sich der Inzidenz von Zorn unter diesen Witwen zuwandte, konnte er ihn bei allen außer vier Frauen feststellen; bei sieben, nämlich einem Drittel, war er zur Zeit des Interviews sehr ausgeprägt. Bei einigen nahm der Zorn die Form allgemeiner Reizbarkeit oder Bitterkeit an. Bei anderen hatte er eine Zielscheibe – in vier Fällen einen Verwandten, in fünf Fällen einen Geistlichen, Arzt oder Beamten und in vier Fällen den toten Gatten selbst. In den meisten derartigen Fällen wurde als Grund für den Zorn angegeben, die betreffende Person sei entweder teilweise für den Todesfall verantwortlich oder sei im Zusammenhang damit nachlässig gewesen, entweder gegenüber dem Toten oder gegenüber der Witwe. Auf ähnliche Weise hatten sich die Ehemänner den Zorn ihrer Witwen zugezogen, weil sie entweder nicht besser für sich selbst gesorgt hatten oder weil sie angeblich zu ihrem eigenen Tod beigetragen hatten.[33]

Obwohl auch ein gewisses Maß von Selbstvorwurf häufig war, war dies nie ein so hervorragendes Merkmal wie der Zorn. Bei den meisten der Witwen kreiste der Selbstvorwurf um eine geringfügige Tat oder Unterlassung im Zusammenhang mit der letzten Krankheit oder dem Sterben. Obwohl es bei einer oder zweien der Londoner Witwen Zeiten gab, in denen dieser Selbstvorwurf recht schwerwiegend war, war er bei keiner der Frauen so intensiv und unerbittlich wie bei Personen, deren mit Selbstvorwurf durchsetzte Trauer weiter besteht, bis sie schließlich als depressive Erkrankung diagnostiziert wird (siehe Kapitel 9).

Im Kontext der Such-Hypothese ist das Überwiegen von Zorn in den ersten Trauerwochen leicht zu erklären. In mehreren früheren Veröffentlichungen (siehe Band II, Kapitel 17) ist betont worden, dass Wut sowohl üblich als auch nützlich ist, wenn die Trennung nur vorübergehend ist. Sie hilft dann, Hindernisse zu überwinden, die der Wiedervereinigung mit der verlorenen Person im Wege stehen. Nach erfolgter Wiedervereinigung macht es der Vorwurf an denjenigen, der für die Trennung verantwortlich schien, weniger wahrscheinlich, dass erneut eine Trennung eintritt. Nur wenn die Trennung dauerhaft ist, sind Wut und Vorwurf unangebracht. „Es gibt daher gute biologische Gründe dafür, warum jede Trennung automatisch und instinktiv mit aggressivem Verhalten beantwortet werden sollte; unwiederbringlicher Verlust ist statistisch so unüblich, dass er nicht berücksichtigt ist. Es sieht so aus, als sei im Verlauf unserer Evolution unsere Instinktausstattung so geformt worden, dass alle Verluste für wiederbringlich gehalten und entsprechend beantwortet werden" (Bowlby, 1961b). Wut wird also als verständlicher Bestandteil des dringenden, wenn auch fruchtlosen Bemühens des Trauernden gesehen, das Band, das durchtrennt wurde, wiederherzustellen. Solange die Wut anhält, so scheint es, ist der Verlust noch nicht als dauerhaft akzeptiert, und es besteht noch Hoffnung. Marris (1958) kommentiert die Beschreibung einer Witwe, wie sie nach dem Tod ihres Mannes dem Arzt eine ordentliche Tracht Prügel verabreicht hatte, mit den Worten: „Es war, als habe ihre Wut, solange sie bestand, ihr Mut gegeben."

Plötzliche Wutausbrüche sind recht häufig kurz nach einem Verlust, vor allem, wenn dieser Verlust unvermittelt und/oder unzeitig eingetreten ist, und bedeuten keine ungünstige Prognose. Sollten Wut und Empörung aber über die ersten Wochen hinaus fortbestehen, so gibt es Gründe zur Sorge, wie wir in Kapitel 9 sehen werden.

Feindseligkeit Tröstern gegenüber lässt sich genauso erklären. Während ein Tröster, der keine Stellung bezieht in dem Konflikt zwischen dem Streben nach Wiedervereinigung und dem Akzeptieren des Verlustes, für den Trauernden sehr wertvoll sein kann, erregt jemand, der in einem frühen Stadium das Annehmen des Verlusts zu begünstigen scheint, Empörung, als habe er den Verlust bewirkt. Oft wird nicht Trost über den Verlust gewünscht, sondern Hilfe zur Wiedervereinigung.

Wut und Undankbarkeit Tröstern gegenüber sind tatsächlich seit Hiobs Zeiten keine Unbekannten. Da der von einem Verlust Betroffene überwältigt ist von dem Schlag, den er erlitten hat, ist es einer seiner ersten Impulse, andere um Hilfe anzugehen. Der angehende Tröster, der auf diesen Ruf antwortet, sieht die Situation aber möglicherweise anders. Ihm mag klar sein, dass die Hoffnung auf Wiedervereinigung eine Illusion ist und ihre Ermutigung unrealistisch, ja sogar unehrlich wäre. Und so verhält er sich nicht wie gewünscht, sondern erscheint dem Trauernden, als täte er das Gegenteil, was ihm entsprechend übel genommen wird. Kein Wunder, dass seine Rolle undankbar ist.

Wir sehen also, dass rastloses Suchen, zwischendurch auftretende Hoffnung, wiederholte Enttäuschung, Weinen, Wut, Anklage und Undankbarkeit sämtlich Merkmale der zweiten Phase der Trauer sind und als Äußerungen des starken Dranges zu verstehen sind, die verlorene Person zu finden und zurückzugewinnen. Dennoch besteht unter diesen starken Emotionen, die episodisch ausbrechen und so verwirrend scheinen, wahrscheinlich gleichzeitig eine tiefe und durchgehende Traurigkeit, eine Reaktion auf die Erkenntnis, dass eine Wiedervereinigung im besten Falle unwahrscheinlich ist. Weil die fruchtlose Suche schmerzlich ist, mag es außerdem Zeiten geben, in denen ein Trauernder versucht, sich von dem frei zu machen, was an den Toten erinnert. Dann schwankt er oder sie vielleicht hin und her zwischen dem Hegen und Schätzen solcher Erinnerungsstücke und ihrem Wegwerfen, zwischen dem Willkommenheißen von Möglichkeiten, über den Verstorbenen zu sprechen, und der Furcht davor, zwischen dem Aufsuchen von Orten, an denen der Trauernde mit dem Verstorbenen zusammen war, und dem Vermeiden solcher Orte. Eine der von Parkes interviewten

Witwen beschrieb, wie sie versucht hatte, im hinteren Schlafzimmer zu schlafen, um ihren Erinnerungen zu entgehen, und wie sie ihren Mann dann so sehr vermisst hatte, dass sie in das eigentliche Schlafzimmer zurückgekehrt war, um ihm nahe zu sein.

Einen Weg zu finden, um diese beiden unvereinbaren Antriebe miteinander zu versöhnen, stellt unserer Meinung nach eine zentrale Aufgabe der dritten und vierten Phase des Trauerns dar. Gorer (1965) glaubt, die Art und Weise, wie ein trauernder Mensch auf verbale Beileidsbezeugungen reagiert, zeige, ob die Aufgabe erfolgreich gelöst werde; dankbare Annahme sei eines der verlässlichsten Anzeichen dafür, dass der Trauernde seine Trauer zufrieden stellend durcharbeite. Wie wir in Kapitel 9 sehen werden, ist dagegen ein Verbot, den Verlust zu erwähnen, von Übel.

Trauersitten sind nach dem Ausmaß zu bewerten, in dem sie einem Trauernden bei seiner Aufgabe helfen. In jüngerer Zeit haben sowohl Gorer (1965) als auch Marris (1974) sie in diesem Licht betrachtet. Zuerst, so betont Marris, erleichtern Akte der Trauer das Abschiednehmen. Sie erleichtern es etwa der Witwe für eine Weile, dem Toten in ihrem Leben einen so zentralen Platz zu geben, wie er ihn vorher hatte, betonen aber gleichzeitig den Tod als ein entscheidendes Ereignis, dessen Implikationen zur Kenntnis genommen werden müssen. In der Folge markieren solche Bräuche die Stadien der Reintegration. Wie Gorer es ausdrückt, sind solche Trauersitten „zeitlich begrenzt" und leiten und sanktionieren die Stadien der Wiederherstellung. Obwohl es auf den ersten Blick falsch erscheinen mag, einer so intensiven und privaten Emotion wie Trauer gewisse Sitten aufzuerlegen, verlangen die Einsamkeit der Krise und der intensive Gefühlskonflikt geradezu nach einer stützenden Struktur. In Kapitel 8 werden die Trauersitten anderer Kulturen betrachtet und die Aufmerksamkeit auf gewisse Merkmale gelenkt, die der großen Mehrheit von ihnen einschließlich der westlichen gemeinsam sind.

Phase der Desorganisation und Verzweiflung und Phase der Reorganisation

Damit die Trauer einen günstigen Ausgang nimmt, scheint es notwendig, dass der trauernde Mensch diese emotionalen Schläge aushält. Nur wenn er den Gram, das mehr oder weniger bewusste Suchen und das scheinbar endlose Prüfen, wie und warum der Verlust geschah, sowie die Wut auf jeden, der dafür verantwortlich sein könnte, einschließlich des Toten, ertragen kann, kann er allmählich dahin gelangen, zu erkennen und zu akzeptieren, dass der Verlust tatsächlich von Dauer ist und dass sein Leben neu eingerichtet werden muss. Nur in dieser Weise scheint es ihm möglich zu sein, voll zur Kenntnis zu nehmen, dass seine alten Verhaltensmuster redundant geworden sind und darum abgebaut werden müssen. C. S. Lewis (1961) hat die Frustrationen nicht nur des Fühlens, sondern auch des Denkens und Handelns beschrieben, die die Trauer mit sich bringt. In einem Tagebucheintrag nach dem Verlust seiner Frau H. schreibt er: „Ich denke, ich fange an zu verstehen, warum Trauer sich wie Spannung anfühlt. Es rührt von der Frustration so vieler Impulse her, die zur Gewohnheit geworden waren. Ein Gedanke nach dem anderen, ein Gefühl nach dem anderen, eine Handlung nach der anderen hatten H. zum Ziel. Nun ist ihr Ziel nicht mehr da. Aus Gewohnheit fahre ich fort, einen Pfeil an der Sehne zurechtzulegen; dann erinnere ich mich, und ich muss den Bogen niederlegen. So viele Straßen führen zu H. Ich schlage eine davon ein. Doch jetzt wird sie von einem undurchdringlichen Grenzposten versperrt. So viele Straßen einst; so viele Sackgassen heute" (S. 59).

Da es notwendig ist, alte Muster des Denkens, Fühlens und Handelns abzulegen, ehe neue gebildet werden können, ist es nahezu unvermeidlich, dass ein Trauernder manchmal verzweifelt und meint, alles sei verloren, und folglich in Depression und Apathie verfällt. Wenn alles gut geht, wechselt diese Phase aber unter Umständen bald mit einer Phase ab, in der er die neue Situation, in der er sich befindet, zu prüfen und über Wege nachzudenken beginnt, sie zu bewältigen. Dazu gehört eine Neudefinierung sowohl seiner selbst als auch der Situation. Er ist nun kein Ehemann mehr, sondern ein Witwer. Er ist nicht mehr Teil eines Paares mit komplementären Rollen, sondern allein stehend. Diese Neudefinition seines Selbst und seiner Situation ist ebenso schmerzhaft wie entscheidend wichtig, und sei es nur deshalb, weil sie die endgültige Aufgabe aller Hoffnung bedeutet, die verlorene Person könne zurückgewonnen und die alte Situation wiederhergestellt werden. Ehe die Neudefinition nicht vollzogen ist, können keine Pläne für die Zukunft gemacht werden.

An dieser Stelle ist es wichtig anzumerken, dass die Neudefinition des Selbst und der Situation, sosehr sie auch von stärksten Emotionen durchflutet ist, keine bloße Affektentbindung ist, sondern ein kognitiver Akt, von dem alles andere abhängt. Es ist ein Prozess der „Vergegenwärtigung" (Parkes, 1972), der Neuformung innerer Vorstellungsmodelle, um sie den Veränderungen anzugleichen, die in der Lebenssituation des Trauernden eingetreten sind. Vieles wird in späteren Kapiteln noch dazu gesagt werden.

Sobald diese Hürde einmal genommen ist, erkennt die von dem Verlust betroffene Person, dass sie versuchen muss, ungewohnte Rollen auszufüllen und neue Fertigkeiten zu erwerben. Ein Witwer muss vielleicht lernen, zu kochen und das Haus in Ordnung zu halten, eine Witwe, das Familieneinkommen zu verdienen und Verschönerungen am Haus durchzuführen. Wenn Kinder da sind, muss der verbleibende Elternteil so gut wie möglich die Pflichten beider Eltern übernehmen. Je erfolgreicher der Überlebende diese neuen Rollen und Fertigkeiten meistert, desto vertrauensvoller und unabhängiger beginnt er oder sie sich zu fühlen. Diese Verschiebung wird sehr gut beschrieben von einer der Londoner Witwen, die ein Jahr nach dem

Tod ihres Mannes befragt wurde; sie bemerkte: „Ich glaube, ich fange jetzt an aufzuwachen. Ich beginne zu leben, statt nur zu existieren ... Ich meine, ich sollte jetzt planen, etwas zu tun." Wenn die Initiative und damit die Unabhängigkeit zurückkehrt, ist die Witwe oder der Witwer vielleicht eifrig bedacht auf diese Unabhängigkeit und bricht unter Umständen ziemlich abrupt eine stützende Beziehung ab, die zuvor willkommen war. Doch wie erfolgreich ein Witwer oder eine Witwe auch neue Rollen übernehmen und neue Fertigkeiten erlernen mag, die veränderte Situation wird wahrscheinlich als konstante Belastung empfunden und ist auf jeden Fall einsam. Ein akutes Gefühl von Einsamkeit, am ausgeprägtesten in der Nacht, wurde von fast allen Witwen berichtet, ob sie nun von Marris, Hobson oder Parkes in England oder von Glick oder Clayton und deren Mitarbeitern in den USA befragt wurden.

Die Wiederaufnahme des gesellschaftlichen Lebens selbst auf einer oberflächlichen Ebene ist oft sehr schwierig, zumindest in westlichen Kulturen. Dafür gibt es mehr als einen Grund. Einerseits schreibt die Konvention häufig vor, dass die Geschlechter in gleicher Anzahl anwesend sind, so dass diejenigen, die die Gesellschaft des anderen Geschlechts suchen, ausgeschlossen bleiben. Auf der anderen Seite gibt es diejenigen, die gesellschaftliche Anlässe, bei denen die Geschlechter gemischt sind, als allzu schmerzlich erleben, weil sie zu stark an den Verlust ihres Partners erinnert werden. Die Folge ist, dass sowohl Witwer wie Witwen am häufigsten Zusammenkünfte von Mitgliedern ihres eigenen Geschlechts besuchen. Für Männer ist dies gewöhnlich leichter, weil vielleicht eine Arbeits- oder Sportgruppe zur Verfügung steht. Für Frauen kann sich eine kirchliche Gruppe oder Frauenvereinigung als unschätzbar wertvoll erweisen.

Nur wenige Witwen heiraten nochmals. Das liegt teilweise daran, dass geeignete Partner dünn gesät sind, zumindest ebenso sehr aber auch daran, dass viele Witwen eine Wiederverheiratung ungern ins Auge fassen. Die Wiederverheiratungsquote für jede Stichprobe hängt eindeutig nicht nur vom Alter der Witwen zur Zeit des Todesfalles ab, sondern auch davon, wie viele Jahre später die Information eingeholt wird. Bei den hier durchgesehenen Studien ist die höchste berichtete Quote ungefähr eine von vier bei den Bostoner Witwen; nach etwa drei Jahren hatten 14 entweder wieder geheiratet oder schienen dies vorzuhaben. Alle, daran sollte erinnert werden, waren unter 45 Jahre alt, als sie Witwen wurden. Bei der Studie von Marris hatte eine von fünf der 33 unter 40 Jahren verwitweten Frauen wieder geheiratet. Bei älteren Witwen sind die entsprechenden Anteile wesentlich niedriger. Im Gegensatz dazu ist der Anteil von Witwern, die wieder heiraten, relativ hoch, ein Unterschied, auf den am Ende des Kapitels weiter eingegangen werden wird.

Viele Witwen weigern sich, eine Wiederverheiratung ins Auge zu fassen. Andere erwägen sie, entscheiden sich aber dagegen. Die Furcht vor Reibungen zwischen Stiefvater und Kindern wird von vielen als Grund angegeben.

Einigen ist das Risiko zu groß, den Schmerz eines zweiten Verlustes zu erleiden. Andere glauben, sie könnten nie einen anderen Mann so lieben, wie sie ihren Ehemann geliebt hatten, und gehässige Vergleiche würden die Folge sein. Auf Befragen bezeichnete sich die Hälfte der Bostoner Witwen als uninteressiert an irgendwelchen neuen sexuellen Beziehungen. Die Hälfte von allen gestand ein gewisses Gefühl von sexueller Entbehrung ein, andere fühlten sich betäubt. Vermutlich bleiben sexuelle Gefühle sehr häufig weiter an den Ehemann gebunden; sie können in Masturbationsphantasien geäußert oder in Träumen ausagiert werden.

Ein Jahr nach dem Tod des Ehemannes wurde fortbestehende Loyalität diesem gegenüber von Glick als Haupthindernis für die Wiederverheiratung im Falle der Bostoner Witwen beurteilt. Parkes bemerkt, dass viele der Londoner Witwen „sich noch immer mit ihren toten Männern verheiratet zu fühlen schienen" (Parkes, 1972, S.99). Damit erhebt sich erneut die Frage nach der fortbestehenden Beziehung eines verwitweten Menschen zu der Person, die gestorben ist.

Weiterbestehen der Beziehung

Nach ungefähr einem Jahr der Trauer wird es den meisten Trauernden möglich, eine Unterscheidung zu treffen zwischen Denk-, Fühl- und Verhaltensmustern, die eindeutig nicht länger angebracht sind, und anderen, die mit gutem Recht beibehalten werden können. Zur ersteren Gruppe gehören solche, die nur sinnvoll sind, wenn die verlorene Person physisch anwesend ist, wie etwa die Erfüllung gewisser Haushaltspflichten; zur zweiten Gruppe gehören das Festhalten an Werten und das Weiterverfolgen von Zielen, die gemeinsam mit der verlorenen Person entwickelt worden waren, mit dieser verbunden bleiben und ohne Verfälschung in Bezug auf die Erinnerung an sie aufrechterhalten und weiterverfolgt werden können. Vielleicht erreichen durch Prozesse dieser Art mehr als die Hälfte der Witwen und Witwer einen geistigen Zustand, in dem sie weiterhin ein starkes Gefühl von der fortdauernden Gegenwart ihres Partners behalten, jedoch ohne die Stürme von Hoffnung und Enttäuschung, Suche und Frustration, Wut und Schuldzumessung, die zuvor bestanden.

Man wird sich erinnern, dass ein Jahr nach dem Verlust ihres Ehemannes zwölf von den 24 Londoner Witwen berichteten, sie verbrächten noch immer viel Zeit damit, an ihren Mann zu denken, und hätten manchmal ein Gefühl, als sei er tatsächlich anwesend. Sie empfanden das als tröstlich. Glick u. a. (1974) berichten von sehr ähnlichen Feststellungen bei den Bostoner Witwen. Obwohl es vielleicht einige Wochen dauert, bis ein Gefühl der fortdauernden Anwesenheit des Verstorbenen fest etabliert ist, fanden sie heraus, dass es danach die Neigung hat, in seiner ursprünglichen Intensität bestehen zu bleiben und nicht, wie die meisten anderen Komponenten der frühen Phasen der Trauer, langsam nachzulassen. Zwölf Monate nach dem Verlust verbrachten noch immer zwei von drei Bostoner Witwen viel Zeit damit, an ihren Mann zu denken, und jede vierte der 49 Witwen beschrieb, wie sie bei manchen Gelegenheiten noch immer vergesse, dass er tot sei. Das Gefühl der Anwesenheit des toten Ehemannes wurde von den Witwen als so tröstlich empfunden, dass einige es vorsätzlich herbeiführten, wann immer sie sich ihrer selbst unsicher oder deprimiert fühlten.

Ähnliche Funde wie die bei den Londoner und Bostoner Witwen werden auch von Rees (1971) berichtet, der in Wales beinahe 300 Witwen und Witwer untersuchte, von denen nahezu die Hälfte schon seit zehn oder mehr Jahren verwitwet war. Von 227 Witwen und 66 Witwern beschrieben 47 Prozent solche Erfahrungen, und eine Mehrheit erlebte sie weiterhin. Die Inzidenz war bei Witwern und Witwen fast dieselbe und variierte auch kaum in Bezug auf die soziale Klasse oder den kulturellen Hintergrund. Die Inzidenz war eher höher, je länger die Ehe gedauert hatte, was vielleicht erklärt, dass sie auch bei denen höher war, die beim Verlust des Partners über 40 Jahre alt waren. Mehr als jede zehnte verwitwete Person berichtete, mit dem toten Gatten (der Gattin) Gespräche geführt zu haben; auch hier war die Inzidenz bei älteren Witwen und Witwern höher als bei jüngeren. Zwei Drittel derjenigen, die über Erlebnisse der Anwesenheit des toten Gatten berichteten, entweder mit oder ohne irgendeine Form sensorischer Illusion oder gelegentlicher Halluzination, beschrieben ihre Erfahrungen als tröstlich und hilfreich. Die meisten übrigen waren neutral in Bezug auf solche Erfahrungen, und nur 8 von den insgesamt 137 Personen, die solche Erlebnisse hatten, empfanden sie als unangenehm.

Träume, in denen der Gatte noch lebt, haben viele charakteristische Merkmale mit dem Gefühl seiner Anwesenheit gemeinsam: Sie treten bei etwa der Hälfte der Witwen und Witwer auf, sind extrem lebhaft und realistisch und werden in den meisten Fällen als tröstlich erlebt. „Es war wie im alltäglichen Leben", berichtete eine der Londoner Witwen, „mein Mann kam heim und aß sein Abendessen. Der Traum war ganz lebhaft, so dass ich sehr verdrießlich war, als ich aufwachte." Mehrere von Gorers Informanten beschrieben, wie sie das Bild nach dem Aufwachen im Geist festzuhalten suchten und wie traurig es war, wenn es verblasste. Nicht selten pflegten die Hinterbliebenen zu weinen, nachdem sie den Traum erzählt hatten.

Gorer (1965) betont, dass in diesen charakteristischen tröstlichen Träumen der Tote als jung und gesund und mit glücklichen alltäglichen Aktivitäten beschäftigt erscheint. Doch gibt es, wie Parkes (1972) bemerkt, in der Regel etwas in dem Traum, das darauf hinweist, dass nicht alles in Ordnung ist. Wie eine Witwe es ausdrückte, nachdem sie beschrieben hatte, wie ihr Mann im Traum versuchte, sie zu trösten, und wie glücklich sie das gemacht hatte: „Selbst in dem Traum weiß ich, dass er tot ist."[34]

Nicht alle von einem Verlust betroffenen Menschen, die träumen, finden den Traum tröstlich. In einigen Träumen werden traumatische Aspekte der letzten Krankheit oder des Todes noch einmal dargestellt, in anderen quälende Aspekte der früheren Beziehung. Ob ein Hinterbliebener seine Träume im Großen und Ganzen tröstlich findet, ist vielleicht ein verlässlicher Hinweis darauf, ob die Trauer einen günstigen Verlauf nimmt oder nicht.

Wir wollen nun zu dem während des Tages auftretenden Gefühl eines Witwers oder einer Witwe zurückkehren, die oder der Verstorbene sei anwesend. In vielen Fällen, so scheint es, wird der tote Partner als Gefährte erlebt, der den Hinterbliebenen überall begleitet. In vielen anderen Fällen wird er als an einem bestimmten und angemessenen Ort lokalisiert erlebt. Häufige Beispiele sind etwa ein bestimmter Sessel oder ein Raum, in dem er sich aufhielt, vielleicht auch der Garten oder aber das Grab. Wie bereits bemerkt, gibt es keinen Grund, irgendeine dieser Erfahrungen als ungewöhnlich oder ungünstig anzusehen, eher das Gegenteil. Hinsichtlich der Bostoner Witwen beispielsweise berichten Glick u. a. (1974): „Oft wurde die fortschreitende Wiederherstellung der Witwe erleichtert durch innere Gespräche mit dem als gegenwärtig erlebten Ehemann ... dieses fortdauernde Gefühl der Bindung war nicht unvereinbar mit wachsender Fähigkeit zu unabhängigem Handeln" (S.154). Zwar betrachtet Glick diese Feststellung als paradox, doch wer mit dem Datenmaterial über die Beziehung von sicherer Bindung zum Wachstum von Selbstvertrauen (Band II, Kapitel 21) vertraut ist, wird das nicht finden. Im Gegenteil, wahrscheinlich bleibt bei vielen Witwen und Witwern gerade deshalb, weil sie wollen, dass ihre Bindungen an den toten Partner bestehen bleiben, ihr Identitätsgefühl erhalten, und sie werden fähig, ihr Leben nach Richtlinien neu zu organisieren, die sie sinnvoll finden.

Zu lange ist nicht erkannt worden, dass dies für viele von einem schmerzlichen Verlust betroffene Menschen die bevorzugte Lösung für ihr Dilemma ist.

Eng verbunden mit diesem Gefühl der Gegenwart des Verstorbenen sind gewisse Erfahrungen, bei denen eine Witwe vielleicht das Gefühl hat, sie sei ihrem Mann seit dessen Tod ähnlicher geworden, oder sogar, er sei irgendwo in ihr. Eine der Londoner Witwen zum Beispiel antwortete auf die Frage, ob sie ihren Mann als ganz nah empfunden habe: „Es ist kein Gefühl der Anwesenheit, sondern er ist hier in mir. Darum bin ich die ganze Zeit glücklich. Es ist, als seien zwei Menschen eins ... obwohl ich allein bin, sind wir irgendwie zusammen, wenn Sie verstehen, was ich meine ... ich glaube nicht, dass ich die Willenskraft habe, allein weiterzumachen, also muss er da sein" (Parkes, 1972, S. 104).

In Übereinstimmung mit solchen Gefühlen stellen verwitwete Menschen manchmal auch fest, dass sie Dinge auf die gleiche Art tun wie der Verstorbene; einige unternehmen vielleicht Aktivitäten, die typisch waren für den Toten, obwohl sie dies früher nie getan haben. Wenn die Aktivitäten den Fähigkeiten und Interessen des Hinterbliebenen gut entsprechen, so entstehen daraus keine Konflikte, und er oder sie mag große Befriedigung daraus gewinnen. Dennoch betont Parkes (1972, S. 105), dass bei seinen Untersuchungen an Londoner Witwen nur eine Minderheit sich zu irgendeinem Zeitpunkt während des ersten Trauerjahres bewusst war, entweder dem Ehemann ähnlich zu werden oder ihn „in sich" zu haben. Außerdem bestand bei den Witwen, die das Gefühl hatten, ihren verstorbenen Mann „in sich" zu haben, eine Tendenz zur Abwechslung dieses Empfindens mit Perioden, in denen der Mann als Gefährte erlebt wurde. Da diese Witwen weder bessere noch schlechtere Fortschritte machten als andere, sind solche Erfahrungen, wenn sie nur kurzlebig sind, offenbar mit gesunder Trauer vereinbar.

Viele Symptome gestörten Trauerns jedoch können verstanden werden als Folgen irgendeiner ungünstigen Entwicklung dieser Prozesse. Eine Form der Fehlentwicklung etwa besteht darin, dass ein Hinterbliebener einen fortdauernden Zwang verspürt, den Toten nachzuahmen, obwohl er dazu im Grunde weder die Kompetenz noch den Wunsch hat. Eine andere liegt vor, wenn das weiter bestehende Gefühl des Hinterbliebenen, den Verstorbenen „in sich" zu haben, zu einem erhobenen psychischen Zustand führt (wie es in dem zitierten Beispiel der Fall gewesen zu sein scheint) oder dazu, dass der Hinterbliebene Symptome der letzten Krankheit des Verstorbenen entwickelt. Mit einer weiteren Form ungünstiger Entwicklung haben wir es zu tun, wenn der Hinterbliebene, statt den Verstorbenen als Gefährten und/oder als an einem angemessenen Platz befindlich, etwa im Grab oder in seinem oder ihrem gewohnten Sessel zu erleben, ihn in einer anderen Person oder sogar in einem Tier oder einem physischen Objekt lokalisiert. Solche Fehllokalisierungen, wie ich sie nennen werde, zu denen auch Fehllokalisierungen innerhalb des Selbst gehören, können, wenn sie anhalten, leicht zu Verhalten führen, das nicht dem Wohl des Hinterbliebenen dient und bizarr erscheinen kann. Es kann auch einen anderen Menschen schädigen; wenn beispielsweise ein Kind als Inkarnation des Verstorbenen betrachtet und entsprechend behandelt wird, so kann das eine außerordentlich ungünstige Wirkung auf das Kind haben (siehe Kapitel 16). Aus allen diesen Gründen neige ich dazu, Fehllokalisierungen dieser Art, wenn sie länger andauern, als Zeichen von Pathologie anzusehen.

Viele verworrene Theorien sind darauf zurückzuführen, dass ein fortbestehendes Gefühl von der Anwesenheit des Verstorbenen entweder als dauerndem Gefährten oder an einem entsprechenden Ort nicht als übliches Merkmal gesunder Trauer erkannt worden ist. Sehr häufig wird das Konzept der Identifikation nicht auf die Fälle beschränkt, in denen die verstorbene Person innerhalb des Selbst angesiedelt ist, sondern auch auf alle Fälle ausgedehnt, in denen ein fortdauerndes Gefühl von der Gegenwart des Verstorbenen besteht, ganz gleich an welchem Ort. Dadurch wird eine Unterscheidung verwischt, die, wie jüngere empirische Untersuchungen zeigen, von größter Bedeutung ist für das Verständnis der Unterschiede zwischen gesunder und pathologischer Trauer. Tatsächlich liefern Funde sowohl in

Bezug auf die hohe Prävalenz eines weiter bestehenden Gefühls von der Gegenwart des verstorbenen Menschen als auch in Bezug auf dessen Vereinbarkeit mit einem günstigen Ausgang keine Unterstützung für Freuds bekannten und bereits zitierten Satz: „Die Trauer hat eine ganz bestimmte psychische Aufgabe zu erledigen, sie soll die Erinnerungen und Erwartungen der Überlebenden von den Toten ablösen." (G. W., IX, 82)

Dauer der Trauer: Krankheit

Alle verfügbaren Studien legen nahe, dass die meisten Frauen lange Zeit brauchen, um den Tod des Ehemannes zu überwinden, und dass weniger als die Hälfte von ihnen, nach welchem psychiatrischen Maßstab sie auch beurteilt werden, am Ende des ersten Jahres wieder sie selbst sind. Fast immer leidet die Gesundheit. Schlaflosigkeit ist nahezu universal, Kopfschmerzen, Spannung, Angst und Erschöpfung außerordentlich häufig. Bei allen Trauernden ist die Wahrscheinlichkeit erhöht, dass sich andere Symptome entwickeln; selbst tödliche Krankheiten sind häufiger als bei nicht von einem Sterbefall betroffenen Menschen gleichen Alters und Geschlechts (Rees und Lutkins, 1967; Parkes u. a., 1969; Ward, 1976). Wollte man die wichtige Frage der beeinträchtigten physischen Gesundheit von einem schmerzlichen Verlust betroffener Menschen angemessen untersuchen, so wäre ein eigenes Kapitel erforderlich, und das würde uns zu weit wegführen von den Themen des vorliegenden Bandes. Der Leser wird daher auf die obigen Schriften und auch auf die folgenden Arbeiten verwiesen: Parkes (1970); Parkes und Brown (1972); Maddison und Viola (1968).

Was die Dauer der Trauer angeht, so wurden bei Parkes' Interviews mit den 22 Londoner Witwen am Ende des ersten Trauerjahres drei als noch immer stark trauernd beurteilt, neun weitere waren zeitweilig gestört und deprimiert. Zu diesem Zeitpunkt schienen nur vier Frauen eine gute Anpassung aufzuweisen.

Funde der Harvard-Studie (Glick u. a.) waren etwas günstiger. Obwohl die Mehrzahl der 49 Bostoner Witwen am Ende des ersten Jahres noch nicht das Gefühl hatte, wieder ganz sie selbst zu sein, schien es doch vier von fünf Frauen einigermaßen gut zu gehen. Einige beschrieben, wie sie sich zu einem bestimmten Zeitpunkt während des Jahres in irgendeiner Weise behauptet und sich danach auf dem Weg zur Besserung befunden hatten. Der Entschluss, Kleidungsstücke und Besitztümer des Ehemannes auszusortieren, an sich eine außerordentlich schmerzliche Aufgabe, war für einige der Wendepunkt gewesen. Für andere war die Wendung auf einen plötzlichen und lang andauernden Weinkrampf gefolgt. Obwohl die Berücksichtigung der Wünsche des Ehemannes Entscheidungen weiterhin beeinflusste, waren am Ende des ersten Jahres seine Wünsche mit geringerer Wahrscheinlichkeit maßgebend. Im Laufe des zweiten und dritten Jahres schien das

Muster, das das neu organisierte Leben einer Witwe nehmen würde, sicher festgelegt. Außer bei denjenigen jedoch, die auf dem Wege waren, sich wieder zu verheiraten, blieb die Einsamkeit ein dauerndes Problem.

Im Gegensatz zur Mehrheit der Bostoner Witwen, die Fortschritte machte, gab es eine Minderheit, die dies nicht tat. Zwei Frauen wurden schwer krank, eine starb. Sechs blieben weiterhin gestört und desorganisiert. Es wurde der Eindruck gewonnen, dass die Prognose nicht gut war, wenn am Ende des ersten Jahres die Genesung nicht fortschritt.

Aus diesen und anderen Feststellungen muss geschlossen werden, dass eine nennenswerte Minderheit von Witwen ihren früheren Zustand von Gesundheit und Wohlbefinden nie wieder erreicht. Die Mehrheit jener, denen dies zumindest annähernd gelingt, braucht dazu eher zwei oder drei Jahre als nur eines. Eine Witwe Mitte 60 drückte es fünf Jahre nach dem Tod ihres Mannes so aus: „Die Trauer hört nie auf; mit der Zeit bricht sie nur seltener aus." Tatsächlich ist die gelegentliche Wiederkehr aktiver Trauer, besonders wenn die Hinterbliebene durch irgendein Ereignis an ihren Verlust erinnert wird, die Regel. Ich betone diese Feststellungen, so bedrückend sie auch sind, weil ich glaube, dass Kliniker manchmal unrealistische Erwartungen hinsichtlich der Schnelligkeit und Vollständigkeit hegen, mit der jemand einen schweren Verlust überwinden kann. Außerdem können Forschungsbefunde sehr irreführend sein, wenn sie nicht sorgfältig interpretiert werden. In einem Interview nämlich berichtet eine Witwe möglicherweise, sie mache gute Fortschritte, doch würde man sie ein paar Monate später befragen, nachdem sie irgendeine Enttäuschung erlebt hat, so würde sie möglicherweise ein ganz anderes Bild bieten.

Emotionale Einsamkeit

Mehr als einmal wurde das tiefe und dauerhafte Gefühl der Einsamkeit erwähnt, unter dem die Hinterbliebenen so häufig leiden und das durch Freundschaften kaum gelindert wird. Obwohl die Einsamkeit auf empirischer Ebene seit langem verzeichnet wurde, beispielsweise von Marris (1958), ist sie auf einer theoretischen Ebene eher vernachlässigt worden, großenteils vielleicht deshalb, weil Sozial- und Verhaltenswissenschaftler nicht fähig waren, sie in ihrer Theoriebildung unterzubringen. In jüngerer Zeit jedoch findet sie mehr Beachtung, was wesentlich der Arbeit von Robert S. Weiss aus Harvard zu danken ist.

Weiss, ein Soziologe, der an der Harvard-Untersuchung über Sterbefälle beteiligt war (mit Glick und Parkes), hat eine weitere Studie durchgeführt, diesmal über die Erfahrungen von Eheleuten nach der Trennung oder Scheidung (Weiss, 1975b). Um die Probleme solcher Menschen besser zu verstehen, arbeitete er als Forscher bei einer Organisation allein erziehender Eltern mit, die diesem Personenkreis einen Treffpunkt bieten sollte.

Freundliche Interaktion mit anderen in derselben Lage würde, so war erwartet worden, den Betroffenen zumindest in gewissem Maße einen Ausgleich für ihren Verlust geben. Es zeigte sich jedoch, dass es anders war: „... obwohl viele Mitglieder, vor allem unter den Frauen, Freundschaft speziell als wichtigen Beitrag zur Organisation ihres Wohlbefindens nannten und obwohl diese Freundschaften oft sehr eng und für die Beteiligten sehr wichtig wurden, verminderten sie die Einsamkeit nicht wesentlich. Sie erleichterten deren Bewältigung, indem sie die Versicherung boten, dass das Individuum daran keine Schuld trage, sondern dass sie allen gemeinsam sei, die sich in der Situation des Individuums befanden. Sie lieferten Unterstützung durch verständnisvolle Freunde" (Weiss, 1975a, S. 19f.).

Als Ergebnis dieser und ähnlicher Funde zieht Weiss eine scharfe Trennungslinie zwischen der Einsamkeit *sozialer* Isolation, zu deren Verringerung sich die Organisation als nützlich erwies, und der Einsamkeit *emotionaler* Isolation, die davon unberührt blieb. Er hält jede Art von Einsamkeit für sehr wichtig, doch was gegen die eine hilft, hilft nicht gegen die andere. Wenn man seine Gedanken in die Begriffe der in diesen Bänden umrissenen Bindungstheorie kleidet, so definiert er emotionale Einsamkeit als Einsamkeit, die nur durch das Beteiligtsein an einer beiderseitig verpflichtenden Beziehung beseitigt werden kann, ohne das es, wie er feststellte, kein Gefühl der Sicherheit gab. Solche potentiell langfristigen Beziehungen unterscheiden sich von gewöhnlichen Freundschaften und haben unter Erwachsenen westlicher Gesellschaften nur einige wenige Formen: „Bindung wird geboten durch Heirat, durch andere zwischengeschlechtliche verpflichtende Beziehungen; bei einigen Frauen durch Beziehungen zu einer engen Freundin, einer Schwester oder Mutter; bei einigen Männern durch Beziehungen zu ‚Kameraden'" (Weiss, 1975a, S.23).

Wird die Natur der emotionalen Einsamkeit einmal verstanden, so ist ihr Vorherrschen unter Witwen und Witwern, die nicht wieder heiraten, und auch unter einigen, die nochmals heiraten, kaum mehr überraschend. Für sie, so wissen wir nun, vergeht die Einsamkeit nicht mit der Zeit.

Unterschiede zwischen Witwen und Witwern

Von den verschiedenen Studien, auf die in diesem Kapitel Bezug genommen wird, liefert nur eine, nämlich die Harvard-Studie, ausreichende Daten für vorläufige Schlüsse über den Verlauf der Trauer bei Witwen und Witwern (Glick u. a., 1974). Zwei weitere Untersuchungen, die von Rees (1971) und die von Gorer (1965), führen zusätzliche Daten an, die, soweit sie reichen, diese Schlussfolgerungen stützen.

Die Harvard-Stichproben umfassten ursprünglich 22 Witwer; von diesen standen am Ende des ersten Jahres noch 19 zur Verfügung und nach etwa drei Jahren noch 17. Trotz dieser geringen Anzahl waren alle Ebenen des sozioökonomischen Lebens vertreten, ebenso alle größeren religiösen und ethnischen Gruppen. Wie die Bostoner Witwen waren auch alle Witwer zur Zeit des Sterbefalles unter 45 Jahre alt.

Beim Vergleich der Reaktionen der Witwer mit denen von Witwen kommen die Forscher zu dem Schluss, dass trotz großer Ähnlichkeit der emotionalen und psychologischen Reaktionen auf den Verlust des Ehepartners Unterschiede bestehen in der Freiheit, mit der Emotionen geäußert werden, und auch in der Art und Weise, auf die versucht wird, mit einem Bruch im sozialen und Arbeitsleben fertig zu werden. Viele dieser Unterschiede sind nicht schwerwiegend, doch sie erscheinen durchgängig.

Fangen wir mit den Ähnlichkeiten an. Es gab keine folgenschweren Unterschiede im Prozentsatz von Witwen und Witwern, die während der ersten Interviews Schmerz und Sehnsucht beschrieben und häufig weinten. Das Gleiche gilt für das Erleben starker visueller Bilder des Verstorbenen und das Gefühl seiner Gegenwart. Am Ende des ersten Jahres war, obwohl eher weniger Witwer sich als zeitweilig sehr unglücklich oder deprimiert beschrieben, der Unterschied noch immer gering; bei den Witwern waren es 42 Prozent, bei den Witwen 51 Prozent. Der Anteil jener, die nach einem Jahr erklärten, sie fingen an, wieder sie selbst zu sein, war bei den Witwern ebenfalls nur geringfügig größer; bei den Witwen waren es 58 Prozent, bei den Witwern 71 Prozent. Als nach einem Jahr die Verfassung der Witwer mit der einer Kontrollgruppe verheirateter Männer verglichen wurde, schien ein größerer Prozentsatz von ihnen durch den Sterbefall ungünstig beeinflusst als bei den Witwen, deren Verfassung auf ähnliche Weise durch den Vergleich mit einer Kontrollgruppe verheirateter Frauen beurteilt wurde.[35] In diesem Stadium schienen die Witwer besonders unter Spannung und Rastlosigkeit zu leiden. Ebenso viele Witwer wie Witwen gaben an, sich einsam zu fühlen.

Bei der Äußerung ihres Verlustgefühls sprachen Witwer eher davon, sie hätten einen Teil ihrer selbst verloren; im Gegensatz dazu bezeichneten Witwen sich eher als verlassen. Beide Ausdrucksformen wurden jedoch von Angehörigen beider Geschlechter benutzt, und so bleibt es ungewiss, ob die verzeichneten Unterschiede von psychologischer Bedeutung sind.

Was nun die Unterschiede angeht, so wurde festgestellt, dass zumindest kurzfristig und während des Interviews die Witwer eine größere Tendenz zur Anerkennung von Tatsachen aufwiesen als die Witwen. Während beispielsweise acht Wochen nach dem Todesfall alle bis auf zwei Witwer den Eindruck vermittelten, sie hätten die Realität des Verlustes akzeptiert, war dies nur bei der Hälfte der Witwen der Fall; die Übrigen handelten nicht nur gelegentlich so, als wären ihre Männer noch am Leben, sondern hatten auch manchmal das Gefühl, diese würden tatsächlich zurückkehren. Außerdem fürchtete ein größerer Prozentsatz der Witwen als der Witwer, einen Nervenzusammenbruch zu erleiden (50 Prozent der Witwen und 20 Prozent der Witwer), und grübelte noch immer über die Ereignisse nach, die zum

Tode des Partners geführt hatten (53 Prozent der Witwen und 30 Prozent der Witwer).

In Übereinstimmung mit ihrer realitätsnahen Einstellung gaben weniger Witwer zu, Wut zu verspüren. Während der ersten beiden Interviews schwankte der Anteil der Witwen, die deutlich Wut äußerten, zwischen 38 und 52 Prozent, der der Witwer zwischen 15 und 21 Prozent. Was den Verlauf des ganzen Jahres angeht, so wurden bei 42 Prozent der Witwen Äußerungen mäßiger oder heftiger Wut verzeichnet, aber nur bei 30 Prozent der Witwer. Im Hinblick auf Schuldgefühle war das Bild jedoch nicht eindeutig. Anfängliche Selbstvorwürfe waren bei mehr Witwern als Witwen erkennbar; in der Folge jedoch kehrten sich die Anteile um.

Es ist wahrscheinlich, dass einige dieser Unterschiede von einem größeren Widerstreben von Witwern als von Witwen herrühren, über ihre Gefühle zu berichten. Ob das zutrifft oder nicht, zweifellos betrachteten viele der Witwer Tränen als unmännlich, und mehr Witwer als Witwen versuchten daher, Gefühlsäußerungen zu kontrollieren. Im Gegensatz zu den Witwen lehnte eine Mehrheit der Witwer den Gedanken an einen mitfühlenden Menschen ab, der sie ermutigte, ihre Gefühle freier zu äußern. Auf ähnliche Weise versuchte ein größerer Anteil von Witwern entschieden, Gelegenheiten zu regulieren, bei denen sie sich Trauer gestatteten. Dies geschah, indem sie die Anlässe auswählten, bei denen sie alte Briefe und Fotografien anschauten, und zu anderen Zeiten die Erinnerungen mieden. In Übereinstimmung mit dieser Tendenz, Kontrolle über ihre Gefühle auszuüben, stand vielleicht die Bestürzung, die einige der Witwer darüber äußerten, dass ihre Energie und ihre Kompetenz bei der Arbeit so verringert sein sollten, wie sie häufig waren.

Die meisten Witwer hießen jede Hilfe ihrer weiblichen Verwandten bei der Versorgung von Haus und Kindern willkommen und begrüßten die Möglichkeit, ihre Arbeit im Wesentlichen wie früher fortzusetzen.

Ein Gefühl sexueller Entbehrung wurde von Witwern wesentlich eher berichtet als von Witwen; im Gegensatz zu dem deutlichen Widerstreben etwa eines Drittels der Witwen, eine Wiederverheiratung ins Auge zu fassen, begann eine Mehrheit der Witwer bald daran zu denken. Nach einem Jahr hatte die Hälfte von ihnen entweder wieder geheiratet oder schien dies in Kürze tun zu wollen (im Vergleich zu nur 18 Prozent bei den Witwen). Zur Zeit des letzten Interviews hatte die Hälfte tatsächlich wieder geheiratet (im Vergleich zu einem Viertel der Witwen). Eine Mehrheit dieser Zweitehen schien befriedigend zu sein. In einigen Fällen war dies der zweiten Frau zu verdanken, die nicht nur zuließ, dass ihr Mann sehr viel an seine erste Frau dachte, sondern auch bereit war, mit ihm häufig über sie zu sprechen.

Obwohl nach zwei bis drei Jahren eine Mehrheit der Witwer ihr Leben recht erfolgreich neu eingerichtet hatte, gab es eine Minderheit, bei der das nicht der Fall war. Es gab beispielsweise nicht weniger als vier Witwer, die entweder deutlich depressiv oder Alkoholiker waren oder beides. Einer hatte impulsiv eine zweite Ehe geschlossen, die ebenso schnell endete, wie sie begonnen hatte. Ein anderer, der vor der Heirat einen Zusammenbruch erlitten hatte und dessen Frau sehr plötzlich an einem Herzinfarkt gestorben war, blieb tief deprimiert und unfähig, sein Leben zu organisieren. Alle vier hatten keine Vorwarnung im Hinblick auf den Tod ihrer Frau gehabt.

Anmerkung: Einzelheiten zu den Quellen

Zweck dieser Anmerkungen ist es, die verschiedenen, in Tabelle I angeführten Untersuchungen detaillierter zu beschreiben, als es im Text des Kapitels angebracht ist. Da ich den in London und Boston von meinem Kollegen Colin Murray Parkes durchgeführten Untersuchungen besonderen Dank schulde, beginne ich mit einigen Einzelheiten, die sich darauf beziehen.

In der ersten dieser beiden Studien ging es Parkes darum, eine Serie bildhafter Beschreibungen darüber zu erhalten, wie eine Stichprobe normaler Frauen auf den Tod des Ehegatten reagiert. Zu diesem Zweck interviewte er persönlich eine ziemlich repräsentative Stichprobe von 22 Londoner Witwen im Alter zwischen 26 und 65 Jahren, und zwar in dem auf den Sterbefall folgenden Jahr. Er erhielt die Stichprobe durch praktische Ärzte, die den Forscher mit den Personen bekannt machten. Jede Witwe wurde mindestens fünfmal interviewt – zum ersten Mal einen Monat nach dem Todesfall, dann nach drei, sechs, neun und zwölfeinhalb Monaten erneut. Die Interviews, die mit Ausnahme von drei Fällen alle bei den Witwen zu Hause stattfanden, dauerten eine bis vier Stunden. Zu Beginn jedes Interviews wurden allgemeine Fragen gestellt, um die Witwen zur Beschreibung ihrer Erfahrungen zu ermutigen. Erst wenn die Betreffende damit fertig war, stellte der Interviewer zusätzliche Fragen, entweder, um Bereiche abzudecken, die sie nicht erwähnt hatte, oder um Bewertungen anhand von Skalen zu ermöglichen, die aufgrund früherer Arbeit aufgestellt worden waren. Durch diese Vorgehensweise wurde ein guter Rapport hergestellt, so dass Informationen freimütig mitgeteilt und oft intensive Gefühle ausgedrückt wurden. Die meisten der Witwen betrachteten ihre Teilnahme an diesen Interviews als für sie selbst hilfreich, und einige begrüßten den Vorschlag zusätzlicher Interviews.

Details über die Stichprobe, den durch die Interviews abgedeckten Bereich und die mutmaßliche Zuverlässigkeit der Einschätzungen werden mitgeteilt in Parkes (1970a). Die Personen wurden ziemlich gleichmäßig aus den verschiedenen sozialen Klassen ausgewählt; ihr Alter reichte von 26 bis 65 Jahre (Durchschnittsalter 49 Jahre). Alle außer dreien hatten Kinder. Die häufigsten Ursachen für den Tod der Ehemänner waren Krebs (zehn Fälle) und kardiovaskuläre Erkrankungen (acht). Die meisten der Ehemänner waren in Krankenhäusern und in Abwesenheit ihrer Ehefrauen gestorben; acht waren zu Hause gestorben. 19 Witwen waren über den ernsten Zustand ihrer

Ehemänner unterrichtet worden, 13 von ihnen wenigstens einen Monat vor dem Ende. Die letzte Verschlimmerung der Krankheit und das Sterben waren in neun Fällen mindestens eine Woche vorhersehbar, in drei Fällen einige Stunden; in neun Fällen aber waren sie plötzlich eingetreten.

Die zweite Studie wurde am Harvard Laboratory of Community Psychiatry in Boston von Gerald Caplan begonnen. In der Folge wurde Parkes eingeladen, sich dem Team anzuschließen, und später übernahm er die Verantwortung für die Studie, die als *Harvard Bereavement Project* bekannt wurde. Ihr Ziel war die Entwicklung von Methoden, um kurz nach dem Sterbefall diejenigen Personen zu identifizieren, bei denen wahrscheinlich ein überdurchschnittliches Risiko besteht, dass sie auf Verlust in einer Weise reagieren, die für ihre geistige und körperliche Gesundheit ungünstig ist.

Da angenommen wurde, dass von einem schmerzlichen Verlust betroffene Personen unter 45 Jahren mit größerer Wahrscheinlichkeit als ältere unter ungünstigen Folgen ihrer Trauer leiden, waren die untersuchten Stichproben alle jünger als 45 Jahre. Vollständig an allen Interviews teil nahmen 49 Witwen und 19 Witwer; das sind 25 Prozent der 274 Männer und Frauen entsprechenden Alters in der ausgewählten Gemeinde, die während des relevanten Zeitraumes den Ehegatten verloren hatten und mit denen Kontakt aufgenommen werden konnte. (40 Prozent verweigerten die Teilnahme, 16 Prozent erwiesen sich als ungeeignet aufgrund von Sprache, Entfernung oder anderen Problemen. Weitere 15 Prozent schieden während des ersten Trauerjahres aus der Studie aus, wobei ein wesentlicher Grund darin lag, dass sie sich nicht schmerzlichen Erinnerungen aussetzen wollten.)[36]

Drei Wochen nach dem Sterbefall und noch einmal sechs Wochen später wurden die Witwen und Witwer in ihrem Heim von erfahrenen Sozialarbeitern interviewt. Jedes Interview dauerte ein bis zwei Stunden und wurde auf Tonband aufgenommen. Die nächsten Interviews fanden erst 13 Monate nach dem Sterbefall statt. Dann wurden zwei weitere Interviews geführt. Im ersten dieser Interviews, das in ähnlichen Bahnen wie die früheren verlief, wurde ein detaillierter Bericht über die Ereignisse des vorangegangenen Jahres und den gegenwärtigen Zustand des Befragten eingeholt. Beim zweiten Interview legte ein neuer Interviewer, der dem Befragten nicht bekannt war und der selbst keine Kenntnis von den vorangegangenen Ereignissen hatte, einen Fragebogen vor; dieser war nach der *Forced-choice-Technik* angelegt und sollte unabhängige und deutliche Messungen des gegenwärtigen Gesundheitszustandes des Befragten liefern. Man hoffte, wenn man diese Messungen des Ausgangs nach 13 Monaten in Beziehung setzte zu Informationen, die man drei und sechs Wochen nach dem Sterbefall erhalten hatte, werde man entdecken, welche während der ersten Trauerwochen bestehenden Merkmale Hinweise auf einen späteren günstigen oder ungünstigen Ausgang sind. Als letzter Schritt wurde von einem Sozialarbeiter ein *Follow-up-I*nterview geführt, und zwar ein bis drei Jahre später, also zwei bis vier Jahre nach dem Sterbefall. Alle außer sechs Witwen und zwei Witwern waren in diesem Stadium in der Lage teilzunehmen, was eine Stichprobe von 43 Witwen und 17 Witwern ergibt.

Einzelheiten über die Auswahl der Stichproben, die Methoden der Verschlüsselung des Interviewmaterials und die Entwicklung von Ausgangsmessungen sowie Schätzungen der Verlässlichkeit derartiger Messungen finden sich in den zwei Bänden, in denen die Funde veröffentlicht sind Glick, Weiss und Parkes, 1974; zweiter Band in Vorbereitung). In fast der Hälfte der Fälle war der Tod plötzlich durch Unfall oder Herzinfarkt eingetreten oder ohne große Vorwarnung gekommen. Bei den meisten übrigen Fällen war der Tod auf Krankheiten gefolgt, deren Schwere offenkundig war und die von einigen Wochen bis zu Jahren gedauert hatten. In welchem Maße der von dem Verlust Betroffene vorgewarnt war, ist, wie man festgestellt hat, von erheblicher Bedeutung sowohl für die Fähigkeit des Hinterbliebenen, sich von dem Verlust zu erholen, als auch für die Form, die die Erholung nimmt, Themen, denen in Zukunft wesentlich größere Aufmerksamkeit gewidmet werden sollte als bislang.

Zusätzlich zu diesen Studien ziehen wir auch die Funde mehrerer anderer Untersuchungen über Witwen heran, von denen einige auch Witwer einschlossen. Alle unterscheiden sich in mehreren Aspekten von der Londoner und der Harvard-Studie und ergänzen dadurch deren Feststellungen in gewisser Hinsicht. Zwei von ihnen, die von Hobson (1964) und die von Rees (1971), wurden beispielsweise außerhalb städtischer Umgebungen durchgeführt; bei beiden war es den Forschern möglich, nahezu alle hinterbliebenen Personen zu interviewen, die in die ursprüngliche Stichprobe fielen. Bei allen außer einer dieser zusätzlichen Studien wurden die Interviews mindestens sechs Monate und gewöhnlich ein Jahr oder mehr nach Eintreten des Verlusts durchgeführt und decken so die späteren Phasen der Trauer gut ab, dafür aber weniger die früheren.

Die erste dieser zusätzlichen Studien ist die bahnbrechende Untersuchung von Marris (1958), einem Sozialpsychologen. Sein Ziel war es, alle Frauen zu interviewen, die im Laufe einer bestimmten Periode von zweieinviertel Jahren verwitwet waren, mit ihren Männern in einem Arbeiterbezirk Londons gewohnt hatten und deren Männer, als sie starben, 50 Jahre oder jünger gewesen waren. Von insgesamt 104 solcher Witwen waren zwei gestorben, sieben waren unauffindbar, sieben zogen fort und 16 verweigerten die Teilnahme; es blieben also insgesamt 72, die interviewt wurden. Sie hatten ihre Männer vor ein bis drei Jahren verloren, meist vor etwa zwei Jahren. Sie waren von 25 bis 56 Jahre alt, das Durchschnittsalter betrug 42 Jahre; die Ehen hatten von einem bis 30 Jahre gedauert, der Durchschnitt war 16 Jahre. Alle außer elf hatten lebende Kinder, die bei 47 der Witwen im Schulalter oder jünger waren. Die Interviews betrafen nicht nur die emotionalen Erfahrungen der Witwen, sondern auch ihre gegenwärtige finanzielle und soziale Situation.

Eine ziemlich ähnliche Untersuchung wurde von Hobson (1964) durchgeführt, einer Studentin der Sozialarbeit, die alle außer einer Witwe in einer kleinen englischen Kreisstadt interviewte, die unter 60 Jahre alt waren und ihren Mann vor nicht weniger als sechs Monaten und nicht mehr als vier Jahren verloren hatten. Ihre Interviewmethode war der von Marris ähnlich, wenn auch kürzer. Die Zahl der Interviewten betrug 40; sie waren von 25 bis 58 Jahre alt (die Mehrzahl war älter als 45 Jahre). Alle außer sieben waren zehn Jahre oder länger verheiratet gewesen; bis auf fünf waren alle Ehemänner gelernte oder ungelernte Arbeiter gewesen.

Bei einem Versuch, mehr über die gesundheitlichen Probleme von Witwen in Erfahrung zu bringen, untersuchten Maddison und Viola (1968) 132 Witwen in Boston, USA, und 243 in Sydney, Australien. Die Hauptuntersuchungen wurden anhand von Fragebögen durchgeführt. In Boston lag das Alter der Ehemänner beim Tode zwischen 45 und 60 Jahren; in Sydney wurde die niedrigere Altersgrenze aufgegeben. Da in beiden Städten die Weigerungsquoten etwa 25 Prozent betrugen und weitere 20 Prozent sich als unauffindbar erwiesen, wurden nur etwa 50 Prozent der angestrebten Gesamtgruppe befragt. Der Fragebogen war so angelegt, dass er grundlegende demographische Daten und die Antworten der Witwen auf 57 Fragen lieferte, die ihre körperliche und geistige Gesundheit während der vorhergegangenen 13 Monate betrafen, unter besonderem Bezug auf Beschwerden und Symptome, die während dieses Zeitraums entweder neu oder erheblich störender gewesen waren. In jeder der beiden Städte wurde auch eine Kontrollgruppe von keinem Trauerfall betroffener Frauen studiert.

Maddisons Untersuchungen, sowohl in Boston wie in Sydney, haben noch einen zweiten Teil. In jeder Stadt wurde eine Sub-Stichprobe von Witwen, deren Gesundheitsberichte einen schlechten Zustand ausgewiesen, und eine Sub-Stichprobe solcher, denen es gut ging, ausgewählt, wobei die sozioökonomischen Variablen einander möglichst entsprechen sollten, und nochmals befragt. Die Ziele waren erstens eine Überprüfung der Gültigkeit des Fragebogens, die sich als befriedigend erwies, und zweitens die Beleuchtung von Faktoren, die mit einem günstigen oder ungünstigen Ausgang assoziiert sind. Die Funde, auf die in Kapitel 10 Bezug genommen wird, sind verzeichnet in Maddison und Walker (1967) und Maddison (1968) für Boston und in Maddison, Viola und Walker (1969) für Sydney. Die Arbeit in Sydney ist erweitert worden von Raphael (1974, 1975; Raphael und Maddison 1976); Einzelheiten werden in Kapitel 10 angeführt.

Eine weitere Studie, bei der ebenfalls die Gesundheit im Brennpunkt stand, wurde in St. Louis, Missouri, von einem Team durchgeführt (Clayton *et al.*, 1972, 1973; Bornstein *et al.*, 1973). Die Stichprobe umfasste 70 Witwen und 33 Witwer, etwas mehr als die Hälfte derer, die angesprochen wurden. Ihr Alter reichte von 20 bis 90 Jahre, das Mittel betrug 61 Jahre. Die Interviews wurden etwa 30 Tage nach dem Sterbefall und erneut nach vier Monaten und nach etwa 13 Monaten geführt. In einem Viertel der Fälle war der

Tod plötzlich gekommen, nämlich nach einer Vorwarnung von fünf Tagen oder weniger. In 46 Fällen betrug die Vorwarnzeit sechs Monate oder weniger und in den übrigen 35 mehr als sechs Monate. Immer, wenn die Vorzeichen dazu ausreichten, wurden die Ehefrauen auch interviewt, bevor der Tod eingetreten war. Die Studie ist dadurch sehr eingeengt, dass die Interviews auf die Dauer von einer Stunde beschränkt waren.

Eine weitere Untersuchung, die Witwen und Witwer umfasst, aber einen anderen Schwerpunkt hat, wurde von Rees (1971) durchgeführt, einem praktischen Arzt, der alle Männer und Frauen interviewte, die ihren Ehepartner verloren hatten und die in einem bestimmten Bereich von Mittelwales lebten, mit Ausnahme jener, die an einer behindernden Krankheit litten, sowie einigen wenigen anderen. Insgesamt wurden befragt 227 Witwen und 66 Witwer verschiedensten Alters, wobei die meisten zwischen 40 und 80 waren. Bei dieser Studie befassten sich die Interviews besonders mit der Feststellung, ob die verwitwete Person die Erfahrung von Sinnestäuschungen (visuell, auditorisch oder taktil oder ein Gefühl von Gegenwart) oder Halluzinationen des verstorbenen Gatten gemacht hatte.[37] Er stellte fest, dass dies wesentlich häufiger vorkommt, als früher wohl angenommen wurde.

Es gibt mindestens noch eine weitere Studie, die über Reaktionen auf den Verlust des Ehegatten berichtet, wenn auch Witwer und Witwen dabei nur eine Minderheit der Stichprobe ausmachen. Sie ist von Gorer (1965, 1973), einem Sozialanthropologen, der 80 von einem schmerzlichen Verlust getroffene Menschen interviewte, ausgewählt aus allen Lebensaltern über 16 Jahre und beiden Geschlechtern, die in den vergangenen fünf Jahren einen Verwandten ersten Grades verloren hatten. Die Stichprobe umfasste außerdem ein breites Spektrum sozialer und religiöser Gruppen in ganz Großbritannien. Da einige der Interviewten mehr als einen Verwandten verloren hatten und die Tabellen unvollständig sind, stehen keine genauen Zahlen zur Verfügung. Beteiligt sind ungefähr 20 Witwen im Alter von 45 bis 80 Jahren und neun Witwer im Alter von 48 bis 71. (Von den anderen Interviewten hatten 30 oder mehr im Erwachsenenalter Mutter oder Vater verloren, ein Dutzend ein Geschwister, andere hatten einen Sohn oder eine Tochter verloren.) Gorers Hauptinteresse sind der soziale Kontext, in dem Tod und Trauer stattfinden, sowie die sozialen Bräuche oder deren Fehlen im Großbritannien des zwanzigsten Jahrhunderts. Weil im Hinblick auf jede einzelne Klasse von Hinterbliebenen die Stichproben klein sind, kann man nicht feststellen, wie repräsentativ seine Funde sind. Dennoch ist sein Buch, das viele lebendige Niederschriften dessen enthält, wie Hinterbliebene ihre Erfahrung beschreiben, von großem psychologischem Interesse.

7 Verlust eines Kindes

Ich träumte eines Nachts, der liebe More sei wieder lebendig, und nachdem ich meine Arme um seinen Hals geworfen hatte und ohne jeden Zweifel feststellte, dass ich meinen lebenden Sohn umarmte – befassten wir uns gründlich mit dem Thema und fanden, der Tod und die Trauerfeier bei Abinger seien fiktiv gewesen. Für eine Sekunde nach dem Aufwachen blieb die Freude – dann kam die Totenglocke, die mich jeden Morgen weckt – More ist tot! More ist tot!

Samuel Palmer[38]

Einleitung

Um die Perspektive zu verbreitern, gebe ich in diesem Kapitel einen Überblick über das, was über die Reaktionen von Vätern und Müttern auf den Verlust eines Kindes bekannt ist; im nächsten gehe ich kurz darauf ein, wie Verlust Eltern und auch Ehegatten in anderen als unserer eigenen Kultur beeinflusst. Trotz Unterschieden sowohl in der Beziehung zu dem Toten als auch in der Kultur finden wir im Wesentlichen die gleichen Reaktionsmuster wie die bereits beschriebenen.

Im Hinblick auf den Verlust von Kindern sind die Hauptquellen, auf die Bezug genommen wird, Studien über die Eltern von tödlich erkrankten Kindern, hauptsächlich an Leukämie. Es gibt mehrere solcher Untersuchungen, und einige davon legen Daten vor, die ungewöhnlich detailliert und systematisch sind. Natürlich muss gefragt werden, wie repräsentativ diese Funde für die Trauer anderer Eltern sind. Zwischen der ersten Diagnose und dem Sterben liegen viele Monate, und außerdem ist das Altersspektrum der Kinder, deren Eltern studiert wurden, begrenzt, da die meisten von ihnen zwischen 18 Monaten und zehn Jahren alt sind. Dennoch scheinen Informationen über andere Altersgruppen und aus anderen Quellen, soweit diese verfügbar sind, in hohem Maße hiermit übereinzustimmen. Material, das sich auf Totgeburten und das Sterben von Säuglingen bezieht, wird am Ende des Kapitels angeführt werden.

Natürlich sind bei der Durchführung dieser Studien ebenso viel berufliches Feingefühl und ethische Rücksichten notwendig wie bei der Untersuchung von Witwen und Witwern.

Eltern tödlich erkrankter Kinder

Quellen

Bei den Eltern tödlich erkrankter Kinder ist es möglich, mit der Studie unmittelbar nach der Mitteilung der Diagnose zu beginnen, und damit einige Monate vor dem Tod des Kindes, und sie hinterher fortzusetzen. Mehrere solcher Studien sind veröffentlicht worden. Die erste bezieht sich nur auf die Reaktionen der Mutter vor dem Tod des Kindes; die anderen verzeichneten Reaktionen von Müttern und von Vätern sowohl vor als auch nach dem Tod des Kindes.

Bei der ersten Studie umfaßte die Stichprobe 20 Mütter im Alter zwischen 22 und 39 Jahren. Ihre Kinder, die zwischen 1 ½ und 6 ½ Jahre alt waren, erhielten im Krankenhaus eine palliative Behandlung. Die Interviews wurden von einem psychiatrischen Sozialarbeiter durchgeführt; es waren zwei bis fünf Interviews, je nach der Zeitspanne zwischen der Mitteilung der Diagnose an die Eltern und dem Tod des Kindes, mit dem die Beobachtungen eingestellt wurden. Zusätzlich zu den Interviewdaten wurden auch beiläufige Bemerkungen der Mütter notiert, und auch die Art und Weise, wie sie sich ihren Kindern und den Ärzten und Krankenschwestern gegenüber benahmen. Neun Mütter erklärten sich auch bereit, an einem Thematischen-Apperzeptions-Test teilzunehmen. (Einzelheiten über die Studie werden mitgeteilt in Bozeman, Orbach und Sutherland, 1955, und in Orbach, Sutherland und Bozeman, 1955.)

Weitere Studien über Eltern tödlich erkrankter Kinder wurden gemeinsam begonnen von David A. Hamburg vom U. S. National Institute of Mental Health in Bethesda, Maryland, und John W. Mason vom Walter Reed Army Medical Center, Washington D. C. Die Ergebnisse sind in einer Reihe von Aufsätzen zahlreicher Autoren vom Jahre 1963 an veröffentlicht worden. Das Hauptziel dieser Studien war es, die Auswirkungen einer lang andauernden und mit starkem Stress verbundenen Erfahrung auf die endokrine Sekretion eines Menschen zu untersuchen. Daher wurden zwei Gruppen von Beobachtungen durchgeführt. Die eine bezog sich auf Informationen über das Verhalten und die psychologische Erfahrung der Eltern während der Zeit der tödlichen Erkrankung des Kindes und nach dessen Tod; die andere umfaßte Informationen über die endokrine Funktion mittels Messung der Urinausscheidungsquoten gewisser adrenokortikaler Steroide.

Eltern, die nicht in der Nähe lebten, und das war die Mehrheit, wohnten im Krankenhaus in einer besonderen Abteilung mit anderen Eltern und mit gesunden Freiwilligen, die an verschiedenen verwandten Forschungsprojekten teilnahmen. Eltern, die in der Nachbarschaft wohnten, nahmen an einigen der Untersuchungen teil, wenn sie während der großzügigen Besuchszeiten zu ihren Kindern kamen.

Bei der ersten dieser N. I. M. H.-Studien waren bis auf eines alle Elternpaare zur Mitarbeit bereit, obwohl die Eltern von weiteren sieben Kindern nicht ausreichend verfügbar waren, um an allen Phasen der Studie beteiligt zu werden. Es blieben 26 Mütter und 20 Väter im Alter zwischen 23 und 49 Jahren, die zur Mitwirkung bereit und verfügbar waren. Die Eltern, die im Krankenhaus wohnten, wurden von einem Psychiater mindestens einmal in der Woche interviewt, der sie außerdem fast täglich kurz sah. Zusätzlich zeichneten die Krankenschwestern täglich ihre Beobachtungen auf. Die am Ort wohnenden Eltern wurden weniger intensiv studiert, besonders während der Perioden, in denen es dem Kind gut genug ging, um zu Hause zu leben; dennoch nahmen sie durch ziemlich regelmäßige Interviews teil. Die Interviews befassten sich damit, wie ein Vater oder eine Mutter die Krankheit des Kindes wahrnimmt und die Qual dessen bewältigt, was noch bevorsteht, und wie er oder sie die zahlreichen emotionalen und praktischen Probleme angeht, die sich aus der Fürsorge für ein schwer krankes Kind ergeben, von dem nicht erwartet wird, dass es überlebt. Das Altersspektrum der Kinder reichte von 1½ bis 16 Jahre mit einem Durchschnitt von fünf Jahren. Sechs Monate nach dem Tod der Kinder war nahezu die Hälfte der Eltern bereit, an weiteren Interviews und endokrinen Messungen teilzunehmen. Einzelheiten über die Elternstichproben und die psychologischen und Verhaltensmethoden, die benutzt wurden, finden sich in Friedman, Chodoff, Mason und Hamburg (1963) und in kürzerer Form in Chodoff, Friedman und Hamburg (1964). Ein damit zusammenhängender Aufsatz von Friedman, Mason und Hamburg (1963) informiert über die endokrinen Untersuchungen und Befunde.

Eine zweite Studie der N. I. M. H.-Reihe, die dazu angelegt war, gewisse Hypothesen zu testen, die sich aus der ersten ergeben hatten, folgte ziemlich ähnlichen Bahnen. Weitere Gruppen von Eltern tödlich erkrankter Kinder wurden beobachtet. Beim ersten Teil, der sich auf psychologische und physiologische Beobachtungen vor dem Tod des Kindes konzentrierte, waren insgesamt 19 Mütter und zwölf Väter im Alter zwischen 20 und 49 Jahren zur Teilnahme bereit. Am zweiten Teil, der sich auf Reaktionen nach dem Tod des Kindes konzentrierte, waren 21 Mütter und 15 Väter beteiligt. Während der Krankheit ihres Kindes lebten alle diese Eltern in der besonderen Station des Krankenhauses. Etwa sechs Monate nach dem Tod des Kindes (die Zeitspanne variierte zwischen 19 und 42 Wochen) stimmten sie zu, für vier Tage dorthin zurückzukehren. Drei weitere psychiatrische Interviews, die jeweils ein bis zwei Stunden dauerten, wurden abgehalten und physiologische Untersuchungen durchgeführt. Nach einem weiteren Intervall von mindestens einem bis zu mehr als zwei Jahren waren etwa zwei Drittel dieser Eltern (20 Mütter und ein Vater) bereit, ein zweites Mal in das Krankenhaus zurückzukehren und an der Studie teilzunehmen.

Ein Bericht über die Funde vor dem Tode des Kindes wird in zwei Aufsätzen von Wolf u. a. (1964a u. b) gegeben, ein Bericht über die Funde nach dem Tode des Kindes in Aufsätzen von Hofer u. a. (1972). Die Funde beider Teile der Untersuchung beleuchten nicht nur den gewöhnlichen Verlauf der Trauer bei gesunden Eltern, sondern vor allem Abwehrreaktionen, die von Individuum zu Individuum deutlich unterschiedlich sind. Weil viele der Funde dieser zweiten N. I. M. H.-Studie sich auf individuelle Variationen der Reaktion einschließlich der Korrelation von psychologischer und endokriner Reaktion beziehen, wird die detaillierte Erörterung auf Kapitel 9 verschoben.

Andere Untersuchungen haben sich mit dem Einfluss beschäftigt, den es auf eine Familie im Ganzen hat, wenn ein Kind an Leukämie stirbt. Bei einer, die von Binger *et al.* (1969) berichtet wird, wurden die Familien von Kindern, die gestorben waren, eingeladen, in das Krankenhaus zurückzukehren und ihre Erfahrungen sowohl vor als auch nach dem Tod des Kindes mitzuteilen; das pädiatrische Personal hoffte durch diese Informationen zu einem besseren Umgang mit derartigen Familien zu gelangen. Von 23 eingeladenen Familien kamen 20 zu Interviews, die zwei bis drei Stunden dauerten. Bei einer weiteren von Kaplan *et al.* aufgezeichneten Studie war das Ziel, „adaptive und nicht adaptive Bewältigungsreaktionen ... so früh wie möglich nach der Diagnose" zu identifizieren, um daraus Methoden der therapeutischen Intervention zu entwickeln, die für Familien geeignet wären, von denen angenommen wurde, die Bewältigung werde wahrscheinlich misslingen. Von den zahlreichen untersuchten Familien waren vierzig drei Monate nach dem Tod des kranken Kindes zu einem *Follow-up*-Interview bereit.

Grenzen der Stichproben

In drei Hinsichten ähneln die Grenzen der hauptsächlich herangezogenen Elternstichproben (nämlich der der Bozeman-Studie und der beiden N. I. M. H.-Studien) denen hinterbliebener Ehegatten: Alle Eltern sind relativ jung (unter 50); alle entstammen westlichen Kulturen; es herrscht ein Übergewicht von Frauen (ungefähr doppelt so viele Mütter wie Väter). Der Grund für Letzteres ist, dass die Mütter eher zur Teilnahme bereit und vermutlich auch leichter verfügbar waren als die Väter.

Wie repräsentativ die Eltern tödlich an Leukämie erkrankter Kinder bezüglich ihrer Persönlichkeit für alle Eltern sind, ist nicht bekannt. Darum ist bei der Verallgemeinerung der Funde Vorsicht angebracht.

Phasen der Trauer

Für Eltern tödlich erkrankter Kinder beginnt der Trauervorgang in dem Augenblick, in dem ihnen die Diagnose mitgeteilt wird. Wie im Falle von Witwen und Witwern fängt er mit einer Phase der Betäubung an, die häufig von Wutausbrüchen unterbrochen wird. Weil das Kind jedoch noch am Leben ist, ist die zweite Phase anders. An die Stelle des Unglaubens einer Witwe oder eines Witwers, dass der Ehegatte gestorben sei, tritt bei den Eltern der Unglaube, dass die Diagnose und vor allem die Prognose richtig seien; ein Elternteil sucht nicht wie ein Witwer oder eine Witwe nach dem verlorenen Partner, sondern versucht das Kind zu behalten, indem er beweist, dass die Ärzte Unrecht haben. In den Studien, die hier herangezogen werden, sind diese beiden Phasen graphisch beschrieben und voll dokumentiert. Im Gegensatz dazu sind die späteren Phasen der Trauer, Verzweiflung, Desorganisation und spätere Reorganisation, gewöhnlich nur sehr kurz beschrieben.

Betäubungsphase

Bei der ersten N. I. M. H.-Studie beschrieb jeder Elternteil später, dass er sich bei der Mitteilung, die Erkrankung seines Kindes werde wahrscheinlich tödlich sein, betäubt gefühlt und nichts als real verspürt habe. Während es oberflächlich den Anschein hatte, die Mehrheit habe die Diagnose und ihre Implikationen akzeptiert, gaben die Eltern später zu, es habe einige Tage gedauert, sie aufzunehmen. In der Zwischenzeit wird das Fühlen fest verschlossen, und ein Elternteil benimmt sich vielleicht so losgelöst, als „habe er mit der Tragödie einer anderen Familie" zu tun, und erweckt unter Umständen sogar den Eindruck, er oder sie sei ganz unberührt.

Dennoch bricht leicht die Wut durch. Wahrscheinlich richtet sie sich gegen den Arzt, der die Diagnose mitteilt. Eine der Mütter in der Bozeman-Studie antwortete ähnlich wie die alten Griechen, die die Überbringer schlechter Botschaften töteten: „Ich hätte ihn umbringen können", sagte sie.

Phase des Unglaubens und Versuche, den Ausgang umzukehren

Während dieser Phase ist die Botschaft des Arztes aufgenommen worden, wird aber vehement bestritten. Der Unglaube kann auf einen oder beide von zwei Hauptpunkten gerichtet sein. Zuerst wird die Diagnose bestritten: „Ich weiß, dass dies anderen passiert, aber es kann nicht meinem Kind passieren." Zweitens wird die hohe Wahrscheinlichkeit eines tödlichen Ausgangs in Frage gestellt, vor allem seine Relevanz für das betroffene Kind: „Ich wusste natürlich, dass Leukämie tödlich ist, doch ich brachte das nicht in Zusammenhang mit meinem Kind."

Sowohl die Bozeman-Studie, aus der die obigen Zitate entnommen sind, als auch die N. I. M. H.-Studie berichten, jeder interviewte Elternteil habe mit irgendeiner Form von Unglauben reagiert. Bei einigen Eltern, so schien es, war die Abwendung von der schmerzlichen Nachricht bewusst und willentlich; bei anderen war kein bewusstes Bemühen zu erkennen. Nicht selten unterstützten Freunde oder Verwandte den Unglauben bezüglich der medizinischen Meinung und förderten unrealistisches Hoffen. Ist der Unglaube nur partiell, so hält er den schmerzlichen Affekt in Schach und scheint oft hilfreich. Wenn er jedoch stark behauptet wird, ist ein Elternteil möglicherweise unfähig, die Natur des vorgeschlagenen therapeutischen Programms zu begreifen, und nimmt nicht erfolgreich daran teil. Ob Unglaube also vorteilhaft ist oder nicht, hängt nicht von seinem bloßen Vorhandensein ab, sondern seiner Dominanz und seinem Fortbestehen trotz widersprechender Beweise.

Eng verbunden mit dem Unglauben hinsichtlich der Genauigkeit von Diagnose und Prognose ist Wut auf diejenigen, die für deren Stellen und Annehmen verantwortlich sind – vor allem die Ärzte und Schwestern. Bei den meisten Eltern geht die Wut zurück, wenn der Unglaube der Erkenntnis weicht, dass die Ärzte vielleicht Recht haben. Bei einer Minderheit von Eltern kann ein überzeugt gehegter Unglaube, und mit diesem auch die Wut, Wochen oder Monate überdauern. Die Trauer nimmt dann einen ungünstigen Verlauf (siehe Kapitel 9).

Ebenso wie Wut sind Ausbrüche intensiver Aktivität eng mit dem Unglauben verbunden. Diese können die Form einer hektischen Suche nach medizinischen Informationen über die Krankheit annehmen, die mehr als alles andere dazu dienen soll, Schlupflöcher zu finden, die beweisen, dass das eigene Kind eine Ausnahme ist. Vielleicht äußert sich das auch so, dass ein Elternteil sich übermäßig beschäftigt und das Kind nicht nur in nützlicher Weise versorgt und unterhält, sondern es so übertreibt, dass anderes behindert wird, was zum Wohl des Kindes erforderlich ist. Bozemans Gruppe spricht von besuchenden Müttern, die auf engem körperlichen Kontakt bestanden und sich heftig an ihr Kind klammerten, „als glaubten sie, sie könnten den gefürchteten Verlust durch intensiviertes Einssein verhindern". Eine Variante der angstvollen Fürsorge für das eigene Kind einer Mutter ist intensive Fürsorge für andere Kinder. Ob diese fürsorglichen Aktivitäten nützlich sind oder nicht, hängt natürlich von dem Grade ab, in dem ein Elternteil sie den Bedürfnissen des Kindes entsprechend regulieren kann oder ungeachtet des Kindeswohls zwanghaft dazu getrieben ist. Je zwanghafter die Aktivität, desto wahrscheinlicher ist sie mit einem entschlossenen Bemühen assoziiert, quälende Gedanken und Gefühle auszuschließen.

Gepaart mit intensiver, auf das Kind gerichteter Aktivität ist eine Tendenz, alles andere zu vernachlässigen. Hausarbeit, Fürsorge für weitere Kinder und Erholung werden vernachlässigt. Schlaflosigkeit und Appetitverlust sind sehr häufig. Bozeman spricht besonders von der Unfähigkeit der Mütter, an die Zukunft zu denken: „Für viele von ihnen stand das Leben still, und es konnten keine neuen Angelegenheiten bedacht werden, ehe nicht die Krankheit auf die eine oder andere Weise beendet war."

Die große Mehrheit der Eltern fühlte nicht nur Wut auf die Ärzte und

Krankenschwestern, sondern beschuldigte sich auch selbst, frühe Anzeichen der Krankheit nicht genügend beachtet zu haben. Obwohl bei der Mehrzahl der untersuchten Eltern dieser Selbstvorwurf nicht intensiv war und sie beruhigt werden konnten, gab es bei jeder Untersuchung eine Minderheit, die beständige Selbstvorwürfe aufwies. Die Krankheit des Kindes wurde beispielsweise als Strafe Gottes interpretiert, oder eine Mutter, die das Gefühl hatte, jemand müsse die Schuld tragen, aber nicht ihren Mann anklagen wollte, gab sich selbst die Schuld.

Nur zu leicht entwickeln sich Konflikte zwischen den Eltern eines tödlich erkrankten Kindes. Kaplan *et al.* (1973) beschreiben eine Reihe von Familien, in denen ein Elternteil eher willens ist als der andere, die Prognose ernst zu nehmen. In einer Familie beispielsweise erkannte die Mutter die Schwere der Krankheit an und fühlte sich angstvoll und deprimiert. Als sie weinte und bei ihrem Mann Trost suchte, wurde dieser jedoch wütend: „Warum zum Teufel weinst du denn?", fragte er und weigerte sich, die Diagnose zu akzeptieren. Weil es dem Vater nicht gelang, sich dem Problem zu stellen und sie zu unterstützen, wurde die Mutter ihrerseits wütend, und Streitereien waren häufig.

Meinungsverschiedenheiten zwischen Eltern führen leicht auch zu Streitigkeiten darüber, ob man in einem passenden Augenblick dem kranken Kind sagen solle, dass es sehr schwer krank ist, und ob man es seinen Geschwistern mitteilen solle. Infolgedessen werden nicht zu einem angemessenen Zeitpunkt die wirklichen Aussichten ehrlich und mitfühlend mitgeteilt, was Verständnis und Vertrauen fördern würde, sondern es werden widersprüchliche und verworrene Informationen gegeben, die zu einem immer größeren Graben von Misstrauen zwischen allen Mitgliedern der Familie führen. Binger und seine Mitarbeiter (1969) beschreiben die tragische Isolation des sterbenden Kindes, das weiß, dass es stirbt, aber auch weiß, dass seine Eltern nicht wünschen, dass es das weiß.

Glaube oder Unglaube hinsichtlich der Richtigkeit der Prognose sind nicht nur von Elternteil zu Elternteil verschieden, sondern wechseln auch beim Einzelnen mit der Zeit. Bozeman und ihre Kollegen beschreiben, wie Unglaube je nach dem Fortschreiten der Krankheit variiert. Die Entlassung aus dem Krankenhaus während einer Remission kann Gelegenheit zu unkontrolliertem Hochgefühl sein, als bedeute sie Genesung. Zu solchen Zeiten sprechen die Eltern möglicherweise über Ausbildung und Karriere, die sie für ihren Sohn planten, „als sei die Krankheit nur eine vorübergehende Episode". Wenn dagegen das Kind einen Rückfall erleidet oder ein anderes Kind stirbt, erkennen die Eltern vielleicht plötzlich die wahren Aussichten. Dann werden sie verzehrt von Ausbrüchen von Trauer, Seufzen und Schluchzen und erleben die ganze Schwäche und die somatischen Symptome, die die Trauer so schmerzhaft machen. Dennoch können wenig später dieselben Eltern zu dem vorherigen Unglauben und der damit verbundenen intensiven Aktivität zurückkehren.

Wenn ein Kind viele Monate lang krank war und aufkommende Hoffnungen wiederholt enttäuscht wurden, nähern sich die Eltern vielleicht der Anerkennung der Richtigkeit der ärztlichen Prognose etwas mehr an. Es folgt ein gewisses Maß von vorwegnehmender Trauer. Beim Verlust eines Ehegatten gibt es Grund zu der Annahme, dass die vorwegnehmende Trauer selten vollständig ist und das tatsächliche Sterben wohl noch immer als Schock empfunden wird. Bei den Eltern tödlich erkrankter Kinder kann die vorwegnehmende Trauer weitergehen. In einem Bericht über die erste N. I. M. H.-Studie beispielsweise stellen Chodoff u. a. (1964) fest, dass „die allmähliche Loslösung der emotionalen Besetzung des Kindes in den meisten Fällen verzeichnet wurde, in denen die Krankheit länger als drei oder vier Monate dauerte, und zu einem Verstummen der Trauerreaktion führte, so dass die letzte Phase und der Tod des Kindes oft mit einer Haltung ‚philosophischer Resignation' aufgenommen wurden". Im Gegensatz dazu bemerken die Forscher, dass Eltern, die hinsichtlich der Prognose einen starken Unglauben hegen, nicht antizipatorisch trauern.

Deutlich ist, dass bei vielen Eltern ein gewisses Maß an Unglauben noch viele Monate nach dem Tod des Kindes bestehen bleibt. Bei der ersten N. I. M. H.-Studie wurden 23 Eltern zwischen drei und acht Monaten nach dem Tode ihres Kindes eingeladen, in das Krankenhaus zurückzukehren. 18 von ihnen, zu denen acht Paare gehörten, nahmen an. Sie berichteten, sie hätten dabei gemischte Gefühle gehabt. Einerseits hatten sie Scheu vor dem Zurückkehren, andererseits ein Gefühl, als hätten sie sich dorthin zurückgezogen gefühlt, selbst wenn sie nicht eingeladen worden wären. Wahrscheinlich entstammten beide Gefühle dem noch fortlebenden Glauben, ihr Kind sei noch immer Patient im Krankenhaus. Dies wurde von einigen der Eltern explizit erklärt, und sie fügten hinzu, die Rückkehr sei weniger schmerzlich gewesen, als sie befürchtet hätten, und habe ihnen geholfen zu akzeptieren, dass ihr Kind nicht mehr am Leben sei. Tatsächlich bezeichneten alle außer zweien der zurückgekehrten Eltern die Erfahrung als hilfreich. Die Ausnahmen waren zwei Eltern, die nach sechs Monaten ihren Verlust noch immer nicht in einem nennenswerten Maße akzeptiert hatten. Außerdem gab es Beweismaterial dafür, dass zumindest einige derjenigen, die die Einladung zur Rückkehr abgelehnt hatten, dies aus Scheu vor dem getan hatten, womit sie möglicherweise konfrontiert würden.

Bei der zweiten N. I. M. H.-Studie (Hofer u. a., 1972), die sich auf individuelle Unterschiede konzentrierte, waren von 51 Eltern, die vor dem Tod ihres Kindes teilgenommen hatten, 36 (21 Mütter und 15 Väter) bereit, zu Interviews und physiologischen Beobachtungen zurückzukommen, und zwar etwa sechs Monate nach dem Tod des Kindes. Die bei diesen Interviews gegebenen Antworten und die Berichte der Eltern über ihre Verfassung in der Zwischenzeit bewegten sich zwischen zwei Polen. An einem Pol waren diejenigen, die ihrer Trauer während des Interviews freien Ausdruck gaben und bereitwillig sowohl Gedanken als auch Gefühle mitteilten. Sie zeigten intensive Affekte, beschrieben sowohl Schuldgefühle als auch Wut und sprachen, wenn sie die Möglichkeit dazu hatten, fast ausschließlich von dem toten Kind. Aus ihrem Bericht über ihre Verfassung seit dem Tod ihres Kindes ging deutlich hervor, dass sie den Verlust wiederholt und schmerzlich erneut erlebt hatten und sichtbare Erinnerungen an das Kind um sich behalten hatten; sie gestanden, dass sie sich gelegentlich dabei ertappt hatten, an das Kind zu denken, als sei es noch am Leben. Drei der Eltern waren sich des Gedankens bewusst, sie könnten es noch immer im Krankenhaus finden.

Am anderen Pol waren Eltern, die während der Interviews keiner Traurigkeit Ausdruck gaben. Einige waren sanft und freundlich, andere kühl und unpersönlich oder vielleicht beherrscht und überkontrolliert; einige „schienen darauf bedacht, den Eindruck großer Stärke und Selbstbeherrschung zu machen". Ihre Berichte über ihre Verfassung seit dem Tod des Kindes legten nahe, dass sie wenig aktiv getrauert hatten. Erinnerungen an das Kind waren fortgeräumt worden, Gedanken an das Kind und Gespräche darüber vermieden.

Die weitere Erörterung dieser unterschiedlichen Reaktionsmuster wird auf Kapitel 9 verschoben. Festgehalten zu werden verdient aber, dass diese beiden Arten von hinterbliebenen Eltern sehr unterschiedliche Wirkungen auf den Interviewer hatten. Die trauernden Eltern, so fand er, bezogen ihn in ihr Leben ein und machten ihn mitfühlend; bei den anderen fühlte er sich ausgeschlossen.

Phasen der Desorganisation und Reorganisation

Wenn die Krankheit fortschreitet und es dem Kind schlechter geht, verebbt die Hoffnung. Dennoch geraten nur sehr wenige Eltern in völlige Verzweiflung, solange ihr Kind noch lebt, und wie wir gesehen haben, bleibt gewöhnlich ein gewisser Unglaube hinsichtlich seines Todes auch noch Monate nachher bestehen. Von Eltern, bei denen die Trauer günstig voranschreitet, werden die wahren Tatsachen nach und nach anerkannt und akzeptiert. Langsam, aber stetig werden Vorstellungsmodelle des Selbst und der Welt der neuen Situation angepasst.

Wie günstig oder ungünstig die Trauer voranschreitet, das geht aus jeder Studie hervor, hängt weitgehend von der Beziehung der Eltern zueinander ab. Wenn sie zusammen trauern können und gemeinsam eine Phase nach der anderen durchleben, so bezieht jeder vom anderen Trost und Hilfe, und der Ausgang der Trauer ist günstig. Wenn die Eltern dagegen Konflikte miteinander haben und die gegenseitige Unterstützung fehlt, so kann die Familie auseinander brechen und/oder einzelne Mitglieder können zu psychiatrischen Fällen werden.

Bei den herangezogenen Studien waren die Auffälligkeitsquoten entweder in Bezug auf die Ehen oder in Bezug auf die Individuen oder auf beide erschreckend hoch. Von den 40 Familien, die Kaplan und seine Kollegen (1973) drei Monate nach dem Tod des Kindes untersuchten, wies eine Mehrheit Probleme auf, die entweder vorher nicht sichtbar gewesen oder durch den Verlust verschlimmert worden waren (David M. Kaplan, persönliche Mitteilung). In 28 dieser Familien gab es Eheprobleme, darunter zwei Scheidungen und sieben Trennungen (die in der Folge sämtlich zur Scheidung führten). In 30 der Familien litten ein Elternteil oder beide Eltern an psychiatrischen oder psychosomatischen Symptomen oder waren starke Trinker; in 25 Familien bestanden Probleme mit den überlebenden Kindern. Von den 20 Familien, die von der Binger-Gruppe untersucht wurden, berichteten acht von emotionalen Störungen, die schwer genug waren, um psychiatrische Hilfe zu erfordern, bei Mitgliedern, die solche Hilfe nie zuvor gebraucht hatten. Es gab unter diesen Eltern mehrere Fälle von schwerer Depression oder psychosomatischen Symptomen, einen Fall von hysterischer Aphonie und eine Scheidung. In etwa der Hälfte der Familien entwickelten ein oder mehrere zuvor gesunde Geschwister des Patienten Symptome, zu denen Schulverweigerung, Depression und schwere Trennungsangst gehörten. Es blieben also nur wenige Familien ganz ungeschädigt.

Es kann kaum ein Zweifel daran bestehen, dass ein großer Teil der an den überlebenden Kindern festgestellten Störungen mehr eine Folge des veränderten Verhaltens der Eltern ihnen gegenüber ist als eine direkte Auswirkung des Todesfalles auf die Kinder selbst. Das Zerbrechen der Ehe, die Depression der Mutter und Erklärungen, Gott habe das gestorbene Kind zu sich genommen, können leicht zu Trennungsangst, Weigerung, das Haus zu verlassen, und Wutverhalten führen. Nicht unbekannt ist, dass einem überlebenden Kind die Schuld an dem Tod gegeben wird, was großen Schaden anrichtet, doch das geschieht wahrscheinlich eher, wenn der Tod plötzlich eintritt.

Zu den aus diesen Untersuchungen gezogenen Schlussfolgerungen gehört, dass das Muster der Reaktionen eines Elternteils auf die tödliche Erkrankung eines Kindes meist während der ersten Wochen nach Stellen der Diagnose gebildet wird und sich danach kaum noch ändert.

Wenn Eltern noch jung sind, so ist es nicht ungewöhnlich, dass sie beschließen, das verlorene Kind durch ein neues Kind zu ersetzen. Bei der ersten N. I. M. H.-Studie wurde bekannt, dass von 24 Ehepaaren fünf Mütter entweder während oder unmittelbar nach der Krankheit ihres Kindes schwanger wurden; bei zweien wusste man, dass die Zeugung willentlich erfolgt war. Wenige Monate später hoffte eine sechste Mutter, schwanger zu werden, und ein siebentes Ehepaar plante, ein Kind zu adoptieren (Friedman et al., 1963).

Es gibt Gründe, die Weisheit dieses sehr frühen Ersatzes anzuzweifeln, da die Gefahr besteht, dass die Trauer um das verlorene Kind nicht vollständig durchlebt und das neue Baby nicht nur als der Ersatz gesehen wird, der es ist, sondern als eine Wiederkehr des verstorbenen Kindes. Dies kann zu einer verzerrten und pathogenen Beziehung zwischen Eltern und neuem Kind führen (siehe Kapitel 9). Es ist ein besserer Plan für die Eltern, wenn sie ein Jahr oder länger warten, ehe sie ein neues Kind zeugen, damit sie ihr Bild von dem verlorenen Kind reorganisieren und es so als lebende Erinnerung behalten können, deutlich unterschieden von jedem weiteren Kind, das sie vielleicht haben werden.

Eltern von Kindern, die tot zur Welt kommen oder früh sterben

In den letzten Jahren hat man zunehmende Aufmerksamkeit den Eltern zugewandt, deren Kind tot zur Welt kommt oder binnen Tagen oder Monaten nach der Geburt stirbt. Die Feststellungen besagen im Wesentlichen, dass trotz der Kürze der Bindung zwischen Eltern und Kind die allgemeinen Reaktionsmuster kaum anders sind als bei Verwitweten (Klaus und Kenneil, 1976). Betäubung, gefolgt von somatischem Leiden, Sehnsucht, Wut und darauf folgender Reizbarkeit und Depression sind geläufig. Das Gleiche gilt für die Beschäftigung mit dem toten Baby und Träumen von ihm. Eine Mutter beschrieb, wie sie von dem Baby zu träumen und dann aufzuwachen pflegte: „Ich wusste nicht, wo das Baby war, aber ich wollte es halten..."

Viele Mütter äußern den sehr starken Wunsch, ihr totes Baby im Arm zu halten, ein Wunsch, dessen Erfüllung die Krankenhauspraxis häufig versagt. Lewis (1976) beschreibt, wie die Mutter eines Frühgeborenen, das nach zehn Tagen in einem Brutkasten starb, ermutigt wurde, es zu berühren. Mit großer Erregung streifte sie ihm die Kleider ab, küsste es überall und trug es auf dem Gang spazieren. Bald darauf beruhigte sie sich und gab das tote Baby der Krankenschwester zurück.

Sowohl Klaus und Kennell in den USA als auch Lewis in Großbritannien haben Besorgnis geäußert über die Art und Weise, in der Totgeburten und das Sterben von Frühgeburten häufig vom Krankenhauspersonal gehandhabt werden. Da man das für das Beste hält, werden alle Spuren des toten Babys rasch entfernt und über den Körper, ohne Beerdigung in einem normalen Grab, verfügt. Oft gibt man den Eltern nur wenige Informationen und hüllt die ganze Episode in Schweigen.

Alle Autoren betonen, dass solche Vorgehensweisen die emotionalen Probleme, mit denen die Eltern konfrontiert sind, stark erhöhen, und raten dringend zu Veränderungen. Den Eltern, so glaubten sie, sollte erlaubt sein, einen kranken Säugling zu besuchen, sich an seiner Pflege zu beteiligen und bei ihm zu sein, wenn er stirbt. Nach dem Tode sollten sie ermutigt werden, ihn zu sehen, zu berühren und zu halten. Er sollte eine einfache Beerdigung, ein Grab und wenn möglich einen Namen erhalten. Ohne diese Vorkehrungen sind die Eltern, wie Lewis bemerkt, mit einem Nicht-Ereignis konfrontiert und haben niemanden zu betrauern.

Selbst bei einsichtiger Fürsorge haben Eltern, vor allem Mütter, unter Umständen die Last eines Schamgefühls darüber zu tragen, dass sie nicht in der Lage waren, einen gesunden Säugling zur Welt zu bringen, und/oder Schuldgefühle, weil es ihnen nicht gelungen ist, den verstorbenen Säugling erfolgreich zu versorgen. Aus diesen und anderen Gründen empfehlen Klaus und Kennell, dass beide Eltern zusammen beratende Gespräche erhalten sollen, das erste unmittelbar nach dem Tod des Kindes, das nächste zwei oder drei Tage später, wenn die Betäubung nachgelassen hat, die Eltern eher in der Lage sind, ihre Gefühle, Sorgen und Zweifel zu äußern, und die mitgeteilten Informationen verwenden können. Außerdem empfehlen die Autoren ein drittes Interview einige Monate später, um zu prüfen, ob die Trauer einen gesunden Verlauf nimmt und, sollte dies nicht der Fall sein, für weitere Hilfe zu sorgen. Sie betonen besonders, wie wertvoll es ist, wenn man den Eltern dabei hilft, gemeinsam zu trauern.

Leider fehlt es nicht an Beweisen dafür, dass der Verlust eines Babys zu späteren schweren Problemen führen kann, sowohl für die Eltern selbst, besonders die Mütter, als auch für überlebende Kinder. Von 56 schwedischen Müttern, die von Cullberg[39] ein bis zwei Jahre nach dem Tod ihrer Neugeborenen untersucht wurden, hatten 19 schwere psychiatrische Störungen entwickelt (Angstanfälle, Phobien, Zwangsgedanken, tiefe Depressionen).

Störungen dieses Grades bei einer Mutter haben unweigerlich sehr ungünstige Auswirkungen, wenn sie noch weitere Kinder hat. Es gibt Berichte darüber, dass Mütter dann auf die überlebenden Kinder nicht mehr reagieren und sie manchmal rundheraus zurückweisen. Außerdem kann eine zerrüttete Mutter, wenn das Kind plötzlich und unerklärlich zu Hause stirbt wie beim „Krippentod", impulsiv ein älteres Kind dafür verantwortlich machen. Sowohl Halpern (1972) als auch Tooley (1975) berichten über Fälle, bei denen eine hinterbliebene Mutter nicht nur ein älteres Kind (im Alter von drei bis fünf Jahren) beschuldigte, sondern es auch schwer bestrafte. In der Folge wurden diese Kinder psychiatrisch auffällig durch Launenhaftigkeit, Boshaftigkeit oder Destruktivität.[40] Nicht unerwartet war, dass die betreffenden Mütter selbst eine schwierige Kindheit und/oder eine unglückliche Ehe hatten.

Zu der Gefahr, dass eine Totgeburt oder ein sehr früher Tod die Beziehung der Mutter zu einem älteren Kind beeinflusst, kommt noch die Gefahr hinzu, dass auch ihre Gefühle im Hinblick auf ein neues Baby davon betroffen werden. Wolff u. a. (1970) berichten, dass ein hoher Anteil der Mütter, die eine Totgeburt hatten, später auf keinen Fall mehr Kinder haben wollte. Lewis und Page (1978) beschreiben eine Mutter, die nach der Geburt eines weiteren Babys depressiv wurde, sich gegen dieses Kind, ein Mädchen, wandte und fürchtete, sie könne es prügeln. Obwohl anfänglich beide

Eltern Stillschweigen über die frühere Totgeburt bewahrten, drückten beide, als sie überredet worden waren, davon zu sprechen, tiefe Trauer über den Verlust und Wut auf das Krankenhaus aus. Diese Interviews brachten Erleichterung und eine Besserung im Zustand der Mutter und in ihrer Beziehung zu dem neuen Baby. Auch diese Eltern hatten frühere Erfahrungen, die sie besonders empfindlich gegen einen Verlust machten.

Gefühlsbindungen verschiedener Art: eine Anmerkung

Im vorliegenden Kapitel habe ich betont, dass das Reaktionsmuster beim Tod eines Kindes oder einer Totgeburt vieles gemeinsam hat mit dem Reaktionsmuster beim Verlust eines Ehegatten. Im Hinblick auf die Folgen jedoch besteht ein bedeutsamer Unterschied. Während nach dem Tod eines Ehegatten Einsamkeit ein vorherrschendes Merkmal ist, scheint diese nach dem Tod eines Kindes nicht prävalent zu sein. Dementsprechend wird das Gefühl der Einsamkeit nach dem Tod eines Ehegatten gewöhnlich von der Anwesenheit eines Kindes auch nicht gemildert.

Diese Beobachtungen sind von großer Bedeutung für die Theorie der Gefühlsbindung. Sie zeigen, dass, was immer die verschiedenen Arten der Gefühlsbindung gemeinsam haben mögen, sie nicht als identisch betrachtet werden können.[41] Um Fortschritte zu erzielen, wird es nötig sein, nicht nur die zahlreichen Charakteristika zu untersuchen, die verschiedenen Arten von Bindung gemeinsam sind, sondern auch die Unterschiede. Angesichts der Vielfalt der Gefühlsbindungen – zwischen Kind und Elternteil, Elternteil und Kind, Gatte und Gattin und Geschwistern und Geschwistern, mit vielen Unterarten aufgrund von Geschlechtsunterschieden – ist dies ein gewaltiges Unterfangen.

8 Trauer in anderen Kulturen

Selbst unter den primitivsten Völkern ist die Haltung dem Tod gegenüber unendlich komplexer und, wie ich hinzufügen darf, unserer eigenen ähnlicher, als gewöhnlich angenommen wird ... Die nächsten Verwandten und Freunde sind aufgewühlt bis in die Tiefe ihres emotionalen Lebens.

Bronislaw Malinowski, *Magic, Science and Religion*

Überzeugungen und Bräuche, die vielen Kulturen gemeinsam sind

In ihren ausführlichen Schriften über die Trauersitten anderer Völker haben sich Sozialanthropologen mehr für die Vielfalt der vorgeschriebenen Rituale als für die emotionalen Reaktionen der Hinterbliebenen interessiert. Dennoch gibt es genügend Beweismaterial dafür, dass diese Reaktionen im Großen und Ganzen und häufig auch in Einzelheiten denen ähneln, die uns im Westen vertraut sind. Zwischen den sozialen Bräuchen bestehen ungeheure Unterschiede. Die menschliche Reaktion bleibt sich im Wesentlichen gleich.[42]

Zunächst ein Wort über sozialen Brauch. „Es gibt sehr wenige universale Züge oder Praktiken, die sich in allen menschlichen Gesellschaften finden", schreibt Gorer (1973, S. 423f.). „Alle bekannten menschlichen Gesellschaften sprechen eine Sprache, haben das Feuer und eine Art von Schneidewerkzeug; alle bekannten Gesellschaften arbeiten die biologischen Bande von Trägerin, Erzeuger und Nachkommenschaft zu einem Verwandtschaftssystem aus; alle Gesellschaften haben eine gewisse Arbeitsteilung, die auf Alter und Geschlecht beruht; alle Gesellschaften haben Inzestverbote und Regeln für das sexuelle Verhalten, zur Bezeichnung angemessener Ehepartner und zur Legitimation von Nachkommen; und alle Gesellschaften haben Regeln und ein Ritual für den Umgang mit Toten und für das angemessene Verhalten von Trauernden." In einigen Gesellschaften ist eine Bestattung die wichtigste aller sozialen Zeremonien im Hinblick auf die Zahl der Anwesenden und die Dauer (Mandelbaum, 1959; Palgi, 1973).

Anthropologen haben erörtert, warum ein Bestattungsritus eine so große Rolle im sozialen Leben eines Volkes spielen könnte. „Sein sichtbares Objekt ist der Verstorbene", schreibt Firth (1961), „doch er nützt nicht dem Toten, sondern den Lebenden ... in Wirklichkeit wird das Ritual für diejenigen vollführt, die zurückbleiben." Dann postuliert er, dass eine Bestattung drei Hauptfunktionen hat.

Die erste besteht in der Hilfe, die sie den Hinterbliebenen gibt, indem sie ihnen beispielsweise hilft, ihre Ungewissheit zu meistern, weil sie ihnen eindringlich vor Augen führt, dass der Tod tatsächlich erfolgt ist, indem sie ihnen Gelegenheit bietet, ihre Trauer öffentlich zu äußern, und den Zeitraum definiert, in dem Trauer angemessen ist, da sie ihm ein Ende setzt. Außerdem werden die Hinterbliebenen durch diese Rituale in die neue soziale Rolle eingeführt, die sie in Zukunft werden erfüllen müssen.

Die zweite Funktion besteht darin, dass die Bestattung es den anderen Mitgliedern der Gemeinschaft erlaubt, ihren Verlust öffentlich zur Kenntnis zu nehmen und auf vorgeschriebene Weise nicht nur von einem der Ihren Abschied zu nehmen, sondern auch die mächtigen Emotionen von Furcht und Wut zu äußern, die häufig erzeugt werden. Indem sie einen sozialen Ablauf vollenden und emotionales Verhalten in annehmbare Kanäle lenken, dienen Bestattungsriten dazu, die Integrität der fortbestehenden Gesellschaft aufrechtzuerhalten.

Die dritte von Firth postulierte Funktion, die er als ökonomisch bezeichnet, besteht darin, dass die Bestattung Gelegenheit zu einem komplexen Austausch von Gütern und Dienstleistungen zwischen Familien und Gruppen bietet. Daraus ergeben sich möglicherweise nicht nur materielle Gewinne, sondern man kann diesen Austausch vielleicht auch als Demonstration eines reziproken Altruismus ansehen (Trivers, 1971). Wenn Unheil eine Familie oder Gruppe trifft, so drückt jede andere Familie und Gruppe ihre Bereitschaft zu helfen aus, und sei es auch nur auf eine symbolische Weise. Dadurch begründet jede durch Implikation und Tradition ein Anrecht auf die Hilfe aller anderen, wenn das Unheil später auch sie treffen sollte.

Wenn man über die Verfassung nachdenkt, in der enge Freunde und Verwandte einer Bestattung beiwohnen, so kann man vermuten, dass sie auch noch andere als die von Firth erwähnten Funktionen hat. Eine besteht darin, dass sie den Lebenden Gelegenheit gibt, ihre Dankbarkeit gegenüber dem Toten zu äußern; eine weitere darin, dass sie ihnen die Möglichkeit bietet, noch etwas zu tun, von dem sie das Gefühl haben, dass es zum Wohl des Verstorbenen geschieht. Diese Motive äußern sich sowohl in einer Zeremonie und Beerdigung, die man für den Wünschen des Toten entsprechend hält, als auch in Gebeten für sein zukünftiges Wohlergehen.

Wenn wir nun zur anthropologischen Literatur zurückkehren, stellen wir fest, dass es in den meisten Gesellschaften für selbstverständlich angesehen wird, dass ein von einem schmerzlichen Verlust betroffener Mensch persönlich schockiert und sozial desorientiert ist. Darüber hinaus gibt es gewisse spezielle Arten von Reaktion und Überzeugung, die vielleicht nicht ganz, aber doch beinahe universal sind. Drei ragen besonders heraus.

Fast alle Gesellschaften, so scheint es, glauben, dass der Mensch trotz des leiblichen Todes nicht nur weiterlebt, sondern auch seine Beziehungen zu den Lebenden fortsetzt, zumindest für eine gewisse Zeit. In vielen Kulturen werden diese Beziehungen als ganz und gar nützlich angesehen; in diesem

Fall sollen Regeln und Rituale sie erhalten. In anderen Kulturen, besonders in den primitiveren, werden die fortbestehenden Beziehungen als in gewissem Grade unvorteilhaft verstanden; in diesem Fall sollen Regeln und Rituale die Lebenden schützen und den Toten beseitigen (siehe insbesondere Frazer, 1933–4). Dennoch begreift Malinowski (1925) zufolge jede Gesellschaft solche Beziehungen als mehr nützlich denn schädlich: „Nie erscheinen die negativen Elemente allein oder auch nur dominant", versichert er.

Es würde uns zu weit von unserem Thema wegführen, wenn wir untersuchen wollten, warum diese fortbestehenden Beziehungen auf so verschiedene Arten aufgefasst werden. Kursorische Überlegung lässt vermuten, dass jede Kultur als Stereotyp nur eine aus dem breiten Spektrum persönlicher Erfahrungen auswählt, von denen Individuen berichten, die einen verlorenen Verwandten betrauern; wie wir in Kapitel 6 gesehen haben, reichen diese vom Gefühl der Anwesenheit des Toten, der als tröstender Gefährte erlebt wird, bis zu einem Erleben, in dem er als beschädigt und potentiell feindselig erscheint. Von Bedeutung im gegenwärtigen Kontext ist, dass, ganz gleich, in welchem Licht eine Kultur diese fortdauernden Beziehungen sehen mag, in allen Kulturen das Gefühl der fortdauernden Anwesenheit des Toten sozial sanktioniert und angemessenes Verhalten vorgeschrieben ist.

Ein zweites Merkmal, das der großen Mehrheit der Kulturen gemeinsam ist, besteht darin, dass von jedem Hinterbliebenen erwartet wird, dass er wütend ist auf jeden, der für den Tod verantwortlich gemacht wird. Diese Ubiquität der Wut wird leicht verständlich, wenn wir uns daran erinnern, dass in den meisten Gemeinschaften außerhalb des Westens der Tod häufiger zu Kindern, Jugendlichen und jungen Erwachsenen kommt als zu den Alten. Infolgedessen sind die meisten Tode unzeitig; und je mehr ein Tod als unzeitig empfunden wird, desto wahrscheinlicher ist es, dass jemand dafür beschuldigt und Wut auf ihn verspürt wird.

Wie wir in früheren Kapiteln sahen, gehören zu den potentiell Verantwortlichen Dritte, das Selbst und der Verstorbene. Die meisten Kulturen definieren, wer von diesen angeschuldigt werden darf, und sagen damit auch, wer nicht. Weil jede Kultur ihre eigenen Überzeugungen und Regeln hat, sind die Formen, die für das wütende Verhalten von Trauernden vorgeschrieben sind, von Gesellschaft zu Gesellschaft sehr unterschiedlich. Bei einigen ist der aktive Ausdruck von Wut ein feststehender Teil der Bestattungsriten; bei anderen verhängen die Bestattungsbräuche strenge Verbote gegen den Ausdruck von Gewalt und lenken feindselige Gefühle stattdessen auf Menschen, die bei der Zeremonie *nicht* anwesend sind. Menschen, die in geringer Entfernung leben, beispielsweise Mitglieder eines benachbarten Stammes oder Dorfes, sind besonders häufig die Zielscheibe von Schuldzumessung. Durkheim (1915, S.400) zufolge könnten Blutrache und Kopfjagd durchaus auf diese Weise entstanden sein.[43]

Wenn auch die Wut über den Verlust sehr häufig aus der Gruppe nach außen gelenkt wird, so gibt es doch viele Gesellschaften, in denen es akzeptiert ist, dass Beschuldigung und Wut entweder auf das Selbst oder, was seltener ist, auf den Verstorbenen gerichtet werden. Anklagen gegen den Toten, weil er die Lebenden verlassen hat, sind in vielen Gesellschaften bekannt und zulässig. „Oh, warum hast du uns verlassen?" ist eine weit verbreitete Klage. Tatsächliche Angriffe auf den Toten, entweder verbal oder physisch, sind vielleicht weniger selten, als man annehmen könnte. Unter den Hopi-Indianern Arizonas, so berichtet Mandelbaum (1959), schreibt die Tradition vor, dass dem Tod und der Bestattung so wenig Bedeutung wie möglich beigemessen wird. „Ihre Bestattungsriten sind kleine, private Angelegenheiten, schnell vorüber und am besten vergessen. Die Hinterbliebenen mögen den Schmerz des Verlustes durchaus ebenso tief empfinden wie Trauernde in irgendeiner anderen Gesellschaft" (S. 201), doch offene Äußerungen von Kummer werden entmutigt. Bei einer Feldstudie unter diesen Menschen stellte Kennard (1937) jedoch fest, dass die privaten Reaktionen keineswegs der öffentlichen Vorschrift entsprachen, vor allem, wenn ein junger Mensch oder ein Mensch in mittleren Jahren starb. Bei der Suche nach einer möglichen Ursache für einen solchen Tod wird vielleicht entschieden, dass der Verstorbene absichtlich gestorben ist, um die Lebenden zu kränken, in welchem Fall er ihre gerechte Wut verdient hat. Kennard beschreibt eine Frau, die „dem Leichnam ins Gesicht schlug und schrie: ‚Du bist gemein, mir das anzutun!'".

Am entgegengesetzten Pol befinden sich die zahlreichen anderen Gesellschaften, in denen es streng verboten ist, Wut gegenüber dem Toten zu äußern. In einigen, vielleicht in vielen dieser Gesellschaften ist es nicht nur erlaubt, sondern vorgeschrieben, sie gegen das Selbst zu richten. Unter marokkanischen Juden beispielsweise war es ein alter Brauch für trauernde Frauen, sich mit den Fingernägeln das Fleisch blutig zu reißen. Palgi (1973) beschreibt, wie dieses Ritual sozialen Konflikt schaffen kann, wenn es von marokkanischen Einwanderern in Israel praktiziert wird.

Ein drittes den Trauerritualen gemeinsames Merkmal ist, dass sie gewöhnlich eine Zeit vorschreiben, zu der die Trauer enden sollte. Obwohl die vorgeschriebene Zeitspanne von Kultur zu Kultur überaus unterschiedlich ist, ist das Kalenderjahr des traditionellen Judentums, an dessen Ende von den Hinterbliebenen erwartet wird, dass sie zu einem normaleren sozialen Leben zurückkehren können[44], nicht atypisch. In einer Reihe von Gesellschaften werden zu dieser Zeit besondere Trauer- und Erinnerungsriten vollzogen.

Zur Illustration mehrerer dieser Themen beziehen wir uns auf einen Bericht von Mandelbaum (1959) über die zwei verschiedenen Bestattungszeremonien, die bei den Kota vorgeschrieben waren, einem der letzten Stammesvölker, das in einer entlegenen Gegend Indiens lebt und dessen Bestattungsriten (zumindest Anfang der fünfziger Jahre unseres Jahrhunderts) noch weitgehend ihre alte Form hatten.

Die Kota halten zwei Bestattungszeremonien ab, die als die „grüne" und die „trockene" bezeichnet werden. Die „grüne" findet kurz nach dem Tode statt, und dabei wird der Leichnam eingeäschert. Nur nahe Verwandte und

Freunde nehmen daran teil. Die „trockene" ist eine Gemeindezeremonie, die in Abständen von ein oder zwei Jahren abgehalten wird, um aller seit der letzten „trockenen" Zeremonie Verstorbenen zu gedenken. Zu diesen Feierlichkeiten kommen alle Kota-Völker der Umgegend.

Während der viele Monate langen Zeitspanne zwischen der „grünen" und der „trockenen" Bestattung wird angenommen, dass der Tote noch immer eine soziale Rolle spielt. Vor allem eine Witwe wird noch immer als Gattin ihres verstorbenen Mannes betrachtet, so dass, falls sie schwanger werden sollte, das Kind als seines angesehen wird mit allen sozialen Rechten, die sich daraus ergeben. Erst mit der „trockenen" Bestattung geht der Geist des Verstorbenen fort, und sein sozialer Status verschwindet.

Die „trockene" Bestattung dauert elf Tage und ist hochritualisiert. Während der ersten Woche wird der Toten des Jahres einzeln gedacht, und die Hinterbliebenen werden von erneuter Trauer ergriffen. Beim ersten Ton der Totenklage, mit der die Zeremonie beginnt, bleiben alle hinterbliebenen Frauen stehen, durchströmt von Kummer. Sie setzen sich nieder, bedecken ihre Häupter und klagen und weinen diesen und den nächsten Tag. Männer aus Haushalten, die von einem Todesfall betroffen wurden, sind mit Pflichten bei der Vorbereitung der Zeremonie beschäftigt und halten nur in Intervallen inne, um zu weinen. Am meisten bekümmert von allen sind die Witwen und Witwer, die die strengsten Trauertabus beachten müssen und sich dem ausgedehntesten Reinigungsritual unterziehen. Die Geschwister und Kinder eines Verstorbenen haben weniger umfassende, doch ebenfalls sehr wichtige Rollen zu spielen. Merkwürdig ist, dass keine Vorkehrungen getroffen werden für Eltern, um einen Sohn oder eine Tochter zu betrauern, obwohl sie, wie Mandelbaum berichtet: „persönlich vielleicht ebenso grambgebeugt sind wie hinterbliebene Eltern in irgendeiner Gesellschaft" (S. 193f).

Am achten Tag findet eine zweite Verbrennung statt, bei der ein Stück Schädelknochen, das nach der ersten Verbrennung entnommen und seither ehrfürchtig verwahrt wurde, zusammen mit den Gütern und den persönlichen Schmuckstücken der Witwe oder des Witwers auf einen Scheiterhaufen gelegt wird. Danach bleiben der Hinterbliebene und einige andere die ganze Nacht an der Verbrennungsstätte.

Am nächsten Tag in der Dämmerung verändert sich die Stimmung abrupt. Es gibt Tänze und Festmähler, bei denen Witwen und Witwer Rituale vollführen, die dazu bestimmt sind, sie nach und nach dem normalen sozialen Leben näher zu bringen. Mit Einbruch der Nacht ist der Höhepunkt erreicht. Ein Gefäß wird zerschmettert, was bedeutet, dass die Geister der Toten nun endgültig diese Welt verlassen. Die Lebenden kehren in das Dorf zurück, ohne zurückzublicken. In dieser Nacht haben die Witwen und Witwer sexuellen Verkehr, bevorzugt mit einem Geschwister des toten Gatten bzw. der toten Gattin. Am Schluss folgen zwei Tage, an denen gesungen und getanzt wird.

Bei der Erörterung der Kota-Zeremonien unterstützt Mandelbaum voll Firths Auffassung von den sozialen Funktionen der Bestattungsbräuche. Der Zusammenhalt der Familie wird gezeigt, verwandtschaftliche Beziehungen über die Familie hinaus werden bestätigt. In jedem Teilnehmer wird das Gefühl erneuert, „zu einem sozialen Ganzen zu gehören, zur gesamten Gemeinschaft der Kota". Gleichzeitig werden die persönlichen und emotionalen Reaktionen der Hinterbliebenen anerkannt und sanktioniert, und nach einer angemessenen Zeit erhalten sie Hilfe und Ermutigung für die Rückkehr zu einem normalen sozialen Leben.

Rosenblatt (1975) bemerkt, dass zur Förderung des Letzteren viele Gesellschaften Bräuche vorschreiben, die, welches auch immer ihre scheinbare Erklärung ist, die Wirkung zu haben scheinen, die Wiederverheiratung und die augenscheinliche Wiederaufnahme eines normalen Ehelebens bei Witwen zu erleichtern. Zu den meisten dieser Bräuche gehört auch die Beseitigung von Erinnerungen an den Toten. Das umfasst die Belegung des Namens des Verstorbenen mit einem Tabu, die Verteilung seines Eigentums oder die Verfügung darüber und den Wechsel des Wohnsitzes. In der Regel sind diese Bräuche in eine Reihe von Überzeugungen eingebettet, die keine Verbindung zu der von Rosenblatt bemerkten Wirkung haben. Einige beziehen sich beispielsweise auf die Furcht vor Geistern oder vor Ansteckung oder vor ansteckender Hexerei; andere sind vorgeschrieben, um den Verstorbenen zu ehren. Dennoch mag Rosenblatt durchaus Recht haben, wenn er glaubt, dass ein wesentlicher Grund für ihre Existenz darin liegt, dass sie die Witwe zum Übergang von der Witwenschaft in ein neues Eheleben drängen. Das Maß, in dem dies einer Witwe helfen kann, wird wahrscheinlich durch viele Faktoren bestimmt, nicht zuletzt durch den Zeitpunkt des Rituals.

Die Durchsicht der anthropologischen Literatur zeigt also, dass kulturelle Muster, obwohl sie sich ungeheuer unterscheiden in dem, was sie ermutigen und was sie verbieten, sowie in dem Ausmaß, in dem Zeremonien ausgearbeitet oder verkürzt werden, buchstäblich immer Regeln und Rituale von mindestens drei Arten enthalten: solche, die bestimmen, wie eine fortbestehende Beziehung zu dem Verstorbenen gestaltet sein sollte, solche, die vorschreiben, wo Beschuldigungen angebracht und Wut geäußert werden sollten, und solche, die festlegen, wie lange die Trauer dauern sollte. Auf diese Arten kanalisiert eine Kultur die psychologischen Reaktionen von Individuen und ritualisiert sie in gewissem Maße. Die Ursprünge der Reaktionen selbst jedoch liegen auf einer tieferen Ebene. Das wird offenkundig, wenn wir die psychologischen Erfahrungen von Individuen ins Auge fassen, die an den Zeremonien teilnehmen.

Die beiden Berichte, die jetzt folgen und dies anschaulich machen sollen, stammen aus sehr unterschiedlichen Kulturen, nämlich einmal aus einer kleinen, entlegenen Gemeinschaft im Pazifik, zum anderen aus dem modernen Japan.

Trauer um einen erwachsenen Sohn in Tikopia

Tikopia ist eine kleine Insel im Pazifik, 100 Meilen südöstlich von den Solomons. Als die Gemeinde von ungefähr 1300 Menschen während der zwanziger Jahre unseres Jahrhunderts von Firth[45] zuerst studiert wurde, war sie noch extrem isoliert und erhielt durchschnittlich nur einmal im Jahr Besuch aus der Außenwelt. Abgesehen von wenigen Werkzeugen, die von europäischen Schiffen gekauft oder im Tausch erworben waren, waren die Menschen noch ganz von ihren heimischen Materialien und ihrer eigenen Technologie abhängig. Die Nahrung entstammte dem Fischfang und der Landwirtschaft, doch die Überschüsse waren gering, so dass Trockenheit oder ein Hurrikan zu einer Hungersnot führen konnte. Trotz ihrer geringen Größe war die soziale Struktur der Gemeinde komplex: Sie erlegte dem Verhalten Beschränkungen auf und gewährte denjenigen, die sich daran hielten, Vorteile. Formalisierte Beziehungen zwischen Verwandten mit unterschiedlichem Nachdruck auf Freiheit und auf Verpflichtung zu Schutz, Hilfe und Unterstützung definierten nicht nur die Pflichten und Privilegien des Individuums, sondern milderten auch Spannungen und dienten auf machtvolle Weise als Faktoren sozialer Integration. Um anschaulich zu machen, wie die Gemeinde Verlust bewältigte, gibt Firth die Ereignisse wieder, die auf den Verlust des älteren Sohnes eines örtlichen Anführers folgten; er hatte auf dem Meer den Tod gefunden.

Der Junge, an der Schwelle zum Mannesalter, war in schlechter Laune nach Hause gekommen und hatte einen geringfügigen Streit mit seinem Vater gehabt, der ihn wegen seines unangebrachten Verhaltens getadelt hatte. Daraufhin war der Junge aus dem Haus gerannt, mit seinem Kanu aufs Meer hinausgefahren und nicht mehr gesehen worden. Die Monate vergingen, und es wurde immer sicherer, dass er ertrunken war. Unter solchen Umständen, die nicht selten vorkommen, schreibt die Tradition ein simuliertes Begräbnis vor, bei dem die üblichen Matten und Kleider aus Rindengewebe in einem leeren Grab begraben werden. Dies wird bezeichnet als „Ausbreiten der Grabtücher, um den Verlorenen trocken zu machen".

Nach etwa einem Jahr der Trauer um den Jungen, zu dem auch die Einhaltung von Nahrungstabus und die Nichtteilnahme an öffentlichen Angelegenheiten gehörten, entschied der Vater, es sei nun an der Zeit, die Bestattung abzuhalten. Dieser Vorschlag jedoch stieß zusammen mit bereits bestehenden Plänen, in einem anderen Zusammenhang ein rituelles Tanzfest zu veranstalten. Reibungen zwischen dem Anführer und seinem eigenen Vater und seinen Brüdern darüber, welche Zeremonie zuerst stattfinden sollte, veranlassten den Anführer zu einem unerwarteten Wutausbruch, bei dem er tränenreich und unzusammenhängend wilde Äußerungen ausstieß. Alle waren tief betroffen. Nach einer gewissen Zeit und dem Eingreifen von Vermittlern wurde der Familienfriede wiederhergestellt. Dann wurde stillschweigend der Bestattung zugestimmt.

Am nächsten Tag konnte Firth, der den Anführer bereits gut kannte, mit diesem sprechen. Bald brachte dieser die Rede auf seinen toten Sohn Noakena und sagte ziemlich bitter: „Er verließ mich und ging fort zum Meer." Dann beschrieb er zwei Träume, die er in der Nacht vor dem Streit mit seinem Vater und seinen Brüdern gehabt hatte. In beiden war ihm zum ersten Mal seit dem Verschwinden seines Sohnes dessen Geist erschienen.[46]

Im ersten Traum pflückten Vater und Sohn Kokosnüsse, und es gab gewisse Reibungen zwischen ihnen darüber, ob Noakena eine Nuss herunterreichen sollte, wie sein Vater es wünschte, oder sie einfach herunterwerfen. Nachdem der Junge ein Stück weiter zu einem anderen Baum gegangen war, rief der Vater ihn mehrmals laut bei seinem Namen, erhielt aber keine Antwort. „Wieder rief ich: ‚Verfluchter Noakena! Warum antwortest du mir nicht?' Und dann hörte ich, wie er mich mit einem hohen Ton angrunzte, und dann war er fort. Ich kehrte dann zu meinem Haus zurück..."

Im zweiten Traum erschienen zwei Frauen. Eine davon war die Schwester des Anführers, die gestorben war, die jedoch die Gestalt eines in der Nähe lebenden Mädchens angenommen hatte. Nachdem er einige weitere Einzelheiten angeführt hatte, unterstrich der Vater seinen Bericht durch dramatische Gesten und fuhr fort: „Dann kam Noakena zu mir... Er kam an meine Seite, und ich sah sein Gesicht und seinen Körper an. Er kroch dorthin, wo ich lag, beugte sich herüber und sagte zu mir: ‚Hast du gesagt, dass ich trocken gemacht werden soll?' Da richtete ich mich auf, streckte meine Arme aus, um ihn zu umarmen, und rief aus: ‚Oh! Ach! Mein Kleiner!' Da schlug meine Hand gegen diesen Kasten (der neben seiner Schlafmatte stand)... ich wachte auf, setzte mich auf und griff nach dem Rindengewebe... ich faltete es auseinander, breitete es aus und sagte: ‚Deine Trocknung ist dort.' Und dann setzte ich mich hin und weinte um ihn..."
Firth berichtet, wie der Vater diesen Traum wiedergab: „Sein Gesicht zeigte seine Bewegung, und seine Stimme war heiser und brüchig und den Tränen nahe. Sein Schrei, als er seine Arme öffnete, um zu zeigen, wie er versucht hatte, seinen Sohn zu umarmen, aber nur den Holzkasten getroffen hatte, war ergreifend..."

Während des nächsten Vormittags war der Vater in einem höchst emotionalen Zustand gewesen und hatte heftig auf den Widerstand gegen die sofortige Abhaltung der Bestattung reagiert. „Mein Bauch war, als sei ein Feuer hineingegangen", sagte er zur Erklärung.

Nur ein kurzer Kommentar ist erforderlich. Zunächst einmal unterscheiden sich die im Traum beschriebenen Gefühle und Verhaltensweisen – Wut darüber, verlassen worden zu sein, Sehnsucht nach Wiedervereinigung, Reue – um kein Jota von den in Trauerträumen westlicher Menschen beschriebenen Gefühlen und Verhaltensweisen. Zweitens fordert eine Gesellschaft selbst dann, wenn wie in diesem Falle keine Leiche da ist, über die verfügt werden muss, dass eine Bestattung stattfindet. Tatsächlich brachte das Nachdenken über diese Zeremonie der Tikopianer Firth zu der Behauptung, die Hauptfunktion des Bestattungsrituals sei nicht die Beseitigung des Leichnams, sondern der psychologische Nutzen, den es den Hinterbliebenen und der Gesellschaft als Ganzes bringt.

Trauer um einen Gatten in Japan

In Japan gibt es sowohl im Buddhismus als auch im Shintoismus eine tief verwurzelte Achtung vor den Vorfahren. Sie werden normalerweise mit Begriffen bezeichnet, die auch für göttliche Wesen verwendet werden; ihre Geister, so glaubt man, können in diese Welt zurückgerufen werden. Vorgeschrieben sind Trauerrituale, die eine fortdauernde Beziehung zu allen Verstorbenen ermutigen; dementsprechend errichtet jede Familie in ihrem Wohnraum einen Altar, auf dem eine Fotografie des Verstorbenen, die Aschenurne, Blumen, Wasser, Reis und andere Opfergaben stehen.

Wenn eine Frau ihren Ehemann verliert, ist es daher ihre erste Pflicht, für ihn einen Altar zu errichten. Diesen besucht sie mindestens einmal täglich, um Weihrauch zu spenden. Außerdem ermutigt die Tradition sie, ihn auch zu anderen Zeiten zu besuchen, vielleicht, um bei einem laufenden Problem seinen Rat zu suchen, glückliche Ereignisse mit ihm zu teilen oder in seiner Gegenwart Tränen zu vergießen. In Gesellschaft anderer Mitglieder der Familie, die die Trauer teilen, kann der tote Mann dann umsorgt, mit Nahrung versehen, gescholten oder idealisiert werden. Auf diese Weise bleibt die Beziehung zu ihm bestehen und zerbricht nicht an seiner Verwandlung von einem lebenden Menschen in einen verehrten Ahnen.

Da sie erkannte, wie verschieden diese Überzeugungen und Bräuche von denen des Westens sind, führte eine Gruppe japanischer Psychiater eine kleine, aber systematische Untersuchung an Witwen in Tokio durch, um die von diesen berichteten Erfahrungen mit denen von Londoner Witwen zu vergleichen, wie sie von Marris (1958) und Parkes (1965) beschrieben worden waren. Der daraus resultierende Bericht von Yamomoto u. a. (1969), aus dem die obige Beschreibung von Überzeugungen und Bräuchen entnommen ist, ist sehr interessant.

20 Witwen im Alter zwischen 24 und 52 Jahren wurden in ihrem eigenen Heim sechs Wochen nach dem Tod ihres Ehemannes bei einem Verkehrsunfall interviewt.[47] Die meisten Männer hatten der Arbeiterklasse angehört und waren zu Fuß oder mit dem Moped auf dem Weg zur oder von der Arbeit gewesen. Sie waren zwischen einem und 26 Jahren verheiratet gewesen (Durchschnitt 14 Jahre). Mit einer Ausnahme hatten alle Kinder, die meisten eines oder zwei. 14 Witwen bekannten sich eindeutig zu einer Religion (13 zum Buddhismus und eine zum Shintoismus); sechs gehörten keinem Bekenntnis an.

Die Trauererfahrungen, die die Witwen aus Tokio beschrieben, sind denen der Witwen aus London außerordentlich ähnlich. Zwölf von ihnen beschrieben, sie hätten Schwierigkeiten zu glauben, dass ihr Mann tot sei; eine pflegte beispielsweise um die Zeit, zu der ihr Mann gewöhnlich von der Arbeit gekommen war, zur Straßenbahnhaltestelle zu gehen; eine andere ging zur Tür, wenn sie ein Moped hörte, weil sie es für das ihres Mannes hielt. Von den 20 Frauen hatten alle bis auf zwei die Tradition befolgt und einen Altar errichtet. Dort erlebten sie stark ein Gefühl der Anwesenheit ihres Mannes, und wie die westlichen Witwen empfanden die meisten dies als tröstlich. Eine Frau hat die Doppeldeutigkeit der Situation lebhaft beschrieben: „Wenn ich sein lächelndes Gesicht ansehe, fühle ich, dass er lebt, aber dann sehe ich die Urne und weiß, dass er tot ist."

Da alle Ehemänner bei Verkehrsunfällen ums Leben gekommen waren, ist es nicht überraschend, dass zwölf Witwen den anderen Fahrer beschuldigten und auf ihn wütend waren. Es gab wenig Selbstvorwürfe. Im Hinblick auf die gegenüber dem Ehemann empfundene Wut sagt der Bericht nahezu gar nichts, und der Leser darf sich fragen, ob die notwendigen Untersuchungen angestellt wurden. Eine Witwe jedoch sagte von sich aus, wie wütend sie auf ihren Mann sei, und dass sie ihn ausschelten wolle, wenn er zurückkehre. (Wir erfahren nicht, warum sie ihn ausschelten wollte, doch wenn die westliche Erfahrung ein Hinweis ist, könnte es deshalb sein, weil er keine ausreichenden Vorsichtsmaßnahmen getroffen hatte.)

Der Anteil der Witwen, die von Angst, Depression oder Schlaflosigkeit berichteten, war in Tokio kaum anders als in London. Ein großer Unterschied jedoch besteht in dem Anteil derer, die Versuche beschreiben, Erinnerungen an den Tod des Ehemannes auszuweichen; dieser Anteil war in Tokio dreimal so groß wie in London. Zur möglichen Erklärung dieser hohen Inzidenz machen Yamomoto und seine Kollegen auf die Tatsache aufmerksam, dass die Interviews zur Zeit der akuten Trauer der Witwen durchgeführt wurden, dass der Tod in allen Fällen plötzlich gekommen war und dass in einigen Fällen die Witwe einer blutigen und qualvollen Szene ausgesetzt gewesen war. Die Wahrscheinlichkeit, dass Letzteres bei den Tokioter Funden von besonderer Bedeutung war, ergibt sich aus den Funden von Maddison und seinen Kollegen, von denen in Kapitel 10 berichtet wird. Es ist auch möglich, dass die ständige Anwesenheit des Altars für den toten Gatten im Wohnraum eine gewisse Rolle bei dem Wunsch gespielt hat, Erinnerungen zu entkommen.

Es ist nicht uninteressant, dass vier der sechs Tokioter Witwen, die erklärt hatten, sie gehörten keinem religiösen Bekenntnis an, dennoch der Tradition folgten und einen Altar errichteten; eine der beiden übrigen plante ebenfalls, dies zu tun. Das ist eine weitere Illustration des starken Dranges, die Beziehung zu dem Verstorbenen aufrechtzuerhalten, der den Hinterbliebenen ergreift, ob dies nun bewusst gehegten Überzeugungen entspricht oder nicht. Ein vergleichbares Beispiel wird von Palgi (1973) aus Israel angeführt: „Kurz nach dem Sechstagekrieg gab es einen plötzlichen Anstieg des Interesses an Spiritismus unter einigen der jüngeren, gebildeten Gruppen westlicher Abstammung. In einigen der linken, weltlichen Kibbuzim nahmen sogar junge Soldaten an Séancen teil, weil sie versuchen wollten, Kontakt mit ihren gefallenen Kameraden aufzunehmen."

9   Gestörte Formen

*Sorrow concealed, like an oven stopped,
Does burn the heart to cinders where it is.*

Shakespeare, *Titus Andronicus*

Zwei Hauptformen

Ein großer Teil der Literatur über gestörte Formen der Trauer ist von der Arbeit von Psychoanalytikern und anderen Psychotherapeuten abgeleitet, die die emotionalen Störungen einiger ihrer Patienten auf einen früher erlittenen schmerzlichen Verlust zurückgeführt haben. Aus diesen Studien über die Psychopathologie der Trauer ist nicht nur unendlich viel gelernt worden, sondern diese Funde haben auch zuerst die Aufmerksamkeit auf das Gebiet gelenkt und zu den systematischeren Untersuchungen der letzten Jahre geführt. In diesem Kapitel beginnen wir mit der Bezugnahme auf diese jüngeren Untersuchungen, da diese auf ziemlich repräsentativen Stichproben basieren und eine breitere und zuverlässigere Sicht auf die Probleme ermöglichen als Funde, die ausschließlich von psychiatrischen Fällen abgeleitet sind. Sobald der Boden jedoch einmal bereitet ist, werden die therapeutischen Funde zu einer unschätzbar wertvollen Quelle für die Vertiefung unseres Verständnisses der kognitiven und emotionalen Prozesse, die hier am Werk sind.

Gestörte Formen der Trauer führen zu vielen Spielarten körperlicher wie geistiger Krankheit.[48] Psychologisch führen sie dazu, dass die Fähigkeit eines Menschen, der einen schmerzlichen Verlust erlitten hat, Liebesbeziehungen herzustellen und aufrechtzuerhalten, mehr oder weniger schwer geschädigt wird oder, wenn sie bereits geschädigt ist, dass diese Schädigung noch zunimmt. Oft beeinflussen sie auch die Fähigkeit eines Hinterbliebenen, sein weiteres Leben zu organisieren. Gestörte Formen können jeden Schweregrad von ganz leicht bis extrem schwer annehmen. Bei geringerer Schwere sind sie nicht leicht von gesunder Trauer zu unterscheiden. Zur Verdeutlichung jedoch werden sie hier hauptsächlich in ihren extremeren Spielarten beschrieben.

Bei einer der beiden Störungsformen sind die emotionalen Reaktionen auf Verlust ungewöhnlich intensiv und lang andauernd; in vielen Fällen sind dabei Wut und Selbstvorwurf dominant und hartnäckig, während Gram auffällig fehlt. Solange diese Reaktionen anhalten, ist der Trauernde unfähig, sein Leben neu zu planen; gewöhnlich gerät es in eine traurige Desorganisation und bleibt auch so. Depression ist ein Hauptsymptom, häufig kombiniert oder abwechselnd mit Angst, „Agoraphobie" (siehe Band II, Kapitel 19), Hypochondrie oder Alkoholismus. Diese Form kann als *chronische Trauer* bezeichnet werden. Auf den ersten Blick scheint die andere Form genau entgegengesetzt zu sein insofern, als dabei ein mehr oder weniger *dauerhaftes Fehlen bewussten Kummers* vorliegt und das Leben des Hinterbliebenen im Wesentlichen wie zuvor organisiert bleibt. Dennoch ist er anfällig für eine Vielfalt von psychologischen oder physiologischen Erkrankungen; plötzlich und scheinbar unerklärlich kann er in eine akute Depression verfallen. Unterziehen sich solche Personen einer Psychotherapie, was manchmal aufgrund unklarer Symptome und/oder zwischenmenschlicher Schwierigkeiten geschieht, die sich mit oder ohne einen vorherigen Zusammenbruch entwickelt haben, so stellt man fest, dass die Störungen Abkömmlinge normaler Trauer sind, jedoch merkwürdig losgelöst, sowohl kognitiv als auch emotional, von dem Verlust, der zu ihnen geführt hat.

So gegensätzlich diese beiden Varianten in vieler Hinsicht auch sind, sie haben dennoch gemeinsame Merkmale. Bei beiden stellt man möglicherweise fest, dass der Verlust bewusst oder unbewusst noch immer für reversibel gehalten wird. Vielleicht steht der Hinterbliebene daher noch immer unter dem Drang zu suchen, entweder ständig oder episodisch, und es kommt leicht zu Wut und/oder Selbstvorwürfen, während Kummer und Traurigkeit fehlen. Bei beiden Varianten bleibt der Verlauf der Trauer unvollständig. Weil die Vorstellungsmodelle, die der Hinterbliebene von sich selbst und der ihn umgebenden Welt hat, unverändert bleiben, ist sein Leben entweder auf einer falschen Grundlage geplant oder gerät in planlose Unordnung.

Hat man einmal erkannt, dass die beiden Hauptformen gestörter Trauer vieles gemeinsam haben, so ist die Existenz klinischer Bedingungen mit Merkmalen, die beiden angehören oder ein Schwanken zwischen ihnen darstellen, nicht weiter überraschend. Häufig tritt eine Kombination auf, bei der ein Mensch nach einem Verlust für einige Wochen oder Monate keinen bewussten Gram aufweist und dann vielleicht abrupt von intensiven Emotionen überwältigt wird, was zu einem Zustand chronischer Trauer fortschreitet. In den Begriffen der vier Phasen der Trauer, die in Kapitel 6 beschrieben werden, kann das Fehlen bewussten Kummers als pathologisch verlängerte Ausweitung der Betäubungsphase betrachtet werden, wogegen die verschiedenen Formen chronischer Trauer als ausgeweitete und verzerrte Versionen der Phasen der Sehnsucht und des Suchens, der Desorganisation und Verzweiflung gelten können.

Weil die beiden Varianten gemeinsame Elemente haben, sind nicht alle zu ihrer Beschreibung benutzten Begriffe spezifisch. Tatsächlich sind etliche in Gebrauch. Für die erste Variante führte Lindemann (1944) den Begriff „verzerrt" ein, Anderson (1949) nannte sie „chronisch"; für die zweite werden Begriffe benutzt wie fehlend (Deutsch, 1937), verzögert, gehemmt und unterdrückt.

Außer diesen beiden Hauptvarianten gestörten Trauerns gibt es noch eine dritte, die seltener ist – Euphorie. Bei einigen Individuen kann diese so gravierend sein, dass sie sich als manische Episode darstellt.

Vor der eingehenderen Beschreibung dieser Varianten ist es vielleicht nützlich, erneut das schmerzliche Dilemma zu betrachten, vor dem jeder Trauernde steht, um zu sehen, an welchen Punkten im Verlauf des Trauerns die pathologischen Varianten von den gesunden abweichen. Solange der Trauernde nicht glaubt, dass sein Verlust unwiederbringlich ist, hat er Hoffnung und fühlt sich zum Handeln getrieben; das jedoch führt zu all der Angst und dem Schmerz frustrierten Bemühens. Die Alternative, nämlich zu glauben, dass sein Verlust von Dauer ist, mag realistischer sein; dennoch ist sie zuerst zu schmerzhaft und vielleicht zu erschreckend, um lange darin zu verweilen. Vielleicht ist es darum barmherzig, dass der Mensch so angelegt ist, dass Aufschub gewährende geistige Prozesse und Verhaltensweisen Teil seiner Natur sind. Dennoch kann solcher Aufschub nur begrenzt sein, und die Aufgabe, das Dilemma zu lösen, bleibt bestehen. Der Ausgang der Trauer hängt davon ab, wie ihm das gelingt – entweder macht er Fortschritte in Richtung auf die Anerkennung der veränderten Umstände, die Revision seiner Vorstellungsmodelle und die Neudefinition seiner Lebensziele, oder er gerät in einen Zustand aufgehobenen Wachstums, in dem er Gefangener eines Dilemmas ist, das er nicht lösen kann.

Traditionell sind die geistigen Prozesse und auch die Verhaltensweisen, die die Schmerzhaftigkeit der Trauer lindern, als Abwehrmechanismen bekannt und werden bezeichnet mit Begriffen wie Verdrängung, Abspaltung, Leugnung, Dissoziation, Projektion, Verschiebung, Identifikation und Reaktionsbildung. Eine ausgedehnte Literatur ist entstanden, die versucht, verschiedene Prozesse zu unterscheiden und sie in den Begriffen des einen oder anderen Modells des psychischen Apparats und des einen oder anderen Fixierungspunktes zu unterscheiden; es gibt jedoch keine allgemein gültige Verwendung der Begriffe, und viele Bedeutungen überschneiden sich. Im vorliegenden Band kommt ein neuer Ansatz zur Anwendung. Wie bereits in Kapitel 4 beschrieben, beruht das herangezogene Modell des psychischen Apparats auf gegenwärtiger Arbeit über die Informationsverarbeitung beim Menschen. Übereinstimmend mit diesem neuen Ansatz und zur Vermeidung der zahlreichen theoretischen Implikationen, die jedem traditionellen Begriff zugewachsen sind, werden hier Begriffe benutzt, die weniger theoriebefrachtet und den beobachteten Phänomenen näher sind.

Meine These ist, dass sämtliche traditionell so bezeichneten Abwehrprozesse verstanden werden können als Beispiele für den im Dienst der Abwehr stehenden Ausschluss unwillkommener Information; und dass die meisten von ihnen sich nur voneinander unterscheiden im Hinblick auf die Vollständigkeit und/oder Dauerhaftigkeit des Ausschlusses. Viele finden sich sowohl bei gesunden als auch bei gestörten Varianten der Trauer, doch einige sind auf die gestörten beschränkt. Um einen ersten Schritt zu ihrer Einordnung zu unternehmen, wollen wir zunächst jene betrachten, die in der Mehrzahl der Fälle voll vereinbar sind mit einem gesunden Ausgang.

Ausgehend von seiner Studie über Londoner Witwen, führt Parkes (1970a) eine Anzahl solcher Prozesse auf. Er schloss, dass einer oder mehrere dieser Prozesse in jedem Subjekt seiner Reihe vorhanden waren. Er stellte fest, dass jede Witwe ihr eigenes idiosynkratisches Muster aufwies und keine Korrelation zwischen einem Prozess und einem anderen in Erscheinung trat. Er führt folgende an:

a) Prozesse, die dazu führen, dass ein von einem schmerzlichen Verlust betroffener Mensch sich betäubt und unfähig fühlt, an das zu denken, was geschehen ist;
b) Prozesse, die Aufmerksamkeit und Aktivität von schmerzlichen Gedanken und Erinnerungen fort und auf neutrale oder angenehme lenken;
c) Prozesse, die den Glauben aufrechterhalten, der Verlust sei nicht von Dauer und Wiedervereinigung noch immer möglich;
d) Prozesse, die zu der Erkenntnis führen, dass der Verlust tatsächlich eingetreten ist, kombiniert mit einem Gefühl, dass die Verbindungen zu dem Toten dennoch weiter bestehen, was sich häufig manifestiert in dem tröstlichen Gefühl der fortdauernden Anwesenheit des verlorenen Menschen.

Da es gute Gründe für die Annahme gibt, dass Prozesse der vierten Art weit davon entfernt sind, zur Pathologie beizutragen, sondern ein integraler Bestandteil gesunder Trauer sind, werden sie in diesem Kapitel von der weiteren Erörterung ausgenommen. Prozesse sämtlicher anderen Arten jedoch können pathologische Formen annehmen.

Die Kriterien, die am deutlichsten gesunde Formen des Abwehrprozesses von pathologischen unterscheiden, sind die Dauer ihres Bestehens und das Ausmaß, in dem sie die psychischen Funktionen nur teilweise beeinflussen oder völlig dominieren. Betrachten wir beispielsweise die Prozesse, die die Aufmerksamkeit und Aktivität von schmerzlichen Gedanken und Erinnerungen fort und auf neutrale oder angenehme lenken. Wenn solche Prozesse nur episodisch die Kontrolle übernehmen, sind sie wahrscheinlich völlig mit Gesundheit vereinbar. Wenn sie sich jedoch rigide festsetzen, führen sie zu einer lang andauernden Hemmung aller üblichen Reaktionen auf Verlust.

Das Ausmaß, in dem Prozesse des Abwehrausschlusses unter willentlicher Kontrolle stehen, ist oft schwer zu bestimmen. Tatsächlich gibt es ein Kontinuum von solchen Prozessen, die eindeutig nicht vom Willen bestimmt zu sein scheinen, wie etwa von der Betäubung, die eine häufige unmittelbare Reaktion auf einen schmerzlichen Verlust ist, bis hin zum willentlichen Vermeiden von Menschen und Orten, die vielleicht schmerzliche Ausbrüche von Gram und Weinen hervorrufen. Was die Bewusstheit des

Subjekts betrifft, so sind die unter c) zusammengefassten Prozesse besonders variabel. In einer Dimension reichen sie von einem klaren und bewussten Glauben, der Verlust sei nicht von Dauer, bis zu einem so undeutlichen und vom Bewusstsein entfernten Glauben, dass möglicherweise viel therapeutische Arbeit notwendig ist, um ihn manifest zu machen; dazwischen gibt es Beispiele für alle Abstufungen, deren der menschliche Geist fähig ist. In einer anderen Dimension reichen solche Überzeugungen von der Offenheit für neue Information und damit für eine Revision bis zur Abgeschlossenheit und Resistenz gegen jede Information, die sie in Frage stellen könnte. Zusätzlich zu diesen verschiedenen Arten und Formen des Abwehrprozesses gibt es noch mindestens zwei weitere Arten, die in der Trauer auftreten und die, wenn sie nicht nur flüchtig erscheinen, stets zu einem ungünstigen Ausgang zu führen scheinen. Dazu gehören:

a) Prozesse, die Wut von der Person ablenken, die sie hervorgerufen hat, und sie auf jemand anderen richten, ein Vorgang, der in der psychoanalytischen Literatur gewöhnlich als Verschiebung bezeichnet wird;
b) Prozesse, durch die alle emotionalen Reaktionen auf Verlust kognitiv von der Situation losgelöst werden, die sie hervorgerufen hat, Vorgänge, die in der traditionellen Terminologie als Verdrängung, Spaltung oder Dissoziation bezeichnet werden können.

Fast jede Kombination der beschriebenen Prozesse kann in einem Menschen aktiv sein, entweder gleichzeitig oder nacheinander. Dies stellt für Theoretiker ein Problem dar und erklärt wohl viele der Meinungsverschiedenheiten, die auftreten.

Bezüglich der folgenden Beschreibungen von Störungsvarianten bin ich den bereits in den Kapiteln 6 und 7 erwähnten Untersuchungen zu großem Dank verpflichtet.

Chronische Trauer

Unter den 80 von einem schmerzlichen Verlust betroffenen Menschen, die Gorer (1965, Einzelheiten siehe in Kapitel 6) interviewte, waren neun, die er in einem Zustand chronischer Verzweiflung fand, obwohl seit ihrem Verlust mindestens 12 Monate vergangen waren. „Die Verzweiflung ist für den Laieninterviewer fast greifbar; tonlose Stimme, schlaffe Gesichtsmuskeln, stockende Rede in kurzen Sätzen. Drei der neun ... saßen allein im Dunklen." Von den neun Personen hatten fünf einen Ehepartner verloren (drei Witwen und zwei Witwer), zwei hatten die Mutter verloren (beides Männer in mittlerem Alter), zwei hatten erwachsene Söhne verloren (eine verheiratete Frau und ein Witwer). Also sind beide Geschlechter und mehrere Arten von Verlust vertreten.

Gorer selbst äußert Überraschung darüber, dass der Anteil der depressiven Personen in seiner Stichprobe (etwa zehn Prozent) so hoch war. Andere Untersuchungen mehr oder weniger repräsentativer Stichproben von Hinterbliebenen jedoch verzeichnen keine geringere Inzidenz. Von den 22 Londoner Witwen beispielsweise, die Parkes (1970a) mindestens ein Jahr lang untersuchte, waren am Ende des Jahres drei in einem dem von Gorer beschriebenen nicht unähnlichen Zustand. Von den 68 Bostoner Witwen und Witwern, die Glick *et al.* (1974) untersuchten, die meisten davon für zwei oder mehr Jahre, wurden zwei Witwen depressiv und alkoholabhängig, zwei andere entwickelten schwere Depressionen (eine davon unternahm wiederholt Suizidversuche); einer von den Witwern blieb schwer depressiv und desorganisiert.[49]

Obwohl Gorer beim Bericht über seine Funde vermeidet, von Begriffen wie Depression oder Melancholie Gebrauch zu machen (weil sie für die psychiatrische Diagnose reserviert sein sollten) glaubt er dennoch, dass sie auf die Zustände, die er beschreibt, anwendbar sind. Vermutlich würden ihm die meisten Psychiater zustimmen: Eine von den drei Witwen, die er in einem verzweifelten Zustand gefunden hatte, beging wenige Monate später Selbstmord. Dennoch gibt es eine Schule psychiatrischen Denkens, die eine entgegengesetzte Auffassung vertritt. Clayton und ihre Kollegen (1974) beispielsweise zeigten zwar, dass die 16 Hinterbliebenen, die sie beschrieben, Merkmale aufwiesen, die in jeder Hinsicht den Kriterien entsprachen, die sie bereits für die Diagnose einer primären affektiven Störung[50] herangezogen hatten, versicherten aber dennoch, sie sollten nicht so diagnostiziert werden. Sie begründen dies damit, dass der Zustand eine Reaktion auf Verlust ist und dass die Hinterbliebenen ihn im Gegensatz zu ähnlichen Patienten in psychiatrischer Behandlung, die ihren Zustand als „Veränderung" erleben, als „normal" ansehen. Da die Untersuchungen von Brown und Harries (1978a)[51] zeigen, dass eine Mehrheit aller Fälle von depressiven Störungen Reaktionen auf einen Verlust sind, glaube ich (mit ihnen), dass eine solche Unterscheidung unhaltbar ist. Die hier vertretene Auffassung besagt, dass die große Mehrheit depressiver Zustände am besten als abgestufte Reihe zu betrachten ist, bei der die schwereren Formen krankhafte Züge haben, die den bei weniger schweren Formen anzutreffenden ähnlich, aber vielleicht intensiver sind und auch noch gewisse andere Merkmale besitzen.

Im Falle der chronischen Trauer scheint es klar, dass die Depression graduell unterschiedlich sein kann. Der folgende Bericht über eine zweiunddreißigjährige Mutter, die an der zweiten der beiden N.I.M.H.-Studien über die Eltern tödlich erkrankter Kinder teilnahm (Einzelheiten hierzu siehe in Kapitel 7), beschreibt einen Zustand, der dem weniger schweren Ende des Spektrums zuzuordnen ist.

Wie die anderen Eltern, die an dieser Studie beteiligt waren, wurde Frau QQ zweimal von einem Psychiater interviewt, und zwar einige Zeit nachdem ihr die Diagnose ihres Kindes mitgeteilt worden war. Während der

Interviews, die zeitlich dicht aufeinander folgten und zusammen zwei bis vier Stunden dauerten, wurden die Eltern gebeten, so ausführlich wie möglich zu beschreiben, wie es sei, Eltern eines tödlich erkrankten Kindes zu sein. Zusätzlich zu dem, was der jeweilige Elternteil aussagte, wurden Notizen über seine Wesensart und sein Verhalten während des Interviews gemacht. Obwohl der Interviewer die Eltern bat, die gesamte Erfahrung noch einmal durchzugehen, waren diese nicht nur dazu bereit, sondern die meisten von ihnen ließen sich auch sehr intensiv darauf ein und lieferten Informationen, die weder stereotyp noch oberflächlich waren. Das lag daran, dass die Interviews ihnen erstens eine Gelegenheit boten, einige ihrer tiefsten Gefühle jemandem mitzuteilen, der nicht persönlich in die Krise verwickelt war, und ihnen zweitens durch ihren Beitrag zu einem Forschungsprojekt das Gefühl gaben, dass sie etwas Nützliches tun konnten in einer Situation, in der sie sich ansonsten hilflos und nutzlos fühlten.[52] „Während der letzten sechs Lebenswochen ihres Sohnes wirkte Frau QQ stets gespannt und schien häufig ängstlich, aufgeregt und weinerlich. Sie war ständig davon in Anspruch genommen, wie sie sich fühlte, und sprach davon, sie könne ‚es nicht mehr länger aushalten'. Während des Interviews war es extrem schwierig, sie dazu zu bringen, sich auf die realistischen Beweise für die stetige Verschlechterung des Zustandes ihres Sohnes zu konzentrieren. Auf jeden Versuch, sie dazu zu bewegen, reagierte sie nicht nur, indem sie aufgebracht wurde, sondern auch, indem sie ausschließlich bei ihren eigenen Leiden verweilte und nicht einmal mehr über die Verfassung ihres Sohnes sprach. Die Ärzte und Krankenschwestern und auch ihr Mann wurden so ängstlich und besorgt um sie, dass sie begannen, sie vor den wahren Tatsachen über ihren Sohn zu beschützen.

Während der zwei Tage jedoch, in denen ihr Sohn starb, veränderte sich Frau QQs psychische Verfassung abrupt. Sie war weniger emotional und aufgeregt, blieb stattdessen ruhig bei ihrem Sohn und umsorgte ihn zärtlich. Zum ersten Mal sagte sie, sie wisse, dass er sterben werde, und als sie nach ihrem eigenen Zustand gefragt wurde, antwortete sie ruhig, sie sei schon in Ordnung. Bei einem späteren *Follow-up*-Interview beschrieb Frau QQ diese beiden letzten Tage. Innerlich, so sagte sie, habe sie sich ebenso unglücklich und aufgebracht gefühlt wie zuvor, doch alle ihre vorherigen Besorgnisse wären nun unwichtig erschienen. Sie habe erkannt, dass ihr Sohn im Sterben lag, und habe ihm helfen wollen, ohne Angst zu sein; auch habe sie gewünscht, sich bei ihm für alles zu entschuldigen, womit sie ihn unglücklich gemacht habe. Am meisten habe sie gewünscht, von ihm Abschied zu nehmen und ihn zu liebkosen, um einige der zärtlichen Gefühle auszudrücken, für die sie keine Worte finden konnte."

In ihrem Kommentar zu dem Fall vermerken Wolff und seine Kollegen, wie Frau QQs emotionaler Zustand sich parallel zur Richtung ihrer Besorgnisse veränderte. Anfänglich hatte sie vermieden, an ihren Sohn und das ihm bevorstehende Schicksal zu denken, hatte ihre gesamte Aufmerksamkeit auf ihr eigenes Leid konzentriert und war angespannt, ängstlich und aufgeregt gewesen. Später hatte sie ihre Aufmerksamkeit auf den Jungen verschoben und angefangen, ihn zärtlich zu umsorgen; gleichzeitig hatte sie aufgehört, sich mit ihren eigenen Leiden zu befassen, und war verhältnismäßig ruhig geworden.

Aus Beobachtungen dieser Art und Messungen gewisser physiologischer Variablen[53] zogen Wolff und seine Kollegen einen überaus wichtigen Schluss. Der Grad offener Affektäußerung ist ein äußerst irreführender Anhaltspunkt dafür, wie ein Mensch auf eine stressreiche Situation reagiert. Denn ein hoher Grad von offenem Affekt kann, wie im Falle von Frau QQ, Teil einer Reaktion sein, die weitgehend von der Situation losgelöst ist, die sie hervorgerufen hatte. Tatsächlich spielt möglicherweise gerade die Intensität des Affekts eine wichtige Rolle bei der Ablenkung der Aufmerksamkeit von der quälenden Situation, und zwar sowohl ihrer eigenen Aufmerksamkeit als auch der ihrer Gefährten. Im Gegensatz dazu kann, wenn die Situation erkannt und beachtet wird, wie es bei der gesunden Trauer der Fall ist, der offene Affektausdruck reduziert sein. Die wesentliche Veränderung jedoch liegt in der Qualität des Affekts. Statt diffuser Angst, Aufregung und Verzweiflung bestehen Traurigkeit und Sehnsucht, vielleicht verbunden mit liebevollen Erinnerungen, die zwar traurig, aber dennoch intensiv angenehm sind. Die von Wolff getroffene Unterscheidung ist eine, zu der ich beständig zurückkehren werde.

Wir wollen uns nun dem Beispiel eines Hinterbliebenen zuwenden, dessen Trauer wesentlich fester etabliert und chronisch wurde als die von Frau QQ und der infolgedessen in eine psychiatrische Klinik eingewiesen wurde.[54]

„Herr M war 68 Jahre alt, als seine Frau starb. Sie waren einundvierzig Jahre verheiratet gewesen, und einem Mitglied der Familie zufolge hatte er sie während ihres ganzen Ehelebens ‚auf Händen getragen'. Sie starb unerwartet nach einer kurzen Krankheit. Einige Tage lang war er ‚betäubt'. Er erledigte alle Beerdigungsangelegenheiten, dann schloss er sich zu Hause ein und weigerte sich, irgendjemanden zu sehen. Er schlief schlecht, aß wenig und verlor das Interesse an allen seinen gewohnten Tätigkeiten. Er war in Anspruch genommen von Gedanken voller Selbstvorwurf und hatte Weinkrämpfe, bei denen er sich selbst beschuldigte, sie im Stich gelassen zu haben. Er machte sich Vorwürfe, seine Frau in ein Krankenhaus gebracht zu haben (er fürchtete, sie habe sich auf der Station eine zusätzliche Infektion zugezogen), kein besserer Ehemann gewesen zu sein und seine Frau dadurch geängstigt zu haben, dass er selbst krank wurde. Gleichzeitig war er allgemein reizbar, beschuldigte seine Kinder, sie hätten in der Vergangenheit ihre Mutter verletzt, und gab dem Krankenhaus die Schuld an ihrem Tod. Als er Treffen eines örtlichen Komitees besuchte, wurde er ausfallend und brachte die übrigen Mitglieder auf.

> Sein Sohn nahm ihn auf eine Auslandsreise mit in der Hoffnung, ihn aus seiner Depression herauszuholen, doch er war gestörter denn je und brach den Urlaub ab, um in sein Heim zurückzukehren, das er seit dem Tod seiner Frau mit übertriebener Gewissenhaftigkeit gepflegt hatte.
>
> Zehn Monate nach dem Trauerfall wurde er in ein psychiatrisches Krankenhaus eingewiesen, und nachdem er einige Zeit psychotherapeutisch behandelt worden war und dabei über seinen Verlust gesprochen hatte, ging es ihm wesentlich besser. Zu dieser Zeit sah ich ihn und war betroffen über die Art, in der er von den Fehlern seiner Frau sprach, während er gleichzeitig jedes Gefühl von Groll leugnete. ‚Ich freute mich so sehr auf meine Pensionierung – das gehörte zu den Dingen, über die es Krach gab. Ich wollte im Ausland Ferien machen, aber ich konnte sie nicht dazu bringen, das ins Auge zu fassen. Sie war in der Überzeugung erzogen worden, es sei wesentlich, auf Dinge verzichten zu können. Das konnte ich ihr nie abgewöhnen.' Er hatte ihr ein Haus gekauft, doch ‚sie sah es als einen Mühlstein an' –, dennoch hing sie sehr an ihrem Heim und ‚war dort glücklicher als an jedem anderen Ort'. Ihre furchtsame Einstellung spiegelte sich in zahlreichen Ängsten. ‚Sie fürchtete sich vor dem Meer – ich drängte sie nie, ins Ausland zu gehen. Die Kinder baten sie, Dinge zu tun, und sie sagte automatisch Nein. Kein Mann hätte sich eine bessere Frau wünschen können.'"

Außer vielen Merkmalen, die für solche Zustände typisch sind, erkennen wir die Verbindung von grüblerischen Selbstvorwürfen einerseits mit Beschuldigungen Dritter (seiner Kinder und des Krankenhauses) und andererseits mit einem völligen Fehlen von Kritik oder Groll gegenüber seiner Frau. Er berichtet zwar von den vielen Arten, auf die sie ihn frustriert und enttäuscht hat, besteht aber darauf, sie sei eine vollkommene Ehefrau gewesen. Der Fall illustriert lebhaft die Behauptung Freuds, die Kritik, die ein depressiver Mensch an sich selbst übe, gelte oft nicht so sehr dem Hinterbliebenen als vielmehr der verlorenen Person. Er illustriert auch, dass, wann immer anhaltende Wut und Selbstvorwürfe auftreten, diese wahrscheinlich zusammen gefunden werden – eine Assoziation, von der Parkes (1965) sagt, sie habe sich in seiner Fallserie als statistisch signifikant erwiesen.

Obwohl man feststellen kann, dass viele Selbstvorwürfe Vorwürfe sind, die von der verlorenen Person hervorgerufen und zurück auf das Selbst und dritte Personen gelenkt wurden, gibt es auch Umstände, unter denen die Selbstvorwürfe zumindest in einem gewissen Grade zu Recht an das Selbst gerichtet werden, sich aber an irgendeinem unbedeutenden Fehler festmachen statt an einem oder mehreren Geschehnissen, bei denen der Hinterbliebene vielleicht echte Fehler begangen hat.

Zwar sind Selbstvorwürfe, verbunden oder nicht verbunden mit vorwurfsvoller Wut gegen Dritte, ein Merkmal aller schwereren Fälle von chronischer Trauer, doch es gibt auch Fälle, in denen keines von beiden hervortritt. Unter den 16 chronisch depressiven Witwen und Witwern beispielsweise, die von Clayton und ihren Kollegen beschrieben wurden, hieß es nur bei zweien, sie hätten Schuldgefühle, bei sechs, sie hätten ein Gefühl der Wertlosigkeit, und nur bei acht, es bestünde eine Tendenz, jemandem die Schuld an dem Tod zu geben (Bornstein *et al.*, 1973). Es ist jedoch nicht unwahrscheinlich, dass diese Funde zum Teil darauf zurückzuführen sind, dass die Forscher sich auf ein einzelnes Interview von nur einer Stunde verlassen haben, und dass längere oder wiederholte Interviews eine höhere Inzidenz von Fällen erbracht hätten, die Wut, Schuldgefühle oder ein Gefühl von Wertlosigkeit aufwiesen.

Reaktionsmerkmale, die chronische Trauer vorhersagen lassen

Wie bereits erwähnt, stellte Parkes (1970a) fest, dass einige Individuen, die später chronische Trauer entwickeln, in den Wochen unmittelbar nach dem Verlust wenig oder keine Reaktion zeigen. Bei einigen ist diese Stille eine Ausdehnung der Betäubungsphase auf mehr als ein paar Tage; andere scheinen nicht einmal eine Betäubung zu erleben. Wenn die Trauer beginnt, was wahrscheinlich binnen ein bis zwei Monaten geschieht, so kann sie abrupt sein. Wahrscheinlich ist sie auch intensiver und verursacht einen stärkeren Bruch als gesunde Trauer.

Ein von Parkes angeführtes Beispiel für diese Abfolge ist das einer Londoner Witwe, Frau X, die beschrieb, wie sie bei der Nachricht vom Tod ihres Mannes ruhig geblieben war und „überhaupt nichts gefühlt" hatte – und wie sie daher später überrascht gewesen war, als sie geweint hatte. Sie hatte, wie sie sagte, ihre Gefühle bewusst vermieden, – weil sie fürchtete, sie werde davon überwältigt oder verrückt. Drei Wochen lang blieb sie kontrolliert und relativ gefasst, bis sie endlich auf der Straße zusammenbrach und weinte. Als sie später über diese drei Wochen nachdachte, sagte sie, es sei gewesen, als ginge sie „am Rande eines schwarzen Abgrunds entlang".

Bei der Harvard-Studie wurde festgestellt, dass diejenigen Witwen und Witwer, die beim *Follow-up*-Interview zwei bis drei Jahre nach dem Verlust in einer schlechten Verfassung waren, bereits während der nach drei und nach sechs Wochen stattfindenden Interviews akute Störungen in einer der folgenden Formen aufgewiesen hatten: ungewöhnlich intensive und lang andauernde Sehnsucht; ungewöhnlich tiefe Verzweiflung, die sich darin äußerte, dass die Aussicht zu sterben willkommen geheißen wurde; ständige Wut und Bitterkeit; ausgeprägte Schuldgefühle und Selbstvorwürfe (Parkes, 1975b). Im Verlauf des ersten Jahres besserte sich der Zustand dieser Witwen und Witwer nicht, wie es bei denen der Fall war, die sich relativ gut erholten, sondern sie blieben deprimiert und desorganisiert. Aus ihrer Untersuchung ziehen Glick und seine Kollegen den Schluss, dass die Aussichten nicht gut sind, wenn nach dem ersten Jahr die Erholung nicht eingesetzt hat.

Claytons Funde hinsichtlich der Verzweiflung sind vergleichbar. Von den 16 Witwen und Witwern, die nach 13 Monaten als depressiv beurteilt wurden, waren zwölf unter den 38 gewesen, die einen Monat nach dem Verlust für deutlich depressiv befunden worden waren; zusätzlich zu diesen zwölf wurden weitere drei beim Interview vier Monate nach dem Verlust für depressiv befunden. Obwohl sich die Depression einen Monat nach dem Verlust statistisch als stärkste Vorhersage erwies, die auf eine Depression nach 13 Monaten hinwies, sollte man nicht übersehen, dass zwei Drittel derjenigen, die nach einem Monat als depressiv beurteilt worden waren, ein Jahr später in verhältnismäßig guter Verfassung waren (Bornstein *et al.*, 1973).

Eine weitere Feststellung der St. Louis-Studie war, dass ein signifikant höherer Anteil jener, die nach 13 Monaten für depressiv befunden wurden, als der übrigen Teilnehmer berichteten, sie hätten am Jahrestag des Todes des Ehegatten eine schwerwiegende Reaktion empfunden, eine Feststellung, die auch von Parkes (1972) berichtet wird.

Ein weiteres Merkmal, das chronische Trauer vorhersagt, sind lange über die ersten Wochen hinaus fortbestehende Wut und Groll. Wie Parkes (1972) feststellte, war dies korreliert mit dem Weiterbestehen von Spannung, Ruhelosigkeit und intensiver Sehnsucht. Letzteres wurde durch Frau J illustriert, eine 60-jährige Witwe, die er neun Monate nach dem Verlust ihres Mannes interviewte, der im Alter von 78 Jahren an Lungenkrebs gestorben war. Als diese daran erinnert wurde, dass ihr Mann tatsächlich tot war, rief sie wütend aus: „Oh, Fred, warum hast du mich verlassen? Wenn du gewusst hättest, wie das war, hättest du mich nie verlassen!" Später leugnete sie ihre Wut und bemerkte: „Es ist böse, wütend zu sein." Drei Monate später, am Jahrestag ihres Verlustes, erinnerte sie sich an jeden Augenblick des unglücklichen Tages, an dem ihr Mann gestorben war.

> „Heute vor einem Jahr war die Hochzeit von Prinzessin Alexandra. Ich sagte zu ihm: ‚Vergiss die Hochzeit nicht.' Als ich hereinkam, fragte ich: ‚Hast du die Hochzeit gesehen?' Er sagte: ‚Nein, ich habe es vergessen.' Am Abend sahen wir sie zusammen an, außer wenn er die Augen geschlossen hielt. Er schrieb eine Karte an seine Schwester, und ich kann ihn noch so lebhaft vor mir sehen. Ich könnte Ihnen jede Einzelheit erzählen, die in allen diesen Tagen getan wurde. Ich sagte: ‚Du hast gar nichts gesehen.' Er sagte: ‚Nein, habe ich nicht.'"

Danach verblieb sie mehrere Jahre lang in chronischer Trauer und schickte sich offenbar an, ihren Mann für alle Zeiten zu betrauern. Wiederholt äußerte sie ihren Schmerz und ihre Enttäuschung.[55]

Eine Erörterung der Art und Weise, auf die das Fortbestehen von Wut und Groll nach einem Verlust sowohl zu dem Persönlichkeitsmuster jener Personen in Beziehung gesetzt werden kann, die zu gestörter Trauer neigen, als auch zu den Kindheitserfahrungen solcher Menschen, findet sich in den Kapiteln 11 und 12.

Der folgende Bericht einer 42-jährigen Londoner Witwe[56] illustriert einen ziemlich typischen Ablauf der Ereignisse:

> „Nach dem Tod ihres Mannes hatte Frau Y sehr wenig Emotion gezeigt, eine Reaktion, die sie damit erklärte, dass sie dazu erzogen worden war, ihre Gefühle stets in sich zu verschließen. Als sie ein Kind gewesen war, war ihr Heim sehr instabil gewesen. Später war sie eine von ihr so genannte ‚Kameradschaftsehe' eingegangen, die eindeutig in vielen Hinsichten unbefriedigend gewesen war. Dennoch beharrte sie darauf, die letzten vier Jahre seien ‚schrecklich glücklich' gewesen.
>
> Ihr Mann war unerwartet an dem Tag gestorben, an dem er eigentlich das Krankenhaus hätte verlassen sollen, weil angenommen worden war, er habe sich von einer Koronarthrombose erholt. Die Witwe war unfähig gewesen zu weinen und hatte drei Wochen lang ‚weitergemacht, als sei nichts geschehen'. In der vierten Woche jedoch empfand sie ‚schreckliche Trostlosigkeit', begann schlecht zu schlafen und hatte lebhafte Alpträume, in denen sie versuchte, ihren schlafenden Mann zu wecken. Während des Tages hatte sie Unruhegefühle, und häufig kamen ihr Erinnerungen an die Leiche ihres Mannes in den Sinn. Kopfschmerzen, an denen sie schon seit Jahren gelitten hatte, verschlimmerten sich; sie stritt mit ihrer Mutter und mit ihren Arbeitgebern. Sie blieb depressiv und ruhelos.
>
> Neun Monate nach dem Tod ihres Mannes wanderte sie nach Australien aus. Vier Monate später schrieb sie in Beantwortung einer Anfrage einen ausführlichen Brief, in dem sie sich als ‚sehr deprimiert' bezeichnete und sagte, sie vermisse ihren Mann ‚schrecklich'. Sie hatte keine Freunde in Australien, fühlte sich unsicher und machte sich Sorgen um ihre Zukunft."

Hier beschriebene Merkmale, die wiederholt in Berichten von Menschen auftauchen, deren Trauer einen ungünstigen Verlauf nimmt, sind: plötzliches Eintreten des Todesfalles, verzögerte Reaktion darauf, mit dem Tod zusammenhängende Alpträume, Streitigkeiten mit Verwandten und anderen Personen, Versuch, dem Schauplatz zu entkommen; vor dem Eintreten des Todesfalles die Vorgeschichte einer unsicheren Kindheit und einer Erziehung zum Verschließen von Gefühlen.

Ein weiteres Merkmal, das einen ungünstigen Ausgang der Trauer vorhersagt, befindet sich in dem Bericht, den ein Hinterbliebener ein paar Wochen nach dem Verlust darüber gibt, ob Verwandte, Freunde und andere ihm in seiner Trauer eine Hilfe sind oder nicht. Dies ist eine Variable, auf die Maddison aufmerksam gemacht hat (Maddison und Walker, 1967; Maddison, Viola und Walker, 1969) und die im nächsten Kapitel eingehender diskutiert werden wird.

Mumifizierung

Im Verlauf seiner Untersuchung fand Gorer (1965) sechs Personen, vier Witwer und zwei Witwen, die stolz darauf waren, ihm zu zeigen, dass sie ihr Haus exakt so gelassen hatten, wie es vor dem Tod des Ehegatten gewesen war. Ein Witwer von 58 Jahren, dessen Frau 15 Monate zuvor gestorben war, erklärte (S.80):

> „Sie hatte bestimmte Plätze für verschiedene Sachen, und ich habe überhaupt nichts verändert. Alles ist noch da, wo sie es gelassen hatte ... Alles läuft genau so wie zu der Zeit, als sie noch hier war ... alles scheint wirklich normal ..."

Zwei weitere Witwer hatten in den vergangenen vier bzw. fünf Jahren jeweils zu Weihnachten und zum Geburtstag ihren Frauen Blumen gekauft. Queen Victoria, die ihren Mann sehr plötzlich verlor, als sie erst 42 Jahre alt war, ließ nicht nur alle Gegenstände so, wie Prince Albert sie arrangiert hatte, sondern ließ auch für den Rest ihres Lebens weiterhin seine Kleider auslegen und sein Rasierwasser bringen (Longford, 1964).[57]

Um diese Form von Reaktion auf einen Verlust zu beschreiben, führt Gorer den Begriff „Mumifizierung" ein. Das ist eine passende Metapher, weil die Ägypter, indem sie den Leichnam einbalsamierten und mit Dienstboten und Haushaltsgegenständen bestatteten, Vorsorge trafen für das Weiterleben des Verstorbenen nach dem Tode. In der Form, in der man dies heute in westlichen Kulturen findet, kann man es als mehr oder weniger bewussten Glauben des Hinterbliebenen ansehen, der Verstorbene werde zurückkehren, und als einen Wunsch, sicherzustellen, dass er dann gehörig willkommen ist. Diese Hypothese beruht auf Informationen, die mir eine Patientin gab, die Mutter eines kleinen Kindes, die ich wegen akuter Angst und Depression behandelte. Nachdem sie ihren ältlichen Vater sehr plötzlich verloren hatte (während einer Operation wegen grauen Stars), hatte sie ein Jahr oder länger darauf bestanden, weder die Wohnung ihrer Mutter noch ihre eigene solle verändert werden. Als Erklärung gab sie an, sie glaube, das Krankenhaus habe die Identität des Mannes verwechselt, der gestorben sei, ihr Vater lebe noch und es sei sehr wichtig, dass er alles unverändert finde, wenn er endlich wiederkehre. Obwohl ihr diese Überzeugung voll bewusst war, behielt sie sie für sich, weil ihre Mutter und andere darüber lachen könnten.[58]

Die Mumifizierung ist also, zumindest anfangs, eine logische Folge der Überzeugung, der Verstorbene werde zurückkehren. Sie kann aber auch ihre Ursprünge überleben und weitergeführt werden, weil ihre Aufgabe den Verlust besiegeln würde und der Hinterbliebene sich dazu nicht durchringen kann. Der Witwer, dessen (oben angeführter) Bericht darüber, wie er alles im Haus genau so gelassen habe wie zu Lebzeiten seiner Frau, die Behauptung enthielt: „…alles scheint wirklich normal…", beendete seine Aussage mit der pathetischen Bemerkung: „Ich habe einfach das Gefühl, dass alles leer wirkt. Wenn Sie in das Zimmer gehen, und dann ist niemand darin, das ist das Schlimmste von allem."

Suizid

Gedanken an einen Suizid, der vor allem als Mittel verstanden wird, um wieder mit dem Verstorbenen zusammenzukommen, sind während der ersten Trauermonate nicht selten. Als etwa die Bostoner Witwen drei Wochen nach ihrem Verlust interviewt wurden, sagte jede Fünfte, sie würde den Tod willkommen heißen, wenn nicht die Kinder da wären. Ähnliche Gedanken wurden von einer Anzahl der Londoner Witwen geäußert; eine von ihnen ging sogar so weit, eine halbherzige Suizidgeste zu unternehmen.

Ernsthaftere Suizidversuche und vollendete Suizide jedoch sind weniger häufig. Von den 60 Bostoner Personen, die zwischen zwei und vier Jahren nach dem Verlust weiter beobachtet wurden, hatte eine schwer depressive Witwe wiederholt Suizidversuche unternommen; unter den von Gorer interviewten Witwen nahm sich eine wenige Monate nach dem Interview das Leben.

In den meisten Fällen weist vieles, einschließlich des häufig geäußerten Wunsches, wieder mit der verlorenen Person zusammenzukommen, darauf hin, dass zwischen einem vollendeten Suizid und einem vorhergehenden Trauerfall eine direkte kausale Verbindung besteht. Diese Wahrscheinlichkeit wird stark gestützt von einer in Südengland von Bunch (1972) durchgeführten epidemiologischen Studie.

Bunch verglich die Inzidenz eines kürzlich erlittenen schmerzlichen Verlustes in den Geschichten von 75 Fällen von vollendetem Suizid, 40 Männern und 35 Frauen im Alter von 21 Jahren an aufwärts, mit der einer nach Alter, Geschlecht und Familienstand entsprechenden Kontrollgruppe. In der Gruppe der Suizide war die Inzidenz des Verlusts eines Elternteils oder Ehegatten durch Tod während der vorhergehenden zwei Jahre fünfmal höher als bei der Kontrollgruppe (24 Prozent bzw. 4,7 Prozent), ein überaus signifikanter Unterschied. Unterschiede zwischen den Gruppen, bei denen ein Verlust der Mutter oder ein Verlust des Ehegatten vorlag und die getrennt betrachtet wurden, erreichten ebenfalls statistische Signifikanz. Eine Gruppe mit besonders hohem Risiko waren unverheiratete Männer, die ihre Mutter verloren hatten.

Lang andauerndes Fehlen bewussten Kummers

Helene Deutsch war die Erste, die auf diesen Zustand aufmerksam machte. In einer kurzen Schrift, die im Jahre 1937 veröffentlicht wurde, beschrieb sie vier erwachsene Patienten, die seit ihren frühen Jahren unter schweren Persönlichkeitsstörungen und episodischen Depressionen gelitten hatten. Im Verlauf der psychoanalytischen Behandlung stellte sie fest, dass diese Störungen zurückgeführt werden konnten auf einen Verlust, den die Patienten in ihrer Kindheit erlitten, aber nie betrauert hatten. In allen Fällen war das Gefühlsleben des Patienten in irgendeiner Weise von dem Ereignis losgelöst worden. Seither ist dieser Zustand sehr bekannt geworden, und in der Literatur gibt es eine große Anzahl von Fallberichten, von denen sich die meisten auf Verluste in Kindheit oder Jugend beziehen, und zahlreiche Theorien. Beispiele sind die Schriften von Root (1957), Krupp (1965), Fleming und Altschul (1963), Lipson (1963), Jacobson (1965) und Volkan (1970, 1972, 1975). Dennoch kann dieser Zustand auch auf einen im erwachsenen Leben eingetretenen Verlust folgen. Corney und Horton (1974) haben beispielsweise ein typisches Syndrom bei einer jungen, verheirateten Frau beschrieben, deren Anfälle von Weinen und Reizbarkeit sich während einer kurzen Therapie als verbunden mit, aber abgetrennt von einer Fehlgeburt (nach 4½ Monaten) erwiesen, die einige Monate zuvor erfolgt war. Auf dieses Arbeitsgebiet wird jedoch nur kurz Bezug genommen, da es ganz auf der retrospektiven Methode beruht. Wir verlassen uns hier auf prospektive Beobachtungen des Zustandes, die von denjenigen aufgeführt wurden, die den Verlauf der Trauer bei repräsentativen Gruppen von Witwen oder Witwern oder von Eltern untersucht haben, die ein Kind verloren haben.

Wir wissen nun, dass eine kurze Betäubungsphase nach einem schmerzlichen Verlust sehr häufig ist; wir rechnen jedoch nicht damit, dass diese länger als ein paar Tage oder vielleicht eine Woche dauert. Hält sie länger an, besteht Grund zu Besorgnis; wir haben beispielsweise gesehen, wie eine Verlängerung auf ein paar Wochen oder Monate ein Vorzeichen für chronische Trauer sein kann. Reiches Beweismaterial zeigt jetzt, dass sie teilweise oder vollständig noch viel länger bestehen bleiben kann, sicher für Jahre oder Jahrzehnte und vermutlich in einigen Fällen auch für den Rest des weiteren Lebens des Betroffenen.

An dieser Stelle könnte ein Skeptiker fragen, woher wir denn wissen, dass der psychische Zustand eines Menschen ein Zustand gestörter Trauer ist und dass der Mensch nicht einfach von dem Verlust gar nicht berührt wurde und daher auch keinen Anlass zu Kummer hat. Die Antwort lautet, dass es in vielen Fällen verräterische Zeichen dafür gibt, dass der Hinterbliebene durchaus berührt worden ist und dass sein psychisches Gleichgewicht gestört ist. Zweifellos sind solche Zeichen bei einigen Menschen deutlicher sichtbar als bei anderen; würden sie ganz fehlen, so wären wir auf

Vermutungen angewiesen. Wir wissen jedoch genug darüber, um zumindest einige davon beschreiben zu können.

Erwachsene, bei denen bewusster Kummer lange Zeit fehlt, sind gewöhnlich selbstgenügsame Menschen, stolz auf ihre Unabhängigkeit und Selbstkontrolle und Gefühle missachtend; Tränen sehen sie als Schwäche an. Nach dem Verlust setzen sie ihren Stolz darein, weiterzumachen, als sei nichts geschehen, sind tätig und tüchtig und machen unter Umständen den Eindruck, sie würden glänzend mit allem fertig. Ein feinfühliger Beobachter jedoch bemerkt, dass sie angespannt und häufig reizbar sind. Freiwillig erwähnen sie den Verlust nicht, Erinnerungen werden gemieden, Wohlmeinenden wird weder Mitgefühl gestattet noch die Erwähnung des Geschehnisses. Körperliche Symptome können hinzukommen: Kopfschmerzen, Herzklopfen, Schmerzen und Beschwerden. Schlaflosigkeit ist sehr häufig, die Träume sind unangenehm.

Natürlich gibt es viele Varianten des Zustandes, und man kann unmöglich alle berücksichtigen. Bei einigen Menschen scheint die Fröhlichkeit etwas gezwungen; andere wirken hölzern und allzu förmlich. Einige sind geselliger als zuvor, andere ziehen sich zurück; in beiden Fällen kann es zu exzessivem Trinken kommen. Scheinbar aus heiterem Himmel können Tränenausbrüche oder Depression auftreten. Gewisse Themen werden sorgfältig gemieden. Die Furcht vor einem emotionalen Zusammenbruch kann offensichtlich sein, ob sie eingestanden wird, wie es manchmal geschieht, oder nicht. Erwachsene Kinder werden zu Beschützern eines verwitweten Elternteils in der Angst, der geringste Bezug auf den Verlust, den ein gedankenloser Freund oder Besucher erwähnt, könnte ein unsicheres Gleichgewicht stören. Trost wird weder gesucht noch begrüßt.

Zur Illustration einiger dieser Merkmale beschreiben wir die Reaktionen einer 40-jährigen Mutter während der Krankheit ihres Sohnes. Die Mutter nahm an der zweiten N. I. M. H.-Studie über Eltern tödlich erkrankter Kinder teil, deren Einzelheiten in Kapitel 7 genannt werden.[59]

> „Frau I war eine intelligente, sensible und warmherzige Frau, willensstark und mit einer Tendenz, beherrschend zu sein. Als Mutter verwandte sie viel Energie darauf, für ihre Kinder zu sorgen und sie zu beschützen; sie schien dies jedoch auf eine etwas märtyrerhafte Weise zu tun und selbst viele unbefriedigte Bedürfnisse zu haben.
>
> Während des Interviews wirkte sie matt, traurig und ängstlich. Sie äußerte keine Schuldgefühle. Manchmal schien sie dem Interviewer gegenüber recht offen zu sein, dann wieder zurückhaltend und defensiv. Sie behielt in jeder Beziehung die Kontrolle über die Themen, die erörtert wurden, und vermied ganz offensichtlich alles, was schmerzlich sein könnte, etwa Gedanken an die Zukunft. Als sie gefragt wurde, wie sie den vermutlichen Ausgang der Krankheit ihres Sohnes sähe, meinte sie, es sei

nicht nötig, das zu erörtern. Sie machte zwar den Eindruck, als sei das Interview ihr unangenehm, vermittelte aber auch das Gefühl, da sie sich auf diese Weise nützlich mache, sei sie ‚wie üblich' bereit, ihre eigenen Interessen zu opfern.

Als sie ihre Erfahrungen während der Krankheit ihres Sohnes beschrieb, schien es dem Interviewer, als gebe sie sich übertrieben optimistisch. Eigentlich solle sie optimistisch sein, bemerkte sie, weil es ihrem Sohn recht gut gehe; zu ihrer Überraschung aber fühle sie sich schwermütig und fürchte sich vor der Zukunft. Einen großen Teil der Zeit verbrachte sie mit fieberhafter Aktivität und sorgte für alle Bedürfnisse ihres Sohnes, damit dieser glücklich sei. Sie enthielt ihm die Wahrheit über seine Krankheit vor und bestritt die Möglichkeit, die Tatsachen könnten ihm bereits bewusst sein. Sie bemühte sich sehr, ihr eigenes Verhalten stets zu kontrollieren, damit er nicht merke, dass sie unglücklich war. Trotz ihrer ständigen Aktivität und ihres scheinbaren Optimismus gab sie zu, sie mache sich oft Sorgen, dass die Medikamente, die ihr Sohn erhalte, nicht wirken könnten. Sie schlief nicht sehr gut, und ihr Appetit war verringert; manchmal aber ertappte sie sich auch bei zwanghaftem Essen. Aus dem, was sie über ihre Kindheit sagte, ging hervor, dass diese ziemlich unglücklich und reich an emotionalen Entbehrungen gewesen war, doch sie leugnete, ihren Eltern gegenüber Wut zu verspüren. Schon in sehr jungen Jahren war sie selbstgenügsam geworden und hatte Verantwortung für andere übernommen; sie sagte, sie habe für sich selbst einen ‚Schutzschild' entwickelt."

Viele Menschen, die in dieser Weise auf einen Verlust oder einen bevorstehenden Verlust reagieren, benehmen sich wie Frau I, um zu vermeiden, dass sie die Kontrolle über sich verlieren. Andere haben damit weniger Erfolg und sind gelegentlich und gegen ihren Willen erregt und brechen in Tränen aus. Parkes (1972) beschreibt z. B. Frau F, eine 45-jährige Witwe mit drei Kindern im Teenageralter, deren um zehn Jahre älterer Mann sehr plötzlich gestorben war.[60]

„Drei Wochen lang nach ihrem Verlust hatte sich Frau F ‚unter einem Schock' gefühlt; sie hatte jedoch keine andere Emotion verspürt und war wie Frau I sehr tätig gewesen. Trotzdem hatte sie sich angespannt und ruhelos gefühlt, Kopfschmerzen und geringen Appetit gehabt. Nach diesen drei Wochen wurde sie ängstlich und depressiv und brach zu ihrem großen Ärger gelegentlich in unkontrollierbare Tränen aus. Später jedoch übernahm sie das Geschäft ihres Ehemannes und war von da an in einen scheinbar endlosen Kampf um die Aufrechterhaltung ihres Status und ihres Besitzes verwickelt. Von Anfang an war sie nicht in der Lage gewesen, mit ihren Kindern über den Tod des Vaters zu sprechen; auch ihrer Mutter konnte sie sich nicht anvertrauen. Sie blieb angespannt und ängstlich, ihre Kopfschmerzen blieben bestehen, und sie entwickelte chronische Verdauungsstörungen. Die Beziehung zu einer ihrer Töchter verschlechterte sich erheblich."

Bei der Erörterung von Frau Fs Unfähigkeit zu trauern lenkt Parkes die Aufmerksamkeit auf vier miteinander verbundene Merkmale ihrer Persönlichkeit: ihr Bild von sich selbst als einer ausgeglichenen, weltklugen Frau, frei von Sentiment und fähig, ihr eigenes Schicksal zu kontrollieren; ihre Behauptung, ihre Ehe habe mehr auf Bequemlichkeit als auf Liebe beruht, was für sie bedeutete, dass der Tod ihres Mannes für sie eigentlich kein Anlass zu Trauer sei; ihr offen erklärter Atheismus mit seiner Verachtung religiöser Tröstungen und Rituale; und ihr Widerwille, Gedanken und Gefühle mit jemandem zu teilen.

Vielleicht der extremste Fall von fehlender Trauer, der bisher verzeichnet wurde, ist der eines Vaters, der an demselben Forschungsprojekt wie Frau QQ und Frau I teilnahm.[61] Das war Herr AA, der 33-jährige Vater eines an Leukämie erkrankten Kindes.

„Herr AA, von Beruf Vertreter, war jovial, entgegenkommend und übergewichtig; er neigte dazu, übermäßig freundlich zu sein und hart zu arbeiten, um Eindruck zu machen. Den Forschern gegenüber, die er in lange intellektuelle Diskussionen zu verwickeln suchte, war er beflissener und hilfsbereiter als nötig. Obwohl er das Krankenhaus jeden Tag besuchte, vermied er es, Zeit mit seinem Sohn zu verbringen. Während seine Frau das Kind besuchte, unterhielt sich Herr AA mit anderen Eltern oder sah im Aufenthaltsraum fern. Dass er nicht auf die Station ging, erklärte er damit, dass er es bedrückend finde, all die *anderen* kranken Kinder zu sehen.

An einem Wochenende konnte seine Frau den Sohn nicht besuchen, und Herr AA blieb mit seinem Sohn allein und verbrachte viel mehr Zeit mit ihm als sonst. An diesem Wochenende hatte Herr AA ein 90-minütiges Interview mit dem Psychiater, der erwartete, er werde bei dieser Gelegenheit zumindest ein wenig Angst oder Kummer äußern. Das war jedoch nicht der Fall. Herr AA wirkte genau wie sonst und schilderte, wie er lieber mit seinem Sohn allein sei, denn in Abwesenheit seiner Frau zeige der Junge mehr Interesse an ihm. Die Krankenschwestern berichteten über dieses Wochenende, Herr AA habe gut gelaunt gewirkt und sei gewesen wie üblich, freundlich und gesprächig. Allem Anschein nach gab es keinerlei Beweis für irgendeine aktive Trauer.

Man wird sich jedoch erinnern, dass eines der Ziele des Projekts die Untersuchung der Auswirkungen einer längeren Stressperiode auf die endokrinen Sekretionsraten eines Menschen war. Folglich wurden während der ganzen Krankheitsperiode seines Sohnes Messungen der Sekretionsraten bestimmter Steroide bei Herrn AA vorgenommen. Die Ergebnisse waren dramatisch. An dem Wochenende, das er mit seinem Sohn allein verbrachte, stieg die Rate auf mehr als das Doppelte ihrer üblichen Höhe an. Dieser Befund legt sehr nahe, dass an diesem Wochenende gewisse physiologische Komponenten der Trauer aktiviert wurden, obwohl die üblichen psychologischen und Verhaltenskomponenten fehlten. Angesichts von Herrn AAs früherem Verhalten war es nicht überraschend, dass er, als sich schließlich der Zustand seines Sohnes verschlimmerte und der Tod unmittelbar bevorstand, einen guten Grund fand, um dem Krankenhaus fernzubleiben."

Zwanghafte Fürsorge für andere

Obwohl die Menschen, die ich beschrieben habe, eine Abneigung dagegen haben, über den Verlust zu brüten, den zu erleiden sie im Begriff sind oder den sie bereits erlitten haben, und dankbar dafür sind, dass sie nicht wie andere zu quälenden Emotionen neigen, sind sie dennoch, wie auch Frau I, fähig, sich intensiv und oft exzessiv um das Wohl anderer Menschen zu bekümmern. Oft wählen sie jemanden aus, der ein trauriges oder schwieriges Leben hatte, zu dem in der Regel auch ein Trauerfall gehört. Die Fürsorge, die sie erweisen, kann fast in eine Besessenheit ausarten; außerdem wird sie gegeben, ob sie willkommen ist, was sein kann oder nicht. Sie wird auch ungeachtet dessen erwiesen, ob die umsorgte Person einen wirklichen Verlust irgendeiner Art erlitten hat oder ob dies nur angenommen wird. Bestenfalls kann diese Fürsorge für einen anderen Menschen für diesen zumindest für eine gewisse Zeit von Wert sein. Schlimmstenfalls kann sie zu einer überaus possessiven Beziehung führen, die zwar angeblich dem Wohl des Umsorgten dient, diesen aber schließlich zu einem Gefangenen macht. Außerdem kann der zwanghafte Umsorger eifersüchtig werden auf das leichte Leben, das der Umsorgte seiner Meinung nach hat.

Weil der zwanghafte Fürsorger dem Umsorgten alle Traurigkeit und Bedürftigkeit zuschreibt, die er in sich selbst nicht erkennen kann oder will, kann die umsorgte Person als Stellvertreter für den Menschen angesehen werden, der die Fürsorge erweist. Manchmal wird der Begriff „projektive Identifikation" auf den psychologischen Prozess angewendet, der zu dieser Art von Beziehung führt; dieser Begriff wird jedoch hier nicht benutzt, weil er wie viele ähnliche Begriffe in mehr als einem Sinne gebraucht wird und einem theoretischen Paradigma entstammt und dieses impliziert, das sich von dem hier vertretenen unterscheidet.

Da sich zwanghafte Fürsorge gewöhnlich ursprünglich während der Kindheit infolge von Erfahrungen entwickelt, über die heute einiges bekannt ist, wird die weitere Diskussion des Musters und seiner Psychopathologie auf spätere Kapitel verschoben (siehe Kapitel 12, 19 und 21).

Behandlung von Erinnerungsstücken

In scharfem Gegensatz zur Tendenz chronisch Trauernder, alle Besitztümer des Verstorbenen in einem mumifizierten Zustand zu bewahren, damit diese sofort bei seiner Rückkehr zum Gebrauch bereit sind, werden Personen, die der Trauer ausweichen, wahrscheinlich Kleidung und andere Gegenstände, die an die verlorene Person erinnern, über Bord werfen. Überstürzt und wahllos werden Dinge, die andere schätzen würden, der Vergessenheit anheim gegeben.

Es gibt jedoch Ausnahmen. Volkan (1972, 1975) beschreibt eine Anzahl von Patienten, die, obwohl sie den Tod eines Verwandten nicht betrauert hatten, dennoch insgeheim gewisse Dinge aufbewahrt hatten, die dem Verwandten gehört hatten. Diese Dinge, etwa ein Ring, eine Uhr oder eine Kamera oder auch eine Fotografie oder nur etwas, das zur Zeit des Todesfalles gerade zur Hand gewesen war, wurden besonders gut aufbewahrt, doch weder getragen noch benutzt. Entweder wurden sie überhaupt nicht angeschaut oder aber nur gelegentlich und heimlich. Ein Mann, der 38 Jahre alt war, als sein Vater in hohem Alter starb, behielt das alte Auto seines Vaters und gab beträchtliche Summen dafür aus, es in gutem Zustand zu halten, obwohl er es nie benutzte. Eine Frau, Julia, die Anfang 30 war, als ihre Mutter starb, bewahrte unbenutzt ein prachtvolles rotes Kleid auf, das sie ursprünglich für sich selbst gekauft hatte, das aber dann ihre Mutter getragen hatte, bei der sie gelebt und für die sie viele Jahre lang hingebungsvoll gesorgt hatte.

Im letzteren Fall gab es klare Beweise dafür, dass Julia erwartete, ihre Mutter werde zurückkehren. In der Psychotherapie, die sie acht Monate nach dem Tod der Mutter begann, beschrieb sie, wie sie das Kleid besonders aufbewahrte und wie sie sich vorstellte, ihre Mutter würde auf irgendeine Weise daraus hervortreten. Sie beschrieb auch Träume, in denen unverhüllt und lebendig ihre Mutter erschien und aus denen sie mit dem panikartigen Gefühl erwachte, ihre Mutter sei „vielleicht nicht fort".[62] Bei dem Fall des Mannes, der ebenfalls Symptome entwickelte und während der Psychotherapie berichtete, er bewahre das Auto seines Vaters auf, legt Volkan kein Material dieser Art vor. Wenn die vorgeschlagene Therapie korrekt ist, so können wir jedoch erwarten, dass auch dieser Mann damit rechnete, sein Vater werde zurückkehren und das Auto benutzen wollen.

Auslöser des Zusammenbruchs

Früher oder später haben zumindest einige der Menschen, die jede bewusste Trauer vermeiden, einen Zusammenbruch gewöhnlich mit irgendeiner Form von Depression. Dass sie zusammenbrechen, ist nicht überraschend; es erhebt sich jedoch die Frage, warum sie es gerade in diesem bestimmten Augenblick tun.

Inzwischen steht fest, dass es gewisse Arten von Ereignis gibt, die als Auslöser eines Zusammenbruchs wirken können. Dazu gehören:

- ein Jahrestag des unbetrauerten Todes;
- ein anderer Verlust, scheinbar von relativ geringfügiger Art;
- das Erreichen desselben Lebensalters, in dem der Elternteil starb;
- ein Verlust, den eine zwanghaft umsorgte Person erleidet, mit deren Erfahrung der Nicht-Trauernde sich möglicherweise identifiziert.

Jede dieser vier Arten von Ereignis, das sollte vermerkt werden, wird leicht übersehen, sogar von jemandem, der diese Auslöser kennt. Wenn jemand nicht um solche Möglichkeiten weiß und/oder seine theoretischen Erwartungen, seine Aufmerksamkeit auf anderes lenkt, so besteht keine Aussicht, dass sie bemerkt werden. Aus diesen Gründen haben wir keine Informationen über die relative Häufigkeit, mit der Ereignisse jeder dieser Arten als Auslöser wirken.

Für fast jeden, der einen Todesfall betrauert, bringt jeder Jahrestag wahrscheinlich die Wiederkehr dergleichen Gedanken und Gefühle, die zuvor erlebt wurden. Wir wissen, dass diejenigen, die chronisch depressiv werden, zu solchen Zeiten wahrscheinlich besonders aus der Fassung gebracht sind (Bornstein u. a., 1973). Es ist deshalb nicht überraschend, dass einige der Personen, die ihren Verlust nie bewusst betrauert haben, bei solchen Anlässen plötzlich und scheinbar unerklärlich eine starke emotionale Reaktion entwickeln, obwohl der Verlust viele Jahre früher erfolgt ist. Das folgende Beispiel ist von Raphael (1975) beschrieben worden:

> „Kurz nach dem zweiten Jahrestag des Todes ihres Mannes erschien Frau O in einem Zustand psychotischer Depression. Vor dem Zusammenbruch hatte sie, zumindest auf ihre Kinder, den Eindruck gemacht, gut mit dem Verlust fertig zu werden. Sie hatte zu keinem Zeitpunkt seit seinem Tode geweint oder von ihrem Mann gesprochen; sie hatte jedoch jeden Morgen wie üblich seine Kleidungsstücke herausgelegt und jeden Abend zu der Zeit, zu der sie seine Rückkehr von der Arbeit erwartete, sein Essen aufgetragen. Die Kinder beschrieben, wie stolz sie auf die Stärke ihrer Mutter gewesen waren und dass sie ihren Vater nie erwähnt hatten, weil sie meinten, die Eltern seien einander so nahe gewesen, dass es schlecht für ihre Mutter sei, an ihn erinnert zu werden. Nach ihrem Zusammenbruch gestand Frau O, sie habe ohne Wissen ihrer Kinder jeden Abend lange Gespräche mit ihrem Mann geführt.
>
> Während der Therapie wurde Frau O ermuntert, detailliert über ihren Mann und ihre Beziehung zueinander zu sprechen, unterstützt von Familienfotos, und ihre Gefühle in einer Atmosphäre zu äußern, in der sie als natürlich akzeptiert wurden. In dieser Umgebung weinte sie zum ersten Mal. Anfänglich verweilte sie bei den guten Eigenschaften ihres Mannes

und bestand darauf, er habe jedes ihrer Bedürfnisse erfüllt, sie geliebt und beschützt. Erst später konnte sie zugeben, wie sehr sie immer von ihm abhängig gewesen war und wie zornig und hilflos sie sich gefühlt hatte, als er sie, wie sie es empfunden hatte, im Stich gelassen hatte."

Obwohl es heute eine umfangreiche Literatur über die Reaktionen an Jahrestagen gibt, ist es auffallend, in wie vielen der berichteten Fälle der Verlust, auf den die verspätete Reaktion erfolgt, der eines Elternteils während der Kindheit oder Adoleszenz ist (siehe z. B. die Übersicht von Pollock, 1972).

Jeder, der Menschen zu helfen versucht, die nach einem kürzlich erlittenen Verlust in psychologischen Schwierigkeiten sind, weiß, wie häufig gegenwärtiger Kummer Trauer um einen Verlust weckt, der viele Jahre zuvor erlitten wurde. Lindemann (1944) berichtet über den Fall einer Frau von 38 Jahren, deren schwere Reaktion auf den vor kurzem erfolgten Verlust ihrer Mutter tief vermischt war mit der bis dahin nicht geäußerten Trauer um ihren Bruder, der 20 Jahre zuvor unter tragischen Umständen gestorben war.

Ein weiteres Beispiel (aus der Erfahrung eines Bekannten) ist das einer Frau in den Vierzigern, die sich dabei ertappte, dass sie den Tod eines Wellensittichs, der zuvor ihrer Mutter gehört hatte, bitterlich beweinte. Erstaunt über die Tiefe ihrer Trauer erkannte sie bald, dass der gegenwärtige Verlust den Kummer um ihre Mutter geweckt hatte, die in hohem Alter zwei Jahre zuvor gestorben war und die sie nicht tief betrauert hatte. Im Hinblick auf die rasche Erkenntnis des Zusammenhanges und die darauf folgende zeitlich begrenzte Reaktion dürfen wir vermuten, dass es sich hierbei um eine relativ gesunde Reaktion gehandelt hat.[63]

Eine mögliche Erklärung für diese Tendenz eines gegenwärtigen Verlusts, die Trauer um einen früher erlittenen Verlust zu aktivieren oder zu reaktivieren, liegt in Folgendem: Wenn ein Mensch die Figur verliert, an die er gegenwärtig gebunden ist, ist es natürlich, dass er sich einer früheren Bindungsfigur zuwendet, um getröstet zu werden. Wenn Letztere, beispielsweise ein Elternteil, aber tot ist, so wird der Schmerz über den früheren Verlust erneut (oder auch vielleicht zum ersten Mal) empfunden. Darum folgt dann die Trauer um den früheren Verlust.[64]

Wie bei den Reaktionen auf Jahrestage stellen wir fest, dass ein großer Teil der Literatur über die Art und Weise, wie ein gegenwärtiger Verlust den Kummer über einen früheren Verlust aktivieren oder reaktivieren kann, sich auf den Verlust eines Elternteils oder vielleicht eines Geschwisters bezieht, der in der Kindheit oder Adoleszenz erlitten wurde. Dasselbe gilt für die dritte und vierte Art von auslösenden Ereignissen. Aus diesem Grund wird die weitere Erörterung aller dieser Auslöser auf ein späteres Kapitel verschoben.

Persönliche Schwierigkeiten, die nicht bis zum Zusammenbruch führen

Viele Menschen, die den Verlust einer für sie wichtigen Person nicht betrauert haben, erleiden zwar keinen wirklichen Zusammenbruch, fühlen aber dennoch tiefe Unzufriedenheit mit ihrem Leben. Nach und nach erkennen sie vielleicht, dass ihre persönlichen Beziehungen irgendwie leer sind, besonders Beziehungen zu Angehörigen des anderen Geschlechts und zu Kindern. Der folgende Bericht einer Witwe, den Lindemann (1944) zitiert, ist typisch: „Ich nehme an allen Regungen des Lebens teil. Ich sorge für meine Kinder. Ich mache meine Gänge. Ich nehme soziale Funktionen wahr, und doch ist alles wie in einem Spiel; es betrifft mich nicht wirklich. Ich kann keinerlei warme Gefühle haben. Wenn ich überhaupt Gefühle hätte, wäre ich auf jedermann wütend." Begriffe wie „Entpersönlichung" und „Gefühl von Unwirklichkeit" werden benutzt, um diese psychischen Zustände zu beschreiben; und wenn der Verlust in der Kindheit erlitten wurde und der bewusste Kummer über lange Zeit fehlt, kann der Zustand vielleicht mit Winnicotts Begriff „falsches Selbst" bezeichnet werden (siehe Kapitel 12).

Es muss betont werden, dass die abschließende Bemerkung von Lindemanns Patientin – wenn sie überhaupt Gefühle hätte, würde sie auf jedermann wütend sein – nur die halbe Wahrheit ist. Sicher würde Wut da sein, gerichtet auf die Person, die sie verloren hat. Doch neben der Wut, und mindestens so wichtig wie diese, wenn sie sich je wieder selbst fühlen sollte, müsste sie in sich selbst auch die Sehnsucht nach ihrem Mann und den Kummer über seinen Verlust entdecken. Weil auch solche Zustände vielfach eher Produkte von Kindheitserfahrungen als von denen des erwachsenen Lebens sind, wird die weitere Erörterung ebenfalls aufgeschoben.

Falsche Lokalisierungen der Anwesenheit des Verstorbenen

In Kapitel 6 wurde bei der Erörterung der üblichen Reaktionen auf Verlust dem fortdauernden Gefühl der Anwesenheit des Verstorbenen Aufmerksamkeit erwiesen; es wurde betont, dass etwa die Hälfte aller Hinterbliebenen den Verstorbenen an irgendeinem angemessenen Ort lokalisiert, beispielsweise im Grab oder in seinem Lieblingssessel, und ihn oder sie als Gefährten empfindet, dass aber eine Minderheit den Verstorbenen an irgendeinem unpassenden Platz ansiedelt, etwa in einem Tier oder einem physischen Gegenstand oder in einem anderen Menschen oder in dem Hinterbliebenen selbst. Da nur diese unpassenden Lokalisierungen als pathologisch anzusehen sind, ist die Unterscheidung von wesentlicher Bedeutung. Weil der Terminus Identifikation ziemlich locker verwendet worden ist, um alle diese Zustände und daneben noch andere abzudecken, und auch viel komplexe Theorie um sich gesammelt hat, wird er hier nur sehr sparsam benutzt.

Wenn falsche Lokalisierungen bestehen, scheinen sie stets mit unvollständiger Trauer assoziiert zu sein; am häufigsten sind sie ein Bestandteil chronischer Trauer. Wenn die falsche Lokalisierung im Selbst angesiedelt ist, mag gelegentlich ein Zustand von Hypochondrie oder Hysterie diagnostiziert werden. Wenn die falsche Lokalisierung sich auf einen anderen Menschen bezieht, könnte vielleicht hysterisches oder psychopathisches Verhalten diagnostiziert werden. Solche Begriffe haben keinen großen Wert. Wichtig ist, dass der Zustand als misslungene Trauer und als Folge einer falschen Lokalisierung der Anwesenheit der verlorenen Person erkannt wird.

Falsche Lokalisierungen in anderen Menschen

Dass irgendeine neue Person in gewisser Hinsicht als Ersatz für einen verlorenen Menschen betrachtet wird, kommt häufig vor und braucht nicht zu besonderen Problemen zu führen (obwohl immer einige Gefahr besteht, dass gehässige Vergleiche angestellt werden). Wenn jedoch einem anderen Menschen die vollständige persönliche Identität einer verlorenen Person zugeschrieben wird, ist das eine sehr heikle Angelegenheit, weil weit reichende Verzerrungen der Beziehung unvermeidlich werden. Das ist besonders ernst, wenn das betroffene Individuum ein Kind ist; Kinder werden wohl häufiger in solche Beziehungen verwickelt als Erwachsene, und sei es nur, weil es leichter ist, ein Kind mit einer fertigen, von einem anderen Menschen bezogenen Identität zu versehen als einen Erwachsenen, dessen eigene Identität bereits hergestellt ist. Die fertige Identität, die ein Erwachsener, der einen Verlust erlitten hat, einem Kind zuschreibt, kann nicht nur die eines verstorbenen Geschwisters sein, sondern auch die eines Großelternteils des Kindes oder die seines verstorbenen Vaters oder seiner verstorbenen Mutter.

Das Beispiel einer Witwe, die ihren Mann in ihrem kleinen Kind falsch lokalisiert, wird kurz von Prugh und Harlow (1962, S. 38) beschrieben.

„Der Mann dieser Frau, zu dem sie eine sehr enge Beziehung gehabt haben soll, starb sechs Monate nach der Geburt eines gemeinsamen Sohnes, der ihm sehr ähnlich sah. Danach war ihre Beziehung zu dem Jungen tief beeinflusst von ihrer Identifikation des Jungen mit ihrem Mann; einige Jahre lang verbrachte sie beispielsweise viel Zeit damit, ihn so zu kleiden, dass er seinem Vater ähnlich sah. Es war nicht überraschend, dass sich zwischen Sohn und Mutter Schwierigkeiten entwickelten: Später wurde er rebellisch, lief fort und begann sich einer delinquenten Gruppe anzuschließen. Es wurde angenommen, dass die Schwierigkeiten dieser Frau mit der Trauer um ihren Mann damit zusammenhängen, dass ihr eigener Vater gestorben war, als sie ein junges Mädchen gewesen war."

Von einer 35-jährigen Witwe, deren Beziehung zu ihrem Baby auf eine ähnliche Art begann, berichtet Raphael (1976).

> „Als ihr Mann nach einer Operation starb, war Frau M im siebten Monat mit ihrem ersten Kind schwanger. Kurz danach kam das Baby, ein Junge, vorzeitig zur Welt. Nachdem Frau M mit dem Baby aus dem Krankenhaus zurückgekehrt war, meldete sich der Interviewer. Obwohl Frau M gelegentlich kurz und traurig weinte, drehten sich doch alle ihre Gedanken um das Baby, und bald wurde offenkundig, dass sie das Baby als ‚Reinkarnation' ihres Mannes ansah, ein Wort, das sie selbst benutzte. Sie beharrte darauf, das Baby habe ‚lange Finger wie sein Vater und dasselbe Gesicht wie sein Vater', und folglich sei ihr Mann noch bei ihr. Jedes Mal, wenn der Interviewer sie zu ermutigen suchte, Kummer zu äußern, bestand Frau M darauf, das Baby stelle einen Ersatz für ihren Mann dar.
>
> Bei weiteren Interviews[65] wich Frau Ms Idealisierung sowohl ihres Mannes als auch des Babys realistischeren Bildern von beiden und auch einer realistischeren Einschätzung ihrer eigenen Gefühle. Sie fühlte sich isoliert und allein gelassen wie ‚ein Schiff ohne Steuerruder', sagte sie, und sie beneidete das Baby um all die Fürsorge und Aufmerksamkeit, die es erhielt. In der Folge nahm ihre Trauer einen recht günstigen Verlauf."

Beispiele von Kindern, deren psychiatrische Störungen darauf zurückführbar sind, dass sie von der Empfängnis an einfach als Ebenbilder verstorbener Geschwister behandelt worden sind, werden von Cain und Cain (1964) angeführt. Die Autoren leiten ihre Daten von einer Untersuchung an sechs Kindern ab, vier Jungen und zwei Mädchen im Alter zwischen sieben und zwölf Jahren, und präsentieren die folgende Geschichte als einigermaßen typisch.

Ein Kind im Latenzalter oder in der frühen Adoleszenz, zu dem ein Elternteil oder beide Eltern eine besonders intensive Beziehung hatten, stirbt. Seine Eltern betrauern diesen tragischen Verlust, und einer oder beide entwickeln einen Zustand chronischer Trauer, in dem Verzweiflung, bittere Selbstanklage, fortdauernde Sehnsucht nach dem toten Kind und seine Idealisierung vorherrschen. Dann wird der Entschluss gefasst, noch ein Kind zu haben (in der Hälfte der Fälle durch den Arzt ermutigt, damit der trauernde Elternteil etwas Neues bekommt, für das er leben kann). In fünf der sechs Fälle hatten die Eltern bereits andere Kinder und hatten vorher nicht die Absicht gehabt, weitere zu bekommen.

In keinem der beschriebenen Fälle jedoch hatte die Geburt des neuen Kindes viel zur Linderung der chronischen Trauer beigetragen. Tatsächlich scheint die häusliche Atmosphäre überall die eines Trauerhauses geblieben zu sein, in dem ein Elternteil oder auch beide noch immer völlig von dem verstorbenen Kind in Anspruch genommen waren und unablässig über Fragen grübelten wie etwa, warum der Tod eingetreten war und wie alles geworden wäre, wenn es nicht so gekommen wäre. Da dem neuen Kind die Rolle eines Ebenbilds des toten Geschwisters zugeteilt war, wurde jede seiner Äußerungen und Leistungen ständig mit dem stark idealisierten Bild der Eltern von dem Verstorbenen verglichen. Ähnlichkeiten wurden zufrieden vermerkt, Unterschiede ignoriert oder aber beklagt. Die Eltern konnten sogar dann, wenn das neue Kind das falsche Geschlecht hatte, darauf beharren, es sei das Ebenbild des Geschwisters.

Stets wurde das Ersatzkind mit Restriktionen eingeengt, damit es sich nicht auch eine Krankheit zuziehe oder einen Unfall erleide und ebenfalls sterbe. Jedes noch so geringfügige Symptom wurde als verhängnisvoll betrachtet, jede Gefahr übertrieben. Gelegentlich mochte eine Mutter sogar eine Einschränkung damit verstärken, dass sie drohte, sie werde sich umbringen, wenn auch diesem Kind etwas passiere.

Diese Behandlung wirkte sich auf die Kinder sehr unglücklich aus. Da ihnen nie erlaubt worden war, eine eigene Identität zu haben, waren sie in dem Wissen aufgewachsen, in den Augen ihrer Eltern nur unzulängliche Ebenbilder ihrer verstorbenen Geschwister zu sein. Da außerdem die Originale gestorben waren, nahmen die Ersatzkinder als sicher an, auch sie würden sterben. Inzwischen waren sie beständig ängstlich, fürchteten sich wie ihre Eltern vor jeder Verletzung und Gefahr und hingen stark am Schürzenzipfel. Zwei der Kinder entwickelten Symptome, die denen ähnlich waren, die das verstorbene Geschwister vor seinem Tod gehabt hatte. Ein Junge, dessen Bruder an einem Stück Brot erstickt war, litt ständig unter einer „verstopften" Kehle und Atemnot; ein Mädchen, dessen Bruder an Leukämie gestorben war und während seiner Krankheit besondere Empfindungen in seinen Armen verspürt hatte, entwickelte Schmerzen in den Armen. Jedes dieser Kinder näherte sich dem Alter, in dem das Geschwister gestorben war. Es heißt, die klinischen Zustände der Kinder hätten von „mittelschweren Neurosen bis zu (zwei) Psychosen" gereicht.

Von den Eltern, vor allem den Müttern, die ihre Kinder auf diese höchst pathogene Weise behandelt hatten, nahmen die Autoren an, sie hätten bereits vor dem Erleiden des traumatischen Verlusts verschiedene neurotische Züge aufgewiesen. Zuerst nehmen Cain und Cain Bezug auf die „von Schuldgefühlen geplagten, allgemein depressiven, phobischen und/oder zwanghaften Persönlichkeiten" dieser Mütter und zweitens auf die besonders intensive „narzisstische Besetzung" des verstorbenen Kindes. Auch fiel ihnen die Anzahl der Verluste auf, die diese Mütter in ihrer eigenen Kindheit erlitten hatten. Wie wir in den Kapiteln 11 und 12 sehen werden, sind alle diese Funde charakteristisch für Personen, die zur Entwicklung chronischer Trauer neigen.[66]

Bei diesen Generalisierungen sind sich Cain und Cain völlig darüber klar, dass sie auf Daten basieren, die lange nach den relevanten Ereignissen eingeholt wurden. Sie wissen auch, dass die Stichproben der Kinder, weil sie aus einer psychiatrischen Klinik stammen, natürlich nicht repräsentativ sind und nicht den Anteil der Eltern erhellen können, die sich in ihrer Trauer um ein verlorenes Kind in dieser Weise verhalten. Außerdem merken sie an, dass aufgrund der Persönlichkeitsprobleme der Eltern wahrscheinlich in jedem Falle Störungen in den Beziehungen zu ihren Kindern aufgetreten wären. Dieses Gebiet verdient zweifellos weitere Forschungsarbeit.

Falsche Lokalisierungen in Tieren oder physischen Objekten

Man mag es für ungewöhnlich halten, dass die Anwesenheit einer verlorenen Person in einem Tier oder einem physischen Objekt angesiedelt wird. Möglicherweise geschieht das aber häufiger, als wir wissen, denn nicht nur glaubt eine Mehrheit der Menschen auf der Welt an irgendeine Form der Reinkarnation, sondern Gorer (1965) zufolge hegt auch etwa jeder zehnte aller gebürtiger Briten heute Überzeugungen dieser Art.

Ein Beispiel für derartige falsche Lokalisierungen ist der Fall von Frau P, die im Alter von 30 Jahren in ein psychiatrisches Krankenhaus eingewiesen wurde wegen einer chronischen emotionalen Störung, die sich kurz nach dem Tod ihrer Mutter entwickelt hatte.[67] Der Ablauf der Ereignisse war der folgende:

> „Als ihre Mutter starb, versuchte Frau P bewusst, Kontakt mit dem Geist der Verstorbenen aufzunehmen. Zusammen mit ihrer Schwester improvisierte sie eine Planchette (Vorrichtung zum automatischen Schreiben im Spiritismus; A. d. U.), mit deren Hilfe sie ‚Botschaften' empfing, die, wie sie glaubte, von ihrer Mutter kamen.
>
> Bei einer Séance bemerkte sie einen Toby Jug (Bierkrug in Form eines dicken Mannes mit dreieckigem Hut;), der ihrer Mutter zu ähneln schien. Sie spürte, dass der Geist ihrer Mutter in diesen Krug eingegangen war, und überredete ihre Schwester, ihn ihr zu geben. Einige Wochen lang bewahrte sie den Bierkrug griffbereit auf und hatte das starke Empfinden der Anwesenheit ihrer Mutter. Allerdings erwies sich der Krug nicht als reiner Segen, da sie feststellte, dass er sie sowohl anzog als auch ängstigte. Ihr Ehemann war erbittert über dieses Verhalten und zerschlug schließlich gegen ihren Willen den Krug. Seine Frau bemerkte, dass die Scherben, die sie im Garten begrub, sich ‚heiß anfühlten' – vermutlich ein Zeichen von Leben.
>
> Frau P gab ihre Suche nicht auf. Kurz nach dem Zerbrechen des Kruges erwarb sie einen Hund. Ihre Mutter hatte immer gesagt, wenn sie je reinkarniert würde, so in Gestalt eines Hundes. Als ich Frau P drei Jahre später interviewte, sagte sie über den Hund: ‚Sie ist wie kein anderes Tier. Sie tut alles. Sie geht nur mit mir oder meinem Mann spazieren. Sie scheint alle Dinge zu essen, die Mutter zu essen pflegte. Männer mag sie nicht.'"

Frau Ps Mutter wird als eine lebensbejahende und etwas dominierende Frau beschrieben, und Frau P selbst soll eine ergebene Tochter gewesen sein.

Falsche Lokalisierungen im Selbst: identifikatorische Symptome

Falsche Lokalisierungen des Verstorbenen innerhalb des Selbst nehmen verschiedene Formen an; jede davon führt zu Symptomen, die zutreffend als identifikatorisch bezeichnet werden können. Eine Form ist ein bewusstes Gefühl einer inneren Anwesenheit des Verstorbenen. Eine der Londoner Witwen, die diese Erfahrung machte, wurde bereits in Kapitel 6 kurz erwähnt. Eine andere, Frau D, beschrieb ihre Erfahrung folgendermaßen: „In der Dämmerung, vier Tage nach dem Tod meines Mannes, drang plötzlich etwas in mich ein, rührte sich in mir – eine Anwesenheit, die mich beinahe aus dem Bett stieß – schrecklich überwältigend." Danach hatte sie ein starkes Gefühl der Anwesenheit und Nähe ihres Mannes, den sie jedoch nicht immer „in" sich fühlte. Am Ende des Jahres behauptete sie, viele Dinge „durch seine Augen" zu sehen. Dies war ein Zustand, den sie durchaus als fremd empfunden haben kann und der mit ziemlicher Sicherheit pathologisch war, denn am Ende des Jahres war sie noch immer sozial isoliert und voller Selbstvorwurf. „Ich fühle mich verbrecherisch", sagte sie, „schrecklich schuldig." Während ihres Ehelebens, so stellte sich heraus, hatten sie und ihr Mann sich nicht gut verstanden, und sie war oft der Ansicht gewesen, ihr Mann opfere durch unverantwortliches Verhalten das Wohl der Familie (Parkes, 1972, S. 103, 137f).

Bei der Erörterung der Reaktionen von Bomberpiloten auf den Tod von Kameraden, die im Kampf gefallen waren, beschreibt Bond (1953) einen Zustand, der vielleicht mit dem von Frau D vergleichbar ist, wenn auch weniger bewusst. Während die übliche Reaktion auf den Tod eines Freundes ein Rachegefühl war, gab es auch Fälle, in denen ein Pilot davon überzeugt war, er werde das gleiche Schicksal erleiden wie sein Freund, und sich von da an darum zu bemühen schien. Bei der Beschreibung eines typischen Falles fährt Bond fort: „Er betrachtet sein Fliegen jetzt unter einem ganz anderen Gesichtspunkt. Er ist kein junger und glücklicher Flieger mehr, im Begriff, für sein Land einen großen Sieg zu erringen, sondern ein junger Mann, der hinausgeht, um auf exakt dieselbe Weise zu sterben wie ein Freund." Nachdem Bond einige dieser jungen Männer psychotherapeutisch behandelt hatte, zog er den Schluss, dass die Beziehung zwischen dem Überlebenden und dem toten Piloten ambivalent gewesen war: „Bei keinem dieser Jungen war es schwer, den wütenden oder selbstsüchtigen Gedanken zu finden, der sie über den Tod des Freundes Befriedigung empfinden ließ." Die Anerkennung dessen und das Äußern von Kummer führten zur Genesung.

Eine andere Form der falschen Lokalisierung innerhalb des Selbst führt dazu, dass der Hinterbliebene bestimmte Symptome entwickelt, die häufig, aber nicht immer denen der letzten Krankheit des Verstorbenen ähnlich sind. Bei dieser Form der gestörten Trauer ist die falsche Lokalisierung der Anwesenheit des Verstorbenen im eigenen Selbst, wenn es sich denn um eine solche handelt, völlig unbewusst.

Beispiele werden unter anderem von Murray (1937) und Krupp (1965) angeführt; auch Parkes (1972, S. 114ff) beschreibt eine Reihe von Fällen. Von elf Patienten, die er sah und die wegen hypochondrischer oder hysterischer Symptome in einem psychiatrischen Krankenhaus waren, die sich innerhalb von sechs Monaten nach einem Trauerfall entwickelt hatten, hatten vier denen einer Koronarthrombose ähnliche Schmerzen, einer Schmerzen, die einen Lungenkrebs simulierten, einer ähnliche Schmerzen, wie sie seiner Überzeugung nach sein bei einem Autounfall ums Leben gekommener Sohn hatte erleiden müssen, zwei wiesen die Auswirkungen eines Schlaganfalls auf, und ein Patient litt unter wiederkehrendem Erbrechen. In allen Fällen hatten sich die Symptome entwickelt, nachdem ein naher Verwandter an einem Zustand gestorben war, dessen Symptome von den eigenen Symptomen der Patienten nachgeahmt wurden.

Parkes beschreibt das dramatische Beispiel einer Frau, die bereits in Psychotherapie war, als ihr Vater an den Folgen eines Schlaganfalls starb, der die linke Seite seines Körpers gelähmt hatte. Sie hatte ihn vor seinem Tod mehrere Wochen lang gepflegt. In der Nacht nach seinem Tod hatte sie einen Traum (den sie am nächsten Tag ihrem Therapeuten mitteilte), in dem sie ihren Vater im Sarg liegen sah. Er hatte nach ihr gegriffen und die linke Seite ihres Körpers „geschlagen", worauf sie erwachte und feststellte, dass ihre linke Körperseite gelähmt war. In diesem Fall verschwand die Paralyse bald wieder, und sie hatte keine weiteren Symptome dieser Art. Wie bei so vielen anderen Fällen von Trauerstörungen war auch hier die vorherige Beziehung nicht glücklich gewesen; während der Psychotherapie sprach sie lange und ausführlich darüber, wie ihr Vater ihr auf verschiedene Art Schaden zugefügt hatte.

Trauerstörungen sind nicht auf westliche Kulturen beschränkt. Miller und Schönfeld (1973) berichten beispielsweise, dass bei den Navajo nach Todesfällen häufig depressive Zustände auftreten, manchmal mit hypochondrischen Symptomen. Nach ihren Beschreibungen hat es den Anschein, als unterschieden sich diese Zustände in keiner Weise von der im Westen anzutreffenden chronischen Trauer. Zur Illustration berichten die Autoren Einzelheiten über eine 44-jährige Frau, die wegen Schmerzen in zwei Körperteilen an psychiatrische Hilfe verwiesen wurde. Erstens handelte es sich um eine Schmerzlinie, die quer durch ihre Stirn von Ohr zu Ohr verlief, und zweitens um einen Schmerz, der in der Bauchmitte nach unten verlief. Die Patientin beschrieb die Schmerzen als scharf. Sie hatten etwa drei Monate nach dem Tod ihres Neffen eingesetzt, den sie aufgezogen und als ihren Sohn betrachtet hatte. Bei näherem Befragen stellte sich heraus, dass an dem Jungen eine Autopsie vorgenommen worden war und dass die Patientin das Familienmitglied war, das die Leiche angekleidet hatte. Ihr Schmerz in der Bauchmitte entsprach dem Autopsieschnitt, ihr Kopfschmerz war die Umkehrung des Routineeinschnitts, der zur Untersuchung von Schädel und Gehirn durchgeführt wird.

Anzumerken ist, dass die Trauersitten der Navajo wie die ihrer Nachbarn, der Hopi, die in Kapitel 8 beschrieben wurden, extrem kurz sind und das Äußern von Emotion dabei so weit wie möglich vermieden wird. Außerdem ist das Berühren des Leichnams mit einem Tabu belegt, gegen das die Patientin verstoßen hatte. Obwohl es eine Navajo-Zeremonie gibt, die zur Bewältigung derartiger Probleme bestimmt ist, hatte die Patientin wegen ihrer scheinbaren christlichen Überzeugungen nicht danach verlangt. Trotzdem konsultierte sie später einen Medizinmann und unterzog sich den geeigneten Zeremonien. Danach war sie von ihren Symptomen befreit.

Euphorie

Obwohl Euphorie durchaus als atypische Reaktion auf Verlust bekannt ist, tritt sie selten auf, und es gibt keine systematischen Untersuchungen darüber. Aus dem verfügbaren Material geht hervor, dass sie in mindestens zwei deutlich verschiedenen Formen vorkommt.

In einigen Fällen ist eine euphorische Reaktion auf einen Todesfall assoziiert mit einer nachdrücklichen Weigerung, an den Tod zu glauben, verbunden mit einem lebhaften Gefühl der fortdauernden Gegenwart des Verstorbenen. In anderen Fällen scheint das Gegenteil aufzutreten: Der Verlust wird nicht nur anerkannt, sondern es wird auch behauptet, er sei überaus vorteilhaft für den Hinterbliebenen. Keine einfache Theorie kann beide Formen abdecken.

Ein Beispiel für die erste Art der Reaktion ist bereits in Kapitel 6 angeführt. Als sie gefragt wurde, ob sie das Gefühl habe, dass ihr Mann in der Nähe sei, antwortete eine der von Parkes interviewten Witwen: „Es ist kein Gefühl der Anwesenheit, sondern er ist hier in mir. Darum bin ich die ganze Zeit glücklich. Es ist, als seien zwei Menschen eins... obwohl ich allein bin, sind wir irgendwie zusammen, wenn Sie verstehen, was ich meine... ich glaube nicht, dass ich die Willenskraft habe, allein weiterzumachen, also muss er da sein." In dieser letzten Bemerkung treten die in ihrer Reaktion latent vorhandene Verzweiflung und Hoffnungslosigkeit deutlich hervor.

Eine euphorische Reaktion dieser Art ist natürlich nicht stabil, sondern neigt dazu, zusammenzubrechen und durch intensive Trauer ersetzt zu werden. In einer kleinen Minderheit der Fälle jedoch bleibt unter Umständen diese Stimmung bestehen oder kehrt zurück, und daraus können sich hypomanische Episoden ergeben. Obwohl in den Studien, auf die bisher Bezug genommen wurde, kein derartiger Fall beschrieben worden ist, gibt Rickarby (1977) ein Beispiel für diesen Ablauf.

> „Frau A war 44 Jahre alt und hatte zwei erwachsene Kinder, als ihr von ihr getrennt lebender Ehemann bei einem Verkehrsunfall ums Leben kam. Als sie von dem Ereignis informiert wurde, zeigte sie keine Emotionen und ging daran, die Beerdigung zu arrangieren, bei der sie eine ‚falsche Fröhlichkeit' an den Tag gelegt haben soll. Sechs Tage nach dem Todesfall wurde sie erregt und überaktiv und hatte einen Drang zu reden. In einem euphorischen Zustand sprach sie viel über ihren Mann, idealisierte ihn und ihre Beziehung zueinander und behauptete, er höre ihr zu.
>
> Nach drei Wochen in einem manischen Zustand, in dem sie medikamentös behandelt wurde, wurde sie traurig und äußerte Sorgen hinsichtlich der Zukunft. In therapeutischen Sitzungen äußerte sie Zorn auf ihren Mann, weil er sie etwa acht Monate zuvor verlassen hatte, sowie Wut und Schuldgefühle über seinen Tod.
>
> Tatsächlich war die Ehe viele Jahre lang extrem unglücklich gewesen, charakterisiert durch Feindseligkeit und Rückzug beider Partner. Es hieß, Frau A habe an jedermann etwas auszusetzen gehabt, ihren Mann und ihre Kinder abgelehnt und ihre ganze Zuneigung einem alten Hund geschenkt. Drei Jahre vorher hatte sie eine schwere depressive Erkrankung durchgemacht."

Bei der Diskussion über diese und drei weitere Patienten, bei denen ein Zusammenhang zwischen einer manischen Erkrankung und einem Todesfall bestand, führt Rickarby die von Bunney und anderen (1972) vorgebrachte These an, dass eine manische Episode eine Reaktion auf ein belastendes Ereignis bei einem genetisch prädisponierten Menschen ist. Im Hinblick auf die persönlichen Beziehungen von Frau A ist es nicht unwahrscheinlich, dass ungünstige Erfahrungen in der Kindheit ebenfalls zu ihrer Verwundbarkeit beigetragen hatten.

Eine gründliche Untersuchung der hypomanischen Erwachsenen, die Maccurdy (1925) beschrieb, legt nahe, dass Kindheitsverluste die Verletzlichkeit erhöhen können. Bei mehreren dieser Patienten bestand ein hervorragendes Merkmal darin, dass sie beharrlich an der fortdauernden Anwesenheit eines Elternteils oder Geschwisters festhielten, der bzw. das viele Jahre zuvor während der Kindheit des Patienten gestorben war.

In den hier herangezogenen Untersuchungen gibt es kein Beispiel für eine Witwe oder einen Witwer, die bzw. der behauptet, der Tod des Ehegatten sei für sie bzw. ihn ausschließlich von Vorteil; dennoch kann dies ein Artefakt sein, weil derartige Personen sich geweigert haben, an der Untersuchung mitzuwirken. Nützliche Informationen über derartige Reaktionen finden sich jedoch in der Studie von Weiß (1975b) über Ehepaare, die sich voneinander getrennt haben, und es ist zweckmäßig, kurz auf seine Funde einzugehen (S. 53–56). Ein Beispiel ist eine Frau Anfang 40, die sich nach fast zwanzigjähriger Ehe von ihrem Mann getrennt hatte:

> „Ungefähr drei Monate lang fühlte ich mich ganz euphorisch. Ich tat alles, was ich tun wollte. Ich war früher nicht viel ausgegangen, also ging ich ins Theater. Ehe ich verheiratet war, hatte ich solche Dinge nicht getan. Ich saß in einer Bar, trank und redete einfach mit den Leuten. Ich lernte alle möglichen Menschen kennen.
> Nach drei Monaten, nachdem ich nur einen oder zwei Menschen getroffen hatte, die wirklich interessant waren, fand ich dieses Leben leer. Ich erkannte, dass meine Familie mir viel bedeutete und dass es nun keine Familie mehr gab. Da waren nur die Kinder und ich. Und die Dinge, die ich mit meinem Mann getan hatte, konnte ich nicht länger tun."

Solange die Euphorie andauerte, bemerkte Weiß, schienen diese Individuen ungewöhnlich aktiv und auch effektiv, wenn auch vielleicht latente Spannung und Angst evident waren. Das Beharren darauf, alles sei in bester Ordnung, konnte beispielsweise von einem Redeschwall oder nervöser Manieriertheit begleitet sein.

Nach Weiß' Erfahrung ist eine euphorische Reaktion extrem instabil und kann von irgendeinem geringfügigen Rückschlag oder auch allein dadurch erschüttert werden, dass der Betreffende hört, sie werde vielleicht aufhören. War sie einmal beendet, so wurde sie meist durch Trennungsschmerz und Kummer um den früheren Gatten ersetzt.

Die Überlegungen solcher Menschen, die die Euphorie erlebt haben, stimmen überein mit der Ansicht, dass sie, so effektiv die Aktivität auch sein mag, zu der sie führt, nicht unter die Haut reicht. Eine Frau, die während der ersten Trennungsmonate beschrieben hatte, wie fabelhaft sie sich fühle, bezeichnete zwei Jahre später dieselbe Zeit als elend.

Zur Erklärung seiner Funde trägt Weiß die Annahme vor, dass die Euphorie die Einschätzung reflektiere, „die Bindungsfigur werde schließlich gar nicht benötigt, und man könne sehr gut allein zurechtkommen" (S. 54). Den Zusammenbruch der Euphorie führt er zurück auf die „Erkenntnis, dass Leben ohne Bindung unbefriedigend" ist. „Die Welt erscheint plötzlich leer, das Individuum allein. Der resultierende Kummer ist möglicherweise um so schlimmer, weil er so kurz auf einen Zustand folgt, in dem das Individuum völlig selbstgenügsam war" (S. 56).[68]

Wenn wir den von Weiß beschriebenen Zustand mit dem zuvor beschriebenen Zustand vergleichen, bei dem ein lebhaftes Gefühl der Anwesenheit des Verstorbenen als lebendigem Gefährten besteht, so wird deutlich, dass die Stimmung zwar ähnlich scheint, dass die beiden Zustände jedoch in ihrer Psychopathologie ganz verschieden sind. Bei dem einen bleiben die Bindungswünsche weiterhin auf die ursprüngliche Gestalt gerichtet, und es wird behauptet, sie entspreche diesen Wünschen. Bei dem anderen dagegen wird der Bindungswunsch verleugnet, und die behauptete Selbstgenügsamkeit steht ganz im Vordergrund. In dieser Hinsicht hat dieser Zustand viel gemeinsam mit dem längeren Fehlen von Trauer und dem verwandten Zustand zwanghaften Selbstvertrauens.

Dies vervollständigt unsere Beschreibung der geläufigen Varianten gestörter Trauer, wie man sie bei hinterbliebenen Erwachsenen antrifft. Nun wollen wir erörtern, was wir über die Bedingungen wissen, die die Tendenz haben, der Trauer einen pathologischen Verlauf zu geben.

10 Bedingungen, die den Verlauf der Trauer beeinflussen

He oft finds med'cine who his grief imparts.

Spencer *The Faerie Queene*

Fünf Kategorien von Variablen

Obwohl dank der Forschung der vergangenen 20 Jahre heute eine Menge darüber bekannt ist, warum die Trauer einiger Individuen einen pathologischen Verlauf nimmt, die anderer dagegen nicht, bleibt das Problem sehr schwierig, und vieles muss noch geklärt werden. Die wahrscheinlich relevanten Variablen sind zahlreich; sie haben die Tendenz, in Gruppen aufzutreten, so dass die Punkte innerhalb jeder Gruppe schwer zu trennen sind; viele von denen, die zu den einflussreichsten zu gehören scheinen, sind auch am meisten umstritten. So kann nur der Versuch unternommen werden, eine Klassifizierung der Variablen vorzulegen, kurze Hinweise auf die wahrscheinliche Rolle einer jeden zu geben und die Aufmerksamkeit auf jene zu lenken, von denen angenommen wird, dass sie für den Ausgang besonders entscheidend sein könnten.

Die Variablen können unter fünf Hauptpunkten klassifiziert werden:

- Identität und Rolle der verlorenen Person;
- Alter und Geschlecht der hinterbliebenen Person;
- Ursachen und Umstände des Verlusts;
- soziale und psychologische Umstände des Hinterbliebenen zur Zeit des Verlustes und danach;
- Persönlichkeit des Hinterbliebenen mit besonderem Bezug auf seine Fähigkeiten zur Herstellung von Liebesbeziehungen und zur Reaktion auf belastende Situationen.

Bei der Entscheidung über den Verlauf der Trauer scheint die einflussreichste dieser Variablen wohl die Persönlichkeit des Hinterbliebenen zu sein, vor allem die Art und Weise, wie sein Bindungsverhalten und seine Reaktionen auf belastende Situationen organisiert sind. Indem ich so postuliere, dass einige Arten von Persönlichkeitsorganisation empfindlicher gegen Verlust sind als andere, folge ich einer seit langem etablierten psychoanalytischen Tradition; der Unterschied liegt darin, wie die Ursachen der Verwundbarkeit begriffen werden.

Die Auswirkungen, die die vielen anderen Variablen auf den Verlauf der Trauer haben, sind unvermeidlich durch ihre Interaktionen mit den Persönlichkeitsstrukturen des Hinterbliebenen vermittelt. Viele dieser anderen Variablen, so legt das Beweismaterial nahe, sind überaus einflussreich, entweder, indem sie die gesunde Trauer beträchtlich erleichtern, oder aber, indem sie erheblich zum Gegenteil beitragen. Wenn einige davon zusammenwirken, können sie möglicherweise sogar einen relativ stabilen Menschen zu pathologischer Trauer veranlassen; häufiger jedoch scheint ihre Auswirkung auf eine stabile Persönlichkeit zu intensiverer und längerer Trauer zu führen, als dies sonst der Fall sein würde. Ihre Wirkungen auf eine verletzliche Persönlichkeit dagegen sind wesentlich ernster. Bei solchen Persönlichkeiten nämlich beeinflussen sie natürlich nicht nur Intensität und Länge der Trauer zum Guten oder zum Schlechten, sondern auch, und zwar erheblich, die Form, die die Trauer annimmt, sei es in Richtung auf eine relativ gesunde Form, sei es in Richtung auf die eine oder andere der pathologischen Varianten.

Die ersten drei dieser Variablen lassen sich am leichtesten definieren und können kurz abgehandelt werden. Dann schreiten wir zur Erörterung der sozialen und psychologischen Umstände, die den Hinterbliebenen zum Zeitpunkt des Verlusts und in den Monaten oder Jahren danach beeinflussen. Die Existenz einiger dieser Umstände mag ganz oder weitgehend unabhängig sein von irgendeinem Einfluss, den der Hinterbliebene selbst vielleicht ausübt. Bei der Herstellung anderer dagegen kann der Hinterbliebene eine gewisse Rolle spielen; oft erscheint diese bedeutend. Diese Abfolge der Darlegung überlässt die Erörterung der Persönlichkeit des Hinterbliebenen dem folgenden Kapitel. Die Gründe für diesen Aufschub sind erstens, dass sich Persönlichkeitsmerkmale weniger leicht definieren lassen als andere Variablen, und zweitens, dass ihre Erörterung zu Fragen der Persönlichkeitsentwicklung und der Rolle führt, die Familienerfahrung in der Kindheit bei der Bestimmung individueller Unterschiede spielt; hier wird davon ausgegangen, dass sie von größter Relevanz ist für ein Verständnis der Psychopathologie der Trauer.

Identität und Rolle der verlorenen Person

Einige der Diskussionen gestörter Trauer, die sich in der Literatur finden, befassen sich mit anderen Verlusten als denen von Personen, etwa dem Verlust eines Hauses, eines Haustiers, eines geschätzten Besitztums oder von etwas rein Symbolischem. Hier jedoch beschränken wir uns auf den Verlust von Personen, da dieser allein schon mehr Fragen aufwirft, als angemessen behandelt werden können. Außerdem gibt es, wenn der Verlust eines Haustiers zu gestörter Trauer geführt hat, Beweismaterial dafür, dass die Beziehung zu dem Haustier eine so intensive emotionale Bedeutung gewonnen hat, weil menschliche Beziehungen zu dauernder Zurückweisung oder Verlust geführt hatten.[69]

Fast jedes aufgezeichnete Beispiel gestörter Trauer nach dem Verlust einer Person bezieht sich auf den Verlust eines unmittelbaren Familienangehörigen – in der Regel eines Elternteils (einschließlich Elternersatz), Gatten oder Kindes; gelegentlich handelt es sich um ein Geschwister oder einen Großelternteil. Über den Verlust eines entfernteren Verwandten oder Freundes wird extrem selten berichtet. Es gibt mehrere Gründe für diese Beschränkung auf die engste Familie. Einige sind künstlich. Die meisten Forschungsarbeiten der letzten Jahre beispielsweise haben absichtlich zur Untersuchung nur solche Individuen ausgewählt, die einen engen Verwandten verloren hatten. Ein weiterer Grund ist, dass bei der klinischen Routinearbeit Verluste naher Verwandter, weil sie leicht zu definieren sind, schneller und zuverlässiger als bedeutsam für einen klinischen Zustand zu identifizieren sind als Verluste anderer Art. Doch selbst wenn man diese künstlichen Voreingenommenheiten (Bias) nicht mitzählt, scheint es ausreichend tragfähige Gründe für die Annahme zu geben, dass die überwältigende Mehrheit der Fälle gestörter Trauer in der Tat auf den Verlust eines unmittelbaren Familienmitglieds folgt. Dies wird so oft entweder für selbstverständlich gehalten oder aber übersehen, dass es der Betonung wert ist.

Natürlich ist es keine Überraschung, dass beim Auftreten von gestörter Trauer in Kindheit oder Adoleszenz der Verlust in der überwältigenden Mehrheit der Fälle der eines Elternteils oder Elternersatzes ist. Vielleicht ist es eher überraschend, dass auch im Erwachsenenleben solche Verluste weiterhin von einiger Bedeutung sind. Wir müssen anmerken, dass die Statistiken hierzu nicht konsistent sind. In einer frühen Untersuchung beispielsweise überprüfte Parkes (1964a) 94 erwachsene Patienten, 31 Männer und 63 Frauen, die in den Jahren 1949 bis 1951 in zwei psychiatrische Kliniken in London eingewiesen worden waren und deren manifeste Erkrankung entweder während der letzten Krankheit oder innerhalb von sechs Monaten nach dem Tod eines Elternteils, Gatten, Geschwisters oder Kindes eingetreten war. Obwohl in nicht weniger als der Hälfte der Fälle die Symptome auf die Krankheit oder den Tod eines Elternteils gefolgt waren (in 23 Fällen Verlust des Vaters, in 24 Verlust der Mutter), wurde die Inzidenz solcher Verluste für nicht größer befunden als in der Population, aus der die Patienten genommen worden waren, zu erwarten gewesen wäre. In einer jüngeren und wesentlich umfangreicheren Studie in Nordostschottland von Birtchnell (1975b) jedoch, die andere Kriterien benutzt, wird eine erhöhte Inzidenz von Elternverlust festgestellt. Bei einer Serie von 846 Patienten im Alter von 20 Jahren und darüber, die als depressiv diagnostiziert waren (278 Männer und 568 Frauen), war die Wahrscheinlichkeit, dass sie in einem Zeitraum von einem bis fünf Jahren vor der Verweisung an psychiatrische Behandlung einen Elternteil durch Tod verloren hatten, signifikant höher, als in der entsprechenden Population zu erwarten gewesen wäre.[70]

Die Inzidenz des Verlusts der Mutter bei Männern und des Verlusts des Vaters bei Frauen war in jedem Fall erhöht und lag bei etwa 50 Prozent. Da diese Funde sowohl für verheiratete als auch für unverheiratete Patienten gelten, kommt Birtchnell zu dem Schluss, dass die Ehe keinen Schutz bietet.

Man könnte annehmen, dass Erwachsene, die auf den Verlust eines Elternteils mit gestörter Trauer reagieren, eine enge Beziehung zu diesem Elternteil gehabt haben; und dass die meisten von ihnen daher wohl bei diesem Elternteil oder ganz in der Nähe gelebt haben und ihn oder sie häufig gesehen haben. Die bisher veröffentlichten Daten jedoch liefern nicht genügend Details, um diese Möglichkeit zu prüfen. Was an Daten vorliegt, bezieht sich nur auf jene, die mit dem Elternteil im gleichen Haus gelebt haben, und lässt alle Personen aus, die vielleicht ganz in der Nähe gewohnt und häufigen Kontakt gehabt haben, was ja sehr oft vorkommt. Sogar dabei aber hatte von den Patienten in Parkes' Studie, deren Krankheit auf den Verlust eines Elternteils gefolgt war, nicht weniger als die Hälfte unmittelbar vor dem Todesfall ein Jahr oder länger mit diesem Elternteil zusammengelebt. Da in unserer Kultur nur eine Minderheit erwachsener Kinder bei den Eltern lebt, stützen diese Funde zusammen mit anderen, über die weiter unten berichtet wird, die nahe liegende Ansicht, dass gestörte Trauer eher auf den Verlust eines Menschen folgt, mit dem bis zu dem Verlust eine enge Beziehung bestanden hat, bei der beide Leben tief miteinander verwoben waren, als auf den Verlust einer Person, zu der nur eine lockere Beziehung bestand.

In diesem Zusammenhang merken wir an, dass alle Untersucher gestörter Trauer darin einig zu sein scheinen, dass die Beziehungen, die der gestörten Trauer vorausgehen, die Tendenz haben, außergewöhnlich eng zu sein. Dennoch hat es sich als sehr schwierig erwiesen, genau anzugeben, auf welche Weise sie sich von anderen engen Beziehungen unterscheiden. Große Verwirrung stiftet die Zweideutigkeit des Begriffs „abhängig". Häufig wird er benutzt, um die emotionale Qualität einer Bindung zu bezeichnen, bei der die Angst vor der Möglichkeit von Trennung oder Verlust oder davor, für eine Trennung oder einen Verlust verantwortlich gemacht zu werden, ein gewöhnlich dominierendes, wenn auch verdecktes Merkmal ist. Manchmal bezieht er sich nur darauf, dass jemand sich auf einen anderen Menschen verlässt hinsichtlich der Beschaffung gewisser Güter und Dienstleistungen oder der Erfüllung bestimmter sozialer Rollen, vielleicht ohne dass eine Bindung irgendeiner Art an den betreffenden Menschen besteht. In vielen Fällen, in denen dieser Begriff in Bezug auf eine Beziehung verwendet wird, bezieht er sich auf eine komplexe Mischung, in der beide genannten Komponenten vertreten sind.

Je mehr ein Hinterbliebener sich natürlich für die Verschaffung von Gütern und Dienstleistungen auf den Verstorbenen verlassen hat, einschließlich ausgedehnter sozialer Beziehungen, desto größer ist der Schaden, den der Verlust seinem Leben zufügt, und desto größer die Anstrengung, die er unternehmen muss, um sein Leben neu zu organisieren. Dennoch trägt eine in diesem Sinne „abhängige" Beziehung vermutlich sehr wenig zu der Entscheidung darüber bei, ob die Trauer einen gesunden oder einen pathologischen Verlauf nimmt. Notwendig ist sie sicherlich nicht; gestörte Trauer kann beispielsweise auch auf den Verlust eines Kindes oder eines alten oder invaliden Elternteils oder Gatten folgen, von dem der Hinterbliebene in diesem Sinne des Wortes in keiner Weise abhängig war.

Wir können daher schließen, dass die Art der engen Beziehung, die oft gestörter Trauer vorausgeht, wenig damit zu tun hat, ob der Hinterbliebene sich für die Beschaffung von Gütern und Dienstleistungen oder die Erfüllung sozialer Rollen auf den Verstorbenen verlassen musste. Wie wir in den weiteren Kapiteln sehen werden, sind viele Merkmale dieser Beziehungen Widerspiegelungen verzerrter Muster von Bindung und Fürsorge, die in beiden Parteien schon lange bestanden.

Obwohl aus Gründen, die kurz zu erörtern sein werden, die Anzahl berichteter Fälle, in denen gestörte Trauer auf den Verlust eines Kindes folgt, vergleichsweise klein ist, sind diejenigen, die das Problem untersucht haben, beeindruckt von der Schwere der gesehenen Fälle. Lindemann (1944) bemerkt, dass „schwere Reaktionen bei Müttern aufzutreten scheinen, die kleine Kinder verloren haben". Fast dieselben Worte benutzt Wretmark (1959) bei seinem Bericht über eine Untersuchung an 28 hinterbliebenen psychiatrischen Patienten, die in Schweden in entsprechende Kliniken eingewiesen wurden; sieben davon waren Mütter, einer ein Vater. Ähnlich berichtet Ablon (1971), dessen Untersuchung über Trauerfälle in einer Gemeinde von Samoa später in diesem Kapitel beschrieben wird, dass die extremsten (gestörten) Trauerreaktionen bei zwei Frauen festgestellt wurden, die ein adoptiertes Kind verloren hatten. Eine Frau, die einen erwachsenen Sohn verloren hatte, hatte eine schwere Depression entwickelt. Die andere, die eine Tochter im Schulalter verloren hatte, behandelte ihren Enkel, als sei er die verlorene Tochter.

Gorer (1965) interviewte bei seiner Untersuchung an Hinterbliebenen in Großbritannien sechs Personen, die ein adoleszentes oder erwachsenes Kind verloren hatten; aufgrund seiner Funde neigte er zu dem Schluss, der Verlust eines herangewachsenen Kindes sei wohl Ursache „der quälendsten und lang andauerndsten Trauer". Seine Stichproben sind jedoch zu klein, um sichere Schlüsse zu ziehen; und obwohl der Kummer jener, die er interviewte, fraglos schwerwiegend war, war er doch nicht notwendig pathologisch.

Auf den Verlust eines Geschwisters im erwachsenen Leben folgt nur selten gestörte Trauer. In der Gruppe von 94 erwachsenen psychiatrischen Patienten, die von Parkes (1964a) untersucht wurden, hatten zwar zwölf ein Geschwister verloren, doch das ist nicht mehr, als dem Zufall nach zu erwarten gewesen wäre. Wenn solche Fälle vorkommen, hat es den Anschein, als hätten die Geschwister eine besondere Beziehung zueinander gehabt, etwa der eine als Ersatzelternteil für den anderen gewirkt. Soweit ich weiß, stehen keine systematischen Daten zur Verfügung, anhand derer diese Annahme überprüft werden könnte.

Bei der Erörterung der relativen Bedeutung des Verlusts eines Elternteils, eines Gatten, Kindes oder Geschwisters als Ursachen gestörter Trauer bei Erwachsenen müssen wir unterscheiden zwischen (a) der Gesamtanzahl der betroffenen Individuen und (b) der Inzidenz gestörter Trauer, die auf jede dieser Verlustarten folgt. Dies deshalb, weil die Todesquoten von Personen in der Rolle von Elternteil, Gatten, Kind und Geschwister verschieden sind. Die gegenwärtigen Sterbequoten im Westen sind am höchsten für Personen in der Rolle des Vaters und nehmen für solche in den Rollen von Mutter, Ehemann, Ehefrau und Kind progressiv ab. (Sterbequoten von Geschwistern stehen nicht zur Verfügung.) Wäre also die Inzidenz gestörter Trauer ungeachtet der Art des Verwandtenverlusts immer dieselbe, so müsste sich die größte Zahl von an gestörter Trauer leidenden Erwachsenen unvermeidlich unter jenen finden, die einen Vater verloren haben, und die geringste Zahl unter jenen, die ein Kind verloren haben.

In der Tat besitzen wir noch zu wenig Informationen über die unterschiedliche Inzidenz gestörter Trauer bei Erwachsenen im Falle von Verlusten dieser verschiedenen Arten, obwohl Parkes' Beweismaterial nahe legt, dass diejenigen, die einen Ehepartner verlieren, das größte Risiko tragen. Aufgrund dieser unterschiedlichen Faktoren stellen wir fest, dass in westlichen Kulturen Erwachsene, die unter Trauerstörungen leiden, weitgehend aus der Gruppe jener stammen, die einen Ehemann verloren haben, und in geringerem Maße aus der jener, die eine Ehefrau, einen Elternteil oder ein Kind verloren haben; der Geschwisterverlust fällt vergleichsweise selten ins Gewicht.

Alter und Geschlecht der hinterbliebenen Person

Alter zum Zeitpunkt des Verlusts

Ebenso wie es Schwierigkeiten gibt bei der Bestimmung der unterschiedlichen Inzidenz gestörter Trauer nach Verlusten verschiedener Art, gibt es auch Schwierigkeiten bei der Bestimmung der unterschiedlichen Inzidenz hinsichtlich Alter (und auch Geschlecht) der Hinterbliebenen. Die meisten Psychoanalytiker sind überzeugt, dass die Inzidenz bei Verlusten, die vor dem Erreichen der Reife erlitten werden, höher ist als bei Verlusten im Erwachsenenalter. Selbst für diesen Unterschied aber sind keine eindeutigen Zahlen verfügbar.

Auch im Hinblick auf im Erwachsenenalter erlittene Verluste sind die Daten spärlich: Von den vorliegenden beziehen sich die meisten auf Witwen.

Die Funde aus mindestens zwei Untersuchungen haben nahe gelegt, dass die Trauer um so intensiver ist, je jünger eine Frau ist, wenn sie Witwe wird, und dass gesundheitliche Störungen desto wahrscheinlicher sind. So stellte Parkes (1964b) bei seiner Überprüfung der Besuche, die 44 Londoner Witwen innerhalb der ersten 18 Monate nach dem Trauerfall bei ihren praktischen Ärzten gemacht hatten, fest, dass von den 29 Frauen, die jünger als 65 Jahre waren, ein größerer Anteil um Hilfe bei emotionalen Problemen nachsuchte, als von den 15 Frauen, die älter als 65 waren. Ähnlich fanden Maddison und Walker (1967) bei ihrer Untersuchung von 132 Bostoner Witwen im Alter zwischen 45 und 60 Jahren bei den Frauen in der jüngeren Hälfte dieses Altersspektrums zwölf Monate nach dem Trauerfall eine Tendenz zu einem ungünstigeren Ausgang als bei den Frauen in der älteren Hälfte.

Andere Studien jedoch haben keine Beziehung zum Alter gefunden. So stellten beispielsweise weder Maddison und Viola (1968) bei ihrer Wiederholung der Boston-Studie in Sydney, Australien, noch Raphael (1977) bei ihrer späteren Untersuchung in derselben Stadt irgendeine Korrelation zwischen dem Alter zum Zeitpunkt des Todesfalles und dem Ausgang fest. Eine mögliche Erklärung des Widerspruchs liegt darin, dass die Altersspektren der Witwen in den verschiedenen Untersuchungen unterschiedlich sind und dass eine eventuelle Tendenz jüngerer Witwen, auf Verlust ungünstiger zu reagieren als ältere, nur einen bestimmten Teil des Altersspektrums betrifft. Wie dem auch sei, eindeutig ist das Beweismaterial dafür, dass es kein Alter gibt, jenseits dessen ein Mensch auf einen Verlust nicht mehr mit gestörter Trauer reagieren kann. Sowohl Parkes (1964a) als auch Kay, Roth und Hopkins (1955) haben bei ihren Untersuchungen an psychiatrischen Patienten eine Anzahl von Personen gefunden, deren Krankheit eindeutig in Zusammenhang stand mit einem spät im Leben erlittenen Verlust. Von 121 Londoner Patienten beiderlei Geschlechts, deren Erkrankung sich kurz nach einem Trauerfall entwickelt hatte, waren laut Parkes 21 65 Jahre alt oder älter.

Geschlecht des Hinterbliebenen

In absoluten Zahlen ist es kaum zweifelhaft, dass mehr Frauen Opfer von Trauerstörungen sind als Männer; weil die Inzidenz des Gattenverlustes aber für die Angehörigen der beiden Geschlechter nicht dieselbe ist, können wir nicht sicher sein, dass Frauen verletzlicher sind. Außerdem kann es durchaus sein, dass die Formen, die Trauerstörungen bei beiden Geschlechtern annehmen, unterschiedlich sind, was zu falschen Schlüssen führen könnte. Darum müssen die folgenden Funde mit einiger Vorsicht betrachtet werden.

Einiges spricht dafür, dass Witwen mehr als Witwer dazu neigen, Zustände von Angst und Depression zu entwickeln, die anfangs zur Einnahme schwerer Sedativa führen (Clayton, Desmarais und Winokur, 1968) und später zur Einweisung in ein psychiatrisches Krankenhaus (Parkes, 1964a). Das Material der Harvard-Studie über diesen Punkt ist jedoch zweideutig (siehe Kapitel 6). Während des ersten Jahres schienen die Witwer in dieser Studie weniger betroffen als die Witwen; nach zwei bis drei Jahren aber litt ein ebenso großer Anteil von Witwern wie von Witwen an schweren Störungen. Von 17 weiterbeobachteten Witwern waren vier entweder ausgeprägt depressiv oder Alkoholiker oder beides; von 43 weiterbeobachteten Witwen waren zwei schwer krank und sechs weitere gestört und desorganisiert.

Das Beweismaterial über die Auswirkungen des Verlusts eines Kindes ist ebenso unsicher. Es gibt zwar einige Anzeichen dafür, dass der Verlust eines kleinen Kindes mit größerer Wahrscheinlichkeit schwerere Auswirkungen auf die Mutter als auf den Vater hat, doch im Hinblick auf den Verlust eines älteren Kindes gibt es Grund zu der Annahme, dass Väter ebenso ungünstig beeinflusst werden können wie Mütter (z. B. Purisman und Maoz, 1977).

Letztendlich scheint es so zu sein, dass, welche Korrelationen auch immer bestehen mögen zwischen Alter und Geschlecht des Hinterbliebenen und der Tendenz zu einem pathologischen Verlauf der Trauer, diese Korrelationen gering und wahrscheinlich wenig bedeutend sind im Vergleich zu den noch zu erörternden Variablen. Vielleicht ist dies ein glücklicher Umstand, da wir in unserer beruflichen Rolle bei dem Versuch, von einem schmerzlichen Verlust betroffene Menschen, die möglicherweise in Schwierigkeiten sind, zu verstehen und ihnen zu helfen, mit ihren Persönlichkeiten und ihren gegenwärtigen sozialen und psychologischen Umständen zu tun haben; Alter und Geschlecht des Hinterbliebenen dagegen sind unveränderbar.

Ursachen und Umstände des Verlusts

Die Ursache eines Verlusts und die Umstände, unter denen er eintritt, sind ungeheuer variabel, und es wäre nicht überraschend, wenn einige von einer Art wären, die gesunde Trauer erleichtert, und andere von einer Art, die sie sehr erschwert.

Zunächst einmal kann der Verlust durch Tod oder durch Verlassen eintreten. Beides kann zu gestörter Trauer führen, und gegenwärtig kann man noch nicht sagen, welches von beiden wahrscheinlicher dazu führt. Was in diesem Kapitel folgt, bezieht sich auf Verlust durch Tod. (Reaktionen auf Verlust durch Verlassen werden diskutiert von Marsden [1969] und Weiß [1975b]).

Weiter kann ein Verlust plötzlich eintreten oder in gewissem Maße vorhergesehen worden sein. Es scheint kein Zweifel daran zu bestehen, dass ein plötzlicher, unerwarteter Tod anfänglich als wesentlich größerer Schock empfunden wird als ein vorhersehbarer (z. B. Parkes, 1970a); die Harvard-Untersuchung an Witwen und Witwern unter 45 Jahren zeigt, dass zumindest in dieser Altersgruppe nach einem plötzlichen Verlust nicht nur ein höheres Maß von emotionalen Störungen auftritt – Angst, Selbstvorwurf, Depression –, sondern dass es auch während des ersten und bis ins zweite und dritte Jahr hinein andauert und außerdem häufiger zu einem pathologischen Ausgang führt (Glick u. a., 1974; Parkes, 1975a). Dies ist eine von Klinikern schon lange vermutete Abfolge, z. B. Lindemann (1944), Lehrman (1956), Pollock (1961), Siggins (1966), Volkan (1970) und Levinson (1972). Bei der Harvard-Studie waren 21 Witwen unmissverständlich auf den Tod ihres Mannes vorbereitet worden, 22 nur wenig oder gar nicht.[71] Von den Frauen, die angemessen vorgewarnt worden waren, entwickelte nur eine einen pathologischen Zustand; von denen, die einen plötzlichen Verlust erlitten, waren es dagegen fünf. Bei den Witwern ergaben sich ähnliche Feststellungen.

Eine weitere Feststellung der Harvard-Studie, und zwar eine unvorhergesehene, ist, dass zwei oder drei Jahre nach dem Verlust nicht eine der Witwen, die ihren Mann plötzlich verloren hatten, irgendein Anzeichen dafür aufwies, dass sie sich wieder verheiraten wollte, während das bei 13 von den 20 vorgewarnten Witwen, die weiterbeobachtet wurden, der Fall war. Die Autoren vermuten, dass dieser große Unterschied in der Wiederverheiratungsrate darauf zurückzuführen ist, dass diejenigen, die den plötzlichen Verlust erlitten, panische Angst davor hatten, sich erneut in eine Situation zu begeben, in der sie einen solchen Schlag erleiden könnten. Sie vergleichen den von ihnen angeführten psychischen Zustand mit der phobischen Reaktion, die oft von Menschen entwickelt wird, welche andere plötzliche und verheerende Katastrophen erlebt haben, etwa einen Hurrikan oder einen Brand.

Da der verstorbene Ehepartner einer Witwe oder eines Witwers unter 45 Jahren wahrscheinlich zum Zeitpunkt seines Todes jünger als 50 Jahre gewesen ist, wird ein solcher Verlust von den Überlebenden vermutlich als unzeitig beurteilt. Das Ausmaß, in dem diese Variable, auf die sowohl Krupp und Kligfeld (1962) als auch Gorer (1965) und Maddison (1968) aufmerksam machen, zu einer gestörten Form von Trauer beitragen könnte, bleibt ungewiss, doch sie erhöht eindeutig die Schwere des Schlages und die Intensität des wachgerufenen Zorns.

Es gibt in der Tat Gründe für die Vermutung, dass die schweren Reaktionen nach einem plötzlichen Todesfall, die in der Harvard-Studie so häufig beobachtet wurden, nur nach Todesfällen auftreten könnten, die sowohl plötzlich als auch unzeitig eintraten. Zu dieser Schlussfolgerung kam Parkes (1975a), nachdem er die deutlichen Harvard-Funde an jungen Witwen und Witwern der Tatsache gegenübergestellt hatte, dass die St. Louis-Gruppe keine Korrelation zwischen plötzlichem Todesfall und ungünstigem Ausgang (gemessen nach 13 Monaten am Vorliegen depressiver Symptome) bei der älteren Gruppe hatte finden können, die sie untersuchte (Bornstein *et al.*, 1973).

Es gibt noch andere mit einem Todesfall zusammenhängende Umstände, die mit ziemlicher Sicherheit den Verlust entweder leichter oder schwerer bewältigen lassen, wenn sie auch wohl in keinem Fall eine so starke Wirkung haben wie ein plötzlicher und unzeitiger Tod. Zu diesen anderen Umständen gehören:

1. ob die Art des Sterbens eine längere Periode der Pflege durch den Hinterbliebenen erfordert;
2. ob die Art des Sterbens zu Verunstaltung oder Verstümmelung des Körpers führt;
3. wie die Information über den Tod den Hinterbliebenen erreicht;
4. wie die Beziehungen zwischen Sterbendem und Hinterbliebenem in den Wochen und Tagen unmittelbar vor dem Tod waren;
5. wer auf den ersten Blick dafür verantwortlich scheint.

Wir wollen alle Punkte betrachten.
1. Zwar kann ein plötzlicher Tod für den Hinterbliebenen ein großer Schock sein und zu gewissen Arten von psychologischen Schwierigkeiten beitragen, doch auch eine lang andauernde, mit Pflegebedürftigkeit verbundene Krankheit kann eine große Bürde sein und so zu anderen Arten von psychologischen Problemen beitragen. Nach einem Vergleich zwischen 20 Bostoner Witwen, deren Trauer einen ungünstigen Verlauf genommen hatte, und einer entsprechenden Gruppe von Witwen, bei denen sie günstig verlaufen war, kam Maddison (1968) zu dem Schluss, dass „eine längere Periode des Sterbens ... bereits zuvor bestehende Ambivalenz maximieren und zu ausgeprägten Schuld- und Versagensgefühlen führen" kann. Besonders schwierig wird die Situation, wenn der körperliche Zustand des Patienten mit starken Schmerzen, schwerer Verstümmelung oder anderen qualvollen Merkmalen verbunden ist und auch, wenn die ganze Last der Pflege von einem einzigen Familienmitglied getragen werden muss. Im letzteren Fall, in dem die Überlebende über einen langen Zeitraum ihre Zeit und Aufmerksamkeit einem kranken Angehörigen gewidmet hat, bleibt sie nach Eintreten des Verlusts möglicherweise ganz ohne Rolle oder Funktion.

2. Unweigerlich wird der Zustand des Leichnams bei seinem letzten Anblick die Erinnerungen des Hinterbliebenen entweder günstig oder ungünstig beeinflussen. Es gibt viele Berichte über Hinterbliebene, die von Erinnerungen an oder Träumen über einen Verstorbenen, dessen Körper in irgendeiner Weise verstümmelt war, geplagt werden; siehe beispielsweise Yamomoto u. a. (1969). Bei der Harvard-Studie wurde festgestellt, dass die Witwen und Witwer, die interviewt wurden, die kosmetischen Bemühungen entsprechender Unternehmungen zu schätzen wussten.

3. Die Todesnachricht kann die Hinterbliebenen auf verschiedene Arten erreichen. Sie können während des Sterbens oder kurz danach anwesend sein oder von jemand anderem davon unterrichtet werden, ohne die Leiche je zu sehen. Die Todesnachricht kann ihnen auch vorenthalten werden. Es scheint wenig Zweifel daran zu geben, dass die Tendenz zu dauerndem Unglauben, der Tod sei wirklich eingetreten, desto geringer ist, je direkter das Wissen des Hinterbliebenen ist. Der Unglaube wird wesentlich erleichtert, wenn der Tod in der Ferne erfolgte und auch, wenn die Nachricht von Fremden überbracht wurde. Schließlich ist es nur natürlich, dass, wenn eine Todesnachricht geheim gehalten wurde, wie es vor Kindern oft geschieht, eine lebhafte und dauerhafte Überzeugung bestehen bleibt, der Tote sei noch am Leben und werde früher oder später wiederkommen. Es gibt eine Fülle von Beweismaterial dafür, dass mangelhafte oder sogar falsche Information zum Zeitpunkt des Todesfalles eine Hauptdeterminante für das Fehlen bewusster Trauer ist.

4. In den Wochen und Tagen unmittelbar vor dem Sterben können die Beziehungen zwischen dem Sterbenden und dem Hinterbliebenen sich in einem Spektrum von intim und liebevoll bis distanziert und feindselig bewegen. Ersteres führt zu tröstenden Erinnerungen, Letzteres zu quälenden. Natürlich spiegelt das besondere Muster, das eine Beziehung in dieser kurzen Zeitspanne annimmt, größtenteils das Muster, das die Beziehung zuvor schon hatte; und dies wiederum ist ein Produkt der Persönlichkeit des Hinterbliebenen im Zusammenspiel mit der des Verstorbenen. Hier haben wir es mit komplexen Sachverhalten zu tun, die später behandelt werden; im Augenblick liegt die Betonung auf Ereignissen, die nur während einer sehr begrenzten Zeitspanne eintreten.

Es ist beispielsweise besonders quälend, wenn einem Sterben, vielleicht nur Stunden oder Tage zuvor, ein Streit vorausging, bei dem harte Worte fielen. Raphael (1975) erwähnt die intensiven Schuldgefühle einer Frau, die nur zwei Tage vor dem unerwarteten Tod ihres Mannes einen Streit mit ihm gehabt hatte, bei dem sie aktiv erwogen hatte, ihn zu verlassen, und das Gefühl gehabt hatte, ihn umbringen zu können. Ähnlich beschreibt Parkers (1972, S. 135f) die lang andauernde und bittere Empörung einer Witwe[72], deren Mann einige Jahre vor seinem Tod einen Schlaganfall erlitten hatte und seither von der Pflege durch seine Frau abhängig war. Beide hatten sich gegenseitig kritisiert, nicht genug zu tun, und der Ehemann hatte in einem Wutanfall den Wunsch geäußert, seine Frau möge ebenfalls einen Schlag bekommen. Kurz danach starb er plötzlich. Ein Jahr später rechtfertigte seine Frau noch immer wütend ihr Verhalten ihm gegenüber und klagte gelegentlich über Symptome, die seinen Symptomen ähnelten. In wesentlich kleinerem Maßstab wird man sich dabei an die Trauer des Tikopia-Häuptlings um den Sohn erinnern, mit dem er gestritten hatte, wie sie von Firth beschrieben und in Kapitel 8 erwähnt wurde.

Am entgegengesetzten Ende des Spektrums stehen jene Todesfälle, bei denen die Beteiligten vorher zusammen sind, fähig sind, ihre Gefühle und Gedanken in Bezug auf die kommende Trennung miteinander zu teilen und liebend voneinander Abschied zu nehmen. Das ist eine Erfahrung, die beide bereichern kann und die, daran muss erinnert werden, durch Verhalten und Unterstützung professioneller Helfer entweder sehr erleichtert oder erschwert werden kann. Maßnahmen, die Sterbenden und deren Angehörigen Hilfen geben können, werden in einem neuen Buch von Parkers diskutiert.

5. Manchmal sind die Umstände eines Todes dergestalt, dass die weit verbreitete Tendenz, jemandem die Schuld dafür zu geben, signifikant erhöht wird. Ein Ehegatte oder Elternteil kann beispielsweise länger als ratsam gezögert haben, medizinische Hilfe zu suchen; umgekehrt kann auch verspätet oder im Extremfall auch unangemessen auf dieses Ersuchen reagiert worden sein. Bei einigen Unfällen oder Krankheiten kann der Verstorbene wesentlich zu deren Eintreten beigetragen haben, etwa durch leichtsinnige Fahrweise, exzessives Rauchen oder Trinken oder die starrsinnige Weigerung, einen Arzt aufzusuchen. In anderen Fällen ist es der Hinterbliebene, der vielleicht eine maßgebende Rolle gespielt hat, entweder durch Verursachen eines Unfalls oder auch, weil der Verstorbene bei dem Versuch, ihn zu retten, ums Leben kam. In allen derartigen Fällen besteht ein Gefühl, dieser Tod habe nie passieren müssen, und die Wut auf den Verstorbenen, das Selbst oder auf Dritte wird erheblich verstärkt.

Tod durch Suizid

Tod durch Suizid ist ein Sonderfall, in dem der Tod als unnötig empfunden und die Tendenz zu Beschuldigungen wahrscheinlich ungeheuer gesteigert wird. Einerseits kann der Verstorbene beschuldigt werden, den Hinterbliebenen mutwillig im Stich gelassen zu haben, andererseits kann der eine oder andere Angehörige für das Auslösen der Tat verantwortlich gemacht werden. Sehr häufig werden engste Angehörige beschuldigt, vor allem der überlebende Ehegatte. Auch Eltern werden hineingezogen, vor allem wenn sich ein Kind oder Jugendlicher das Leben genommen hat. Manchmal wird auch einem Kind von einem Elternteil die Schuld am Suizid des anderen gegeben. Zu jenen, die solche Schuld zumessen, gehören wahrscheinlich sowohl Angehörige als auch Nachbarn; nicht selten auch gibt der überlebende Ehegatte sich selbst die Schuld, vielleicht, weil er nicht genug getan hat, um den Suizid zu verhindern, vielleicht auch, weil er ihn ermutigt hat. Solche Selbstvorwürfe können dadurch verschlimmert werden, dass ein Mensch, bevor er Suizid beging, darauf angespielt hat, er sei dazu getrieben worden. Möglicherweise stimmt das sogar. Raphael und Maddison (1976) berichten über den Fall einer Frau, die sich ein paar Wochen vor dem Tod ihres Mannes von ihm getrennt und ihm gesagt hatte, er solle doch gehen und sich umbringen. Das tat er dann, indem er die Abgase seines Autos einatmete.

Bei einem so hohen Potential an Beschuldigungen und Schuldgefühlen ist es nicht überraschend, dass Tod durch Suizid eine erschreckende Spur von Psychopathologie hinter sich lassen kann, die sich nicht nur auf die unmittelbaren Überlebenden beschränkt, sondern auch auf deren Nachkommen. Eine ganze Reihe von Klinikern ist jetzt auf diese pathogenen Abläufe aufmerksam geworden, und die Literatur wächst. Cain (1972) hat einen großen Teil davon zusammengetragen. Die Artikel illustrieren in lebhaften Details die psychologischen Gefahren, vor denen die Hinterbliebenen von Menschen stehen können, die sich das Leben genommen haben. Statt ihnen zu helfen, meiden Verwandte und Nachbarn sie und geben ihnen offen oder insgeheim die Schuld. Die Hinterbliebenen selbst, die möglicherweise schon lange emotionale Probleme hatten, sind versucht, das Verdikt herauszufordern, das Geschehene zu vertuschen oder zu verfälschen, andere zum Sündenbock zu machen oder sich fanatisch in soziale oder politische Kreuzzüge zu verbeißen, um sich von dem Geschehenen abzulenken und den Schaden wieder gutzumachen. Sie können aber auch von bohrenden Selbstvorwürfen heimgesucht werden und ihrerseits Suizidgedanken hegen. In dem Tumult, der sich daraus ergibt, werden Kinder leicht falsch informiert, zum Schweigen aufgefordert und beschuldigt; außerdem werden sie möglicherweise so angesehen und behandelt, als hätten sie ein psychisches Ungleichgewicht ererbt und seien deshalb dazu verurteilt, dem Elternteil, der Suizid begangen hat, nachzufolgen. Die weitere Erörterung dieser tragischen Folgen findet sich in Kapitel 22.

Wie Cain jedoch als Erster bemerkt, sind diejenigen, die man in Kliniken antrifft, nur der gestörte Anteil der Überlebenden; um ein ausgewogeneres Bild zu erhalten, brauchen wir Informationen aus einer *Follow-up*-Studie einer repräsentativen Stichprobe. Ein Anfang ist gemacht worden mit einer von Shepherd und Barraclough (1974) kürzlich durchgeführten Untersuchung über das weitere Ergehen der Ehepartner von 24 Suizidanten in einem Zeitraum von fünf Jahren nach dem Todesfall. Wenn man die Anzahl der Variablen der Umstände berücksichtigt, die für Richtung und Intensität der Schuldzumessung eine Rolle spielen, und auch andere Faktoren, so ist es nicht überraschend, dass diejenigen, die einen Angehörigen durch Suizid verlieren, auf extrem unterschiedliche Weisen beeinflusst werden.

Shepherd und Barraclough arbeiteten in einer Grafschaft in Südengland, beobachteten die betroffenen 17 Witwer und 27 Witwen weiter und erhielten Informationen über alle. Sie waren von 22 bis 48 Jahre alt und von nur neun Monate bis zu 49 Jahren verheiratet gewesen. Fast alle waren kurz nach dem Tod des Ehepartners bereits einmal im Rahmen einer Studie über die klinischen und sozialen Vorläufer von Suizid befragt worden. Nach fünf Jahren wurde festgestellt, dass zehn gestorben waren, zwei krank (an ihrer Stelle wurden Verwandte aufgesucht); einer verweigerte ein weiteres Interview.

Die Zahl der Todesfälle (10) war höher als zu erwarten gewesen wäre, nicht nur im Vergleich mit verheirateten Personen (erwartete Anzahl 4,4), sondern auch im Vergleich mit auf andere Weise verwitweten Personen (6,3). Letzterer Unterschied (die Wahrscheinlichkeit seines zufälligen Auftretens liegt bei etwa 10 Prozent) lässt vermuten, dass die Sterbequote durch Suizid verwitweter Personen durchaus höher sein könnte als die auf andere Weise Verwitweter. Keiner der zehn Todesfälle war ein Suizid; viele der Überlebenden jedoch berichteten von Suizidgedanken.

31 der Überlebenden wurden von Sozialarbeitern interviewt. Die Interviews, die anhand eines Fragebogens durchgeführt wurden, dauerten im Durchschnitt eine Stunde; im Einzelnen jedoch variierte die Dauer von 20 Minuten bis zu über drei Stunden.

Beim Vergleich des gegenwärtigen psychologischen Zustands des Verwitweten mit seinem Zustand vor dem Suizid wurde dieser in der Hälfte der Fälle als besser und in der anderen Hälfte als schlechter eingestuft (14 besser, 14 schlechter, 3 nicht bestimmt). Viele derjenigen, denen es jetzt besser ging, hatten sehr schwierige Ehen gehabt, die den Persönlichkeitsproblemen des Gatten zugeschrieben wurden; dazu gehörten Alkoholismus, Gewalttätigkeit und Hypochondrie. Sobald der Schock über den Suizid und die gerichtliche Untersuchung vorüber war, wurde die Befreiung aus einer solchen Ehe als Erleichterung angesehen. Von diesen Personen hatten sieben erneut geheiratet; diese waren mit einer Ausnahme zum Zeitpunkt des Todesfalles jünger als 38 Jahre gewesen. Von den Menschen dagegen, denen es jetzt schlechter ging als früher, waren einige glücklich verheiratet und über den unerwarteten Suizid des Partners zutiefst bekümmert gewesen; vermutlich war dieser das Ergebnis einer plötzlichen und schweren Depression in einer ansonsten effizienten Persönlichkeit gewesen. In einem Fall dieser Art fühlte sich die Witwe von den Verwandten ihres Mannes beschuldigt und hatte sich in ein eingeschränktes Sozialleben zurückgezogen. Dennoch ist es interessant festzustellen, dass sie sich der Erinnerung an Aktivitäten erfreuen konnte, die sie früher mit ihrem Mann zusammen unternommen hatte. Hier ist es notwendig, zwischen dem verarmten Leben, das möglicherweise Folge eines Trauerfalles ist, und den schädlichen Auswirkungen der Trauer zu unterscheiden, wenn diese einen pathologischen Verlauf nimmt.

Bei dieser Serie war der Ausgang bei Männern und Frauen ähnlich. Im Gegensatz zu einigen anderen Funden war hier die Entwicklung bei jüngeren Verwitweten (Durchschnittsalter 40) signifikant günstiger als bei älteren (Durchschnittsalter 53). Eine weitere Variable, die als mit einem besseren Ausgang assoziiert erkannt wurde, war eine günstige Reaktion auf das erste Forschungsinterview, das kurz nach dem Suizid geführt worden war. Von den 28 an beiden Interviews beteiligten Personen wiesen die 15, die berichteten, das erste Interview habe ihnen geholfen, auch ein günstigeres Ergebnis auf. Diese Feststellung kann auf mindestens drei Arten interpretiert werden. Einmal ist es, wie die Autoren bemerken, möglich, dass einige, denen es später besser ging, geneigt waren, die Vergangenheit durch eine rosige Brille zu sehen. Eine andere Deutung wäre, dass eine wirklich günstige Reaktion auf ein solches Interview nur bei solchen Menschen erfolgt, die ohnehin zu einem verhältnismäßig guten Ausgang bestimmt sind. Eine dritte Interpretation wäre, dass das Forschungsinterview tatsächlich eine hilfreiche Erfahrung war und den Verlauf der Trauer in einem gewissen Grade günstig beeinflusst hat. Die Funde in Australien durchgeführter Untersuchungen, über die im nächsten Abschnitt berichtet wird, tendieren zur Unterstützung der zweiten und dritten Deutung.

Multiple Stressoren

Gelegentlich kommt es vor, dass ein Hinterbliebener mehr als einen engen Angehörigen oder Freund verliert, entweder bei derselben Katastrophe oder innerhalb eines Zeitraums von etwa einem Jahr. Andere werden mit dem hohen Risiko eines weiteren derartigen Verlustes konfrontiert, beispielsweise durch schwere Krankheit oder durch Emigration eines erwachsenen Kindes; oder es stößt ihnen ein anderes Ereignis zu, das als stark belastend empfunden wird. Mehrere Forscher, z. B. Maddison sowohl in seiner Bostoner Studie (Maddison, 1968) als auch in Sydney (Maddison, Viola und Walker, 1969) und auch Parkes in London (Parkes, 1970a), haben den Eindruck gehabt, dass Witwen, die solchen multiplen Krisen ausgesetzt sind, eine ungünstigere Entwicklung haben als *solche, bei denen das nicht der* Fall ist. Obwohl diese Feststellung eigentlich kaum überraschend ist, wurde sie erst kürzlich durch feste Beweise untermauert.

Tatsächlich besteht eine ernste methodologische Schwierigkeit bei der Bestimmung dessen, was als Stressor zu zählen ist und was nicht. Es kommt leicht zu Zirkelschlüssen. Dies ist ein Problem, das Brown und Harris (1978a) angehen. Sie haben eine Methode herangezogen, bei der der Stressgehalt jedes Ereignisses unabhängig davon eingeschätzt wird, wie die betroffene Person reagiert hat oder reagiert zu haben behauptet. Die Funde ihrer Studie über Lebensereignisse, die dem Einsetzen einer depressiven Störung vorangehen, bei der sie diese Methode anwandten, stützen die Auffassung, dass multiplen Stressoren ausgesetzte Personen eher eine Störung entwickeln als Personen, die diesen nicht ausgesetzt waren (siehe Kapitel 14). Bei weiteren Untersuchungen dieses Problems wäre es wünschenswert, dass diese Methode der Einschätzung von Lebensereignissen übernommen wird.

Soziale und psychologische Umstände, die den Hinterbliebenen beeinflussen

Es gibt heute stichhaltiges Beweismaterial dafür, dass einige der sozialen und psychologischen Umstände, die einen Hinterbliebenen in einem Zeitraum von etwa einem Jahr nach einem Verlust beeinflussen, für den Verlauf der Trauer eine beträchtliche Rolle spielen können. Einige dieser Umstände können zwar nicht verändert werden, andere aber durchaus. In dieser Tatsache liegt die Hoffnung, dass bei besserem Verständnis der fraglichen Punkte den von einem schmerzlichen Verlust betroffenen Menschen effizient geholfen werden kann.

Es ist zweckdienlich, diese Gruppe von Variablen unter folgenden drei Überschriften zu betrachten, jede versehen mit zwei Untergruppierungen:

1. **Lebensarrangements**
   - ob ein Hinterbliebener mit anderen erwachsenen Verwandten zusammenlebt oder allein;
   - ob er oder sie für Kinder oder Adoleszenten verantwortlich ist.
2. **Sozio-ökonomische Vorkehrungen und Möglichkeiten**
   - ob die ökonomischen Umstände und Wohnverhältnisse ein leichteres oder schwierigeres Leben bewirken;
   - ob Möglichkeiten bestehen, die die Organisation einer neuen Art von sozialem und ökonomischem Leben erleichtern, oder nicht.
3. **Überzeugungen und Praktiken, die gesunde Trauer fördern oder erschweren**
   - ob kulturell bestimmte Überzeugungen und Praktiken gesunde Trauer fördern oder erschweren;
   - ob Angehörige, Freunde und andere gesunde Trauer erleichtern oder erschweren.

Lebensarrangements

Es ist nicht überraschend, dass bei Witwen und Witwern, die nach dem Trauerfall allein leben, eine Tendenz zu einer ungünstigeren Entwicklung besteht als bei solchen, die mit anderen Menschen zusammenleben. Clayton (1975) stellte bei ihrer Untersuchung an älteren Menschen beispielsweise fest, dass ein Jahr nach dem Trauerfall 27 Prozent der Alleinlebenden depressive Symptome aufwiesen, verglichen mit 5 Prozent derer, die mit anderen Personen zusammenlebten. Der Anteil derer, die noch immer Schlafmittel benutzten, war ebenfalls höher (39 Prozent bzw. 14 Prozent). Hinsichtlich der Londoner Witwen berichtet Parkes von ähnlich gerichteten Trends. Er äußert jedoch den Vorbehalt, dass soziale Isolation zwar durchaus zu Depression beitragen kann, dass aber auch ein Trauernder, der depressiv ist, sozialem Austausch aus dem Weg gehen kann. Die Kausalkette kann also in beide Richtungen laufen und sich leicht zu einem Kreis schließen, sei es zum Besseren, sei es zum Schlechteren.

Das Zusammenleben mit nahen Angehörigen, die erwachsen sind, ist für Witwen und für Witwer mit einem günstigeren Ausgang assoziiert, das Zusammenleben mit jüngeren Kindern, für die Verantwortung übernommen werden muss, dagegen nicht. Zu diesem Schluss kommen sowohl Parkes (1972) infolge seiner Londoner Studie als auch Glick u. a. (1974) durch die Funde ihrer Bostoner Untersuchung. Bei Letzterer gab es 43 Witwen, die Kinder zu versorgen hatten, und sieben, bei denen dies nicht der Fall war. Zwischen den beiden Gruppen wurden keine Unterschiede des Ausgangs festgestellt, ein Ergebnis, das nicht schwer zu erklären ist.

Bei beiden Studien kam man zu dem Schluss, dass die Verantwortung für die Versorgung von Kindern sowohl ein Trost als auch eine Bürde war, so dass die Vorteile und Nachteile einander aufwogen. Diejenigen mit Kindern waren fest davon überzeugt, die Kinder hätten ihnen etwas gegeben, für das sie leben konnten, das ihnen Beschäftigung gegeben habe und im ersten Trauerjahr für sie von großem Nutzen gewesen sei. Eine nähere Untersuchung ihrer Lebensumstände jedoch brachte die Schwierigkeiten zutage, die es ihnen gemacht hatte, allein für die Kinder zu sorgen, und auch das Ausmaß, in dem sie durch die Kinder in ihren Möglichkeiten eingeengt gewesen waren, für sich selbst ein neues Leben aufzubauen. Nicht weniger als die Hälfte der Frauen sagte, das Verhalten der Kinder habe ihnen beträchtliche Sorgen gemacht. Einige beschrieben, wie die Anwesenheit eines Ehemannes einer Frau Sicherheit gibt im Umgang mit ihren Kindern und sie zu einer gewissen Konsequenz befähigt, während sie sich dann als Witwe schwankend und unsicher fühlt. Manche Frauen wurden übermäßig autoritär, andere zu lasch, wieder andere neigten zu schwankendem Verhalten. Ob sie Erfolg hatten oder nicht, fast alle waren unsicher, was für die Kinder am besten sei, und machten sich beständig Sorgen, sie könnten sich womöglich schlecht entwickeln.

Die Anwesenheit von Kindern, die zu versorgen waren, hatte auch eine Einschränkung der Möglichkeiten der Witwe zur Folge, für sich selbst ein neues Leben zu entwickeln. Weil Witwen mit Kindern zu Hause sein wollten, ehe die Kinder zur Schule gingen und auch wenn sie zurückkamen, und entsprechende Teilzeitarbeit schwer zu finden war, verschoben die meisten von ihnen die Aufnahme einer Arbeit auf später. Da sie außerdem die Kinder nicht allein zu Hause lassen wollten und Babysitter teuer waren, gingen sie seltener zu gesellschaftlichen Anlässen und konnten auch keine Abendschulen besuchen.

Über die Probleme einer verwitweten Mutter kleiner Kinder braucht nichts weiter gesagt zu werden. Hier liegt eindeutig ein schwerwiegendes soziales und psychisches Gesundheitsproblem vor, das des Nachdenkens bedarf.

Sozio-ökonomische Vorkehrungen und Möglichkeiten

Das soziale Problem besteht darin, wie man am besten für das Wohlergehen sowohl der Witwe als auch der Kinder sorgt, ohne das eine dem anderen zu opfern. Natürlich sind entsprechende ökonomische Vorkehrungen von Bedeutung, und das Gleiche gilt für die Unterbringung. Besondere Aufmerksamkeit muss der Beschaffung von Teilzeitarbeit gewidmet werden und auch Ausbildungsplänen, deren Zeiteinteilung mit der Fürsorge für Kinder im Vorschul- und Schulalter in Übereinstimmung zu bringen ist.[73] Wenn man einer Witwe solche Möglichkeiten gibt, werden die ökonomischen Probleme zumindest verringert und die Chancen einer Neugestaltung ihres sozialen Lebens verbessert. Doch so überaus wünschenswert diese Vorkehrungen auch sind und so außerordentlich hilfreich sie für Witwen wären, die fähig sind, darauf einzugehen, so würden sie als solche und allein die Inzidenz von Trauerstörungen doch nicht wesentlich beeinflussen, da die gewichtigsten Determinanten mit ziemlicher Sicherheit anderswo liegen.

Überzeugungen und Praktiken, die gesunde Trauer fördern oder erschweren

Wie wir in Kapitel 8 sahen, hat fast jede Gesellschaft ihre eigenen Überzeugungen und Praktiken, die das Verhalten von Trauernden regeln. Da Überzeugungen und Praktiken von Kultur zu Kultur und Religion zu Religion sehr stark variieren, könnte man wohl erwarten, dass sie einen Einfluss auf den Verlauf der Trauer haben, indem sie entweder einen gesunden Ausgang fördern oder aber vielleicht zu einem pathologischen beitragen. Gorer (1965), der von ihrer Bedeutung überzeugt war, hat das Problem untersucht; er war bestürzt darüber, dass im heutigen Großbritannien irgendwelche anerkannten Rituale und Anleitungen fast völlig fehlen. Ohne die Stütze sanktionierter Bräuche sind Hinterbliebene und ihre Freunde verwirrt und wissen kaum, wie sie sich zueinander verhalten sollen. Das kann nach Meinung von Gorer nur zu Unglück und Pathologie beitragen.

Ein anderer Sozial-Anthropologe, der in den letzten Jahren eine ähnliche Auffassung geäußert hat, ist Ablon (1971), die eine in Kalifornien lebende, eng verwandte Samoa-Gemeinde untersucht hat. In dieser Gemeinschaft lebt fast jeder im Kreis einer großen Familie, und ein Schlüsselwert ist Gegenseitigkeit, vor allem gegenseitige Hilfe in Krisenzeiten. So kommen nach einem Todesfall sofort Verwandte und Freunde zusammen, die mit durch lange Übung erworbener Effizienz dem hinterbliebenen Gatten, den Eltern oder Kindern die Last abnehmen, Entscheidungen zu treffen und Angelegenheiten zu regeln, die den Trauernden trösten und sich um Waisen kümmern. Das Ritual umfasst sowohl christliche Zeremonien als auch den traditionellen Austausch von Gütern und Gaben, bei denen stets die Familienbindung und gegenseitige Hilfe betont und hervorgehoben werden. In dieser Art von Gemeinschaft, so meint Ablon, kommen Trauersyndrome, die den Betroffenen zu allem unfähig machen, kaum je vor. Doch obwohl ihre Inzidenz durchaus verringert sein kann, zeigt Ablons Material, dass es sie unter gewissen Umständen doch gibt.

Bei ihrer Untersuchung stattete Ablon einer Reihe von Familien Folgebesuche ab, deren Mitglieder fünf Jahre zuvor anlässlich eines samoanischen Tanzfestes bei einem Feuer Angehörige verloren hatten oder selbst schwer verletzt worden waren. Das Feuer hatte 17 Tote und zahlreiche Verletzte gefordert. Von etwa 60 betroffenen Familien besuchte Ablon 18. Aus den Informationen, die sie erhalten konnte, gewann sie den Eindruck, dass die Samoaner, sowohl als Individuen wie auch als Familiengruppen, „die Katastrophe erstaunlich gut bewältigt" hatten. Sie berichtet von drei jungen Witwen, die alle wieder geheiratet hatten und ein erfülltes und aktives Leben führten, sowie von einer vierten, die um die vierzig war und sechs Kinder hatte und die sich ein erfolgreiches Geschäft aufgebaut hatte. Doch Ablons Stichprobe war klein und umfasste außer den Frauen, denen es gut ging, auch zwei Frauen, die adoptierte Kinder verloren hatten und deren Zustand unmissverständlich von gestörter Trauer zeugte. Diese Funde stellen die Theorie in Frage, dass kulturelle Praktiken allein den Verlauf erklären können, den die Trauer bei verschiedenen Individuen nimmt.

Das Material aus anderen Untersuchungen wirft die gleichen Fragen auf. So ergaben beispielsweise weder Parkes' Londoner Studie noch die Harvard-Studie irgendeinen deutlichen Zusammenhang zwischen dem religiösen Bekenntnis der Witwen und Witwer und dem Ergebnismuster.

Betrachtet man die Ambiguität dieser Funde, so liegt die Vermutung nahe, dass die kulturelle Variable zu grob ist, um den Einfluss von Überzeugungen und Praktiken auf den Verlauf der Trauer zu verstehen. Obwohl beispielsweise die negativen Feststellungen in London und Boston möglicherweise darauf zurückzuführen sind, dass die religiösen Untergruppen in jeder Studie zu klein waren, um signifikante Unterschiede zu ergeben, so ist es doch auch möglich, dass in jeder religiösen Gruppe und auch in der Gruppe derer ohne Bekenntnis die Unterschiede hinsichtlich Überzeugung und Praktiken ebenso groß waren wie zwischen den Gruppen. Für diese Erklärung spricht Ablons Feststellung, dass die zwei Samoa-Frauen, deren Trauer einen pathologischen Verlauf genommen hatte, beide im Hinblick auf das Familienleben atypisch waren. Obwohl Scheidung bei Samoanerinnen ihres Alters nicht häufig war, waren beide geschieden und lebten in zweiter Ehe. Beide hatten nur ein weiteres Kind, und keine von beiden lebte in einer Großfamilie. Diese Ausnahmen von Ablons These weisen daher vielleicht darauf hin, wo die Regel liegt.

Wenn wir uns nun Einflüssen zuwenden, die innerhalb der umfassenderen Kultur auf einer intimen persönlichen Ebene wirken, so finden wir starke Hinweise darauf, dass Familien, Freunde und andere eine bedeutende Rolle entweder bei der Förderung des Trauervorgangs oder seiner Erschwerung spielen. Auf diese Variable haben Kliniker seit langem hingewiesen (z. B. Klein, 1940; Paul, 1966). Auch Maddison, der eine Weile mit Caplan in Harvard arbeitete, dessen Arbeit jedoch hauptsächlich in Australien durchgeführt wurde, hat darauf besonders geachtet.

Unter Maddisons Leitung wurden drei Untersuchungen durchgeführt, um den Einfluss von Angehörigen, Freunden und anderen Menschen auf den Verlauf der Trauer zu erhellen. Die erste fand in Boston statt (Maddison und Walker, 1967; Maddison, 1968), die zweite und dritte in Sydney (Maddison, Viola und Walker, 1969; Raphael, 1976, 1977). Die ersten beiden waren retrospektiv und haben daher Mängel; die dritte, die prospektiv war, gleicht viele dieser Mängel aus.

Beide retrospektiven Studien wurden auf die gleiche Weise durchgeführt. Der erste Schritt war die Versendung von Fragebögen, die Informationen über körperliche und psychische Gesundheit einholen sollten, an eine große Stichprobe von Witwen in Boston (132) und Sydney (243) 13 Monate nach ihrem Verlust (Einzelheiten siehe in Kapitel 6). Die 57 Fragen, die sich auf die Gesundheit bezogen, waren so strukturiert, dass nur die Punkte zählten, die Beschwerden betrafen, die entweder neu waren oder seit dem Verlust erheblich zugenommen hatten. Auf der Grundlage ihrer Antworten und einer telefonischen Überprüfung wurden die Witwen in jeder Studie in drei Gruppen unterteilt: diejenigen, deren Gesundheitsbericht günstig schien, diejenigen, deren Bericht auf eine erhebliche Verschlechterung des Gesundheitszustandes hinwies, und eine Zwischengruppe von solchen, die nicht weiter berücksichtigt wurden. Anzahl und Prozentsatz der Witwen in jeder Gruppe sind aus Tabelle 2 ersichtlich.

Das zweite Stadium jeder Studie begann mit der Auswahl von Unter-Stichproben von Witwen (a) mit günstigem Ausgang und (b) mit ungünstigem Ausgang, die einander hinsichtlich aller sozialen und persönlichen Variablen, über die Daten verfügbar waren, soweit wie möglich entsprachen. Bei der Bostoner Studie wurden zweimal 20 Witwen als zur weiteren Mitarbeit bereit identifiziert; in der Sydney-Studie wurden 22 Witwen mit gutem Ausgang 19 mit schlechtem Ausgang gegenübergestellt.

Tabelle 2: Verschlechterung des Gesundheitszustandes

Verschlechterung des Gesundheitszustandes	Anzahl (Witwen)		Prozentsatz (Witwen)	
	Boston	Sydney	Boston	Sydney
Keine	57	77	43	32
Mäßige	47	88	36	36
Ausgeprägte	28	78	21	32
Insgesamt	132	243	100	100

Alle Teilnehmer wurden persönlich aufgesucht, gewöhnlich in ihrem eigenen Heim, und man führte mit ihnen ein halb strukturiertes Interview durch, das durchschnittlich zwei Stunden dauerte. Ziele waren die Überprüfung der Gültigkeit des Fragebogens (der sich als guter Index dafür erwies, wie eine Person mit den emotionalen Problemen eines schweren Verlusts fertig wird) und spezieller die Feststellung, wer jeder Witwe während der Krise des Verlusts zur Verfügung gestanden hatte und ob sie diese Personen als hilfreich, nicht hilfreich oder keines von beiden empfunden hatte. Weitere Fragen richteten sich darauf, ob sie es leicht oder schwer gefunden hatte, jeder erwähnten Person gegenüber ihre Gefühle zu äußern, ob sie ermutigt worden war oder nicht, bei der Vergangenheit zu verweilen, ob die betreffenden Personen bemüht gewesen waren, ihre Aufmerksamkeit auf Probleme von Gegenwart und Zukunft zu lenken, und ob sie praktische Hilfe angeboten hatten. Da Ziel der Untersuchung nur die Feststellung war, wie die Witwen selbst ihren Umgang mit anderen erinnerten, wurde kein Versuch unternommen zu prüfen, wie weit ihre Berichte wohl mit denen der Personen übereinstimmten, mit denen sie Kontakt gehabt hatten.

Zunächst wurde in beiden Städten festgestellt, dass alle Witwen, ungeachtet des späteren Ausgangs, von nicht unwesentlichen hilfreichen Interaktionen berichteten. In beiden Städten jedoch bestand ein deutlicher Unterschied zwischen Witwen mit gutem Ausgang und Witwen mit schlechtem Ausgang hinsichtlich ihrer Berichte über nicht hilfreiche Interaktionen. Während diejenigen mit gutem Ausgang berichteten, sie hätten nur wenige oder keine nicht hilfreichen Interaktionen gehabt, beklagten sich diejenigen mit schlechtem Ausgang darüber, einige der Menschen, mit denen sie zusammengekommen seien, hätten ihnen nicht gestattet, ihren Kummer und ihren Zorn zu äußern und über ihren toten Gatten und die Vergangenheit zu sprechen, sondern ihnen zu verstehen gegeben, sie selbst hätten es noch schwerer. Bei einer Witwe z. B. hatte jemand darauf bestanden, sie solle sich zusammennehmen und sich beherrschen, sie sei ohnehin nicht die Einzige, die leide, Weinen nütze nichts, und sie täte besser daran, sich den Problemen der Zukunft zu stellen, anstatt unproduktiv bei der Vergangenheit zu verweilen. Eine Witwe mit gutem Ausgang berichtete dagegen, wie zumindest ein Mensch, mit dem sie Kontakt gehabt hatte, es ihr erleichtert hatte zu weinen und die Intensität ihrer Gefühle zu äußern. Sie beschrieb, wie erleichternd es gewesen war, offen und ausführlich über vergangene Tage mit ihrem Mann und die Umstände seines Todes sprechen zu können. Ungeachtet des Ausgangs hatte keine Witwe die Diskussion von Zukunftsplänen während der ersten Monate nach dem Verlust in irgendeiner Weise hilfreich gefunden.[74]

Zu den Individuen, mit denen eine Witwe Kontakt gehabt hatte, hatten gewöhnlich sowohl Verwandte als auch professionelle Helfer gehört, etwa die Ärzte, die ihren Mann behandelt hatten, und auch ihr eigener Arzt, ein Geistlicher und ein Beerdigungsunternehmer. In einigen Fällen hatte ein Nachbar oder Ladenbesitzer eine Rolle gespielt. Einige Witwen berichteten, solche Bekannten hätten viel mehr Verständnis für ihre Gefühle gehabt als Verwandte oder professionelle Helfer, die angeblich in einigen Fällen jeder Äußerung von Kummer feindlich gegenübergestanden hätten. In einigen Fällen hatte die Mutter des Ehegatten erhebliche Schwierigkeiten dadurch heraufbeschworen, dass sie behauptete oder implizierte, der Verlust der Witwe sei weniger schwerwiegend als ihr eigener, oder indem sie die Witwe beschuldigte, sie habe sich nicht genügend um ihren Mann gekümmert, oder ihr vergleichbare Unzulänglichkeiten zur Last legte.

Eine Person, die bei einem schweren Verlust offenkundig von Bedeutung ist, ist die eigene Mutter der Witwe, falls sie noch lebt und erreichbar ist. Hinsichtlich der Bostoner Witwen verfügen wir über einige Einzelheiten. Da die meisten von ihnen in mittlerem Alter waren, hatten nur zwölf von 40 noch eine Mutter. Wo die Beziehung schon seit langem eine beiderseitig befriedigende gewesen war, schien die Hilfe der Mutter unschätzbar wertvoll zu sein, und es wurden gute Fortschritte erzielt. Wo die Beziehung dagegen schwierig gewesen war, war die Trauer erschwert: Alle vier Witwen, die ihre Mütter als nicht hilfreich beschrieben, gingen einem schlechten Ausgang entgegen. Obwohl die Stichprobe klein ist, ist eine Korrelation von eins zu eins zwischen der Beziehung einer Witwe zu ihrer Mutter und dem Ausgang ihrer Trauer auffallend und wohl kaum zufällig. Ihre Relevanz für das Verständnis von Personen, die zu einer gesunden bzw. pathologischen Reaktion auf Verlust neigen, kann gar nicht genug betont werden und wird in späteren Kapiteln weiter erörtert.

Natürlich gibt es mehr als eine Art, Maddisons Funde zu interpretieren – wie im Falle der Witwen und Witwer, deren Ehegatten Suizid begangen hatten und die das erste Forschungsinterview als hilfreich bezeichneten. Auch im vorliegenden Zusammenhang kann eine Witwe ihre Erfahrungen nachträglich verzerrt haben; sie kann auch Angehörigen und anderen ihre eigenen Schwierigkeiten zugeschrieben haben, Kummer zu äußern; oder das Verhalten jener, mit denen sie Kontakt hatte, hat tatsächlich signifikant zu ihren Problemen beigetragen. In sämtlichen Fällen können zwei dieser Prozesse oder auch alle drei wirksam gewesen sein. Dennoch neigt Maddison selbst, obwohl er die Komplexität der Daten anerkennt, zur Unterstützung der dritten Interpretation, dass nämlich die berichteten Erfahrungen sowohl real als auch von Einfluss für die Entscheidung über den Ausgang sind. Stark für diese Deutung sprechen die Funde einer prospektiven Studie, die danach in Maddisons Abteilung in Sydney von Raphael durchgeführt wurde.

Material aus therapeutischer Intervention

Unter Verwendung ähnlicher Methoden wie in Maddisons früherer Untersuchung und Heranziehung sowohl seiner Funde als auch einer eigenen Leitstudie machte sich Raphael daran, die Wirksamkeit therapeutischer

Intervention bei Witwen zu untersuchen, deren Trauer zu einem schlechten Verlauf bestimmt schien. Sie ging folgendermaßen vor:

Die Kriterien für die Stichprobe schlossen jede Witwe unter 60 Jahren ein, die mit ihrem Mann zusammengelebt hatte und die innerhalb von sieben Wochen nach dem Trauerfall kontaktiert werden konnte und zur Teilnahme bereit war. Der erste Kontakt mit diesen Witwen wurde aufgenommen, wenn sie eine Rente beantragten; der Beamte lud sie ein, an einer Studie der medizinischen Fakultät der Universität von Sydney teilzunehmen, und händigte ihnen eine Karte aus, die sie abschicken konnten, wenn sie zur Teilnahme bereit waren. Insgesamt wurden nahezu 200 Freiwillige aufgelistet. Aus administrativen Gründen erwies es sich leider als unmöglich festzustellen, wie viele der Angesprochenen sich entschieden hatten, nicht teilzunehmen, und inwiefern sich diese möglicherweise von jenen unterschieden, die teilnahmebereit waren. Diese wurden von einem erfahrenen Sozialarbeiter in ihrem eigenen Heim aufgesucht; zuerst erklärte er ihnen das Projekt und die vorgeschlagene Vorgehensweise, um ihre Zustimmung zu erhalten; dann wurde mit jeder Witwe ein langes Interview geführt.

Insgesamt waren 194 Witwen zur Teilnahme bereit. Sie waren von 21 bis 59 Jahre alt; das Durchschnittsalter betrug 46 Jahre; 119 hatten Kinder unter 16 Jahren. Da nur solche Witwen kontaktiert wurden, die ein Anrecht auf eine Rente zu haben glaubten, entstammten drei Viertel oder mehr von ihnen der unteren Hälfte des sozio-ökonomischen Spektrums.

Zweck des langen Interviews war es, genügend Informationen zu sammeln über die Witwe, ihre Ehe, die Umstände ihres Verlusts und ihre Erfahrungen seither, um eine Voraussage darüber zu machen, ob ihre Trauer wahrscheinlich einen günstigen oder einen ungünstigen Verlauf nehmen würde. Das Hauptkriterium für die Voraussage eines ungünstigen Ausgangs war, dass eine Witwe häufig von nicht hilfreichen Eingriffen Angehöriger und anderer Personen und von Bedürfnissen berichtete, die nicht erfüllt worden waren. Die folgenden Aussagen sind Beispiele für die Erfahrungen, die angegeben wurden:

> „Wenn ich über die Vergangenheit sprechen wollte, wurde mir gesagt, ich solle sie vergessen, sie mir aus dem Kopf schlagen."
>
> „Ich wollte darüber sprechen, wie wütend ich war, doch sie sagten, ich solle nicht wütend sein…"
>
> „Als ich zu sagen versuchte, wie schuldig ich mich fühlte, wurde mir gesagt, ich solle mich nicht schuldig fühlen, ich hätte alles getan, was ich tun musste, aber sie wussten nicht wirklich Bescheid."

Eine Witwe, deren normaler Protest und deren normale Traurigkeit mit großen Mengen von Beruhigungsmitteln behandelt worden waren, bemerkte:

> „Ich fühlte mich schlecht, weil ich nicht weinen konnte: es war, als sei ich in einer Zwangsjacke…"

Weitere Kriterien, die zur Vorhersage eines ungünstigen Ausgangs benutzt wurden, waren das Vorliegen multipler Krisen und einer Ehe, deren Form als pathologisch geworden beurteilt wurde. Einzelheiten werden in einer Fußnote mitgeteilt.[75]

Auf der Grundlage der erhaltenen Informationen wurden die Witwen einer von zwei Gruppen zugeordnet: Gruppe A, bei der ein guter Ausgang vorhergesehen wurde, und Gruppe B, bei der ein schlechter Ausgang vorhergesagt wurde. Keine Unterschiede zwischen den Witwen in beiden Gruppen wurden gefunden hinsichtlich Alter, Anzahl der Kinder oder sozio-ökonomischer Klasse. Die Frauen in Gruppe B wurden dann willkürlich in eine von zwei Untergruppen eingeordnet: B 1, diejenigen, denen eine Beratung angeboten werden würde, und B 2, diejenigen, denen keine Beratung angeboten werden würde. Die Anzahl derer, die auf die drei Gruppen entfielen betrug:

Gruppe A	130
Gruppe B 1	31
Gruppe B 2	33
gesamt	*194*

13 Monate nach dem Todesfall wurden alle Witwen gebeten, denselben Gesundheitsfragebogen auszufüllen, den Maddison in seinen früheren Studien benutzt hatte. Nach der Bewertung mit denselben Methoden wie zuvor war es dann möglich zu bestimmen, wie der Ausgang für die Witwen in jeder der drei Gruppen gewesen war. Diejenigen, deren Gesundheit sich erheblich verschlechtert hatte, wurden den übrigen gegenübergestellt. (In 16 Fällen war ein *Follow-up* nicht durchführbar, so dass die Anzahl derer in den drei Gruppen auf 122, 27 bzw. 29 sank.) Die Ergebnisse werden in Tabelle 3 zusammengefasst.

Wenn der Ausgang bei den beiden Gruppen, die keine Beratung erhalten hatten, verglichen wird, so stellt man fest, dass die Voraussagen recht zu-

Tabelle 3: Ausgang 13 Monate nach dem Todesfall

Gruppe	Vorhersage bei Einschätzung	Beratung	Anzahl der Follow-ups	Ausgang % gut	schlecht
A	gut	nein	122	80	20
B1	schlecht	ja	27	78	22
B2	schlecht	nein	29	41	59
Vergleich zwischen Gruppe A und Gruppe B			nicht signifikant		
Vergleich zwischen Gruppe A und Gruppe B 2			$P<.001$		
Vergleich zwischen Gruppe B 1 und Gruppe B 2			$P<.02$		

treffend und wesentlich besser als zufällig waren. Wenn man außerdem den Ausgang bei den Frauen in Gruppe B 1 (mit ursprünglich ungünstiger Voraussage, aber Beratung) mit dem Ausgang in den beiden anderen Gruppen vergleicht, so ist deutlich, dass erstens der Ausgang bei jenen in Gruppe B 1 buchstäblich ebenso gut ist wie bei jenen in Gruppe A (denen von Anfang an ein günstiger Ausgang vorausgesagt wurde), und dass zweitens der Ausgang bei den Frauen in Gruppe B 1 signifikant besser ist als bei jenen in Gruppe B 2, bei denen ebenfalls ein ungünstiger Ausgang vorhergesagt, aber keine Beratung gegeben wurde. Eine Überprüfung der Möglichkeit, letzteres Ergebnis sei darauf zurückzuführen, dass die Witwen in Gruppe B 1 sich in irgendeiner signifikanten Weise von denen in Gruppe B 2 unterschieden hätten, ergab, dass es zwischen den Gruppen tatsächlich keine relevanten Unterschiede gab.

Die Witwen in der beratenen Gruppe B 1 wiesen eine niedrigere Inzidenz von Depression, Angst, exzessivem Alkoholgenuss und gewissen psychosomatischen Symptomen auf als die Witwen der nicht beratenen Gruppe B 2.

Die Schlussfolgerung, dass Beratung in einem gewissen Grade wirksam ist, wird stark gestützt durch interne Evidenz aus einer detaillierten Untersuchung an den 27 Witwen der beratenen Gruppe, von denen es 21 gut und sechs schlecht ging. Zunächst wurde festgestellt, dass diejenigen, die den besten Gebrauch von den Beratungssitzungen machten, einen signifikanten besseren Ausgang aufwiesen als diejenigen aus der Gruppe, die das nicht taten; von den sechs Frauen, die einem schlechten Ausgang entgegengingen, hatten vier die Sitzungen frühzeitig aufgegeben. Zweitens bestand eine hohe Korrelation zwischen denjenigen, die von einem unabhängigen Gutachter während der Beratungswochen als erfolgreich auf dem Weg zu gesunder Trauer beurteilt worden waren, und einem günstigen Ausgang nach dreizehn Monaten.

Obwohl diese Funde deutlich auf die Wirksamkeit der angewandten Beratungstechniken hinweisen, sollte daran erinnert werden, dass alle Personen Freiwillige waren. Ob dieselben Techniken sich auch bei denjenigen als wirksam erwiesen hätten, die nicht freiwillig teilnahmen und in diesem Falle einem schlechten Ausgang zusteuerten, bleibt unbekannt.

Eine zweite Schlussfolgerung ist die, dass die in der Studie zur Vorhersage des Ausgangs benutzten Techniken gültig sind, zumindest innerhalb gewisser Grenzen.[76]

Doch auch hier müssen Einschränkungen gemacht werden. Von den 122 Freiwilligen, bei denen ein guter Ausgang vorhergesagt worden war, wies jede Fünfte dennoch einen ungünstigen Verlauf auf. Außerdem ist es möglich, dass einige der anderen Frauen, deren Zustand 13 Monate nach dem Trauerfall als gut bezeichnet wurde (wie vorhergesagt), möglicherweise Individuen waren, die ihren Kummer unterdrückten und vielleicht später einen Zusammenbruch erlitten. Gegen diese Möglichkeit spricht jedoch Raphaels Überzeugung (persönliche Mitteilung), dass unter den freiwilligen Teilnehmerinnen wahrscheinlich wenige derartige Individuen waren, weil es in der Natur dieses Zustandes läge, dass sie die Teilnahme an einer Untersuchung vermeiden würden, die ihre Abwehrmaßnahmen gefährden könnte.

Wir wollen uns nun den Techniken zuwenden, die Raphael bei ihrem Projekt benutzte. Sie wurden von Techniken abgeleitet, die zuerst von Caplan (1964) zum Gebrauch bei jeder Art von Krisenintervention eingeführt wurden.

Wenn eine Witwe interviewt worden war, man bei ihr einen ungünstigen Ausgang vorauszusehen glaubte und sie der zur Beratung bestimmten Gruppe zugeteilt worden war, setzte sich die Beraterin (Dr. Raphael) mit ihr in Verbindung oder nahm telefonisch den Kontakt auf. Sie knüpfte dabei an die Probleme an, die die Witwe im Einschätzungsinterview beschrieben hatte, und bot Unterstützung an. Wenn diese akzeptiert wurde, was bei der Mehrheit der Fall war, wurde ein weiteres Gespräch vereinbart. Alle weiteren Sitzungen fanden innerhalb der ersten drei Monate nach dem Trauerfall statt und beschränkten sich daher auf einen Zeitraum von ungefähr sechs Wochen. Fast alle Sitzungen fanden im Heim der jeweiligen Witwe statt und dauerten gewöhnlich zwei Stunden oder länger. Wenn es angebracht war, wurden Kinder, andere Familienmitglieder und Nachbarn einbezogen. Anzahl und Häufigkeit der Sitzungen wechselten je nach Bedarf und Annehmlichkeit; sie fanden jedoch nie häufiger als einmal wöchentlich statt.[77]

In allen Fällen war es Ziel der Sitzung, die Äußerung aktiver Trauer zu erleichtern – Traurigkeit, Sehnsucht, Angst, Wut und Schuldgefühle.

Da die von Raphael angewandte Technik denjenigen ähnlich ist, die jetzt weithin zur Beratung Hinterbliebener benutzt werden, wird sie in einer allgemein anwendbaren Form beschrieben.

Als erster Schritt ist es nützlich, die Witwe zu ermuntern, frei und ausführlich über die Umstände zu sprechen, die zum Tod ihres Mannes geführt haben, sowie über ihre Erfahrungen danach. Später kann sie ermutigt werden, über ihren Mann als Person zu sprechen, angefangen vielleicht bei der Zeit, zu der sie ihn kennen lernte, und dann weiter durch ihr ganzes Eheleben mit allen Höhen und Tiefen hindurch. Das Vorweisen von Fotografien und anderen Andenken, das sich in der häuslichen Umgebung natürlich ergibt, wird begrüßt. Das Gleiche gilt für die Äußerung von Gefühlen, die ihre Ursachen in anderen und früheren Verlusten haben. Im Laufe solcher Sitzungen weicht eine Tendenz zur Idealisierung gewöhnlich realistischeren Einschätzungen; Situationen, die Zorn oder Schuldgefühle ausgelöst haben, können überprüft und vielleicht neu bewertet werden, Schmerz und Angst des Verlusts anerkannt. Immer wenn Sehnsucht und Traurigkeit gehemmt oder Wut und Schuldgefühle fehlgelenkt scheinen, können angemessene Fragen gestellt werden. Man hofft, durch derartige professionelle Hilfe im

Frühstadium des Trauervorgangs dessen Fortschreiten in gesunden Bahnen zu fördern und zu verhindern, dass entweder eine massive Hemmung oder ein Zustand chronischer Trauer entsteht.

Der erste bei der Betrachtung von Raphaels Ergebnissen zu beachtende Punkt ist, dass der soziale Austausch, der durch die angewandte Technik gefördert wurde und der sich als wirksam erwies, genau der gleiche ist, über dessen Fehlen oder Verbieten durch Angehörige oder andere Personen sich die Witwen beklagt hatten. Diese Feststellung untermauert die Auffassung, dass eine wesentliche Variable bei der Bestimmung des Ausgangs die Reaktion ist, die eine Witwe von Angehörigen, professionellen Helfern und anderen Personen erhält, wenn sie anfängt, ihre Gefühle zu äußern.

Der zweite Punkt ist allgemeinerer Art. In den Begriffen der in Kapitel 4 umrissenen Abwehrtheorie ausgedrückt, ist es ein Hauptcharakteristikum der angewandten Technik, dass sie für Bedingungen sorgt, unter denen die hinterbliebene Person in die Lage versetzt, ja direkt ermutigt wird, wiederholt und vollständig eine große Menge äußerst wichtiger Informationen zu verarbeiten, die bis dahin ausgeschlossen waren. Indem ich so die Betonung auf die Informationsverarbeitung lege, mache ich auf einen Aspekt der Technik aufmerksam, der von Theoretikern leicht übersehen wird. Denn nur dann, wenn die detaillierten Umstände des Verlusts und die intimen Einzelheiten der vorherigen Beziehung und früherer Beziehungen ausführlich und mit Bewusstsein überdacht werden, werden die damit verbundenen Emotionen nicht nur ausgelöst und erlebt, sondern auch auf die Personen gerichtet und mit den Situationen in Verbindung gebracht, die sie ursprünglich auslösten.[78]

Behält man diese Feststellungen im Sinn, so wird es möglich, die Frage neu zu betrachten, welche Persönlichkeitstypen zur Entwicklung einer gestörten Form von Trauer neigen. Es wird außerdem möglich, Hypothesen im Hinblick auf die familiären Erfahrungen vorzuschlagen, die sie wahrscheinlich in Kindheit und Adoleszenz gemacht haben, und somit eine Theorie der Prozesse zu entwerfen, die gestörter Trauer zugrunde liegen.

11 Persönlichkeiten mit einer Tendenz zu gestörter Trauer

Grenzen der Evidenz

Bis hierher in unserer Darlegung waren Schlussfolgerungen von einer beträchtlichen Anzahl von Daten aus erster Hand untermauert, den Früchten systematischer Untersuchungen, die kurz nach dem Eintritt eines Todesfalles begonnen worden waren. In diesem Kapitel dagegen haben wir keine Daten aus erster Hand, sondern sind abhängig von Berichten aus zweiter Hand, die sich auf frühere Zeiten beziehen. Außerdem befassen sich diese Berichte aus zweiter Hand nicht nur mit extrem komplexen Interaktionen zwischen einer Person, die später von einem Trauerfall betroffen wurde, und Mitgliedern ihrer engsten Familie, sondern stammen meist auch von den Parteien selbst. Da solche Berichte, wie wir wissen (siehe Band II, Kapitel 20), notorisch Auslassungen, Verheimlichungen und Verfälschungen unterworfen sind, müssen sie mit Zurückhaltung behandelt werden. Trotz dieser Schwierigkeiten jedoch scheint es, als könnten gewisse Muster ausgemacht werden, deren Untersuchung und Ordnung in den Begriffen der in früheren Bänden skizzierten Theorie zu einer Reihe von plausiblen, ineinander greifenden und nachprüfbaren Hypothesen führen.

Das gegenwärtig verfügbare Datenmaterial legt sehr nahe, dass Erwachsene, deren Trauer einen pathologischen Verlauf nimmt, vor dem Eintreten des Trauerfalles wahrscheinlich eine Tendenz hatten, Gefühlsbeziehungen bestimmter besonderer, wenn auch gegensätzlicher, Arten herzustellen. In einer solchen Gruppe sind die Gefühlsbeziehungen gekennzeichnet durch einen hohen Grad von Angstbindung, durchsetzt mit offener oder verdeckter Ambivalenz. In einer zweiten und verwandten Gruppe besteht eine starke Disposition zu zwanghafter Fürsorge. Menschen in diesen Gruppen werden wahrscheinlich beschrieben als nervös, überabhängig, anklammernd oder launenhaft oder aber als neurotisch. Einige von ihnen berichten von einem früheren Zusammenbruch, bei dem Symptome von Angst oder Depression hervorstechend waren. Bei einer dritten und gegensätzlichen Gruppe wird eifrig versucht, emotionale Selbstgenügsamkeit und Unabhängigkeit von allen Gefühlsbanden zu behaupten; gerade die Intensität aber, mit der solche Behauptungen vertreten werden, enthüllt deren unsichere Grundlage.

Im vorliegenden Kapitel beschreiben wir Persönlichkeiten dieser drei Arten; ehe wir anfangen, weisen wir darauf hin, dass die Persönlichkeitsmerkmale, auf die wir aufmerksam machen, andere sind als die, zu deren

Messung die meisten klinischen Instrumente bestimmt sind (z. B. Introversion-Extraversion, zwanghaft, depressiv, hysterisch), und nicht unbedingt mit diesen korrelieren. Wir merken auch an, wie begrenzt die Daten sind, auf denen unsere Generalisierungen beruhen, und dass viele Einschränkungen gemacht werden müssen. Die Erörterung sowohl der Hypothesen, die von Psychoanalytikern und anderen vorgebracht worden sind, um die Entwicklung von Persönlichkeiten mit diesen Merkmalen zu erklären, als auch der Kindheitserfahrungen, die, wie das gegenwärtig verfügbare Material und die gegenwärtige Theorie nahe legen, wohl eine wesentliche Rolle spielen, wird auf das nächste Kapitel verschoben.

Disposition zur Herstellung angstvoller und ambivalenter Beziehungen

Seit Freud haben Psychoanalytiker betont, dass Menschen, die nach einem Verlust eine depressive Störung entwickelten, seit ihrer Kindheit dazu disponiert waren, angstvolle und ambivalente Beziehungen zu jenen herzustellen, die sie gern hatten. Freud schreibt von solchen Personen, sie vereinigten „eine starke Fixierung an das Liebesobjekt" mit geringer Widerstandskraft gegen Versagung und Enttäuschung (GW., 10, S. 435). Abraham (1924a) legt den Nachdruck auf das Zornpotential: Bei jemandem, der zur Melancholie neige, könne eine Frustration, eine Enttäuschung durch das Liebesobjekt, jederzeit eine mächtige Welle von Hass auslösen, die seine nur allzu schwach verwurzelten Liebesgefühle hinwegschwemme. Abraham bemerkt, dass der potentielle Melancholiker selbst während seiner freien Intervalle eine Bereitschaft aufweise, sich von seinen Liebesobjekten enttäuscht, betrogen oder verlassen zu fühlen. Rado (1928a, b), Fenichel (1945), Anderson (1949) und Jacobson (1943) äußerten sich wie viele andere in demselben Sinn.

Die Untersuchungen von Parkes sowohl in London (Parkes, 1972) als auch in Boston und auch von Maddison (1968) stützen diese Auffassungen, wenn auch beide Autoren betonen, wie unzulänglich ihre Daten sind, da sie aus zweiter Hand und retrospektiv gewonnen wurden.

Bei seinem zweiten Treffen (nach drei Monaten) mit den Londoner Witwen, die er interviewte, bat Parkes jede von ihnen, die Häufigkeit von Streitigkeiten zwischen ihr und ihrem Ehemann anhand einer Vier-Punkte-Skala zu bewerten (nie, gelegentlich, häufig und ständig). Er stellte fest, dass diejenigen, die von den meisten Streitigkeiten berichteten, während des ersten Trauerjahres wahrscheinlich beim Interview angespannter waren, mehr zu Schuldgefühlen und Selbstvorwürfen neigten und auch dazu, mehr körperliche Symptome anzugeben sowie dazu, nach Ablauf des Jahres isolierter zu sein als diejenigen, die von wenigen oder keinen Streitigkeiten berichteten. Auch hatten sie in den Wochen nach dem Verlust seltener ein tröstendes Gefühl der Gegenwart ihres Ehemannes verspürt. Außerdem und nicht überraschend stellte Parkes fest, dass bei denjenigen, die nach dem Verlust ihres Mannes am meisten gestört waren, eine Tendenz bestand, schwere Störungen aufgrund von Verlusten zu berichten, die sie früher im Leben erlitten hatten.

Die Funde der Harvard-Studie sind vergleichbar. Um das Ausmaß zu bewerten, in dem während der Ehe Ambivalenz bestanden hatte, wurde allen Witwen und Witwern eine Reihe von Fragen gestellt, die sich mit Themen befassten, über die Mann und Frau leicht Meinungsverschiedenheiten haben. Sowohl am Ende des ersten Jahres als auch beim *Follow-up* zwei bis vier Jahre nach dem Trauerfall ging es jenen, die von vielen Meinungsverschiedenheiten berichtet hatten, signifikant schlechter als jenen, die wenige oder keine angegeben hatten. Die Probleme, die nach dem längeren Intervall in signifikant höherem Maße von solchen Personen beschrieben oder als bei ihnen vorliegend bewertet wurde, die von vielen Meinungsverschiedenheiten berichtet hatten, umfassten: fortdauernde Sehnsucht, Depression, Angst, Schuldgefühle und schlechte körperliche Gesundheit.[79]

Maddison (1968) berichtet von ähnlichen Feststellungen. Unter den 20 Witwen seiner Bostoner Stichprobe, deren Trauer einen ungünstigen Verlauf genommen hatte und die bereit waren, an den Intensivinterviews mitzuwirken, waren einige, deren „Ehe unzweideutige sado-masochistische Aspekte aufgewiesen hatte". Außerdem „gaben mehrere andere Frauen Berichte von einer ausgedehnten, manchmal buchstäblich lebenslänglichen Geschichte offen neurotischer Symptome oder neurotischen Verhaltens, die klar mit der späteren Verschlechterung ihres Zustandes zusammenzuhängen schien". (Aufgrund der Unzuverlässigkeit seiner Daten macht Maddison keine Zahlenangaben.)

Ein Beispiel für eine Witwe, die viele Jahre lang häufig mit ihrem Mann Streit hatte und deren Trauer einen bitteren und zornigen Verlauf nahm, war Frau Z, eine der Witwen in der Harvard-Studie.[80]

> „Frau Z war 45 Jahre alt, als ihr Mann starb. Sie waren 26 Jahre verheiratet gewesen, doch ihre Beziehung zueinander war nie gut gewesen. Frau Z sagte, sie habe ihren Mann immer sehr gern gehabt, doch das Gefühl gehabt, er habe sie nie geschätzt oder ihr viel wirkliche Zuneigung entgegengebracht. Möglicherweise lag das an ihrer engen Beziehung zu den Kindern, doch einem Freund zufolge, der sie beide gut gekannt hatte, kann auch ihr ‚schreckliches Naturell' dazu beigetragen haben. Bei allen Gelegenheiten gab es häufige Streitigkeiten. Frau Z drückte es so aus: ‚Wir waren ein leidenschaftliches Paar.'
>
> Einige Jahre vor seinem Tod erlitt Herr Z einen Schlaganfall. Er war ein energischer, übergenauer und praktischer Mann gewesen, und er empfand es als besonders frustrierend, teilweise gelähmt und von seiner Frau

abhängig zu sein. Er wurde mürrisch, nörglerisch und unleidlich, ‚ließ seine Launen an ihr aus' und kritisierte sie grundlos. Sie ‚trieb ihn an', mehr zu tun, und machte Pläne für ihre gemeinsame Zukunft, doch, ‚alles, was ich von ihm bekam, waren Kritik und Ausnützung'. Am schmerzlichsten von allem war, dass er häufig sagte, er wünsche, sie würde auch einen Schlaganfall erleiden. Sie machte sich große Sorgen und klagte über Kopfschmerzen, die, wie sie fürchtete, darauf hindeuten könnten, dass sie auch einen Schlaganfall erlitten hatte. Eines Nachts starb der Ehemann ganz unerwartet. Als man ihr sagte, es sei nutzlos, mit der Mund-zu-Mund-Beatmung fortzufahren, da er tot sei, wollte Frau Z das nicht glauben: ‚Ich konnte es einfach nicht fassen.' Dann brach sie zusammen und weinte in einem sehr erregten Zustand zwei Tage lang.

Während der nächsten paar Wochen blieb sie bekümmert und erregt, und die Dinge wurden noch schlimmer, als das Testament eröffnet wurde und sie entdeckte, dass er den größten Teil seines Besitzes in treuhänderische Verwahrung gegeben hatte. Sie wurde sehr bitter, grollte und sagte: ‚Was habe ich getan, um das zu verdienen?' Sie verbrachte viel Zeit mit dem Versuch, Ärzte und Anwälte dazu zu überreden, das Testament anzufechten, weil ihr Mann geistig unzurechnungsfähig gewesen sei. Als sie sich weigerten, ihr dabei zu helfen, wurde sie zornig auf sie, und als sie interviewt wurde, zählte sie eine lange Liste von Leuten auf, die sie ihrer Meinung nach zurückgewiesen hatten.

Hand in Hand mit diesem tiefen Zorn gingen starke Schuldgefühle, doch sie war unfähig, diese zu erklären, und verbrachte viel Zeit damit, jeden Aspekt ihres Verhaltens gegenüber ihrem Ehemann zu rechtfertigen. Sie war ruhelos und furchtsam, sprang nervös von einer Aufgabe zur nächsten und konnte sich auf nichts konzentrieren.

Im Verlauf des folgenden Jahres blieb sie unruhig und neigte zu Panikanfällen. Bei mehreren Gelegenheiten klagte sie über ähnliche Symptome wie die, die ihr Mann gehabt hatte. Durch ihre aggressive Haltung und ihre Forderungen nach Hilfe entfremdete sie Freunde und professionelle Helfer.

Von einem Psychiater erhielt sie die verschiedensten Medikamente, und diese halfen ein wenig; 13 Monate nach dem Trauerfall jedoch erklärte sie, es gehe ihr nicht besser als ein Jahr zuvor. ‚Wäre ich doch eine normale Witwe – es ist die Bitterkeit ... und dann das Testament – die schrecklichen Worte. Immer wieder denke ich darüber nach und meine, es muss doch ein Schlupfloch geben.' Dennoch sagte sie: ‚Wenn er morgen zurückkäme, würde ich ihn trotzdem lieben.'"

Aus diesem Bericht geht wohl deutlich hervor, dass es unfair wäre, Frau Z allein für die chronischen Streitereien verantwortlich zu machen, die in dieser langen Ehe stattfanden; ihr Ehemann hatte eindeutig einen ungünstigen Einfluss auf sie. Dennoch liegt es auf der Hand, dass sie einen wesentlichen

Beitrag dazu leistete und das Gefühl hatte, wenn sie sich nicht ständig behaupte, werde sie an die Wand gedrückt. Über ihre Kämpfe in Bezug auf das Testament bemerkte sie: „Ich habe das Gefühl, wenn ich jemals das akzeptierte, was er mir angetan hat, würde ich zerstört – niedergetreten." Parkes merkt an: „Ihre Haltung der Welt gegenüber verriet ihre Furcht vor eben dieser Möglichkeit, und weil Feindseligkeit Feindseligkeit provoziert, schuf sie eine Situation, in der sie tatsächlich wiederholt von anderen abgelehnt wurde." Dies, so vermutet er, war eine lebenslängliche Einstellung bei ihr gewesen.

Disposition zu zwanghafter Fürsorge

An anderer Stelle in diesem Band (Kapitel 9) wurde festgestellt, dass einige Individuen auf Verlust oder drohenden Verlust damit reagieren, dass sie sich intensiv und in einem exzessiven Maß um das Wohlergehen anderer kümmern. Statt Traurigkeit zu erleben und Unterstützung für sich selbst zu begrüßen, verkünden sie, jemand anderer habe Kummer und sei der Fürsorge bedürftig, die sie ihm dann unbedingt zuteil werden lassen wollen. Wenn dieses Muster in der Kindheit oder Adoleszenz etabliert wird, was, wie wir wissen, der Fall sein kann (siehe Kapitel 12 und 21), so neigt diese Person ihr Leben lang dazu, Gefühlsbeziehungen nach diesem Vorbild herzustellen. Sie ist daher zuerst geneigt, jemanden auszuwählen, der behindert oder sonst wie in Schwierigkeiten ist, und dann, selbst ausschließlich in der Rolle eines Fürsorgers für den Betroffenen aufzugehen. Wird ein solcher Mensch Mutter oder Vater, so besteht die Gefahr, dass er übermäßig besitzergreifend und beschützend wird, vor allem, wenn das Kind größer wird, und auch, dass die Beziehung umgekehrt wird (siehe Band II, Kapitel 18).

Klinische Berichte lassen deutlich werden, dass einige derjenigen, die nach einem Verlust im erwachsenen Leben chronische Trauer entwickeln, zuvor schon viele Jahre lang zwanghafte Fürsorge an den Tag gelegt haben, gewöhnlich einem Ehepartner oder Kind gegenüber. Beschreibungen von hinterbliebenen Eltern, die durchaus diesem Muster entsprochen haben könnten, sind jene (von Cain und Cain 1964 beschriebenen, die in Kapitel 9 erwähnt wurden), die nach dem Verlust eines Kindes, zu dem sie eine besonders intensive Beziehung hatten, darauf bestanden, das „Ersatz"-Kind solle zu einer genauen Replik des verlorenen heranwachsen.

Mindestens drei Beispiele hinterbliebener Ehegatten, die diesem Muster zu entsprechen scheinen, werden von Parkes (1972) beschrieben (obwohl er selbst sie nicht auf diese Weise einordnet). Eines ist der Fall von Herrn M (siehe Kapitel 9), über den ein Familienangehöriger sagte, er habe seine ängstliche, neurotische Frau 41 Ehejahre lang „auf Händen getragen", und der nach ihrem Tod mit intensiven Selbstvorwürfen, Vorwürfen gegen seine Angehörigen und andere Personen reagiert hatte, während er gleichzeitig seine Frau idealisierte. Ein zweites Beispiel ist der Fall von Frau J (siehe Kapitel 9), die einen um 18 Jahre älteren Mann geheiratet hatte und die, nachdem sie ihn durch Lungenkrebs verloren hatte, neun Monate später zornig ausgerufen hatte: „Oh, Fred, warum hast du mich verlassen?" Während der vergangenen rund zehn Jahre, nachdem der Mann pensioniert worden war, schien dieses Paar ausschließlich füreinander gelebt zu haben. Er war völlig in seinem Heim, seinem Garten und seiner Frau aufgegangen und hatte es gehasst, wenn sie zur Arbeit ging. Sie selbst beschrieb ihre Rolle mit den folgenden Worten: „Vor zehn Jahren wurde er krank ... Ich musste mich um ihn kümmern ... Ich hatte das Gefühl, ich könnte ihn erhalten ... Ich gab jeder seiner Launen nach, tat alles für ihn ... Ich bediente ihn von vorn bis hinten." Während der letzten drei Jahre seiner tödlichen Krankheit hatte sie ihre gesamte Zeit darauf verwendet, ihn zu Hause zu pflegen.

Ein drittes Beispiel ist der Fall von Frau S.[81]

„Frau S war fast 50 Jahre alt, als sie zum ersten Mal in einer psychiatrischen Klinik interviewt wurde. Ihr *De-facto*-Ehemann, mit dem sie elf Jahre zusammengelebt hatte, war etwa zehn Jahre zuvor gestorben, und seither hatte sie ständig unter chronischer Trauer gelitten. Alle Informationen stammten von ihr selbst.

Während des Interviews beschrieb sie, wie sie im Ausland aufgewachsen war; sie war ein kränkliches Kind gewesen, unglücklich in der Schule, und lange Zeit war sie von ihrem Vater unterrichtet worden. Ihre Mutter schien sie dominiert und viel Aufhebens von ihr gemacht zu haben; sie war nervös, schüchtern und mit der Überzeugung herangewachsen, für alle praktischen Aufgaben inkompetent zu sein. Nachdem sie mit 17 Jahren die Schule verlassen hatte, hatte sie noch drei Jahre bei ihrer Mutter gelebt, später allein, aber noch immer von ihrer Mutter unterstützt. Bevor sie von zu Hause fortging, hatte sie große Befriedigung in der Pflege eines kranken Kindes gefunden. Später war ihre Hauptbeschäftigung die einer berufsmäßigen Kinderaufseherin bzw. eines Babysitters.

Im Alter von 28 Jahren hatte sie einen Mann kennen gelernt, der 20 Jahre älter war als sie und von seiner Frau getrennt lebte. Er war als Invalide aus der Marine ausgeschieden und hatte Schwierigkeiten, im Zivilleben unterzukommen. Sie zogen zusammen, und sie nahm durch eine einseitige Rechtsgeschäftsurkunde seinen Namen an. Zu ihrem großen Bedauern empfing sie kein Kind; trotz dieser Tatsache und trotz großer Armut jedoch beschrieb Frau S diese Zeit als beste ihres Lebens.

Das Bild, das sie von ihrer Beziehung zeichnet, dürfte wohl sehr idealisiert sein: ‚Von Anfang an war unsere Beziehung absolut ideal – alles – sie war so richtig – er war so fabelhaft.' Wie sie sagte, stellte sie fest, dass sie eine Menge Dinge tun konnte, die sie nie zuvor getan hatte: ‚Mit ihm hatte ich nie vor irgendetwas Angst. Ich konnte neue Gerichte ausprobieren ... Ich hatte nicht dieses Gefühl der Inkompetenz ... Ich war völlig ich selbst geworden.' Trotz all dieser guten Merkmale beschrieb sie nichtsdestoweniger, wie sie während ihrer ganzen Ehe intensive Angst vor der Aussicht gehabt hatte, jemals von ihrem Mann getrennt zu sein.

Vor seinem Tod hatte Herr S einige Jahre lang einen ‚Raucherhusten' gehabt, der seiner Frau Sorgen gemacht hatte; ernstlich alarmiert war sie, als er plötzlich eine Lungenblutung erlitt und deshalb für sechs Wochen in ein Krankenhaus musste. Bald nach seiner Entlassung aus der Klinik war er in ein Koma gefallen und kurz darauf gestorben.

Als sie von ihrer Trauer erzählte, hatte Frau S darauf beharrt, sie habe ‚monatelang nicht zu weinen aufgehört'. ‚Jahrelang konnte ich es nicht glauben, und auch heute kann ich es kaum glauben. Tag und Nacht konnte ich es keine Minute lang akzeptieren oder glauben.' Sie war bei geschlossenen Vorhängen in ihrem Zimmer geblieben. ‚Wochenlang konnte ich das Licht nicht ertragen.' Sie hatte versucht, Dinge und Orte zu vermeiden, die sie an ihren Verlust hätten erinnern können. ‚Überall konnte ich, wenn ich durch die Straße ging, nicht an Orte blicken, an denen wir zusammen glücklich gewesen waren ... Ich betrat das Schlafzimmer nie wieder ... Ich konnte keine Tiere ansehen, weil wir sie beide so sehr geliebt hatten. Ich konnte auch nicht Radio hören.' Dennoch hatte sie sogar noch nach neun Jahren ein sehr klares Bild von ihrem Mann im Gedächtnis, das sie nicht ausschließen konnte. ‚Es geht in alles im Leben ein – alles erinnert mich an ihn.'

Lange Zeit hindurch, so sagte sie, pflegte sie im Geist alle Ereignisse durchzugehen, die zu seinem Tod geführt hatten. Sie marterte sich wegen geringfügiger Unterlassungen und Dingen, die für ihn zu tun sie versäumt hatte. Allmählich jedoch hatten diese Beschäftigungen nachgelassen, und sie hatte versucht, für sich selbst ein neues Leben aufzubauen. Sie hatte es aber schwer gefunden, sich zu konzentrieren, und Schwierigkeiten gehabt, mit anderen Menschen auszukommen: ‚Sie haben ein Heim, einen Ehepartner und Kinder. Ich bin allein und sie nicht.' Sie hatte durch Lesen und Musikhören zu entkommen versucht, doch das hatte ihre Isolation nur noch größer gemacht.

Irgendwann hatte ein freundlicher Geistlicher ihr geraten, psychiatrische Hilfe zu suchen, doch sie hatte es nicht getan; obwohl sie von ihrem praktischen Arzt wegen Darmsymptomen (Dickdarmspasmen) behandelt worden war, hatte sie ihr wahres Problem nicht enthüllt. Schließlich hatte sie bei einer ehrenamtlichen Organisation Hilfe gesucht, und die Leute dort hatten sie schließlich überredet, einen Psychiater aufzusuchen."

In diesem Bericht erkennen wir viele Merkmale wieder, die auch bei Herrn M und Frau J hervortraten. Wie sie scheint sich Frau S ausschließlich der Fürsorge für ihren Ehemann gewidmet zu haben, der, worauf Verschiedenes hindeutet, möglicherweise ein ziemlich unzulänglicher Mann war. Wie sie auch reagierte Frau S auf den Tod ihres Mannes damit, dass sie alle Vorwürfe gegen sich selbst richtete und gleichzeitig ein idealisiertes Bild von ihrem Mann und von ihrer Beziehung bewahrte.

In den Fällen von Herrn M und Frau J gibt es keinerlei Daten, die Licht darauf werfen würden, wie oder warum sie eine Disposition zu zwanghafter Fürsorge entwickelt haben könnten. Bei Frau S besteht ein deutlicher Hinweis darauf, dass in ihrer Kindheit ein für Schulverweigerung typisches Familienmuster bestanden haben könnte, ob dies jedoch eine berechtigte Folgerung ist oder nicht, muss offen gelassen werden. In jedem Falle aber haben wir Informationen aus anderen Quellen über die Arten von Familienerfahrung, die einen Menschen dazu führen, sich in diesen Bahnen zu entwickeln; diese werden im nächsten Kapitel sowie in Kapitel 21 erörtert werden.

Inzwischen halten wir fest, dass in jedem dieser drei Fälle das Muster der Ehe weitgehend dem entspricht, das Lindemann (in Tanner 1960, S. 15–17) als Vorläufer einiger der schwerwiegendsten Beispiele psychosomatischer Erkrankungen beschrieben hat, die er bei Hinterbliebenen antraf. Aufgetreten waren diese Zustände, so stellt er fest, „bei Individuen, für die der Verstorbene die eine signifikante Person im sozialen Umkreis gewesen war, die Person, die die meisten Befriedigungen vermittelt und Gelegenheit zu den verschiedensten Rollenfunktionen geboten hatte", von denen keine ohne diese Person möglich war.

Vorherrschende Ehemuster, die gestörter Trauer vorangehen

Von einem Standpunkt aus gesehen scheinen die Ehemuster von Frau S (und auch von Herrn M und Frau J), bei denen die Beziehung idealisiert wird, und das von Frau Z, bei der es ständige Streitereien gab, durchaus verschieden zu sein. Sie haben aber, wie Mattinson und Sinclair (1979) aufzeigen, mehr gemeinsam, als man auf den ersten Blick sieht.

Nachdem sie in einer Reihe gestörter Ehen die Form der Interaktion untersucht haben, sind Mattinson und Sinclair zu dem Schluss gekommen, dass viele davon in einem Kontinuum untergebracht werden können, das sich zwischen zwei extremen Mustern erstreckt; diese bezeichnen sie als „Katze und Hund"-Ehe bzw. als „Kinder im Wald"-Ehe. In Ersterer kämpft das Paar beständig gegeneinander, trennt sich aber nicht. Keiner traut dem anderen. Jeder Partner neigt zwar dazu, hohe Anforderungen hinsichtlich Liebe und Unterstützung an den anderen zu stellen und zornig zu sein, wenn diese nicht erfüllt werden, aber auch dazu, die Forderungen des anderen zu verübeln und oft zornig zurückzuweisen. Dennoch wird das Paar lange Zeit durch eine intensive und gemeinsame Furcht vor Einsamkeit zusammengehalten. Bei der Kinder-im-Wald-Ehe dagegen ist alles friedlich. Jeder Partner behauptet, er verstehe den anderen, sie passten ideal zueinander, vielleicht sogar, sie hätten eine perfekte Einheit erreicht. Jeder klammert sich intensiv an den anderen. Obwohl diese beiden Muster äußerlich so verschieden sind, sind gemeinsame Merkmale nicht schwer zu erkennen. Bei beiden hat jeder Partner intensive Angst, er könne den anderen verlieren, und neigt darum dazu, darauf zu bestehen oder es so einzurichten, dass der andere Freunde, Hobbys und andere außerhalb der Ehe bestehende Interessen aufgibt. Bei dem einen Muster sind von Anfang an Konflikte vorhanden und führen zu einer Abfolge von Streitereien und leidenschaftlichen Versöhnungen. Bei dem anderen wird allein die Möglichkeit eines Konflikts entschieden geleugnet, und jeder versucht, alle seine Befriedigungen in einer ausschließlichen Beziehung zu finden, entweder indem er dem anderen Fürsorge gibt oder, indem er diese empfängt, oder in einer Kombination dieser Rollen.

Bei beiden Mustern können die Partner für lange Zeit zusammen bleiben. Dennoch ist jedes Muster von Haus aus instabil; bei der Katze-und-Hund-Ehe liegt dies auf der Hand. In einer Ehe, in der sich die Partner aneinander klammern, kann die Ankunft eines Kindes eine ernste Bedrohung sein. Es kann auch passieren, dass einer der Partner scheinbar plötzlich die Beziehung erstickend findet und sich zurückzieht. Wenn es durch Verlassen oder Tod zu einem Bruch der Beziehung kommt, ist der zurückbleibende Partner, wie wir gesehen haben, akut verwundbar und läuft große Gefahr, in chronische Trauer zu verfallen.

Auch ist er in Gefahr, einen Suizid zu versuchen und sogar zu begehen. Dies geht aus einer vorläufigen Untersuchung von Parkes an den Angehörigen von Patienten hervor, die in St. Christopher's Hospice gestorben waren.[82] In einem Zeitraum von fünf Jahren wurden fünf Suizide, alle von Witwen, bekannt, vier innerhalb von fünf Monaten nach dem Sterbefall und der fünfte zwei Jahre später. Das typische Bild, das jede dieser Witwen geboten hatte, war das von „Unreife" und Anklammern, einer sehr engen Beziehung zum Gatten, aber schlechter Beziehungen zu anderen Familienangehörigen. In dreien der Fälle bestand eine Vorgeschichte von depressiver Störung und/oder psychiatrischer Behandlung. Da im Licht dieser Funde Individuen mit hohem Risiko identifiziert werden können, sind auch Präventivmaßnahmen möglich. Dazu gehören Vorsicht bei der Verschreibung von Sedativa und Tranquilizern und eine Übereinkunft zwischen den potentiellen Fürsorgern, wer regelmäßige Besuche abstatten sollte.

Disposition, Unabhängigkeit von Gefühlsbindungen zu behaupten

Obwohl feststeht, dass eine Anzahl derer, deren Trauer einen ungünstigen Verlauf nimmt, Menschen sind, die vor ihrem Verlust auf ihrer Unabhängigkeit von allen Gefühlsbindungen bestanden haben, sind unsere Informationen über sie noch unzulänglicher als die über die bereits erwähnten Persönlichkeitstypen. Dafür gibt es mehrere Gründe. Erstens liegt es in der Natur des Zustandes, dass für den äußeren Beobachter ihre Trauer oft ereignislos zu verlaufen scheint. Infolgedessen passiert es bei allen Studien außer denen, die höchst verfeinerte Methoden anwenden, außerordentlich leicht, dass solche Menschen übersehen und denen zugeordnet werden, deren Trauer wirklich einen günstigen Verlauf nimmt. Zweitens, und das ist eine wahrscheinlich wesentlich bedeutsamere potentielle Irrtumsquelle, sind Individuen, die zur Behauptung emotionaler Selbstgenügsamkeit neigen, eben jene, von denen am wenigsten anzunehmen ist, dass sie freiwillig an Untersuchungen des Problems teilnehmen. Eine dritte Schwierigkeit liegt darin, dass einige Individuen mit dieser Disposition so dürftige Bindungen an die Eltern, einen Gatten oder ein Kind haben, dass sie, wenn sie einen Verlust erleiden, davon tatsächlich wenig berührt sind. Unter den Forschern, auf deren Funde wir uns hier beziehen, sind sich sowohl Parkes als auch Maddison und Raphael dieser Probleme nur zu bewusst; aus eben diesem Grunde scheuen sie davor zurück, feste Auffassungen zu äußern.

Einige der Feststellungen aus Maddisons Bostoner Studie sind dennoch sehr interessant. Von den 20 interviewten Witwen, deren Trauer eindeutig einen ungünstigen Verlauf genommen hatte, wurde nicht weniger als neun eine Charakterstruktur der hier erörterten Art zugeschrieben. Das legt nahe, dass sie einen recht erheblichen Anteil der Persönlichkeiten stellen, die zu pathologischer Trauer neigen. Allerdings muss auch vermerkt werden, dass unter den 20 Witwen der Vergleichsgruppe, deren Trauer allem Anschein nach günstig verlaufen war, sieben solcher Frauen waren – ein fast so hoher Anteil wie in der Gruppe mit schlechtem Ausgang (Maddison, 1968).

Denkt man über diese und ähnliche Funde nach, so kann man zu der Vermutung gelangen, dass Individuen, die stark dazu disponiert sind, ihre Selbstgenügsamkeit zu behaupten, in ein Kontinuum fallen, das von solchen, deren behauptete Selbstgenügsamkeit auf einer unsicheren Grundlage ruht, bis zu solchen Personen reicht, in denen sie fest organisiert ist. Beispiele für mehrere Muster wurden bereits in Kapitel 9 angeführt. Am eher unsicheren Ende der Skala steht Frau F; am fester organisierten Ende Frau AA. Andere beschriebene Fälle können verschiedenen Punkten in der Mitte zugeordnet werden.

Vorläufige Schlussfolgerungen

Ehe wir einige vorläufige Schlussfolgerungen umreißen, müssen wir auf eine Schwierigkeit hinweisen, auf die unter anderem Maddison (1968) und Wear (1963) aufmerksam gemacht haben. Gelegentlich trifft man eine Witwe oder einen Witwer an, die oder der beschreibt, wie verschiedene neurotische oder psychosomatische Symptome, an denen sie oder er früher gelitten hatte, seit dem Tod des Ehepartners zurückgegangen sind. Diese Feststellung steht in Einklang mit den Funden von Familienpsychiatern, die zeigen, wie bestimmte Interaktionsmuster ernstlich ungünstige Auswirkungen auf die psychische Gesundheit eines oder mehrerer Mitglieder einer Familie haben können. Einige der Personen, die den Suizid ihres Ehegatten überlebt haben und deren Gesundheit sich danach besserte (siehe Kapitel 10), sind wahrscheinlich weitere Beispiele hierfür.

Wenn man diese Feststellung mit anderen Funden zusammennimmt, die in diesem und vorherigen Kapiteln erwähnt wurden, so weist sie auf ein grundlegendes Prinzip hin. Zum Verständnis der Reaktion eines Individuums auf einen Verlust muss man nicht nur die Persönlichkeitsstruktur dieses Individuums berücksichtigen, sondern auch die Interaktionsmuster, die zwischen ihm und der nun verlorenen Person bestanden. Für die große Mehrheit der Menschen stellt der Verlust durch einen Sterbefall eine Veränderung zum Schlechteren dar – in geringerem oder, häufiger, größerem Maße. Für eine Minderheit jedoch ist es eine Veränderung zum Besseren. Daher kann keine einfache Korrelation zwischen Persönlichkeitsmuster und Form der Reaktion auf Verlust erwartet werden. Die vorläufigen Schlussfolgerungen lauten wie folgt:

a) Eine Mehrheit, vermutlich die große Mehrheit, derjenigen, die auf einen großen Verlust mit gestörter Trauer reagieren, sind Menschen, die während ihres ganzen Lebens dazu neigten, Gefühlsbeziehungen mit gewissen besonderen Merkmalen zu bilden. Dazu gehören Personen, deren Bindungen unsicher und angstvoll sind, sowie auch jene, die zu zwanghafter Fürsorge disponiert sind. Ebenfalls eingeschlossen sind Individuen, die, während sie ihre emotionale Selbstgenügsamkeit behaupten, gleichzeitig deutlich zeigen, auf wie unsicheren Füßen diese steht. Bei allen derartigen Personen sind die Beziehungen wahrscheinlich mit einer starken Ambivalenz durchmischt, entweder offen oder verdeckt.

b) Keineswegs alle Individuen, die dazu neigen, Gefühlsbeziehungen dieser Art herzustellen, reagieren auf einen Verlust mit gestörter Trauer. Einige derer, die ihre Selbstgenügsamkeit verkünden, sind tatsächlich relativ immun gegen Verlust; bei Individuen dagegen, die Angstbindungen eingehen oder zwanghafte Fürsorge austeilen, wird der Verlauf der Trauer wahrscheinlich in sehr erheblichem Maße von den verschiedenen Bedingungen bestimmt, die in den letzten Abschnitten von Kapitel 10 beschrieben wurden.

c) Ob es auch zu gestörten Formen der Trauer neigende Individuen gibt, deren Persönlichkeiten in anderen als den bisher beschriebenen Bahnen organisiert sind, bleibt eine offene Frage.

12 Kindheitserfahrungen von Personen, die zu gestörter Trauer neigen

„Keiner von uns kann dafür, was das Leben aus ihm gemacht hat. Alles geschieht mit uns, bevor wir es recht bemerken. Wenn es einmal geschehen ist, werden wir weitergetrieben. Zum Schluss steht alles zwischen einem, wie man ist und wie man sein möchte, und unser wahres Selbst haben wir für immer verloren."

Eugen O'Neill, *Eines langen Tages Reise in die Nacht*
(zitiert nach der im Reclam-Verlag erschienenen Übersetzung
von Ursula und Oscar Fritz Schuh)

Traditionelle Theorien

Bei der Erörterung der Entwicklung psychoanalytischer Theorien über die Trauer in Kapitel 2 machten wir auf acht Bereiche aufmerksam, über die Kontroversen bestanden und noch immer bestehen. Der achte und letzte dieser Bereiche betrifft das Entwicklungsstadium und die Prozesse, durch die ein Individuum einen Zustand erreicht, der es später in die Lage versetzt, auf Verlust in einer gesunden Weise zu reagieren. Aufgrund von Freuds Theorie über die libidinösen Phasen und seiner klassischen Schrift, die Trauer und Melancholie oder depressive Störungen, wie wir es heute nennen würden, miteinander verbindet, ist diese Frage traditionell immer im Kontext des Versuchs betrachtet worden, den Fixierungspunkt zu verstehen, zu dem depressive Patienten regredieren. Wir stellen fest, dass bei dem Versuch, diese Frage zu beantworten, die meisten, wenn nicht alle psychoanalytischen Formulierungen das Auftreten dieses Stadiums in der frühesten Kindheit postulieren und daher die Annahme in sich tragen, dass die Fähigkeit, auf Verlust günstig zu reagieren, in dieser sehr frühen Periode erreicht werden sollte, wenn die Entwicklung gut verläuft. Eine Deduktion, die aus dieser theoretischen Position notwendig folgt, ist, dass ein Kind, das sich in der genannten Periode günstig entwickelt hat, auf eine später eintretende Trennung gesund reagieren wird. Da alle diese Hypothesen die Auffassung vertreten, dass die fragliche Periode (ob sie nun als orale Phase, als Symbiose, als primärer Narzissmus oder primäre Identifikation oder als die Phase definiert wird, in der normalerweise die depressive Position erreicht wird) entweder vor dem ersten Geburtstag oder kurz danach eintritt, sagt tatsächlich eine jede voraus, dass ein Kind, das sich in dieser Periode günstig entwickelt hat, gesund auf einen im zweiten, dritten oder in späteren Jahren erlittenen Verlust reagieren wird. Das bedeutet, dass diese Hypothesen im Prinzip empirisch geprüft werden können.

Obwohl die Daten, von denen wir ausgehen (siehe Kapitel 1), nicht zu dem Zweck gesammelt wurden, Hypothesen dieser Art zu testen, stützen sie diese Hypothesen nicht, soweit sie dafür Geltung haben. Kinder, deren vorherige Entwicklung recht günstig gewesen zu sein scheint, können dennoch auf eine Trennung von der Mutter im zweiten, dritten oder vierten Lebensjahr mit Trauerprozessen reagieren, die typisch pathologische Merkmale haben; und ob die Reaktion pathologisch ist oder nicht, scheint in sehr hohem Maße durch die Art und Weise bestimmt zu sein, auf die das Kind während der Trennungsperiode und danach behandelt wird (siehe Kapitel 23 und 24). Unter ungünstigen Umständen werden sowohl die Sehnsucht nach der als auch der Vorwurf gegen die verlassende Mutter umgeleitet und kognitiv von der Situation losgelöst, die sie auslöste, und bleiben infolgedessen aktiv, wenn auch mehr oder weniger unbewusst.[83] Obwohl es ungewöhnlich wäre, wenn die vorherige Entwicklung keinen Einfluss auf den Verlauf der Trauer in diesen Lebensaltern hätte, gibt es keinen Beweis dafür, dass sie so entscheidend wichtig ist, wie jede der fraglichen Hypothesen erfordert. Außerdem wird in späteren Kapiteln Beweismaterial dafür vorgelegt werden, dass Ereignisse späterer Jahre, vor allem der Verlust der Mutter vor dem zehnten oder elften Geburtstag, wenn sie mit gewissen anderen Bedingungen zusammentreffen, eine kausale Rolle bei der Entwicklung einer depressiven Störung spielen können.

Ob diese Schlussfolgerungen bestätigt werden oder nicht, die traditionelle Theorie bleibt aus mindestens zwei weiteren Gründen fraglich. Der erste ist die Annahme, dass eine Hypothese, die für eine depressive Störung gültig ist, notwendigerweise auch für gestörte Trauer gilt. Der zweite und schwerwiegendere Punkt, an dem die traditionelle Theorie angreifbar ist, betrifft sowohl die Evidenz als auch die Überlegungen, die zu der Überzeugung geführt haben, eine depressive Störung sei stets auf eine Fixierung zurückzuführen, die während des ersten Lebensjahres stattgefunden hat. Werden diese Annahmen geprüft, so stellt man fest, dass die Beweise für sie schwach sind (Bowlby, 1960b). Folglich steht die von ihnen abgeleitete Auffassung, dass die Hauptdeterminanten gestörter Trauer während der frühesten Entwicklung wirksam sind, auf unsicherem Grund.

Es ist daher sehr interessant, dass innerhalb der zentralen Tradition psychoanalytischen Denkens verschiedene alternative Theorien hinsichtlich der entwicklungsmäßigen Wurzeln der depressiven Störung und mittelbar auch der gestörten Trauer implizit oder explizit bereits vorhanden sind, beispielsweise im Werk von Abraham (1924a), Gero (1936), Deutsch (1937) und Jacobson (1943).[84] In diese Studien waren der Verlust der Mutter oder der Liebe der Mutter während der Kindheit einbezogen. Außerdem machen spätere Untersuchungen der Kindheitserfahrungen von Individuen, die im erwachsenen Leben zur Depression neigen, auf eine Reihe anderer Formen schwerer Störungen in der Beziehung eines Kindes zu seinen Eltern aufmerksam (gewöhnlich, aber keineswegs immer, zur Mutter).

Position der vorliegenden Arbeit

Es ist an der Zeit, die in dieser Arbeit vertretene Position deutlich zu machen. Sie entstammt einer Untersuchung mehrerer mehr oder weniger unabhängiger Datengruppen; über die meisten wurde bereits im vorliegenden Band oder aber in Band II eine Übersicht gegeben. Es handelt sich um die folgenden:

a) Material über die Muster von Gefühlsbeziehungen, zu denen Personen mit einer Tendenz zu Trauerstörungen neigen (Kapitel 11);
b) aus umfassenderen Studien entnommenes Material (Übersicht siehe Band II, Kapitel 15 bis 19) über die Kindheitserfahrungen von Personen, deren Gefühlsbeziehungen eine Tendenz haben, die unter (a) erwähnten Formen anzunehmen;
c) Material über die Arten psychosozialer Bedingungen, die zum Zeitpunkt des Verlustes oder nach dem Verlust wirksam sind und von denen festgestellt wurde, dass sie den Verlauf der Trauer entweder günstig oder ungünstig beeinflussen (vorliegender Band, Kapitel 10);
d) Material über die psychologischen Merkmale, die die Trauerstörung selbst charakterisieren (vorliegender Band, Kapitel 9);
e) schließlich noch das fragmentarische Material, das wir über die Kindheitserfahrungen von Personen haben, deren Trauer einen pathologischen Verlauf genommen hat (hier gibt es Überschneidungen mit der Gruppe der Personen, die eine depressive Störung entwickelt haben; beide sind aber nicht identisch). Immer wieder nehmen Berichte über Individuen, die an Trauerstörungen leiden, darauf Bezug, dass sie als Kinder unerwünscht waren, dass sie eine Trennung von einem Elternteil oder den Verlust eines Elternteils erlitten haben oder dass sie aus irgendeinem anderen Grund eine unglückliche oder belastende Kindheit hatten.[85] Häufig stehen keine Einzelheiten über diese Erfahrungen zur Verfügung; wenn man jedoch die verfügbaren Informationen benutzt und sie im Lichte von Informationen aus anderen Quellen betrachtet, ist es nicht schwierig, daraus mutmaßliche Schlussfolgerungen auf deren Natur zu ziehen.

Die hier vorgetragenen Hypothesen über die Kindheitserfahrungen, die ein Individuum zu einer pathologischen Reaktion auf Verlust prädisponieren, sind, so meine ich, sowohl mit dem Material, das wir aus all diesen verschiedenen Bereichen besitzen, vereinbar als auch empirisch überprüfbar.

Bevor wir jedoch die Hypothesen im Einzelnen erläutern, ist es vielleicht nützlich, den Leser an die theoretische Gesamtposition zu erinnern, die in dieser Arbeit vertreten wird (dargelegt in den vorherigen Bänden, besonders im letzten Kapitel von Band II, „Wege für das Wachstum der Persönlichkeit"), und ihre Anwendung auf unser Problem aufzuzeigen:

a) Persönlichkeitsstörungen, die eine Neigung einschließen, auf Verlust mit gestörter Trauer zu reagieren, werden angesehen als Ergebnis einer oder mehrerer Abweichungen von der normalen Entwicklung, die in jedem Jahr der Säuglingszeit, Kindheit und Adoleszenz ihren Ursprung nehmen oder sich verschlimmern können.
b) Abweichungen resultieren aus ungünstigen Erfahrungen, die ein Kind in der Familie gemacht hat, der es entstammt (oder in der diese ersetzenden Umgebung), vor allem Diskontinuitäten in seinen Beziehungen und bestimmte Arten, wie Elternfiguren möglicherweise auf seinen Wunsch nach Liebe und Fürsorge reagieren oder nicht reagieren.
c) Abweichungen bestehen in Störungen der Art und Weise, wie das Bindungsverhalten des betroffenen Individuums organisiert wird, entweder in Richtung auf eine angstvolle und unsichere Bindung oder aber in Richtung auf eine vehemente Behauptung der Selbstgenügsamkeit.
d) Obwohl einmal etablierte Abweichungen eine Tendenz zur Dauerhaftigkeit haben, bleiben sie in gewissem Grade für spätere Erfahrungen empfänglich und können daher eine günstigere Richtung einschlagen oder aber eine noch ungünstigere.
e) Zu den Arten späterer Erfahrung, die die Entwicklung günstig beeinflussen können, gehören alle Gelegenheiten, die dem Individuum – Kind, Adoleszent oder Erwachsener – eine Möglichkeit bieten, eine relativ sichere Bindung herzustellen; ob es von dieser Möglichkeit allerdings Gebrauch machen kann, hängt sowohl davon ab, wie sein Bindungsverhalten bereits organisiert ist, als auch von der Natur der Beziehung, die angeboten wird.

Wir wenden uns nun den relevanten Kindheitserfahrungen zu, die sich als Vorläufer der drei im vorigen Kapitel beschriebenen Muster verwundbarer Persönlichkeiten erwiesen haben: Persönlichkeiten, die ambivalente und angstvolle Bindungen aufweisen; Persönlichkeiten, die zu zwanghafter Fürsorge neigen; und Persönlichkeiten, die Unabhängigkeit von allen Gefühlsbindungen behaupten.

Erfahrungen, die zu angstvoller und ambivalenter Bindung disponieren

Die Kindheitserfahrungen von Personen, die zur Herstellung angstvoller und ambivalenter Bindungen neigen, werden ausführlich in den Kapiteln 15 bis 19 von Band II erörtert. Beweismaterial dafür wird vorgelegt, dass Individuen dieser Art mit wesentlich größerer Wahrscheinlichkeit als solche, die in Sicherheit aufgewachsen sind, Eltern gehabt haben, die aufgrund eigener Kindheitserfahrungen und/oder Eheschwierigkeiten den Wunsch ihrer Kinder nach Liebe und Fürsorge als Bürde empfunden und reizbar darauf reagiert haben – durch Ignorieren, Schimpfen oder Moralisieren. Außerdem besteht bei ängstlichen Personen eine größere Wahrscheinlichkeit, dass sie noch weitere beunruhigende Erfahrungen gemacht haben. Einige sind beispielsweise von einer ganzen Reihe verschiedener Personen nacheinander versorgt worden; einige waren für begrenzte Zeiträume in Anstalten untergebracht, in denen sie nur geringen oder gar keinen Ersatz für die Bemutterung fanden; einige hatten Eltern, die sich trennten oder geschieden wurden[86]; wieder andere haben in der Kindheit einen Verlust durch Tod erlitten (siehe Kapitel 17).

Obwohl Personen, die angstvolle und ambivalente Bindungen herstellen, wahrscheinlich Diskontinuitäten in den Elternbeziehungen erlebt haben und/oder häufig von ihren Eltern zurückgewiesen worden sind, war die Zurückweisung dennoch eher zeitweilig und teilweise als vollständig. Als Folge davon verstärken die Kinder, die noch immer auf Liebe und Fürsorge hoffen, aber tiefe Angst davor haben, vernachlässigt oder verlassen zu werden, ihre Forderungen nach Aufmerksamkeit und Zuwendung, weigern sich, allein zu bleiben, und protestieren mehr oder weniger zornig, wenn sie allein gelassen werden.

Dieses Bild von Kindheitserfahrungen und Entwicklung ist das genaue Gegenteil des Bildes von übergroßer Nachsicht und Verwöhnung, das nicht nur als populäre Annahme weit verbreitet, sondern leider auch früh in die psychoanalytische Theorie aufgenommen worden ist. Das hatte unter vielen unerwünschten Folgen auch die, dass Kindheitserfahrungen, von denen wir heute wissen, dass sie eine große Rolle dabei spielen, ein Individuum zu gestörter Trauer als Reaktion auf Verlust zu prädisponieren, entweder übersehen oder nur sehr am Rande beachtet wurden.

Eine erwachsene Patientin mit Trauerstörungen, die eine meiner Meinung nach nicht untypische Beziehung zu ihrer Mutter beschrieb, ist Julia, die nach dem Tod ihrer Mutter ein unbenutztes rotes Kleid aufbewahrte, aus dem sie ihre Mutter auftauchen sah (siehe Kapitel 9).[87]

„Julia, eine gebildete farbige Sekretärin, wurde zum ersten Male 18 Monate nach dem Tod ihrer Mutter gesehen. Zu ihren Symptomen gehörten Verlust des Interesses, extreme Beschäftigung mit der Vorstellung von ihrer Mutter, Schlaflosigkeit und störende Träume von ihrer Mutter, aus denen sie mit einem panischen Gefühl erwachte, ihre Mutter sei ‚vielleicht doch nicht fort'. Obwohl Julia anderen gegenüber eine heitere Fassade bewahrt hatte, sieht es so aus, als hätte ihr Zustand sich zu chronischer Trauer ausgeweitet.

Während der Therapie gab Julia folgenden Bericht über ihr Leben. Sie war das jüngste Kind einer Familie, in der es viele Schwierigkeiten gegeben zu haben schien. Zum Beispiel war ihre Mutter, als Julia sechs Monate alt war, aufgrund schwerer Verbrennungen ein Jahr lang bettlägerig gewesen, und ihr Vater hatte zu trinken begonnen. Julia selbst war von ihren älteren Geschwistern versorgt worden. Nach dem Verlassen der Schule war sie zu Hause geblieben und hatte sich um ihre Mutter gekümmert, die zu der Zeit bereits Witwe und durch Diabetes behindert war. Sie hatte dafür auf College-Stipendien und auch Heiratsanträge verzichten müssen und war so etwas wie eine Märtyrerin geworden. Sie ängstigte sich ständig um die Gesundheit ihrer Mutter, schlief nachts am Fußende von deren Bett, damit sie sich häufig davon überzeugen konnte, dass die Mutter noch am Leben war. Tagsüber pflegte sie sich mit Hilfe des Telefons zu vergewissern.

Die Mutter scheint ständig auf Julia ‚herumgehackt' zu haben. Sie wird beschrieben als ‚extrem fordernd, dominierend, kritisch, häufig geringschätzig und demütigend. Die älteren Kinder hatten wenig Zeit für sie gehabt. Es war nicht überraschend, dass Julia, wie sie später gestand, sich oft gewünscht hatte, ihre Mutter möge tot sein; unter den Träumen, die sie während der Therapie hatte und berichtete, war einer, in dem sie ihre Mutter im Rollstuhl über eine Klippe gestoßen hatte."

Wie so oft in der klinischen Literatur erfahren wir in diesem Bericht zwar, wie tyrannisch Julias Mutter sich benahm, doch es wird nicht wiedergegeben, was sie tatsächlich sagte. Mit welchen Worten, so fragen wir uns, äußerte die Mutter ihre Forderungen und ihre Kritik? Mit welchen Begriffen und in welchem Tonfall äußerte sie Julia gegenüber ihre Geringschätzung und demütigte sie? Wenn wir unsere klinische Erfahrung anwenden, so könnten wir erwarten, dass die Mutter Julias Bemühungen, ihr zu helfen, verkleinerte, dass sie sich beklagte, sie werde vernachlässigt, und dass sie Julia für jede Verschlechterung ihres Zustandes verantwortlich machte. Wenn meine Hypothesen gültig sind, so würde eine kenntnisreiche Untersuchung vermutlich noch manches andere ans Tageslicht gebracht haben, das in diese Richtung ging.

Bei der früheren Diskussion der Kindheitserfahrungen, die zu der intensivsten Angst führen, wird besonderer Nachdruck auf die Drohungen eines Elternteils gelegt, das Kind zu verlassen oder Selbstmord zu begehen. Wenn ein Kind solchen Drohungen, die oft von einer verzweifelten Mutter absichtlich geäußert werden, um das Kind zu kontrollieren, ausgesetzt ist, wird es extrem ängstlich, es könne die Mutter für immer verlieren. Wahrscheinlich wird es auch zornig auf die Mutter, wenn es diesen Zorn auch bis zur Adoleszenz wahrscheinlich nicht offen und direkt äußert. Ob das daraus resultierende Verhalten von angstvoller Konformität oder zorniger Rebellion mit dem äußeren Anstrich von Gleichgültigkeit bestimmt ist, hängt teilweise davon ab, ob neben den Drohungen noch echte elterliche Zuneigung besteht, und teilweise von Geschlecht, Alter und Temperament des Kindes. In jedem Fall ist das Individuum in dem festen Glauben aufgewachsen, dass die Schuld, falls die Mutter verschwinden sollte, ganz auf seinen Schultern liegt. Es ist daher kein Wunder, dass es, wenn die Mutter oder im späteren Leben der Ehepartner tatsächlich stirbt, sich selbst die Schuld für dieses Geschehen gibt.

Außer den Kindern, die diesen rohen und erschreckenden Drohungen ausgesetzt sind, gibt es noch solche, deren Eltern einen subtileren Druck ausüben. Dazu gehört auch die Drohung, ein Kind nicht zu lieben, wenn es nicht bestimmten Forderungen nachkommt. Auch die Behauptung, das Kind sei von Haus aus nicht liebenswert, und niemand außer einem hingebungsvollen und aufopfernden Elternteil würde seine Anwesenheit hinnehmen, gehört zu diesen Druckmitteln.

Ein Sonderfall einer intensiv „abhängigen" Beziehung ist der, in dem ein Elternteil Techniken dieser Art angewandt hat, um ein Kind dazu zu zwingen, sich um ihn zu kümmern (aus Gründen, die leicht einzusehen sind, wenn man um die eigenen Kindheitserfahrungen des Elternteils weiß; siehe Band II, Kapitel 18). Der folgende Bericht über einen 45-jährigen Junggesellen, der nach dem Tod seiner Mutter schwer depressiv wurde, illustriert, wie sich diese Art von Beziehung entwickeln kann und wie sie zu einer pathologischen Reaktion auf Verlust führt. In diesem Falle stammen die Informationen von dem Patienten selbst. Er gab sie während seiner Therapie, die zwei Jahre nach dem Tod seiner Mutter begann.[88]

> „Als einziges Kind, dessen Vater fortgegangen war, als er noch ein Säugling war, war Herr D allein von seiner Mutter aufgezogen worden; beide hatten zusammengelebt, bis die Mutter starb. Anfänglich sprach er während der Therapie von ihr, als sei sie ein überlegenes Wesen aus einer anderen Welt. Später jedoch wurde offenkundig, dass hinter diesem idealisierten Bild eine Frau stand, die in tyrannischer Weise von ihm absoluten Gehorsam gefordert und gleichzeitig jeden Versuch lächerlich gemacht hatte, mit dem er sich womöglich eine unabhängige Existenz schaffen wollte. Herr D war in dem Glauben aufgewachsen, er sei eine Last für seine Mutter, verdiene ihre Liebe und Aufmerksamkeit nicht und könne von ihr nur akzeptiert werden, wenn er sich mit allen seinen Kräften bemühte. Auch nachdem er erwachsen geworden war, hatte er auf ‚fast sklavisch ergebene Weise' weiter mit ihr zusammengelebt und sie bis zu ihrem Tod finanziell unterhalten.

> Nach ihrem Tod war er an seiner Zukunft verzweifelt, hatte seine Arbeit aufgegeben und das Haus nur noch verlassen, um Nahrung einzukaufen oder Ärzte wegen einer Vielzahl somatischer Beschwerden aufzusuchen. Als seine Ersparnisse aufgebraucht waren, verkaufte er seine Habseligkeiten und zog in ein schäbiges möbliertes Zimmer."

In seinem Kommentar zu diesem Fall bemerkt Bemporad, dass Herr D sowohl die Bewertung seiner selbst durch seine Mutter als auch die Rolle akzeptiert hatte, die er nach ihrem Willen spielen sollte. Aus dem hier vertretenen Blickwinkel stellen wir außerdem fest, dass er auch akzeptiert hatte, wie seine Mutter sich selbst einschätzte und wie sie ihn durch eine Reihe ineinander greifender Techniken an sich gebunden hatte. Einerseits hatte sie ihre Liebe und Billigung davon abhängig gemacht, dass er alle ihre Forderungen erfüllte, vor allem die Forderung nach ständiger Fürsorge für sie; andererseits hatte sie in ihm die Überzeugung genährt, er sei von Haus aus nicht liebenswert und werde daher niemals die Liebe irgendeines anderen Menschen gewinnen.

Weder im Falle von Herrn D noch im Falle von Julia erörtert der Therapeut die Möglichkeit, die Mutter des Patienten könne Drohungen verwendet haben, ihn zu verlassen, um damit ihre Ziele zu erreichen. Ich glaube aber, solange diese Möglichkeit nicht eigens untersucht und kein Beweismaterial dafür gefunden wurde, wäre es unklug anzunehmen, dass derartige Drohungen nie geäußert wurden.

Außer den in diesen Fällen anschaulich gemachten Drohungen und den übrigen, die wir erörtert haben, gibt es noch weitere Druckmittel, mit denen sich die Eltern den Gehorsam eines Kindes sichern können. Es ist beispielsweise sehr einfach, in einem Kind Schuldgefühle zu erzeugen, indem man ihm von seinen frühesten Jahren an zu verstehen gibt, sein schlechtes Verhalten mache seine Mutter (oder seinen Vater) krank und werde, wenn es damit fortfahre, zu ihrem (oder seinem) Tod führen. Damit kommen wir zur Erörterung der Kindheitserfahrungen jener Personen, die zu einer Tendenz zu zwanghafter Fürsorge für andere heranwachsen.

Erfahrungen, die zu zwanghafter Fürsorge disponieren

Anscheinend gibt es keine systematische Studie über die Kindheitserfahrungen, die zu dieser Disposition beitragen. Dennoch weisen die klinische Erfahrung und die Untersuchung von Individuen, die als Fälle von Schulverweigerung oder Agoraphobie diagnostiziert werden (Band II, Kapitel 18 und 19), unmissverständlich in bestimmte Richtungen.

Zumindest zwei recht unterschiedliche Arten von Kindheitserfahrungen findet man in den Geschichten von Individuen, die zu zwanghaften Fürsorgern werden.

Eine davon ist die unterbrochene und unzulängliche Bemutterung in der frühen Kindheit, die möglicherweise in totalem Verlust gipfelt. Da dies in späteren Kapiteln (21 und 23) diskutiert werden wird, brauchen wir hier nicht näher darauf einzugehen.

Eine weitere Art von Erfahrung besteht darin, dass auf das Kind Druck ausgeübt wird, sich um einen kranken, ängstlichen oder hypochondrischen Elternteil zu kümmern. In einigen derartigen Fällen wird dem Kind das Gefühl gegeben, es selbst sei für die Krankheit des Elternteils verantwortlich und habe daher die Verpflichtung, diesen zu umsorgen. In anderen wird das Kind zwar nicht für die Krankheit verantwortlich gemacht, man lässt es aber doch fühlen, es habe eine Verantwortung für die Pflege des Elternteils. Da dieser Elternteil in der Mehrzahl der Fälle die Mutter ist, ist das Folgende so abgefasst, als handele es sich immer um sie.

In einigen Fällen ist die Mutter körperlich krank. Ein solcher Fall ist der einer Mutter, die im Alter von Mitte 40 ganz unerwartet schwanger wurde und nach einer schwierigen Schwangerschaft und Geburt chronisch unter hohem Blutdruck litt. Das Kind, ein Junge (der offenbar unerwünscht gewesen war), wurde während seiner Kindheit nicht darüber im Zweifel gelassen, dass er derjenige gewesen sei, der seine Mutter krank gemacht habe, und darum die Verantwortung habe, sich um sie zu kümmern. Das tat er auch hingebungsvoll, bis sie in seiner Adoleszenz starb. Nachdem er die Schule verlassen hatte und selbst verdiente, fühlte er sich stark zu einer wesentlich älteren Frau hingezogen, die ein sehr schweres Leben gehabt hatte; er übernahm die Verantwortung, für sie zu sorgen.

In einem anderen derartigen Fall hatte die Mutter eines fünfjährigen Jungen schweren Diabetes. Eines Nachts fiel sie in ein diabetisches Koma und wurde mit einem Krankenwagen in eine Klinik gebracht, wo sie sich wieder erholte. In der Folge verließ sich die Mutter auf ihren Sohn, der ihr bei Insulininjektionen helfen und sich auch auf andere Weise um sie kümmern musste. Er tat dies, ständig geplagt von der Erinnerung, wie seine Mutter in einem Zustand, der für ihn dem einer Sterbenden glich, aus dem Haus gebracht worden war. Er hatte intensive Angst davor, so etwas könne noch einmal geschehen, während er schlafe oder nicht zu Hause sei, blieb daher nachts wach und begann, den Schulbesuch zu verweigern; im Alter von zehn Jahren wurde er mit einer „Schulphobie" in die Tavistock-Klinik eingewiesen.

Dieser Fall illustriert die Ähnlichkeit zwischen den Familienerfahrungen, die zu der hier erörterten Persönlichkeitsform führen, und den Familienerfahrungen von Individuen, bei denen entweder eine Schulphobie oder eine Agoraphobie diagnostiziert wird.[89] Bei beiden steht wahrscheinlich im Hintergrund ein Elternteil, der starken Druck angewendet hat und vielleicht noch immer anwendet, um die Beziehung umzukehren und die Leistung der Fürsorge vom Sohn oder von der Tochter zu verlangen. Je mehr moralische und sonstige Druckmittel bei beiden Fallarten gegenüber Sohn oder Tochter angewandt wurden, desto mehr ist er oder sie an den Elternteil gebunden, desto ängstlicher und schuldiger fühlt er oder sie sich beim Verlassen des Hauses und desto bittereren Groll hegt er oder sie innerlich wegen einer solchen Behandlung. Sollte der Elternteil dann auch noch tatsächlich schwer erkranken, ist es nahezu unvermeidlich, dass das versorgende Kind noch ängstlicher und schuldbewusster wird. Falls der Elternteil schließlich stirbt, übernimmt der Fürsorger leicht die gesamte Schuld und entwickelt, indem er den Groll gegen sich selbst richtet, chronische Trauer.

Das Material über die Familienerfahrungen und die Muster affektiver Beziehungen von Patienten, bei denen entweder Schulphobie oder Agoraphobie diagnostiziert wird, sowie die laufenden Ereignisse, die sie in eine emotionale Krise stürzen – es wird in den Kapiteln 18 und 19 von Band II dargelegt –, stimmt in allen Punkten mit den hier vertretenen Auffassungen überein. Daher ist es von besonderem Interesse, dass bei einem signifikanten Anteil der als phobisch diagnostizierten Kinder und Erwachsenen dem akuten Zustand die plötzliche Krankheit oder der Tod eines Elternteils oder eines anderen nahen Angehörigen voranging, gewöhnlich, wie Roth (1959) schreibt, „eines Elternteils, von dem der Patient extrem abhängig war".

Erfahrungen, die zur Behauptung der Unabhängigkeit von affektiven Bindungen disponieren

Da keine systematischen Untersuchungen der Kindheitserfahrungen von Personen durchgeführt worden sind, die dazu neigen, ihre emotionale Selbstgenügsamkeit zu behaupten, sind wir wieder einmal auf die Informationen aus einer heterogenen Sammlung klinischer Berichte angewiesen. Gewisse Muster jedoch treten aus diesen recht deutlich hervor.

Wie bei der zwanghaften Fürsorge scheinen zwei einigermaßen verschiedene Arten von Kindheitserfahrung vorzuherrschen. Die eine ist der Verlust eines Elternteils in der Kindheit, wonach das Kind sich selbst überlassen bleibt. Die andere ist die teilnahmslose und kritische Haltung, die eine Mutter möglicherweise gegenüber den natürlichen Wünschen ihres Kindes nach Liebe, Aufmerksamkeit und Unterstützung an den Tag legt. Nicht selten, so scheint es, ist ein Mensch, der später seine Unabhängigkeit von Gefühlsbindungen behauptet, in der Kindheit einer Kombination von Erfahrungen dieser Art ausgesetzt gewesen.

Das Ausmaß, in dem die Rolle affektiver Bindungen und von Bindungsverhalten im Leben der Familienmitglieder berücksichtigt wird, ist bei den einzelnen Familien überaus verschieden. In einer Familie etwa herrscht tiefer Respekt vor Gefühlsbindungen, wird bereitwillig auf Äußerungen von Bindungsverhalten reagiert und der Angst, dem Zorn und dem Kummer über die zeitweilige Trennung von einer geliebten Figur oder deren dauerhaften Verlust einfühlendes Verständnis entgegengebracht. Das offene Äußern von

Denken und Fühlen wird ermutigt und liebende Unterstützung gewährt, wenn diese gewünscht wird. In anderen Familien dagegen werden affektive Bindungen gering geachtet, Bindungsverhalten als kindisch und schwach betrachtet und zurückgewiesen, alle Gefühlsäußerungen missbilligt und Weinende verachtet. Schließlich unterdrückt ein Kind sein Bindungsverhalten und kapselt seine Gefühle ein, weil beide verurteilt und verachtet werden. Darüber hinaus kommt es endlich dahin, wie seine Eltern seine Sehnsucht nach Liebe als Schwäche, seinen Zorn als Sünde und seinen Kummer als kindisch anzusehen.

Einige Individuen, die der letzteren Art von Familienerfahrung in der Kindheit ausgesetzt waren, werden zu zähen und harten Menschen. Möglicherweise werden sie sehr tüchtig und allem Anschein nach selbstsicher und gehen ohne offene Zeichen für einen Zusammenbruch durchs Leben. Dennoch ist es wahrscheinlich schwierig, mit ihnen zu leben und zu arbeiten, da *sie* sowohl für andere als auch für sich selbst wenig Verständnis haben und zu schwelender Eifersucht und Groll neigen. Wenn sie genug Vertrauen entwickeln, es einem Therapeuten zu gestehen, ist ihr Gefühl, isoliert und ungeliebt zu sein, vielleicht über die Maßen traurig; vor allem in späteren Jahren sind sie gefährdet durch Depression, Alkoholismus und Suizid. Selbst wenn sie selbst nicht zu psychiatrischen Fällen werden, können sie häufig für den Zusammenbruch anderer verantwortlich sein – Ehegatte, Kinder oder Angestellte. Winnicott (1960) hat den Begriff „falsches Selbst" gebraucht, um das Selbst zu beschreiben, das ein solcher Mensch erlebt und das er willentlich oder unwillentlich der Welt darbietet. Diese Bezeichnung ist der Bezeichnung „narzisstisch", die ebenfalls von Psychoanalytikern manchmal zur Beschreibung dieser Individuen benutzt wird, bei weitem vorzuziehen.

Nicht jeder jedoch, der dieser Art von Kindheitserfahrungen ausgesetzt ist, entwickelt eine hochorganisierte Persönlichkeit. Bei vielen sind die Härte und Selbstsicherheit brüchiger, und wahrscheinlich rekrutiert sich aus diesem Personenkreis ein erheblicher Anteil aller Menschen, die zu irgendeinem Zeitpunkt ihres Lebens eine pathologische Reaktion auf Verlust entwickeln. Ein längeres Fehlen bewusster Trauer ist die anzunehmende Form. Beispiele sind in Kapitel 9 angeführt – siehe die Berichte über Frau F und Herrn AA.

Der folgende Fall eines 23-jährigen jungen Mannes, dessen Bemühungen um Selbstgenügsamkeit rasch scheiterten, erläutert viele Züge, die meiner Ansicht nach für solche Individuen typisch sind. Der Bericht wird hier nicht im Hinblick auf eine Trauerstörung vorgelegt, sondern wegen der aufschlussreichen Einzelheiten, die er darüber anführt, wie der junge Mann sich an seine Behandlung als Kind und seine Reaktion darauf erinnert.[90]

> „Als er vor seiner Einweisung in die Klinik von einem Psychiater gesehen wurde, war Herr G schwer depressiv und sprach ohne Gefühlsbeteiligung über die Wahrscheinlichkeit, er werde sich umbringen. Ein Jahr zuvor

hatte er einen halbherzigen Versuch dazu unternommen; beim nächsten Mal, so bemerkte er, werde er sichergehen. Als ihm angeboten wurde, ihn in die Klinik aufzunehmen, akzeptierte er dies auf flache, passive Weise, blieb jedoch dabei, sein psychischer Zustand sei weniger eine Krankheit als eine ‚Lebensphilosophie'. Zu diesem Zeitpunkt schien ernsthaft die Möglichkeit einer Schizophrenie zu bestehen.

Er war ein groß gewachsener, gut aussehender junger Mann, der in der Klinik nie psychotische Merkmale aufwies; er fiel jedoch bald dadurch auf, dass er kooperatives mit unkonventionellem Verhalten verband.

Bei zwei Interviews mit seiner Psychotherapeutin vor Beginn der Behandlung beschrieb er etwas, das sie als ‚lebenslängliche ängstliche Vorgabe, ein unabhängiger Mensch zu sein' empfand. Obwohl er ein guter Schüler und auch Sportler gewesen war, hatte er sich im Wettbewerb extrem unbehaglich gefühlt und aus freiem Willen darauf verzichtet zu gewinnen; dennoch hatte er die Universität besucht und einen akademischen Grad erworben. Obwohl er es nie ertragen konnte, allein zu sein, schuf das Zusammensein mit anderen Konflikte. Einerseits wollte er gern anerkannt sein, andererseits versteinerte ihn die Angst, seine Beiträge könnten keinen Anklang finden. Oft, so sagte er, wurde er dann zynisch und sarkastisch.

Er war eine Zeit lang verlobt gewesen; doch auch dies verursachte Konflikte. Er hatte nicht nur intensive Angst davor, seine Verlobte könne ihn verlassen, sondern auch davor, er könne zu abhängig von ihr werden. Wenn sie andere ansah, wurde er extrem eifersüchtig; davon suchte er sich zu kurieren, indem er sie drängte, ihm untreu zu sein. Als er erkannte, dass sie seinem Drängen gefolgt war, hatte er sich außerordentlich ängstlich gefühlt: ‚Es war kein Zorn', behauptete er, ‚sondern etwas ging aus mir heraus.'

Herr G war das älteste Kind einer großen katholischen Familie; als er drei Jahre alt war, hatte er bereits zwei jüngere Geschwister. Seine Eltern, so berichtete er, stritten sich häufig und heftig. Als die Familie noch jung war, hatte der Vater lange Stunden außer Haus gearbeitet, um sich auf einen Beruf vorzubereiten. Das Verhalten der Mutter war nie vorherzusehen. Oft gingen ihr ihre streitenden Kinder so auf die Nerven, dass sie sich tagelang in ihr Zimmer einschloss. Mehrmals war sie von zu Hause fortgegangen und hatte die Töchter mit sich genommen, die Söhne aber beim Vater gelassen.

Man hatte ihm erzählt, er sei ein unglückliches Baby gewesen, habe schlecht gegessen und geschlafen und sei oft lange allein gelassen worden, wenn er schrie. Dieses Schreien, so hieß es, sei nur ein Versuch gewesen, seine Eltern zu beherrschen und verwöhnt zu werden. Einmal hatte er eine Blinddarmentzündung gehabt und erinnerte sich, die ganze Nacht stöhnend wach gelegen zu haben; seine Eltern hatten jedoch nichts getan, und am nächsten Morgen war er ernsthaft krank. Später, während der Therapie, erinnerte er sich, wie er sich aufgeregt hatte, wenn seine Eltern seine jüngeren Geschwister einfach allein ließen, wenn sie schrien, und wie er sie dafür gehasst hatte und sie am liebsten umgebracht hätte.

Er hatte sich immer wie ein verlorenes Kind gefühlt und gerätselt, warum er wohl abgelehnt wurde oder sich zumindest abgelehnt fühlte. Sein erster Schultag, so berichtete er, war der schlimmste Tag seines Lebens. Er hatte das Gefühl gehabt, seine Mutter habe ihn nun endgültig zurückgewiesen, war den ganzen Tag verzweifelt gewesen und hatte nicht aufgehört zu weinen. Danach war er allmählich dahin gelangt, alle Wünsche nach Liebe und Unterstützung zu verbergen; er hatte sich stets geweigert, um Hilfe zu bitten oder darum, man möge etwas für ihn tun.

Nun, während der Therapie, hatte er Angst davor, er könne zusammenbrechen und weinen und bemuttert werden wollen. Er war sicher, dass seine Therapeutin ihn dann als lästig und sein Verhalten als Heischen nach Aufmerksamkeit betrachten würde; wenn er etwas Persönliches zu ihr sage, werde sie gewiss beleidigt sein und sich vielleicht in ihrem Zimmer einschließen.

Die Behandlung schritt unerwartet schnell voran. Dies lag vermutlich teilweise daran, dass sein ‚falsches Selbst' nicht allzu fest organisiert war, und teilweise daran, dass die Therapeutin, Winnicott folgend, klar verstand, welches seine wirklichen Wünsche und Gefühle waren. Später sagte er in einem Bericht, in dem er seine Verfassung vor der Behandlung beschrieb, er sei sich viele Jahre lang vage bewusst gewesen, ‚zwei Ichs' zu haben, ‚das wirkliche Ich, versteinert vor Angst, sich zu offenbaren ... – das das andere Ich hasste, welches sozialen Forderungen entsprach.' Das wirkliche Ich, so sagte er, sei manchmal kurz hervorgetreten, beispielsweise wenn er sich in jemanden einfühlen konnte, der sich in derselben Situation befand wie er selbst. Manchmal, so schrieb er, habe er das Gefühl gehabt, er könne die Inspiration besitzen, ‚eine große Mission zu unternehmen, um die lieblose, elende Welt der Menschheit zu bessern'. In dem veröffentlichten Bericht wird nicht erwähnt, was zum Zusammenbruch von Herrn G geführt hatte. Das Material legt jedoch sehr nahe, dass es das Ende seiner Verlobung war, wenn er auch wahrscheinlich selbst wesentlich dazu beigetragen hatte, es herbeizuführen."[91]

Wenn wir nun zu unserem Thema zurückkehren, so stellen wir fest, dass sich bereits in Kapitel 9 Berichte über Individuen finden, deren Trauer einen ungünstigen Verlauf nahm und die beschrieben hatten, wie sie aufgrund von Kindheitserfahrungen eine Art Schutzschild entwickelt hatten, z. B. Frau J, oder wie man ihnen beigebracht hatte, Gefühle in sich zu verschließen, z. B. Frau Y. Außerdem gibt es gegen Ende von Kapitel 10 Berichte von Hinterbliebenen über die Hindernisse für ihre Trauer, die Verwandte und Freunde dadurch aufgerichtet hatten, dass sie sie aufforderten, sie sollten sich zusammennehmen und zu weinen aufhören. Umgekehrt haben wir erfahren, wie hilfreich es für einen Hinterbliebenen ist, wenn ihm die Gelegenheit geboten wird, bei jedem Detail der Vergangenheit zu verweilen, Sehnsucht, Wut und Kummer zu äußern und zu weinen.

Im Licht dieser Erwägungen und auch von Berichten über die Auswirkungen, die es auf kleine Kinder hat, wenn die Eltern darauf bestehen, sie sollten nicht weinen (siehe Kapitel 1 und 23), wird folgende Hypothese vorgetragen: Eine wesentliche Determinante dafür, wie ein Mensch auf einen Verlust reagiert, ist die Art und Weise, wie sein Bindungsverhalten und alle damit verbundenen Gefühle während seiner Säuglingszeit, Kindheit und Adoleszenz von seinen Eltern bewertet und beantwortet wurde. Besonders ungünstige Auswirkungen werden geringschätzigen und sarkastischen Bemerkungen von Eltern und Elternsurrogaten zugeschrieben, die immer dann erfolgen, wenn ein Kind Kummer hat und Trost sucht. Die Befehle „Heul nicht", „Sei keine Heulsuse", „Wenn du weinst, habe ich dich nicht lieb" können, so wird postuliert, unsagbaren Schaden anrichten, vor allem, wenn sie in verächtlichem Ton geäußert werden. Einem Individuum, das so behandelt wird, wird es nicht gestattet, Angst, Unglück und Kummer mitzuteilen, sondern es wird dazu getrieben, sich in sich selbst zurückzuziehen und seine Sorgen allein zu tragen. Je eher im Leben dies geschieht und je intensiver der Druck ist, desto größer ist außerdem meiner Meinung nach der Schaden, der angerichtet wird.

In diesem Kapitel war es zweckmäßig, unter separaten Überschriften die verschiedenen Arten von Kindheitserfahrungen zu betrachten, die, wie das Datenmaterial nahe legt, zu einem großen Teil für die verschiedenen Arten von Persönlichkeiten verantwortlich sind, die als zur Entwicklung von gestörter Trauer neigend identifiziert wurden. Natürlich kann im wirklichen Leben jede Kombination dieser Erfahrungen vorkommen und infolgedessen auch eine entsprechende Vielfalt an Formen gestörter Persönlichkeiten. Im nächsten Kapitel werden die Hauptmerkmale gestörter Trauer und die dafür verantwortlichen Prozesse im Licht der in Kapitel 4 dargelegten theoretischen Position untersucht.

13 Kognitive Prozesse, die zu Variationen in der Reaktion auf Verlust beitragen

„Es ist unmöglich zu denken, dass ich nie wieder mit dir zusammensitzen und dein Lachen hören soll. Dass du an jedem Tag für den Rest meines Lebens fort sein wirst. Niemand, mit dem ich über meine Freuden sprechen kann. Niemand, der mich zu Spaziergängen auffordert, dazu, ‚auf die Terrasse zu gehen'. Ich schreibe in ein leeres Buch. Ich weine in einem leeren Raum. Und es kann nie wieder irgendeinen Trost geben."

Carrington[92]

Ein Rahmen zur Konzeptualisierung kognitiver Prozesse

In den vorhergehenden Kapiteln habe ich einen Überblick gegeben über die vielen Variablen, die den Verlauf der Trauer beeinflussen, einschließlich gewisser Persönlichkeitsmerkmale der Hinterbliebenen und der Art von Kindheitserfahrungen, die, wie das Datenmaterial nahe legt, zu ihrer Entwicklung beitragen. Hier und da wurde auf die psychologischen Prozesse hingewiesen, durch die die Variablen zu wirken scheinen, doch sie wurden noch keiner systematischen Betrachtung unterzogen. Diesen Mangel werde ich jetzt auszugleichen versuchen.

Jede Situation, die wir im Leben antreffen, ist in den Begriffen der Vorstellungsmodelle konstruiert, die wir von der Welt um uns und von uns selbst haben. Die Information, die uns durch unsere Sinnesorgane erreicht, wird in den Begriffen dieser Modelle ausgewählt und interpretiert, ihre Bedeutung für uns und die uns Nahestehenden wird anhand ihrer Begriffe bewertet, Handlungspläne werden anhand dieser Modelle konzipiert und durchgeführt. Außerdem hängt davon, wie wir jede Situation interpretieren und bewerten, auch ab, wie wir uns fühlen.

Wenn eine Situation eintritt, die wir als schädlich für unsere Interessen oder die Interessen uns nahe stehender Menschen erachten, ist unser erster Impuls der Versuch, die Situation zu korrigieren. Bei jedem derartigen Versuch analysieren wir, was die Situation verursacht zu haben scheint, und planen unser Handeln entsprechend. Natürlich erfolgt unsere Analyse der Verursachung in den Begriffen der jeweiligen Vorstellungsmodelle, die wir von den Objekten und Personen haben mögen, welche in der Situation eine Rolle spielen; unsere Handlungspläne werden in den Begriffen des jeweiligen Repertoires von Handlungen aufgestellt, das uns am leichtesten zur Verfügung steht.

In den Kapiteln 14 und 20 von Band II wird erklärt, wie ein Kind im Verlauf seiner Entwicklung Arbeitsmodelle von seiner Welt und von sich selbst als darin Handelndem konstruiert. Vor allem wird angemerkt, dass, weil die Daten für die Modellkonstruktion aus vielfältigen Quellen abgeleitet sind, immer die Möglichkeit besteht, dass diese Daten inkompatibel sind und dass ferner für eine Minderheit der Kinder diese Inkompatibilität regelmäßig und dauerhaft sein kann. Es wird das Beispiel eines Elternteils angeführt, der das Kind zu lieben behauptet, während die unmittelbare Erfahrung des Kindes mit den Handlungen des Elternteils das Gegenteil suggeriert. In einem solchen Fall befindet sich das Kind in einem Dilemma. Soll es das Bild akzeptieren, wie es sich ihm selbst darstellt? Oder soll es das Bild akzeptieren, von dem der Elternteil behauptet, es sei wahr? Verschiedene mögliche Ergebnisse werden skizziert; vielleicht am häufigsten ist ein unbehaglicher Kompromiss, bei dem das Kind beiden Datengruppen einen gewissen Glauben schenkt und unangenehm zwischen zwei inkompatiblen Modellpaaren hin- und herschwankt; jedes Paar besteht aus einem Modell von dem Elternteil und einem komplementären Modell von dem Kind selbst.

Dieser Rahmen kognitiver Theorie, der in Kapitel 4 des vorliegenden Bandes erheblich erweitert wurde, liefert einige der Grundkomponenten für die Theorie der Trauer, die vorgetragen werden soll.

Wenn Information über eine neue Situation uns erreicht, kann sie mehr oder weniger eilig, mehr oder weniger angemessen und mehr oder weniger vollständig verarbeitet werden. Je schädlicher für unsere Interessen beispielsweise eine Situation zu sein oder werden zu können scheint, desto rascher gehen wir vor. Wenn die Situation schnell bewertet und rasch gehandelt wird, kann der Schaden möglicherweise gering gehalten oder gänzlich vermieden werden. Doch die Geschwindigkeit hat ihren Preis. Die Wahrnehmung kann ungenau sein, die Bewertung unangemessen und die Planung fehlerhaft. Folglich kann, wie wir sehr wohl wissen, mehr Hast weniger Geschwindigkeit bedeuten.

Außerdem gibt es gewisse Informationen, die zu verarbeiten uns schwer fällt. Ein Beispiel dafür ist Information, die nicht mit unseren bestehenden Modellen vereinbar ist; das wird anschaulich gemacht durch die Art und Weise, wie Datenmaterial, das mit einer geschätzten Theorie in Konflikt steht, gern vernachlässigt oder nicht berücksichtigt wird. Wenn neue Information im Widerspruch steht zu etablierten Modellen, so bleiben im Allgemeinen die Modelle Sieger – kurzfristig beinahe immer, langfristig sehr häufig.

Obwohl kurzfristig ein bestehendes Modell, wenn es überzeugt gehegt wird, die Tendenz hat, neue und mit ihm nicht vereinbare Information auszuschließen, kann langfristig ein altes Modell durch ein neues ersetzt werden. Es gibt allerdings viele Anzeichen dafür, dass wir einen solchen Austausch nur sehr widerstrebend vornehmen. Anfangs brauchen wir Zeit, um zu der Überzeugung zu kommen, dass die neue Information so viel Gültigkeit und Gewicht besitzt, dass eine Revision der Modelle tatsächlich notwendig ist. Später dann, wenn wir mit dieser Aufgabe befasst sind, gehen wir nur bruchstückweise vor und kehren häufig zu dem alten und vertrauten Modell zurück, obwohl wir wissen, dass es überholt ist. Alles in allem sind für uns die Demontage eines Modells, das in unserem Alltagsleben eine wichtige Rolle gespielt hat und noch immer spielt, und sein Ersatz durch ein neues eine langwierige und mühselige Aufgabe, selbst wenn die neue Situation im Prinzip begrüßt wird. Ist die neue Situation dagegen nicht willkommen, so ist die Aufgabe nicht nur mühselig, sondern schmerzhaft und vielleicht auch erschreckend.

Gewisse Situationen, die sowohl neu als auch unwillkommen sind, können tatsächlich auf den ersten Blick so entsetzlich sein, dass wir uns fürchten, ihre bloße Existenz zur Kenntnis zu nehmen. Infolgedessen verschieben wir es auf später, ihre wahren Proportionen zu bewerten, und machen auch keine Pläne, um ihnen zu begegnen. Eine solche Verschiebung ist besonders wahrscheinlich, wenn die vorläufige Bewertung vermuten lässt, dass die Situation irreversibel ist. Sollte sie sich nämlich tatsächlich als irreversibel erweisen, stünden wir vor der Aufgabe, bestehende Modelle durch neue zu ersetzen, und zwar unter Umständen, in denen die Veränderung absolut unwillkommen ist. Es ist daher kein Wunder, dass der Verlust eines geliebten Menschen außer zu tiefem Kummer auch zu großen psychologischen Schwierigkeiten führt.

Unter Verwendung dieses Bezugsrahmens wollen wir nun einige der Prozesse gesunder Trauer beschreiben.

Wenn eine affektive Bindung zerbricht, kommt es gewöhnlich zu einer vorläufigen Registrierung der relevanten Information, kombiniert mit der Unfähigkeit, diese Information anders als nur sehr oberflächlich zu bewerten – der Phase der Betäubung. Danach schreitet die weitere Bewertung schrittweise voran, immer wieder durch Aufschübe unterbrochen. Während eines solchen Schritts werden einige der Implikationen der bereits empfangenen Information erwogen oder erneut erwogen, während andere noch immer vermieden werden; gleichzeitig kann zusätzliche Information gesucht werden. Bei dieser zusätzlichen Information kann es darum gehen, frühere Information zu bestreiten, zu verifizieren oder zu vertiefen; oder es kann darum gehen, versuchsweise bereits akzeptierte Implikationen zu bestreiten oder zu bestätigen; oder darum, die Beschränkungen der Situation, wie sie nun zu sein scheint, und die Möglichkeiten, die in ihr noch vorhanden sind, zu erkunden. Während jedes Aufschubes dagegen wird wahrscheinlich die bereits aufgenommene Information über die Veränderung ganz oder teilweise wieder ausgeschlossen, und die alten Modelle und alten Überzeugungen werden teilweise oder ganz wieder eingesetzt. Daher die bereits dokumentierten Schwankungen des Fühlens.

Bei den Prozessen der Aufnahme und Bewertung von Information, die einer größeren Veränderung irgendeiner Art entstammt, sucht ein gefestigter Mensch gewöhnlich die Hilfe eines Gefährten. Er bittet ihn, die Information zu negieren oder zu bestätigen, seine ursprünglichen Bewertungen zu bekräftigen oder zu widerlegen, ihm dabei zu helfen, Erwägungen darüber anzustellen, wie und warum das Ereignis eingetreten ist, welche weiteren Folgen es haben kann, was die Zukunft bringen kann und welche Handlungspläne, wenn überhaupt, angemessen sein könnten. Auf jede dieser Arten kann ein hilfreicher Gefährte eine große Stütze sein. Indem er aber auch als Bindungsfigur und als Fürsorger wirkt, kann der Gefährte einen noch größeren Dienst leisten. Allein durch seine Gegenwart nämlich wird die Angst des Hinterbliebenen verringert, sein Mut gestärkt, seine Bewertungen werden weniger hastig durchgeführt, und die Handlungen, die nötig sind, um einer Situation zu begegnen, werden überlegter gewählt und geplant.

Nicht selten ist die Situation eines Menschen, der von einem schmerzlichen Verlust getroffen wurde, einzigartig, denn der Tod bringt den Verlust eben der Person mit sich, der zu vertrauen er gewohnt war. Daher ist nicht nur der Tod selbst ein schrecklicher Schlag; auch die Person, an die man sich in seiner Not natürlicherweise wendet, ist nicht mehr da. Aus diesem Grunde ist es notwendig, dass der Hinterbliebene, damit seine Trauer einen günstigen Verlauf nimmt, sich an jemand anderen wenden kann, um Trost zu finden.

Ob ein Hinterbliebener fähig ist, Hilfe zu empfangen und zu akzeptieren, wird von drei ineinander greifenden Variablen bestimmt:

- ob ein potentieller Tröster verfügbar ist;
- falls ja, ob dessen Art, mit den Dingen umzugehen, hilfreich oder nicht hilfreich ist;
- ob, falls ein Tröster sowohl verfügbar als auch potentiell hilfreich ist, der Hinterbliebene in der Lage ist, sich ihm zu öffnen und ihm zu vertrauen.

In Kapitel 10 wurde die Rolle der ersten beiden dieser Variablen betrachtet. Hier nun wenden wir unsere Aufmerksamkeit der dritten zu.

Kognitive Voreingenommenheiten, die die Reaktionen auf Verlust beeinflussen

Jedes Individuum, das mit Information über einen Verlust konfrontiert ist, verarbeitet diese auf seine eigene idiosynkratische Weise – mehr oder weniger langsam, mehr oder weniger vollständig, mehr oder weniger korrekt – je nach den kognitiven Strukturen, die die Information durchläuft. Die Gesamtwirkung dieser Strukturen auf die Verarbeitung kann man als kognitive Voreingenommenheit des Individuums bezeichnen.

Die Richtungen, denen ein Individuum aufgrund seiner kognitiven Voreingenommenheiten zuneigt, sind eindeutig eine Funktion der Vorstellungsmodelle von Bindungsfiguren und von seinem Selbst, die es während seiner Kindheit und Jugend errichtet hat, und wenn sich die in diesem Buch vorgetragenen Auffassungen als gültig erweisen, sind diese Vorstellungsmodelle wiederum eine Funktion der Erfahrungen, die das Individuum während jener Jahre in seiner Familie gemacht hat. Wie dann seine tatsächlichen Reaktionen sind, hängt ab von der Interaktion der Bedingungen, die einen Verlust umgeben und diesem folgen, mit den gewisse Reaktionen begünstigenden kognitiven Voreingenommenheiten, die das Individuum in die Situation einbringt (und vielleicht auch noch von Interaktionen mit anderen Variablen). Vor allem vertrete ich die Ansicht, dass die Art von Kindheitserfahrungen, die ein Mensch gemacht hat, von wesentlicher Bedeutung ist. Durch das Medium seiner Vorstellungsmodelle nämlich sind diese Erfahrungen zum großen Teil verantwortlich (a) für die Muster der affektiven Beziehungen, die er im Laufe seines Lebens herstellt, und (b) für die kognitiven Voreingenommenheiten, die er in jeden Verlust einbringt, der ihn möglicherweise trifft.

Diesen Überlegungen folgend, können wir eine Reihe von Bereichen aufzählen, in denen die jedem Individuum eigenen kognitiven Voreingenommenheiten einen weit reichenden Einfluss ausüben können auf die Art, wie es auf einen Verlust und die den Verlust umgebenden Umstände reagiert, und wie sie dadurch weitgehend den Verlauf bestimmen, den seine Trauer nimmt. Einige dieser Voreingenommenheiten betreffen die Art, wie die Information, die überhaupt verarbeitet wird, beschaffen ist; andere betreffen das Ausmaß, in dem Information akzeptiert und angemessen verarbeitet oder einem gewissen Grad von Ausschluss im Dienst der Abwehr unterworfen wird. Leicht zu identifizierende Voreingenommenheiten sind die folgenden:

a) wie der Hinterbliebene die Rolle auslegt, die der Verstorbene selbst bei dem Verlust spielt;
b) wie er seine eigene Rolle bei dem Verlust und die Art und Weise auslegt, auf die der Verstorbene diese sehen würde;
c) welche Erwartungen er in Bezug auf die Art und Weise hat, auf die jemand, der Hilfe anbietet, mit ihm umgehen sollte;
d) wie weit er sich der Auslegungen bewusst ist, die er vergangenen Ereignissen gibt, und des durchdringenden Einflusses dieser Auslegungen auf seine Erwartungen in der Gegenwart;
e) wie weit alle seine möglichen Auslegungen und Erwartungen neuer Information und damit einer Revision offen stehen oder aber verschlossen sind.

Vieles, auf das in diesem Kapitel in den Begriffen der kognitiven Voreingenommenheit Bezug genommen wird, wird in der konventionelleren psychoanalytischen Literatur in den Begriffen von Phantasie behandelt. Es gibt jedoch eine Reihe von Gründen dafür, diese Bezeichnung nicht zu benutzen. Einer ist der, dass Phantasie heute sehr locker verwendet wird, um fast jeden kognitiven Prozess zu bezeichnen. Ein weiterer Grund ist, dass kaum ein systematischer Versuch unternommen wird, um aufzudecken, wie ein Individuum dahin gelangt ist, auf seine eigene idiosynkratische Weise zu denken. Bei der Erklärung der Ursprünge schließlich wurde lange Zeit Hypothesen der Vorzug gegeben, die einen fast völlig autonomen Ursprung postulieren für jede Form, die die Phantasien eines Individuums annehmen können, und es bestand eine ebenso starke Voreingenommenheit gegen Hypothesen wie die hier vorgetragenen, die Kindheitserfahrungen innerhalb der Familie als wesentliche Determinanten anführen.

Innerhalb dieses breiten theoretischen Rahmens wird nun ein Versuch unternommen, einige der Hauptvariationen im Verlauf der Trauer und auch einige ihrer hervorstechendsten pathologischen Merkmale zu erklären. Obwohl es logisch erscheinen könnte, mit der Beschreibung von Reaktionen zu beginnen, die als typisch für einen günstigen Verlauf der Trauer angesehen werden, wollen wir hier mit der Pathologie anfangen. Das geschieht deshalb, weil gesunde Reaktionen sich deutlicher abheben, wenn man sie vor dem Hintergrund pathologischer Reaktionen betrachtet.

Voreingenommenheiten, die zu chronischer Trauer beitragen

In Übereinstimmung mit dem (zugegebenermaßen fragmentarischen) Datenmaterial über die Persönlichkeiten und Kindheitserfahrungen von Personen, die Gefahr laufen, chronische Trauer zu entwickeln, kann die Schlussfolgerung gezogen werden, dass ein solcher Mensch in sich Vorstellungsmodelle von Bindungsfiguren und von seinem Selbst errichtet hat, die gewisse spezifizierbare, wenn auch oft inkompatible Merkmale aufweisen.

Fast immer, so folgere ich, zeigt das Modell, das ein solcher Mensch von seinen Eltern hat, diese als über jede Kritik erhabene Gestalten, während das komplementäre Modell seiner selbst das einer mehr oder weniger wertlosen Person ist. Er hält sich selbst für ein Wesen, das zu Undankbarkeit und unvertretbarem Zorn neigt und sich glücklich schätzen kann, diese selbstaufopfernden Eltern zu besitzen, und er sieht es als seine Pflicht an, sie zu verehren. Neben diesem Modellpaar, ihm aber untergeordnet, besteht noch ein anderes Modellpaar, in dem die Eltern ihm ihre Zuneigung und Aufmerksamkeit nur widerwillig gewähren und allzu häufig nicht verfügbar sind, während er selbst sich als eher gerechtfertigt sieht in seinen Forderungen an seine Eltern und in seiner Wut, wenn sie sich ihm versagen, als diese es ihm gestatten, und in dem er auch ihnen gegenüber bessere Gefühle und Absichten hegt, als sie ihm jemals zugestehen.

Das erste Modellpaar, so wird gefolgert, ist abgeleitet von dem, was seine Eltern ihm immer gesagt haben[93], während das zweite und untergeordnete Modellpaar seiner eigenen unmittelbaren Erfahrung entstammt. Obwohl die Paare inkompatibel sind, bleiben beide bestehen, vielleicht in unterscheidenden Formen gespeichert (siehe Kapitel 4). Außerdem kommen entweder das eine oder das andere oder auch beide Paare mit ziemlicher Sicherheit unmodifiziert zur Anwendung, wann immer das Individuum neue affektive Beziehungen eingeht, beispielsweise eine Ehe.

Zur Illustration dieser Denkweise hinsichtlich eines Menschen, der unter chronischer Trauer leidet, wollen wir den Fall von Herrn M (Kapitel 9) betrachten, der im Alter von 68 Jahren nach dem Tod seiner Frau depressiv wurde und unter Selbstanklagen litt und der darauf bestand, seine Frau sei vollkommen gewesen, obwohl er ihre zahlreichen Unzulänglichkeiten kannte. Auf der Grundlage der Theorie folgere ich, dass er mit einem Modellpaar arbeitete, dessen einer Teil ihn stets geneigt gemacht hatte, jede Bindungsfigur (zuerst seine Mutter, dann seine Frau) als über jede Kritik erhabene Person zu sehen, während der andere Teil des Modells ihn ebenso geneigt gemacht hatte, sich selbst als unbedingt verantwortlich für alles zu sehen, was in der Beziehung misslang. Darüber hinaus postuliert die Theorie, dass die Einflüsse, die Herrn M zur Bildung solcher Modelle und folglich zu von ihnen kontrollierten Wahrnehmungen und Aktionen geführt hatten, von seinen Eltern kamen, vermutlich von seiner Mutter. Während seiner ganzen Kindheit, so können wir vermuten, hat sie darauf bestanden, dass er sie als über jede Kritik erhaben ansah und sich selbst als für alles Übel verantwortlich, das die Familie traf. Diesen Folgerungen gemäß war zu erwarten, dass er, als seine Frau schließlich starb, stark dazu neigen würde, sich selbst anzuklagen, er habe an ihr etwas versäumt, und ständig über seine Unzulänglichkeiten als Ehemann und über seine Sünden in seinem Tun und Lassen nachzugrübeln.

Indem ich die starke Tendenz eines Depressiven, seine Bindungsfigur zu idealisieren, auf diese Weise erkläre, breche ich mit der Tradition. Fast die gesamte Theoriebildung hat bislang Erklärungen herangezogen, die die Konzepte der Regression und/oder angeborener Aggression anführen. So ist eine Erklärung, dass der Depressive, indem er den anderen nicht nur als vollkommen sehen möchte, sondern dies auch tut, zu einem kindlichen Zustand regrediert, in dem, so wird behauptet, das Kind überhaupt nicht fähig ist, seine Eltern in einem anderen Licht zu sehen. Die andere Erklärung lautet, dass der Depressive alle Kritik von seiner Bindungsfigur ablenken und vielleicht auf sich selbst richten muss, weil seine aggressiven Tendenzen überstark sind. Wenn sie gebeten werden, das Vorliegen solcher Tendenzen bei gewissen Personen und ihr Fehlen bei anderen zu erklären, berufen sich die Verfechter dieser Hypothesen gewöhnlich auf konstitutionelle Unterschiede.

Im Gegensatz dazu postuliere ich unterscheidende Kindheitserfahrungen: Ein Erwachsener hat eine starke Tendenz, seine Bindungsfiguren als über jede Kritik erhaben zu sehen, weil ein Elternteil oder beide Eltern darauf bestanden haben, dass er dies tat. Außerdem haben sie ihre Forderung nicht selten durch die Androhung von Sanktionen verstärkt, die mild, streng oder sogar schrecklich sein konnten, sollte er sich anders verhalten. Obwohl zugegebenermaßen noch immer eine Vermutung, die weiterer gründlicher Forschung bedarf, erklärt diese Hypothese doch viele klinische Daten und hat den Vorzug, überprüfbar zu sein (mittels prospektiver Studien).

Im Falle von Herrn M sieht es so aus, als sei das Modellpaar, in dem er seine Eltern als jenseits aller Kritik und sich selbst als an allem schuldig sah, über lange Zeiträume, vielleicht sogar während seines ganzen Lebens, dominierend gewesen. Möglicherweise irren wir uns aber mit dieser Annahme. Immer dann nämlich, wenn ein Individuum zwei nicht miteinander vereinbare Modellpaare besitzt, ist die Situation instabil, und das Modellpaar, das während einer Lebensphase dominiert, kann in einer anderen Phase untergeordnet sein. Ein Individuum zum Beispiel, dessen Wahrnehmungen und Aktionen lange Zeit von einem Modellpaar kontrolliert werden, in dem die Eltern jenseits aller Kritik stehen und es selbst immer die Schuld trägt, kann eine Veränderung des kognitiven Gleichgewichts erfahren, durch die das untergeordnete Modellpaar dann dominant wird. In einem solchen Fall bricht der latente Groll des Individuums durch, und aus dem Fußabtreter wird ein Rebell. Ob diese Umkehrung der Modelldominanz jedoch von Dauer sein wird, ist ungewiss, denn solange in der Psyche des Individuums zwei völlig inkompatible Modellpaare bestehen, bleibt die psychische Situation instabil.

Es sollte allerdings angemerkt werden, dass auch ein Modellpaar in untergeordneter Position wahrscheinlich eine beträchtliche Wirkung auf Wahrnehmungen, Fühlen und Handeln eines Menschen ausübt. Im Falle von Herrn M etwa sieht es so aus, als könnten seine Reizbarkeit und seine Tendenz, seine Kinder zu beschuldigen, sie hätten ihre Mutter verletzt, und das Krankenhaus für ihren Tod verantwortlich zu machen, der „anderen Seite seines Selbst" zugeschrieben werden. Ein weiteres wohlbekanntes Charakteristikum depressiver Personen kann ebenfalls dieser „anderen Seite" zugeschrieben werden, nämlich die Tendenz, sich häufig so zu verhalten, dass die Umgebung dadurch in ängstliche Sorge versetzt wird, dies aber auf so indirekte und unerkannte Weise zu tun, dass der Zweck des Verhaltens verborgen bleibt. In ihrer Untersuchung über die Behandlung depressiver Patienten haben Cohen und ihre Kollegen (1954) eine lebendige Beschreibung solchen Verhaltens und der störenden Wirkungen vorgelegt, die es auf jene Personen hatte, die zu helfen versuchten.

Weitere Merkmale, die Wahrnehmung, Verhalten und Fühlen einseitig beeinflussen

Ich habe nun gewisse grundlegende Merkmale der Arbeitsmodelle von Bindungsfigur und Selbst beschrieben, die meiner Ansicht nach die Wahrnehmung, das Fühlen und Handeln der meisten jener Personen kontrollieren, die in Gefahr sind, chronische Trauer zu entwickeln. Zu diesen grundlegenden Merkmalen können noch eines oder mehrere andere kommen, die wie die grundlegenden potentiell pathogen sind. Ob irgendeines dieser Merkmale die Modelle eines Individuums charakterisiert, hängt, wenn die hier vorgetragene Theorie richtig ist, von den Kindheitserfahrungen des betreffenden Individuums ab.

Ein solches Merkmal besteht darin, dass das Modell des Selbst so gebildet ist, dass es unter der totalen Verpflichtung zu immerwährender Fürsorge für die Bindungsfigur steht. Ein Beispiel für einen Menschen, dessen Wahrnehmungen und Handlungen unseren Folgerungen nach von einem solchen Modell bestimmt waren, ist Herr D (siehe Kapitel 12), der 45-jährige Junggeselle, der während seines ganzen bisherigen Lebens seine Mutter als überlegene Gestalt aus einer anderen Welt betrachtet hatte und sich selbst als wertlosen Schuft mit der Verpflichtung, ihr zu dienen, und unfähig, die Liebe irgendeines anderen Menschen zu gewinnen. Das klinische Material deutet stark darauf hin, dass dieses Modell seiner selbst und das komplementäre Modell seiner Mutter tatsächlich abgeleitet waren von dem, was sie ihn immer hatte glauben machen wollen. Aufgrund der dauerhaften Natur dieser früh errichteten Modelle blieb außerdem das Verhalten dieses Mannes wie das von Herrn M noch lange nach dem Tod seiner Mutter bestehen.

Auf analoge Weise wird ein Mensch, der dazu erzogen worden ist, sein Handeln stets als die Gesundheit und sogar das Leben seiner Eltern gefährdend zu sehen, eine starke Tendenz haben, den Tod von Vater oder Mutter als genau die Katastrophe auszulegen, zu der seine angebliche Selbstsucht, Gedankenlosigkeit und mangelnde Fürsorge ja führen mussten. Übereinstimmend mit dieser Auslegung des Todes ist kein Gedanke daran erlaubt, der Verstorbene könne vielleicht gelegentlich im Unrecht gewesen sein. Stattdessen wird er idealisiert, alle guten Züge werden übertrieben und alle Unzulänglichkeiten ausgelöscht.

Ein weiteres Merkmal, das bei Menschen anzutreffen sein kann, die Gefahr laufen, chronische Trauer zu entwickeln, ist ein Modell der Bindungsfigur als jemand, der mit ziemlicher Sicherheit auf irgendwelche Mängel des Selbst mit der Drohung reagieren wird, es zu verlassen oder Selbstmord zu begehen. Jeder Mensch, dessen Wahrnehmungen von einem solchen Modell kontrolliert werden, wird unweigerlich eine starke Tendenz haben, den Tod eines Elternteils oder Gatten als die seit langem erwartete Verwirklichung eben dieser Drohungen auszulegen. Als Reaktion darauf empfindet der Hinterbliebene wahrscheinlich äußersten Zorn über das, was ihm wie ein Verlassen erscheint; ob er diesen Zorn jedoch direkt äußert oder auf etwas anderes verschiebt, ist von Mensch zu Mensch unterschiedlich. Außerdem kann der Hinterbliebene durchaus vermuten, die verlorene Person könne durch Zwang oder Flehen doch noch zurückgewonnen werden – wie es vielleicht in der Vergangenheit immer der Fall war. Ich nehme an, dass man auf diese Weise vielleicht zahlreiche Fälle erklären könnte, in denen ein Hinterbliebener über viele Jahre an seinem zornigen Protest und seiner fruchtlosen Suche festhält.

Ob ein Hinterbliebener den Tod seiner Bindungsfigur als Folge strafenden Verlassens oder als Folge seiner eigenen nahezu kriminellen Nachlässigkeit auslegt, er ist zwangsläufig davon überzeugt, dass der Tod durch sein eigenes Wirken herbeigeführt wurde und dass folglich nur er selbst daran schuld ist. Außerdem legt er, soweit er ein Gefühl der fortdauernden Anwesenheit des Verstorbenen hat, diese Anwesenheit als Racheplan aus; daher seine akute Angst und seine alarmierenden Träume.

Auch in dieser Hinsicht bricht die vorgeschlagene Theorie mit der Tradition. Lange Zeit haben viele Psychoanalytiker zur Erklärung der Angst und der Selbstanklagen chronischer Trauer eine Theorie bevorzugt, die beides als Folge der gewöhnlich unbewussten Todeswünsche des Hinterbliebenen gegenüber dem Verstorbenen ansah. Zwar gibt es in bestimmten Fällen gutes Beweismaterial dafür, dass ein Mensch solche Wünsche gehegt hat, und wann immer das so ist, sind Angst und Schuldgefühle wahrscheinlich erheblich verstärkt. Der in Kapitel 12 beschriebene Fall Julia macht diesen Ablauf sehr anschaulich. Dennoch glaube ich, dass die Theorie nur für eine Minderheit der Fälle zutrifft und dass man einen schweren Irrtum begeht, wenn man unter Ausschluss aller anderen möglichen Erklärungen auf ihr beharrt.

Außerdem erkennen die Verfechter einer generalisierten Version dieser Theorie oft nicht, dass ein Mensch nicht grundlos Todeswünsche hegt. Immer wieder stellen wir fest, dass solche Gefühle wiederholt provoziert wurden, ursprünglich in der Kindheit, doch bei einem signifikanten Anteil der Fälle auch bis in die Gegenwart. Zurückweisung, Trennungen, unmäßige Forderungen und angsterregende Drohungen, die von den Eltern des Kindes ausgehen (oder den sie ersetzenden Personen), waren meiner Ansicht nach das Los aller oder doch der meisten Menschen, die von starken Impulsen bedrängt werden, den ihnen nahe stehenden Personen wehzutun. Auch hier liefert der Fall Julia eine Illustration (siehe auch Band II, Kapitel 17).

Der Einfluss untergeordneter Modelle

In allen schwereren Fällen chronischer Trauer ist der Hinterbliebene sich kaum bewusst, dass außer all den Reaktionen, die ganz von ihm Besitz ergriffen zu haben scheinen (und die ich dem Einfluss des Modellpaares zuschreibe, in dem seine Bindungsfigur über jede Kritik erhaben und er selbst für alles Übel verantwortlich ist), auch noch andere, latente Reaktionen ganz anderer Art in ihm vorhanden sind. Dazu gehören einmal ein Verlangen nach Liebe, das nie erfüllt wurde, und zum anderen bitterer Groll gegen diejenigen, die ihm diese Liebe, aus welchen Gründen auch immer, nicht gegeben haben.

Das Bestehen dieser anderen Reaktionen, die gewöhnlich in gewissem Maße innerhalb der Persönlichkeit gehemmt und abgetrennt bleiben, ist dem Einfluss des untergeordneten Modellpaares zuzuschreiben, das nicht aus den Behauptungen der ursprünglichen Figur errichtet wurde, sondern aus dem, was der Hinterbliebene tatsächlich erlebt hat. Nur einem nicht richtenden Gefährten gegenüber, der sich mitfühlend und verständnisvoll zeigt, werden diese latenten Reaktionen wahrscheinlich geäußert, zunächst versuchsweise, später vielleicht in ihrer vollen Stärke. Im Verlauf dieser Äußerung wird die Bindungsfigur dann nicht mehr als über jede Kritik erhaben gesehen, sondern ihre Mängel werden erschreckend klar. Das Selbst erscheint nicht länger unliebenswert und undankbar, sondern es wird gesehen, dass ihm häufig Unrecht geschah und dass es oft übermäßig dankbar war für die geringe Gunst, die ihm erwiesen wurde.

Voreingenommenheiten, die zu längerem Fehlen von Trauer beitragen

In früheren Kapiteln, besonders auf den letzten Seiten von Kapitel 11, wurde bereits darauf hingewiesen, welche kognitiven Voreingenommenheiten zu einem längeren Fehlen von Trauer vermutlich beitragen. Verächtliche und vielleicht sarkastische Bemerkungen der Eltern, wann immer das Kind Kummer hat und Trost sucht, führen dazu, dass das Kind lernt, dass Weinen und Trostsuche Zurückweisung und Verachtung auslösen. Die natürliche Folge hiervon sind die Pflege von Selbstgenügsamkeit und einer das Selbst schützenden Schale und die größtmögliche Verleugnung aller Wünsche nach Liebe und Unterstützung. Je häufiger außerdem das Kind zurückgewiesen wird oder eine Trennung erlebt und je ängstlicher und bekümmerter es wird, desto zahlreicher und schmerzhafter werden wahrscheinlich die Ablehnungen, die es erfährt, und desto dicker wird auch seine schützende Schale. Bei einigen Individuen wird sie in der Tat so dick, dass affektive Beziehungen so weit reduziert sind, dass Verlust fast keine Bedeutung mehr hat. Vielleicht sind diese Individuen immun gegen Trauer; aber um welchen Preis!

Ein so erzogener Mensch kann stolz sein auf seine Selbstgenügsamkeit; oder er bedauert seinen Mangel an Gefühl; oder, und das geschieht wohl recht häufig, er schwankt zwischen diesen beiden Empfindungen hin und her.

Ein Mensch, der behauptete, auf seine Selbstgenügsamkeit stolz zu sein, ist Herr G, der Patient mit dem „falschen Selbst", der im vorigen Kapitel beschrieben wurde und über dessen Kindheit wir zahlreiche Informationen haben (falls wir seinen Bericht als gültig akzeptieren, wozu ich geneigt bin). Nachdem er während seiner frühen Jahre von seiner Mutter zahllose Zurückweisungen erfahren hatte, hatte er die Tatsache, dass er zur Schule geschickt wurde (vermutlich im Alter von fünf oder sechs Jahren), als endgültige Ablehnung interpretiert und sich seither geweigert, je wieder um Hilfe zu bitten oder darum, jemand möge etwas für ihn tun. Die Folge davon war, dass ein großer Teil seines Lebens auf einer Deaktivierung der Systeme begründet war, die sein Bindungsverhalten vermittelten. Die Deaktivierung war aber dennoch nicht vollständig, und so geriet er in schreckliche Konflikte. Kaum hatte er sich beispielsweise dazu durchgerungen, sich mit seiner Freundin zu verloben, als er sie auch schon vor lauter Angst, zu abhängig von ihr zu werden, zur Untreue ermutigte. Ob er sich zu der Zeit der Tatsache bewusst war, dass seine Angst vor zu großer Abhängigkeit seine Angst widerspiegelte, sich der Gefahr einer erneuten Zurückweisung auszusetzen, was eindeutig der Fall war, bleibt ungewiss.

Obwohl man annehmen kann, dass Kindheitserfahrungen für das längere Fehlen von Trauer nach einem Verlust eine große Rolle spielen, sollten die Erfahrungen des späteren Lebens nicht übersehen werden. Maddison (1968) teilt beispielsweise den Fall einer Witwe mit, die bei dem Versuch, ihren Kummer zu unterdrücken, offensichtlich noch immer stark unter dem Einfluss ihres Mannes stand, der, wie sie sagte, sie immer heftig kritisiert hatte, wenn sie weinte. Wie die Trauer anderer Witwen in Maddisons Untersuchungsreihe, die bewusst versuchten, sich von ihrem Kummer abzulenken, nahm auch die Trauer dieser Frau einen ungünstigen Verlauf.

Voreingenommene Wahrnehmung potentieller Tröster

Ob ein Mensch auf Verlust mit chronischer Trauer oder mit längerem Fehlen von Trauer reagiert, in beiden Fällen hat er wahrscheinlich Schwierigkeiten, bei Gefährten Trost zu finden. Einige Menschen gehen bewusst allen Personen aus dem Weg, die mitfühlend sein könnten. Andere suchen, finden aber nicht aus Gründen, die in ihnen selbst liegen. Wann immer Vorstellungsmodelle der in den vorhergehenden Abschnitten beschriebenen Art bei einem Individuum bestehen, kann es kaum darauf vertrauen, von anderen Menschen oder Angehörigen Freundlichkeit oder Trost zu erfahren. Nicht nur das, es kann zudem auch glauben, es werde stattdessen beschuldigt und bestraft; oder aber der Preis für den Trost werde eine weitere lebenslängliche Dienstbarkeit sein. Aufgrund dieser Überzeugungen neigt der betreffende Mensch dazu, auf Hilfsangebote extrem zögernd zu reagieren und die Annäherungen eines potentiellen Trösters falsch zu deuten.

Kritik, Ablehnung oder ausbeuterische Absichten werden gesehen, wo sie gar nicht vorhanden sind. So falsch diese Auslegungsweisen überdies auch sein mögen und so klar der Betreffende dies zeitweilig auch erkennen mag, er wird dennoch weiterhin tief von ihnen beeinflusst. Einmal etablierte Modelle erweisen sich als sehr schwer veränderbar. In einer kurzen Erzählung hat der bekannte Schriftsteller C. S. Lewis *(A Grief Observed,* 1961) seine persönlichen Erfahrungen in den Monaten nach dem Tod seiner Frau beschrieben. Der Bericht legt die Annahme nahe, dass es sich bei ihm um einen Mann handelt, dessen Gefühlsleben in der Kindheit stark gehemmt und unterdrückt wurde und der infolgedessen überaus introspektiv wurde. Die folgenden Passagen sind eindrucksvoll.

Als tief religiöser Mensch suchte Lewis Trost bei Gott, doch statt eine tröstende Gegenwart zu spüren, hatte er das Gefühl, ihm werde eine Tür vor der Nase zugeschlagen:

> „Indessen, wo ist Gott? Das ist eines der beunruhigendsten Symptome. Wenn du glücklich bist ... so wirst du – oder fühlst es so – mit offenen Armen willkommen geheißen. Aber geh' zu ihm, wenn dein Bedürfnis verzweifelt ist, wenn jede andere Hilfe vergeblich ist, und was findest du? Eine Tür, die vor deiner Nase zugeschlagen wird, und innen wird ein Riegel vorgeschoben und noch ein Riegel. Danach Stille. Du kannst ebenso gut gehen ... (S. 9).
>
> Ist es ... gerade die Intensität des Verlangens, die den eisernen Vorhang herunterzieht, die uns das Gefühl gibt, wir starrten in ein Vakuum ...? ‚Wer bittet' (jedenfalls ‚zu aufdringlich bittet'), dem wird nicht gegeben. Kann vielleicht nicht gegeben werden" (S. 58).

Jedem, der sich mit Problemen der Trauer vom hier vertretenen Standpunkt aus befasst, werden gewisse Schlussfolgerungen bezüglich der Art und Weise, wie Lewis' Eltern reagierten, wenn er als Kind Kummer hatte und Trost suchte, offensichtlich erscheinen; eine gewisse Bestätigung dieser Schlüsse lässt sich in seiner Autobiographie finden.[94] Als er neuneinhalb Jahre alt war, starb seine Mutter an Krebs; doch damit nicht genug: Seinen Vater, der schon immer launenhaft gewesen war, zerrüttete das so, dass er nicht in der Lage war, seine beiden trauernden Söhne zu trösten. Im Gegenteil, er entfremdete sich ihnen: „Er sprach wild und handelte ungerecht ... Mit dem Tod meiner Mutter verschwand jedes sichere Glück, alles, was ruhig und verlässlich war, aus meinem Leben" (S. 25 und 27).

Wenn diese Deutung der Reaktion von C. S. Lewis auf den Tod seiner Frau gültig ist, kann seine Frustration in den Begriffen der in Kapitel 4 vorgeschlagenen Theorie auf die Systeme zurückgeführt werden, die sein Bindungsverhalten vermittelten und die nach dem Tod seiner Mutter, als er neun war, deaktiviert wurden.

Die Natur dieser tief sitzenden Erwartungen hinsichtlich des Verhaltens potentieller Tröster spielt, wie ich glaube, eine wichtige Rolle bei der Entscheidung darüber, ob ein von einem Trauerfall betroffener Mensch traurig, vielleicht entsetzlich traurig ist oder auch verzweifelt und depressiv wird.

Ebenfalls eine wichtige Rolle spielt sie, um zu erklären, warum andere Hinterbliebene jeden Gedanken an Trost meiden und sogar leugnen, seiner überhaupt zu bedürfen.

Voreingenommenheiten, die zu einem gesunden Ausgang beitragen

An diesem Punkt unserer Darlegung braucht wohl nur wenig über die kognitiven Voreingenommenheiten gesagt zu werden, die einem Trauernden helfen, den Verlust zu bewältigen und zu einem günstigen Ausgang seiner Trauer zu gelangen.

Man kann folgern, dass ein solcher Mensch wahrscheinlich ein Vorstellungsmodell seiner Bindungsfigur(en) als verfügbar, entgegenkommend und hilfsbereit und ein komplementäres Modell seiner selbst als zumindest potentiell liebenswert und wertvoll besitzt. Diese Modelle sind als Folge glücklicher Erfahrungen während seiner Kindheit errichtet worden, weil seine Wünsche nach Liebe, Trost und Unterstützung respektiert und erfüllt wurden. Unter dem Einfluss dieser Modelle war er später wahrscheinlich in der Lage, in der Adoleszenz und im erwachsenen Leben weitere liebende und vertrauensvolle Beziehungen herzustellen.

Wird ein solcher Mensch mit dem Verlust eines ihm Nahestehenden konfrontiert, bleibt ihm Trauer nicht erspart; er kann im Gegenteil tief trauern und gelegentlich vielleicht intensiven Zorn empfinden. Wenn aber die Ursachen und Umstände des Todes nicht ganz besonders nachteilig waren, bleiben diesem Menschen wahrscheinlich jene Erfahrungen erspart, die die Trauer unerträglich oder unproduktiv oder beides werden lassen. Er wird beispielsweise kaum mehr als flüchtig das Gefühl haben, zurückgewiesen oder verlassen worden zu sein; auch wird er wohl nicht in heftige und unangemessene Selbstanklagen verfallen. Da er sich nicht vor intensiven und unerfüllten Wünschen nach der Liebe der verlorenen Person fürchtet, überlässt er sich den Schmerzen der Trauer und gibt auf natürliche Weise seiner Sehnsucht und seinem Kummer durch Tränen Ausdruck. Wenn mitfühlende Freunde zur Verfügung stehen, findet er Trost in der Erinnerung an glücklichere Tage und *im* Nachdenken über die Befriedigungen seiner verlorenen Beziehung, ohne deren Grenzen aus seinem Gedächtnis tilgen zu müssen. In den folgenden Monaten und Jahren ist er vermutlich in der Lage, sein Leben neu zu organisieren, vielleicht unterstützt durch ein bleibendes Gefühl der fortdauernden und wohlwollenden Gegenwart der verlorenen Person.

Sollte der Leser der Ansicht sein, dass die Kindheitserfahrung als Determinante für die Form der Trauer im erwachsenen Leben zu sehr betont wird, so möchte ich an Maddisons zugegebenermaßen aus einer kleinen Stichprobe gewonnene Feststellung erinnern, die eine Eins-zu-eins-Korrelation zwischen der Beziehung einer Witwe zu ihrer Mutter und dem Ausgang ihrer Trauer zeigt (Kapitel 10).

Interaktion kognitiver Voreingenommenheiten mit anderen Bedingungen, die die Reaktionen auf Verlust beeinflussen

Ungeachtet der besonderen kognitiven Voreingenommenheiten, die die affektiven Beziehungen eines Menschen beeinflussen, sind die Reaktionen nach einem Verlust stets eine Folge der Interaktion dieser Voreingenommenheiten auf der einen Seite mit den speziellen Bedingungen, die zur Zeit des Verlusts und in den Wochen und Monaten danach herrschen, auf der anderen Seite. Daher können einige Individuen, deren Voreingenommenheiten ungünstig scheinen, doch zu einem verhältnismäßig günstigen Ausgang gelangen, während das Bestehen günstiger Voreingenommenheiten keine absolute Garantie dafür bietet, dass es nicht zu intensiver und schwieriger Trauer kommt.

So zentral das Verständnis dieser Interaktionen auch ist, wann immer wir uns einem Individuum nähern, das kürzlich einen schweren Verlust erlitten hat, so brauchen wir hier darauf vielleicht doch nicht weiter einzugehen. Jeder Leser nämlich, der der vorliegenden Arbeit bis hierher gefolgt ist, wird kaum Schwierigkeiten haben, die umrissene Theorie anzuwenden und zu sehen, wieso die in Kapitel 10 beschriebenen Bedingungen die verschiedenen Einflüsse auf den Verlauf der Trauer erwarten lassen, die sie, wie das Datenmaterial nahe legt, auch tatsächlich haben. In der Tat kann es als eines der Verdienste dieser Theorie gelten, dass sie eine einfache Verbindung vorlegt zwischen den Einflüssen auf den Verlauf der Trauer, die außerhalb der Person des Hinterbliebenen bestehenden Bedingungen ausüben, auf der einen Seite, und den Einflüssen persönlicher Voreingenommenheiten, die der Hinterbliebene mitbringt, auf den Verlauf seiner Trauer auf der anderen Seite.

Natürlich ist das Datenmaterial, das ich zur Unterstützung der vorgetragenen Ansichten anführen konnte, bei weitem nicht ausreichend, und weitere Forschung ist erforderlich. Vor allem wird es notwendig sein, prospektive Studien durchzuführen, die lange vor dem erwarteten Eintreten eines Verlusts beginnen, und Voraussagen darüber anzustellen, wie die Trauer eines jeden Menschen unter verschiedenen Umständen wahrscheinlich verlaufen wird, wenn es einen Verlust erleiden sollte. Mindestens zwei Arten von Daten wären erforderlich. Erstens würde relevantes historisches Material aus Interviews gewonnen, wozu Interviews von Angehörigen und auch gemeinsame Interviews gehörten. Wenn die Stichprobe beispielsweise aus verheirateten Paaren bestünde, was vernünftig wäre, so wäre es vorteilhaft, die Informationen über die Beziehung und ihre Geschichte aus einigen gemeinsamen Interviews und auch aus Einzelinterviews zu beziehen. Zweitens würde unabhängig von jedem historischen Material eine Einschätzung des Reaktionsmusters vorgenommen, zu dem jeder Mensch gewöhnlich neigt, wenn es entweder mit einer zeitweiligen Trennung oder mit einem dauernden Verlust konfrontiert ist. Zu diesem Zweck ist Hansburgs *Separation Anxiety Test* (Trennungsangst-Test), entsprechend erweitert und fortentwickelt, ein viel versprechendes Werkzeug (Hansburg, 1972).[95]

Inzwischen vertreten wir, bis weitere Daten vorliegen, die Auffassung, dass die vorgetragene Theorie mit dem fragmentarischen Material, das wir besitzen, übereinstimmt, dass sie innere Konsistenz hat und dass sie vor allem zu Hypothesen führt, die systematisch getestet werden können.

14 Traurigkeit, Depression und depressive Störung

Der der Melancholie entsprechende Affekt ist der der Trauer, d.h.: der Sehnsucht nach etwas Verlorenem.

S. Freud Briefwechsel mit Fliess[96]

Traurigkeit und Depression

In diesem Kapitel, in dem ich aufzeige, wie ich an das große und umstrittene Feld der depressiven Störung[97] herangehe, erweitern wir für eine Weile unser Blickfeld, um auch Verluste zu berücksichtigen, die andere Ursachen als den Tod haben.

Zunächst wollen wir betrachten, wie sich ein Mensch, der traurig und vielleicht zeitweilig depressiv ist, psychologisch von einem Menschen unterscheidet, der chronisch depressiv ist oder bei dem möglicherweise eine depressive Störung diagnostiziert wurde.

Traurigkeit ist eine normale und gesunde Reaktion auf jedes Unglück. Die meisten, wenn nicht alle intensiveren Episoden von Traurigkeit werden hervorgerufen durch den Verlust oder den erwarteten Verlust entweder eines geliebten Menschen oder vertrauter und geliebter Orte oder sozialer Rollen. Ein trauriger Mensch weiß, wen (oder was) er verloren hat, und sehnt sich nach seiner (oder dessen) Rückkehr. Außerdem sucht er wahrscheinlich Hilfe und Trost bei einem Gefährten, dem er vertraut, und glaubt irgendwo in seinem Innern, mit der Zeit und mit Unterstützung werde er fähig sein, sich wieder zu erholen, und sei es nur ein wenig. Trotz großer Traurigkeit kann noch immer Hoffnung bestehen. Wenn ein trauriger Mensch niemanden finden sollte, an den er sich wenden kann und der ihm hilft, so wird seine Hoffnung gewiss geringer; sie muss aber nicht unbedingt ganz verschwinden. Sich ganz aus eigener Kraft wieder zu erholen, wird wesentlich schwieriger sein; es ist aber vielleicht nicht unmöglich. Das Gefühl seiner Kompetenz und seines persönlichen Wertes bleibt intakt.

Selbst in diesem Fall mag es durchaus Zeiten geben, in denen er sich deprimiert fühlt. In einer früheren Schrift (Bowlby, 1961b) nahm ich an, dass Depression als eine Stimmung, die die meisten Menschen gelegentlich erleben, ein unvermeidlicher Begleiter jedes Zustandes ist, in dem Verhalten desorganisiert wird, wie es nach einem Verlust wahrscheinlich der Fall ist: „Solange ein aktiver Austausch zwischen uns selbst und der Außenwelt stattfindet, sei es im Denken oder im Handeln, ist unsere subjektive Erfahrung nicht die einer Depression: Hoffnung, Furcht, Wut, Befriedigung, Frustration oder irgendeine Kombination daraus können empfunden werden. Wenn der Austausch aufgehört hat, tritt die Depression auf [und dauert an], bis neue Muster des Austauschs in Richtung auf ein neues Objekt oder Ziel organisiert worden sind ..."

Diese Desorganisation und die Stimmung der Depression, die damit einhergeht, sind zwar schmerzlich und vielleicht verwirrend, aber nichtsdestoweniger potentiell adaptiv. Solange nämlich die Verhaltensmuster, die für nun nicht mehr mögliche Interaktionen organisiert sind, nicht beseitigt sind, können keine neuen Muster, organisiert für neue Interaktionen, aufgebaut werden. Es ist charakteristisch für den psychisch gesunden Menschen, dass er diese Phase von Depression und Desorganisation geduldig erträgt und nach nicht allzu langer Zeit daraus mit der beginnenden Reorganisation von Verhalten, Denken und Fühlen zu Interaktionen einer neuen Art auftauchen kann. Auch hier bleibt das Gefühl seiner Kompetenz und seines persönlichen Wertes intakt.

Depressive Störung und Kindheitserfahrung

Was erklärt dann die mehr oder weniger intensive Hoffnungslosigkeit und Hilflosigkeit, die, wie Bibring (1953) vor vielen Jahren aufzeigte, charakteristisch sind für depressive Störungen, und was erklärt, dass die darunter Leidenden sich so häufig verlassen, unerwünscht und ungeliebt fühlen, wie unter anderen Beck (1976) betonte? Als Resultat der vorliegenden Untersuchung vermute ich eine Reihe von Faktoren, die einzeln oder in irgendeiner Kombination vorliegen können.

Seligman (1973) macht darauf aufmerksam, wie ein Mensch, dem es häufig misslungen ist, gewisse Probleme zu lösen, sich danach hilflos fühlt und auch dann, wenn er vor einem Problem steht, das durchaus im Rahmen seiner Fähigkeiten liegt, wahrscheinlich keinen Versuch mehr macht, es zu lösen. Versucht er es aber dennoch und hat Erfolg, so wird er diesen überdies wahrscheinlich als bloßen Zufall abtun. Dieser psychische Zustand, den Seligman treffend als „erlernte Hilflosigkeit" bezeichnet, ist seiner Vermutung nach für die Hilflosigkeit verantwortlich, die wir bei depressiven Störungen antreffen. Die Theorie, die er vorschlägt, ist durchaus kompatibel mit der hier vorgetragenen.

Bei den meisten Formen depressiver Störung einschließlich der chronischen Trauer ist der wesentliche Bereich, in dem ein Mensch sich hilflos fühlt, seine Fähigkeit, affektive Beziehungen herzustellen und aufrechtzuerhalten. Das Gefühl der Hilflosigkeit in dieser besonderen Hinsicht kann, wie ich glaube, Erfahrungen zugeschrieben werden, die er in der Familie gemacht hat, der er entstammt. Ich postuliere, dass diese Erfahrungen, die wahrscheinlich bis weit in die Adoleszenz hinein angedauert haben, von einer der drei untereinander verbundenen Arten oder eine Kombination daraus waren:

a) Wahrscheinlich hat der betreffende Mensch die bittere Erfahrung gemacht, nie eine stabile und sichere Beziehung zu seinen Eltern erreicht zu haben, obwohl er sich immer wieder darum bemühte und auch sein Bestes tat, um ihre Forderungen und vielleicht auch die unrealistischen Erwartungen zu erfüllen, die sie an ihn stellten. Diese Kindheitserfahrungen führen dazu, dass er eine starke Neigung entwickelt, jeden Verlust, den er später erleiden mag, als ein weiteres eigenes Versagen bei der Herstellung oder Aufrechterhaltung einer stabilen affektiven Beziehung zu deuten.

b) Möglicherweise ist ihm häufig gesagt worden, wie unliebenswert und/oder unzulänglich und/oder inkompetent er sei.[98] Hat er diese Erfahrungen gemacht, so führen sie dazu, dass er ein Modell seiner selbst als unliebenswert und unerwünscht entwickelt und ein Modell seiner Bindungsfiguren als wahrscheinlich nicht verfügbar oder zurückweisend oder strafend. Wann immer ihm ein Unglück zustößt, erwartet ein solcher Mensch daher nicht, dass andere hilfreich sind, sondern vielmehr, dass sie feindselig und zurückweisend sind.

c) Mit größerer Wahrscheinlichkeit als andere Menschen hat er in der Kindheit den tatsächlichen Verlust eines Elternteils erlitten (siehe weiter unten im vorliegenden Kapitel) mit Folgen für ihn selbst, die er, so unangenehm sie auch gewesen sein mögen, nicht ändern konnte. Solche Erfahrungen bestätigen ihn in der Überzeugung, dass jede Anstrengung, die er unternehmen könnte, um der Situation abzuhelfen, von vornherein zum Scheitern verurteilt ist.

Aus dieser Sicht wird vorhergesagt, dass das besondere Muster der depressiven Störung, die ein Mensch entwickelt, von dem besonderen Muster der Kindheitserfahrungen abhängt, die er gemacht hat, und auch von der Natur und den Umständen des widrigen Geschehens, das ihm in der Gegenwart widerfahren ist.

Zugegeben, diese Ansichten basieren auf fragmentarischem Datenmaterial und sind noch Mutmaßungen. Dennoch liefern sie plausible und überprüfbare Erklärungen dafür, warum ein schwer depressiver Mensch sich nicht nur traurig und einsam fühlt, wie andere es unter ähnlichen Umständen tun würden, sondern auch unerwünscht, unliebenswert und hilflos. Auch liefern sie eine einleuchtende Erklärung dafür, warum solche Menschen sich Hilfsangeboten gegenüber so oft unbehaglich fühlen oder nicht darauf reagieren.

Während der Kindheit postulierte Erfahrungen dieser Art würden auch erklären helfen, warum bei zur Depression neigenden Individuen eine so starke Tendenz besteht, die Traurigkeit, Sehnsucht und vielleicht Wut, die durch einen Verlust hervorgerufen sind, von der Situation loszulösen, die sie auslöste. Während beispielsweise bei gesunder Trauer ein Hinterbliebener viel über den Verstorbenen und vielleicht über den Schmerz, den er erlitten hat, und die Frustration seiner Hoffnungen nachdenkt und auch darüber, warum der Verlust eingetreten ist und wie er hätte verhindert werden können, wendet ein Mensch, der zu depressiven Störungen neigt, seine Aufmerksamkeit vielleicht rasch anderen Dingen zu – nicht als zeitweilige Erleichterung, sondern als permanente Ablenkung. Die Beschäftigung mit den Leiden des Selbst unter Ausschluss alles anderen ist eine derartige Ablenkung und kann, wenn es dazu kommt, tiefe Wurzeln schlagen. Der Fall von Frau QQ, der 30-jährigen Mutter eines an Leukämie erkrankten Kindes, der von Wolff u. a. (1964b) aufgezeichnet und bereits in Kapitel 9 beschrieben wurde, ist hierfür ein Beispiel. Obwohl sie häufig ängstlich und erregt war und weinte, vermied sie erfolgreich Gespräche über die Verschlechterung des Zustands ihres Sohnes, indem sie endlos darüber redete, wie zerrüttet *sie* sei und dass sie *ihre* Gefühle nicht länger aushalten könne. Andere Autoren, die die Aufmerksamkeit auf die ablenkende oder defensive Funktion um das Selbst kreisender Grübeleien bei an depressiven Störungen leidenden Patienten lenken, sind Sachar u. a. (1968) und Smith (1971).

Wie in Kapitel 4 erörtert, kann die Ablösung der Reaktion von der auslösenden Situation sehr unterschiedliche Grade und mehrere verschiedene Formen annehmen. Eine der schwerer zu behandelnden Formen stammt, wie ich vermute, daher, dass ein Elternteil dem Kind explizit oder implizit, vielleicht unter Androhung von Sanktionen, verboten hat, seine Eltern oder sich selbst anders als auf die von den Eltern vorgeschriebene Weise zu sehen. Das Kind, später auch der Adoleszent und der Erwachsene, ist dann nicht nur unfähig, seine Vorstellungsmodelle von den Eltern oder von sich selbst neu einzuschätzen oder zu modifizieren, sondern darf auch anderen Menschen keine Informationen oder Gedanken mitteilen, die seine Eltern möglicherweise in einem weniger günstigen und es selbst in einem günstigeren Licht zeigen.

Je dauerhafter die Störung ist, unter der ein Mensch leidet, desto größer ist im Allgemeinen wahrscheinlich der bestehende Grad der Loslösung und desto vollständiger das Verbot, seine Modelle neu zu bewerten.

Wir haben kurz einige der empirischen Funde erwähnt, die Aaron Beck als Resultat seiner ausgedehnten und systematischen Untersuchung an unter Depression leidenden Patienten mitgeteilt hat (Beck, 1967; Beck und Rush, 1978; Kovacs und Beck, 1977). Es mag daher nützlich sein, ein Wort über die Theorie zu sagen, die er zur Erklärung seiner Funde formuliert hat, und darüber, in welchem Verhältnis sie zu der hier vertretenen Theorie steht.

Anstatt eine der traditionellen Auffassungen zu übernehmen, dass die depressive Störung „eine primäre, schwere Störung der Stimmung mit daraus folgender Störung von Denken und Verhalten" ist (um die Definition zu zitieren, die in den Ausgaben von 1952 und 1968 des diagnostischen Handbuchs der American Psychiatric Association steht) oder, wie Freud vorschlug, die Konsequenz nach innen gewendeter Aggression, legt Beck Material dafür vor, dass die Niedergeschlagenheit des Patienten die natürliche Folge davon ist, wie er über sich selbst, über die Welt und über seine Zukunft denkt. Dies veranlasst Beck zur Formulierung einer kognitiven Theorie depressiver Störungen, einer Theorie, die den gleichen Denkbahnen folgt wie die hier vorgeschlagene Theorie der kognitiven Voreingenommenheiten. Beide Formulierungen postulieren, dass zur Depression neigende Individuen kognitive Schemata besitzen, die gewisse ungewöhnliche, aber charakteristische Merkmale aufweisen, was dazu führt, dass sie die Geschehnisse in ihrem Leben auf die ihnen eigene idiosynkratische Weise auslegen.

Der Unterschied zwischen den beiden Formulierungen liegt darin, dass die eine versucht, die Entwicklung solcher Schemata dadurch zu erklären, dass sie postuliert, die Menschen, die sie entwickeln, seien in ihrer Kindheit gewissen charakteristischen Arten von Erfahrung ausgesetzt gewesen, während die andere Formulierung keine Erklärung anbietet. Obwohl Beck wie viele Kliniker annimmt, dass Kindheitserfahrungen eine gewisse Rolle bei der Entwicklung solcher Schemata spielen, verfolgt er diese Materie nicht weiter, sondern bemerkt zu Recht, dass die Forschung auf diesem Gebiet überaus schwierig ist.

Zusammenfassend kann gesagt werden, dass Becks Daten mit der hier vorgetragenen Theorie erklärt werden können, und dass seine Theorie außerdem in den Grenzen, die sie sich selbst setzt, mit der meinen kompatibel ist. Sie unterscheiden sich nur darin, dass die Theorie Becks weniger versucht.

Nicht selten wird der Zustand eines schwer depressiven Menschen in den Begriffen eines Verlusts des Selbstwertgefühls beschrieben oder erklärt. Ich glaube, dass dieses Konzept der Last, die ihm aufgebürdet wird, nicht ganz gerecht wird. Aus ihm geht nämlich nicht hervor, dass die erwähnte niedrige Selbsteinschätzung das Ergebnis einer oder mehrerer ausdrücklich ungünstiger Selbstbeurteilungen ist wie etwa der, das Selbst sei unfähig, die Situation zum Besseren zu verändern, und/oder es sei für die betreffende Situation verantwortlich, und/oder es sei von Haus aus nicht liebenswert und daher auf Dauer unfähig, irgendwelche Gefühlsbindungen herzustellen oder aufrechtzuerhalten. Da der Begriff „geringes Selbstwertgefühl" keine dieser Bedeutungen in sich trägt, wird er hier nicht verwendet.

Depressive Störungen und ihre Beziehung zu Verlust: George Browns Studie

Seit Freud „Trauer und Melancholie" veröffentlichte, sind die Fragen nach dem Ausmaß, in dem depressive Störungen mit Verlust verbunden sind, und nach dem Anteil der Fälle, die rechtmäßig als verzerrte Formen von

Trauer angesehen werden können, unbeantwortet geblieben. Auch durch unsere bisherige Vorgehensweise können sie nicht beantwortet werden. Ihre Beantwortung erfordert nämlich einen anderen als den hier verwendeten Ansatz. Statt prospektiv vorzugehen, wie wir es getan haben, also mit dem Verlust zu beginnen und dann dessen Konsequenzen zu betrachten, muss mit repräsentativen Gruppen von Individuen begonnen werden, die an depressiven Störungen leiden, und dann muss retrospektiv bestimmt werden, was wir über deren Ursachen wissen.

Wie es sich trifft, sind im Laufe des vergangenen Jahrzehnts die Funde einer größeren Studie genau dieser Art von George Brown, einem britischen Soziologen, veröffentlicht worden, und diese bringen uns der Beantwortung dieser Fragen ein Stück näher. Sein mit Tirril Harris verfasstes Buch *The Social Origins of Depression* (1978a) liefert einen umfassenden Bericht über die Untersuchung und ihre Feststellungen und auch Einzelheiten über frühere Veröffentlichungen.

Brown und seine Kollegen wollten die Rollen untersuchen, die soziale Geschehnisse von emotional bedeutsamer Art bei der Ätiologie depressiver Störungen spielen. Dabei berücksichtigten sie nicht nur jüngere Ereignisse und gegenwärtige Bedingungen, sondern auch bestimmte Arten früherer Geschehnisse. Im Folgenden diskutieren wir den Einfluss von nur zwei der zahlreichen Variablen, die Brown berücksichtigte. Dies sind erstens die Rolle jüngerer Lebensereignisse *(life events)* und zweitens die von Verlust in der Kindheit. Da Brown nur zu gut wusste, dass diese Gebiete schwierige methodologische Probleme aufwerfen, entwarf er sein Projekt mit außerordentlicher Sorgfalt.

Zu den Problemen, die er und seine Kollegen zu lösen suchten, gehörten auch die der Stichprobenauswahl. Um ihnen zu begegnen, stellten sie nicht nur sicher, dass ihre Stichprobe an depressiven Störungen leidender Individuen einigermaßen repräsentativ und nicht auf jene beschränkt war, die in psychiatrischer Behandlung waren, sondern auch, dass ihre Vergleichsgruppe gesunder Individuen frei war von unerkannten Patienten.

Ein weiteres Problem, dem sie sehr viel Aufmerksamkeit widmeten, war die Entscheidung darüber, was als Ereignis von emotionaler Bedeutung für die fragliche Person zu gelten hat. Überlässt man die Entscheidung darüber ganz dem betreffenden Menschen, so besteht die Gefahr von Zirkelschlüssen, denn er wird jedes Ereignis, das ihm Stress verursacht hat, als stressreich werten; und je größer die Neigung eines Menschen ist, bekümmert zu sein, desto zahlreicher werden die stressreichen Ereignisse sein, die er angibt. Umgekehrt kann ein gestörter Mensch aus Gründen, die bereits erwähnt wurden, es unterlassen, Ereignisse zu erwähnen, von denen sich später herausstellt, dass sie überaus relevant für seinen Kummer waren, und entweder aussagen, er habe keine Ahnung, was ihn bekümmert habe, oder für seine Schwierigkeiten Ereignisse verantwortlich machen, die sich später als eher unerheblich erweisen. Man muss sich allerdings auch darüber klar sein, dass der leidende Mensch selbst zwar nicht das endgültige Urteil über die Materie sprechen kann, dass man aber die Bedeutung, die ein Ereignis für ihn hat, verfehlt, wenn man nicht detailliert die Umstände berücksichtigt, in denen er lebt. Ob die Ankunft eines Babys beispielsweise ein Anlass zu großer Freude, zu großer Angst oder zu großer Not ist, hängt von den Lebensumständen der Eltern ab.

Stichprobenverteilung. Bei ihrer Untersuchung, die in einem Stadtbezirk Südlondons durchgeführt wurde, studierten Brown und Harris zwei Hauptgruppen von Frauen, eine Gruppe von Patientinnen und eine Gemeindegruppe. Die Gruppe der Patientinnen umfasste 114 Frauen im Alter zwischen 18 und 65 Jahren, bei denen verschiedene Formen und Grade einer kürzlich begonnenen depressiven Störung diagnostiziert worden waren und die in psychiatrischer Behandlung waren, entweder stationär oder ambulant. Die Gemeindegruppe umfasste eine zufällige Stichprobe von 458 Frauen im gleichen Altersbereich wie die Patientinnen, die im gleichen Innenstadtbezirk Londons lebten. Aus dieser Gruppe wurden mehrere Unter-Stichproben ausgewählt.

Bei der Untersuchung der Gemeindegruppe bestand die erste Aufgabe darin, diejenigen Frauen zu identifizieren, die zwar nicht in psychiatrischer Behandlung waren, aber dennoch an einer psychiatrischen Störung litten. Dies wurde von einem Soziologen unter Mithilfe eines Forschungspsychiaters durchgeführt. Jede Frau wurde interviewt unter Verwendung einer etwas abgekürzten Version der Form von klinischer Untersuchung, die der Psychiater beim Interview mit den Mitgliedern der Patientinnengruppe benutzte (nämlich der *Present State Examination* [Untersuchung des gegenwärtig bestehenden Zustandes], entwickelt von Wing u. a., 1974). Anhand der Ergebnisse dieser Untersuchung und aller anderen verfügbaren Informationen wurde eine Beurteilung der psychischen Gesundheit jeder Frau in der Stichprobe vorgenommen. Diejenigen, die Symptome von ausreichender Schwere aufwiesen, um psychiatrische Aufmerksamkeit zu verdienen – gemessen an den allgemein in Großbritannien akzeptierten Standards – wurden als „Fälle" klassifiziert. Diejenigen, die Symptome aufwiesen, deren Schwere unterhalb des Kriteriums lag, wurden als „Borderline-Fälle" klassifiziert. Von zentraler Bedeutung für die Beurteilung war die Benutzung von Bezugsbeispielen sowohl für die Fälle als auch für die Borderline-Fälle.

Von den 458 Frauen der Gemeindestichprobe wurden 76 als Fälle klassifiziert, 87 als Borderline-Fälle und 295 als relativ symptomfrei. Für die hier wiedergegebenen Funde wurden die Borderline-Fälle mit den Symptomfreien zusammengenommen, was eine Unter-Stichprobe von 382 als Vergleichsgruppe verfügbarer Frauen ergibt.

Die nächste Aufgabe bestand darin, den Zeitpunkt des Auftretens der Symptome bei den 72 als Fälle klassifizierten Frauen zu identifizieren. Bei etwa der Hälfte (39) bestanden die Symptome bereits zwölf Monate oder länger. Diese wurden als chronische Fälle bezeichnet. Bei den übrigen

37 Fällen wurde der Beginn als innerhalb eines Jahres vor dem Interview liegend beurteilt; diese wurden als *Onset*-Fälle bezeichnet.[99]

Ergebnis dieser vorbereitenden Arbeit war, dass vier Gruppen von Frauen identifiziert worden waren, nämlich 114 in der Patientinnengruppe, 39 in der Gruppe der chronischen Fälle, 37 in der Gruppe der *Onset*-Fälle und 382 Frauen in der als normal oder als Borderline-Fall klassifizierten Gemeindegruppe.

Die Rolle jüngerer Lebensereignisse (recent life events)

Für den Teil der Untersuchung, der darauf abzielte, die Rolle jüngerer Lebensereignisse zu bestimmen, wurde die Gruppe der chronischen Fälle ausgeschlossen, und die Untersuchung beschränkte sich auf die anderen drei Gruppen.

Die zu berücksichtigenden Ereignisse wurden zuvor definiert und ausgewählt als jene Ereignisse, die wahrscheinlich für eine durchschnittliche Frau von erheblicher emotionaler Bedeutung sind. Dann wurde bei jeder Frau in den Stichproben das Auftreten irgendeines derartigen Ereignisses in ihrem Leben in dem Jahr vor dem Interview systematisch untersucht. Dann wurde für jedes verzeichnete Ereignis eine Reihe von Einschätzungen vorgenommen, und zwar durch nicht an dem Interview beteiligte Forschungsmitarbeiter, wie das Ereignis wahrscheinlich eine in den beschriebenen Umständen lebende Frau beeinflussen würde. Eine wichtige Bedingung war, dass diese Einschätzungen zwar alle Informationen über die Lebensumstände der Informantin berücksichtigten, jedoch ohne Kenntnis ihrer tatsächlichen Reaktion vorgenommen wurden. Wegen der Bedeutung der Funde wird ein umfassenderer Bericht über die angewandte Vorgehensweise am Ende des Abschnittes gegeben.

Bei der Analyse der Funde war die wichtigste Einschätzungsskala, die positive Resultate lieferte, diejenige, die sich mit dem Grad von Bedrohung oder Unannehmlichkeit von mehr als einwöchiger Dauer befasste, den ein Ereignis wahrscheinlich für eine in den speziellen beschriebenen Umständen lebende Frau mit sich bringen würde. Diese Skala, von Brown und Harris als *long-term contextual threat scale* (deutsch etwa: Skala langfristiger, vom Zusammenhang abhängiger Bedrohung) bezeichnet, erwies sich ihrer Meinung nach als „Maß von entscheidender Bedeutung für das Verständnis der Ätiologie der Depression"; wenn sie nämlich diese Skala berücksichtigt hatten, erwies sich, dass Skalen, die andere Dimensionen von Ereignissen abdeckten, dem nichts mehr hinzufügten. Bei der Mitteilung ihrer Funde bezeichnen sie jedes Ereignis, das als wahrscheinliche mittlere oder schwerwiegende langfristige Bedrohung für eine Frau in den beschriebenen Umständen eingeschätzt wurde, als schwerwiegendes Ereignis.

Vergleicht man die Anteile der Frauen in den drei Gruppen, die in der relevanten vorherigen Zeitspanne mindestens ein schwerwiegendes Ereignis erlebt haben, so findet man große und signifikante Unterschiede. Bei den Patientinnen beträgt der Anteil derer, die mindestens ein schwerwiegendes Ereignis erlebt haben, 61 Prozent, bei den *Onset*-Fällen 68 Prozent und bei der Vergleichsgruppe 20 Prozent. Außerdem war sowohl in der Patientinnengruppe als auch in der Gruppe der *Onset*-Fälle der Anteil derer, die während der relevanten Zeitspanne mindestens zwei schwerwiegende Ereignisse erlebt hatten, wesentlich größer als in der Vergleichsgruppe: Die Prozentsätze betrugen *27,* 36 bzw. 9 Prozent.

Wie in Kapitel 17 ausführlicher beschrieben werden wird, hatten von den Patientinnen fast ebenso viele als an einer psychotischen oder so genannten endogenen Depression leidend diagnostizierte Frauen ein schwerwiegendes Ereignis erlebt wie als an einer neurotischen oder so genannten reaktiven Depression leidend diagnostizierte Frauen; die Zahlen betragen 58 bzw. 65 Prozent.

Nach der Untersuchung des Intervalls zwischen dem Eintreten eines schwerwiegenden Ereignisses und dem Beginn einer depressiven Störung kommen Brown und Harris zu dem Schluss, dass bei empfindlichen Persönlichkeiten „schwerwiegende Ereignisse gewöhnlich recht schnell zu Depression führen". Bei zwei Dritteln betrug dieser Zeitraum neun Wochen oder weniger, und bei fast allen begann die Störung innerhalb von sechs Monaten.

Da von den 382 Frauen in der Vergleichsgruppe jede Fünfte in den vergangenen 38 Wochen ein schwerwiegendes Ereignis erlebt hatte, ohne eine depressive Störung zu entwickeln, bleibt die Möglichkeit bestehen, dass im Leben einer angehenden Patientin während des fraglichen Zeitraums ein schwerwiegendes Ereignis eingetreten sein könnte, ohne aber bei der Verursachung ihrer Depression eine Rolle zu spielen. Um dieser Möglichkeit Rechnung zu tragen, wenden Brown und Harris eine statistische Korrektur an und schließen, dass bei nicht weniger als 49 Prozent der Patientinnen das schwerwiegende Ereignis von echter kausaler Bedeutung und nicht nur ein Ergebnis des Zufalls war. Das bedeutet, dass die angehende Patientin, wenn sie das schwerwiegende Ereignis nicht erlebt hätte, keine depressive Störung entwickelt hätte, zumindest nicht für eine lange Zeit und wahrscheinlicher überhaupt nicht. Das ist eine überaus wichtige Schlussfolgerung.

Bislang haben wir noch nichts über die Natur der Ereignisse gesagt, die von den Bewertern innerhalb der benutzten Definition als schwerwiegende Ereignisse beurteilt wurden. Wenn man diese untersucht, so stellt man fest, dass die Mehrzahl dieser Ereignisse einen Verlust oder die Erwartung eines Verlusts nach sich zog. Mit den Worten von Brown und Harris: „Verlust und Enttäuschung sind die zentralen Merkmale der meisten Ereignisse, die eine klinische Depression herbeiführen." Tatsächlich war von allen Ereignissen, die unter den gegebenen Umständen als schwere oder mittelschwere

Bedrohung beurteilt wurden, ob sie nun bei depressiven Frauen oder bei Frauen aus der Vergleichsgruppe auftraten, fast genau die Hälfte mit dem Verlust oder erwarteten Verlust einer Person verbunden, zu der die Frau eine enge Beziehung hatte, nämlich ihres Gatten, Freundes, nahen Vertrauten oder ihres Kindes. Ursachen solcher Verluste oder erwarteter Verlust waren Tod, lebensbedrohende Krankheit, Fortgang eines Kindes an einen entfernten Ort und Zerbrechen der Ehe, manifestiert durch Verlassen, den Plan oder die Drohung einer Trennung oder die unerwartete Entdeckung einer heimlichen Liaison.

Weitere 20 Prozent aller angeführten schwerwiegenden Ereignisse umfassten einen Verlust oder erwarteten Verlust anderer Art. In einigen Fällen brachte das Ereignis der Frau die Realität oder Irreversibilität einer quälenden Situation vor Augen, in der sie sich bereits befand. Beispiele hierfür sind das Ehepaar, das sich einander entfremdet hat und endlich beschließt, seine Trennung zu legalisieren, oder das Kind, das von einer Frau zur Welt gebracht wird, die weiß, dass ihre Ehe keine Zukunft mehr hat. Andere Ereignisse hatten den Verlust von etwas anderem als einer persönlichen Beziehung zur Folge, etwa den Verlust der Arbeitsstelle oder einen durch die Umstände erzwungenen Umzug.[100]

Werden alle derartigen Verluste berücksichtigt, so stellt man fest, dass fast genau die Hälfte der Frauen, die an einer Depression litten, einen Verlust erlebt hatte (48 Prozent der Patientinnen und 59 Prozent der *Onset*-Gruppe), während es bei den Frauen der Vergleichsgruppe nur 14 Prozent waren. Was den Anteil derer betrifft, bei denen der fragliche Verlust ein Todesfall gewesen war, bestand zwischen den Gruppen dasselbe Verhältnis: 11 Prozent bei den Patientinnen, 14 Prozent bei den *Onset*-Fällen, 4 Prozent bei der Vergleichsgruppe.

Obwohl es nicht zulässig wäre, auf der Grundlage dieser Funde depressive Störungen aller Art und Zustände chronischer Trauer gleichzusetzen, lassen die Feststellungen doch erkennen, dass sie sich weitgehend überschneiden. Eine Untersuchung jener Frauen nämlich, die depressiv waren, deren jüngere Lebensereignisse aber *nicht* als einen Verlust oder auch nur ein schwerwiegendes Ereignis umfassend klassifiziert worden waren, zeigt, dass etliche von ihnen eindeutig falsch eingeordnet worden waren. Bei einer Patientin beispielsweise hatte den Bewertern relevantes Material nicht zur Verfügung gestanden, weil es erst später entdeckt wurde: Ihr Mann war unter einem fadenscheinigen Vorwand erst spät nachts nach Hause gekommen, und sie hatte dann Lippenstift an seinem Taschentuch gefunden, eine Entdeckung, die sie dem Interviewer nicht mitgeteilt hatte. Bei einer anderen Frau war ein Ereignis nicht als schwerwiegend klassifiziert worden, weil das verlorene Objekt, ein Hund, unter den ursprünglichen Definitionen nicht aufgelistet war. Diese Frau, eine Witwe, die mit ihrer Mutter zusammenlebte, hatte den Hund zehn Jahre lang gehabt und ihn dann zwei Wochen vor dem Eintreten der Depression auf Veranlassung ihres Hausherrn weggeben müssen. Die emotionale Bedeutung, die der Hund für sie hatte, war offenkundig: „Er war unser Baby – unser ganzes Leben war ihm gewidmet."

Schwierigkeiten bei der Erhebung relevanter Daten

Die Arbeit von Brown und Harris wird nicht nur deshalb einigermaßen ausführlich beschrieben, weil ihre Funde von großer Bedeutung für das Verständnis depressiver Störungen sind, sondern auch, weil sie deutlich macht, welche Sorgfalt angewandt werden muss, wenn man die für die gestellte Aufgabe notwendigen Daten erhalten will.

Es gibt eine Reihe von Gründen, warum das Eintreten eines Ereignisses von großer emotionaler Bedeutung für die betroffene Person einem Kliniker oder Forscher entgehen und die sich daraus ergebende Störung dann fälschlich als endogen diagnostiziert werden könnte. Einer dieser Gründe liegt in der persönlichen Natur dieser Ereignisse selbst und den Schwierigkeiten, vor die einige von ihnen einen Untersucher stellen. Der Lippenstift im Taschentuch des Ehemannes, im Kontext seines sonstigen Verhaltens gesehen, ist ein Beispiel hierfür. Andere Beispiele sind Jahrestage[101] und analoge Ereignisse, die dem betroffenen Menschen die volle Schwere eines vergangenen Geschehens wieder bewusst machen.

Ein zweiter Grund oder eine ganze Reihe von Gründen dafür, warum Ereignisse von großer Bedeutung möglicherweise nicht verzeichnet werden, ist, dass unter Umständen jemand, der an einer depressiven Störung leidet, dem Untersucher die relevante Information entweder nicht mitteilen will oder nicht mitteilen kann, weil er von seiner Familie unter Druck gesetzt wird oder auch wirklich nicht weiß, was ihn depressiv macht. Dass jemand einem professionellen Forscher von einem Ereignis nicht erzählen will, das überaus schmerzlich und vielleicht demütigend ist, ist verhältnismäßig leicht zu verstehen. Dass ein Mensch unter starkem Druck seiner Familie stehen kann, das Eintreten gewisser Ereignisse zu verschweigen, wird dagegen leicht vernachlässigt. Es ist jedoch kaum zweifelhaft, dass das eine beträchtliche Rolle spielt. Goodwin[102] beispielsweise berichtet, dass dies eines der Hauptprobleme bei der Untersuchung von Bunney war, besonders bei gehemmten und psychotischen Patienten. Zur Illustration beschreibt er eine Frau, die vier Monate vor ihrer Einlieferung eine Totgeburt hatte, darüber aber erst nach monatelanger Behandlung sprechen konnte. In ihrer Familie war jeder Hinweis darauf tabu. Noch leichter vielleicht verliert man aus den Augen, dass ein Mensch möglicherweise wirklich nicht weiß, was ihm Schwierigkeiten macht. Wie aber bereits beschrieben wurde, kommt diese Unwissenheit mit Sicherheit vor.

Die oben erwähnte Schlussfolgerung, dass es beträchtliche Überschneidungen zwischen depressiven Störungen und Zuständen chronischer Trauer gibt, wird von einer weiteren Feststellung der Untersuchung von Brown und Harris gestützt. Frauen, die im erwachsenen Leben eine depressive Störung entwickeln, haben mit größerer Wahrscheinlichkeit als andere in der Kindheit den Verlust der Mutter erlebt.

Inzidenz des Verlusts oder der längeren Trennung von einem Elternteil in der Kindheit

Für die Zwecke dieses Teils der Untersuchung wurden die folgenden drei Gruppen studiert: die 114 Frauen in der Patientinnengruppe, die 76 Frauen in der Gruppe der Gemeindefälle (chronische Fälle und *Onset*-Fälle) und die 382 Frauen in der Vergleichsgruppe.

Die Inzidenz des Mutterverlusts durch Tod, Verlassen oder eine zwölfmonatige oder längere Trennung[103] vor dem elften Geburtstag in jeder der drei Gruppen wird in Tabelle 4 gezeigt, ebenso die Zahlen in Bezug auf den Verlust des Vaters. Sowohl bei der Gruppe der Patientinnen als auch bei der Gruppe der Gemeindefälle ist die Inzidenz des Mutterverlusts höher als bei der Vergleichsgruppe; das Gleiche gilt, wenn auch in geringerem Maße, für den Verlust des Vaters. Von diesen Unterschieden ist der einzige, der statistische Signifikanz erreicht, der Mutterverlust in der Gruppe der Gemeindefälle im Verhältnis zum Mutterverlust in der Vergleichsgruppe; die Zahlen betragen 22,4 Prozent bzw. 6,0 Prozent.

Die Assoziation zwischen dem Mutterverlust in der Kindheit und depressiver Störung bei den Frauen der Gemeindestichprobe kann noch auf andere Weise ausgedrückt werden. Unter der gesamten Stichprobe von 458 Frauen, die ursprünglich in der Gemeinde gesehen wurden, waren 40, die ihre Mutter vor ihrem elften Geburtstag verloren hatten, und 418, bei denen das nicht der Fall war. Von den 40 Frauen, die die Mutter verloren hatten, hatten nicht weniger als 17, oder 42,5 Prozent, eine depressive Störung entwickelt, von den 418 anderen Frauen, die auf die übliche Weise mit ihrer Mutter gelebt hatten, aber nur 59, das sind 14,1 Prozent. In der gesamten Gemeindestichprobe war also die Inzidenz depressiver Störung bei der

Tabelle 4: Inzidenz des Mutter- und Vaterverlustes jeder Ursache vor dem elften Geburtstag

Situation	Patientinnen	Fälle	»Normel«
Mutterverlust	10,5%	22,4%*	6,0%
Vaterverlust	15,8%	17,1%	11,5%
N	114	76	382

*P = <0,01

Unter-Stichprobe mit Mutterverlust dreimal höher als bei der Stichprobe ohne Mutterverlust.

Eine Frage, die sich aus diesen Funden ergibt, ist, warum die Inzidenz von Verlust oder längerer Trennung von der Mutter vor dem elften Geburtstag bei der Gruppe der depressiven Frauen, die nicht in psychiatrischer Behandlung waren, d. h. in der Gruppe der Gemeindefälle, so viel höher sein sollte (22,4 Prozent) als bei denen in psychiatrischer Behandlung, d. h. der Patientinnengruppe (10,5 Prozent). Eine Möglichkeit, die die von Brown und Harris gesammelten Daten nahe legen, ist, dass die familiären Umstände von Frauen, die in der Kindheit die Mutter verloren haben oder von dieser getrennt waren, sich von denen anderer Frauen unterscheiden, und dass gerade diese Umstände, beispielsweise frühe Eheschließung und mehrere kleine Kinder, die ohne Hilfe zu versorgen sind, verhindern, dass sie medizinische oder psychiatrische Hilfe suchen.

Welche Erklärung diese Feststellung auch immer finden mag, fest steht, dass zukünftige Studien nicht länger davon ausgehen dürfen, eine aus einer psychiatrischen Klinik ausgewählte Stichprobe von Individuen, die an einer Störung leiden, sei repräsentativ für alle Individuen, die an dieser Störung leiden.

Die Rolle des Verlusts bei depressiven Störungen: Zusammenfassung

Die von Brown und Harris erreichten Schlussfolgerungen können nun zusammengefasst werden. Die Verlusterfahrung kann auf jede der drei folgenden Arten ursächlich zu depressiven Störungen beitragen:

a) als *auslösende* Wirkungskraft, die das Risiko der Entwicklung einer Störung erhöht und den Zeitpunkt bestimmt, zu dem dies geschieht: Eine Mehrheit der Frauen sowohl in der Patientinnengruppe als auch in der Gruppe der *Onset*-Fälle hatte in den neun Monaten vor dem Auftreten von Symptomen einen größeren Verlust durch Tod oder andere Gründe erlebt;
b) als *Verwundbarkeits*-Faktor, der die Empfindlichkeit eines Individuums gegen solche Ereignisse erhöht: In Browns Studie und auch in anderen Untersuchungen (siehe Kapitel 17) ist der Mutterverlust vor dem Alter von elf Jahren signifikant;
c) als Faktor, der sowohl die *Schwere* als auch die *Form* der depressiven Störung beeinflusst, die sich entwickeln kann: Die für diese Auswirkungen relevanten Funde von Brown und Harris werden in Kapitel 17 angeführt.

Verlust und verwandte Arten schwerwiegender Ereignisse jedoch waren nicht die einzigen Formen persönlicher Erfahrung, von denen Brown und

Harris feststellten, dass sie ursächlich zu depressiven Störungen beitragen. Wie die Verluste könnten auch diese anderen kausalen Wirkungskräfte eingeteilt werden in solche, die als Determination des Auftretens von Störungen wirken, und solche, die die Verwundbarkeit erhöhen. Zu den Ersteren gehörten bestimmte Arten von Familienereignissen, die zwar nicht unter die Definition eines schwerwiegenden Ereignisses fielen, aber dennoch sehr beängstigend oder quälend waren und zwei Jahre oder länger angedauert hatten. Zu den Faktoren, die die Verwundbarkeit einer Frau erhöht zu haben schienen, gehörten das Fehlen einer intimen persönlichen Beziehung in ihrem Leben, die Anwesenheit von drei oder mehr Kindern unter 14 Jahren, die zu versorgen waren, sowie das Fehlen einer Berufstätigkeit außer Haus.

Es sollte vermerkt werden, dass die Funde von Brown und Harris auch kritisiert worden sind. Tennant und Bebbington (1978) zum Beispiel stellen sowohl ihre Vorgehensweise bei der Diagnostizierung von Fällen depressiver Störung bei der Gemeindestichprobe in Frage als auch einige der statistischen Methoden, die sie benutzten, um ihre Daten zu analysieren. Sie zweifeln daher die Unterscheidung an zwischen auslösenden Wirkungskräften und Verwundbarkeitsfaktoren. Auf diese Kritik haben Brown und Harris (1978b) jedoch detailliert und überzeugend geantwortet.

Von Brown und Harris verwendete Methode zur Identifikation von Lebensereignissen: weitere Details

Um die methodologischen Probleme zu bewältigen, wie Ereignisse von emotionaler Bedeutung für ein Individuum auf eine Weise identifiziert werden können, die gültige Vergleiche zwischen Gruppen erlaubt, wurde eine aus drei Schritten bestehende Vorgehensweise gewählt.

Der erste Schritt bestand darin, Ereignisse von möglicher Bedeutung zu identifizieren, die innerhalb des fraglichen Zeitraumes eingetreten waren. Zu diesem Zweck wurden 38 Lebensereignisse, die wahrscheinlich in den meisten Menschen eine emotionale Reaktion auslösen, vorweg und detailliert definiert, und jene Personen im Leben des Antwortenden, die einbezogen werden sollten, spezifiziert. Die Interviewer mussten dann bei jedem Antwortenden feststellen, ob während der relevanten Zeitspanne eines dieser Ereignisse eingetreten war oder nicht, und die Tatsachen so aufzeichnen, wie sie berichtet worden waren, ohne Fragen darüber zu stellen, wie der Antwortende möglicherweise wirklich reagiert hatte.

Der für diese Untersuchung gewählte Zeitraum war das Jahr vor dem Interview. Bei den Frauen sowohl in der Patientinnen- als auch in der Gruppe der *Onset*-Fälle umfasste dies eine Zeitspanne von durchschnittlich 38 Wochen vor dem Auftreten der Symptome.

Obwohl dieser erste Schritt eine zuverlässige Methode bot, das Eintreten gewisser Arten von Ereignissen zu identifizieren, verzichtete er (bewusst) auf die Berücksichtigung der persönlichen Umstände des Individuums und der Bedeutung, die das Ereignis wahrscheinlich für jemanden in den besonderen Umständen haben würde. Dies wurde durch den zweiten und dritten Schritt ausgeglichen.

Nachdem die Interviewer das Eintreten eines den benutzten Kriterien entsprechenden Ereignisses identifiziert hatten, gingen sie so formlos wie möglich eine ausführliche Liste von Fragen durch über das, was jedem Ereignis vorangegangen und gefolgt war, sowie über die damit verbundenen Gefühle und Einstellungen. Zusätzlich zu den Fragen wurde jede Frau vom Interviewer ermutigt, sich ausführlich zu äußern; außerdem suchte er durch passende Erkundigungen auch ausgedehntes biographisches Material zu erhalten. Alle Interviews wurden auf Band aufgenommen.

Da das Verzeichnen von Lebensereignissen und ihrer Bedeutung bei jedem Mitglied der drei Stichproben auf streng vergleichbarer Grundlage durchgeführt werden sollte, war es erforderlich, als Nächstes die Bedeutung einzuschätzen, die jedes verzeichnete Ereignis wahrscheinlich für eine Frau in den besonderen beschriebenen Umständen haben würde, und dies anhand eines Maßstabes zu tun, der allgemein und ohne Bezugnahme auf die besondere Art, auf die die befragte Frau vielleicht gerade reagiert hatte, angewandt werden konnte. Dies war der dritte Schritt.

Für jedes verzeichnete Ereignis wurde eine große Anzahl von Bewertungen vorgenommen, und zwar von Forschern, die nicht am Interview beteiligt waren. Eine Bewertung betraf die „Unabhängigkeit" des Ereignisses, d. h. den Grad, indem es als unabhängig vom eigenen bewussten Verhalten des Antwortenden betrachtet werden konnte. Die anderen Skalen schätzten ein, welchen Einfluss das Ereignis wahrscheinlich auf eine Frau in den beschriebenen Umständen haben würde. Diese Bewertungen berücksichtigten anhand einer Vier-Punkte-Skala alle Informationen über die Lebensumstände der Informantin, ohne jedoch zu wissen, wie sie tatsächlich reagiert hatte. Zunächst gab jeder Bewerter unabhängig von den anderen eine Einschätzung auf jeder der Skalen ab. Danach diskutierten die Bewerter alle Diskrepanzen und einigten sich auf eine endgültige Einschätzung. Die Übereinstimmung zwischen den Bewertern war hoch. Unterstützt wurden die Bewerter bei ihrer Aufgabe nicht nur durch ihre regelmäßigen Diskussionen, sondern auch durch eine Reihe von Bezugsbeispielen, die die vier Punkte auf jeder Skala illustrierten, und durch bestimmte standardisierte Übereinkünfte.

Mit dieser ziemlich langwierigen Prozedur zielten die Forscher darauf ab, die wissenschaftliche Lücke zu schließen, die bei den beiden traditionell verwendeten Forschungsmethoden offen geblieben war, nämlich der klinischen Fallgeschichte, die zwar überaus reich an Details ist, aber weder Vergleichsgruppen noch Sicherungen gegen Zirkelschlüsse vorsieht, und dem epidemiologischen Ansatz, der zwar diese Sicherungen in hohem Maße besitzt, aber bislang keine persönlichen Bedeutungen berücksichtigte.

Die Rolle neurophysiologischer Prozesse

Wenn man auch in der Ätiologie depressiver Störungen psychologischen Geschehnissen, insbesondere Trennung und Verlust, eine große Rolle zuschreibt, so darf man doch nicht außer Acht lassen, dass auch neurophysiologische Prozesse eine bedeutsame Rolle spielen.

Dass eine Verbindung besteht zwischen abnormen Spiegeln gewisser Neuroendokrine und Neurotransmitter einerseits und affektiven Zuständen und Störungen andererseits, ist heute ziemlich sicher. Die Kontroverse beginnt, wenn Fragen über die kausalen Zusammenhänge und Störungen gestellt werden. Eine Denkschule hat die einfache Vermutung geäußert, dass der kausale Ablauf immer in einer Richtung erfolgt, nämlich von Veränderungen in den neurophysiologischen Prozessen zu Veränderungen in Affekt und Wahrnehmung. Inzwischen steht jedoch fest, dass die Kausalkette ebenso gut umgekehrt verlaufen kann. Die Forschung zeigt, dass kognitive und affektive Zustände von Angst und Depression, die bei Erwachsenen durch Ereignisse wie Trennung und Verlust hervorgerufen werden, nicht nur von signifikanten Veränderungen in den Spiegeln gewisser Neuroendokrine begleitet sein können, sondern dass diese Veränderungen jenen ähnlich sind, von denen man weiß, dass sie oft bei Erwachsenen vorliegen, die an Depressionen leiden. Dass vergleichbare Veränderungen auch bei Kindern eintreten können, die Trennung und Verlust ausgesetzt sind, ist wahrscheinlich.[104] Wenn diese neuroendokrinologischen Veränderungen einmal ausgelöst sind, können sie die depressive Reaktion verlängern oder intensivieren. Leser, die an diesem Gebiet interessiert sind, verweise ich auf die umfassende Übersicht von Hamburg, Hamburg und Barchas (1975).

Wie zu erwarten, zeigen Untersuchungen, dass Umfang und Muster neurophysiologischer Reaktionen auf psychologische Ereignisse von Mensch zu Mensch sehr unterschiedlich sind. Solche Unterschiede sind vermutlich mindestens teilweise verantwortlich für Unterschiede zwischen Individuen im Grad ihrer Verwundbarkeit durch solche Ereignisse. Einige der Unterschiede sind wahrscheinlich genetischen Ursprungs. Doch das ist nicht die einzige Möglichkeit. Eine weitere Quelle von Unterschieden könnten Unterschiede in den Kindheitserfahrungen sein. So ist es etwa denkbar, dass der Zustand des neuroendokrinen Systems von Individuen, die während ihrer Kindheit schwer belastenden Bedingungen ausgesetzt sind, dauerhaft verändert wird, so dass es später entweder empfindlicher oder weniger empfindlich ist. Auf jeden Fall sind genetische Einflüsse nie in einem Vakuum wirksam. Während der Entwicklung sind komplexe Interaktionen zwischen genetischen und Umgebungseinflüssen die Regel; und vor allem dann, wenn Organismen unter Stress stehen, sind genetische Unterschiede zwischen ihnen wahrscheinlich am folgenschwersten.

III. Teil:
Die Trauer von Kindern

15 Tod eines Elternteils in Kindheit und Adoleszenz

> ...Dick erzählte ihm vom Tod seines eigenen Vaters, der eingetreten war, als Dick ein Kind war in Dublin, nicht ganz fünf Jahre alt. „Das war das erste Empfinden von Kummer", sagte Dick, „das ich je kannte. Ich erinnere mich, dass ich in das Zimmer ging, in dem sein Leichnam lag, und meine Mutter saß weinend neben ihm. Ich hatte meinen Federballschläger in der Hand und fing an, auf den Sarg zu schlagen und Papa zu rufen; darauf nahm meine Mutter mich in die Arme und sagte mir mit einem Strom von Tränen, Papa könne mich nicht hören und werde nicht mehr mit mir spielen...Und das", sagte Dick freundlich, „hat mich seither alle Kinder bemitleiden lassen; und veranlasste mich, dich zu lieben, meinen armen vaterlosen, mutterlosen Jungen."
>
> Thackeray, Henry Esmond

Quellen und Arbeitsplan

Bereits im Eingangskapitel wurde Bezug genommen auf die Kontroversen, die noch immer die Frage umgeben, ob Kinder und Adoleszenten fähig sind, auf den Verlust eines Elternteils mit einer gesunden Form von Trauer zu reagieren und, falls ja, in welchem Alter sie dazu fähig werden. Bei der Untersuchung dieser Fragen sieht unser Plan vor, die besonderen Probleme, die mit während der ersten zwei oder drei Lebensjahre erlittenen Verlusten zusammenhängen, späterer Erörterung vorzubehalten und zunächst einen Überblick über das Material zu geben, das Verluste durch Tod etwa vom dritten Lebensjahr an bis in die späte Adoleszenz betrifft.

Da systematische Untersuchungen der Reaktionen einigermaßen repräsentativer Stichproben von Kindern und Adoleszenten, die einen Elternteil durch Tod verloren haben, erst in jüngster Zeit begonnen haben[105], müssen wir uns auf Daten weniger repräsentativer Art verlassen. Drei Quellen stehen zur Verfügung:

- Daten aus zwei Pilotstudien, eine von Kliman (1965), eine andere von Becker und Margolin (1967);
- Daten aus einer größeren klinischen Untersuchung, durchgeführt in Cleveland, Ohio, von einer Gruppe unter Erna Furman (1974);
- Daten, die zufällig über die Reaktionen der Kinder von Witwen gesammelt wurden bei den verschiedenen Studien über erwachsene Hinterbliebene, über die in früheren Kapiteln berichtet wurde.

Obwohl keine dieser Studien so systematische Daten liefert wie die über die Trauer Erwachsener, über die bereits berichtet wurde, ist die Übereinstimmung der Funde doch groß genug, um ihnen zu vertrauen. Ein prinzipieller Mangel, da die Anzahl der bei jeder Studie betroffenen Kinder begrenzt ist und quer durch alle Jahre der Kindheit geht, ist, dass die auf jeder einzelnen Entwicklungsebene zur Verfügung stehende Zahl klein ist.

Die Studie von Gilbert und Ann Kliman, durchgeführt in einem wohlhabenden Vorort von New York, umfasst 18 Kinder aus sieben Familien der Mittelklasse, die durch eine Freiwilligenagentur kontaktiert worden waren, nachdem ein Elternteil gestorben war. In drei Familien war die Mutter gestorben, in vier der Vater. Das Alter der Kinder war gleichmäßig verteilt zwischen 3 Jahren 9 Monaten und 11 Jahren 1 Monat mit Ausnahme eines Säuglings von weniger als einem Jahr und eines Jungen von 14 Jahren und 3 Monaten. Ein großer Teil der Daten über die Kinder wurde in langen, halb-strukturierten Interviews mit dem überlebenden Elternteil eingeholt, doch danach wurde auch mit den Kindern selbst gesprochen. Abgesehen vom geringen Umfang der Stichprobe liegt eine der wesentlichen Grenzen der Studie darin, dass mit Ausnahme von einer oder zwei Familien der Kontakt erst viele Monate, durchschnittlich acht, nach dem Todesfall erfolgte. Bei der Auswahl der Familien sollte jede Tendenz zur Pathologie vermieden werden; keines der Kinder war wegen emotionaler Schwierigkeiten an eine Klinik verwiesen worden.

Die Untersuchung von Becker und Margolin (1967) wurde in Boston durchgeführt und umfasste neun Kinder, alle unter sieben Jahre alt, die aus sieben Mittelklasse-Familien stammten. In sechs Fällen war der Vater gestorben, in einem die Mutter. In allen Fällen hatte der überlebende Elternteil sich freiwillig zur Teilnahme an der Studie gemeldet; der Kontakt war innerhalb von sechs Monaten nach dem Todesfall hergestellt worden (oft früher), und der Einschätzung zufolge schien keines der Kinder einer Psychotherapie zu bedürfen. Die mitgeteilten Daten stammen aus wöchentlichen Interviews mit den Betroffenen, die sich über ein Jahr oder länger erstreckten und dem überlebenden Elternteil helfen sollten, sowohl selbst mit dem Verlust fertig zu werden als auch die Kinder dabei zu unterstützen. (Daten von wöchentlichen psychiatrischen Interviews mit den Kindern sind nicht wiedergegeben.)

Die Studie von Erna Furman und ihren Kollegen umfasst 23 Kinder, die alle einen Elternteil durch Tod verloren hatten. Sie waren zwischen zehn Wochen und 13 Jahren alt und umfassten „Schwarze und Weiße, Reiche und Arme, verschiedene religiöse Bekenntnisse und kulturelle Hintergründe". 14 der Kinder wurden zwei bis sechs Jahre lang in fünf wöchentlichen Sitzungen psychoanalytisch behandelt. Die übrigen neun, alle jünger als fünf Jahre, besuchten einen therapeutischen Kindergarten, während ein Kinderanalytiker ein bis drei Jahre lang in wöchentlichen Sitzungen dem überlebenden Elternteil oder der Ersatzperson dabei half, mit dem Kind therapeutisch zu arbeiten. Auf diese Weise wurden sehr ausführliche Daten aus erster Hand gesammelt, in einer Reihe von Fällen unmittelbar nach dem Tod des Elternteils, und es bestand die unvergleichliche Gelegenheit, das Ausmaß zu untersuchen, in dem die Reaktionen jedes Kindes in der einen oder anderen Richtung von den Reaktionen des überlebenden Elternteils und von der Art von Information oder Fehlinformation beeinflusst wurden, die das Kind erhalten hatte. Soweit die Kliniker den Verlauf der Ereignisse beeinflussten, was sie zweifellos taten, sind die Richtungen ihres Einflusses und die Techniken, die sie benutzten, klar angegeben: Das versetzt den Leser in die Lage, selbst den Status und die Relevanz der erhaltenen Daten zu bewerten.

Die Grenzen der Studie liegen in der Art und Weise, wie die Hauptstichprobe der Kinder zustande kam. Mit Ausnahme eines einzigen wurde kein Kind einfach deshalb aufgenommen, weil es einen Elternteil verloren hatte. Acht waren bereits in Psychotherapie, oder ein Elternteil wurde beraten, als ganz unerwartet ein Elternteil starb. Einige der anderen Kinder waren aufgrund emotionaler Schwierigkeiten an die Beratung verwiesen worden; erst nach Beginn der Behandlung urteilten die Kliniker, dass diese Schwierigkeiten durch einen früher erlittenen Verlust ausgelöst oder verschlimmert worden waren. Dennoch waren, obwohl die Stichprobe ein Übergewicht in Richtung Pathologie aufweist, bei mehreren der jüngeren Kinder die vor dem Tod des Elternteils bestehenden Schwierigkeiten minimal und nicht ungewöhnlich. Außerdem nimmt Furman bei ihrer Diskussion auf ein breites Spektrum anderer Beobachtungen Bezug, die von ihr und anderen Mitgliedern ihrer Gruppe während der intensiven Untersuchung des Problems angestellt wurden. Im Folgenden berichten wir ausführlich über ihre Funde.

Was die begrenzten Stichproben aller dieser Studien angeht, so sind wir in der glücklichen Lage, weitere Informationen über die Reaktionen von Kindern aus den Untersuchungen über Witwen zu besitzen. Dazu gehören Marris (1958), der Informationen von 47 Londoner Witwen über die 93 Kinder unter 15 Jahren gibt, die sie zu versorgen hatten, und Glick und seine Kollegen (1947), deren Stichprobe von Witwen mit Kindern im gleichen Altersspektrum von vergleichbarer Größe ist (obwohl keine Einzelheiten mitgeteilt werden). Weitere relevante Berichte sind einer von Raphael (1973) über die Reaktionen der Kinder jener Witwen, die Beratung erhielten, weil die anfängliche Einschätzung zur Vorhersage eines ungünstigen Ausgangs ihrer Trauer geführt hatte, sowie der Bericht von Gorer (1965), der, soweit Kinder und Adoleszenten betroffen sind, sich hauptsächlich mit den Reaktionen auf den Tod eines Großelternteils befasst.

Aus dem oben Gesagten geht hervor, dass wir wesentlich mehr Informationen über die Reaktionen von Kindern auf den Tod des Vaters als auf den Tod der Mutter haben. Die Gründe sind die bekannten. Erstens gibt es in dem Altersspektrum, mit dem wir uns hier befassen, sehr viel mehr Kinder, die den Vater verloren haben, als solche, die die Mutter verloren haben.

Zweitens beschränkten sich einige der Studien, die wir heranziehen, auf Witwen und ihre Kinder. Nur die Untersuchung von Furman enthält mehr als marginale Daten über den Verlust der Mutter.

Außer den erwähnten Studien gibt es noch zahlreiche Berichte über Patienten jeden Alters, die in psychotherapeutischer Behandlung waren wegen häufig schwerwiegender Zustände, die zumindest teilweise auf den Verlust eines Elternteils in der Kindheit zurückzugehen schienen. Im Falle erwachsener Patienten sind diese Verluste gewöhnlich viele Jahre vorher eingetreten, und es ist entsprechend schwierig, die Verbindungen zwischen diesem Ereignis und später folgenden Symptomen sicher aufzuzeigen. Wenn die Patienten dagegen Kinder sind, kann der Verlust vergleichsweise kurz zurückliegen, und die Verbindungen sind daher leichter aufzuspüren. Alle diese Fälle, zu denen auch einige gehören, die von Furman und ihren Kollegen berichtet wurden, liefern die empirische Grundlage für unsere Diskussion der Pathologie in den folgenden Kapiteln.[106] Doch zunächst wollen wir die Gültigkeit der Berichte über die Reaktionen von Kindern betrachten, die nun erörtert werden sollen.

Gültigkeit der Daten

Zusätzlich zu den bekannten Schwierigkeiten, die Gültigkeit von Beobachtungen menschlicher Wesen zu sichern, die auf Situationen des wirklichen Lebens reagieren, besonders wenn es sich um quälende Situationen handelt, gibt es noch besondere Schwierigkeiten, wenn es sich um Kinder handelt, die einen schweren Verlust erlitten haben. Es ist kaum zu vermeiden, dass viele der Beobachtungen kindlicher Reaktionen, die in der Literatur angeführt werden, aus Berichten des überlebenden Elternteils stammen, gewöhnlich der Mutter. Obwohl diese Berichte oft sehr aufschlussreich sind, gibt es mehrere große Gefahren. Die erste Gefahr liegt darin, dass die überlebende Mutter, die sich selbst in einem emotional gestörten Zustand befindet, wahrscheinlich ein unsicherer Beobachter ist, in einem Augenblick hellsichtig, in einem anderen blind. Zweitens kann ihre Erinnerung an Ereignisse selektiver sein als gewöhnlich. Drittens schreibt sie dem Kind möglicherweise Gefühle und Reaktionen zu, die in Wirklichkeit ihre eigenen sind. Und schließlich kann es unklar sein, in welchem Ausmaß das Kind auf den Verlust selbst reagiert und in welchem Ausmaß auf den erschütterten verwitweten Elternteil, der ihm gegenüber ein seltsames und vielleicht schwieriges Verhalten an den Tag legt.

Sehr gut werden diese Probleme von Harrison und seinen Kollegen (1967) beschrieben, die die Reaktionen von Kindern studierten, welche zufällig zum Zeitpunkt des Mordes an Präsident Kennedy Patienten in einer psychiatrischen Kinderklinik waren, und auch die Reaktionen des Personals. Später standen zwei Arten von Berichten über die Kinder zur Verfügung: erstens tägliche Routineberichte, geschrieben von den Mitgliedern des Personals, und zweitens Material, das retrospektiv gesammelt worden war, großenteils bei Gruppendiskussionen des Personals. Nachdem die Autoren bemerkten, dass es zahlreiche und große Diskrepanzen gab zwischen den fortlaufend und den später aufgezeichneten Berichten, und auch das Ausmaß erkannten, in dem die Mitglieder des Personals durch die Art und Weise beeinflusst waren, auf die die Kinder ihrer Meinung nach reagieren sollten, kamen sie zu dem Schluss: „In unseren Daten war es nicht möglich, eine Unterscheidung zu treffen zwischen Fehlwahrnehmungen und Verwirrungen der Erwachsenen, den Reaktionen der Kinder auf die Tragödie und den Reaktionen der Kinder auf die Veränderungen bei den Erwachsenen." Hierdurch gewarnt, tun wir gut daran, vorsichtig vorzugehen.

Arbeitsplan

Bei der Diskussion der Reaktionen Erwachsener erwies es sich als ratsam, zunächst ein Bild der üblichen Reaktionen auf Verlust zu präsentieren, dann eine Übersicht über die pathologischen Varianten zu geben und erst später die Bedingungen zu erörtern, die bei der Bestimmung der verschiedenen möglichen Verlaufsformen der Trauer eine Rolle spielen. Hier werden wir aber anders vorgehen. Wir haben festgestellt, dass jeder, der in jüngerer Zeit dieses Problem untersucht hat, wozu auch Nagera (1970) gehört, dessen Auffassung von der Trauerfähigkeit von Kindern sich von der hier vorgetragenen unterscheidet, tief beeindruckt war von dem ungeheuren Einfluss auf die Verlustreaktionen von Kindern, der von Variablen ausgeht wie der, wann dem Kind etwas gesagt wird und was ihm gesagt wird, wie der überlebende Elternteil selbst reagiert und welche Reaktion er von seinem Kind wünscht und erwartet. Es wäre unrealistisch, die Reaktionen von Kindern ohne ständige Bezugnahme auf diese Bedingungen zu diskutieren. In den folgenden Kapiteln geht es uns daher ebenso sehr um die Art, wie sich die unmittelbare Umgebung des Kindes diesem gegenüber verhält, wie um das Kind selbst. Natürlich ist das nichts weiter als die Anwendung einer der Hauptlektionen, die wir über die Trauer Erwachsener gelernt haben, auf die besonderen Probleme der Kindheit; diese Lektion besagt, dass der Verlauf der Trauer selbst bei einem Erwachsenen tief davon beeinflusst wird, wie seine Angehörigen und Freunde ihn in den Wochen und Monaten nach dem Verlust behandeln.

Unser Plan sieht daher Folgendes vor: Zunächst wollen wir die Reaktionen von Kindern auf den Verlust eines Elternteils betrachten, wenn die Umstände günstig sind, und dann zur Betrachtung der breiten Vielfalt der Reaktionen übergehen, die unter ungünstigen Umständen erfolgen. Zuvor jedoch ist es nützlich, die Natur einiger dieser sehr einflussreichen Umstände näher zu untersuchen.

Was wird dem Kind gesagt und wann wird es ihm gesagt?

Gewöhnlich sind Erwachsene zugegen, wenn ein naher Angehöriger stirbt; sind sie es nicht, erhalten sie die Mitteilung wahrscheinlich sehr rasch. Kinder dagegen sind in westlichen Gesellschaften bei einem Sterbefall wahrscheinlich nicht zugegen; nicht selten werden sie darüber erst sehr viel später informiert, und selbst dann häufig in irreführender Form. Angesichts dieser Tatsache ist es kaum überraschend, dass die Reaktionen von Kindern häufig nicht im Einklang stehen mit dem, was geschehen ist.

Wenn ein Elternteil stirbt, obliegt es fast immer dem überlebenden Elternteil, das Kind zu informieren. Das ist eine überaus schmerzliche Aufgabe. In der Mehrzahl der Fälle wird sie rasch erfüllt, doch je jünger das Kind ist, desto größer ist die Wahrscheinlichkeit, dass der überlebende Elternteil die Mitteilung aufschiebt; bei einer signifikanten Minderheit dauert dieser Aufschub Wochen oder gar Monate. Als Notbehelf wird dem Kind vielleicht gesagt, der Vater habe eine Reise angetreten oder sei in ein anderes Krankenhaus verlegt worden. Von den Bostoner Witwen, die Glick (1974) u. a. untersucht haben, informierten etwa 70 Prozent die Kinder sofort, doch fast jede Dritte schob die Mitteilung auf. Zwei baten einen Angehörigen, diese Aufgabe zu übernehmen.

Aus den Berichten geht hervor, dass in den untersuchten Kulturen der überlebende Elternteil höchstwahrscheinlich sagt, Vater sei in den Himmel gegangen oder in den Himmel geholt worden. In frommen Familien stimmt diese Information mit dem überein, was der überlebende Elternteil selbst glaubt. In vielen anderen jedoch ist das nicht der Fall, so dass von Anfang an eine Diskrepanz besteht zwischen dem, was dem Kind gesagt wird, und dem, was der Elternteil glaubt. Das führt zu Schwierigkeiten. Wenn ihm nichts anderes gesagt wird, wird ein kleines Kind natürlich annehmen, der Himmel sei nicht anders als andere entfernte Orte und die Rückkehr des Verstorbenen nur eine Frage der Zeit. Ein kleines Mädchen von vier Jahren, dem wie vielen anderen erzählt worden war, der Vater sei im Himmel, war ein paar Monate später zornig und weinte bitterlich, weil der Vater nicht zu seiner Geburtstagsfeier kam (Nagera, 1970). Andere Kinder fragen ihre Mutter dauernd, wo der Himmel sei, was die Leute dort täten, was sie trügen oder äßen; all das sind für einen Ungläubigen unangenehme Fragen.

Eine weitere häufige Erklärung, zu der man sich oft flüchtet, vor allem nach dem Tod eines alten Menschen wie etwa eines Großelternteils, besteht darin, er oder sie sei eingeschlafen. Zugegeben, das ist eine wohlbekannte Redewendung. Ein kleines Kind jedoch weiß über solche Redewendungen noch nichts und nimmt unweigerlich die meisten davon wörtlich. Daher ist es kein Wunder, wenn das Einschlafen ihm von da an als gefährlicher Vorgang erscheint.

Die beiden wesentlichen Informationspunkte, die ein Kind früher oder später erfahren muss, sind erstens, dass der tote Elternteil nie wiederkommen wird, und zweitens, dass sein Leichnam in der Erde begraben oder zu Asche verbrannt wurde. Für den überlebenden Elternteil ist es extrem schwierig, diese Information zu geben, weil er tief darum besorgt ist, das Kind vor dem Bewusstsein des Todes und dem Schmerz der Trauer zu schützen, die jeder Elternteil in dieser Situation empfindet, und auch, weil diese Dinge dem Überlebenden ihre Realität allzu krass vor Augen führen. Die Information über das, was mit dem Leichnam geschieht, wird gewöhnlich am längsten aufgeschoben, manchmal ein oder zwei Jahre lang (Becker und Margolin, 1967). Bei allen Familien ging nur eine kleine Minderheit der Kinder mit zur Bestattung, bei Marris' Londoner Untersuchung beispielsweise nur elf von 94. Später wurden die Kinder entweder nicht zum Grab mitgenommen oder, wenn das doch der Fall war, wurde ihnen nicht gesagt, warum man dorthin ging. In einer von Becker und Margolin beschriebenen Familie besuchten die Kinder mit ihrem Vater den Friedhof, legten Blumen auf das Grab und sahen, wie Angehörige weinten, ohne dass jemand den Tod und die Beerdigung der Mutter erwähnte. Darüber hinaus enthielten sich die Kinder der Frage, warum sie und andere da seien.

Die Kinder werden häufig nicht nur verspätet und irreführend informiert; allen Forschern fiel auch auf, wie häufig viele überlebende Eltern sicherstellen wollen, dass das Kind nicht sieht, wie sehr sie selbst leiden. Becker und Margolin berichten von einer Mutter, die es vermied, mit ihren Kindern darüber zu sprechen, wie sie sich fühlte, weil sie fürchtete, sie werde weinen und nicht aufhören können. Das, so meinte sie, sei zu bestürzend für die Kinder. Bei den Interviews dagegen weinte sie viel und beschrieb auch, wie sie allein stundenlang weinte, nachdem die Kinder abends schliefen. Während der Interviews erkannte sie, dass die Hauptschwierigkeit darin bestand, dass sie es nicht ertragen konnte, sich der Intensität der Gefühle ihrer Kinder zu stellen. Viele Eltern helfen also ihren Kindern nicht etwa dabei, Gefühle zu äußern, sondern machen es ihnen im Gegenteil fast unmöglich. Die Schwierigkeit, die so erzeugt wird, ist in einem Bericht von Palgi (1973) lebhaft illustriert. Ein kleiner Junge, der von seiner Mutter gescholten wurde, weil er den Tod seines Vaters nicht beweinte, gab zur Antwort: „Wie kann ich weinen, wenn ich deine Tränen nie gesehen habe?"

Kinder erkennen die Zeichen sehr rasch. Wenn ein Elternteil Angst vor Gefühlen hat, werden die Kinder ihre Gefühle verbergen. Wenn ein Elternteil Schweigen bevorzugt, werden die Kinder früher oder später ihre Fragen einstellen. Mehrere Beobachter merken an, wie begierig manche Kinder waren, mehr darüber zu erfahren, wie und warum ihr Elternteil gestorben war und was danach geschehen war, und dass ihre Fragen ausweichend oder mit Schweigen beantwortet wurden. Kliman (1965) führt zwei Beispiele an von Eltern, die ihr Widerstreben explizit äußerten. Im ersten Beispiel wollten zwei Jungen von sieben und neun Jahren, die ihren Vater verloren hatten, mehr über ihn erfahren und drängten ihre Mutter auch, ihnen einige alte Filme über ihn zu zeigen. Als die Mutter dies zu schmerzlich fand, lernten die

Jungen, selbst den Filmprojektor zu bedienen, und sahen sich die Filme wiederholt allein an. Im zweiten Beispiel hatte ein Vater sowohl seine Frau als auch seinen Sohn durch einen Brand verloren und machte sich Vorwürfe, nicht mehr zu ihrer Rettung getan zu haben. Er konnte es nicht ertragen, über das Geschehen zu sprechen, und nahm seinen beiden kleinen Töchtern das Versprechen ab, die Mutter in seiner Gegenwart nie wieder zu erwähnen.

Wie hoch in unserer Kultur der Anteil der Eltern ist, denen es widerstrebt, Informationen und Gefühle mit ihren Kindern zu teilen, können wir gegenwärtig nicht feststellen. Die Lektüre der verschiedenen Berichte jedoch zeigt, dass dieses Verhalten sowohl in Großbritannien als auch in Amerika häufig ist. Diese Feststellung erklärt nicht nur weitgehend, warum von Kindern so häufig gesagt wird, sie leugneten die Realität des Todes eines Elternteils, sondern vielleicht auch, warum die Theorie, das Ich eines Kindes sei zu schwach und unentwickelt, um den Schmerz der Trauer zu ertragen, so breite Zustimmung gefunden hat. Tatsächlich legt das bislang vorgetragene Material nahe, dass ungeachtet der möglichen Fähigkeit von Kindern häufig die Erwachsenen in der Umgebung des Kindes selbst nicht fähig sind, den Schmerz der Trauer zu ertragen – vielleicht den Schmerz ihrer eigenen Trauer, gewiss den der Trauer ihres Kindes und ganz besonders den gemeinsamer Trauer.

Wie man dem überlebenden Elternteil hilft, den Kindern zu helfen

Alle, die auf diesem Gebiet gearbeitet haben, und vor allem die Kliniker sind sich darüber klar, dass nur Verwirrung und Pathologie die Folge sind, wenn die Nachricht vom Tod eines Elternteils den Kindern vorenthalten oder darüber hinweggegangen wird und das Äußern von Gefühlen implizit oder explizit missbilligt wird. Darum hat man große Anstrengungen darauf verwandt, Mittel zu finden, wie man dem überlebenden Elternteil helfen kann, den Kindern zu helfen.

Die erste Aufgabe ist zweifellos, dem überlebenden Elternteil eine stützende Beziehung zu bieten, in der er oder sie die Freiheit hat, über den Schicksalsschlag und darüber nachzudenken, wie und warum er eingetreten ist, und alle jene stürmischen Antriebe und Gefühle äußern kann, die so notwendig sind, wenn die Trauer einen gesunden Verlauf nehmen soll. Wenn ein Elternteil erst einmal selbst diese Hürde genommen hat, fällt es ihm oder ihr leichter, die Kinder in den Trauervorgang einzubeziehen. Wenn etwa eine Mutter ihr Verhalten, vielleicht ohne es zu wissen, nach dem ihres Beraters ausrichtet, kann sie mit den Kindern die Tatsachen teilen, die bekannt sind, und deren Fragen so wahrheitsgemäß wie möglich beantworten. Zusammen können sie ihr geteiltes Leid und ihren Kummer äußern und auch ihren Zorn und ihre Sehnsucht. Oft stellte eine Mutter unter diesen Umständen fest, dass ein Schulkind oder Adoleszent eine wesentlich größere Fähigkeit hat, sich der Wahrheit über die Vergangenheit und auch über die traurig veränderte Zukunft zu stellen, als sie, vielleicht durch Verwandte oder Freunde irregeführt, bislang angenommen hatte. Tatsächlich kann man von einem Kind oder Adoleszenten nur dann erwarten, dass es oder er mit einem gewissen Grad von Realismus auf seinen Verlust reagiert, wenn es bzw. er wahre Informationen und Mitgefühl und Hilfe erhält, sie zu ertragen. Das wirft die Frage auf, wie realistisch im Hinblick auf den Tod Kinder verschiedener Altersstufen sein können.

Vorstellungen von Kindern über den Tod

Es hat viele Kontroversen über die Frage gegeben, wie Kinder verschiedener Altersstufen über den Tod denken. Dazu gehörte auch ihre Vorstellung über die Natur des Todes, seine Ursachen und das, was danach geschieht. Da umfassende Übersichten über die Literatur in Anthony (1971) und Furman (1974) zu finden sind, brauchen wir nicht lange bei den Kontroversen zu verweilen.

Das Studium der Literatur zeigt, dass viele Meinungsverschiedenheiten entstanden sind, weil etliche Forscher ihre Aufmerksamkeit auf *den Sonderfall des* menschlichen Todes oder den noch spezielleren Fall des Todes eines Elternteils beschränkt haben. Andere Meinungsunterschiede können darauf zurückgeführt werden, dass frühere Untersucher (z. B. Nagy, 1948) das Ausmaß nicht erkannt haben, in dem die Vorstellungen der Kinder über den Tod von den kulturellen Traditionen ihrer Familien und Schulkameraden abgeleitet sind. Infolgedessen haben sich Auffassungen verbreitet wie die, ein Kind müsse mindestens sechs Jahre alt oder sogar adoleszent sein, ehe es den Tod als irreversibel begreifen könne, oder kleine Kinder würden jeden Todesfall stets einer menschlichen oder quasimenschlichen Wirkungskraft zuschreiben. Wenn man jedoch die kulturellen Voreingenommenheiten erkennt und die ganz besonderen Probleme berücksichtigt, die mit dem Tod eines Elternteils verbunden sind, so ergibt sich ein völlig verändertes Bild.

Im normalen Verlauf des Lebens treffen selbst sehr kleine Kinder auf Beispiele des Todes – einen toten Käfer, eine tote Maus, einen toten Vogel. Das Phänomen ist verwirrend. Im Gegensatz zu aller früheren Erfahrung mit dem Tier ist die tote Kreatur reglos und reagiert auf nichts, was mit ihr getan wird. In der Regel erweckt das Neugier. Was ist geschehen? Schläft das Geschöpf? Wie können wir es zu Aktivität anspornen? Unter solchen Umständen bleibt kein Kind lange ohne irgendeine Erklärung entweder von einem Erwachsenen oder von einem anderen Kind; aus diesen Erklärungen entwickelt es seine eigenen Vorstellungen.

In verschiedenen Familien und unterschiedlichen kulturellen Umgebungen umfassen die verschiedenen Erklärungen, die einem Kind gegeben werden, ein riesiges Spektrum. Das eine Extrem sind Gedanken universaler Reinkarnation und göttlicher Ziele, das andere Vorstellungen von der Irreversibilität des Todes und der Rolle natürlicher Ursachen. Zwischen diesen Extremen liegen die verschiedensten Überzeugungen, wozu auch viele gehören, in denen eine Unterscheidung getroffen wird zwischen dem Tod als höher angesehener Lebensform und niedrigerer Formen. Infolge von Unterscheidungen und Einschränkungen verschiedener Art, die in die Glaubenssätze über Leben und Tod erwachsener Menschen in westlichen Gesellschaften eingegangen sind, enthalten diese in der Regel viele Bereiche, die ungewiss, zweideutig und inkonsistent sind. Darum ist es nicht verwunderlich, dass auch die Überzeugungen von Kindern überaus unterschiedlich sind. Gewöhnlich unterscheiden sie sich von denen der Erwachsenen um sie herum nur dadurch, dass sie nüchterner sind, dass Metaphern zu wörtlich aufgefasst wurden und dass bei Zweideutigkeiten und Unvereinbarkeiten verweilt wird, anstatt sie zu übergehen.

In ihren verschiedenen Veröffentlichungen legen Robert und Erna Furman Nachweise vor, die zeigen, dass selbst ein kleines Kind nicht mehr Schwierigkeiten hat, den Tod als irreversibel und auf natürliche Ursachen zurückgehend zu begreifen, als ein Erwachsener; ob es das tut, hängt davon ab, was man ihm sagt. Wenn einem Kind, das nicht älter ist als zwei Jahre, gesagt wird, der tote Käfer oder der tote Vogel werde nie wieder lebendig und der Tod komme früher oder später zu allen lebenden Geschöpfen, so ist es vielleicht zuerst ungläubig, akzeptiert aber wahrscheinlich die Worte der Eltern. Wenn ihm dann auch noch gesagt wird, dass es beim Tod eines wohlbekannten Menschen oder Tieres natürlich ist, traurig zu sein und es oder ihn wieder lebendig machen zu wollen, so wird das Kind kaum überrascht sein, da das mit seiner Erfahrung übereinstimmt und zeigt, dass seine Betrübnis verstanden wird. Die Furmans weisen darauf hin, dass, wenn Eltern sich so verhalten, dies eine gewisse Vorbereitung ist, um dem Kind zu helfen, den Tod eines nahen Angehörigen und sogar eines Elternteils zu betrauern, falls ein solcher tragischer Fall eintreten sollte. Nur wenn ein überlebender Elternteil wirklich an religiöse oder philosophische Ideen über den Tod und ein Leben nach dem Tode glaubt, so legt das Material nahe, ist es nützlich, diese dem Kind mitzuteilen: Mit ehrlicher Hilfe des überlebenden Elternteils kann das Kind sich dann etwas darunter vorstellen und an der Trauer der Familie teilhaben. Unter anderen Umständen wird es durch die Komplexität dieser Ideen und die Schwierigkeit, zwischen körperlichem und spirituellem Tod zu unterscheiden, unsicher und verwirrt, und es kann sich ein Graben von Missverständnissen zwischen ihm und seinem überlebenden Elternteil auftun.

16 Reaktionen von Kindern unter günstigen Umständen

And while that face renews my filial grief,
Fancy shall weave a charm for my relief
Shall steep me in Elysian reverie,
A momentary dream, that thou art she.

William Cowper[107]

Die Trauer zweier Vierjähriger

Wenn wir das von Furman (1974) und den anderen genannten Forschern vorgelegte Material lesen, so scheint es klar, dass unter günstigen Umständen selbst ein kleines Kind in der Lage ist, einen verlorenen Elternteil in einer Weise zu betrauern, die weitgehend der gesunden Trauer Erwachsener entspricht. Die erforderlichen Bedingungen sind im Prinzip nicht anders als jene, die für die erwachsene Trauer günstig sind. Die für ein Kind wichtigsten sind: Erstens sollte das Kind vor dem Verlust eine verhältnismäßig sichere Beziehung zu seinen Eltern gehabt haben; zweitens sollte, wie bereits erwähnt, das Kind schnell und korrekt über das informiert werden, was geschehen ist, sollte alle möglichen Fragen stellen dürfen und darauf eine möglichst ehrliche Antwort erhalten und sollte an der Trauer der Familie teilnehmen, einschließlich aller Bestattungsriten, die die Familie beschließt; drittens sollte das Kind die tröstende Anwesenheit des überlebenden Elternteils genießen oder, wenn das nicht möglich ist, einer bekannten und vertrauten Ersatzperson; außerdem sollte ihm versichert werden, dass diese Beziehung bestehen bleibt. Gewiss, das sind strenge Bedingungen; bevor wir uns aber mit den zahlreichen Schwierigkeiten befassen, diese Bedingungen zu erfüllen, wollen wir die Art und Weise beschreiben, wie Kinder und Adoleszenten gewöhnlich reagieren, wenn sie erfüllt werden können.

Das Material zeigt, dass nach dem Tod eines Elternteils ein Kind oder Adoleszent gewöhnlich ebenso dauerhaft Sehnsucht nach ihm hat wie ein Erwachsener und dass es oder er bereit ist, diese Sehnsucht offen zu äußern, wann immer ein Zuhörer mitfühlend ist. Zeitweilig hegt das Kind Hoffnungen, der verlorene Elternteil werde zurückkehren; zu anderen Zeiten erkennt es widerstrebend, dass das nicht sein kann, und ist traurig. Gelegentlich wird man beobachten, dass es sucht (obwohl dieses Merkmal in der Literatur nicht gut belegt ist), oder es beschreibt das lebhafte Gefühl der Anwesenheit des Verstorbenen. Unter gewissen Umständen wird es Wut empfinden über seinen Verlust, unter anderen Schuldgefühle. Nicht selten wird es fürchten, auch den überlebenden Elternteil und/oder die Ersatzperson zu verlieren oder selbst sterben zu müssen. Infolge seines Verlusts und seiner Angst vor weiterem Verlust wird es oft ängstlich und anklammernd sein und manchmal hartnäckig ein Verhalten an den Tag legen, das schwer zu verstehen ist, solange seine rationale Grundlage nicht bekannt ist.

Um nun von der Generalisierung auf individuelle Fälle zu kommen, folgen Berichte über zwei Kinder; beide wurden sehr detailliert aufgezeichnet von Marion J. Barnes, einem Mitglied der von Robert und Erna Furman in Cleveland geleiteten Gruppe. Die Berichte sind deshalb ausgewählt worden, weil sie die vollständigsten sind, die über kleine Kinder aus stabilen Familien zur Verfügung stehen, die sich recht gut entwickelt hatten und dann plötzlich einen Elternteil verloren haben.[108] Das eine Kind, Wendy, verlor seine Mutter, als es gerade vier geworden war. Das andere, Kathy, verlor seinen Vater, als es zwei Monate jünger war. Der Grund, warum zuerst die Reaktionen von Kindern am unteren Ende der Altersskala untersucht werden, ist, dass vermutet wurde, je jünger das Kind sei, desto weniger werde seine Trauer vermutlich der eines Erwachsenen gleichen.

Wendy trauert um ihre Mutter

„Wendy war vier Jahre alt, als ihre Mutter an einer akuten Verschlimmerung einer chronischen Krankheit starb. Danach lebte Wendy mit ihrem Vater und ihrer um 18 Monate jüngeren Schwester Winnie zusammen. Außerdem versorgte die Großmutter mütterlicherseits die Kinder, wenn der Vater arbeitete; ein Dienstmädchen, das seit der Säuglingszeit der Kinder täglich zu der Familie gekommen war, wohnte nun fünf Tage in der Woche bei ihnen. An den Wochenenden halfen die Großmutter väterlicherseits und ein anderes Dienstmädchen.

Über Wendys Entwicklung vor dem Tod ihrer Mutter steht umfangreiche Information zur Verfügung, weil die Mutter eineinhalb Jahre lang einmal wöchentlich professionelle Beratung gesucht hatte wegen, wie es scheint, für eine Zweieinhalbjährige recht geringfügiger Probleme. Es heißt, Wendy habe das Bett genässt, habe sehr an einer Decke gehangen, einige ‚typische Phantasien rund um den Penisneid' gehabt und sei nicht fähig gewesen, ihre Feindseligkeit in Worten zu äußern, vor allem gegenüber ihrer jüngeren Schwester. Sechs Monate später war die Mutter noch immer beunruhigt über Wendys Bindung an die Decke, ihr Daumenlutschen und ihr Widerstreben, sich von der Mutter zu trennen. In anderer Hinsicht jedoch schien Wendy gute Fortschritte zu machen und begann, einen Kindergarten zu besuchen.

Dann wurde bekannt, dass Wendys Mutter, zu der Zeit 25 Jahre alt, einen Anfall von multipler Sklerose gehabt hatte; in den sieben Jahren zuvor hatte es eine Remission der Krankheit gegeben. Abgesehen von der täglich zweistündigen Ruhezeit der Mutter trat die Krankheit in der Familie nach außen hin nicht in Erscheinung, und beide Eltern waren eifrig bemüht, sie zu verschweigen, wenn auch Wendy nicht unerwartet häufig das Empfinden hatte, sie müsse sich während der langen Ruhestunden der Mutter still verhalten. Als die Information über die Krankheit schließlich ans Licht kam, hielt es die Therapeutin für ratsam, Wendy vorsichtshalber in den therapeutischen Kindergarten der Klinik aufzunehmen; niemand jedoch sah voraus, dass die Tragödie so nahe bevorstand. Wendy ging gerade vier Monate in diesen Kindergarten, als die Mutter einen dramatischen Ausbruch der Krankheit erlitt, plötzlich in ein Krankenhaus musste und innerhalb von zwei Wochen starb.

In den ein oder zwei Wochen vor dem akuten Krankheitsanfall fühlte sich die Mutter leicht erschöpft und hatte Schmerzen in der Schulter. Wendy machte sich Sorgen und ging nur widerstrebend in den Kindergarten, vor allem, wenn statt der Mutter der Vater sie dorthin begleitete. Sie war eindeutig besorgt über das Unwohlsein der Mutter; ihre Angst wurde noch verstärkt durch den Großvater väterlicherseits, den sie fast täglich besuchten, weil er ebenfalls schwer krank war und man mit seinem Ableben rechnete.

Als sich der Zustand der Mutter plötzlich verschlechterte und sie in ein Krankenhaus eingeliefert wurde, sah die Therapeutin den Vater täglich, um ihm bei der Entscheidung darüber zu helfen, was den Kindern gesagt werden sollte. Auf ihren Rat hin wurde die Krankheit den Kindern als sehr schwerwiegend erklärt, so schwerwiegend sogar, dass die Mutter nicht den Kopf und die Arme heben und nicht einmal sprechen konnte, was Wendy verstehen half, dass sie nicht am Telefon mit ihr sprechen konnte. Den Kindern wurde auch gesagt, die Ärzte täten ihr Möglichstes, um zu helfen. Während der letzten kritischen Tage riet die Therapeutin dem Vater außerdem, den Kindern seine Traurigkeit, Sorge und Angst nicht ganz zu verheimlichen, wie er vorher zu müssen gemeint hatte.

In den Wochen vor dem Aufflackern der Krankheit äußerte Wendy eine gewisse Feindseligkeit und Rivalität gegen die Mutter und auch bei zwei Gelegenheiten die Furcht, die Mutter könne sterben. Die Therapeutin, die ihre Intervention auf der Theorie begründete, dass die Furcht eines Kindes vor dem Tod der Mutter gewöhnlich ein Ergebnis unbewusster Todeswünsche ihr gegenüber ist, ermutigte die Eltern, Wendy zu versichern, ihre gelegentlichen ärgerlichen Gedanken würden das Wohlbefinden der Mutter nicht beeinträchtigen. Während der akuten Phase der Erkrankung der Mutter wurde der Vater aufgefordert, weiterhin derartige Versicherungen zu geben.[109] An dem Tag, an dem die Mutter starb, beschloss der Vater, den Kindern zu sagen, was geschehen war, und auch, dass die Mutter in der Erde beigesetzt würde und dass dies das Ende sei. Er tat dies während einer Autofahrt. Er sagte ihnen, die Mutter habe aufgehört zu atmen und könne nichts mehr fühlen; sie sei für immer gegangen und werde nie mehr zurückkehren. Sie werde in der Erde beigesetzt werden, beschützt von einer Kiste, und nichts werde ihr mehr wehtun – weder der Regen noch der Schnee (es schneite) noch die Kälte. Wendy fragte: ‚Wie wird sie atmen und wer wird ihr zu essen geben?' Der Vater erklärte, ein Verstorbener atme nicht mehr und brauche auch keine Nahrung mehr. Man war bereits übereingekommen, dass die Kinder noch zu klein seien, um an der Beerdigung teilzunehmen; der Vater zeigte ihnen jedoch den Friedhof und einen nahe gelegenen Wasserturm, der von ihrem Fenster aus zu sehen war.

An diesem Abend schienen die Kinder relativ unbeeindruckt und waren eine Zeit lang damit beschäftigt, ‚London Bridge is falling down' zu spielen. Verwandte, die mit der Offenheit des Vaters nicht einverstanden waren und es vorzogen, den Kindern Geschichten vom Himmel und von den Engeln zu erzählen, bemühten sich, ihren Kummer zu verbergen und fröhlich an den Spielen der Kinder teilzunehmen.

Während der folgenden Tage erfand Wendy zwei Spiele, um sie mit ihrem Vater zu spielen; bei beiden wirbelte sie herum und legte sich dann auf den Fußboden. Bei einem der Spiele stand sie danach rasch wieder auf und bemerkte: ‚Du dachtest, ich wäre tot, nicht wahr?' Bei dem zweiten Spiel, bei dem ausgemacht war, dass sie aufstehen sollte, wenn der Vater das richtige Zeichen gab (er sollte den Vornamen der Mutter sagen), blieb sie liegen. Bei bestimmten Gelegenheiten, etwa bei den Mahlzeiten, spielte Wendy auch fröhlich die Rolle ihrer Mutter, indem sie Bemerkungen machte wie: ‚Daddy, das ist eine so hübsche Krawatte. Wo hast du sie gekauft?', oder: ‚Gab es heute irgendetwas Interessantes im Büro?'

Der Kummer war jedoch nicht fern. Eine Woche nach dem Tod der Mutter war die Großmutter eines anderen Kindes sehr bewegt, als sie im Auto mit Wendys Großmutter darüber sprach. Wendy wurde bleich und fiel auf ihrem Sitz um. Die Großmutter tröstete sie, nahm sie in die Arme, und beide weinten. Etwa zur gleichen Zeit, bei einem Verwandtenbesuch, versicherten Wendys Cousins ihr, ihre Mutter sei ein Engel im Himmel, und zeigten ihr ein Bild von ihrer Mutter. Wendy weinte hysterisch und sagte, ihre Mutter liege in der Erde.

Während der dritten Woche nach dem Tod der Mutter wies Wendy Anzeichen dafür auf, dass sie immer noch auf eine Rückkehr der Mutter hoffte. Sie saß mit ihrer kleinen Schwester auf dem Boden und sang: ‚Meine Mami kommt zurück, meine Mami kommt zurück, ich weiß, dass sie zurückkommt' In einem künstlich erwachsenen und monotonen Tonfall antwortete Winnie darauf: ‚Mami ist tot, und sie kommt nicht zurück. Sie ist in der Erde bei dem „Turmwasser".' ‚Pst, sag das nicht', erwiderte Wendy.

Wendys Beschäftigung mit der Mutter zeigte sich auch in einem ‚Schneeflocken-Lied', das sie am Tag nach der Beerdigung erdachte. Zuerst lautete es (vermutlich beeinflusst von den Deutungen, die sie erhalten hatte): ‚Schneeflocken kommen und verschwinden wieder. Ich liebe meine Mami, und sie ist tot. Ich hasse meine Mami und hoffe, dass sie nicht wiederkommt. Ich liebe meine Mami und wünsche mir, dass sie kommt.' Einige Tage später ließ sie ‚Ich hasse meine Mami' fort. Am sechsten Tag lautete es in der Vergangenheitsform: ‚Ich liebte meine Mami und möchte, dass sie wiederkommt.' 14 Tage später auf dem Schulweg lautete es: ‚Meine Mami kommt zurück', wurde jedoch so leise geflüstert, dass die Großmutter es kaum hören konnte.

Die gleiche Beschäftigung ging auch aus einer anderen Sorge Wendys hervor. Fast täglich verwickelte sie auf dem Schulweg ihre Großmutter in eine Unterhaltung über die Enten auf dem Teich: ‚Ist ihnen kalt? Werden sie erfrieren? Wer füttert sie?' Manchmal gingen diese Diskussionen in direktere Fragen über: ‚Müssen tote Leute gefüttert werden? Haben sie irgendwelche Gefühle?' Um die von der Großmutter gegebene Information zu widerlegen, dass Frosttemperaturen zu einer noch dickeren Eisschicht führen, pflegte Wendy hoffnungsvoll auf einen kleinen Bereich über einer Quelle zu zeigen: ‚Ich sehe aber einen kleinen Teil, der nicht gefroren ist, Großmutter, obwohl es so kalt ist.' Die Therapeutin schlug der Großmutter vor, mit Wendy darüber zu sprechen, wie schwer es zu glauben ist, dass ein Mensch für immer tot ist und nie zurückkehren wird.

Nach einem solchen Gespräch beschloss Wendy, so zu tun, als sei die Großmutter die Mutter – sie würde Mami zu ihr sagen, und die Großmutter sollte vorgeben, Wendy sei ihre eigene kleine Tochter. Im Kindergarten sagte sie zu einem anderen Kind, sie habe eine Als-ob-Mutter – ihre Großmutter. Das andere Kind bemerkte hierzu: ‚Oh, das ist wirklich nicht dasselbe, oder?', worauf Wendy traurig zugab: ‚Nein, das ist es nicht.'

Bei anderer Gelegenheit, etwa vier Wochen nach dem Tod ihrer Mutter, klagte Wendy, niemand liebe sie. Bei dem Versuch, sie zu trösten, nannte der Vater eine lange Liste von Leuten, die sie doch liebten (und zählte alle auf, die sich um sie kümmerten). Darauf antwortete Wendy treffend: ‚Aber als meine Mami noch nicht tot war, brauchte ich nicht so viele Leute – ich brauchte nur einen.'

Vier Monate nach dem Tod der Mutter, als die Familie einen Frühjahrsurlaub in Florida machte, war es offenkundig, dass Wendys hilflose Hoffnung auf die Rückkehr der Mutter noch immer bestand. Diese Ferien waren die Wiederholung eines ganz besonders schönen Urlaubs, den die Familie im Jahr zuvor mit der Mutter dort verbracht hatte. Wendy war begeistert über diese Aussicht und erinnerte sich während der Reise mit fotografischer Genauigkeit an jedes Geschehnis auf der vorigen Reise. Nach der Ankunft jedoch war sie weinerlich, jammerte und quengelte. Der Vater sprach mit ihr über die traurigen und glücklichen Erinnerungen, die diese Reise wachrief, und darüber, wie tragisch es für sie alle sei, dass die Mutter nie mehr wiederkommen werde; darauf antwortete Wendy sehnsüchtig: ‚Kann sich Mami im Grab nicht ein kleines bisschen bewegen?'

Wendys zunehmende Fähigkeit, sich mit der Verfassung verstorbener Menschen abzufinden, äußerte sich ein Jahr nach dem Tode der Mutter, als ein entfernter Verwandter starb. Als er mit Wendy darüber sprach, fügte der Vater in dem Bemühen, sie nicht zu erregen, hinzu, der Verwandte werde es in der Erde bequem haben, weil er von einer Kiste geschützt sei. Darauf antwortete Wendy: ‚Aber wenn er wirklich tot ist, warum muss er es dann bequem haben?'

Gleichzeitig mit der weiter bestehenden Sorge um die fehlende Mutter und der allmählich vergehenden Hoffnung auf deren Rückkehr wies Wendy Anzeichen dafür auf, dass sie fürchtete, sie selbst könne sterben.

Die ersten Hinweise waren ihre Traurigkeit und ihr Widerstreben, während der Mittagszeit im Kindergarten schlafen zu gehen. Die Kindergärtnerin, die spürte, dass hier ein Problem vorlag, nahm Wendy auf den Schoß und ermutigte sie zu sprechen. Nach einigen Tagen erklärte Wendy, wenn man schlafe, könne man ja nicht aufstehen, wann man wolle. Sechs Monate später war sie noch immer mit der Unterscheidung zwischen Schlaf und Tod beschäftigt; dies zeigte sich, als ein toter Vogel gefunden wurde und die Kinder darüber sprachen.

Wendys Angst, das gleiche Schicksal zu erleiden wie ihre Mutter, manifestierte sich auch, als sie in der vierten Woche nach dem Tod der Mutter darauf bestand, sie wolle nicht erwachsen und eine große Dame werden, und wenn sie erwachsen werden müsse, so wolle sie lieber ein Junge und später ein Papi sein. Auch wollte sie wissen, wie alt man ist, wenn man stirbt, und wie man krank wird. Auf Anraten der Therapeutin sprach der Vater mit Wendy über ihre Angst, wenn sie erwachsen werde, werde sie sterben wie ihre Mutter, und versicherte ihr auch, die Krankheit ihrer Mutter sei sehr selten. Ein paar Tage später fragte Wendy die Großmutter: ‚Großmutter, bist du stark?' Als die Großmutter das bejahte, antwortete Wendy: ‚Ich bin nur ein Baby.' Dies bot der Großmutter weitere Gelegenheit, über Wendys Angst vor dem Erwachsenwerden zu sprechen.

Als Wendy bei einem anderen Anlass ähnlich ängstlich war, waren die Gründe dafür auf den ersten Blick so versteckt, dass ihr Verhalten völlig unvernünftig erschien. In der dritten Woche nach dem Tod der Mutter weigerte sich Wendy eines Morgens, was ganz untypisch für sie war, das ausgewählte Kleid anzuziehen und zur Schule zu gehen. Als das Hausmädchen darauf bestand, hatte sie einen Wutanfall. Die Familie war verwirrt, doch man kam auf die Lösung, als der Vorfall mit der Therapeutin diskutiert wurde. Vor Weihnachten hatte die Mutter mit den Kindern einen Schaufensterbummel gemacht. In einem der Schaufenster hatten sie den Weihnachtsmann gesehen, umgeben von kleinen Engeln. Die Kleider der Engel waren verkäuflich, und zum Entzücken der Kinder hatte die Mutter jedem von ihnen eines gekauft. Dieses Engelskleid war es, das Wendy an jenem Morgen nicht hatte anziehen wollen.

14 Tage nach dieser Episode starb der Großvater väterlicherseits. Als es ihr gesagt wurde, sprach Wendy ganz nüchtern über das Begräbnis und schien die Endgültigkeit des Todes gut zu begreifen. Im Kindergarten war sie traurig, und als sie auf dem Schoß der Kindergärtnerin saß, erzählte sie über den Tod und weinte ein wenig; dann jedoch behauptete sie, sie habe

nur gegähnt. Etwas später aber sagte sie: ‚Es ist in Ordnung, wenn man weint, weil Mami und der Großvater gestorben sind.' Danach erinnerte sie sich nostalgisch daran, wie sie zuerst in den Kindergarten gekommen war, ihre Mutter noch nicht krank war und sie gebracht und geholt hatte.

Kurz danach hörte sie, dass jemand erwähnte, das Haus des Großvaters solle verkauft werden, und wurde besorgt. Sie weigerte sich, in den Kindergarten zu gehen, und blieb stattdessen zu Hause und überprüfte das Geschirr und die Stühle. Erst nachdem man ihr erklärt hatte, ihr Haus werde nicht ebenfalls verkauft, waren ihre Befürchtungen zerstreut, und sie war bereit, wieder in den Kindergarten zu gehen.

Bei vielen Gelegenheiten fürchtete Wendy, auch andere Familienangehörige zu verlieren. Im Kindergarten war sie beispielsweise montags morgens häufig erregt und reizbar. Als man sie fragte, was sie bekümmere, antwortete sie, sie sei zornig, weil die Großmutter und das Hausmädchen am Wochenende nicht bei ihr gewesen seien. Sie sollten nicht weggehen – nie. Ebenso böse war sie auf ihre Großmutter, als diese neun Monate nach dem Tod der Mutter sich endlich einige Tage ausruhte.

Zweimal war der Vater geschäftlich verreist und über Nacht nicht zu Hause. Im Kindergarten wirkte Wendy traurig, und als die Kindergärtnerin sie fragte, was sie für sie schreiben solle, antwortete sie: ‚Ich vermisse meine Mami.' Beim zweiten Mal wollte sie nicht, dass die Großmutter sie im Kindergarten zurückließ, holte ihre alte Decke heraus und setzte sich direkt neben die Kindergärtnerin. Später weinte sie und gab zu, ihren Vater zu vermissen und sich Sorgen zu machen, er könne nicht zurückkommen. Ähnlich erregt war sie, als das Hausmädchen wegen einer Beinverletzung fünf Wochen fort war. Als sie schließlich wiederkam, wollte Wendy bei ihr zu Hause bleiben, statt in den Kindergarten zu gehen.

Auch vieles andere in dem Bericht zeigt Wendys weiter bestehende Sehnsucht nach der Mutter und ihre ständige Angst, ihr könne noch ein anderes Unglück zustoßen. Als ein neues Kind in den Kindergarten kam, sah Wendy traurig aus, als sie das Kind mit seiner Mutter beobachtete. Bei einer derartigen Gelegenheit behauptete sie, ihre Mutter werde ihr das Gesicht waschen, weil das Hausmädchen es vergessen hatte. Jede kleine Veränderung der Routine, etwa wenn die Kindergärtnerin nicht da war, wurde mit Angst beantwortet. Bei solchen Anlässen spielte sie nicht, sondern saß stattdessen neben der neuen Kindergärtnerin und sah traurig aus.

Barnes berichtete, dass Wendy nach zwölf Monaten gute Fortschritte machte, sagte jedoch voraus, sie werde wie im vergangenen Jahr auf Trennungen, Krankheit, Streitigkeiten und das Sterben von Tieren oder Menschen weiterhin mit einem überdurchschnittlichen Maß an Angst und Sorge reagieren."

In Kapitel 23 wird darüber berichtet, wie die zweieinhalbjährige Winnie auf den Tod ihrer Mutter reagierte.

Kathy trauert um ihren Vater

„Kathy war drei Jahre und zehn Monate alt, als ihr Vater sehr plötzlich an einer Virusinfektion starb. Danach lebte sie zusammen mit ihrer Mutter und zwei Brüdern, dem fünfjährigen Ted und dem nicht ganz einjährigen Dan, im Hause der Großeltern mütterlicherseits.

Schon etwa anderthalb Jahre vor der Tragödie war die Familie der Therapeutin bekannt gewesen, weil die Eltern, ‚ein glückliches junges Ehepaar, einander und den Kindern sehr zugetan', wegen Teds überaktiven Verhaltens Rat gesucht hatten. Nach einigen Sitzungen, die dazu führten, dass die Eltern anders mit ihm umgingen, besserte sich Teds Verhalten. Ein paar Wochen nach dem Tod des Vaters jedoch machte sich die Mutter erneut Sorgen um Ted und suchte weiteren Rat.

Zur Zeit von Krankheit und Tod des Vaters waren alle Mitglieder der Familie krank gewesen, und das Baby, Danny, war gleichzeitig mit dem Vater in ein Krankenhaus eingeliefert worden. Nachdem der Vater gestorben war, teilte die Mutter, schwer getroffen und zerrüttet, dies sofort Ted und Kathy mit und nahm sie mit zu ihren eigenen Eltern. Nach der Beerdigung, an der die Kinder nicht teilnahmen, verkaufte die Mutter das Haus und zog zu ihren Eltern. Sie blieb zu Hause, um selbst die Kinder zu versorgen.

Kathy hatte sich seit der Babyzeit günstig entwickelt. Sie sprach früh, zog sich im Alter von zwei Jahren mit großem Stolz selbst an und hatte Freude daran, der Mutter im Haus zu helfen. Bis zum Alter von zweieinhalb Jahren hatte sie an einem Zeigefinger gelutscht und hing auch an einer Decke, doch dann hatte sie das Interesse daran verloren. Jetzt, in ihrem vierten Lebensjahr, hatte sie Spaß daran, mit der Mutter zu kochen und die Betten zu machen. Sie ging sehr geschickt mit Klebstoff und Schere um, konnte sich für lange Zeitspannen konzentrieren und freute sich sehr an ihrer Leistung. Bald nach ihrer Geburt war sie zu Vaters offen erklärtem Liebling geworden, und wenn er von der Arbeit heimkam, hatte er sie stets als Erste aufgenommen.[110]

Nach dem Tod des Vaters veränderte sich Kathys Leben abrupt. Sie hatte nicht nur keinen Vater mehr, auch die Mutter machte sich Sorgen, und ihre Brüder waren ebenfalls bestürzt. Außerdem befand man sich in einem neuen Haus, der Großvater bevorzugte die Jungen, und die Großmutter konnte kleine Kinder nicht sehr gut ertragen. Kathy weinte oft und war traurig; sie verlor den Appetit, lutschte an ihrem Finger und kehrte zu ihrem Spiel mit der Decke zurück. Zu anderen Zeiten jedoch versicherte sie: ‚Ich möchte nicht traurig sein', und wirkte sogar ein wenig euphorisch.

Obwohl die Mutter tief trauerte, hatte sie Schwierigkeiten, ihre Gefühle zu äußern, und es gab Gründe zu der Annahme, dass ihre Reserve in einer Interaktion stand mit Kathys eigener Tendenz zu übermäßiger Kontrolle. Als die Mutter mit einiger Hilfe in der Lage war, ihre Gefühle mit den Kindern zu teilen, mit ihnen über den Vater zu sprechen und Kathy zu versichern, es sei in Ordnung, traurig zu sein, ließ Kathys Euphorie nach. Dennoch hielt es die Therapeutin aufgrund von Kathys Tendenz zu übermäßiger Kontrolle für ratsam, dass sie den Kindergarten der Klinik besuchte. Dies war fünf Monate nach dem Tode des Vaters, als Kathy vier Jahre und drei Monate alt war. Die Mutter hatte weiterhin wöchentliche Unterredungen mit der Therapeutin.

Während der ersten Wochen im Kindergarten schien Kathy sich völlig unter Kontrolle zu haben. Sie passte sich rasch an die neuen Abläufe an, wollte jeden Tag länger bleiben und äußerte kaum, dass sie ihre Mutter vermisste. Sie ging jedoch keine engen Beziehungen zu anderen Kindern oder den Kindergärtnerinnen ein und neigte dazu, sich auch dann an die Kindergärtnerinnen zu wenden, wenn sie Dinge sehr gut hätte allein austragen können.

Von Anfang an sprach Kathy über ihren Vater und erzählte allen sofort, dass er gestorben war. Als an ihrem dritten Tag im Kindergarten eine Schildkröte starb, bestand sie darauf, diese müsse aus dem Bassin entfernt werden (in das ein anderes Kind sie gelegt hatte), und verlangte, sie solle begraben werden. Es schien, als besitze sie ein gutes Verständnis der konkreten Aspekte des Todes, auch wenn sie keine Gefühle äußerte. Bezeichnenderweise jedoch kümmerte sie sich zu dieser Zeit viel um das Wohlergehen eines anderen Kindes, das ebenfalls seinen Vater verloren hatte. Sie tröstete und unterhielt diesen kleinen Jungen und gab sich große Mühe, ihn von seinem Kummer abzulenken.

Drei Monate nach ihrem Eintritt in den Kindergarten besuchte Kathy zum ersten Mal das Grab ihres Vaters. Dieser Besuch verursachte ihr einen Konflikt. Einerseits wollte sie gehen, andererseits weinte sie bitterlich darüber. Nachdem sie Blumen auf das Grab gelegt hatte, stellte sie eine ganze Reihe von Fragen, die ihre Mutter schmerzlich zu beantworten fand: ‚Sind da Schlangen in der Erde? Ist die Kiste zerfallen?' Die Mutter bemühte sich tapfer, Kathy dabei zu helfen, ihre Gefühle zu verstehen und zu äußern, doch manchmal fand sie die Bürde zu schwer.

In den folgenden vier Monaten hatte Kathy, die nun schon viereinhalb Jahre alt war, eine schwierige Zeit. Danny war jetzt sehr aktiv, und die Mutter musste ihn ständig beaufsichtigen. Ted, mit dem Kathy regelmäßig gespielt hatte, zog jetzt seinesgleichen vor. Dass dem Großvater die Jungen lieber waren, war nicht zu verkennen. Und schließlich brauchte Kathy wegen eines geringfügigen orthopädischen Problems, das sie gehabt hatte, an einem Bein einen Gipsverband. Sie war nicht länger das glückliche, kontrollierte kleine Mädchen. Sie fühlte sich offensichtlich ausgeschlossen, wurde den Kindergärtnerinnen gegenüber fordernd und ihrer Mutter gegenüber reizbar und mürrisch. Ihr Spiel verschlechterte sich; sie weigerte sich, ihr Spielzeug mit anderen zu teilen, und wurde allgemein launisch und unglücklich. Entweder spielte sie sich auf, indem sie sich endlos mit modischen Kleidern und Schmuck behängte, oder sie zog sich in sich selbst zurück. Die Masturbation nahm zu, ebenso ihr Verlangen nach ihrer Decke. Nachts bestand sie darauf, dass ihre Mutter ihr versicherte, sie liebe sie.

Während dieser ganzen späteren Monate äußerte Kathy häufig intensive Sehnsucht nach ihrem Vater. Sowohl zu Hause als auch im Kindergarten sprach sie über ihn und beschrieb alle Dinge, die sie zusammen getan hatten; manchmal erzählte sie Geschichten, in denen ihr Vater sie rettete, wenn sie erschrocken und allein war. Als die Familie Weihnachten das Grab besuchte, war Kathy tief betrübt und wünschte, ihr Vater möge zurückkommen. Als man sie fragte, was sie sich zu Weihnachten wünsche, antwortete sie traurig: ‚Nichts.'

Während dieser Zeit war Kathy häufig ärgerlich und unvernünftig gegenüber ihrer Mutter, vor allem bei geringfügigen Enttäuschungen. Einmal beispielsweise hatte die Mutter ihr versprochen, sie dürfe nach dem Kindergarten Schlitten fahren, doch das musste unterbleiben, weil der Schnee geschmolzen war. Kathy war untröstlich und warf ihrer Mutter, wie früher schon bei ähnlichen Gelegenheiten, vor: ‚Ich kann Leute nicht ausstehen, die ihre Versprechungen nicht halten.' Nach und nach stellte sich heraus, dass der Vater einen Tag vor seiner Einlieferung ins Krankenhaus Kathy versprochen hatte, mit ihr in einen Süßwarenladen zu gehen, ein Versprechen, das er natürlich nicht mehr einlösen konnte. Das führte zu einer Diskussion mit ihrer Mutter über die Versagungen, die der Tod des Vaters ihr auferlegt hatte, und darüber, wie zornig sie über das Geschehene war. Traurig beschrieb Kathy, wie sehr sie ihren Vater vermisse, sowohl zu Hause als auch im Kindergarten. ‚Es gibt nur zwei Sachen, die ich mir wünsche', versicherte sie, ‚meinen Pappi und einen neuen Ball.' (Sie hatte kürzlich einen verloren.)

Während dieser Gespräche ließ Kathy auch ihre Gedanken über die Ursachen des Sterbens erkennen. Sie erinnerte sich, dass ihr Vater sehr schlecht ausgesehen hatte, bevor er ins Krankenhaus gebracht worden war. Auch hatte er traurig gewirkt, und später hatte sie das mit seinem Sterben in Zusammenhang gebracht: ‚Ich habe immer gemeint, wenn man sehr glücklich ist, dann wird man nicht sterben.' Aus diesem Grunde hatte sie versucht, nach dem Tod des Vaters glücklich zu sein.

Tatsächlich hatte es nach dem Tod des Vaters viele Anlässe gegeben, bei denen Kathy zeigte, dass sie fürchtete, noch ein Familienmitglied könne sterben, vor allem wenn jemand krank war. Als es Kathy selbst einmal nicht gut ging, fragte sie ihre Mutter, ob alle Pappis stürben, ob die Mutter und sie selbst sterben würden, und fügte sehr gefühlvoll hinzu: ‚Ich möchte nicht sterben, weil ich nicht ohne dich sein will.'

Einige Monate später entschloss sich die Mutter, mit den Kindern in ein eigenes Haus zu ziehen. Einerseits wollte sie Reibungen mit den Großeltern vermeiden – die Großmutter z. B. war Kathy gegenüber immer kritischer geworden, wenn Kathy auf ihre Mutter böse war oder sich traurig nach ihrem Vater sehnte –, andererseits unabhängiger sein. Ungefähr fünf

Jahre später, als Kathy fast zehn Jahre alt war, heiratete die Mutter wieder, und Kathy schien ihren Stiefvater ohne Schwierigkeiten zu akzeptieren. Zu dieser Zeit ging es ihr gut: Sie war erfolgreich in der Schule, in ihren Beziehungen und in ihren verschiedenen anderen Interessen.

Zusammenfassend schreibt die Therapeutin: ‚Kathys anfängliche Schwierigkeiten hinsichtlich der übermäßigen Kontrolle von Gefühlen und der Äußerung von Zorn und Trauer bestanden schon vor dem Tode des Vaters, wurden aber durch diesen verstärkt. Sie äußerte selbst einige Gründe, warum sie nicht traurig sein wollte, aber die Einstellung ihrer Mutter gegenüber dem Äußern und Akzeptieren von Gefühlen schien eine bedeutsamere Rolle zu spielen. Als die Mutter dies erkannte und sich bemühte, auf diesem Gebiet mit Kathy zu arbeiten, war das für Kathy sehr hilfreich, ebenso wie die Unterstützung durch die Kindergärtnerinnen.'

Aufgrund dessen, was über die Großmutter mitgeteilt wird, können wir auch vermuten, dass die Schwierigkeiten der Mutter mit dem Äußern von Gefühlen ihren Ursprung in deren eigener Kindheit als Reaktion auf die Einschränkungen ihrer eigenen Mutter hatten."

Einige vorläufige Schlussfolgerungen

Diese beiden Berichte sprechen für sich; wenn wir sie im Zusammenhang mit anderen Beobachtungen von Kindern betrachten, deren Beziehungen sicher und liebevoll sind, ermöglichen sie uns eine Reihe vorläufiger Schlussfolgerungen.

Wenn die Erwachsenen aufmerksam und mitfühlend sind und die übrigen Umstände günstig, so beobachtet man, dass knapp vierjährige Kinder sich nach einem verlorenen Elternteil sehnen, hoffen und zeitweise glauben, er oder sie werde noch zurückkehren, und traurig und zornig sind, wenn klar wird, dass das nie geschehen wird. Es ist bekannt, dass viele Kinder darauf bestehen, ein Kleidungsstück oder einen anderen Besitz des verlorenen Elternteils aufzubewahren, und dass sie Fotografien besonders schätzen. Kinder, die Ermutigung und Hilfe erhalten, vergessen also den verstorbenen Elternteil keineswegs, sondern haben keine Schwierigkeiten, sich an ihn zu erinnern, und wenn sie älter werden, sind sie begierig, mehr über ihn zu hören, um das Bild, das sie sich bewahrt haben, zu bestätigen und zu erweitern; möglicherweise widerstrebt es ihnen aber, dieses Bild negativ zu verändern, wenn sie unvorteilhafte Dinge über den Elternteil erfahren. Von den 17 Kindern im Alter zwischen drei Jahren und neun Monaten und 14 Jahren und drei Monaten, die Kliman (1965) untersuchte, wiesen zehn eine offene und lang andauernde Sehnsucht nach dem verlorenen Elternteil auf.

Wie bei einem Erwachsenen, der sich nach dem verlorenen Ehegatten sehnt, ist auch bei einem Kind die Sehnsucht nach dem verlorenen Elternteil besonders intensiv und schmerzhaft, wenn das Leben härter als gewöhnlich ist. Dies wurde lebhaft von einem Mädchen im Teenageralter beschrieben, das einige Monate zuvor seinen Vater ganz plötzlich durch einen Verkehrsunfall verloren hatte: „Ich weiß noch, dass ich, als ich klein war, weinte und rief, Mami und Pappi sollten kommen, aber ich hatte immer Hoffnung. Wenn ich heute weinen und nach Pappi rufen möchte, dann weiß ich, dass es keine Hoffnung mehr gibt."

Als erste Reaktion auf die Nachricht von ihrem Verlust weinen manche Kinder heftig, andere kaum. Nach Klimans Befunden scheint eine klare Tendenz zu bestehen, dass dieses anfängliche Weinen mit dem Alter zunimmt. Bei Kindern unter fünf Jahren zeigte es sich wenig, bei Kindern über zehn Jahren dauerte es häufig lange an. Bei einer Übersicht über die Berichte, die verwitwete Mütter über die ersten Reaktionen ihrer Kinder gaben, ist Marris (1958) beeindruckt von ihrer extremen Vielfalt. Es gab Kinder, die wochenlang hysterisch weinten, während andere, vor allem die jüngeren, kaum zu reagieren schienen. Andere wiederum zogen sich in sich selbst zurück und wurden ungesellig. Furman berichtet von wiederholtem und lang andauerndem Schluchzen bei einigen Kindern, die untröstlich blieben, während andere durch die Tränen Erleichterung fanden. Ohne wesentlich detailliertere Untersuchungen jedoch, als sie gegenwärtig zur Verfügung stehen, können wir diese Funde nicht bewerten. Wir brauchen nicht nur Berichte über eine erhebliche Anzahl von Kindern jeder Altersstufe, sondern auch exakte Einzelheiten sowohl über die Familienbeziehungen des Kindes als auch über die Umstände des Todesfalles sowie darüber, welche Information dem Kind gegeben wurde und wie der überlebende Elternteil reagierte. Die Sammlung solcher Daten dauert wahrscheinlich viele Jahre.

Wie bei den Erwachsenen haben auch einige hinterbliebene Kinder gelegentlich lebhafte Vorstellungen von ihrem verstorbenen Elternteil, die eindeutig mit Hoffnungen und Erwartungen bezüglich dessen Rückkehr verbunden sind. Kliman (1965, S. 87) beispielsweise berichtet von dem Fall eines sechsjährigen Mädchens, das zusammen mit seiner zwei Jahre älteren Schwester den plötzlichen Tod seiner Mutter infolge einer Gehirnblutung miterlebt hatte. Bevor es morgens aufstand, hatte dieses Kind häufig das Gefühl, seine Mutter sitze an seinem Bett und spreche ruhig mit ihm, ganz ähnlich, wie sie es im Leben getan hatte. Andere in der Literatur beschriebene Episoden, die häufig als Beispiele dafür angeführt werden, dass Kinder die Realität des Todes leugnen, können möglicherweise auch dadurch erklärt werden, dass das Kind eine solche Erfahrung gemacht hatte. Furman (1974) etwa beschreibt, wie die dreieinhalbjährige Bess, von der man annahm, sie sei sich „der Endgültigkeit des Todes ihrer Mutter durchaus bewusst", eines Abends ihrem Vater verkündete: „Mami hat angerufen und gesagt, sie würde mit uns zu Abend essen", wobei sie offenbar glaubte, dies sei wahr.[111] Bei einer anderen Gelegenheit kam ein Vetter von 22 Jahren, den sowohl die Großmutter als auch Wendy besonders gern hatten, zu Besuch. Ohne nachzudenken rief die Großmutter aus: „Wendy, sieh mal, wer da ist!" Wendy sah und wurde bleich; die Großmutter wusste sofort, was Wendy dachte.[112]

Das bislang verfügbare Material legt also nahe, dass unter günstigen Umständen die Trauer von Kindern gewöhnlich nicht weniger als die von Erwachsenen dadurch charakterisiert ist, dass Erinnerungen und Vorstellungen hinsichtlich des Verstorbenen weiter bestehen und dass Sehnsucht und Traurigkeit immer wieder auftreten, vor allem bei Familientreffen und Jahrestagen oder dann, wenn eine gegenwärtige Beziehung einen ungünstigen Verlauf nimmt.

Diese Schlussfolgerung ist von großer praktischer Bedeutung, besonders wenn von einem hinterbliebenen Kind erwartet wird, dass es eine neue Beziehung eingeht. Das Material zeigt nämlich, dass es keineswegs eine Vorbedingung für den Erfolg einer neuen Beziehung ist, dass die Erinnerung an die frühere verblasst, sondern dass die neue Beziehung wahrscheinlich desto besser gedeiht, je deutlicher die beiden Beziehungen unterschieden werden können. Für jede neue Elternfigur kann dies eine harte Probe sein, denn die unvermeidlichen Vergleiche sind möglicherweise schmerzhaft. Nur dann aber, wenn sowohl der überlebende Elternteil als auch/oder die neue Elternfigur sich in die weiter bestehenden Loyalitäten des Kindes und in seine Tendenz einfühlen können, jede Veränderung übel zu nehmen, die seine vergangene Beziehung zu bedrohen scheint, kann das Kind sich wohl auf stabile Weise an die neuen Gesichter und die neuen Umstände gewöhnen.[113]

Andere Merkmale kindlicher Trauer, die große praktische Implikationen mit sich bringen, sind die Angst und der Zorn, die ein Trauerfall gewöhnlich auslöst.

Was die Angst angeht, so ist es kaum überraschend, dass ein Kind, das einen großen Verlust erlitten hat, sich vor einem weiteren Verlust fürchtet. Dadurch wird das Kind besonders empfindlich gegenüber jeder Trennung von der Person, die es jetzt bemuttert, und auch gegenüber allen Ereignissen oder Bemerkungen, die auf einen weiteren Verlust hinzuweisen scheinen. Infolgedessen ist das Kind wahrscheinlich häufig ängstlich und klammert sich an in Situationen, die einem Erwachsenen harmlos erscheinen, und neigt eher dazu, bei einem alten Familienspielzeug oder einer Decke Trost und Zuflucht zu suchen, als man das in seinem Alter erwarten würde.

Ähnliche Überlegungen gelten auch für den Zorn, denn es kann kein Zweifel daran bestehen, dass einige kleine Kinder, die einen Elternteil verlieren, darüber extrem zornig sind. Ein Beispiel aus der englischen Literatur ist das von Richard Steele, berühmt durch *Spectator*, der seinen Vater im Alter von vier Jahren verlor und sich erinnert, wie er in blinder Wut auf den Sarg einschlug. Ähnlich beschrieb eine Lehrerstudentin, wie sie mit fünf

Jahren reagiert hatte, als man ihr sagte, ihr Vater sei im Krieg getötet worden. „Die ganze Nacht schrie ich Gott an. Ich konnte einfach nicht glauben, dass er zugelassen hatte, dass sie meinen Vater töteten. Ich verabscheute ihn dafür."[114] Wie häufig solche Ausbrüche sind, können wir nicht feststellen. Zweifellos werden sie häufig weder beobachtet noch berichtet, vor allem wenn die ausgelöste Wut auf indirekte Art geäußert wird. Ein Beispiel hierfür ist der vorwurfsvolle Groll Kathys viele Monate nach dem Tod ihres Vaters, der in ihre wiederholten Klagen über Leute mündete, die ihre Versprechungen nicht halten. Wenn Kathy nicht eine Mutter gehabt hätte, die unter der Anleitung der Therapeutin auf die Situation eingestellt war und den Ursprung von Kathys Klagen entdecken konnte, wäre es sicherlich leicht gewesen, das Kind einfach als unvernünftig und schlecht gelaunt abzuweisen.

Wieweit Kinder dazu neigen, sich spontan selbst die Schuld für einen Verlust zu geben, ist schwer feststellbar. Sicher ist jedoch, dass das Kind leicht zum Sündenbock gemacht werden kann und dass es für eine zerrüttete Witwe oder einen Witwer sehr einfach ist, es zum Schuldigen zu sprechen. In einigen Fällen tut ein Elternteil dies vielleicht nur ein einziges Mal in einem plötzlichen, kurzen Ausbruch; in anderen Fällen mag es auf wesentlich systematischere und dauerhaftere Weise geschehen. In beiden Fällen wird das derart beschuldigte Kind sich die Sache wahrscheinlich zu Herzen nehmen und danach zu Selbstvorwürfen und Depression neigen.[115] Solche Einflüsse sind wohl für die große Mehrheit der Fälle verantwortlich, in denen ein hinterbliebenes Kind ein krankhaftes Schuldgefühl entwickelt; zweifellos ist diesen Einflüssen in der traditionellen Theoriebildung viel zu wenig Gewicht beigemessen worden.

Dennoch gibt es um den Tod eines Elternteils herum gewisse Umstände, die ziemlich leicht dazu führen können, dass ein Kind zu der Schlussfolgerung gelangt, zumindest teilweise selbst schuld daran zu sein. Ein Beispiel hierfür wäre etwa, wenn ein Kind an einer infektiösen Krankheit litt und seinen Elternteil angesteckt hat oder in Lebensgefahr war und ein Elternteil, der es retten wollte, dabei ums Leben kam. In solchen Fällen kann nur offene Diskussion zwischen dem überlebenden Elternteil oder der entsprechenden Ersatzperson und dem Kind das Kind in die Lage versetzen, das Ereignis und seinen Anteil daran in der richtigen Perspektive zu sehen.

In früheren Kapiteln (Kapitel 2 und 6) habe ich die Frage gestellt, ob es überzeugende Beweise dafür gibt, dass die Identifikation mit der verlorenen Person die Schlüsselrolle in der gesunden Trauer spielt, die die traditionelle Theoriebildung ihr zugeschrieben hat. Ein großer Teil des gegenwärtig mit diesen Begriffen erklärten Materials kann meiner Meinung nach wesentlich besser verstanden werden in den Begriffen einer weiter bestehenden, wenn auch vielleicht verkleideten Strebung, den verlorenen Menschen zurückzugewinnen. Andere Phänomene, die bislang als Beweise für die Identifikation vorgelegt wurden, können ebenfalls auf andere Weise erklärt werden. Die Angst eines hinterbliebenen Kindes beispielsweise, es könne ebenfalls sterben, stellt sich oft als Folge davon heraus, dass das Kind sich über die Ursachen des Todes nicht klar ist und daher annimmt, was immer den Tod seines Elternteils verursacht habe, könne auch seinen eigenen Tod bewirken, oder, weil der Elternteil als junger Mann oder junge Frau starb, es werde wahrscheinlich dasselbe Schicksal erleiden.

Sicher, es gibt viele Berichte über Fälle, in denen ein Kind sich eindeutig mit seinem toten Elternteil identifiziert. Wendy behandelte ihren Vater manchmal genauso, wie ihre Mutter ihn behandelt hatte, indem sie Dinge zu ihm sagte wie: „Gab es heute irgendetwas Interessantes im Büro?" Andere Kinder spielen, sie seien Lehrer, oder geben sich große Mühe zu malen, offenbar beeinflusst durch die Tatsache, dass der verstorbene Vater Lehrer oder die verstorbene Mutter Malerin war. Doch diese Beispiele zeigen wenig mehr als die Tatsache, dass ein Kind, dessen Elternteil tot ist, nicht weniger dazu neigt, ihm oder ihr nachzueifern, als es das vor dem Todesfall tat. Zwar demonstrieren sie eindeutig, wie real und wichtig die Beziehung zu dem Elternteil auch nach dem Tode bleibt, doch sie liefern keinen substantiellen Beweis dafür, dass nach einem Verlust die Identifikation im Leben eines Kindes entweder eine größere oder eine tief greifendere Rolle spielt als zu Lebzeiten des Elternteils.

Ich glaube daher, dass im Hinblick auf identifikatorische Prozesse wie auch auf vieles andere das, was während der kindlichen Trauer geschieht, sich im Prinzip nicht von dem unterscheidet, was bei der Trauer Erwachsener geschieht. Wie wir in Kapitel 21 sehen werden, scheint außerdem die Rolle der Identifikation bei der gestörten Trauer von Kindern im Prinzip nicht anders zu sein als die, die sie bei der gestörten Trauer Erwachsener spielt.

Trauer bei älteren Kindern und Erwachsenen

Wenn unsere Schlussfolgerung zutrifft, dass kleine Kinder im vierten und fünften Lebensjahr ganz ähnlich trauern wie Erwachsene, dann können wir wohl annehmen, dass ältere Kinder und Adoleszenten dies ebenfalls tun; alles verfügbare Material stützt diesen Schluss. Gegensätzliche Meinungen sind, wie ich glaube, nur dadurch entstanden, dass die Erfahrung von Klinikern so häufig auf Kinder beschränkt ist, bei denen Verlust und Trauer unter ungünstigen Umständen stattgefunden haben.

Dennoch gibt es Grund zu der Annahme, dass es auch echte Unterschiede zwischen der Trauer von Kindern und der Trauer Erwachsener gibt, und es ist nun an der Zeit zu erörtern, worin diese wohl bestehen.

Unterschiede zwischen der Trauer von Kindern und der von Erwachsenen

Der Verlauf, den die Trauer Erwachsener nimmt, ist, wie wir gesehen haben, stark beeinflusst von den Bedingungen, die zum Zeitpunkt des Todesfalles und in den Monaten und Jahren danach bestehen. In der Kindheit ist die Macht dieser Bedingungen, den Verlauf der Trauer zu beeinflussen, vermutlich sogar noch größer als bei Erwachsenen. Wir beginnen mit der Betrachtung der Auswirkungen dieser Bedingungen.

In früheren Kapiteln bemerkten wir wiederholt, wie ungeheuer wertvoll es für einen hinterbliebenen Erwachsenen ist, über eine Person zu verfügen, an die er sich anlehnen kann und die bereit ist, ihm Trost und Hilfe zu spenden. Hier wie anderswo ist das, was für einen Erwachsenen wichtig ist, für ein Kind noch wichtiger. Während nämlich die meisten Erwachsenen gelernt haben, dass sie ohne die ständige Gegenwart einer Bindungsfigur leben können, haben Kinder keine derartige Erfahrung. Aus diesem Grund ist es natürlich für ein Kind noch verheerender als für einen Erwachsenen, wenn es sich allein in einer fremden Welt wieder findet, eine Situation, die nur zu leicht eintreten kann, wenn ein Kind das Unglück haben sollte, beide Eltern zu verlieren, oder wenn der überlebende Elternteil aus irgendeinem Grund beschließt, das Kind anderswo unterzubringen.

Viele Unterschiede ergeben sich aus der Tatsache, dass ein Kind noch weniger Herr seiner selbst ist als ein Erwachsener. Während der Erwachsene wahrscheinlich entweder bei dem Todesfall zugegen ist oder aber rasch und detailliert darüber unterrichtet wird, ist das Kind hinsichtlich seiner Informationen vollkommen von der Entscheidung seiner überlebenden Angehörigen abhängig; außerdem ist es, wenn man es im Unklaren lässt, nicht in der Lage, Nachforschungen anzustellen.

Ähnlich ist ein Kind noch wesentlich stärker benachteiligt als ein Erwachsener, wenn seine Angehörigen oder andere Gefährten sich als unempfindlich gegenüber seiner Sehnsucht, seinem Kummer und seiner Angst erweisen. Ein Erwachsener kann nämlich, wenn er dies wünscht, anderswo Verständnis und Trost suchen, wenn seine ersten Kontakte sich als nicht hilfreich herausstellen; ein Kind ist dazu aber selten in der Lage. So sind zumindest einige der Unterschiede zwischen der Trauer von Kindern und der von Erwachsenen darauf zurückzuführen, dass ein Kind noch weniger Kontrolle über sein eigenes Leben hat als ein Erwachsener.

Andere Probleme ergeben sich daraus, dass ein Kind in Bezug auf die Gelegenheiten des Lebens und des Todes weniger Wissen und Verständnis besitzt als ein Erwachsener. Folglich neigt es eher dazu, falsche Schlüsse aus den Informationen zu ziehen, die es erhält, und auch dazu, die Bedeutung von Geschehnissen, die es beobachtet, und von Bemerkungen, die es mit anhört, falsch zu interpretieren. Vor allem gewisse Redewendungen sind dazu angetan, das Kind irrezuführen. Infolgedessen ist es notwendig, dass die Erwachsenen, die für ein hinterbliebenes Kind sorgen, diesem noch mehr Gelegenheit geben als einem Erwachsenen, über das Geschehene und dessen weit reichende Folgen zu sprechen. In der großen Mehrzahl der Fälle, in denen es heißt, Kinder hätten in keiner Weise auf die Nachricht vom Tode eines Elternteils reagiert, ist es wahrscheinlicher, dass sowohl die gegebenen Informationen als auch die Gelegenheit, über deren Bedeutung zu sprechen, so unzulänglich waren, dass es dem Kind nicht gelungen ist, die Bedeutung des Geschehens zu begreifen.

Nicht alle Unterschiede jedoch zwischen der Trauer von Kindern und der Erwachsener sind auf die Umstände zurückzuführen. Einige rühren von der Tendenz des Kindes her, mehr als die Erwachsenen in der Gegenwart zu leben, sowie von der relativen Schwierigkeit, die es einem jungen Kind bereitet, sich an vergangene Ereignisse zu erinnern. Nur wenige Menschen trauern fortwährend. Selbst ein Erwachsener, dessen Trauer einen gesunden Verlauf nimmt, vergisst seinen Kummer für kurze Zeit, wenn näher gelegene Interessen zeitweilig seine Aufmerksamkeit in Anspruch nehmen. Für ein Kind sind solche Gelegenheiten wahrscheinlich häufiger als für einen Erwachsenen, und folglich sind die Zeitspannen, in denen es bewusst mit seinem Verlust beschäftigt ist, entsprechend kürzer. Darum sind seine Stimmungen wechselhafter und werden leichter missverstanden. Außerdem ist ein Kind aufgrund dergleichen Merkmale leichter abzulenken, zumindest für den Augenblick, und darum ist es einfach für die Personen, die das Kind versorgen, sich einzubilden, es vermisse seinen Elternteil nicht.

Wenn diese Analyse der Unterschiede in den Lebensumständen und der Psychologie eines hinterbliebenen Erwachsenen und eines hinterbliebenen Kindes gut fundiert ist, kann man auch ohne Mühe sehen, wie sich der Gedanke entwickelt hat, das Ich des Kindes sei zu schwach, um den Schmerz der Trauer zu ertragen.

Verhalten überlebender Elternteile gegenüber hinterbliebenen Kindern

Wenn ein Elternteil stirbt, ist es unvermeidlich, dass der überlebende Elternteil das Kind danach anders behandelt. Der Überlebende befindet sich wahrscheinlich nicht nur in einem bekümmerten und gefühlsbetonten Zustand, sondern hat jetzt auch die alleinige Verantwortung für das Kind und muss zwei Rollen ausfüllen, die in den meisten Familien vorher eindeutig unterschieden waren, statt nur der einen, die ihm vertraut ist.

Wenn Vater oder Mutter eines Kindes sterben, so geschieht dies immer zur Unzeit und häufig plötzlich. Wahrscheinlich sind sie nicht nur jung oder in den frühen mittleren Jahren, sondern auch die Todesursache ist mit größerer Wahrscheinlichkeit als im späteren Leben ein Unfall oder ein Suizid.[116] Auch plötzliche Krankheit ist nicht selten. Daher ist der Todesfall für alle Überlebenden, die Generation des Kindes, der Eltern oder der Großeltern, wahrscheinlich ein Schock und zerstört jeden Plan und jede Hoffnung für die Zukunft. In der Zeit also, in der ein Kind die Geduld und das Verständnis der Erwachsenen seiner Umgebung am meisten braucht, sind diese wahrscheinlich am wenigsten in der Lage, sie ihm zu geben.

Wir haben bereits in Kapitel 10 einige der Probleme betrachtet, vor denen Witwen und Witwer mit kleinen Kindern stehen, und die begrenzten und häufig sehr unbefriedigenden Arrangements, unter denen sie wählen müssen; eines besteht darin, die Kinder anderswo unterzubringen. Hier befassen wir uns nur mit dem Verhalten des überlebenden Elternteils, wenn er oder sie die Kinder weiterhin zu Hause versorgt. Da das Verhalten von Witwen und von Witwern gegenüber ihren Kindern wahrscheinlich unterschiedlich ist und wir in jedem Falle mehr über das von Witwen wissen, ist es nützlich, die beiden Situationen getrennt zu betrachten.

Eine Witwe, die ihre Kinder versorgt, ist wahrscheinlich sowohl traurig als auch ängstlich. Da sie mit ihrem Kummer und den praktischen Problemen beschäftigt ist, vor denen sie steht, ist es alles andere als leicht für sie, den Kindern so viel Zeit zu widmen wie früher, und nur zu leicht, ungeduldig und ärgerlich zu werden, wenn sie Aufmerksamkeit fordern und weinerlich werden, wenn sie sie nicht bekommen. Eine ausgeprägte Tendenz zu Ärger gegenüber den Kindern wurde für etwa jede Fünfte der von Glick und seinen Kollegen (1974) interviewten Witwen berichtet. Becker und Margolin (1967) beschreiben die Mutter von zwei kleinen Mädchen, drei und sechs Jahre alt, die das Quengeln der Älteren nicht ertragen konnte und sie häufig dafür schlug.

Eine entgegengesetzte Reaktion, die auch häufig vorkommt, besteht darin, dass die verwitwete Mutter selbst bei den Kindern Trost sucht. In der Studie von Kliman (1965) nahmen nicht weniger als sieben von 18 Kindern „die vorher nicht geübte Gewohnheit an, häufig das Bett mit dem überlebenden Elternteil zu teilen. Dies begann gewöhnlich bald nach dem Todesfall und hatte die Tendenz, zur dauerhaften Einrichtung zu werden" (S. 78). Eine einsame Witwe kann auch leicht einem älteren Kind oder Adoleszenten Vertraulichkeiten und Verantwortungen auferlegen, die für das Kind nicht leicht zu tragen sind. In anderen Fällen fordert sie vielleicht von einem Kind, gewöhnlich einem jüngeren, es solle entweder ein Abbild seines toten Vaters werden oder, wenn ein älteres Kind gestorben ist, des verstorbenen Geschwisters (siehe Kapitel 9). Ständige Angst um die Gesundheit des Kindes und Arztbesuche, die ebenso der Unterstützung der Mutter durch den Arzt wie der Behandlung des Kindes dienen, kommen häufig vor.

Eine verwitwete Mutter macht sich nicht nur mit ziemlicher Wahrscheinlichkeit Sorgen um die Gesundheit des Kindes, sondern auch um ihre eigene, vor allem im Hinblick darauf, was mit den Kindern geschehen würde, wenn sie erkrankte oder ebenfalls stürbe. Wie Glick u. a. (1974) berichten, äußert eine Mutter solche Ängste manchmal laut und in Hörweite der Kinder. Im Lichte dieser Funde ist es nicht schwer zu verstehen, warum manche hinterbliebenen Kinder furchtsam werden, sich weigern, zur Schule zu gehen, und als „schulphobisch" diagnostiziert werden (siehe Band II, Kapitel 18).

Da eine Witwe selbst ängstlich und emotional instabil ist und der mäßigende Einfluss einer zweiten Meinung fehlt, sind ihre Disziplinierungsmaßnahmen häufig entweder zu streng oder zu lasch und schwanken recht häufig von einem Extrem zum anderen. Von den Witwen, die Glick in Boston untersuchte, gaben mehr als die Hälfte derer mit Kindern Probleme mit den Kindern als eine wesentliche Sorge an.

Unser Wissen über Veränderungen im Verhalten verwitweter Väter gegenüber ihren hinterbliebenen Kindern ist extrem dürftig. Zweifellos neigen diejenigen von ihnen, die die Kinder im Wesentlichen selbst versorgen, zu ähnlichen Verhaltensänderungen wie die Witwen. Vor allem wenn es sich um Töchter und/oder Adoleszenten handelt, haben verwitwete Väter leicht eine Tendenz, in Bezug auf Gesellschaft und Trost übermäßige Anforderungen an die Kinder zu stellen.

Sind die Kinder jedoch noch klein, liegt ihre Versorgung wahrscheinlich im Wesentlichen in anderen Händen, und in einem solchen Fall kann es sein, dass der verwitwete Vater sie wesentlich seltener sieht als früher. Folglich weiß er unter Umständen gar nicht, wie sie sich fühlen und welche Probleme sie haben. Bedell (1973)[117] beispielsweise befragte 34 Witwer, wie ihre Kinder seit dem Verlust ihrer Meinung nach seien und welche Veränderungen sie an ihnen bemerkt hätten. Nur wenige Väter hatten irgendwelche Veränderungen bemerkt, und wenn, dann nur geringfügig. Im Lichte dessen, was wir über die Reaktionen von Kindern auf den Verlust der Mutter wissen, legen diese Antworten sehr nahe, dass die Väter mit ihren Kindern kaum in Berührung und schlecht informiert waren.

Aus diesem kurzen Überblick ziehen wir den Schluss, dass ein erheblicher Anteil der besonderen Schwierigkeiten, die Kinder nach dem Verlust eines Elternteils erleben, eine direkte Folge der Auswirkungen ist, die der Verlust auf das Verhalten des überlebenden Elternteils ihnen gegenüber hatte. Dennoch gibt es zum Glück viele andere überlebende Eltern, die trotz ihrer eigenen Bürde in der Lage sind, die Beziehungen zu ihren Kindern intakt zu halten und ihnen dabei zu helfen, den verlorenen Elternteil zu betrauern, so dass sie das Geschehene unbeschädigt überstehen. Dass dies anderen Eltern misslingt, kann uns jedoch kaum überraschen.

17 Trauerfälle in der Kindheit und psychiatrische Störungen

> „Nun bin ich weit davon entfernt zu sagen, dass Kinder ganz allgemein zu einem Kummer wie dem meinigen fähig sind. Doch es gibt mehr Kinder, als Ihr je gehört habt, die auf dieser unserer Insel an Kummer sterben ... Kinder, die in diesem Alter ihren Müttern und Geschwistern entrissen werden, sterben nicht selten. Ich weiß, wovon ich spreche."
>
> Thomas de Quincey, Levana and our Ladies of sorrow

Erhöhtes Risiko psychiatrischer Störung

Bevor wir die große Vielfalt von Formen beschreiben, die kindliche Trauer annehmen kann, wenn die Bedingungen ungünstig sind, halten wir inne, um einen Teil des empirischen Materials zu betrachten, das zeigt, dass Kinder, die einen Elternteil durch Tod verlieren, mit größerer Wahrscheinlichkeit zu psychiatrischen Fällen werden. Diese Auffassung, die seit langem in zahlreichen psychoanalytischen Schriften implizit bestand, ist seit mindestens 30 Jahren explizit von einer Reihe von Forschern vorgetragen worden. Obwohl es darüber zahlreiche Kontroversen gab, haben die genaueren Untersuchungen der letzten Jahre gezeigt, dass zumindest einige der ursprünglichen Behauptungen gültig sind.

Das Beweismaterial stammt aus mehreren Quellen:

- Studien, die zeigen, dass Individuen, die im Kindesalter einen Elternteil durch Tod verloren haben, mit größerer Wahrscheinlichkeit im frühen Erwachsenenleben Perioden extremer emotionaler Not erleiden;
- Studien, die eine erhöhte Inzidenz von Trauerfällen in der Kindheit unter Kindern und Adoleszenten zeigen, die in eine psychiatrische Kinderklinik eingewiesen werden;
- Studien, die eine erhöhte Inzidenz von Trauerfällen in der Kindheit unter Erwachsenen zeigen, die an einen psychiatrischen Dienst verwiesen werden.

Außerdem ist festgestellt worden, dass Verlust eines Elternteils durch Tod während der Kindheit die Symptomatologie jeder psychiatrischen Störung beeinflusst, unter der die betreffende Person in der Folge leiden mag.

Da die veröffentlichten Untersuchungen zahlreich und der statistischen

Irrtümer viele sind, wird die Diskussion auf nur einige der besser angelegten Beispiele beschränkt.

Man sollte sich daran erinnern, dass zusätzlich zu den in diesem Kapitel erörterten Studien, die sich mit der differentiellen Inzidenz von *Tod* eines Elternteils in der Kindheit bei psychiatrischen Fällen und Kontrollen befassen, zahlreiche andere existieren, die die verwandte, aber umfassendere Zielsetzung haben, die differentielle Inzidenz des Elternverlusts in der Kindheit *ohne Berücksichtigung der Verlustursache* zu untersuchen. Da die Funde dieser anderen Untersuchungen für die Psychiatrie nicht weniger bedeutsam sind als die hier erörterten, ist es in vielen Hinsichten bedauerlich, dass auf sie (aus Gründen der Konsistenz) hier nicht eingegangen wird.

Follow-up-Untersuchungen von Trauerfällen betroffener Kinder bis zum Erwachsenenalter

Soweit bekannt hat es nur eine Untersuchung gegeben, die versucht hat, eine Gruppe von von Trauerfällen betroffenen Kindern bis zum Alter von etwa 30 Jahren weiterzuverfolgen und sie mit einer Gruppe nicht betroffener Personen zu vergleichen. Diese Studie wurde von Fulton durchgeführt (Fulton und Bendiksen, 1975); ihre Ausgangsstichprobe umfasste alle Schüler der neunten Klassen in den Schulen von Minnesota im Jahre 1954. Zu diesem Zeitpunkt wurden in Verbindung mit Forschungsarbeiten zu dem Minnesota Multiphasic Personality Inventory (M. M. P. I.) gewisse grundlegende Daten an 11 329 15-Jährigen erhoben. 18 Jahre später, also 1972, als die Betreffenden 33 Jahre alt waren, wurden drei Unterstichproben von insgesamt etwas über 800 Individuen zur *Follow-up*-Untersuchung ausgewählt.

Die drei Unterstichproben wurden ausgewählt nach dem Zustand der Familie des Kindes im Jahre 1954, nämlich ob diese intakt, durch den Tod eines Elternteils oder durch eine Trennung oder Scheidung zerbrochen war. Die Geschlechter waren ungefähr gleich verteilt. Der Plan bestand, alle diese Individuen zu kontaktieren und sie zu bitten, einen Fragebogen auszufüllen, der ein ziemlich breites Spektrum sozialer und psychologischer Informationen enthielt einschließlich Familienstand, familiärer Beziehungen, Erfahrung mit Todesfällen, persönlicher Probleme und Gesundheit. Trotz der insgesamt hohen Verlustrate, die unten erörtert wird, und der Begrenzungen eines per Post zugeschickten Fragebogens wurden gewisse signifikante Unterschiede im Hinblick auf Gesundheit und emotionale Erfahrungen festgestellt.

Die drei Gruppen unterschieden sich nicht signifikant im Hinblick auf Geschlecht des Probanden, erreichte Ausbildungsziele, Größe des Wohnortes und ähnliche Variablen, doch bei den Probanden aus intakten Familien bestand eine leicht erhöhte Tendenz zum Verheiratetsein zum Zeit-

Tabelle 5: Inzidenz angeführter Probleme nach 18 Jahren bei drei Gruppen, deren Familienstrukturen unterschiedlich waren, als sie 15 Jahre alt waren

18 Jahre später angeführte Probleme	Familienstruktur im Alter von 15 J.			P (für Unterschied zw. Intakt und Trauerfall)
	Intakt	Trauerfall	Scheidung/ Trennung	
schwere Krankheit	8,8 %	17,1 %	19,6 %	<0.08
extreme emotionale Not	19,9 %	33,5 %	34,8 %	<0.05
Haftstrafe/ Verurteilungen	2,2 %	5,6 %	2,2 %	NS
Scheidungs- erfahrung	8,8 %	7,1 %	0,9 %	NS
Umfang der Unterstichprobe	138	72	46	

punkt der Befragung, zum Besitz eines Collegegrades und einer besseren beruflichen Laufbahn. Der Hauptunterschied zwischen den Gruppen jedoch lag in den Berichten über das Erleben extremer emotionaler Not und schwerwiegender Krankheit; in beiden Punkten war es Probanden aus intakten Familien besser ergangen als den Probanden der beiden anderen Gruppen. Tabelle 5 zeigt einige Resultate. Bei der Interpretation dieser Funde sollte man im Sinn behalten, dass die Verlustquote nicht nur insgesamt hoch war, sondern dass sie auch unter den Unterstichproben erheblich differierte, was an sich schon interessant ist. So konnten von den insgesamt 809 Probanden der ursprünglichen Stichprobe nur 401 aufgespürt werden, und von diesen füllten nur 256 den Fragebogen aus. In jedem Stadium waren die Verluste signifikant größer bei den Versuchspersonen, die aus zerbrochenen Familien stammten, als bei den Probanden aus intakten Familien. Tabelle 6 gibt Einzelheiten an.

Dass Individuen, deren Familie zerbrach, als sie Kinder waren, schwerer aufzuspüren sind als Personen aus intakten Familien, legt nahe, dass sie als Gruppe mobiler sind; die Tatsache dagegen, dass nach ihrem Auffinden weniger von ihnen bereit sind, einen Fragebogen auszufüllen, ist als solche schon suggestiv. Alles in allem spricht eine gewisse Wahrscheinlichkeit dafür, dass die im Hinblick auf extreme emotionale Not und schwere Krankheiten gefundenen Unterschiede zwischen den Gruppen in Wirklichkeit eher größer sind.

Weitere und vollständigere Untersuchungen sind natürlich sehr wünschenswert.

Tabelle 6: Follow-up-Reaktion auf Fragebogen

Unterstichprobe	Zahl der zum Follow-up ausgewählten Pbn.	Zahl der ausgefüllten Fragebogen	Verlust in %
Intakte Fam.	324	138	57
Trauerfall	264	72	73
Eltern getrennt o. geschieden	221	46	79
	809	256	–

Inzidenz von Trauerfällen in der Kindheit bei psychiatrischen Patienten im Kindesalter

Bei einer Untersuchung an mehr als 700 Kindern, die eine psychiatrische Klinik am Maudsley Hospital in Südlondon besuchten, stellte Rutter (1966) fest, das 11,6 Prozent einen Elternteil durch Tod verloren hatten. Dieser Anteil war etwa zweieinhalb mal größer als in der Population, aus der die Kinder stammten, bei Kindern desselben Altersspektrums durchschnittlich zu erwarten gewesen wäre. Oberproportional häufig waren Trauerfälle vor allem im dritten und vierten Lebensjahr. Die Todesraten für Väter und Mütter waren etwa im gleichen Verhältnis höher; das Alter, in dem der Verlust aufgetreten war, war in den Fällen von Mutter- und von Vaterverlust ähnlich.

Eine signifikante Korrelation bestand zwischen dem Geschlecht des betreffenden Kindes und dem Geschlecht des verstorbenen Elternteils; die Mädchen hatten häufiger die Mutter verloren, die Jungen häufiger den Vater.

Die Symptome und Probleme, welche die Kinder aufwiesen, nahmen mit gleicher Wahrscheinlichkeit die Form neurotischer Erkrankungen oder neurotischer Störungen an wie die Form antisozialen oder delinquenten Verhaltens. Auch der Zeitpunkt des Auftretens dieser Symptome und Probleme in Zusammenhang mit dem Tod eines Elternteils war breit gestreut. In einigen Fällen war das Auftreten vor dem Todesfall erfolgt und stellte möglicherweise eine Reaktion darauf dar, dass der Elternteil tödlich erkrankt war. In anderen Fällen hatten sich die Symptome und Probleme kurz nach dem Todesfall entwickelt. In etwa einem Drittel der Fälle jedoch lagen zwischen Todesfall und Auftreten der Symptome fünf Jahre oder mehr.

Dieses sehr verzögerte Auftreten der Symptome führt Rutter zu dem Schluss, dass auf den Todesfall folgende Faktoren vermutlich ebenso wichtig oder noch wichtiger waren als der Todesfall selbst. In diesem Zusammenhang weist er auf Zufälle hin wie das Zerbrechen des Heims, häufigen Wechsel der Pflegeperson, Veränderungen in den familiären Rollen, die Auswirkungen des Todesfalles auf den überlebenden Elternteil und die Ankunft eines Stiefelternteils (was in zwei Fünfteln der Fälle geschehen war). Wie wir in den folgenden Kapiteln sehen werden, gibt es gutes Beweismaterial für die Annahme, dass diese Faktoren tatsächlich bei der Erklärung der Reaktionen der Kinder von großer Bedeutung sind. Dennoch gibt es Gründe, eine weitere Schlussfolgerung von Rutter in Zweifel zu ziehen, die er selbst als vorläufig bezeichnet, nämlich dass pathologische Formen der Trauer nur eine geringfügige Rolle spielen. Bei seiner Erörterung des Problems (Rutter, 1966, 1976) berücksichtigt er die Möglichkeit nicht, dass es Individuen gibt, denen es zwar gelingt, Kindheit und Adoleszenz ohne offene Störung zu durchlaufen, die jedoch durch einen frühen Trauerfall verwundbar geworden und daher eher als andere dazu disponiert sind, auf weiteren Verlust mit einer depressiven Störung zu reagieren. Die meiner Meinung nach wahrscheinlichste Schlussfolgerung, auf die auch das vorzulegende Material hinweist, ist die, dass die Mehrzahl der pathologischen Ausgänge ein Produkt der Interaktion ungünstiger Bedingungen nach dem Trauerfall mit den dadurch in Gang gesetzten Trauervorgängen ist.

Inzidenz von Trauerfällen in der Kindheit bei psychiatrischen Patienten im Erwachsenenalter

Zwischen 1955 und 1965 wurden mehrere Untersuchungen veröffentlicht, die eine erhöhte Inzidenz von Trauerfällen in der Kindheit in den Geschichten psychiatrischer Patienten im Vergleich zur allgemeinen Population aufweisen. Eine Studie von Felix Brown (1961), die Trauerfälle in der Kindheit und psychiatrische Störungen miteinander in Beziehung setzt, war besonders einflussreich. In der Folge bestätigten einige der weiteren Untersuchungen die frühen Funde, andere jedoch nicht. Die Kontroverse, die sich daraus ergab, war auch Ende der sechziger Jahre noch nicht beigelegt (z. B. Granville-Grossman, 1968). Dennoch haben neuere Untersuchungen, besonders von John Birtchnell, einem Psychiater (Birtchnell, 1972), und George Brown, einem Soziologen (Brown u. a., 1977, 1978), nicht nur einige, wenn auch nicht alle, der ursprünglichen Funde bestätigt, sondern auch beleuchtet, wie die Kontroverse entstand.

Die Inzidenz von Elternverlust in einer Gruppe psychiatrischer Fälle zu messen und mit der Inzidenz solcher Verluste in einer entsprechenden Gruppe psychisch gesunder Individuen zu vergleichen, ist eine wesentlich komplexere Aufgabe, als man meinen könnte. Das größte Einzelproblem bestand darin, eine gültige Vergleichsgruppe zu spezifizieren und zu finden. Nicht nur die Altersstufen der Probanden in der Patienten- und in der Vergleichsgruppe müssen einander entsprechen, weil in den meisten Ländern die Sterbequoten im Laufe der Zeit zurückgegangen sind (außer während des Krieges); ein Problem besteht auch darin, dass Gruppen, die zufällig leicht erreichbar sind, wie beispielsweise Patienten in anderen Abteilungen eines Krankenhauses, möglicherweise viele Individuen umfassen, die an verdeckten psychiatrischen Störungen leiden. Wie man heute weiß, kann das Gleiche auch in einer repräsentativen (in Bezug auf Alter und Geschlecht) Stichprobe aus der allgemeinen Population vorkommen, aus der die Gruppe der Patienten ausgewählt ist. Wie sich inzwischen herausgestellt hat, erklärt die Nichtberücksichtigung dieser und anderer Faktoren, warum eine Reihe von Untersuchungen keine signifikanten Unterschiede zwischen den Gruppen erbracht haben.

Eine Studie, bei der zwar auch nicht sichergestellt war, dass die Kontrollgruppe keine psychiatrischen Fälle enthielt, die aber dennoch statistisch signifikante, wenn auch geringe, Unterschiede aufwies, ist eine von Birtchnell (1972) im nordöstlichen Schottland durchgeführte. Bei diesem umfassenden Projekt wurde die Inzidenz von Trauerfällen in der Kindheit an über 5000 Patienten gemessen, die an die psychiatrischen Dienste überwiesen worden waren, 20 Jahre und älter waren und an Neurosen, nicht-organischen Psychosen und Suchterkrankungen litten, sowie an einer Kontrollgruppe von mehr als 3000 Individuen aus den Karteien praktischer Ärzte in der gleichen Gegend. Da das Alter der Patienten in den verschiedenen diagnostischen Kategorien unterschiedlich war, wurde für jeden Vergleich eine andere, hinsichtlich Alter und Geschlecht entsprechende Kontrollgruppe benutzt. Die wesentlichen Funde waren die folgenden:

1. Nur beim Tod eines Elternteils vor dem zehnten Geburtstag des Patienten wurden signifikante Unterschiede zwischen der Patienten- und der Kontrollgruppe festgestellt;
2. eine erhöhte Inzidenz von Sterbefällen in der Kindheit findet sich häufiger bei weiblichen als bei männlichen Patienten;
3. besonders evident ist eine erhöhte Inzidenz bei depressiven Zuständen und Alkoholismus;
4. wird der Verlust der Elternteile getrennt betrachtet, so lässt sich feststellen, dass (a) die Inzidenz des Mutterverlusts vor dem zehnten Geburtstag signifikant erhöht ist bei depressiven Patienten männlichen und weiblichen Geschlechts sowie bei weiblichen Alkoholikern und dass (b) der Verlust des Vaters vor dem zehnten Geburtstag signifikant häufiger bei weiblichen depressiven und alkoholabhängigen Patienten, bei männlichen Patienten jedoch nicht signifikant häufiger ist.

In keiner der Patientengruppen in dieser Studie war die Inzidenz von Sterbefällen in der Kindheit mehr als doppelt so hoch wie bei den Kontrollen; bei den meisten Gruppen war der Unterschied wesentlich kleiner. Allerdings unternahm Birtchnell bei der Auswahl seiner Kontrollen keine Schritte, um Individuen auszuschließen, die zwar nicht in psychiatrische Behandlung überwiesen worden waren, deren psychische Gesundheit möglicherweise aber doch angegriffen war. Hätte er das getan, so wären die Unterschiede wahrscheinlich größer gewesen. Doch selbst das Material, das zur Verfügung steht, legt nahe, dass Sterbefälle in der Kindheit nur bei einer kleinen Minderheit der Fälle von psychischer Erkrankung eine kausale Rolle spielen. Der Wert der geleisteten Arbeit liegt, wie ich glaube, darin, dass mit ihr ein Zugang zur Erforschung von Eltern-Kind-Beziehungen und deren Einfluss auf die psychische Gesundheit geliefert wurde, der in Zukunft auf wesentlich verfeinertem Niveau weiterverfolgt werden kann.

Einige Störungen, zu denen Trauerfälle in der Kindheit beitragen

In den letzten Jahren hat sich herausgestellt, dass diejenigen, die in der Kindheit einen Verlust durch Tod erlitten haben, nicht nur mehr als andere dazu disponiert sind, eine psychiatrische Störung zu entwickeln, sondern dass auch sowohl die Form als auch die Schwere der entwickelten Störung wahrscheinlich stark in bestimmte besondere Richtungen beeinflusst wird.

Bei solchen Personen, die in der Kindheit einen Verlust durch Tod erlitten haben und die im Erwachsenenalter zu psychiatrischen Fällen werden, ist die Wahrscheinlichkeit größer als bei anderen, dass sie

- ernsthaft den Gedanken an Suizid äußern;
- einen hohen Grad von Angstbindung (oder Überabhängigkeit) aufweisen;
- schwere und als psychotisch klassifizierbare depressive Zustände entwickeln.

Da nur gut belegte Funde beschrieben wurden, sollte die obige Auflistung nicht als erschöpfend angesehen werden.

Suizidgedanken und Verhalten bei Studenten

Heute gibt es umfangreiche Literatur über die Beziehung zwischen Elternverlust (jeder Art, nicht nur durch Tod) in der Kindheit und Suizidversuch im späteren Leben, z. B. Greer u. a. (1966) und Koller und Castanos (1968). Nach Durchsicht dieser teilweise klinischen und teilweise statistischen Literatur schließt Adam (1973): „Allgemeine Übereinstimmung scheint darüber zu bestehen ... dass hinsichtlich aller Folgen, die Verlusten in der frühen Kindheit zugeschrieben werden, das Datenmaterial in Bezug auf Suizidalverhalten zum beweiskräftigsten gehört." Bei den meisten dieser Studien jedoch sind die betreffenden Verluste nicht nur durch Tod, sondern auch durch Verlassen, Trennung oder Scheidung verursacht. Aus diesem Grunde beschränkt sich die Erörterung hier auf eine einzelne Untersuchung, die die zwei Hauptursachen von Verlust unterscheidet. Außerdem konzentriert sich diese Studie im Gegensatz zu den meisten anderen nicht nur auf Suizidversuche, sondern sowohl auf das Vorliegen oder Fehlen ernsthafter Suizidgedanken als auch auf Versuche. Das ist erstens deshalb vorteilhaft, weil Suizidgedanken häufiger vorkommen als Versuche, und zweitens, weil sie, da ihnen die dramatischen Umstände der Versuche fehlen, strenger kontrollierter Forschung zugänglich sind.

Bei einem Projekt, das innerhalb des Gesundheitsdienstes der McGill University durchgeführt wurde, verglich Adam (1973) Inzidenz und Art von Suizidgedanken bei drei Gruppen von Studenten, die alle zwischen 17 und 27 Jahre alt waren und aufgrund psychologischer Probleme an den Dienst verwiesen worden waren. Die Probanden einer Gruppe (35) hatten vor dem 16. Geburtstag einen Elternteil durch Tod verloren; die einer zweiten Gruppe (29) hatten auf andere Art einen Elternteil verloren (gewöhnlich Trennung oder Scheidung); die als Kontrollen ausgewählten Probanden der dritten Gruppe (50) stammten aus intakten Familien. Die Stichproben umfassten eine etwas größere Anzahl männlicher als weiblicher Probanden.

Nachdem sie ausgewählt worden waren, wurden die Studenten willkürlich an einen Interviewer verwiesen, der ein halbstrukturiertes klinisches Interview führte, das zahlreiche Bereiche abdeckte, nämlich allgemeine Anpassung, medizinische Vorgeschichte, Unfallneigung, depressive Tendenzen, Suizidgedanken und Verhalten und Einstellung gegenüber Tod und Sterben. Schlüsselpunkte wurden während des Interviews bewertet anhand vorher festgelegter Kriterien, die in Pilotstudien validiert worden waren, und von einem zweiten, unabhängigen Bewerter unter Verwendung einer Tonbandaufzeichnung des Interviews gegengeprüft. Erst nachdem die Bewertung vervollständigt war, wurden detaillierte Untersuchungen des frühen Hintergrundes des Studenten und der Umstände um den Tod eines Elternteils, die Trennung oder Scheidung herum durchgeführt. Obwohl alles versucht wurde, damit der Familienstatus des Probanden bis nach der Bewertung unbekannt blieb, erwies sich dies in einigen Fällen als unmöglich. Spätere statistische Tests zeigten jedoch, dass die Kenntnis des Status die Bewertung nicht beeinflusst hatte.

Im ersten Teil des Interviews bemühte man sich besonders um die Feststellung, ob Suizidgedanken vorlagen, und wenn dies der Fall war, wurde der Proband gebeten, möglichst viele Einzelheiten über deren erstes Auftreten, Häufigkeit, Intensität, Dauer und Inhalt zu geben. Dann wurden die Suizidgedanken in Bezug auf Häufigkeit, Intensität und Dauer in eine Drei-Punkte-Skala eingeordnet. Alle Probanden, deren Gedanken auf zweien dieser Parameter als mittel oder hoch eingestuft wurden, wurden als ernsthaft suizidgefährdet angesehen, die anderen Probanden nicht. Auch Probanden, die von irgendeiner Art von Suizidversuch berichteten, wurden der ernsthaften Kategorie zugeordnet. Wenn Zweifel daran bestanden, welcher Kategorie die Gedanken angehörten, wurden sie konservativ als nicht ernsthaft bewertet.

Die in Tabelle 7 dargelegten Resultate zeigen, dass nahezu die Hälfte der psychiatrisch behandelten Studenten, die vor dem Alter von 16 Jahren aus irgendeinem Grunde einen Elternteil verloren hatten, ernsthafte Suizidgedanken aufwiesen; dagegen hegten nur 10 Prozent der Probanden aus intakten Familien derartige Gedanken. Dieser Unterschied ist statistisch hochsignifikant. Ob der Verlust des Elternteils durch Tod, Trennung oder Scheidung verursacht war, machte keinen Unterschied: Die Inzidenz ernsthafter Suizidgedanken war in beiden Gruppen hoch.

Die Inzidenz von Suizidversuchen in den drei Gruppen folgt einem ähnlichen Muster. Von denen, die einen Elternteil durch Tod verloren hatten, hatten sechs einen Suizidversuch unternommen; von denen, die einen Elternteil aus anderen Gründen verloren hatten, hatten vier einen Suizidversuch unternommen; von den Probanden aus intakten Familien waren es zwei; dies ergibt eine Inzidenz von 17, 14 bzw. 4 Prozent. Obwohl die Tendenz suggestiv ist, sind die Unterschiede nicht signifikant (was sehr wahrscheinlich auf die geringe Anzahl zurückzuführen ist).

Adam beschreibt einige der Arten, auf die die Gedanken von Studenten, deren Vorstellungen als ernsthafte Suizidgedanken kategorisiert wurden, sich von denen jener unterschieden, deren Gedanken als nicht ernsthaft eingestuft wurden. Im ersteren Fall waren die Suizidgedanken relativ mehr ausgearbeitet, beständiger und von längerer Dauer. Oft stellten sie sich intensiv als starker Drang oder Impuls dar, der manchmal erschreckend und schwer kontrollierbar war; aus diesem Grund hatten einige Studenten um Hilfe nachgesucht, um sich zu schützen. Die geäußerten Motive betrafen

Tabelle 7: Inzidenz ernsthafter Suizidgedanken bei Studenten von 17 bis 27 Jahren, die aufgrund des Verlusts eines Elternteils vor dem 16. Geburtstag psychiatrische Probleme hatten

Suizidgedanken	Familienstatus des Studenten		
	Elternverlust		Intakte Familie
	durch Tod	durch Trennung oder Scheidung	
ernsthaft	48,6%	41,4%	10,0%
nicht ernsthaft	51,4%	58,4%	90,0%
N	35	29	50

(Unterschied zwischen den beiden Elternverlust-Gruppen und der Gruppe aus der intakten Familie P < 0.001.)

häufig eine tiefe Isolation, Hoffnungslosigkeit und Selbsthass; vom Tod wurde manchmal als von Frieden, Freiheit oder Befreiung gesprochen. Häufig bezeichneten solche Studenten den Suizid als „sinnvoll", und viele betrachteten ihn für sich als reale oder sogar unausweichliche Möglichkeit für die Zukunft. Tatsächlich hatten viele ernsthaft in Betracht gezogen, sich selbst umzubringen, und diesbezügliche Pläne gefasst. Einige waren nahe daran gewesen, einen Versuch zu unternehmen, und von den insgesamt 34 Studenten, deren Suizidgedanken als ernsthaft beurteilt wurden, hatten nicht weniger als zwölf tatsächlich einen solchen Versuch unternommen. Zehn dieser zwölf Versuche war der tatsächliche oder drohende Verlust einer wichtigen Person unmittelbar vorausgegangen.

Bei sieben Studenten, die alle den Elternverlust-Gruppen angehörten, waren die unternommenen Versuche als gefährlich beurteilt worden; von diesen sieben Studenten wiesen vier außerdem extrem unbesonnenes Verhalten auf und/oder übten ungewöhnlich gefährliche Sportarten aus.

Dass junge Erwachsene, die in der Kindheit einen Elternteil verloren haben, mehr als andere dazu neigen, einen Suizid in Betracht zu ziehen, ist nicht überraschend, da viele der Motive für den Versuch oder Vollzug eines Suizids sich am besten als Reaktionen auf den tatsächlichen oder drohenden Verlust einer Bindungsfigur verstehen lassen. Zu den Motiven, die zu einem vollendeten Suizid führen, gehören, wie das Datenmaterial nahe legt, die folgenden:

- ein Wunsch nach Wiedervereinigung mit einem Verstorbenen;
- ein Wunsch nach Rache an einem Verstorbenen, weil dieser fortgegangen ist; die durch das Fortgehen der Person ausgelösten Todeswünsche können entweder gegen das eigene Selbst gerichtet werden, oder es kann Vergeltung geübt werden, indem eine andere Person verlassen wird;
- ein Wunsch, das Selbst zu zerstören, um ein überwältigendes Schuldgefühl darüber, zu einem Todesfall beigetragen zu haben, zu lindern;
- ein Gefühl, dass das Leben nicht lebenswert ist ohne die zukünftige Aussicht auf eine liebende Beziehung zu einem anderen Menschen.

Zu den Motiven für eine Suizidgeste gehören:

- ein Wunsch, eine fürsorgliche Reaktion bei einer Bindungsfigur auszulösen, die als vernachlässigend erlebt wird – der wohlbekannte Hilferuf;
- ein Wunsch, eine Bindungsfigur zu bestrafen und ihn oder sie so zu mehr Aufmerksamkeit zu zwingen.

Zweifellos können bei jedem derartigen Akt mehrere dieser Motive eine Rolle spielen. Außerdem können solche Motive auf alle möglichen Arten mit anders gearteten Motiven kombiniert sein.

Adam beschreibt einige vorläufige Versuche, Unterschiede in den Vorgeschichten der Studenten zu finden, die ernsthafte Suizidgedanken aufwiesen, Unterschiede, die sie möglicherweise von den Vorgeschichten solcher Studenten ohne ernsthafte Suizidgedanken abheben. Zu den Faktoren, die sich als *nicht* relevant erwiesen, gehörte das genaue Alter der weniger als 16-jährigen Studenten zum Zeitpunkt des tatsächlichen dauerhaften Verlusts eines Elternteils. Dagegen kam Adam zu dem Schluss, dass „das Vorhandensein einer beständigen, stabilen nährenden Figur irgendeiner Art von großer Wichtigkeit zu sein schien als Schutz gegen die Entwicklung signifikanter Suizidgedanken..." Wie in den folgenden Kapiteln gezeigt werden wird, wird diese Schlussfolgerung von zahlreichen weiteren Daten gestützt.

Angstbindung (Überabhängigkeit)

Es gibt Beweismaterial dafür, dass, ganz unabhängig von ihrer Diagnose, weibliche Patienten, die während der ersten zehn Lebensjahre die Mutter durch Tod verloren haben, mit größerer Wahrscheinlichkeit als andere einen ausgeprägten Grad von Angstbindung aufweisen, der oft als Oberabhängigkeit bezeichnet wird. Diese Assoziation, auf die zuerst Barry, Barry und Lindemann (1965) aufmerksam machten, ist von Birtchnell (1975a) bei seiner umfassenden Untersuchung in Nordostschottland eingehender studiert worden.

Im Verlauf von Birtchnells Nachforschungen stellte sich heraus, dass 576 der ursprünglichen Patientenstichprobe zu irgendeiner Zeit das M. M. P. I. ausgefüllt hatten. Von den zahlreichen Skalen, die daraus abgeleitet werden können, wählte man vier aus, weil man meinte, dass diese mit der größten Wahrscheinlichkeit zwischen solchen Patienten unterschieden, die früh den Tod eines Elternteils erlitten hatten, und solchen, bei denen dies nicht der Fall war. Es handelte sich um die Skalen für Abhängigkeit, Dominanz, Ichstärke und Selbstgenügsamkeit.

Um Vergleiche anzustellen, trennte man männliche und weibliche Patienten und wählte für jeden Vergleich Unterstichproben aus, und zwar erstens solche, die während der ersten neun Lebensjahre den Vater verloren hatten, deren Mutter aber mindestens noch weitere elf Jahre überlebt hatte, und zweitens solche, die die Mutter verloren hatten, deren Vater aber weitergelebt hatte. Eine dritte Unterstichprobe umfasste Patienten, bei denen beide Eltern mindestens bis zum 20. Lebensjahr des Probanden gelebt hatten. Für die Patienten in jeder Unterstichprobe wurde ein Mittelwert auf jeder der vier M. M. P. I.-Skalen errechnet; diese Werte wurden miteinander verglichen. Die Anzahl der Probanden in einigen der Unterstichproben war gering.[118]

Von den Vergleichen, die sich so ergaben (insgesamt 16), erwies nur einer einen Unterschied von statistischer Signifikanz. Die 17 weiblichen Patienten, die während der ersten neun Lebensjahre die Mutter verloren hatten, wiesen einen signifikant höheren Mittelwert für Abhängigkeit (P < 0.01) auf als die 257 weiblichen Patienten, die keinen von beiden Elternteilen verloren hatten. Bei 15 der 17 Probanden war dieser Mittelwert höher als der der letzteren Gruppe. Die genaue Untersuchung der Fallberichte ergab, dass jede Einzelne von ihnen eine depressive Symptomatologie aufwies, und dass die meisten ihr ganzes Leben lang unter chronischem Kummer gelitten hatten. Fünf waren spezifisch als auffallend abhängig beschrieben worden.[119]

Bei der Mehrzahl dieser 17 Frauen, so ergab sich aus den Berichten, war auf den Tod der Mutter eine Reihe leidvoller Erfahrungen gefolgt. Der Ersatz der Mutter war nur behelfsmäßig gewesen, und oft hatte es zahlreiche Wechsel gegeben. Die Qualität der Fürsorge hatte offensichtlich viel zu wünschen übrig gelassen, und von den meisten der Mädchen war erwartet worden, dass sie selbst von einem frühen Lebensalter an die Rolle der Mutter übernahmen. Eine Mehrheit gab an, als Kind Zeichen von Nervosität gezeigt zu haben; Nägelkauen, Enuresis und Angst vor Dunkelheit waren besonders häufig.

Form und Schwere depressiver Störungen

In Kapitel 14 wird von der Untersuchung von George Brown und Kollegen über depressive Störungen bei Frauen in einer Gemeinde im Süden Londons berichtet (Brown und Harris, 1978a). Für den Teil der Studie, mit dem wir uns hier beschäftigen, wurde nur eine ihrer Stichproben herangezogen. Es handelt sich um die Patientenstichprobe aus 114 Frauen zwischen 18 und 65, die unter verschiedenen Formen und Graden in jüngerer Zeit aufgetretener depressiver Störungen litten und psychiatrische Behandlung erhielten (entweder als stationäre oder als ambulante Patientinnen).

Wenn eine Patientin als den festgelegten Forschungskriterien entsprechend identifiziert wurde, wurde sie systematisch interviewt, zunächst von einem in der Forschung tätigen Psychiater und dann, unabhängig hiervon, von einem Soziologen. Durch diese Vorgehensweise wurden sowohl klinische als auch soziale Daten standardisierter Art erhoben.

Ein Teil von Browns Untersuchung sollte herausfinden, ob es Unterschiede in den Lebenserfahrungen von Frauen gibt, die sich in Form und Schwere der depressiven Störung, unter der sie leiden, voneinander unterscheiden. Zu diesem Zweck wurde die Patientinnengruppe in zwei diagnostische Gruppen eingeteilt, nämlich diejenigen mit einer psychotischen Depression und diejenigen mit einer neurotischen Depression. Dies geschah durch einen zweiten Forschungspsychiater, der anhand traditioneller Kriterien sein Urteil nur nach dem Bündel von Symptomen ausrichtete, die jede Patientin während des persönlichen Interviews aufwies; dabei prüfte er das Bestehen oder Nichtbestehen von etwa 57 Symptomen, und zwar ohne

Kenntnis irgendwelcher Lebensereignisse, die möglicherweise dem Auftreten vorausgegangen waren und dieses ausgelöst hatten. Diese Einschränkung sollte die Forschungsgruppe in die Lage versetzen, die lange vertretene Annahme zu prüfen, dass psychotische Depressionen sich ohne vorherige wichtige Lebensereignisse entwickeln, während bei neurotischen Depressionen die Inzidenz solcher Ereignisse für hoch gehalten wird.

Von den 114 untersuchten Patientinnen waren 63 als psychotisch depressiv diagnostiziert und 49 als neurotisch depressiv. (Zwei Patientinnen waren aus der Analyse ausgeschlossen worden, da sie auch manische Symptome aufwiesen.) Im Allgemeinen neigten Patientinnen, die als psychotisch klassifiziert worden waren, zu Verzögerungen in Bewegungen, Denken und Emotion, während die als neurotisch eingestuften in der Tendenz aktiver waren und vielfältigere Emotionen zeigten. Die so klassifizierten Patientinnen jeder diagnostischen Gruppe wurden nach der Schwere ihrer Störung – schwer, mittel oder leicht – in drei Untergruppen eingeteilt.

Von unmittelbarem Interesse ist die Feststellung, dass in einer Mehrheit aller Fälle ein auslösendes Lebensereignis, gewöhnlich Verlust durch Trennung von oder Tod eines nahen Angehörigen, in den neun Monaten vor dem Auftreten der Symptome erfolgt war; die Inzidenz solcher Lebensereignisse war bei der psychotischen Gruppe beinahe so hoch wie bei der neurotischen (58 bzw. 65 Prozent). Daher stellen Browns Funde ebenso wie die von Paykel u. a. (1971), auf die er Bezug nimmt, die traditionelle Annahme sehr in Frage, dass eine psychotische Depression gleichwertig mit einer endogenen Depression ist und dass nur neurotische Depressionen reaktiv sind.

Andere Funde von Browns Gruppe betreffen die Inzidenz dessen, was er als *vergangenen* Verlust bezeichnet, eine Kategorie, zu der spezifizierte Verluste gehören, die vor allem, aber nicht immer, in Kindheit und Adoleszenz auftreten, und die jeden Verlust ausschließt, der in den zwei Jahren vor dem Auftreten der Symptome erfolgte. Er teilte die vergangenen Verluste in zwei Kategorien ein, nämlich in eine Kategorie der durch Tod verursachten Verluste und in eine Kategorie der durch andere Ursachen bewirkten Verluste. Obwohl die meisten derartigen Verluste sich auf den Verlust des Vaters oder der Mutter vor dem 17. Geburtstag der Patientin beziehen, benutzt Brown für die große Mehrzahl seiner Analysen umfassendere Kriterien. Da die Resultate von großem Interesse sind, werden zuerst die Kriterien beschrieben.

Browns Kriterien, denen zufolge eine Frau einen vergangenen Verlust durch Tod erlitten hatte, sind:

- Tod ihres Vaters oder ihrer Mutter vor ihrem 17. Geburtstag;
- Tod eines Geschwisters zwischen ihrem ersten und 17. Geburtstag;
- Tod eines Kindes (falls dieser nicht innerhalb von zwei Jahren vor dem Auftreten der Symptome erfolgt war);
- Tod des Ehegatten (falls dieser nicht innerhalb von zwei Jahren vor dem Auftreten der Symptome erfolgt war).

Die Kriterien, denen zufolge sie einen vergangenen Verlust aus anderen Ursachen als Tod erlitten hatte, sind:

- Verlassenwerden durch Mutter oder Vater vor dem 17. Geburtstag;
- Trennung von Mutter oder Vater für ein Jahr oder länger vor dem 17. Geburtstag.

Werden diese Kriterien auf die beiden diagnostischen Hauptgruppen von Patientinnen und auf die drei Untergruppen jeder dieser Einteilungen angewandt, so wird festgestellt:

a) dass bei Frauen, die psychotisch depressiv werden, die Inzidenz vergangener Verluste durch *Tod* bemerkenswert hoch ist, wobei die Inzidenz mit der Schwere des Zustandes zunimmt; und umgekehrt, dass in dieser Gruppe die Inzidenz von vergangenen Verlusten aus anderen Ursachen als Tod niedrig ist;
b) dass bei Frauen, die neurotisch depressiv werden, die Inzidenz vergangener Verluste durch *andere Ursachen als Tod* mäßig hoch ist und mit der Schwere des Zustandes steigt; und umgekehrt, dass in dieser Gruppe die Inzidenz vergangener Verluste durch Tod vergleichsweise niedrig ist.

Zahlen und Prozentsätze werden in Tabelle 8 angeführt.

In Browns Patientinnenreihe wurden also mehrere hoch signifikante Korrelationen festgestellt zwischen der Art von Verlust, die eine Frau in ihrem früheren Leben erlitten hatte, und sowohl der Form als auch der

Tabelle 8: Inzidenz vergangener Verluste nach Verlustart und nach Form und Schwere der Depression

Diagnostische Gruppierung von Patienten	Inzidenz vergangenen Verlusts durch	
	Tod in %	Trennung in %
63 psychotisch Depressive 12 sehr schwer 41 mittelschwer 10 weniger schwer	84 55 } 57% 20	0 2 } 5% 20
49 neurotisch Depressive 6 sehr schwer 23 mittelschwer 20 weniger schwer	0 14 } 14% 20	50 22 } 22% 16

Die Unterschiede zwischen den beiden Hauptgruppen sowohl im Hinblick auf die Inzidenz vergangenen Verlusts durch Tod als auch auf die Inzidenz vergangenen Verlusts durch Trennungen sind hoch signifikant. In beiden Fällen ist P kleiner als .01.

Schwere ihrer depressiven Störung. Dagegen wurden keine derartigen Korrelationen gefunden zu der Art oder Schwere irgendeines Verlusts, den sie möglicherweise in dem Jahr vor dem Auftreten ihrer Symptome erlitten hatte. Form und Schwere der Störung scheinen daher sehr weitgehend durch Ereignisse früherer Jahre determiniert zu sein.

Eine weitere Feststellung Browns stützt diese Schlussfolgerung. Die Prüfung seiner Daten zeigte, dass der Verlust eines Elternteils oder Geschwisters nach dem 17. Geburtstag einer Patientin keine Rolle gespielt hatte bei der Bestimmung ihrer Symptomatologie.

Brown war verblüfft über diese ganz deutlichen und recht unerwarteten Feststellungen und suchte daher nach einer Gelegenheit, sie zu überprüfen. Glücklicherweise gab es am Maudsley Hospital Berichte über eine Reihe weiblicher stationärer Patienten, die an Depressionen litten und früher von einem Kollegen, Robert Kendell, untersucht worden waren, und über die die notwendige Information verfügbar war. Als diese Berichte analysiert wurden, stellte man fest, dass die Ergebnisse denen aus Browns Serie ähnlich waren. So wurden nicht nur die ursprünglichen Funde bestätigt, sondern man stellte auch fest, dass sie unabhängig waren von der möglicherweise idiosynkratischen Beurteilung des forschenden Psychiaters.

Zu Beginn wurde festgehalten, dass die meisten der vergangenen Verluste, die Brown in seine Analysen aufgenommen hatte, die Patientinnen vor deren 17. Geburtstag betroffen hatten. Die Zahlen werden in Tabelle 9 angeführt.

Der Hauptpunkt, der für die gegenwärtige Diskussion festzuhalten ist, ist der relativ hohe Anteil der in Browns Serie als psychotisch depressiv diagnostizierten Patientinnen, die vor dem 17. Geburtstag den Verlust eines Elternteils oder Geschwisters erlitten hatten, nämlich 24 von 62 oder 39 Prozent. Den Verlust eines Ehegatten oder Kindes nach dem 17. Geburtstag (aber mehr als zwei Jahre vor dem Beginn der Symptome) hatten weitere 13 oder 21 Prozent von ihnen erlitten.

Tabelle 9: Anzahl der Patientinnen, die von einem vergangenen Verlust berichteten, nach Art des Verlusts, Alter des Erleidens und Form der Depression

Form der Depression	Verlust durch Tod		Verlust durch Trennung	
	vor 17	17 u. später	vor 17	17 u. später
62 psychotische Patientinnen	24	13	3	1
49 neurotische Patientinnen	6	2	10	1
Alle Patientinnen	30	15	13	2

Die hohe Inzidenz vergangenen Verlusts durch Tod bei als psychotisch depressiv diagnostizierten Patientinnen spiegelt sich wider in der starken Assoziation zwischen einem vergangenen Verlust durch Tod und Retardierung. Insgesamt gab es 45 Patientinnen (37 psychotische und 8 neurotische), die einen vergangenen Verlust durch Tod erlitten hatten. Von diesen waren 34 (31 psychotische und 3 neurotische) oder 75 Prozent retardiert. Bei der Suche nach einer Erklärung für diese Assoziation bezogen sich Brown und Harris auf Gedanken, die in früheren Bänden dieser Arbeit vorgetragen wurden, und auf eine kognitive Theorie depressiver Störungen. Ein vergangener Verlust durch Tod, so nehmen sie an, prädisponiert einen Menschen, auf jeden gegenwärtigen Verlust so zu reagieren, als handele es sich um einen weiteren Verlust durch Tod, also mit ungemilderter Hoffnungslosigkeit, was wiederum zu Retardierung führt. Ein vergangener Verlust durch Trennung dagegen scheint einen Menschen geneigt zu machen, auf jeden gegenwärtigen Verlust so zu reagieren, als sei dieser reversibel. Der resultierende Kummer ist folglich vermischt mit zornigem und vielleicht gewalttätigem Protest und führt zu einem Zustand, der eher als neurotische denn als psychotische Depression diagnostiziert werden würde.

Wir haben in diesem Kapitel Datenmaterial betrachtet, das nahe legt, dass diejenigen, die in Kindheit oder Adoleszenz einen Elternteil durch Tod verloren haben, ein größeres Risiko als andere laufen, eine psychiatrische Störung zu entwickeln, und, spezifischer, ernsthaft suizidal und/oder psychotisch depressiv zu werden, wenn das der Fall sein sollte. Das Datenmaterial über vergleichbare, wenn auch etwas andere Wirkungen von während derselben Lebensspanne erlittenen Verlusten, die auf andere Ursachen als Tod zurückzuführen sind, wurde zwar nur kurz berührt, ist aber in der Tat beträchtlich. Es sieht so aus, als könne früher Verlust ein Individuum sensibilisieren und es für später erlittene Rückschläge verletzlicher machen, vor allem hinsichtlich Verlust und drohendem Verlust. Dennoch wird keineswegs jedes Kind oder jeder Adoleszent, das oder der einen Elternteil verliert, auf diese Weise sensibilisiert; darum ist es erforderlich zu determinieren, warum dies bei einigen geschieht und bei anderen nicht. Dieser Untersuchung wenden wir uns jetzt zu.

18 Umstände, die für unterschiedlichen Ausgang verantwortlich sind

Die Schönheit der Liebe hat mich nicht gefunden,
Ihre Hände haben mich nicht fest ergriffen,
Denn die Dunkelheit des Hasses liegt auf mir,
Und ich sehe den Tag nicht als Tag, sondern als Nacht.

Ich sehne mich danach, dass die liebe Liebe mich findet,
Mit meinem Herzen, meiner Seele und all meiner Kraft,
Denn die Dunkelheit hat sich über mich geschlossen,
Und ich sehe den Tag nicht als Tag, sondern als Nacht.

Die Kinder spielen und lachen,
Doch ich kann nicht froh die Liebe finden.
Mich umgibt ein eiserner Zaun,
Und ich sehe den Tag nicht als Tag, sondern als Nacht[120]

Quellen des Datenmaterials

Aus dem, was wir in den vorherigen Kapiteln geschrieben haben, wird bereits deutlich geworden sein, dass meiner Meinung nach die Variablen, die den Verlauf der Trauer in Kindheit und Adoleszenz beeinflussen, ihrer Art nach denjenigen ähnlich sind, die ihn im erwachsenen Leben beeinflussen. Sie zerfallen in drei Klassen:

a) Die Ursachen und Umstände des Verlusts mit besonderem Bezug auf das, was dem Kind gesagt wird, wann es ihm gesagt wird und welche Möglichkeiten es später erhält, sich über das zu informieren, was geschehen ist;
b) die Familienbeziehungen nach dem Verlust unter besonderem Bezug darauf, ob das Kind mit dem überlebenden Elternteil weiter zusammenlebt und, falls ja, wie die Beziehungsmuster sich infolge des Verlusts verändern;
c) die Beziehungsmuster innerhalb der Familie vor dem Verlust mit besonderem Bezug auf die Muster, die zwischen den Eltern selbst sowie zwischen jedem von ihnen und dem hinterbliebenen Kind bestehen.

Ein Teil des Datenmaterials, das diese theoretische Position stützt, wurde bereits erwähnt; weiteres wird in diesem und in folgenden Kapiteln angeführt werden. Es ist aus zwei Hauptarten von Untersuchungen abgeleitet:

1. Studien, die die Erfahrungen einer Gruppe von Individuen, die sich trotz eines Todesfalles in der Kindheit gut entwickelt haben, mit denen einer Gruppe von Individuen vergleichen, denen dies nicht gelungen ist; die Informationen werden gewöhnlich während eines speziellen Forschungsinterviews oder eines klinischen Routineinterviews erhoben;
2. Studien, die die Erfahrungen eines oder einiger weniger individueller Kinder oder Adoleszenten beschreiben, deren Probleme als vom Tod eines Elternteils herrührend angesehen werden; der größte Teil der Informationen wird während der Therapie eingeholt, einige stammen auch von Eltern und anderen Personen.

Die Stärken und Schwächen dieser beiden Arten von Studien sind einander häufig entgegengesetzt.

Studien der ersten Art, die die Form von Übersichten haben, umfassen recht große Probandenstichproben und liefern nützliche Informationen, meist von ziemlich allgemeiner Art, über die Erfahrungen des Individuums nach dem Verlust, sind aber gewöhnlich in Bezug auf psychopathologische Details schwach. Die Studien der zweiten Art, der therapeutischen, leisten viel zur Ergänzung dieses Mangels, können jedoch sehr irreführend sein, wenn sie isoliert behandelt werden. Im Falle von Übersichten wird die Information meistens viele Jahre nach den Ereignissen eingeholt; im Falle der therapeutischen Studien über Kinder und Jugendliche dagegen ist das Zeitintervall gewöhnlich viel kürzer. Beide Arten von Untersuchungen haben den Nachteil, dass sie sich weitgehend auf Informationen aus einer einzigen Quelle verlassen, nämlich von dem hinterbliebenen Individuum selbst.

Beweismaterial aus Übersichten

Unter allen Autoren, die verschiedene Gruppen von Individuen untersucht haben, welche in der Kindheit einen Elternteil verloren hatten, gibt es keine substantielle Übereinstimmung in Bezug auf die ungeheure Bedeutung der Erfahrung des Kindes nach dem Verlust. Individuen, die später eine psychiatrische Störung entwickeln, so wurde festgestellt, wurden mit wesentlich größerer Wahrscheinlichkeit als andere nach dem Verlust nur unzulänglich mit elterlicher Fürsorge umgeben. Unstete Pflege wie auch die Unterbringung in lieblosen Pflegeheimen oder Institutionen und der Umzug von einem „Heim" in ein anderes scheinen das Los vieler gewesen zu sein. Wenn ein Kind dagegen zu Hause geblieben ist, musste es wahrscheinlich vorzeitig eine elterliche Rolle übernehmen, anstatt selbst Fürsorge zu erfahren. Diejenigen dagegen, die sich trotz des Verlusts eines Elternteils in der Kindheit gut entwickelt haben, erfuhren wahrscheinlich während der auf den Verlust folgenden Jahre kontinuierliche und stabile elterliche Fürsorge. Zu den Funden, die diese Schlussfolgerungen stützen, gehören die bereits im vorigen Kapitel erwähnten Feststellungen von Rutter (1966), Adam (1973) und Birtchnell (1971)[121], (1975). Zu anderen Untersuchungen, bei denen sehr ähnliche Sachverhalte festgestellt wurden, gehört eine gut geplante Studie von Hilgard u. a. (1960).

Hilgard, die sich schon viele Jahre lang für die Rolle des Elternverlusts in der Kindheit psychiatrischer Patienten interessiert hatte, unter besonderer Bezugnahme auf Jahrestags-Reaktionen, beschloss, die Erfahrungen, denen ihre Patienten nach dem Verlust ausgesetzt gewesen waren, mit denen von Erwachsenen zu vergleichen, die ebenfalls in der Kindheit einen Elternteil verloren hatten, aber keine Patienten waren. Unter diesem Gesichtspunkt unternahm sie eine Übersicht über eine Gemeinde und identifizierte dabei 100 Individuen im Alter zwischen 19 und 49 Jahren, die vor dem Alter von 19 Jahren einen Elternteil verloren hatten und sich zum Zeitpunkt der Untersuchung nicht in psychiatrischer Behandlung befanden. Aus dieser ursprünglichen Stichprobe stellten sich 65 Personen für strukturierte Interviews von ein bis zwei Stunden Dauer zur Verfügung. Die Frauen waren gegenüber den Männern im Verhältnis von beinahe drei zu eins in der Überzahl (teilweise, weil sie auch in der ursprünglichen Stichprobe zahlreicher waren, teilweise, weil sie mehr Zeit für die Interviews hatten). Von den Frauen hatten 29 den Vater verloren und 19 die Mutter; von den Männern hatten 13 den Vater verloren und vier die Mutter.

Nach dem Interview wurde eine Unterstichprobe identifiziert aus allen denjenigen, die als „verhältnismäßig gut angepasst" eingeschätzt wurden anhand der folgenden Kriterien: Sie lebten in einem intakten Heim, ihre Ehe schien befriedigend zu sein, die Beziehungen zu ihren Kindern wirkten angemessen, und ihre Werte in einem kurzen Test zur sozialen Anpassung bestätigten das. Von den 29 Frauen, die den Vater verloren hatten, entsprachen 14 diesen Kriterien.

Das Bild des Familienlebens vor und nach dem Tod des Vaters, das sich aus den Berichten ergab, war wie folgt. Vor dem Verlust hatten die Eltern ein stabiles Zuhause geboten, in dem jeder eine gut definierte Rolle innegehabt hatte. Nach dem Verlust hatte die Mutter das Heim intakt gehalten; das war ihr aber gewöhnlich nur unter großen Mühen gelungen. Die Familie war nicht nur von ihrem sozialen Netz unterstützt worden, sondern die Mutter hatte sich auch als fähig erwiesen, davon den besten Gebrauch zu machen. „Stark", „verantwortlich", „hart arbeitend" waren die meistgebrauchten Adjektive zu ihrer Beschreibung; „liebevoll" kam seltener vor.

Wenn ein Elternteil infolge einer Krankheit gestorben war, waren die Kinder wohl meist über das Bevorstehende unterrichtet und darauf vorbereitet worden. Dadurch, schreibt Hilgard, „kann ein sterbender Elternteil seinem Kind das Akzeptieren dieser völligen Trennung übermitteln und dem Kind dadurch helfen, sie auch seinerseits zu akzeptieren". Außerdem pflegten die Mütter nach dem Tod eines Vaters ihren Kummer mit den Kindern zu teilen; es schien, als sei dies besonders für Töchter hilfreich gewesen. Diese Familienmuster, bei denen die Kinder ins Vertrauen der Eltern gezogen worden waren, hatten nach Hilgards Ansicht zu dem auffallenden Fehlen von Schuldgefühlen über den Tod des Elternteils beigetragen, das diese Individuen charakterisierte und in scharfem Kontrast stand zu dem, was sie in ihrer Gruppe psychiatrischer Patienten fand, die ebenfalls in der Kindheit einen Elternteil verloren hatten.

Zu Hilgards Unterstichprobe von Individuen, die als „verhältnismäßig gut angepasst" eingeschätzt worden waren, gab es noch eine komplementäre Unterstichprobe von Individuen, die ihren Kriterien nicht entsprochen hatten (analog zur Gruppe der „Gemeinde"-Fälle in der Studie von George Brown, aber nicht unbedingt mit einer diagnostizierbaren Erkrankung). Bei den Mitgliedern der zweiten Unterstichprobe war das Verhalten des überlebenden Elternteils ganz anders gewesen als bei den Mitgliedern der gut angepassten Stichprobe. In den meisten Fällen hatte der überlebende Elternteil starke Forderungen in Bezug auf emotionale Unterstützung an das Kind gestellt; oder, um es in der Terminologie der vorliegenden Arbeit auszudrücken, der überlebende Elternteil hatte die Eltern-Kind-Beziehung umgekehrt, indem er versuchte, das Kind zum Spender der Fürsorge zu machen. Dieses Muster war besonders häufig bei Kindern, deren Vater gestorben war.

In der Gesamtstichprobe von 65 interviewten Personen waren 13 Männer, die den Vater verloren hatten. In drei Fällen hatte die Mutter wieder geheiratet; in zehn Familien hatte der Sohn weiter mit der verwitweten Mutter zusammengelebt. In nicht weniger als neun dieser Fälle hatten die Mütter „eine emotionale Abhängigkeit von ihren Kindern, vor allem den Söhnen, manifestiert". Einige hatten das Gefühl, zu Ersatzehemännern gemacht worden zu sein. Sie waren entweder bis zum Tod der Mutter unverheiratet geblieben oder hatten zwar geheiratet, sich aber später scheiden lassen und waren danach wieder zurückgekehrt, um mit der Mutter zusammenzuleben. In einem Fall hatte die Mutter gedroht, Suizid zu begehen, als ihr Sohn seine Heiratspläne ankündigte. Trotz dieser Druckmittel, die befriedigende Ehen extrem schwierig gemacht hatten, möglicherweise sogar wegen dieser Druckmittel, waren einige dieser Söhne in ihrer Arbeit sehr erfolgreich. Auch einige der Mädchen, die weiter mit einer verwitweten Mutter gelebt hatten, waren unter starken emotionalen Druck gesetzt worden, zu Hause zu bleiben und sich um die Mutter zu kümmern.

Eine der Frauen, deren Mutter jung gestorben war, beschrieb, wie sie, weil ihre Mutter im Alter von 25 Jahren gestorben war, sicher angenommen hatte, auch sie werde in diesem Alter sterben. Sie hatte ihre Heirat daher bis nach diesem schicksalhaften Jahr verschoben; dennoch hatte sie als Hochzeitstermin dasselbe Datum gewählt wie ihre Mutter. Als sie interviewt wurde, war sie etwa 45 Jahre alt und seit 20 Jahren augenscheinlich glücklich verheiratet.

Bei einer Übersicht über ihre Funde äußert Hilgard Besorgnis über Mitglieder der weniger gut angepassten Unterstichprobe. Obwohl diese in der Gemeinde lebten und als psychisch gesund galten, war es offenkundig, dass bei einigen das Leben beengt und die psychische Gesundheit beeinträchtigt waren durch die pathogenen Druckmittel, denen sie unterworfen gewesen waren. Einige hatten deutlich mehr gelitten als andere, und zweifellos hatten einige der Söhne, die ihre Heirat auf später verschoben hatten, danach dennoch erfolgreich eine Ehe geschlossen. Trotzdem stützt Hilgards Untersuchung stark die Auffassung, dass die Auswirkung des Todes eines Elternteils auf ein Kind stark beeinflusst wird von dem Muster der Familienbeziehungen, dem das Kind danach ausgesetzt ist.

Sicherlich weisen alle Studien, die über die Kindheitserfahrungen jener berichteten, die später zu psychiatrischen Fällen wurden, auf die gleiche Schlussfolgerung hin. Ein Beispiel ist eine Untersuchung von Arthur und Kemme (1964) an 83 Kindern und Adoleszenten zwischen 4 ½ und 17 Jahren, die an eine psychiatrische Kinderklinik in Ann Arbor, Michigan, verwiesen worden waren. Sie wiesen eine Vielzahl von emotionalen und Verhaltensproblemen auf, die sich alle entwickelt oder stark verschlimmert hatten nach dem Tod eines Elternteils und die man zumindest teilweise als durch den Verlust verursacht ansehen konnte. 60 waren Jungen, von denen 40 den Vater und 20 die Mutter verloren hatten; 23 waren Mädchen, von denen 14 den Vater und neun die Mutter verloren hatten.

Obwohl Arthur und Kemme nur spärliche Details angeben, ist es offenkundig, dass die Bedingungen, unter denen diese Kinder und Adoleszenten vor dem Verlust und/oder während des Verlusts und/oder nach dem Verlust gelebt hatten, in einem hohen Anteil der Fälle extrem ungünstig gewesen waren; bei vielen davon konnte man zumindest in Umrissen sehen, wie die Bedingungen, denen das Kind ausgesetzt gewesen oder noch ausgesetzt war, zu den beklagten Problemen beigetragen hatten oder beitrugen. Zu den in dieser Fallserie herausragenden ungünstigen Bedingungen gehörten Eltern, die sich gestritten oder getrennt hatten, und Eltern, die gedroht hatten, die Kinder zu verlassen, Kinder, die mehrere frühere Trennungen erlebt hatten, und Kinder, die dazu gebracht worden waren, sich für die Erkrankung des Elternteils verantwortlich zu fühlen. Nach dem Sterbefall hatten viele der Kinder nur wenige oder gar keine Informationen über diesen erhalten; danach hatten viele auch extrem instabile Beziehungen erlebt. Von den 83 verstorbenen Elternteilen hatten zehn Suizid begangen, eine Inzidenz, die kurz am Anfang von Kapitel 22 diskutiert werden wird.

Bei der großen Mehrheit der berichteten Fälle hatten schon vor dem Todesfall psychologische Störungen bestanden, oft schon lange Zeit zuvor. Dennoch war es bei den meisten evident, dass der Sterbefall jegliche Art bestehender Störungen verstärkt hatte. Wie im Falle von Erwachsenen stellt man daher fest, dass die Verlusterfahrung in einer Wechselwirkung steht mit sowohl vorhergegangenen als auch nachfolgenden ungünstigen Erfahrungen bei der Erzeugung des speziellen klinischen Bildes, das angetroffen wird.

Wie zu erwarten, gehören zu den häufigsten Arten, wie Kinder und Jugendliche auf den Verlust eines Elternteils reagieren, chronische Traurigkeit oder Angst oder eine Mischung aus beiden; viele entwickeln auch schwer fassbare somatische Symptome. Bei der Michigan-Serie erschienen mehr als ein Viertel der Probanden zur Zeit der Untersuchung traurig, 16 der 83 zeigten intensive Trennungsangst, 19 erlebten akute Nachtangst. Etwa ein Viertel zeigte sich während des Tages übermäßig anklammernd und/oder bestand abends darauf, bei dem überlebenden Elternteil oder einem Geschwister zu schlafen.

Obwohl jedoch viele offenkundig traurig und ängstlich wirkten, war dies bei vielen anderen nicht der Fall. Im Gegenteil, 29 Kinder – etwa ein Drittel – waren überaktiv und in höherem oder geringerem Grade aggressiv. Einige waren unprovoziert gewalttätig gegenüber Gleichaltrigen oder Erwachsenen oder zerstörten grundlos deren Eigentum.

In vielen der Fälle konnte ohne Schwierigkeiten eine Erklärung für die Trauer, die Angst oder den Zorn des Kindes in der Art und Weise gefunden werden, wie es die Ursache für den Tod seines Elternteils und/oder die Situation auslegte, in der es sich nun selbst befand. 17 fassten den Sterbefall so auf, dass sie verlassen worden waren. Wie ein Junge es ausdrückte: „Mein Vater hat mich verlassen, und ich bin sehr zornig auf ihn." Doppelt so viele, nämlich 40 Prozent, schrieben die Ursache des Sterbens entweder sich selbst oder dem überlebenden Elternteil zu. Einige machten deutlich, warum sie das taten. Ein Junge beispielsweise war von seiner Mutter gewarnt worden, er werde noch einmal ihr Tod sein. Ein anderer vermutete, seine Mutter habe Suizid begangen, weil er so ungezogen gewesen war. Die meisten der Kinder, die dem überlebenden Elternteil die Schuld gaben, waren Zeuge heftiger Streitigkeiten zwischen ihren Eltern gewesen, bei denen einer den anderen physisch angegriffen hatte.

Viele der jüngeren Kindern glaubten nicht, dass der Tod endgültig ist, und erwarteten, bald wieder mit ihrem Elternteil vereinigt zu sein, entweder hier oder „oben im Himmel"; einige der älteren Kinder erwogen den Suizid mit der expliziten Absicht, wieder mit dem fehlenden Elternteil zusammen zu sein. 13 hatten mit Suizid gedroht oder Versuche dazu unternommen.

In den Kapiteln 19 und 21 werden bei den Berichten über individuelle Kinder einige dieser Abläufe im Detail beschrieben.

Datenmaterial aus therapeutischen Untersuchungen

In den letzten fünfzig Jahren sind in den psychoanalytischen Journalen Berichte über die Behandlung erwachsener Patienten veröffentlicht worden, deren gegenwärtige Schwierigkeiten zumindest zum Teil als Folge des Verlusts eines Elternteils durch Tod oder andere Ursachen während der Kindheit des Patienten angesehen worden sind. Da in allen diesen Fällen der Verlust viele Jahre zuvor eingetreten war, ist es kaum überraschend, dass die Berichte wenig oder gar keine Informationen über die Umstände liefern, die dem Verlust vorangegangen oder gefolgt waren. In den letzten 20 Jahren jedoch haben sich die Berichte über Behandlungen von Adoleszenten und Kindern vervielfacht, deren Verluste vergleichsweise kurz zurücklagen; und in vielen davon sind etliche Details sowohl über die Umstände des Verlustes selbst als auch über die Muster der Familieninteraktion vor und nach diesem Verlust angeführt. In den folgenden Kapiteln wird eine Reihe dieser Berichte vorgelegt werden. Alle sind umformuliert worden, um einen kontinuierlichen Ablauf zu gewährleisten, der nicht durch in diesem Zusammenhang unwesentliche Theorien unterbrochen wird; einige Kommentare sind von mir hinzugefügt worden.

Wer den wissenschaftlichen Status von Material anzweifelt, das im Verlauf der Therapie gewonnen wurde, sollte daran denken, dass in kaum einem der zu beschreibenden Fälle die theoretischen Voreingenommenheiten der Autoren die gleichen sind wie meine eigenen. Im Gegenteil, die meisten vertreten mehr oder weniger explizit den theoretischen Standpunkt, der lange unter Psychoanalytikern dominierte und bis vor kurzem den Einflüssen von Umweltfaktoren nur geringes Gewicht beimaß; man erklärt stattdessen fast alle Unterschiede in der Persönlichkeitsentwicklung unter Bezugnahme auf eine Entwicklungsphase, an die das Individuum, wie man annahm, fixiert war. Wenn man diesen Standpunkt auf den unterschiedlichen Ausgang nach einem Verlust anwendet, führt er zu den weit verbreiteten Behauptungen:

- dass Kinder und sogar Adoleszenten aufgrund ihrer psychologischen Unreife nicht trauern können, und
- dass die emotionalen Probleme, die auf Elternverlust folgen, als Folge einer Entwicklungsstockung entweder in der Phase verstanden werden können, in der der Verlust erfolgte, z. B. bei Fleming und Altschul (1963), oder aber in einer früheren Phase, z. B. bei Klein (1948).

Es gibt eine ausgedehnte Literatur, die auf diesen Prämissen beruht; auf einen Teil davon wird in den Kapiteln 1, 2 und 12 Bezug genommen (siehe auch Bowlby, 1960b). Leser, die an einer weiteren Sondierung interessiert sind, verweise ich auf eine Literaturübersicht von Miller (1971) und eine weitere sehr umfassende von Furman im letzten Kapitel ihres Buches (Furman, 1974, vor allem S. 267–293).

Ich glaube, dass das gegenwärtig verfügbare Datenmaterial die traditionellen Theorien nicht stützt. Eine Hauptschwierigkeit bei einigen dieser Theorien ist, dass wir, wenn sie korrekt wären, eine Entwicklungsbeeinträchtigung bei jedem Kind oder Adoleszenten, das oder der einen Elternteil verloren hat, erwarten müssten, und wir wissen, dass dies nicht der Fall ist. Von großer Bedeutsamkeit ist darüber hinaus auch Folgendes: Je größer die zeitliche Nähe zu dem Verlust ist, wenn ein Patient, Kind oder Adoleszent, untersucht wird, und je größer die Anzahl der Fälle ist, die ein Kliniker gesehen hat, desto größer die Wahrscheinlichkeit, dass er nicht nur Umgebungsfaktoren beschreibt, sondern diese auch impliziert, wenn er den Ausgang erklärt. Zu den zahlreichen Autoren, die heute Umgebungsfaktoren betonen, vor allem den Einfluss des überlebenden Elternteils, gehören die Kliniker R. A. Furman (1964), E. Furman (1974), Kliman (1965), Becker und Margolin (1967) und Anthony (1973) und auch die Sozialwissenschaftler Gorer (1965), Glick u. a. (1974) und Palgi (1973). Die Position anderer Kliniker scheint nicht übereinzustimmen mit dem Datenmaterial, das sie vorlegen. Ein Beispiel ist Wolfenstein (1966, 1969), die, obwohl sie stark die traditionelle Theorie vertritt, Datenmaterial anführt, das ebenso stark Familienbeziehungen zu implizieren scheint.[122] Nagera (1970) vermeidet durch unparteiische Aufnahme beider Standpunkte eine Parteinahme. Daher schreibt er bei der Erörterung des Ursprungs der kindlichen Überzeugung, ein toter Vater werde wiederkommen: „In einigen Fällen geschieht dies unter dem direkten Einfluss von Müttern, die dem Kind die Wahrheit vorenthalten, um ihm Schmerz zu ersparen; *in anderen Fällen sind Phantasien identischer Natur eine spontane Produktion des Kindes*" (Hervorhebungen von Nagera).

In den folgenden Kapiteln werde ich wiederholt auf die Rolle von Umgebungsvariablen aufmerksam machen, und zwar sowohl auf solche, von denen die betreffenden Kliniker meinen, sie hätten Konsequenzen gehabt, als auch auf solche, die mir beim Lesen des Fallberichts ebenfalls wirksam gewesen zu sein schienen. Der vertretene Standpunkt stimmt natürlich mit der Theorie von den Entwicklungswegen überein, die im letzten Kapitel von Band II umrissen wurde und auch im vorliegenden Band vertreten wird.

Bei der Beurteilung der Validität der folgenden Berichte sollte man sich daher daran erinnern, dass, soweit die Autoren Daten von einer Art vorlegen, die meine Ansichten unterstützt, dies nicht aufgrund ihrer theoretischen Erwartungen geschieht. Im Gegenteil, ich glaube, sie haben das deshalb getan, weil sie im Verlauf ihrer klinischen Arbeit und manchmal trotz ihrer theoretischen Voreingenommenheit beeindruckt waren von der Bedeutsamkeit der von ihnen beschriebenen Ereignisse für ein Verständnis der Probleme des Kindes.

19 Reaktionen von Kindern, wenn die Bedingungen ungünstig sind

Something it is which thou hast lost, Some pleasure from thine early years. Break, thou deep vase of chilling tears That grief hath shaken into frost!

Alfred Lord Tennyson, *In memoriam*

Vier Kinder, deren Trauer scheiterte

Im ersten Abschnitt von Kapitel 16 bemerkten wir, dass die folgenden Umstände dem Datenmaterial nach erforderlich sind, wenn Trauer in der Kindheit einen günstigen Verlauf nehmen soll: Erstens sollte sich das Kind vor dem Verlust einer ziemlich sicheren Beziehung zu seinen Eltern erfreut haben; zweitens sollte es rasch und zutreffend informiert werden, und es sollte Fragen stellen und an der Trauer der Familie teilhaben dürfen; drittens sollte ihm die tröstliche Gegenwart seines überlebenden Elternteils oder einer bekannten Ersatzperson zur Verfügung stehen, zu der es Vertrauen hat. Obwohl diese Bedingungen, wie wir gesehen haben, sicherlich erfüllt werden können, ist es kaum überraschend, dass sie nur zu oft nicht erfüllt werden. Manchmal liegt nur in einer Art von Bedingung eine Unzulänglichkeit vor, manchmal in zweien und nicht selten in allen dreien. Von der Art der Mängel, ihrer Anzahl und vielleicht besonders von ihrer Kombination hängt die Form ab, die die Reaktionen des Kindes auf seinen Verlust annehmen. Da mehrere Formen von Pathologie die Folge sein können und außerdem jede Form in jeder Schwere auftreten kann, ist das zu untersuchende Feld riesig.

Da es bis jetzt noch keine Untersuchung an einer repräsentativen Gruppe hinterbliebener Kinder gibt, besteht keine Möglichkeit zur Einschätzung der Inzidenz jeder dieser verschiedenen Formen pathologischer Reaktionen. Man kann daher höchstens gewisse Reaktionsmuster beschreiben, die man in der klinischen Praxis häufig antrifft, und auf die vor und/oder nach dem Verlust herrschenden Bedingungen hinweisen, die bei deren Erzeugung eine Rolle, häufig eine große Rolle, spielen.

Wir beginnen mit der ausführlichen Darlegung der Fallberichte von vier Kindern, die nicht nur ein ziemlich repräsentatives Spektrum pathologischer Reaktionen zeigen, sondern deren Erfahrungen auch mit angemessenen Einzelheiten die Hauptumstände aufzeigen, die für Form und Grad der beschriebenen Reaktionen verantwortlich gewesen zu sein scheinen. In einigen Fällen scheinen die kausalen Verbindungen zwischen den Erfahrungen des Kindes und den beobachteten Reaktionen klar; in anderen sind sie eher zu vermuten. Bei den vier Kindern handelt es sich um zwei Jungen und zwei Mädchen, von denen ein Junge und ein Mädchen den Vater und die beiden anderen die Mutter verloren.

Die ausgewählten Fälle sind den Berichten von Klinikern entnommen, die diesseits und jenseits des Atlantiks arbeiten. Zwar ist ihnen allen der analytische Ansatz gemeinsam, doch innerhalb dieses Ansatzes unterscheiden sie sich erheblich im Hinblick auf ihren theoretischen Standpunkt und die therapeutischen Techniken, die sie zufällig in den ausgewählten Fällen anwandten.

Peter[123], beim Tode des Vaters elf Jahre alt

Der erste Bericht über einen elfjährigen Jungen, der seinen Vater verlor, ist einem wesentlich längeren klinischen Bericht von Donald Winnicott (1965, S. 212–242) entnommen, einem führenden britischen Pädiater und Psychoanalytiker. Aus diesem Bericht gehen außer dem Bild des Jungen und seiner Mutter auch einige von Winnicotts therapeutischen Praktiken hervor.

„Peter war elf Jahre und acht Monate alt, als Winnicott ihn zum ersten Mal sah. Acht Monate zuvor, am Tag nach Peters Geburtstag, war sein Vater bei einem Segelunfall ertrunken. Peter selbst war auch an diesem Unfall beteiligt gewesen, war aber gerettet worden. Nach dem Unfall hatte es einige Monate lang so ausgesehen, als habe dieses Ereignis Peter nicht beeinflusst; in der Folge jedoch hatte er eine Vielzahl unklarer Leiden entwickelt und war, um den Ausdruck seiner Mutter zu gebrauchen, ‚emotional' geworden. Sie hatte angefangen, bei Winnicott Hilfe zu suchen. Da Winnicott bereits außerordentlich beschäftigt war, versuchte er, Zeit zu sparen, und schob, soweit ihm dies möglich war, Interviews mit dem Jungen ein. Während eines Zeitraums von etwa zwei Monaten hatte er sechs Interviews mit dem Jungen; das erste dauerte zwei Stunden. Der Kontakt mit der Mutter beschränkte sich zunächst auf mehrere lange Telefongespräche, und ihr erstes Interview mit ihm fand erst etwa drei Monate nach ihrem ersten Anruf bei Winnicott statt. Gemeinsame Interviews gab es nicht.

Informationen über die Familienbeziehungen wurden während der therapeutischen Interviews mit Peter und seiner Mutter eingeholt. In dem veröffentlichten Bericht wird nichts über den älteren Bruder und sehr wenig über den Vater mitgeteilt.

Der Vater war ein beruflich erfolgreicher Mann gewesen, und gemeinsam hatten die Eltern einen großen Freundeskreis gehabt. Sie hatten zwei Kinder, einen älteren Jungen, der die Universität besuchte, und Peter, der in einem Internat war. Die Familie lebte in London und hatte außerdem ein Ferienhaus am Meer. Dort hatte sich die Tragödie ereignet.

In dem veröffentlichten Bericht werden nur wenige Details über den Unfall angeführt. Peter und sein Vater waren zusammen gesegelt und vermutlich gekentert. Dann waren beide lange Zeit im Wasser gewesen. Peter hatte eine Schwimmweste getragen, sein Vater dagegen nicht. Irgendwann war der Vater untergegangen; Peter dagegen war, beinahe durch Zufall, gerettet worden, als es dunkel wurde. Obwohl sein Vater bereits tot war, wurde Peter nur gesagt, sein Vater sei im Krankenhaus. Es ist nicht klar, wann oder wie Peter die Wahrheit erfuhr.

Die einzige weitere Information besagt, dass die Mutter bei dem ersten Telefongespräch geäußert hatte, dass Peter in gewissem Maße für die Tragödie verantwortlich gewesen wäre; der veröffentlichte Bericht jedoch geht hierauf nicht weiter ein.

Mit Ausnahme des letzten Punktes wurden alle oben angeführten Details von Peter während seines ersten Interviews mit Winnicot berichtet. Zu Beginn einer Sitzung, die sich dann als sehr lang herausstellte, machte Winnicott Peter mit dem ‚Kritzelspiel' bekannt, bei denen die Teilnehmer abwechselnd einen Schnörkel zeichnen, den der jeweils andere dann als Ausgangspunkt für eine Zeichnung benutzt. Nachdem Peter dieses Spiel aktiv eine Zeit lang gespielt hatte, begann er zu sprechen. Bald beschrieb er einen Traum, in dem eine Person fehlte, obwohl niemand dies wusste; es gab auch eine Kirche mit einem Schatten anstelle des Altars. Von Winnicott gefragt, was ein schöner Traum wäre, antwortete Peter: ‚Seligkeit, umsorgt werden. Ich weiß, dass ich mir das wünsche.' Auf die Frage, ob er wisse, was eine Depression sei, antwortete Peter mit Ja, vor allem seit dem Tode seines Vaters. Er hatte seinen Vater geliebt, ihn aber nicht viel gesehen. Dann begann er, über seine Eltern und seinen Eindruck von ihrer Beziehung zu sprechen: ‚Mein Vater war sehr freundlich. Doch Tatsache ist, dass Mutter und Vater ständig unter Spannung standen ... Ich war das Bindeglied, das sie verband; ich versuchte zu helfen ... Sie passten wirklich sehr gut zusammen, doch wegen einiger kleiner Dinge begannen sie sich zu überwerfen, und die Spannung stieg immer höher; die einzige Lösung dafür war, dass ich sie wieder zusammenbrachte. Vater war sehr überarbeitet ... Es war eine starke Belastung für ihn, müde nach Hause zu kommen und dann von seiner Frau im Stich gelassen zu werden.' In all dem, so bemerkt Winnicott, zeigte Peter ein ungewöhnliches Maß an Einsicht.

Dann war Peter dazu übergegangen, sehr detailliert, aber auf ziemlich losgelöste Weise den Unfall zu beschreiben, bei dem sein Vater umgekommen war, und seine Gedanken dazu. Er meinte, sein Vater könne Suizid begangen haben; vielleicht trage auch er, Peter, die Schuld; das sei unmöglich zu wissen. ‚Nach einer langen Zeit im Wasser fing man an, um das eigene Leben zu kämpfen.' Dann vertraute er Winnicott an, er glaube, wenn sein Vater weitergelebt hätte, hätte seine Mutter Suizid begangen. ‚Die Spannung zwischen den beiden war so groß, dass es unmöglich so hätte weitergehen können, ohne dass einer von beiden starb.' Peter war deshalb erleichtert und ließ auch erkennen, dass er darüber große Schuldgefühle empfand.

Gegen Ende des Interviews beschrieb Peter verschiedene Ängste, die er seit seiner frühen Kindheit gehabt hatte, und bestand darauf, dass seine Schwierigkeiten schon vor der Tragödie bestanden hätten.

Nach diesem Interview war Peter in sein Internat zurückgekehrt. 14 Tage später jedoch rief seine Mutter an, um zu sagen, er sei fortgelaufen und, beladen mit Lateinbüchern, mit dem Zug nach Hause gekommen. Er hatte das Gefühl, in der Schule nicht mehr mitzukommen und sich ungeheuer anstrengen zu müssen, um Latein zu lernen. Im darauf folgenden Interview mit Winnicott beschrieb Peter, wie ein anderer Junge wegen seiner Lateinleistungen in Schwierigkeiten gekommen sei und man ihm gesagt habe, er sei für die Schule nicht geeignet. Daraufhin hatte Peter sich elend gefühlt; das hatte zu seinem Fortlaufen geführt. Dann schimmerte durch, dass Peter auch nach dem vorigen Mal gern fortgelaufen wäre. Außerdem weigerte er sich nach diesem Interview rundweg, in die Schule zurückzukehren, und musste auch erst dazu überredet werden, Winnicott noch einmal zu sehen.

Nach dem Interview, das dann folgte, entschied Winnicott, Peter sei nicht in der Verfassung, in die Schule zurückzugehen, und solle stattdessen zu Hause bei seiner Mutter bleiben. Dies wurde arrangiert. Peter wurde, wie Winnicott es ausdrückt, ‚zu einem vierjährigen Jungen, der seiner Mutter überallhin folgte und ihre Hand hielt'. Man verbrachte die meiste Zeit in dem Ferienhaus. Diese Regelung wurde für etwa neun Monate beibehalten; nach dieser Zeit war Peter wieder mehr er selbst, und Winnicott meinte, seine Verfassung sei nun gut genug, um ihn wieder zur Schule zu schicken. Peter fühlte sich in der Nähe des Meeres noch immer unbehaglich, machte aber ansonsten gute Fortschritte.

Während der Monate, in denen er nicht die Schule besuchte, hatte Peter sechs weitere Interviews mit Winnicott; bei einem dieser Interviews erzählte er einen langen und komplizierten Traum. In einer Episode gab es eine Kirche, in der drei Kisten standen; Peter meinte, in diesen Kisten seien Leichen. Eine der Leichen verwandelte sich in einen Geist und setzte sich auf. Der Geist hatte ein wächsernes Gesicht und sah aus, als sei er ertrunken. In einer anderen Episode wurden Schulgebäude von Wasser überflutet, und 300 Jungen ertranken. Peter und seiner Mutter gelang es am Ende, im Sportwagen seines Bruders zu entkommen. Bei der Wiedergabe dieses Traumes hatte Winnicott den Eindruck, als komme Peter der tatsächlichen Todesangst der Ertrinkenssituation sehr nahe. Im affektiven Ausdruck war dieses Interview sehr verschieden von dem ersten, bei dem Peter die Tragödie sehr detailliert, aber eher distanziert beschrieben hatte.

Während dieser Interviews wurde auch ersichtlich, dass Peter sich der Tatsache bewusst war, dass die unklaren Leiden, derentwegen er sich an die Schulvorsteherin gewandt hatte, in Wirklichkeit ein Ausdruck seines starken Wunsches nach Fürsorge in den ersten Monaten nach der Tragödie waren, in denen er scheinbar ganz glücklich und unbeeinflusst vom Tode seines Vaters gewesen war.

Während der Monate, in denen sie sich um Peter kümmerte, hatte die Mutter telefonische Unterredungen mit Winnicott geführt und später ein Interview mit ihm gehabt. Bei einem Telefongespräch wollte sie vor allem erörtern, wie Peter und sie den ersten Jahrestag des Todes des Vaters verbringen sollten. Sie hatte die Idee, eine Menge Leute zu einer Party einzuladen. Winnicott, der das für alles andere als hilfreich hielt, beeinflusste die Mutter dahingehend, den Nachmittag mit Peter allein und in Ruhe zu verbringen. Später beschrieb sie Winnicott, wie sie den ganzen Nachmittag zusammengesessen hatten und Peter am Ende ausgerufen hatte: ‚Gott sei Dank, dass es vorbei ist, es war nicht halb so schlimm, wie ich befürchtet hatte!' Sofort danach war er gesünder erschienen, und sein Gesicht hatte sich verändert.

Winnicott führte das erste Interview mit der Mutter zwei Monate vor dem Jahrestag und ein weiteres Interview acht Monate später, etwa zu der Zeit, als Peter in die Schule zurückkehrte.

Weil Winnicott der Meinung war, Peter brauche eine Zeit, in der er die intensive Fürsorge seiner Mutter erfahren könne (in der von Winnicott benutzten, traditionellen Terminologie ‚regredieren' könne), hatte er diese Regelung vorgeschlagen, obwohl er wusste, dass die Mutter ihre eigenen emotionalen Schwierigkeiten hatte und tatsächlich auch vom Personal der Schule als viel zu gestört angesehen wurde, um gut für Peter zu sein. Dennoch erwies sich die Mutter als zuverlässig und hilfreich, und der Plan hatte Erfolg. Später beschrieb die Mutter, wie die Fürsorge für Peter auch ihr selbst geholfen hatte.

Kommentar

Dieser Bericht gibt alle hervortretenden Merkmale des Falles von der Zeit des Unfalls bis etwa zwei Jahre danach wieder. Bevor wir auf verschiedene Gegebenheiten der Familiengeschichte eingehen, die offenbar für ein Verständnis von Peters Reaktion relevant sind, ist es vielleicht nützlich, etwas über die Umstände zu sagen, die den Verlust selbst umgaben und die Peter in den Monaten danach ungünstig beeinflussten.

Erstens erfolgte der Tod seines Vaters sowohl plötzlich als auch vorzeitig. Zweitens war Peter selbst der einzige Überlebende. Es gab daher niemanden sonst, der Kenntnisse über den Unfall hatte und mit dem er besprechen konnte, wie und warum dieser geschehen war, wie man ihn hätte verhindern können und wie es kam, dass der Vater ertrank, während er selbst, der die einzige Schwimmweste trug, gerettet worden war. Unter solchen Umständen muss der Überlebende sich über seine Verantwortung Gedanken machen, die er möglicherweise für die Verursachung des Unfalls oder dafür trägt, dass er selbst auf Kosten des anderen überlebt hat. In diesem Zusammenhang zeigt die Tatsache, dass Peters Mutter in ihrem ersten Telefongespräch mit Winnicott gesagt hatte: ‚Peter war in gewissem Maße für den Unfall verantwortlich', die Richtung, die die Gedanken der Mutter eingeschlagen hatten.

Drittens wurde Peter nicht sofort die Wahrheit über den Tod seines Vaters gesagt, obwohl er vermutlich bereits erkannt hatte, was geschehen war. Es ist unklar, was ihm später gesagt wurde und wann dies geschah. Man gewinnt den Eindruck, dass er nie eine Gelegenheit hatte, frei über das Geschehen zu sprechen.

Viertens legt die ursprüngliche Idee der Mutter, am ersten Jahrestag des Todes Freunde zu einer Party einzuladen, nahe, dass es ihr selbst widerstrebte, ihren eigenen Kummer zu akzeptieren oder ihn mit Peter zu teilen.

Es besteht also Grund zu der Annahme, dass die Umstände um den Verlust herum und auch jene, von denen Peter in der Folge beeinflusst wurde, geeignet waren, seine aktive Trauer zu hemmen. Offenkundig ist aber auch, dass es in der Familie vor dem Tode des Vaters Schwierigkeiten gegeben hatte und dass das Muster von Peters Bindung an seine Eltern viel zu seinen Schwierigkeiten beigetragen haben könnte. Winnicott gibt weitere Informationen über Peters Erfahrungen und die Familienbeziehungen der Mutter; diese wurden aus den therapeutischen Interviews bezogen und stützen die hier vorgetragene Ansicht.

> „Eine Gegebenheit der Familiengeschichte, die von Peter erörtert worden war und später von der Mutter bestätigt wurde, war eine Episode, die sich ereignet hatte, als Peter 18 Monate alt war. Damals hatte die Mutter sich wegen einer Operation für sechs Monate entfernen müssen. Peter war von Freunden versorgt worden, und der Vater hatte ihn täglich besucht. Während dieser Zeit ‚war Peter übererregbar geworden, scheinbar glücklich, lachte dauernd und hüpfte auf und nieder ... Als seine Mutter zurückkam ... war plötzlich sein Gespringe vorbei, er setzte sich auf ihren Schoß und schlief sofort ein. Es heißt, er habe 24 Stunden lang geschlafen, und seine Mutter sei die ganze Zeit bei ihm geblieben.'[124]
>
> Als er Winnicott diese Geschichte erzählte, behauptete Peter, eine gewisse Erinnerung an diese Episode zu besitzen und daran, wie er sich danach gefühlt habe. Mit tiefem Gefühl erklärte er Winnicott: ‚Sehen Sie, ich bin meiner Mutter seither nie ganz sicher gewesen, und deswegen habe ich mich an sie geklammert; das bedeutete, dass ich sie von Vater fernhielt; und ich selbst hatte nicht viel Verwendung für Vater.'
>
> Die Details dieser Episode wurden von der Mutter bei einem ihrer Interviews mit Winnicott bestätigt. Als sie davon erzählte, erinnerte sie sich außerdem an eine noch frühere Gelegenheit, bei der Peter von ihr getrennt gewesen war. Als er erst fünf Tage alt war, wurde er wegen Erbrechen in ein Krankenhaus gebracht. Er war dort sechs Wochen lang ge-

blieben, doch sein Gewicht hatte sich weiter verringert. Schließlich hatte die Mutter ihn zu sich nach Hause genommen, und sofort hatte er angefangen zuzunehmen.

Bei ihrem ersten Telefongespräch hatte die Mutter von Peter gesagt, er sei ihr immer sehr ergeben gewesen, und bei einer anderen Gelegenheit sprach sie davon, dass er in Gefahr sei, ‚Mutter-fixiert' zu werden. Es liegt daher auf der Hand, dass die beiden einander lange Zeit sehr nahe gewesen waren. Dagegen war die Beziehung der Mutter zu ihrer eigenen Mutter sehr schwierig gewesen, und es bestanden offenbar auch Schwierigkeiten in ihrer Beziehung zu ihrem Mann.

Während des ersten Interviews mit Winnicott sprach die Mutter viel über die schwierige Beziehung, die sie zu ihrer eigenen Mutter gehabt hatte, und zwar seit ihren frühesten Jahren. Sie sagte, ihre Mutter sei schon immer fordernd gewesen, und dies habe sich mit Alter und Krankheit noch verstärkt. Winnicott hatte darüber schon von Peter gehört, der bei einem seiner eigenen Interviews darüber geklagt hatte, wie unmöglich sich seine Großmutter seiner Mutter gegenüber verhalte, und Winnicott um Rat gefragt hatte, was er tun könne, um sie zu ändern. In Peters Augen war das Verhalten der Großmutter für die meisten der Schwierigkeiten seiner Mutter verantwortlich. Auch brachten es die Forderungen der Großmutter häufig mit sich, dass die Mutter abwesend war, und dann fühlte er sich stets deprimiert.

Winnicott beschreibt, wie er versuchte, die intuitive Art der Mutter, Dinge zu tun, zu unterstützen. Er tat das vor allem deshalb, weil sie das Gefühl hatte, ihr Mann habe sie im Umgang mit den Kindern zu wenig unterstützt. In der Folge ging Winnicott auch mitfühlend auf den ziemlich natürlichen Groll der Mutter darüber ein, dass er sie in der Zeit, in der er zwar Peter, aber nicht sie sah, habe ‚hängenlassen'."

Weiterer Kommentar

Bei seiner Einschätzung von Peters Schwierigkeiten nach dem Tode seines Vaters legt Winnicott viel Nachdruck auf die sechswöchige Trennung Peters von seiner Mutter, als er 18 Monate alt war, und auf seine darauf folgende Ungewissheit hinsichtlich ihrer Verlässlichkeit. Mir scheint jedoch, dass er sowohl die Umstände des Verlusts und die darauf folgenden Bedingungen zu wenig beachtet als auch die Rolle, die Peters Mutter während dieser ganzen Entwicklung spielte.

Die Lektüre des Berichts zeigt, dass Peter und seine Mutter viele Merkmale aufweisen, die als typisch für Fälle von Schulverweigerung bekannt sind (siehe Band II, Kapitel 18). Ein ängstlicher Junge, der emotional eng mit seiner Mutter verbunden ist, entwickelt eine Vielfalt somatischer Symptome und beginnt sich nach einem Trauerfall in der Familie zu weigern, zur

Schule zu gehen. Außerdem ist auch das Muster der Beziehungen in den drei Generationen der Familie typisch. Obwohl die Trennung im Alter von 18 Monaten eine gewisse Rolle dabei gespielt haben mag, dass Peter übernormal ängstlich wurde, und auch die Gefühle der Mutter ihm gegenüber beeinflusst haben mag, nehme ich daher an, dass ein gewichtigerer Einfluss davon ausgegangen war, dass seine Mutter von ihm Unterstützung und Fürsorge erwartet hatte und ihn, vermutlich ohne sich dessen bewusst zu sein, auf eine Weise an sich gebunden hatte, die sie bereute. Charakteristischerweise hatte sie eine enge, aber gestörte Beziehung zu ihrer eigenen Mutter, von der es heißt, sie sei extrem fordernd, und die ihr, wie man wohl folgern kann, ihrerseits wenig Unterstützung und Fürsorge gab.

Ein Thema, über das Winnicott wenig sagt, ist Peters Hinweis auf die Möglichkeit, sein Vater oder seine Mutter könne Suizid verüben. Obwohl er feststellt (in einer Fußnote): „Es gibt gute Nachweise dafür, dass keiner der Eltern tatsächlich suizidal war", hat meine Erfahrung mich gelehrt, solche Schlussfolgerungen zu bezweifeln. Ich glaube, es ist unwahrscheinlich, dass Peter solche Gedanken hätte haben können, ohne dass einer seiner Eltern auf Suizid angespielt hätte. Für mich legt das Material nahe, dass seine Mutter durchaus in Peters Hörweite derartige Gedanken geäußert haben könnte, vielleicht besonders dann, wenn sie erbittert war über die wachsenden Forderungen ihrer Mutter. In diesem Zusammenhang ist Peters Wunsch, von Winnicott einen Rat zu erhalten, wie er das Verhalten seiner Großmutter gegenüber seiner Mutter ändern könnte, vielsagend.

Henry, beim Tode der Mutter acht Jahre alt

Der nächste Bericht über einen achtjährigen Jungen, der seine Mutter verlor, ist einem klinischen Bericht von Benjamin Shambaugh (1961) entnommen, einem Kinderpsychiater und Psychoanalytiker, der in Boston, USA, arbeitet. Da man wusste, dass die Mutter des Jungen sterben würde, bemühte man sich, ihm beim Durchleben dieser Erfahrung zu helfen. Das bedeutete, dass die Kliniker Informationen sowohl über die Mutter, die dann verloren wurde, als auch über ihre Beziehung zu ihrem Sohn aus erster statt aus zweiter Hand einholen konnten.

„Henry war achteinhalb Jahre alt, als seine Mutter an Krebs starb. Man hatte ihren Tod seit mindestens einem Jahr vorausgesehen, und aus diesem Grunde kam Henry früh in psychiatrische Obhut. Obwohl Henry von der Krankheit seiner Mutter und ihrer Brustoperation wusste, hatte man ihm nicht gesagt, wie ernst die Prognose war.

Henry wurde wöchentlich gesehen. Die Sitzungen begannen ein Jahr vor dem Tod seiner Mutter. Er wirkte wie ein aktiver, offener, intelligenter und freundlicher Siebenjähriger, der frei mit Spielen, Autos und Soldaten spielte.

Nach etwa fünf Monaten jedoch mussten die Sitzungen für sieben Monate unterbrochen werden. Dies geschah, weil die Mutter es missbilligte, dass Henry (und auch seine jüngere Schwester) in die Klinik kam, und meinte, die Kinder sollten stattdessen ihre Hausaufgaben für die Schule erledigen. Da er die Einwände seiner Mutter kannte, weigerte sich Henry zu kommen. Nach dem Tod der Mutter jedoch kam Henry wieder regelmäßig jede Woche, eine Regelung, die für weitere zwei Jahre beibehalten wurde.

Henry hatte eine Schwester, Dorothy, vier Jahre jünger als er, auf die er häufig eifersüchtig war, vor allem, wenn sie die Aufmerksamkeit des Vaters hatte. Seine Mutter machte den Eindruck, in Shambaughs Worten, einer ‚etwas kalten, strengen Frau, die gutes Benehmen und Leistung verlangte'. Ständig ermahnte sie Henry, seine Schulleistungen zu verbessern, die dürftig sein sollten. Der Vater, ein Verkäufer Ende 30, war weniger streng. Henry gegenüber jedoch war er häufig inkonsequent, einmal emotional und duldsam, dann wieder ärgerlich und intolerant gegenüber Henrys jungenhaften Aktivitäten. Während der Krankheit seiner Frau und nach ihrem Tod hieß es, der Vater könne nicht mit den Kindern fertig werden.

Während der frühen Sitzungen, also während der Krankheit der Mutter, vermied Henry gewöhnlich die Erwähnung ihres Zustandes, und wenn er es doch tat, versicherte er seinem Therapeuten, sie sei jetzt ‚schon fast wieder gesund' oder werde ‚bald aufstehen können'. Seine Gefühle ihr gegenüber waren deutlich ambivalent. Er erkannte zwar an, dass er ihr gehorchen musste, war aber häufig ärgerlich auf sie wegen ihrer ständigen Forderungen, bessere Schulleistungen zu bringen. Als ihr Zustand sich verschlimmerte, hörte er jedoch auf, zornig auf sie zu sein.

Nach dem Tod der Mutter blieben Henry und Dorothy zu Hause bei ihrem Vater. Die Haushälterinnen lösten einander ab, und über jede von ihnen sprach Henry mit unermüdlicher Missachtung und Kritik.

Sofort nach dem Verlust schloss sich Henry eng an seinen Vater an und war häufig eifersüchtig auf Dorothy. ‚Nach dem Ende jedes Interviews pflegte er sich an seinen Vater zu hängen, der in Babysprache zu ihm redete.' Etwa um diese Zeit scheint der Vater davon gesprochen zu haben, mit den Kindern nach Florida zu gehen. Henrys Gedanke war, der Vater und er sollten dorthin gehen und den ganzen Tag in der Sonne liegen: Er würde nicht zur Schule gehen, und sein Vater würde nicht arbeiten. Er würde sich auch keine Gedanken über all die Dinge machen, über die seine Mutter genörgelt hatte. Ein Spiel, das er in diesen Sitzungen manchmal spielte, drehte sich um einen Jungen, seinen Vater und eine Haushälterin. Der Junge und sein Vater warfen die Haushälterin aus dem Haus oder sperrten sie aus. Dann war der Junge mit dem Vater allein, und sie schliefen gemeinsam in einem Bett.

Als die Sitzungen nach dem Tod der Mutter wieder aufgenommen wurden, machte Henry nicht den Eindruck eines Jungen, der einen Verlust erlitten hatte. Im Gegenteil, er kam voller Energie und Fröhlichkeit. Er sagte, er sei froh, wieder da zu sein, erzählte Witze und Scherze, die er in der

Schule gehört hatte, und zeigte seinem Therapeuten Zaubertricks und neue Spiele, die er erfunden hatte. Er erzählte auch von seinen Heldentaten in der Schule, derentwegen ihn, wie er behauptete, seine Freunde bewunderten. Gleichzeitig jedoch war er äußerst ruhelos und ablenkbar und wechselte ständig von einer Aktivität zu einer anderen. Während dieser Periode erwähnte Henry seinen Verlust nicht und antwortete ärgerlich, wenn das Thema berührt wurde. Als der Therapeut bei einer Gelegenheit seine Mutter erwähnte, protestierte Henry zornig und lief aus dem Zimmer. Später beschrieb er seine Haltung: ‚Als sie im Krankenhaus starb, winkte ich und sagte Lebewohl und vergaß es.' Noch später bestand er darauf, seine Mutter sei vollkommen gewesen; sie habe ihn in den Zirkus geführt und ihm Süßigkeiten gekauft. Niemand könne ersetzen, was er verloren habe.

Die Spiele, die er mit den vom Therapeuten zur Verfügung gestellten Spielsachen spielte, hatten eine Tendenz, in Gewalt und Zerstörung zu enden. In einem Spiel zog eine Familie von einem Haus in ein anderes. Zuerst wurde der Möbelwagen demoliert; dann wurde das Haus gesprengt, und alle Menschen wurden getötet. In einem anderen Spiel war jemand in der Familie krank. Ein Krankenwagen kam, aber dann wurde das Haus niedergebrannt und der Krankenwagen gesprengt. In diesen Augenblicken wurde Henry extrem ängstlich, brach das Spiel ab und wandte sich anderen Dingen zu. In wieder anderen Spielsequenzen wurde der Puppenjunge destruktiv und verwandelte sich dann in dem Bemühen, sich selbst zu kontrollieren, in Superman. Dann wurde Superman gewalttätig und unkontrolliert, und es wurden verschiedene Anstrengungen unternommen, ihn zu kontrollieren, doch keine hatte Erfolg.

Während dieser Monate entwickelte Henry viele Ideen, die sich darum drehten, völlig selbstgenügsam zu sein. Shambaugh zufolge ‚sprach Henry von Plänen, selbst für sich zu sorgen, sein eigenes Essen zu bereiten, sich selbst Kleidung zu beschaffen. Er sprach davon, eine Stellung anzunehmen und sein eigenes Geld zu verdienen, damit er die Unterstützung seines Vaters nicht brauchte. Manchmal waren seine Phantasien grandioser, und er dachte daran, ein Fernsehstar zu werden, weltberühmt und sehr reich. Er machte seinen Vater als Ernährer klein und sagte, er brauche ihn nicht. Er leugnete, dass er mich brauche oder ich irgendetwas für ihn tun könne. Während er aber immer häufiger äußerte, er brauche mich nicht, stellte er unzählige Forderungen, ich solle ihm Dinge oder Nahrung geben. Er entwickelte Phantasien von Allmacht und Unverwundbarkeit. Bei einer Gelegenheit wurde seine Schwester krank, und er stellte fest, er könne nie krank werden. Andere Menschen könnten Erkältungen oder Lungenentzündung bekommen oder vielleicht sterben, er aber sei immun.'

Henrys Verhalten gegenüber seiner Schwester enthüllte einige seiner eigenen Konflikte und Gefühle. Er sprach beispielsweise oft davon, wie traurig Dorothy sei und wie sehr sie ihre Mutter vermisse. Er beschrieb auch, wie zornig sie gewesen war, als Kinder in der Schule sie damit aufgezogen hatten, dass ihre Mutter tot war, und wie sie diese angegriffen hatte. Zu solchen Zeiten konnte man ihn sehen, wie er mit seiner Schwester in der Halle der Klinik auf und ab ging, den Arm um sie gelegt, und sie so tröstete, wie es sein Vater vielleicht tun würde. Es gab aber auch Zeiten, in denen er sie als kindisch verächtlich machte und sich über sie lustig machte, wenn sie weinte. Dieses Verhalten stimmte überein mit seinen grandiosen Selbstgenügsamkeits-Behauptungen.

Nachdem die Haushälterinnen einander sieben Monate lang abgewechselt hatten, hörte Henry, dass er eine neue Mutter bekommen werde. Sofort begann er, seinen Vater herabzusetzen und sich darüber lustig zu machen, dass er Pläne gehabt hatte, nach Florida zu gehen, die er, Henry, jetzt als albern bezeichnete. Vier Monate später heiratete der Vater wieder.

Im Hinblick auf Henrys beständige Missachtung und Kritik der Haushälterinnen war es überraschend, dass er zuerst seine Stiefmutter begeistert akzeptierte. Er erzählte seinem Therapeuten, wie schön sie sei, was für eine vollkommene Mutter sie sein werde und wie sehr sie ihn lieben werde. Er behauptete, er selbst habe für seinen Vater um ihre Hand angehalten, und sie habe seinen Antrag angenommen. Er bezeichnete sie schnell als seine Mutter und nicht mehr als seine neue Mutter. Mit ihr, so behauptete er, könne er Geheimnisse haben, die er mit seinem Vater oder Therapeuten nicht teilen könne.

Diese ‚Flitterwochen' dauerten während der Verlobungszeit und noch kurz nach der Heirat an. Die neue Frau des Vaters jedoch machte sich bald keine Illusionen mehr über ihre Rolle und fühlte sich unfähig, mit den Kindern fertig zu werden. Sie verübelte heftig jede Erwähnung der ersten Frau des Vaters. ‚Sie begann sich zu beklagen, ärgerliche Ausbrüche zu haben und von Zeit zu Zeit Gedanken daran zu äußern, die Familie zu verlassen. Zu anderen Zeiten ging sie zu Bett und behauptete, sie sei krank. Dann wurde Henry schnell ängstlich. Er begann, seine Schwester und dann sich selbst zu beschuldigen und sagte mir, er habe sich zu Hause schlecht benommen, zu laut gesprochen oder eine Tür zugeschlagen. Diese Selbstbeschuldigungen traten intermittierend auf, führten aber dennoch dazu, dass er sich bemühte, gut zu sein, wie er sich früher bemüht hatte, gut zu seiner sterbenden Mutter zu sein. Einmal sagte er mir, er könne seine Stiefmutter niemals wirklich lieben, solange er nicht sicher sei, dass sie nicht fortgehen würde. Als seine Angst vor ihrem angedrohten Fortgehen wuchs, war er wieder versucht, auf sie zu verzichten und sich zu wünschen, er sei mit seinem Vater allein geblieben.' Die Spannung in der Familie stieg an. Henry wurde wütend auf Dorothy, weil sie, wie er behauptete, die Stiefmutter krank gemacht habe. Er befürchtete auch, die Stiefmutter werde fortgehen, und machte sich Sorgen, man könne ihm dafür die Schuld geben.

‚Bei einem Interview während dieser Zeit war Henry so überaktiv, ablenkbar und ruhelos wie in der Zeit nach dem Tod seiner Mutter. Dann sagte er mir, seine Stiefmutter sei wieder sehr krank und liege im Bett.

Plötzlich hielt er seine Hand an seine Brust, sagte, da fühle er einen schrecklichen Schmerz, und behauptete, er habe einen Herzanfall. Als ich fragte, was er denke, sagte er, er habe sich soeben an die Brustoperation seiner Mutter erinnert. Dann wurde er traurig und ernst und stellte fest, er sollte nicht mehr in die Klinik kommen und dort sprechen und spielen; stattdessen sollte er zu Hause sein und seine Hausaufgaben machen, weil er in der Schule schlechte Noten habe.' Dies war seit vielen Monaten die erste Erwähnung seiner Besorgnisse über seine Arbeit in der Schule. Offenbar hatte er sich plötzlich an die Ermahnungen seiner toten Mutter erinnert.

Während der nächsten paar Interviews begann Henry, ebenfalls zum ersten Mal, offen seine wirkliche Mutter und seine Stiefmutter miteinander zu vergleichen. Er beschrieb, worin sie sich unterschieden; sie kleideten sich beispielsweise unterschiedlich, und während seine wirkliche Mutter alte Möbel liebte, hatte seine Stiefmutter eine Vorliebe für moderne Möbel.

Etwas später beschloss Henrys Stiefmutter in der Absicht, ‚aus dem Heim alle Spuren der Frau zu entfernen, die sie ersetzt hatte, alle alten Möbel hinauszuwerfen und die Wohnung renovieren zu lassen. Henry war entzückt. Wieder war er überaktiv und euphorisch und machte Späße. Er sagte, es sei gut, die alten Möbel loszuwerden. Alles müsse neu sein, und das Alte müsse vergessen sein.' Bei den nächsten Interviews jedoch war er ängstlich und traurig. Dann erwähnte er gewisse Glastiere, die, wie er behauptete, 200 Dollar wert seien. Sie waren ihm von seiner wirklichen Mutter geschenkt worden, und er hütete sie wie einen Schatz. Er fürchtete, die Stiefmutter werde sie zusammen mit den alten Möbeln hinauswerfen, und darum hatte er sie weggeschlossen, so dass sie sie nicht finden konnte. Plötzlich wurde er traurig und ernst, nahm wieder Bezug auf seine Arbeit in der Schule, erklärte, diese sei dürftig, und er müsse mehr arbeiten. Auch solle er besser zu Hause bleiben und Hausaufgaben machen, statt in die Klinik zu kommen und zu spielen.

Schließlich schloss er einen Handel mit seiner Stiefmutter ab. Er wollte mit dem Wechsel der Möbel einverstanden sein, wenn sie ihm versprechen würde, er dürfe seine Glastiere ‚für immer' behalten."

Kommentar

Die Schwierigkeiten, die Henry mit der Trauer um seine Mutter hatte, waren schon lange offenkundig, bevor die Ankunft seiner Stiefmutter die Probleme vervielfachte. Bevor wir einige der Umstände betrachten, die wahrscheinlich seine Schwierigkeiten erklären, wollen wir kurz auf die Form eingehen, die seine Reaktionen annahmen.

Anders als Peter, der sofort die Gelegenheit ergriff, über seinen Verlust und den Unfall zu sprechen, der zu diesem Verlust geführt hatte, weigerte sich Henry zuzuhören, wenn sein Therapeut den Tod der Mutter erwähnte, und lief zornig aus dem Zimmer. Außerdem war er, wenn er sich in diesem Raum befand, mehr in der Stimmung für Fröhlichkeit, Späße und rastlose Aktivität als dazu, über den Verlust zu sprechen. Auch liebte er den Tagtraum, eine glückliche, müßige Zeit allein mit seinem Vater zu verbringen. Diese Stimmung und dieses Verhalten, oft als manische Abwehr bezeichnet, gehören eindeutig derselben Art an wie das euphorische Verhalten, das einige Erwachsene nach einem Verlust aufweisen und das am Ende von Kapitel 9 diskutiert wird. Auf beiden Altersebenen scheinen Stimmung und Verhalten teilweise der Erleichterung zu entstammen, dass lästige Einschränkungen und Pressionen, die von der verlorenen Person ausgingen, nun wegfallen, und teilweise einem hektischen Bemühen, sowohl die eigene als auch die Aufmerksamkeit anderer von der schmerzlichen Erkenntnis abzulenken, dass vieles, was geschätzt wurde, nun verloren ist.

Wie im Falle der von Weiss beschriebenen Erwachsenen jedoch gibt es guten Grund zu der Annahme, dass diese Stimmung nicht bis unter die Haut reicht. Die Spiele, die Henry mit dem Spielzeug spielte, führten keineswegs zu einem glücklichen Ende, sondern zu Zerstörung, Angst und fruchtlosen Bemühungen, weitere Zerstörung zu kontrollieren.

Ein weiterer Gegensatz zwischen Henry und Peter besteht darin, dass Peter die Nähe zu seinem überlebenden Elternteil willkommen hieß, während Henry sich darüber in einem akuten Konflikt befand. Einerseits strebte er danach, seinen Vater ganz für sich zu haben; andererseits machte er seinen Vater verächtlich und behauptete, er brauche ihn nicht. Seine Behauptungen, für sich selbst sorgen zu können, gegen Krankheiten immun zu sein und zu Ruhm und Reichtum bestimmt zu sein, sind typisch für einen zwanghaft selbstgenügsamen Menschen. Das geht auch aus den Anlässen hervor, bei denen er seine jüngere Schwester lächerlich machte, weil sie weinte und, wie er es ausdrückte, „kindisch" war.

Bei der Suche nach Erklärungen für Henrys Reaktionen wollen wir mit dem Muster der Beziehung beginnen, die Henry zu seiner Mutter vor deren Tod hatte. Es hieß, sie sei eine etwas kalte und strenge Frau gewesen, von der bekannt war, dass sie sich ständig um die Schulleistungen ihrer Kinder sorgte, obwohl diese erst acht und vier Jahre alt waren. Aus diesen Hinweisen schließe ich, dass sie vermutlich nicht einfühlend war gegenüber den natürlichen Wünschen ihrer Kinder nach Liebe und Unterstützung und dass Henry, wenn er Dorothy für ihr kindisches Verhalten auslachte, nichts weiter tat, als Dorothy so zu behandeln, wie seine Mutter ihn behandelt hatte. Infolgedessen hatte er die Hoffnung aufgegeben, jemals Liebe und Unterstützung zu finden, wenn er diese wünschte, und behauptete stattdessen, etwas so Kindisches weder zu brauchen noch zu wünschen. Zweitens ziehe ich den Schluss, dass Henry von seiner Mutter wesentlich mehr Kritik erfahren hatte als Lob oder Ermutigung und dass er sich entweder die Kritik zu Herzen genommen und schlecht von sich selbst gedacht hatte oder aber seiner Mutter gegenüber verbittert gewesen war. Sein Bild vom müßigen Sonnenbad mit dem Vater nach dem Tod der Mutter lässt deutlich erkennen, dass ein Teil seines Selbst froh darüber war, von ihrem Druck und ihrer Kritik befreit zu sein.

Die Schuldgefühle, die diese Ereignisse in Henry hervorgerufen haben könnten, könnten, so vermute ich, dadurch sehr verstärkt worden sein, dass entweder sein Vater oder seine Mutter oder vielleicht beide ihm gesagt hatten, sein lautes Verhalten mache seine Mutter krank. Meine Gründe für diese Vermutung liegen zum Teil in der allgemeinen Atmosphäre in der Familie, einschließlich der ärgerlichen Intoleranz des Vaters gegenüber den Aktivitäten seines Sohnes, und zum Teil in den Vorwürfen, die Henry später an seine Schwester richtete. Dorothy, so behauptete er zornig, mache seine Stiefmutter krank.

Die Schuldgefühle, die durch Erfahrungen dieser Art in Henry erzeugt wurden, erklären meiner Ansicht nach seine zornige Weigerung, den Tod seiner Mutter zu erörtern, als der Therapeut darauf anspielte. Schuldgefühle liegen wahrscheinlich auch hinter dem schrecklichen Schmerz in seiner Brust, über den er kurz klagte, ehe er sich an die Operation erinnerte, die seine Mutter gehabt hatte. Erst nachdem er das erlebt hatte, so scheint es, wurde es ihm möglich, sich traurig zu fühlen und seine Beziehung zu seiner Mutter zu erneuern; dazu gehörte sowohl die Wertschätzung der „kostbaren" Glastiere, die sie ihm geschenkt hatte, als auch die erneute Erinnerung an ihre Ermahnungen, fleißiger für die Schule zu arbeiten.

Es ist nicht unwahrscheinlich, dass Henrys Reaktionen auch ungünstig beeinflusst wurden durch die Erfahrungen, die er etwa zur Zeit des Todes seiner Mutter und während der darauf folgenden Monate machte. Jeder Versuch jedoch, diese Einflüsse einzuschätzen, scheitert an einem totalen Fehlen relevanter Information in dem veröffentlichten Bericht. So wird keine Information darüber gegeben, was Henry über die Ursachen der Krankheit seiner Mutter gesagt wurde, über die Umstände, unter denen er sie zuletzt sah, darüber, wie oder wann er von ihrem Tod unterrichtet wurde und darüber, ob er bei der Beerdigung zugegen war oder das Grab besuchte. Wir erfahren auch nicht, wie Henrys Vater auf den vorzeitigen Tod seiner Frau reagierte und ob er willens und fähig war, mit den Kindern über sie zu sprechen. Das Fehlen derartiger Informationen jedoch legt zumindest nahe, dass der Vater Gespräche weder willkommen hieß noch Henrys Fragen begrüßte. Bei diesen Feststellungen muss man sich jedoch daran erinnern, dass zu der Zeit, zu der Shambaughs Bericht veröffentlicht wurde (1961), die Signifikanz solcher Muster noch nicht erkannt war.

Visha, beim Tode des Vaters zehn Jahre alt

Der folgende Bericht über ein Mädchen, das bei dem plötzlichen Tod seines Vaters durch einen Herzinfarkt zehn Jahre alt war, ist dem Bericht von Elizabeth Tuters (1974) entnommen, einer Sozialarbeiterin, die dem Stab der

Tavistock Klinik in London angehört. Der Fall illustriert einige der Vorteile der Arbeit mit einem Kind und dem überlebenden Elternteil in gemeinsamen Sitzungen.

„Vishas Mutter rief in der Klinik an und bat um Hilfe, weil ihre zehnjährige Tochter sich weigerte, zur Schule zu gehen. Der Vater war zehn Wochen zuvor plötzlich an einem Herzinfarkt gestorben, und die Mutter war selbst zu bestürzt, um mit Visha umgehen zu können. Einige Tage später trafen ein Kinderpsychiater, Christopher Holland, und eine Sozialarbeiterin, Elizabeth Tuters, mit Visha und ihrer Mutter zusammen, um zu einer gemeinsamen Entscheidung zu kommen, wie man am besten vorgehen sollte. Man kam überein, dass Mutter und Tochter jeweils viermal mit einem professionellen Berater zusammenkommen sollten, Visha mit Holland und die Mutter mit Tuters, wonach alle erneut zusammentreffen wollten, um einen Überblick über die Situation zu gewinnen.

Während dieser parallelen, wöchentlich abgehaltenen Interviews boten Visha und ihre Mutter gegensätzliche Bilder. Obwohl der Inhalt von Vishas Zeichnungen und Geschichten nahe legte, dass sie sich vernichtet und allein und ohne jemanden fühlte, der ihr helfen könnte, bestand sie Holland gegenüber darauf, die Welt sei voller glücklicher Vögel und Gärten und endloser Vorräte von Eiskrem. Ein großer Teil ihrer Aussprüche richtete sich in bitterer Kritik gegen ihre Mutter, weil diese ‚dauernd heule'. Visha bemerkte auch, sie vermisse ihre beste Schulfreundin, und machte sich Sorgen über schwarze Spinnen, die zu Hause lauerten.

Bei ihren Interviews mit Tuters war die Mutter tatsächlich sehr bekümmert und weinte viel. Sie beschrieb, wie Visha eines Tages aus der Schule heimgekommen war und ihren Vater tot im Bett liegend gefunden hatte. Vorher hatte er über Schmerzen in der Brust geklagt und war gegen Rheumatismus behandelt worden; die Todesursache war ein Herzinfarkt. Die Mutter fühlte sich schuldig und machte sich Vorwürfe, nicht darauf bestanden zu haben, dass ihr Mann nochmals einen Arzt aufsuchte. Nach seinem Tode hatten Mutter und Visha allein recht umsichtig alle Vereinbarungen für die Beerdigung getroffen. Nun jedoch fühlte sich die Mutter nicht mehr in der Lage, die Situation zu bewältigen; sie weinte viel, schlief nicht, träumte davon, der Leichnam ihres toten Mannes sei über ihr Bett gestreckt, trank exzessiv und stritt mit Visha. Sie hatte das Gefühl, keine Kommunikation mit Visha zu haben; diese kritisierte die Mutter, weil sie schwach und töricht sei und in sich selbst keinen Halt finde.

Für die Mutter war es schmerzlich, von ihrer unglücklichen Ehe zu berichten. Sowohl sie als auch ihr Mann waren Musiker, Mitte 40 und seit zehn Jahren verheiratet, sie in erster Ehe, er in zweiter. Anscheinend hatten sie geheiratet, weil sie dieselbe Philosophie der klassischen Musik teilten; nach Vishas Geburt jedoch hatte sich alles verändert. Die Mutter musste mit dem Baby zu Hause bleiben und konnte ihre Karriere nicht fortsetzen, während der Vater sich mit allen Arten von moderner Musik und entsprechenden Techniken beschäftigte. Allmählich hatte sich der Graben zwischen ihnen vertieft. In den letzten fünf Jahren hatten sie tatsächlich zwei völlig getrennte Leben geführt, die Mutter in ihrem Teil des Hauses, der Vater in seinem. Sie sprachen nicht einmal miteinander. Visha ging zwischen den beiden hin und her.

In späteren Interviews berichtete die Mutter von der Familie, aus der sie stammte. Sie war das einzige Kind einer intellektuellen ceylonesischen Familie. Ihre Eltern hatten spät geheiratet, nachdem beide beruflich fest im Sattel saßen, ihr Vater als Verwaltungsbeamter, die Mutter als Schuldirektorin. Als sie vier Jahre alt war, war ihr Vater an einem Herzinfarkt gestorben; die Mutter hatte gearbeitet, und sie war von Dienstboten großgezogen worden. Sie fürchtete ihre Mutter, die sie als streng, rigide und viktorianisch ansah. Sie waren nie miteinander ausgekommen. Nachdem sie die Universität absolviert hatte, hatte sie Musik unterrichtet und war dann nach England gegangen, wo sie Vishas Vater kennen gelernt und geheiratet hatte. Er war zuvor schon einmal verheiratet gewesen, ebenfalls unglücklich; diese Ehe hatte mit einer Scheidung und großer Verbitterung geendet, weil der Vater nicht das Sorgerecht für die beiden Kinder bekommen hatte.

Vor dem Tod des Vaters hatten Vishas Eltern geplant, mit Visha zusammen einen Besuch in Ceylon zu machen. Nun planten die Mutter und Visha, diese Reise in etwa zwei Monaten gemeinsam zu unternehmen.

Nach diesen vier parallelen Interviews meinten Holland und Tuters, sie könnten Visha und ihrer Mutter in der zur Verfügung stehenden Zeit am besten helfen, wenn sich alle vier wöchentlich zu gemeinsamen Sitzungen treffen würden. In Tuters' Worten stellten sie folgende Überlegung an: „... unser Hauptaugenmerk würde darauf gerichtet sein, die Beziehung zwischen Mutter und Tochter zu verstärken, da sie ja nur einander hatten ... Indem wir ihnen halfen, den Schmerz über den Tod des Vaters mit uns zu teilen, hofften wir, ihnen zu ermöglichen, ihn auch miteinander zu teilen und so den Kontakt wiederherzustellen, den sie mit den Jahren verloren zu haben schienen.' Als man zu der zuvor vereinbarten Sitzung zusammenkam, in der eine Übersicht über die Situation gegeben werden sollte, schlugen Holland und Tuters diesen Plan vor, der von Mutter und Tochter bereitwillig akzeptiert wurde.

15 Minuten vor dem angesetzten Beginn der ersten gemeinsamen Sitzung kam eine telefonische Absage. Visha hatte einen Asthmaanfall gehabt. Da sie vermuteten, dass dies eine Reaktion auf die Aussicht einer gemeinsamen Sitzung war, boten Holland und Tuters an, für die restliche verfügbare Zeit zwei Sitzungen pro Woche zu vereinbaren; diese wurden bereitwillig akzeptiert.

Während der ersten dieser Sitzungen wirkte Vishas Mutter sorgenvoll und deprimiert und Visha emotional flach. Nachdem sie bemerkt hatte, sie fürchte, ihre Mutter werde zu schreien und kreischen beginnen, gab Visha eine schmerzend kalte Beschreibung ihrer Rolle als Vermittlerin in der Ehe ihrer Eltern und der Verantwortung, die sie immer für das Glück ihrer Eltern empfunden hatte und die sie nun für den seelischen Zustand ihrer Mutter empfand. ‚Ich war ein Federball, der zwischen den beiden hin und her flog', bemerkte sie; die Mutter fügte traurig hinzu: ‚Sie lebte in der Angst, dieses eigentümliche Gleichgewicht zu erschüttern.'

Unmittelbar vor der nächsten vereinbarten Sitzung rief die Mutter erneut an: Visha hatte wieder einen, diesmal schweren, Asthmaanfall. Da sie dies als Krise betrachteten, besuchten Holland und Tuters sie zu Hause. Die Mutter erkannte das Asthma bereits als Vishas Art, schmerzliche Gefühle zu bewältigen. Visha, so sagte sie, habe zur selben Zeit Asthma bekommen, zu der die Ehe ihrer Eltern begonnen hatte, sich zu verschlechtern. Bemerkenswert war, dass die Mutter, obwohl sie stets behauptete, ziemlich nutzlos zu sein, Vishas Anfall sehr effizient bewältigte.

Während dieses Besuches konnten Holland und Tuters selbst die Rolle sehen, die der Vater noch immer im Leben von Mutter und Tochter spielte. ‚Überall waren seine Fotos, seine Musik, seine Bänder und Platten. Es war wie in einem Schrein mit einer kleinen Vase voll frischer Blumen vor einem großen Porträt. Wir wurden uns der Erinnerungen an die Vergangenheit bewusst, ihrer Beziehung zur Gegenwart und des Geistes des Vaters, der sie zusammenzuhalten schien. Dieser Eindruck veranlasste uns zu dem Vorschlag, die weiteren Sitzungen im Heim der Familie abzuhalten.'

Danach besuchten Holland und Tuters sie drei Wochen lang zweimal wöchentlich zu Hause.

Bei der ersten dieser Sitzungen erzählte Visha, wie sich ihre schlimmsten Befürchtungen nun verwirklichten, wie sie und ihre Mutter einen schrecklichen Streit gehabt hatten und ihre Mutter angefangen hatte zu schreien und zu kreischen, so dass Visha es nicht ertragen konnte und um Hilfe zu den neuen Mietern laufen musste, die in das Schlafzimmer ihres Vaters gezogen waren. Visha betrachtete ihre Mutter als sehr schwach. Die Mutter gab zu, nicht stark zu sein, und appellierte an Visha: ‚Wenn du wirklich wüsstest, wie ich war, dann würden wir bessere Freunde sein.' Die Bitte der Mutter schien es Visha zu ermöglichen zuzugeben, wie ängstlich auch sie sei und wie sie das Gefühl habe, sich zusammennehmen zu müssen, wenn die Mutter einen Nervenzusammenbruch haben sollte; ‚Nun ja, sogar meine Omi, der Fels von Gibraltar, ist erschüttert!' Die Therapeuten vermuteten, dass die Stärke, die Visha demonstrierte, auf Kosten ihrer eigenen Person gehe und zu ihrem Asthma geführt habe. ‚Ich bin stark – ich werde nur krank – ich kann nicht weinen', antwortete sie. Die Therapeuten schlugen vor, man könne zusammen ihre Gedanken und Wünsche in Bezug auf den Tod des Vaters erforschen. Darauf antwortete sie: ‚Ich dachte nie darüber nach – und ich konnte nicht glauben, dass es wahr geworden war – ich dachte nie daran wie an eine Mördergeschichte ... (Pause) vermutlich musste etwas passieren.' Das war das Ende der Sitzung, und die Mutter händigte

Holland und Tuters ein Gedicht aus, das Visha für sie geschrieben hatte und das sie draußen lesen sollten. Es handelte von Jimmy, einer überaus freundlichen Spinne, die hinter ihrem Fernsehgerät wohnte, sehr gut für sich selbst sorgte und überhaupt nicht störend war; doch, so ging das Gedicht weiter, wenn Jimmy verloren ginge und nie wiederkommen würde, dann würde die ganze Familie um ihn ‚trauern'.

Beim nächsten Treffen befand sich Visha in einem asthmatischen Zustand. Holland und Tuters nahmen den Hinweis aus ihrem Gedicht auf und versuchten, Vishas Verlustempfindungen und ihre Unfähigkeit, Trauer zu fühlen, mit ihrem Asthma in Verbindung zu bringen – sie äußerten die Vermutung, ihre Gefühle steckten in ihr fest. Visha erwiderte, sie sollten keinen Unsinn reden. Die Mutter begann über das Sterben an Leukämie zu sprechen und wie schmerzhaft das sei, und sie ermutigte Visha, ihre Ansichten über Krebs zu beschreiben. Daraus ergab sich eine Diskussion darüber, wie der Vater gestorben war. Vishas Meinung nach wäre es besser, von einer Bombe getötet zu werden, weil man dann nicht wüsste, was geschieht. Sie überlegte: ‚Eine Bombe wäre besser gewesen; er war noch heil und ganz wie ein menschliches Wesen.' Die Mutter fügte nachdenklich hinzu: ‚Im Schlaf, im Todesschlaf', und gab damit die Worte wieder, die Visha benutzt hatte, als sie ihren Vater tot aufgefunden hatte. Visha fuhr fort: ‚Ich glaube, ein Herzinfarkt ist besser als Krebs.'

Ein langes Schweigen folgte. Dann begann die Mutter: ‚Da waren Dinge, die unvollendet geblieben sind – all das, was er tun wollte –, wenn man mit den Toten reden könnte, würde man sie fragen, ob sie manche Dinge nicht gern zu Ende führen würden, und sie würden natürlich „ja" sagen.' Mit kaum hörbarer Stimme fügte sie hinzu: ‚Warum musste alles so enden?'

Vishas Atmung war noch ungleichmäßiger geworden. Die Mutter fuhr fort, während sie Visha ansah: ‚Daddy hätte gern weitergemacht und musste aufhören – das macht mich zornig!' Als die Mutter gebeten wurde, das näher zu erläutern, fuhr Visha scharf dazwischen: ‚Mich macht das nicht zornig.' Die Mutter beschrieb all das, was ihr Mann gemacht hatte, und fügte hinzu: ‚Vielleicht wäre es einfacher gewesen, wenn ich gestorben wäre.' Visha erwiderte heftig: ‚Es wäre nicht einfacher gewesen – es wäre überhaupt nicht schön gewesen – es wäre genau dasselbe gewesen.' Sie atmete nur mühsam, als sie fortfuhr: ‚Wir beide vermissen Daddy sehr – wenn Mummy gestorben wäre, hätte ich sie sehr vermisst.' Nach weiteren Gesprächen dieser Art ließ Vishas Asthma nach. Als die Sitzung zu Ende war, gingen alle schweigend zur Tür.

Beim nächsten Treff schien Visha glücklich und erregt, eifrig darauf bedacht, über einige psychologische Tests zu sprechen, die sie gemacht hatte und an denen sie Freude gehabt hatte. Die Mutter bemerkte, nie zuvor habe sie Visha lachen hören oder so frei erlebt. Dann sprach sie traurig über ihren Mann und ihre ehelichen Probleme. Visha sprach über die schönen Zeiten, die sie und ihr Vater gehabt hätten, sie als Daddys kleines Mädchen, wenn sie zusammen in Konzerte und Filme gegangen seien und die Mutter zu Hause gelassen hätten. Visha gestand, dass es ihr wehgetan habe, die Mutter zu Hause zu lassen, und dass sie sich Sorgen um sie gemacht habe.

Später beschrieb die Mutter Vishas Interesse an Filmen, und Visha führte das weiter aus, indem sie die Namen ihrer Lieblingsstars nannte. Die Mutter sagte, sie glaube, dass Visha die Filme benutze, um dem Unglück ihres häuslichen Lebens zu entkommen. Visha stimmte zu und sagte weiter, ihr Lieblingslied sei ‚I'm Always Chasing Rainbows' (Ich jage immer Regenbogen nach). Dann griff sie heftig die Unwirklichkeit des Lebens ihrer Eltern an – sie sah beide so, als wollten sie ständig ihrem eigenen Leben entkommen und jagten Regenbogen nach – strebten immer nach Wunschvorstellungen, taten aber nie etwas Wirksames, um sie zu erreichen. Sie verfolgte die Beziehung ihrer Eltern zurück bis zu dem Punkt, an dem man ihrer Meinung nach hätte innehalten sollen. Sie enthüllte, wie ihre Mutter, als Visha fünf Jahre alt gewesen war, das Haus und sie verlassen hatte, weil der Vater eine andere Frau ins Haus gebracht hatte. Visha gab beiden Eltern die Schuld dafür und berichtete wütend, wie verloren sie sich gefühlt hatte, als sie eines Morgens erwacht war und festgestellt hatte, dass ihre Mutter fortgegangen war.

Die nächsten Themen, die auftauchten, wurden mit Betroffenheit, Zorn und dem Gefühl, verantwortlich zu sein, ausgetragen. Sowohl Visha als auch ihre Mutter erinnerten sich lebhaft an den Tag, an dem der Vater gestorben war, und die Mutter berichtete von ihren hysterischen Schreien und Versuchen, den Ehemann wieder lebendig zu machen. Visha beschrieb, wie zornig sie auf ihren Halbbruder und ihre Halbschwester gewesen war, weil diese bei der Beerdigung nicht traurig gewesen seien. Danach schienen Mutter und Tochter besser in der Lage, schmerzliche Gefühle zu ertragen und zornig und traurig zu sein. Die Mutter erklärte, sie könne nun traurig sein, ohne sich hysterisch zu fühlen, und könne der Realität des Todes ihres Mannes besser ins Auge sehen. Visha klagte, sie fühle sich krank und wünsche sich, nach Ceylon zu gehen und ein neues Leben zu beginnen, fern von dem trüben, langweiligen Leben ohne den Vater. Dann wurde sie wütend auf ihre Mutter, die versuchte, ihr dabei zu helfen, ihre Gefühle zu verstehen. In dieser Sitzung ‚wirkte die Mutter weich und empfindsam, und wir hatten den Eindruck, als fange sie an, sich selbst und ihre Traurigkeit zu akzeptieren'.

Als Nächstes berichtete Visha von einer Veränderung. Sie erzählte, dass sie jetzt in der Schule für sich selbst eintreten und Kindern, die sie ärgerten, zornige Antworten geben könne. Diese Veränderung wurde von den Lehrern bestätigt. Sie machte sich auch nicht länger Sorgen über ihre Mutter zu Hause – vorher hatte sie Befürchtungen gehabt, das Haus könne abbrennen oder ihre Mutter fortlaufen. Visha sagte, sie habe es gern, als Person behandelt zu werden und nicht als Sache, und die Therapeuten behandelten sie als Person, indem sie zuhörten, was Visha zu sagen habe.

In den späteren Sitzungen wurde weiter darüber diskutiert, wer Verantwortung übernahm. Die Mutter fühlte sich schuldig, weil sie keine ausreichend gute Mutter für Visha gewesen sei: Sie wisse, dass Visha sich eine stärkere Mutter wünsche, als sie es sei. Visha bestätigte das, dachte dann aber weiter; *wenn* die Mutter stärker wäre, könnte sie vielleicht nicht mit ihr sprechen. ‚Ich mag meine Mummy so, wie sie ist.' Unter Tränen vertraute die Mutter den Therapeuten an, Visha habe das nie zuvor gesagt.

Die abschließenden Sitzungen wurden in der Klinik abgehalten, weil die Mutter und Visha sich für die Hilfe erkenntlich zeigen wollten, die sie erhalten hatten. Die Mutter berichtete, wie sie es bis zuletzt aufgeschoben hatte, das Zimmer des Vaters zu räumen. Nun fühlte sie sich bereit, ihm und auch Holland und Tuters Lebewohl zu sagen. Sie erinnerte sich daran, wie Visha und sie sich auf die Sitzungen in ihrem Heim gefreut und versucht hatten, den Raum bequem und gemütlich zu machen. Es gab weitere Episoden von Reibungen zwischen der Mutter und Visha und eine Erörterung von Vishas Tendenz, Holland in den Sitzungen auf Kosten von Tuters zu idealisieren. Beim letzten Treffen überreichte Visha beiden Geschenke. ‚Sie versicherten uns, sie würden uns nie vergessen und hofften, auch wir würden sie nicht vergessen.'"

Kommentar

In Anbetracht des früher Gesagten ist ein Kommentar nahezu überflüssig. Auch hier war der Tod des Vaters plötzlich und vorzeitig eingetreten. Aufgrund der schlechten Beziehungen zwischen Visha und ihrer Mutter hatte Visha niemanden, dem sie sich anvertrauen konnte. Außerdem fühlte sich Visha wegen der persönlichen Probleme und der schwierigen Ehe ihrer Mutter gezwungen, selbst fürsorglich zu sein. Ihr Leben war offenbar auf der Annahme begründet, es gebe niemanden auf der Welt, der ihr verlässliche Fürsorge oder Trost geben könne. Infolgedessen wies sie alle Zeichen einer Entwicklung von zwanghafter Selbstgenügsamkeit und vielleicht auch zwanghafter Fürsorge auf.

Auch vieles andere in den Familienbeziehungen ist charakteristisch für Fälle, bei denen Schulverweigerung und misslungene Trauer auftritt. Als sie fünf Jahre alt war, hatte Visha die Erfahrung gemacht, von ihrer Mutter verlassen worden zu sein, und nach dem Tod des Vaters hatte sie Angst, die Mutter werde wieder fortlaufen. Die Mutter ihrerseits schien in ihrer eigenen Kindheit wenig bemuttert worden zu sein und hatte mit ziemlicher Sicherheit danach gestrebt, von Visha bemuttert zu werden. Wie Tuters es in ihrem Bericht ausdrückt: „Eines der wichtigsten Dinge, die wir taten, bestand darin, Mutter und Tochter wieder in ihre angemessenen Rollen einzusetzen, denn als wir anfingen, schienen diese Rollen völlig vertauscht."

Geraldine, beim Tode der Mutter acht Jahre alt

Der folgende Bericht über ein Mädchen, das fast acht Jahre alt war, als seine Mutter starb, ist einem Fallbericht von Mary E. McCann entnommen, einer Kindertherapeutin, die mit Erna Furmans Gruppe in Cleveland, Ohio, arbeitet; dieser Bericht wird in Furman (1974, S. 69–87) wiedergegeben. Obwohl mehr als drei Jahre verstrichen, ehe McCann das Mädchen und seine Verwandten sah, so dass viele Informationen sehr spät erhoben wurden, macht das Interesse der klinischen Funde diesen Nachteil wett. Unter vielem anderen illustriert dieser Bericht sehr gut sowohl die Reaktionen der Patientin auf den Jahrestag des Todes ihrer Mutter und auf Unterbrechungen der Sitzungen als auch den therapeutischen Gebrauch, der von diesen Ereignissen gemacht wurde.

„Geraldines Mutter war im Alter von 48 an Krebs gestorben, und zwar eine Woche vor Geraldines achtem Geburtstag. Kurz danach war Geraldine in die Obhut einer Nachbarin gegeben worden, die früher schon häufig nach ihr gesehen hatte, wenn ihre Mutter arbeitete oder krank war. Nach einem Jahr bei der Nachbarin und einem Sommer bei Verwandten kam Geraldine zu einer Tante und einem Onkel mütterlicherseits; sie blieb bei ihnen vom Alter von neuneinhalb Jahren an bis zu der Zeit, als sie im Alter von elf Jahren und acht Monaten in analytische Behandlung genommen wurde.

Nahezu ein Jahr vorher, im Alter von zehn Jahren und neun Monaten, war Geraldine aufgegriffen worden, als sie in verwirrtem Zustand umherwanderte. Sie wusste nicht, wer sie war und wo sie wohnte; sie merkte, dass sie im falschen Bus war und dass ihre Mutter nicht bei ihr war. Sie sagte, sie habe heftige Kopfschmerzen, und bat einen Fremden, sie ins Krankenhaus zu bringen. Mit Hilfe der Polizei wurde sie zu ihrer Tante zurückgebracht und kam später zu einer neurologischen Untersuchung in die Klinik. Die Untersuchung erbrachte ein negatives Ergebnis. Von da aus wurde sie an eine psychiatrische Kinderklinik überwiesen. Das führte elf Monate später zu ihrer Aufnahme in psychoanalytische Behandlung und gleichzeitig zu ihrer Einweisung in ein Wohnheim für gestörte Kinder.

Seit der Wanderepisode hatte Geraldine jede Erinnerung an die tödliche Krankheit und das Sterben ihrer Mutter und auch an die zwei Jahre und neun Monate nach ihrem Verlust und vor dieser Episode verloren. Die Tante konnte einen klaren Bericht von den Ereignissen geben, aber natürlich nur von solchen, die ihr bekannt waren. Die Erinnerung des Vaters war nebelhaft und seine Informationen bruchstückhaft. Als die Behandlung fortschritt, war Geraldine jedoch wieder fähig, sich zu erinnern und zahlreiche Details hinzuzufügen.

Geraldine war eine Farbige mit lichtbraunem Teint und befand sich, als die Behandlung begann, in den frühen Stadien der Adoleszenz. Ihre Mutter war dreimal verheiratet gewesen, und Geraldine war das einzige Kind aus der dritten Ehe. Sie hatte einen viel älteren Halbbruder und eine Halbschwester, beide aus der ersten Ehe der Mutter.

Den Aussagen der Tante zufolge war Geraldines Mutter außerordentlich klug gewesen und hatte in Regierungsbüros Buchhaltungsarbeiten erledigt. ‚Sie wurde als schwierige, dominierende, fordernde und halsstarrige Frau beschrieben ... mit sprunghaftem und manchmal unkontrollierbarem Temperament.' Der Vater, jetzt Ende 60, arbeitete sporadisch als Kellner, war Alkoholiker und schwer verschuldet. Die Schwangerschaft der Mutter mit Geraldine war aufgrund von Uterinfibroiden schwierig gewesen, und Geraldine war durch Kaiserschnitt zur Welt gekommen. Zuerst hatte die Mutter Geraldine selbst versorgt, aber um Geld zu verdienen, hatte sie sich auch um andere Babys gekümmert. Als man meinte, Geraldine sei alt genug, um einen Kindergarten zu besuchen, hatte die Mutter wieder eine Ganztagsarbeit angenommen. Die Eltern hatten sich häufig, manchmal auch gewalttätig, gestritten und sich auch mehrmals getrennt. Geraldines Halbbruder hatte früh das Haus verlassen, ihre Halbschwester jedoch war geblieben.

Die Krebserkrankung der Mutter wurde zum ersten Mal diagnostiziert, als Geraldine fast sieben Jahre alt war. Die Mutter hatte sich zwei Operationen unterziehen müssen und war auch zu einer Bestrahlungstherapie im Krankenhaus gewesen. Die Krankheit schritt schnell voran, und am Ende war die Mutter in die Notaufnahme einer Klinik gebracht worden und dort schon einen Tag später gestorben.

Die Tante sagte von Geraldine, sie habe ‚einen starken Willen, Entschlossenheit und viel Energie. Vor dem Herumirren und der Amnesie war sie zurückgezogen und ihrer Tante gegenüber distanziert gewesen und hatte nie geweint; danach jedoch, als sie für eine Weile nicht zur Schule ging, waren Geraldine und die Tante einander näher gekommen. Wenn sie provoziert wurde, äußerte Geraldine ihren Zorn in ‚Blicken voll kalter Wut', aber niemals offen. Sie hatte keine engen Freunde und tat sich nur mit Kindern zusammen, die sie dominieren konnte. Oft war sie eifersüchtig. Sie besaß eine ausgeprägte Intelligenz und las viel; seit der Amnesie jedoch schien sie nahezu alle ihre Mathematik-Kenntnisse verloren zu haben.

Zu Anfang war unklar, was genau der Episode des Umherwanderns vorausgegangen war. Geraldine hatte mit Sicherheit Schwierigkeiten in der Schule gehabt. Ihre Musiknoten hatten sich erheblich verschlechtert, und man hatte sie wegen dieser Enttäuschung mit Vorwürfen bedacht. Sie war für einige Stunden fortgelaufen, und als sie heimkam, hatte ihr Vater gedroht, er würde sie fortschicken in eine Schule für ungeratene Mädchen. Am nächsten Tag war sie zur Schule gegangen und dann nicht zu ihrer Tante heimgekehrt. Später hatte man sie umherwandernd aufgegriffen.

Als sie elf Monate später zum ersten Mal in die Behandlung kam, wirkte sie ruhig und selbstsicher und schien die Situation zu beherrschen. Sie drückte sich gewandt aus, manchmal in einer Sprache, die ihren Jahren weit voraus und mit literarischen Anspielungen gespickt war, und sie vermied es, sich in Slang zu äußern; es war offensichtlich, dass sie Eindruck machen wollte. Äußerlich war sie zwar kooperativ, doch sie blieb vorsichtig und ziemlich steif. In Bezug auf ihre Mutter bemerkte sie sachlich und ohne jedes Gefühl: ‚Ich weiß, dass meine Mutter tot ist, aber ich kann mich nicht daran erinnern.'

Geraldines Therapie wurde sechseinhalb Jahre lang fortgesetzt. Meistens, vor allem am Anfang, legte sie ihr bestes Benehmen an den Tag und verriet wenig. Es gab jedoch Ausnahmen, die fast immer entweder mit der Abwesenheit der Therapeutin oder aber mit einem der aufeinander folgenden Jahrestage des Todes der Mutter in Verbindung standen.

Während der ersten vier Monate der Behandlung vor dem vierten Jahrestag des Todes der Mutter war die Therapeutin bei zwei Gelegenheiten nicht anwesend. Bei der ersten Abwesenheit der Therapeutin erging sich Geraldine in einem heftigen verbalen Angriff auf ihren Vater; sie warf ihm vor, sie zu vernachlässigen. Da Geraldine nie zuvor so zu ihm gesprochen hatte, war er verblüfft: Es war, als sei seine Frau aus ihrem Grab zurückgekehrt. Während der zweiten Abwesenheit der Therapeutin einige Monate später wurde Geraldine depressiv, weinte häufig und verstrickte sich in heftige Streitereien mit anderen Mädchen in dem Heim, in dem sie lebte. Als die Therapeutin zurückkehrte, war alles wieder ruhig. Ohne jedes Gefühl beschrieb Geraldine, was geschehen war, und fügte vorwurfsvoll hinzu: ‚Ich verstehe das alles nicht... aber ich bin sicher, dass nichts davon passiert wäre, wenn Sie hier gewesen wären.' Die Therapeutin fragte, ob vielleicht in früheren Jahren Ähnliches geschehen sei, wenn die Mutter abwesend war. Geraldine spottete über diesen Gedanken, begann jedoch bald darauf zu schildern, was in der ersten Woche nach dem Tode ihrer Mutter geschehen war. Geraldines Halbschwester Joanne hatte sich alle Mühe gegeben, Geraldine aufzuheitern, indem sie die Pläne der Mutter für Geraldines achten Geburtstag ausführte. Dann beschrieb Geraldine ohne jeden Ausdruck von Gefühl, wie unerreichbar ihre Mutter immer gewesen sei: ‚Sie tat wenig für mich, da sie immer arbeitete oder krank war.' In der Folgezeit waren in den Gedichten und Spielen, die sie schrieb, Einsamkeit und das Gefühl, sich ihrer Haut wehren zu müssen, ständig wiederholte Themen.

Als sich der vierte Jahrestag des Todes ihrer Mutter näherte, sprach Geraldine häufiger von ihrer Mutter und davon, wie sie die Mutter um die Pralinen beneidet hatte, die sie immer aß, ohne ihrer Tochter davon übrig zu lassen, und wie schön die Mutter hatte Klavier spielen können im Gegensatz zu ihrem eigenen mühsamen Spiel. Am Jahrestag des Todes der Mutter fiel Geraldine hin und verletzte sich am Knie.

Vor den Sommerferien der Therapeutin leugnete Geraldine, dass ihr das etwas ausmache. Während der Ferien jedoch empfand sie große Bestürzung und fürchtete, sie werde zusammenbrechen. Sie schrieb ihrer Therapeutin einen vorwurfsvollen Brief, den sie jedoch nie zur Post brachte. Als die Sitzungen wieder aufgenommen wurden, beschrieb Geraldine das Geschehene, aber wie immer ohne Gefühl. Eine neue Qualität trat jedoch in der Beziehung auf. Geraldine las ihrer Therapeutin Märchen vor und sang Schlaflieder. Als ihre Therapeutin vermutete, die Mutter habe dies auch für Geraldine getan, verneinte diese das glatt – ihre Mutter war immer viel zu beschäftigt gewesen.

Ein ähnliches Gespräch gab es im Zusammenhang mit der Beisetzung des Präsidenten Kennedy. Geraldines einzige affektive Reaktion erfolgte, als sie sah, wie der Sarg in die Erde herabgelassen wurde. Als die Therapeutin die Vermutung äußerte, sie habe vielleicht Ähnliches schon einmal bei einer früheren Beerdigung gesehen, erwiderte Geraldine heftig: ‚Ich war zu jung, ich wusste nichts von Mamas Beerdigung, ich war nicht einmal da.' In der folgenden Woche fiel Geraldine in der Turnhalle und brach sich das linke Bein.

Als die Therapeutin in der Folgezeit darauf anspielte, wie Geraldine sich gefühlt haben müsse nach dem Tode ihrer Mutter, ging Geraldine wieder nicht darauf ein. Ihr Verlust habe keine Folgen gehabt, behauptete sie, da die Mutter ohnehin nie in der Lage gewesen sei, viel für sie zu tun. An diesem Abend weinte Geraldine stundenlang und war untröstlich.

Am fünften Jahrestag des Todes ihrer Mutter schwänzte Geraldine die Schule, verbrachte den Tag in einer Kirche und berichtete, sie habe 40 Aspirin genommen; sie wurde deshalb in die Notaufnahme einer Klinik gebracht.[125] Sie weigerte sich, über diese Ereignisse zu sprechen. Kurz darauf beklagte sie sich bitter über die anderen Mädchen in dem Zentrum, in dem sie lebte: Alle hassten sie und waren darauf aus, sie zu verletzen oder zu töten. Schließlich weigerte sie sich, nach der Schule in das Zentrum zurückzukehren, und musste von einer Angestellten des Zentrums zurückgebracht werden. Als sie zur Sitzung kam, sah sie angespannt aus, ihr Gesicht war verzerrt und maskenhaft. Sie kam herein wie ein Roboter und sagte: ‚Ich habe alles ertragen, was ich konnte. Jetzt kann ich nicht mehr.' Die Therapeutin sagte, genauso müsse sie sich schon viel früher in ihrem Leben gefühlt haben. Geraldine begann zu schluchzen. ‚Ja, aber es ist jetzt fünf Jahre her, dass Mama starb. Ich sollte darüber hinweg sein, aber ich bin es nicht. Ich wünsche mir mehr als alles andere, dass jemand mich umarmt und festhält und es auch wirklich so meint.' Dann berichtete sie detailliert und mit ungeheurem Gefühl von der letzten Fahrt ihrer Mutter in die Klinik und davon, wie Joanne ihr mitgeteilt hatte, Mama sei tot. Joanne hatte gesagt, die Mutter sei zu Jesus gegangen, und Geraldine werde eines Tages dort mit ihr zusammentreffen. Geraldine hatte geantwortet: ‚Ja, Mama ist tot.' Sie hatte nicht geweint bis zum Abend, als sie in der Wohnung einer Nachbarin war, weil sie gefürchtet hatte, sie werde zwölf Stunden oder länger weinen, ganz allein und ohne Trost.

Dann beschrieb Geraldine die Beerdigung, die Hymnen, die sie gesungen hatten, die Fahrt zum Friedhof und die Diskussion der Erwachsenen darüber, ob sie mit zum Grab gehen sollte. Man entschied, sie sei dazu noch zu jung. So blieb sie ganz allein im Auto sitzen. Die Therapeutin nahm darauf Bezug, wie sie sich nach der Wiedervereinigung mit ihrer toten Mutter gesehnt hatte und wie das mit der Tatsache verbunden war, dass sie die Aspirintabletten eingenommen hatte.

Danach konnte Geraldine eher anerkennen, wie sie der Therapeutin gegenüber fühlte, und äußerte ihren Wunsch, die Katze der Therapeutin zu sein, loyal zu sein und geliebt zu werden. Als die Sommerferien nahten, war Geraldine zornig und verglich die Reise der Therapeutin mit den ‚Reisen' ihrer Mutter in die Klinik. Ihre Mutter hatte sie immer getäuscht; sie hatte nie von Krebs gesprochen, sondern nur gesagt, sie müsse zu einer Untersuchung in die Klinik, und hinterher war sie zurückgekehrt und hatte gesagt, ein Eingriff sei nötig gewesen. Geraldine schien zwei Theorien über die Ursachen der Krebserkrankung der Mutter zu äußern. Die eine Theorie besagte, die Erkrankung sei aus Sorge über das Trinken des Vaters entstanden; sie dagegen habe es immer vermieden, der Mutter Sorgen zu machen, sondern ihr im Haus geholfen und gute Schulnoten heimgebracht. Die andere Theorie war, ihre eigene schwierige Geburt sei für die Erkrankung der Mutter verantwortlich gewesen.

Einige Zeit später erkrankte Geraldines Tante schwer. Obwohl Geraldine anfänglich versuchte, dies nicht zur Kenntnis zu nehmen, gab sie später zu, dass sie sehr erschrocken war. ‚Schon wieder dasselbe', dachte sie. ‚Wohin werde ich kommen, wohin werden sie mich schicken?' Ihr war nach Fortlaufen, doch sie wusste nicht wohin. Diese Gedanken führten dazu, dass sie sich an die Ereignisse erinnerte, die zu ihrem ursprünglichen Fortlaufen und der Amnesie geführt hatten. Zu jener Zeit hatte ihre Tante einen Anfall von Angina gehabt, und Geraldine war sicher gewesen, dass sie sterben würde. Außerdem plante ihr Vater, in einen anderen Bundesstaat umzuziehen und sie mitzunehmen. Er eröffnete ihr auch, sie sei schon drei Jahre vor der Eheschließung ihrer Eltern geboren worden, da die Mutter zur Zeit ihrer Geburt noch mit ihrem zweiten Mann verheiratet gewesen sei und daher ihren Vater noch nicht habe heiraten können. Geraldine hatte plötzlich das Gefühl gehabt, alles sei ihr gleichgültig, ihr Kopf werde ‚nur von Fäden aufrecht gehalten', und sie war fortgelaufen. Erst nachdem sie das erzählt hatte, konnte sie sich erinnern, bei wem sie im ersten Jahr nach dem Tode ihrer Mutter gelebt hatte.

Mit Fortschreiten der Therapie berichtete Geraldine mehr über ihre Beziehung zu ihrer Mutter und darüber, wie sie sich gefühlt hatte. ‚Bei Mama hatte ich eine Sterbensangst, aus der Reihe zu tanzen. Ich sah mit meinen eigenen Augen, wie sie mit Worten und Taten meinen Dad und meine Schwester angriff, und ich war schließlich nur ein kleines Kind – ganz machtlos.' Und ‚Mama behandelte Dad nicht immer gut. Ich weiß noch, dass er einmal, als ich drei Jahre alt war, mit Lungenentzündung in ein Krankenhaus kam. Wir zogen um, und Mama sagte ihm das nicht einmal, weil sie auf ihn böse war.' Bei einer anderen Beschreibung ihres Dilemmas sagte sie: ‚Wie konnte ich je auf Mama böse sein – sie war wirklich die einzige Sicherheit, die ich hatte. Man muss wirklich die Partei des Elternteils ergreifen, von dem man versorgt wird.'

Am Ende ihrer Behandlung war Geraldine 18 Jahre alt. Als sie über ihre Erfahrungen nachdachte, sagte sie sinnend: ‚Wissen Sie, ich glaube, meine Behandlung oder eigentlich mein Leben ist in drei Phasen verlaufen. Zuerst löschte ich alle Gefühle aus – es passierten Dinge, die mehr waren, als ich ertragen konnte –, ich musste irgendwie weitermachen. Wenn ich mich wirklich von den Dingen hätte treffen lassen, wäre ich heute nicht hier. Ich wäre tot oder in einer Anstalt für Geisteskranke. Ich ließ keine Gefühle zu, und alle meine Gedanken drehten sich um Phantasien, Märchen und Sciencefiction. In der zweiten Phase gewannen dann meine Gefühle die Oberhand und beherrschten mich. Ich tat abwegige Dinge. Und jetzt, in der dritten Phase, sind meine Gefühle da. Ich fühle sie und habe die Kontrolle über sie. Ich habe den großen Vorteil, dass ich Dinge mit echten Gefühlen erleben kann. Das tut manchmal weh, aber die Vorzüge, das Glück, sind viel größer als der Schmerz.'

Zweifellos war diese lebhafte Zusammenfassung, die Geraldine gab, von dem beeinflusst, was ihre Therapeutin ihr gesagt hatte; dennoch klingt sie wahr und lässt, so meine ich, wirklichen Fortschritt erkennen."

Kommentar

Bei der Vorlage ihres Berichtes schreibt Geraldines Therapeutin, Mary E. McCann: „Geraldine war entwickelt genug, um zu trauern... doch sie konnte diese Trauer aufgrund charakterologischer Schwierigkeiten nicht leisten, die älter waren als ihr Verlust, und sie konnte es auch deshalb nicht, weil es ihr an Hilfe fehlte. Ihr war nie geholfen worden, die Realitäten der tödlichen Krankheit zu verstehen, ihr fehlte die Sicherheit, dass ihre Bedürfnisse auch nach dem Tod ihrer Mutter befriedigt werden würden, und ihre Umgebung bot ihr keine der Unterstützungen, die ein Kind braucht, um trauern zu können." Dem ist kaum etwas hinzuzufügen. In ihren frühen Jahren scheint Geraldine keine andere Wahl gehabt zu haben, als soweit wie möglich alle Wünsche und Hoffnungen auf Liebe und Unterstützung zu verbannen und stattdessen eine vorzeitige und ausdrückliche Selbstgenügsamkeit zu entwickeln. In Kapitel 21 werden andere Beispiele von Kindern angeführt werden, die sich auf ähnliche Weise entwickelten.

Auffallende Merkmale von Geraldines Fall sind ihr Fortlaufen von zu Hause und die damit assoziierte Amnesie, Symptome, die für einen Fluchtzustand typisch sind. Obwohl dieser Zustand nach einem Todesfall in der Kindheit nur selten aufzutreten scheint, gibt es Grund zu der Annahme, dass der Verlust eines Elternteils durch Tod oder aus anderen Ursachen während der Kindheit in den Fällen solcher Erwachsener, die diesen Zustand aufweisen, häufig vorkommt. Stengel (1941, 1943) berichtet über 36 derartige Fälle und merkt an, dass zwanghaftes Umherwandern mit Amnesie gewöhnlich assoziiert ist mit Pseudologie, episodischer Depression und Suizidimpulsen. Dann macht er auf zwei eng miteinander zusammenhängende Merkmale in der Geschichte solcher Patienten aufmerksam. Das erste ist die große Häufigkeit schwerer Störungen in den Beziehungen der Patienten zu ihren Eltern in der Kindheit, vor allem aufgrund von Todesfällen oder Trennungen. Das zweite Merkmal ist der Wunsch, den verlorenen Elternteil zu suchen, der häufig während der aktuellen Wanderepisoden besteht. „Fast alle diese Patienten hatten bewusst unter dem Misslingen der normalen Kind-Eltern-Beziehung gelitten. Viele hatten schon in der Kindheit das Gefühl, etwas zu vermissen, das nie ersetzt werden konnte. Bei einigen wurde dieses Gefühl während ihrer periodischen Depressionen besonders akut, d. h. dann, wenn der Zwang zum Umherwandern erwachte. Einigen wurde der Wunsch bewusst, nach dem toten oder abwesenden Elternteil zu suchen. Manche hatten unmittelbar vor oder in diesem Zustand die Vorstellung, der tote Elternteil sei nicht wirklich tot, sondern noch am Leben, und sie könnten ihn auf ihrer Wanderung vielleicht treffen" (1939).

In diesem Zusammenhang merken wir an, dass eines der wenigen Dinge, die von Geraldine berichtet wurden, als man sie fast drei Jahre nach dem Tod ihrer Mutter in verwirrtem Zustand umherwandernd auffand, lautete, sie habe „gemerkt, dass sie sich im falschen Bus befand und wusste, dass ihre Mutter nicht bei ihr war". Zumindest weist dies deutlich darauf hin, dass sie sich mit dem Aufenthalt ihrer Mutter beschäftigte; möglicherweise legt es auch nahe, dass sie dachte, sie habe ihre Mutter dadurch verloren, dass sie in den falschen Bus gestiegen sei.

Die vier in diesem Kapitel vorgelegten Fallberichte haben, wie ich hoffe, den Leser sowohl mit einigen der Merkmale bekannt gemacht, die man beobachtet, wenn die Trauer eines Kindes einen pathologischen Verlauf nimmt, als auch mit einigen der Umstände, die, wie das Datenmaterial zeigt, hierfür verantwortlich sind. In späteren Kapiteln wird weiteres Material vorgelegt werden, sowohl im Hinblick auf die zu beobachtenden pathologischen Merkmale als auch auf die Bedingungen, die dafür verantwortlich gemacht werden. Inzwischen wollen wir im nächsten Kapitel erörtern, wie Geraldines psychologischer Zustand und die Veränderungen, die während der Therapie in diesem Zustand eintraten, in den Begriffen der in Kapitel 4 skizzierten Abwehrtheorie beschrieben und verstanden werden können.

20 Deaktivierung und das Konzept der abgetrennten Systeme

... wer passiv bleibt, wenn er von Kummer überwältigt wird, verliert seine beste Chance, die Elastizität des Geistes zurückzugewinnen.

Charles Darwin, *The Expression of the Emotions in Man and Animals*

Bei der Erörterung der theoretischen Implikationen von Geraldines Fall ist ein wesentliches Merkmal, das beachtet werden muss, der starke Kontrast zwischen der augenscheinlich gefassten und selbstsicheren Geraldine der ersten zwei Therapiejahre, einem Mädchen, das wenig Emotionen äußerte und wenig von sich preisgab, und der Geraldine der späteren Jahre, die nach einem emotionalen Zusammenbruch tränenreich alle schmerzlichen Gefühle beschrieb, die sie zur Zeit des Todes ihrer Mutter und danach empfunden hatte, ihre intensive Einsamkeit und auch, wie sie sich jetzt mehr als alles andere wünschte, jemand möge sie fest umarmen und „es auch wirklich so meinen". Danach blieb sie nicht mehr neutral, sondern entwickelte eine intensive Bindung an ihre Therapeutin, suchte deren Liebe und Gesellschaft und war zornig, wann immer die Therapeutin abwesend war.

Man könnte Geraldines ursprünglichen Zustand auf viele Arten konzeptualisieren; die Art, die, wie ich meine, den Daten am nächsten kommt, besteht darin, sie ähnlich wie Herrn G (Kapitel 12) zu sehen, nämlich besessen von zwei „Selbsten" oder Hauptsystemen, wie ich sie bezeichne. Während der ersten zwei Therapiejahre war das beherrschende System und das, was freien Zugang zum Bewusstsein hatte, ein System, aus dem fast jedes Element von Bindungsverhalten ausgeschlossen war. Nicht nur alle Formen des Verhaltens selbst fehlten, sondern auch jeder Wunsch und jede Sehnsucht nach Liebe und Fürsorge, jede Erinnerung an ihre Bindung an ihre Mutter und die ganze Enttäuschung, das Elend und der Zorn, den jedes gewöhnliche menschliche Wesen empfindet, wenn solche Wünsche lange Zeit unerfüllt bleiben. Umfangreiches Material spricht jedoch dafür, dass neben diesem herrschenden Hauptsystem ein weiteres Hauptsystem bestand, von diesem abgetrennt und unbewusst, dem alle die fehlenden Elemente angehörten, einschließlich ihrer persönlichen, autobiographischen Erinnerungen.[126] Obwohl dieses abgetrennte System sich meist in einem Zustand der Deaktivierung befand, kam es gelegentlich zum Ausdruck.

Fast immer, wenn Geraldine in den ersten beiden Jahren ihre Therapeutin besuchte, blieb dieses abgetrennte System inaktiv. Dennoch gab es einige Anlässe, bei denen Anzeichen für seine Aktivität sichtbar wurden. Beispielsweise war die Therapeutin in den ersten Monaten der Therapie zweimal abwesend, und Geraldine wurde zornig. Beim ersten Mal richtete sie ihren Zorn gegen ihren Vater, den sie beschuldigte, sie zu vernachlässigen, beim zweiten Mal gegen ihre Schulkameradinnen. Außerdem wurde sie beim zweiten Mal depressiv und weinte. Zeichen für die Aktivität des abgetrennten Systems wurden auch am vierten Jahrestag des Todes ihrer Mutter und anlässlich der Beerdigung des Präsidenten Kennedy sichtbar. Am fünften Jahrestag des Todes ihrer Mutter schließlich schwänzte Geraldine die Schule, unternahm eine Suizidgeste und brach endlich in ihrer Therapiesitzung weinend zusammen. Danach erwachte das zuvor deaktivierte und abgetrennte System allmählich wieder zum Leben.

Immer wenn ein deaktiviert gewesenes System in einem gewissen Grade wieder aktiv wird, ist das dann an den Tag gelegte Verhalten wahrscheinlich schlecht organisiert und dysfunktional. Beispiele hierfür sind die Ausbrüche zornigen Verhaltens, die Geraldine aufwies, als ihre Therapeutin wegfuhr, und die nicht gegen die Therapeutin gerichtet wurden, sondern gegen Dritte. Ein weiteres und dramatischeres Beispiel ist vermutlich in der Episode des Umherwanderns zu sehen, die ich in Anlehnung an Stengels Untersuchungen von Poriomanie-Zuständen vorläufig als Ausdruck ihres Wunsches deute, ihre tote Mutter zu finden.

Der folgende Bericht über eine von Stengels Patientinnen, die ich als Miss B bezeichne, im Wesentlichen in seinen eigenen Worten wiedergegeben und seiner Schrift aus dem Jahre 1941 entnommen, illustriert die These.

„Miss B war 17 Jahre alt, als sie zum ersten Mal ‚einen unwiderstehlichen Drang verspürte, das Haus zu verlassen und im Freien zu bleiben. Sie war immer gezwungen, diesem Impuls nachzugeben, wenn sie nicht eingeschlossen war. Dieser Drang trat während der nächsten zwei Jahre vier- oder fünfmal jährlich wieder auf. In der Regel lief sie nicht weit fort, sondern legte sich in einem Garten am Stadtrand nieder und schlief acht bis zwölf Stunden; danach kehrte sie, anscheinend wohlauf, nach Hause zurück. Sie gehorchte diesem Drang ohne Rücksicht auf das Wetter und schlief trotz Schnee oder Regen im Freien. Mehrmals begab sie sich in einen bestimmten Garten, in dem sie, wie sie wusste, einen leeren Holzbottich finden würde. In diesem Bottich lag und schlief sie während ihrer Zwangsanfälle, die gewöhnlich nachmittags auftraten, und verließ ihn erst kurz nach Tagesanbruch wieder, um nach Hause zu gehen. Die Patientin war von normaler Intelligenz und wies keine Anzeichen einer organischen Störung auf.'

Wie eine Fülle von Datenmaterial zeigte, suchte Miss B in diesen scheinbar irrationalen Akten noch immer ihre verlorene Mutter, die vor 14 Jahren gestorben war, als die Patientin drei Jahre alt gewesen war.[127] ‚Ihre Mutter ist ihr oft zu Beginn der Menstruationsperiode in stereotypen Träumen erschienen. In diesen Träumen sah sie die Mutter tot daliegen. Die Träume treten häufiger, aber nicht immer, dann auf, wenn sie daran gehindert wurde, ihrem zwanghaften Drang folgend das Haus zu verlassen. Dieser Traum begleitet regelmäßig den Schlaf im Freien. Wenn die Patientin draußen schläft, hat sie gewöhnlich das Gefühl, auf dem Grab ihrer Mutter zu liegen. Während sie im Freien umherwandert, sehnt sie sich danach, tot zu sein wie ihre Mutter. Sie gibt sich Tagträumen hin, in denen sie sich vorstellt, dass ihre Mutter vielleicht nicht tot ist, sondern noch lebt, und dass sie sie möglicherweise eines Tages findet.'"

In den Begriffen des von mir benutzten Konzepts kann gesagt werden, dass bei diesem Mädchen wie bei Geraldine zwei Hauptsysteme des Verhaltens, Denkens, Fühlens und Erinnerns bestehen, die aber voneinander getrennt sind. Auf der einen Seite steht das System, das ihr Alltagsleben bestimmt und das davon ausgeht, dass sie weder eine Mutter noch auch irgendeine andere Bindungsfigur besitzt und daher keine andere Wahl hat, als sich selbst ihrer Haut zu wehren. Auf der anderen Seite steht ein weitgehend deaktiviertes System, das nur marginalen Zugang zum Bewusstsein hat und aufgrund der Annahme organisiert ist, dass die Mutter noch immer erreichbar ist und dass sie auf irgendeine Weise entweder in dieser Welt wiedergewonnen oder in der nächsten Welt getroffen werden kann. Dieses letztere System, dem anscheinend alle Bindungswünsche, Gefühle und persönlichen Erinnerungen angehören, lieferte nur fragmentarische Beweise seiner Existenz. Dennoch war es nicht völlig stillgelegt. Es beeinflusste nicht nur sämtliche Tag- und Nachtträume von Miss B, sondern von Zeit zu Zeit auch ihr Verhalten, und zwar in einer Weise, die sie in den Augen von Beobachtern, die die Prämissen dieses Verhaltens nicht kannten, verrückt erscheinen ließ.

Es sollte angemerkt werden, dass bei allen diesen Patienten das abgetrennte und unbewusste System durchaus organisiert und nicht weniger in sich stimmig ist als das System, das freien Zugang zu Handeln und Bewusstsein hat. Außerdem wird das abgetrennte System durch alle jene kognitiven und affektiven Elemente charakterisiert, die es als psychisch qualifizieren, nämlich Wünschen, Denken, Fühlen und Erinnern. Von Zeit zu Zeit, wenn es die Kontrolle über das Verhalten übernimmt, zeigt sich das abgetrennte System auch als in Bezug auf Personen und Objekte in der Umgebung so organisiert, dass es fähig ist, Pläne zu entwerfen und auszuführen, wenn auch auf recht unbeholfene und ineffiziente Weise. Ein Hauptgrund für diese Ineffizienz, so postuliere ich, besteht darin, dass das System, da es weitgehend deaktiviert ist (durch den im Dienst der Abwehr stehenden Ausschluss buchstäblich jedes sensorischen Einflusses, der es aktivieren könnte), keinen Zugang zum Bewusstsein hat mit allen Vorteilen, die dies bringt.

Ein Merkmal des Hauptsystems, das bei Geraldine abgetrennt war (und vermutlich auch des abgetrennten Systems in Miss B), und zwar ein für den Kliniker höchst bedeutsames Merkmal, ist die Intensität der Gefühle, die aufsteigen, sobald das System wieder voll aktiv wird und Zugang zum Bewusstsein gewinnt. Als dies am fünften Jahrestag des Todes der Mutter bei Geraldine geschah, brach sie unter Tränen zusammen und äußerte intensivste Wünsche nach einer engen Beziehung zu ihrer Therapeutin, in der sie von jemandem umarmt und gehalten würde, der dies wirklich so meinte. Der Therapeutin, die lange auf Distanz gehalten worden war, muss dies erschienen sein, als sei ein Damm gebrochen und Geraldine von Emotionen überschwemmt worden.

So vielsagend diese hydraulische Metapher auch ist, wenn sie in der klinischen Diskussion gebraucht wird, und so treffend sie auch die Intensität der aufsteigenden Gefühle wiedergibt, sie ist äußerst irreführend, wenn sie als Grundlage der Theoriekonstruktion benützt wird. Einerseits hat sie Theorien gefördert, die Quantitäten psychischer Energie und Affektquantitäten als kausale Wirkungsmechanismen im Seelenleben postulieren, was sich, wie ich meine, als wissenschaftlich unproduktiv erwiesen hat; andererseits hat diese Metapher, indem sie sich ausschließlich auf die Emotion (oder den Affekt) konzentriert, die Aufmerksamkeit von all den anderen Merkmalen des Systems abgelenkt, das abgetrennt gehalten wird, nämlich den spezifischen Verhaltensmustern, die zusammen mit den ihnen innewohnenden Wünschen, Gedanken, Arbeitsmodellen und persönlichen Erinnerungen das Bindungsverhalten ausmachen. In der hier vorgetragenen Theorie ist daher kein Raum für Quantitäten unstrukturierten Affekts, die eingedämmt gehalten werden.

Sowohl bei Geraldine als auch bei Miss B war es ein besonderes Merkmal des abgetrennten Systems, dass es buchstäblich keinen Zugang zum Bewusstsein hatte. In anderen Fällen von Trauerstörungen ist dies jedoch nicht so. Bei solchen Personen kann das System, das weiterhin an der verlorenen Person orientiert bleibt und diese wiederzugewinnen sucht, voll bewusst und in normal aktiviertem Zustand sein, wenn es auch geheim gehalten wird. Ein Beispiel hierfür ist Frau Q, die nach dem Tod ihres Vaters im Krankenhaus ihr Denken, Fühlen und Verhalten auf zwei unterschiedliche Arten organisierte. Einerseits glaubte sie, dass ihr Vater tot war, und organisierte ihr Leben entsprechend. Andererseits glaubte sie, im Krankenhaus sei ein Fehler unterlaufen und ihr Vater sei noch am Leben; insgeheim schmiedete sie Pläne, ihn bei seiner Rückkehr nach Hause gebührend willkommen zu heißen (siehe Kapitel 9). Mithin bestanden hier in einer einzigen Persönlichkeit zwei Hauptsysteme, nach entgegengesetzten Prämissen organisiert, jedoch beide aktiv und bewusst. (Wie zuvor schon angemerkt, ist dies der Zustand, den Freud (1927) als Spaltung im Ich bezeichnete.) Folglich war sowohl bei Frau Q als auch bei Geraldine und Miss B jedes Verhalten, das dem einen Hauptsystem angemessenen Ausdruck gab, entweder irrelevant oder im Konflikt mit dem Verhalten, das dem anderen Hauptsystem entsprach.

An dieser Stelle wird der Leser vielleicht einwenden, dass ich zur Illustration des Konzepts der abgetrennten psychischen Systeme spezielle und ziemlich seltene Beispiele psychischer Erkrankungen ausgewählt habe und dass das Konzept daher nur begrenzt anwendbar ist. Ich bin aber nicht dieser Ansicht. Ich glaube im Gegenteil, dass das Konzept nützlich ist zum Verständnis vieler, ja vielleicht aller Beispiele längeren Fehlens von Trauer, die in diesem Band dargestellt sind, sowie auch der Fälle von zwanghafter Selbstgenügsamkeit und zwanghafter Fürsorge, für die weitere Beispiele im nächsten Kapitel angeführt werden.

21 Gestörte Varianten und einige Umstände, die dazu beitragen

Wenn junge Lippen tief aus den bitteren Wassern von Hass, Argwohn und Verzweiflung getrunken haben, wird alle Liebe der Welt dieses Wissen nicht auslöschen. Rudyard Kipling, *Baa Baa Black Sheep*

Die vier in Kapitel 19 vorgetragenen langen Berichte über Kinder, deren Trauer fehlschlug, sollten einen Eindruck vermitteln von den verschiedenen Mustern pathologischer Trauer, die bei Kindern vorkommen, und auch von den Arten, auf die bestimmte Umstände die Form beeinflussen können, die die Reaktion annimmt. Ziel dieses Kapitels ist es, diese und andere Varianten detaillierter zu untersuchen und auch die Bedingungen, die jede dieser Varianten fördern, sowie weitere Beispiele zur Veranschaulichung anzuführen. Letztere sind wieder den Berichten von Klinikern entnommen, die auf beiden Seiten des Atlantiks arbeiten; sie repräsentieren nahezu jeden innerhalb der Psychoanalyse geläufigen theoretischen Ansatz. Die Tatsache, dass ihre empirischen Funde, wenn man sie von den divergierenden und häufig den Sachverhalt verdunkelnden Theorien befreit, durchaus miteinander vereinbar sind, stärkt das Vertrauen in ihre Validität.

Es scheint klar, dass einige der zu beschreibenden Varianten, vor allem die, bei denen Selbstvorwürfe eine herausragende Rolle spielen, eng mit der chronischen Trauer Erwachsener verwandt sind. Für viele andere ist ein längeres Fehlen bewusster Trauer charakteristisch. Bei diesen tritt möglicherweise erst viele Jahre später ein psychiatrisches Problem zutage. In anderen Varianten zeigen sich Probleme der einen oder anderen Art verhältnismäßig bald, noch während der Kindheit oder Adoleszenz, und das vorliegende Kapitel befasst sich hauptsächlich mit diesen.

Um zu einer klaren Darlegung zu kommen, betrachten wir die vorgestellten Probleme unter einer Reihe von Überschriften. Sie sind so ausgewählt, dass sie die große Vielfalt von Symptomen und Verhaltensstörungen widerspiegeln, die von einem Trauerfall betroffene Kinder aufweisen. Die Reihenfolge, in der sie erörtert werden, beginnt bei jenen, die leicht als Reaktionen auf Verlust zu erkennen sind, und schreitet dann fort zu solchen, die aufgrund ihres Einhergehens mit verlängertem Fehlen von Trauer auf den ersten Blick in keiner Verbindung zu einem Verlust zu stehen scheinen.

Wie groß die Inzidenz jeder dieser Problemarten bei einer repräsentativen Stichprobe hinterbliebener Kinder verschiedener Altersstufen in einer westlichen Kultur sein könnte, können wir gegenwärtig nicht feststellen.

Wir kennen auch die Häufigkeit jeder Einzelnen im Verhältnis zu den anderen nicht, da Kinder mit unterschiedlichen Symptomen und Problemen wahrscheinlich an verschiedene Stellen verwiesen werden, solche mit somatischen Symptomen beispielsweise in eine kinderärztliche Beratung, solche mit Verhaltensproblemen an eine Erziehungsberatung oder Bewährungshilfe. Alles Folgende ist aus Untersuchungen an kleinen Stichproben oder Einzelfällen entnommen.

Dauerhafte Angst

Angst vor weiterem Verlust

Jeder Forscher, der Trauerfälle in der Kindheit untersucht hat, hat festgestellt, wie häufig Kinder, die einen Elternteil verloren haben, fürchten, sie könnten den anderen ebenfalls verlieren – entweder durch Tod oder durch Verlassenwerden. Es ist auch nicht schwer zu sehen, wie die Angst vor solchen Geschehnissen, die unter den gegebenen Umständen ganz natürlich ist, verstärkt werden kann, häufig sehr erheblich. Die Angst, auch der überlebende Elternteil könne sterben, wird wahrscheinlich verschlimmert durch unvermeidliche Ereignisse wie etwa das gemeinsame Auftreten zweier Todesfälle in der Familie oder dadurch, dass der überlebende Elternteil tatsächlich erkrankt. Zu den Umständen, die vermieden werden können, gehört es etwa, die Ursache des Todes eines Elternteils geheim zu halten und die diesbezüglichen Fragen eines Kindes abzuweisen; zu den vermeidbaren Bedingungen gehören auch Bemerkungen, die direkt oder indirekt dem Kind entweder die Verantwortung für den Tod des verstorbenen Elternteils oder für den Gesundheitszustand des überlebenden Elternteils aufbürden. Ein weiterer Umstand, der leicht übersehen wird, ist die Auswirkung, die es auf ein Kind hat, wenn es von seinem überlebenden Elternteil hört, das Leben sei nicht länger lebenswert, er oder sie wäre am liebsten tot oder Suizid wäre die beste Lösung.

Die Angst, vom überlebenden Elternteil verlassen zu werden, ist natürlich unvermeidlich bei einem Kind, das entweder eine solche Erfahrung gemacht hat, wie beispielsweise Visha, oder dem damit gedroht wurde. Sie entsteht auch dann, wenn der überlebende Elternteil das Kind bei Verwandten oder sogar Fremden lässt und sich für einige Zeit entfernt.

Natürlich ist es nichts an sich Pathologisches, wenn ein Kind solche Ängste hegt oder diesen Ängsten entsprechend reagiert. Pathologie entsteht dann, wenn die Tatsache, dass ein Kind sich vor solchen Geschehnissen fürchtet, nicht erkannt wird oder, was schwerwiegender ist, wenn die Umstände, die seine Angst verstärkt haben, von dem überlebenden Elternteil entweder vertuscht oder abgestritten werden; denn so wird aus einer verständlichen Reaktion ein geheimnisvolles Symptom.

Angst, das Kind selbst werde auch sterben

Wenn ein Elternteil eines Kindes früh gestorben ist und das Kind dann annimmt, es selbst werde ebenfalls früh sterben, so ist dies eine natürliche, wenn auch falsche Denkweise. Wendy (Kapitel 16) ist ein Beispiel hierfür. Viele weitere Beispiele finden sich in den in Kapitel 15 zitierten Quellen. Da ein Kind sich wahrscheinlich mit dem gleichgeschlechtlichen Elternteil identifiziert, hat ein Junge wohl eher Angst vor einem frühen Tod, wenn er den Vater verliert, ein Mädchen dann, wenn es die Mutter verliert.

Furman (1974, S. 101) beschreibt ein kleines Mädchen, Jenny, das knapp drei Jahre alt war, als seine Mutter an einer akuten Haemorrhagie starb. Obwohl der Vater sein Bestes tat, um Jenny über den Tod ihrer Mutter und dessen Bedeutung zu informieren, stellte sich einige Monate später heraus, dass Jenny noch immer fürchtete, ihr Vater, ihre Geschwister und sie selbst würden bald sterben. Dies zeigte sich, als sie nach angemessener Vorbereitung mitgenommen wurde, um das Grab ihrer Mutter zu besuchen.

Dass Jenny mit ihrem Vater das Grab besuchte, gab ihr Gelegenheit, ihre Fragen zu äußern, und der Vater hatte Gelegenheit, diese Fragen zu beantworten und so die Lage zu klären. Vielleicht werden solche Gelegenheiten nur zu oft nicht geboten, und die sehr natürlichen Ängste des Kindes bleiben bestehen, obwohl dies nicht nötig wäre. Der folgende Bericht über ein zehneinhalbjähriges Kind, dessen Mutter fünf Jahre zuvor gestorben war, ist entnommen aus Kliman u. a. (1973).

> „Norma war zehneinhalb Jahre alt, als sie wegen einer Vielfalt somatischer Beschwerden in psychiatrische Behandlung kam; dazu gehörten Prickel- und Zitterempfindungen, die Angst, nicht geliebt zu werden, gehemmtes Verhalten in der Schule sowohl bei der Arbeit als auch in ihren sozialen Beziehungen. Sie wollte nicht heiraten und dachte daran, Nonne zu werden. Zu dieser Zeit hatte ihr Vater viele geschäftliche Sorgen.
>
> Normas Mutter war an Krebs gestorben, als Norma fünf Jahre alt war. Zur Zeit ihres Todes war die Mutter im ersten Drittel ihrer fünften Schwangerschaft gewesen. Die Krankheit war rasch fortgeschritten, und sie war schon einen Monat nach der ersten Diagnose der Krankheit gestorben. Der Vater, der erschüttert und von Trauer überwältigt war, hatte sich von den Kindern zurückgezogen, und Norma war in die Obhut einer Tante und eines Onkels gegeben worden, die als hart und unbeständig beschrieben werden. (Der Bericht sagt nicht, wer für Normas drei Geschwister sorgte.) 14 Monate später heiratete der Vater eine Witwe mit sechs eigenen Kindern, und Norma kehrte zurück, um mit ihrem Vater, der Stiefmutter, ihren drei Geschwistern und den sechs Stiefgeschwistern zu leben – insgesamt zehn Kinder. Etwa ein Jahr nach der Wiedervereinigung der Familie wurde Norma von einer weiteren Tragödie getroffen: Ein besonders geliebter Onkel wurde bei einem Verkehrsunfall getötet.

Nach einer drei Monate dauernden einführenden und stützenden Phase begann sich die therapeutische Arbeit mit Norma und ihren Eltern auf den fünf Jahre zurückliegenden Sterbefall zu konzentrieren. Norma selbst, die wöchentlich von einer Therapeutin gesehen wurde, begann Fragen über ihre Mutter und ihren Onkel zu stellen und erzählte, wie sehr sie sie vermisse. Sie wirkte traurig.

Im Verlauf der Behandlung nutzte Normas Therapeutin die Gelegenheit, Normas Reaktionen auf durch Ferien verursachte Unterbrechungen und auch auf den Jahrestag des Todes ihrer Mutter damit zu verknüpfen, wie sie sich wohl kurz nach dem Tode ihrer Mutter gefühlt haben mochte.

Die abschließenden Sitzungen erwiesen sich als besonders nützlich. Obwohl Norma sieben Monate zuvor davon unterrichtet worden war, dass die Therapie beendet werden würde, konnte sie sich zunächst daran nicht erinnern. Später begann sie sich vor dem Abschiednehmen zu fürchten, eine Angst, die die Therapeutin mit einem früheren schmerzlichen Abschied verband, als die Mutter gestorben war. Norma beschrieb auch ein merkwürdiges Unbehagen, das sie empfand, wenn sie an dem Gebäude hochsah, in dem die Praxis der Therapeutin lag; es ergab sich eine Verbindung mit ihrem Abschiedswinken zu ihrer sterbenden Mutter, die im Krankenhaus ebenfalls in einem der oberen Stockwerke gelegen hatte. In der allerletzten Sitzung schließlich äußerte Norma eine Frage: ‚Ist meine Mutter gestorben, weil sie ein Baby erwartete?' Erst da wurde klar, warum Norma beschlossen hatte, keine Kinder zu haben und stattdessen Nonne zu werden."

Kommentar

Normas ungünstige Erfahrungen nach dem Tod ihrer Mutter reichten vermutlich aus, um die Probleme zu erzeugen, unter denen sie fünf Jahre später litt. Der Bericht legt nahe, dass sie von ihrem Vater wenig Hilfe bekam und dass ihre Erfahrungen in den 14 Monaten bei Tante und Onkel unglückliche Erfahrungen waren. Außerdem war sie, als sie dann heimkehrte, eines von zehn Kindern, und es ist kaum anzunehmen, dass ihre Stiefmutter in der Lage war, ihr die Zuwendung und Hilfe zu geben, die sie brauchte. Weitere ungünstige Ereignisse waren der plötzliche Tod eines Onkels und die Beschäftigung des Vaters mit geschäftlichen Sorgen.

In all diesen Jahren hatte sich Norma zweifellos über die Ursache des Todes ihrer Mutter Sorgen gemacht. Die Tatsache, dass sie ihn der Schwangerschaft der Mutter zuschrieb, ist verständlich. Obwohl wir das Alter von Normas Geschwistern nicht erfahren, ist es recht wahrscheinlich, dass mindestens ein Geschwister jünger war als Norma und dass ein Krankenhausaufenthalt der Mutter in Normas Denken daher mit der Geburt eines neuen Babys assoziiert war. Es ist auch möglich, dass sie von der gegenwärtigen

Schwangerschaft der Mutter wusste. All dies zeigt, wie notwendig es ist, einem hinterbliebenen Kind reichlich Gelegenheit zu geben, Fragen über die Ursachen des Todes des Elternteils zu stellen.

Vieles fehlt in dem veröffentlichten Bericht, etwa jegliche Information über die Beziehung, die Norma zu ihrer Mutter hatte. Nichts in den angeführten Details jedoch spricht dafür, dass diese etwa besonders ungünstig war.

Hoffnungen auf Wiedervereinigung: Wunsch zu sterben

Da es Kindern noch schwerer fällt als Erwachsenen, daran zu glauben, dass der Tod irreversibel ist, sind Wünsche nach Wiedervereinigung mit dem toten Elternteil häufig. Sie nehmen eine von zwei Formen an: Entweder wird der tote Elternteil in diese Welt heimkehren, oder aber das Kind möchte sterben, um in der nächsten Welt wieder bei ihm zu sein. Zweifellos werden diese Hoffnungen und Wünsche durch gewisse Umstände sehr verstärkt. Versprechungen, die einem Kind kurz vor dem plötzlichen Tod des Elternteils gemacht wurden und die nicht mehr erfüllt werden, können eine Quelle starker und heftiger Hoffnungen sein. Man wird sich erinnern, dass Kathys Vater (Kapitel 16) versprochen hatte, mit Kathy in ein Süßwarengeschäft zu gehen; er war jedoch in ein Krankenhaus eingeliefert worden und hatte sein Versprechen nicht erfüllt. Viele Eltern, die unvorhergesehen in die Notaufnahme eines Krankenhauses eingeliefert werden und nie mehr zurückkehren, müssen ihren Kindern versprochen haben, bald wieder gesund zu werden und nach Hause zu kommen.

Verstärkt werden diese Hoffnungen und Wünsche auch dann, wenn die Beziehungen des Kindes zu dem toten Elternteil gut waren und die Umstände, unter denen das Kind danach versorgt wird, besonders unglücklich sind.

Der folgende Bericht über einen Jungen, der seine Mutter verlor, als er vier Jahre alt war, stammt von Marilyn R. Machlup und ist entnommen aus Furman (1974, S. 149–153).

> „Während Seths ganzer Babyzeit hatte seine Mutter an Mattigkeit gelitten, und ihr Zustand verschlechterte sich nach der Geburt einer jüngeren Schwester, Sally, als Seth dreieinhalb Jahre alt war. Einige Monate später fiel die Mutter aus dem Bett und konnte nicht wieder aufstehen. Erst jetzt wurde die Krankheit ernst genommen; man richtete es so ein, dass sie zu einer Untersuchung im Krankenhaus angemeldet wurde. 14 Tage später packte die Mutter ihren Koffer, verabschiedete sich von den Kindern und wurde im Auto zum Krankenhaus gefahren. Am nächsten Tag starb sie. Das Letzte, was Seth von ihr gesehen hatte, war, wie sie das Auto bestieg.

Der Tod der Mutter war für den Vater ein großer Schock. Dennoch tat er alles, was er konnte, um Seth darüber zu informieren, was geschehen war. Seine Mutter, so sagte er ihm, sei gestorben: ‚Sie hat aufgehört zu essen, zu atmen, sich zu bewegen und zu fühlen, und ihr Körper wird in der Erde begraben werden.' Seth war traurig und weinte kurz. Er gab jedoch keinen Kommentar ab und stellte keine Fragen. Er wurde nicht zur Beerdigung mitgenommen und sah auch das Grab erst ein Jahr später. Als der Vater schließlich erfuhr, an welcher Krankheit seine Frau gelitten hatte (Leukämie), schien sich keine Gelegenheit mehr zu bieten, mit Seth darüber zu sprechen, und es fand kein weiteres Gespräch zwischen ihnen statt.

Nach dem Tod der Mutter zogen der Vater und die beiden Kinder in das Haus der Großeltern väterlicherseits. Die Großeltern waren warmherzige, liebevolle Menschen, die alles für die Kinder taten, was sie konnten. Sie suchten sogar professionelle Hilfe für Seth, um ihm zu helfen, über seine Gefühle und seine Erinnerungen an seine Mutter zu sprechen, doch dies hatte keinen Erfolg. Der Vater war keine Hilfe, da er stets verzweifelt war, wenn er an seine Frau erinnert wurde, und es nicht ertragen konnte, über sie oder über die Vergangenheit zu sprechen.

Im Kindergarten wurde Seth als guter und lieber Junge beschrieben, dem es jedoch an Spontaneität fehle. Manchmal fragte er, wo seine Mutter sei; sonst jedoch erwähnte er sie nicht.

Als Seth sechs Jahre alt war, zwei Jahre nach dem Tod der Mutter, heiratete der Vater wieder, und die Familie zog in eine eigene Wohnung. Der Kontakt mit den Großeltern hörte zum Teil auf mit dem Ziel, Seths Bindung an seine Stiefmutter zu stärken. Diese Beziehung erwies sich jedoch als überaus unglücklich, im Wesentlichen aufgrund der eigenen emotionalen Probleme der Stiefmutter. Sie war extrem aggressiv Seth gegenüber; einige Monate nach der Heirat entwickelte sie eine akute neurotische Depression, derentwegen sie für einen Monat in eine Klinik kam.

Nach der Veränderung seiner Lebensumstände wurde Seth schwierig und gestört. Vor allem war er hyperaktiv, rannte hinaus auf die Straße und sprang aus großen Höhen hinunter, ohne sich im Geringsten um seine Sicherheit zu kümmern. Außerdem hatte er heftige Wutanfälle, zerstörte seine Kleidung und nässte und kotete ein. Wegen dieser Störungen wurde er in Psychotherapie genommen.

Bald wurde offenkundig, dass Seth sich viele Gedanken über seine Mutter und den Grund ihres Sterbens machte. Er fürchtete auch, ihren Tod selbst verursacht zu haben. Unter vielem anderem erinnerte er sich auch an den Anlass, bei dem seine Mutter aus dem Bett gefallen war und daran, wie machtlos er gewesen war, ihr zu helfen. Als Seths Vater von diesen Sorgen erfuhr, fand er eine Gelegenheit, ihm die Krankheit der Mutter recht ausführlich zu erklären, und sie besuchten zusammen das Grab.

Seths Stiefmutter verübelte ihm seine Beziehung zu der Therapeutin, und deswegen wurde beschlossen, die Therapie vorzeitig zu beenden. Dies brachte Seth sehr auf, und er nahm sein hyperaktives und gefährliches Verhalten wieder auf ... Er wollte sich verletzen, sagte er, dann würde er ins Krankenhaus gebracht werden und sterben. Er äußerte auch den ernsthaften Wunsch, mit seiner toten Mutter in Berührung zu kommen. Er führte lange ‚Unterhaltungen' mit ihr und spannte ‚Kabel' im Therapiezimmer, um mit ihr zu telefonieren. Oft musste die Therapeutin seine Kletterpartien einschränken; eines Tages jedoch kletterte er auf eine Fensterbank, fiel herunter und brach sich den Ellbogen."

Kommentar

Aus Seths Sicht müssen die zunehmende Mattigkeit seiner Mutter, ihr alarmierender Sturz und ihr plötzliches Verschwinden in ein Krankenhaus ein absolutes Geheimnis gewesen sein. Obwohl der Vater offenkundig sein Bestes getan hatte, um ihm den Tod der Mutter zu erklären, ist deutlich, dass der vierjährige Seth die Situation überhaupt nicht begriffen hatte, weder das, was geschehen war, noch, warum es geschehen war. Wahrscheinlich hat der Vater zu dieser Zeit implizit Fragen abgewehrt; wir wissen, dass er es später nicht ertragen konnte, über seine Frau oder die Umstände ihres Todes zu sprechen. Damit befand sich Seth unweigerlich in einem Meer von Ungewissheit.

Es sollte angemerkt werden, dass Seths Mutter ja nur zum Zweck einer Untersuchung in ein Krankenhaus ging: Niemand hatte erwartet, dass sie sterben würde. Vor ihrer Abfahrt, so erfahren wir, hatte sie sich von den Kindern verabschiedet. Unter diesen Umständen liegt es nahe, dass sie ihnen möglicherweise angedeutet hat, sie werde bald zurück sein. Wenn dies so war, dann hätte es Seths fortbestehende Hoffnung auf ihre Rückkehr sehr verstärkt. Es ist auch nicht überraschend, dass nach der erneuten Heirat des Vaters und dem Verlust seiner Großeltern und dann wieder vor dem drohenden Verlust seiner Therapeutin Seths Wunsch, seine Mutter zu finden, immer dringender wurde.

Im letzten Teil dieses Kapitels finden sich weitere Angaben über den Unfall, den Seth kurz vor Beendigung der Therapie erlitt.

Zweifellos gibt es noch viele andere Motive, aus denen ein Kind sich wünschen kann, mit seinem toten Elternteil in Berührung zu sein, und zwar so sehr, dass es sogar sterben möchte, um bei ihm oder ihr zu sein. Eines dieser Motive könnte der Wunsch sein, eine Beziehung zu kitten, die vielleicht beschädigt war, möglicherweise durch einen Streit kurz vor dem Tode des Elternteils. Der folgende Bericht über eine therapeutische Sitzung mit einem sechsjährigen Jungen, der drei Monate zuvor seinen Vater verloren hatte, illustriert diesen Punkt. Er ist einem Bericht von Martha Harris (1973) entnommen, einer Kinderanalytikerin der Tavistock-Klinik.

„James' Vater war nach einer kurzen Krankheit im Krankenhaus gestorben. Zu der Zeit war James bei Freunden untergebracht, und es dauerte einige Wochen, ehe man ihm sagte, was geschehen war. Er war nicht zum Begräbnis mitgenommen worden und hatte auch nicht das Grab besucht.

James hatte einen älteren Bruder, Julian, acht Jahre alt. Julian war immer der einfachere der beiden Jungen gewesen und hatte eine ‚friedlichere, liebevolle Beziehung zu seinem Vater' gehabt. James dagegen habe, so hieß es, ein schwierigeres Temperament, sei kraftvoll, aggressiv, intelligent und leidenschaftlich und eng an seine Mutter gebunden. Mit seinem Vater war er nicht immer gut ausgekommen; die Mutter meinte, beide seien einander zu ähnlich. Wenn der Vater James angeschrien hatte, hatte James zurückgeschrien.

Nachdem man sie vom Tod ihres Vaters unterrichtet hatte, hatten die beiden Jungen sehr unterschiedlich reagiert. Während Julian viel geweint hatte und seiner Mutter sehr nahe gekommen war, war James überaus zornig geworden und hatte sich aufgeführt wie ein ‚Unwetter'. Vor allem konnte er es nicht ertragen, seine Mutter und seinen Bruder traurig zu sehen. Er pflegte dann anklagend zu seiner Mutter zu sagen: ‚Du bist nicht gut! Du kannst Menschen nicht lebendig erhalten!' Julian hatte seine Mutter voller Verwirrung gefragt: ‚Was ist los mit James? Warum versucht er immer, mich zum Weinen zu bringen?' In der Schule, die James vorher gern besucht hatte, war er mürrisch und unaufmerksam geworden und suchte ständig Streit mit anderen Kindern. Nachdem er eines Tages seiner Mutter gegenüber einen heftigen Wutanfall gehabt hatte, brach er zusammen und rief: ‚Ich bin schrecklich, aber ich weiß nicht warum.' Das hatte die Mutter veranlasst, Rat zu suchen. Man sagte dem Jungen, er werde zu einer Therapeutin gehen, und diese Dame werde ihm helfen zu verstehen, warum er sich nach dem Tode seines Vaters so schrecklich fühle.

James kam bereitwillig in das Zimmer der Therapeutin und stürzte sich sofort auf eine offene Schublade mit Spielzeug, das für ihn vorbereitet worden war. Er wühlte darin herum, als suche er nach etwas Bestimmtem. Die Therapeutin bemerkte dies und fragte ihn, ob er wisse, was das wohl sein könne. ‚Ja', antwortete er, sagte aber nichts weiter und setzte seine Suche fort. Dann hörte er auf und sah verwirrt aus; die Therapeutin fragte daraufhin, ob er vielleicht seinen Daddy suche. ‚Ja', antwortete er sofort. Dann machte er seinen Gedanken und Gefühlen auf eine Weise Luft, der nicht leicht zu folgen war.

Er begann: ‚Ja, mein Vater ist tot, und ich würde ihn gern sehen. Ich weiß nicht, wohin er gegangen ist. Ja. Ich weiß, wo er ist, er ist im Himmel ... Ich weiß, dass er im Himmel ist und nicht in der Hölle.' Er fragte sich, wie es im Himmel sei. Seine Therapeutin bemerkte, er wünsche zu glauben, dass sein Vater an einem guten Ort und glücklich sei. Dem stimmte er intensiv zu. Als die Therapeutin im Verlauf des Gesprächs erwähnte, er sei wohl unsicher, wo sich sein Vater befinde, erwiderte er: ‚Aber ich weiß, wo er ist ... aber ich würde ihn gern wiedersehen ... manchmal denke ich, ich muss Selbstmord begehen und zu meinem Vater gehen.' Auf die Frage, wie er dies tun wolle, antwortete er: ‚Mit einem scharfen Messer, oder sehr krank werden und dann sterben ...'

Die Therapeutin sagte, sie meine, dass er sich nicht ganz sicher sei, wie er in Bezug auf seinen Daddy fühle, und er wolle wohl nicht denken, sein Daddy sei böse oder sei an einem schlechten Ort ... James blickte auf und sagte dann mit Nachdruck: ‚Eine Sache weiß ich ... nur drei Worte, die ich gern sagen würde ... ich – liebte – ihn.' Die Therapeutin stimmte zu, fügte aber hinzu, dass es vielleicht auch Zeiten gegeben habe, in denen er Daddy nicht liebte. Darauf erwiderte er: ‚Ich wünschte, er hätte mich nicht angeschrien ... ich schrie nämlich zurück.' Auf die Frage, ob er meine, sein Schreien könne seinen Daddy krank gemacht haben, sah er seine Therapeutin eindringlich an und versicherte: ‚Wenn man klein ist, dann ist man sehr, sehr stark, und wenn man alt ist, selbst wenn man laut schreien kann, wird man immer schwächer und schwächer, und dann stirbt man.'

Später fügte er traurig hinzu: ‚Manchmal vergesse ich, wie er aussieht ... ich versuche, an ihn zu denken, und er ist nicht da.' Seine Therapeutin meinte, er mache sich vielleicht Sorgen, er könne kein echtes Bild in seinem Gedächtnis behalten von einem Daddy, den er liebte. ‚Ich habe zwei Bilder von ihm in meinem Zimmer ... auf einem davon lächelt er nicht ... ich mag das nicht ... ich mag das Bild, auf dem er lächelt.' Am Ende einer langen Sitzung, in der die Therapeutin eine Reihe von Deutungen gegeben hatte (meist kleinianischen Ursprungs), kam James auf das Thema des Selbstmords zurück: ‚Ich möchte nicht Selbstmord begehen ... nein, ich werde mit meiner ganzen Familie Selbstmord begehen, und dann können wir alle bei Daddy sein.'

Ein weiteres Thema kam auf, als die Sitzung gerade zu Ende ging und die Frage einer weiteren Sitzung diskutiert wurde. James stand vom Fußboden auf und setzte sich in den Sessel. Daraufhin bemerkte die Therapeutin, er wünsche sich vielleicht, Daddy zu sein und Verabredungen zu treffen; vielleicht habe das zu den Schwierigkeiten zwischen ihm und seinem Vater geführt, die damit geendet hatten, dass sie einander anschrien. ‚Ja', sagte James, ‚und das ist jetzt auch das Problem mit Julian, weil er auch Daddy sein möchte.'

Nach dieser ersten Sitzung begann James, mit seiner Mutter über seinen Vater zu sprechen. Er fragte nach Einzelheiten seiner Krankheit und äußerte den Wunsch, das Grab zu besuchen. Die Beziehungen zu Hause wurden leichter. Obwohl er ursprünglich nicht den Wunsch hatte, nochmals in die Klinik zu kommen, hatte er später noch sechs weitere Sitzungen in wöchentlichen Abständen."

Kommentar

Es kann keinen Zweifel an James' dringendem Wunsch geben, seinen Vater wieder zu sehen, selbst wenn das bedeutete, dass er auch sterben müsste, ebenso wie an seinem Hauptanliegen, dem Vater zu versichern, dass er ihn liebte. Dies legt ziemlich nahe, dass Vater und Sohn kurz vor der Einlieferung des Vaters ins Krankenhaus einen Streit gehabt hatten, dass der Vater vielleicht James angeschrien hatte und dass James danach möglicherweise keine Gelegenheit mehr gehabt hatte, sich wieder mit dem Vater zu versöhnen. Bei der Lektüre des Berichts hat man den sicheren Eindruck, dass trotz möglicher Reibungen in der Vergangenheit die Beziehung der beiden recht gut gewesen war und dass Streitigkeiten normalerweise recht schnell beigelegt worden waren.

Wie und warum die Beziehung zwischen ihnen etwas gespannt war, ist nicht ganz klar. Auf der Hand liegende Möglichkeiten sind, dass der Vater dazu neigte, seinen älteren Sohn auf Kosten des jüngeren vorzuziehen und/oder, dass er ihm die enge Beziehung zur Mutter verübelte.

Da kaum anzunehmen ist, dass ein Sechsjähriger davon sprechen würde, Suizid zu begehen, um seinen toten Vater zu sehen, wenn er nicht ähnliche Äußerungen anderswo gehört hätte, können wir nur darüber spekulieren, wer sich so geäußert haben könnte. Aufgrund der vorliegenden Informationen ist es wohl am wahrscheinlichsten, dass es sich dabei um die Mutter handelte.

Dauerhafte Anschuldigungen und Schuldgefühle

Nichts ist leichter für ein Kind, als fälschlich jemand anderen oder auch sich selbst zu beschuldigen, zum Tod eines Elternteils beigetragen zu haben. Dafür gibt es zwei Gründe: Einmal ist ein Kind allgemein im Unklaren darüber, warum jemand stirbt, und zum anderen ist es natürlich, dass Kinder dem, was sie sehen, was sie hören oder was ihnen jemand sagt, viel Gewicht beimessen.

In der Untersuchung von Arthur und Kemme (1964) schrieben nicht weniger als 40 Prozent der Kinder und Adoleszenten die Ursache des Todes des Elternteils entweder sich selbst oder dem überlebenden Elternteil zu, und wie wir bereits gesehen haben, war der Grund, warum sie dies taten, oft ganz explizit. Ein Kind wird sich immer dann selbst die Schuld geben, wenn der Elternteil, der später stirbt, oder der überlebende Elternteil versucht hat, das Kind dadurch zu beherrschen, dass er ihm vorwirft, sein Verhalten – laut, schmutzig, störend, ungezogen oder wie immer benannt – mache den Elternteil krank oder „werde noch einmal sein oder ihr Tod sein". Den überlebenden Elternteil wird das Kind dann anschuldigen, wenn es gesehen hat, dass die Eltern einander angriffen, oder gehört hat, dass damit gedroht wurde.

Der folgende Bericht über ein sechsjähriges Kind, dessen Mutter zwei Jahre zuvor gestorben war, stammt von Myron W. Goldman und ist entnommen aus Furman (1974, S. 140 bis 148). Er illustriert diesen und einige andere Punkte.

„Addie war fünf Jahre alt, als sie wegen eines steifen Halses, für den keine organische Ursache gefunden wurde, in psychiatrische Behandlung kam. Außerdem klagte die Großmutter mütterlicherseits darüber, Addie sei eigensinnig und ungehorsam und habe Schwierigkeiten einzuschlafen. Obwohl die Versteifung des Halses gewichen war, nachdem der Psychiater mit Addie über den Tod ihrer Mutter gesprochen hatte sowie über den Zorn, den sie auf ihren Vater empfinden müsse, weil dieser fortgegangen sei, war offenkundig, dass Addie noch immer viele Schwierigkeiten hatte. Sie wurde deshalb in den therapeutischen Kindergarten aufgenommen und begann, als sie knapp sechs Jahre alt war, mit fünfmal in der Woche stattfindenden Sitzungen bei einem männlichen Kindertherapeuten.

Addies Mutter war zwei Jahre zuvor an Leukämie gestorben und war vor ihrem Tode schon mehrmals im Krankenhaus gewesen. Addie und ihre Schwestern, die eine ein Jahr, die andere zweieinhalb Jahre jünger als sie, blieben dann jeweils bei ihren Großeltern mütterlicherseits; seit dem Tod der Mutter waren sie wieder dort. Diese Großeltern, die selbst noch zwei Söhne im Teenageralter hatten (Addies Onkel), führten, wie es in der Beschreibung heißt, ‚ein solides, anständiges Familienleben mit engen, warmen Beziehungen‘. Sie lebten in einem Farbigenviertel der Stadt.

Die Mutter war Mitte 20 gewesen, als sie starb; sie hatte jung geheiratet. Ihr Ehemann war ein gut aussehender und charmanter Mann, zwei Jahre älter als sie, der sich als starker Trinker, grob und delinquent erwiesen hatte. Er unterstützte seine Familie nie und war für ein Jahr in einer Besserungsanstalt gewesen, als Addie ein Kleinkind war. Während Addies viertem Lebensjahr war der Vater häufig nicht zu Hause, pflegte sich aber gewaltsam Zutritt zum Haus zu verschaffen und auch ohne Vorankündigung wieder fortzugehen. Nachdem die Mutter gestorben war, verließ er die Stadt; der Großmutter hatte er gesagt, es sei ihr überlassen, sich um die Kinder zu kümmern.

Addie und ihren Schwestern war so gut wie gar nichts über die Krankheit und den Tod ihrer Mutter sowie über den Fortgang des Vaters gesagt worden. Addie hatte zum ersten Mal vom Tod ihrer Mutter gehört, als ihr ein Nachbarskind zwei Wochen danach erzählte, es sei bei der Beerdigung gewesen; erst dann hatte die Großmutter den Kindern gegenüber den Tod der Mutter zugegeben. Tatsächlich widerstrebte es der Großmutter die ganze Zeit über heftig, über den Tod ihrer Tochter zu sprechen oder sie zu betrauern. Ein Grund dafür war, wie sich später herausstellte, ihr dauerndes Schuldgefühl, weil sie nicht eher etwas gegen die Krankheit ihrer Tochter unternommen hatte.

Im Hinblick auf das Schweigen der Großmutter ist es kaum überraschend, dass Addie in Bezug auf Krankheit und Tod ihrer Mutter äußerst verwirrt war. Einer der Gedanken, die sie ihrem Therapeuten gegenüber äußerte, war, ihre Mutter sei noch am Leben und werde zurückkehren. Ein weiterer Gedanke war, ihr Vater habe ihre Mutter getötet; dies berichtete sie aber schnell, indem sie sagte, ihre Mutter sei krank gewesen und gestorben. Vor den Sommerferien ihres Therapeuten jedoch hatte sie Angst, er könne von ihrem Vater getötet werden. Im weiteren Verlauf der Therapie begann sich Addie daran zu erinnern, wie ihr Vater ihre Mutter zu schlagen pflegte, sowie an viele weitere erschreckende Details ihres Familienlebens – wie ihr Vater sich betrank, wie er die Nahrung aufaß und für den Rest der Familie nichts übrig ließ, wie ihre Mutter die Polizei rufen musste. Noch später beschrieb sie, wie die Mutter eines Freundes bei einem Brand umgekommen war und dieser die Mutter nicht hatte retten können. Daraufhin erinnerte sie sich reumütig, wie sie einmal ihre Mutter überredet hatte, den Vater doch wieder ins Haus einzulassen, und wie der Vater dann die Mutter geschlagen hatte.

Etwa zwei Jahre nach dem Beginn der Therapie litt Addie erneut an einer Versteifung des Halses. Eine Tante, die Addies Mutter sehr ähnlich sah, war plötzlich im Haus erschienen, und Addie hatte zuerst geglaubt, die Mutter sei zurückgekommen. Während des zweimonatigen Aufenthalts der Tante hatte Addie sich sehr stark an sie gebunden. Als die Tante jedoch dann fortging und alle anderen Familienmitglieder sie vermissten, tat Addie dies nicht. Bei dieser Gelegenheit entwickelte sie die Halsversteifung. Als dieser Ablauf besprochen wurde, erinnerte sich Addie an die vielen Besuche ihrer Mutter beim Arzt und daran, wie verwirrt sie deswegen gewesen war. Zu den Deutungen, die der Therapeut zu Addies steifem Hals gab, gehörte auch die Ähnlichkeit mit dem steifen Körper der Mutter, den das Nachbarskind beschrieben hatte, nachdem es ihn bei der Beerdigung in der Leichenhalle gesehen hatte.

Das führte dazu, dass Addie zum ersten Mal das Grab ihrer Mutter besuchte. Da sie sich danach mit dem Begriff des Todes auseinander setzen konnte, erwies sich dieser Besuch als Wendepunkt in der Therapie.[128] Versuche, Addie dabei zu helfen, ihre Trauer und ihre Sehnsucht nach der Mutter zu spüren, waren jedoch schwierig. Eine Ursache dafür war, dass die Großmutter nicht in der Lage war, den Tod ihrer Tochter zu betrauern und immer dann, wenn sie an traurige Gefühle erinnert wurde, einen wütenden Ausbruch hatte. Eine andere Ursache lag in den Familienbeziehungen, die vor dem Tod der Mutter bestanden hatten. Addies Mutter war chronisch depressiv gewesen, während Addies Vater das Kind abgelehnt hatte. Daraus hatte Addie den Schluss gezogen: ‚Wenn man Wärme zeigt, setzt man sich Verletzungen aus.' Deshalb hatte sie das entwickelt, was der Therapeut als ‚harte, spröde Haltung' bezeichnete."

Kommentar

Berücksichtigt man die Umstände von Addies Familienleben, so kann man leicht sehen, warum sie die Idee hatte, der Vater habe die Mutter getötet und könne möglicherweise auch ihren Therapeuten töten. Auch ist leicht einzusehen, warum sie sich schuldig fühlte und meinte, auch sie habe eine gewisse Rolle dabei gespielt. Wenn die Eltern sich streiten, möchte das Kind häufig den angegriffenen Teil schützen und fühlt sich schuldig, wenn es unabsichtlich etwas tut, das einen Elternteil in Gefahr bringt.

Außerdem ist nicht schwer zu begreifen, warum Addie eine zwanghafte Selbstgenügsamkeit entwickelt hatte. Ihre Mutter war nicht nur krank und depressiv gewesen, sondern hatte auch noch für zwei weitere Kinder zu sorgen gehabt, von denen eines nur ein Jahr jünger war als Addie; die sporadischen und kurzen Besuche des Vaters bei der Familie lieferten Addie nur weitere Anlässe, sich von ihm zurückgewiesen zu fühlen. In diesen Hinsichten ähnelte das gesamte klinische Bild Addies sehr dem von Geraldine (siehe Kapitel 19 und 20).

Kommentare zu Addies Halsversteifung werden auf den Abschnitt verschoben, der sich mit somatischen Symptomen befasst.

Überaktivität: aggressive und destruktive Ausbrüche

Wenn ein Kind traurig ist, so kann der überlebende Elternteil dies ohne Schwierigkeiten als Reaktion auf den Verlust erkennen. Wenn ein Kind dagegen leicht abzulenken und überaktiv ist oder vielleicht aggressive oder destruktive Ausbrüche hat, so ist es sehr viel schwieriger, dies als Reaktion auf den Verlust zu erkennen.

Außerdem handelt es sich hier um einen *circulus vitiosus*. Kinder, die auf die beschriebenen Arten reagieren, sind, wie das Material zeigt, häufig Kinder von Eltern, die selbst wenig Verständnis oder Sympathie für die Wünsche eines Menschen nach Liebe und Fürsorge haben, seien es ihre eigenen oder die ihrer Kinder. Nach einem Verlust ist es daher höchst wahrscheinlich, dass solche Eltern ihren eigenen Kummer unterdrücken und besonders unsensibel gegenüber den Gefühlen ihrer Kinder sind. Dieses Wechselspiel zeigt sich im Falle Arnolds, eines fünfjährigen Jungen, der von Furman (1974, S. 58) beschrieben wurde.

> „Arnolds Vater starb plötzlich, als Arnold fünfeinhalb Jahre alt war. Bald darauf wurde Arnold überaktiv und ertrug keinerlei Erwähnung des Todesfalles; er wollte auch nicht im Haus bleiben, wenn irgendein Familienmitglied weinte. Das führte dazu, dass er sich häufig lange und zu unerwarteten Zeiten von zu Hause entfernte. Er gab dafür ausführliche und verwickelte Erklärungen ab, die jedoch nie den eigentlichen Grund erwähnten.

> Beide Eltern Arnolds, vor allem aber seine Mutter, waren offenbar für die Gefühle ihrer Kinder immer blind gewesen. Die Mutter selbst hatte die Tendenz, den Ausdruck von Gefühlen zu vermeiden; stattdessen gab sie Erklärungen und Rationalisierungen. Als ihr Mann starb, betrauerte sie ihn ebenso wenig wie Arnold. Folglich war es unvermeidlich, dass sie kein Verständnis dafür hatte, warum er sich so verhielt, wie er es tat."

In vielen Fällen ist offenbar ein Wutausbruch und/oder der Rückzug aus der Situation die Art, auf die ein Kind, das nicht trauern kann, reagiert, wann immer der Todesfall erwähnt wird. Wie man sich aus Kapitel 19 erinnern wird, reagierte Henry auf den Tod seines Vaters ganz ähnlich wie Arnold. Er zeigte nicht nur keine Trauer und wurde stattdessen ruhelos und ablenkbar, sondern reagierte auch zornig, wann immer sein Therapeut das Thema erwähnte; bei mindestens einer Gelegenheit lief er aus dem Zimmer. Erwachsene, die nicht trauern können, reagieren leicht auf ganz ähnliche Weise. Sie vermeiden nicht nur selbst jede Erwähnung des Verlusts, sondern reagieren auch gereizt, wenn andere es tun (siehe Kapitel 9).

William Halton (1973), Kinderpsychotherapeut an der Tavistock-Klinik, berichtet von einem Jungen, dessen Reaktion auf den Tod seines Vaters ganz ähnlich war wie die Arnolds und der offenbar die gleichen familiären Erfahrungen gemacht hatte, wenn auch vielleicht auf noch etwas ungünstigere Weise.

> „Howard war elf Jahre alt, als sein Vater plötzlich an einem Herzinfarkt starb. Er entschied, dass er nicht zur Beerdigung gehen wolle, und nachdem er kurz geweint hatte, kündigte er an, er werde nicht noch einmal weinen. ‚Man weint nur einmal.' Seine Mutter machte sich Sorgen über seine fehlende Trauer.
>
> Zum Zeitpunkt des Todes seines Vaters war Howard schon zwei Jahre lang in Behandlung gewesen, weil seine Eltern sein Verhalten ‚wild und unbändig' fanden. Nach dem Verlust, der zufällig nur zwei Wochen vor den Ferien des Therapeuten eintrat, wurde Howard seinem Therapeuten gegenüber besonders feindselig und drohend.
>
> Bei der ersten Therapiesitzung, die Howard nach dem Tod seines Vaters hatte, sah er sehr blass aus und wirkte unnatürlich fröhlich. Dennoch war er in reizbarer Stimmung und brach rasch einen Streit vom Zaun. In den folgenden Sitzungen richtete er viele feindselige Bemerkungen an seinen Therapeuten, darunter auch folgende Drohung: ‚Ich werde dem Raum irgendeinen bleibenden Schaden zufügen. Sie zusammenzuschlagen wäre wirklich der Mühe wert, weil dann niemand etwas von Ihnen wissen wollte.' Trotz dieser emphatisch geäußerten Gefühle jedoch war der Therapeut in der Lage zu erkennen, dass gewisse Anzeichen dafür sprachen, dass Howard von ihm Trost wünschte, aber daran verzweifelte, diesen jemals zu erhalten.

In diesem Falle wie in so vielen anderen, von denen in diesem und den vorhergehenden Kapiteln berichtet wurde, spiegelten die fehlende Trauer um den Verlust und das zornige Vermeiden des Themas die stark beeinträchtigten Beziehungen wider, die Howard seit vielen Jahren zu beiden Eltern hatte. Kurz umrissen scheint es, als sei er im Alter von vier Wochen adoptiert worden, habe dies aber erst mit neun Jahren erfahren. Beide Eltern hatten große Hoffnungen in ihn gesetzt, die später aber ‚grollender Desillusionierung' gewichen waren. Die Mutter (die selbst größere emotionale Schwierigkeiten gehabt zu haben scheint) ‚fand jede körperliche Demonstration von Zuneigung peinlich' und war infolgedessen sehr erleichtert, als Howard an einem bestimmten Punkt seiner Entwicklung nicht mehr danach verlangt hatte. Wenn sie deprimiert und er ihr lästig war, gab es Gelegenheiten, bei denen beide ‚einander nur anschrien'. Howards Beziehung zu seinem Vater soll in den ersten Lebensjahren des Jungen besser gewesen sein, doch in Howards viertem und fünftem Lebensjahr war der Vater krank und für mehrere Monate im Krankenhaus gewesen; danach hatte der Vater das Gefühl, nie wieder wirklich mit Howard in Kontakt gekommen zu sein."

Kommentar

Bei vielen, ja vielleicht allen Personen, die auf einen Verlust mit Überaktivität und/oder Zorn reagieren, ob es sich um Kinder oder Erwachsene handelt, spielt ein Schuldgefühl eine Rolle, in gewissem Maße verantwortlich gewesen zu sein. Obwohl Halton dazu nichts sagt, vermute ich, dass das auch in Howards Fall eine Rolle spielte. Erstens war der Vater während Howards frühester Lebensjahre schwer herzkrank gewesen; dann wird Howards Verhalten als wild und unbändig beschrieben. Implizit oder explizit wurde Howard wohl zu verstehen gegeben, sein Verhalten sei dafür verantwortlich, dass es dem Vater schlechter ging. Wenn dies so war und er sich selbst die Schuld am Tod des Vaters gab, ist es kaum überraschend, dass er nicht bereit war, dies einem Erwachsenen gegenüber zu äußern, von dem er nach seinen früheren Erfahrungen erwartete, dieser sei nicht mitfühlend oder in der Tat feindselig. Viele schwierige und aggressive Kinder handeln nach dem Prinzip, dass Angriff die beste Verteidigung ist.

Die Bedeutung eines verborgenen Schuldgefühls als Erklärung für das schwierige Verhalten eines Menschen wird sehr deutlich am Fall eines zehnjährigen Jungen, Walter, der von Wolfenstein (1966) beschrieben wurde. Im Unterschied zu Arnold und Howard, von denen oben die Rede war, war Walter nicht ernstlich gestört.

„Walter war acht, als seine Mutter Brustkrebs bekam und operiert wurde. Danach wurde er immer häufiger von seiner Großmutter mütterlicherseits versorgt, die er bereits gut kannte; nach dem Tod der Mutter zwei Jahre später wurde diese Regelung beibehalten. Trotz der hingebungsvollen Fürsorge seiner Großmutter jedoch wurde Walter chronisch reizbar ihr gegenüber, und als sie ihn einmal wegen etwas getadelt hatte, erwiderte er zornig, er werde von zu Hause fortgehen; dann stürmte er aus dem Haus. Zum Glück erkannte seine Großmutter, dass er noch vom Verlust seiner Mutter erschüttert war, und nachdem er zurückgekehrt war, sprach sie mit ihm darüber und sagte, wie traurig sie beide seien. Nachdem sie ihm von allen Anstrengungen erzählt hatte, die unternommen worden waren, um das Leben seiner Mutter zu retten, vertraute Walter ihr an, auch er trage wohl einen Teil Schuld. Als seine Mutter nach ihrer Operation nach Hause zurückgekehrt war, war sie sehr schwach gewesen. Trotzdem jedoch war sie jeden Morgen aufgestanden, um ihm vor der Schule sein Frühstück zu geben. Er meinte, wenn sie das nicht getan hätte, wäre sie vielleicht nicht gestorben. Dieses Gespräch, das bis spät in die Nacht andauerte, klärte die Atmosphäre."

Walter hatte das Glück, eine einfühlsame und einsichtige Großmutter zu besitzen, die ihm auch die elterliche Fürsorge ersetzte, welche für ein hinterbliebenes Kind so wichtig ist. Innerhalb dieser vertrauensvollen Beziehung konnte er nach einem kleinen Anstoß seine Befürchtungen gestehen.

Ursprünge eines bedrückenden Schuldgefühls

Mit meiner Ansicht, dass ein bedrückendes Schuldgefühl häufig hinter feindseligem und aggressivem Verhalten steht, befinde ich mich in Übereinstimmung mit Auffassungen, die im Laufe der Jahre von zahlreichen Psychoanalytikern vorgetragen worden sind. Abweichend ist meine Meinung da, wo es um die Erklärung der Entwicklung eines drückenden Schuldgefühls geht. Die traditionelle Theorie legt besonderen Nachdruck fast ausschließlich auf die Rolle feindseliger Wünsche, die der schuldige Überlebende gegen die tote Person gehegt hat; meiner Auffassung nach aber weist das Material klarer auf die einflussreiche Rolle der Art und Weise hin, wie ein Kind innerhalb seiner Familie behandelt wird. Man betrachte beispielsweise die Auswirkungen auf die Art, wie ein Kind Ereignisse deutet, die es nicht durchschaut, wenn es die wahren Ursachen von Unglücksfällen nicht kennt, die die Familie treffen, einschließlich Krankheit und Tod; vor allem dann, wenn es zusätzlich noch von dem beeinflusst wird, was seine Eltern oder andere Personen ihm sagen. So können tadelnde Bemerkungen in einem unachtsamen Augenblick leicht dazu führen, dass ein Kind meint, jedes Unglück sei auf seine eigenen „selbstsüchtigen Forderungen" oder seine Art, „Dinge nur noch schlimmer zu machen", zurückzuführen. Außerdem kann ein erschütterter Elternteil, den ein Schicksalsschlag getroffen hat, nur zu leicht unbedachte Vorwürfe an die erstbeste Person richten, die gerade in der Nähe ist und nicht selten ist dies ein kleines Kind. Wenn wir dem Schuldgefühl, das aus solchen Episoden entsteht, noch das Schuldgefühl hinzurechnen, das manche Eltern ihren Kindern systematisch einflößen, um sie zu kontrollieren, so fehlt es nicht an äußeren Druckmitteln, die erklären, warum ein Kind ein krankhaftes Schuldgefühl entwickelt, nachdem ein Elternteil gestorben ist.

Wenn man das Problem in diesen Bahnen analysiert, so zeigt sich darüber hinaus auch, dass jeder, der von einem Elternteil so behandelt wurde, nicht nur mit ziemlicher Wahrscheinlichkeit Schuldgefühle verspürt, sondern auch Groll, vielleicht bitteren Groll, gegen diesen Elternteil. Das erklärt auch das nagende Weiterbestehen feindseliger Wünsche gegen die verstorbene Person. Dies bedeutet, dass die hier vorgetragene Theorie nicht nur die Daten respektiert, auf denen die traditionelle Theorie errichtet ist, sondern diesen auch einen bedeutsamen Platz innerhalb eines umfassenderen Rahmens gibt.

Zwanghafte Fürsorge und Selbstgenügsamkeit

Intensivierte zwanghafte Fürsorge

Der in Kapitel 19 wiedergegebene Bericht über Visha illustriert, wie ein zehnjähriges Kind das Gefühl entwickelte, für seine Mutter sorgen zu müssen, statt selbst von ihr Fürsorge zu erwarten. Selbst vor dem Tod ihres Vaters hatte Visha als Vermittler in der Ehe ihrer Eltern wirken müssen und hatte das Gefühl bekommen, für das Glück ihrer Eltern verantwortlich zu sein. Nach dem plötzlichen Tod des Vaters hatte sie gefürchtet, die Mutter könne zusammenbrechen, und darum musste sie sich „zusammennehmen" und die Verantwortung für den seelischen Zustand ihrer Mutter übernehmen. Dahinter stand natürlich die unglückliche Kindheit der Mutter: Der Vater der Mutter war gestorben, als sie vier Jahre alt war, und ihre Mutter war zu beschäftigt gewesen, um ihr Zeit oder Zuneigung zu geben. Obwohl erkannt wurde, dass Visha Groll darüber empfand, selbst in der Rolle der Fürsorgerin zu sein, wäre sie ohne therapeutische Intervention darin unwiderruflich gefangen gewesen.

An früherer Stelle, in Kapitel 12, wurde angemerkt, dass man in der Geschichte von Menschen, die zwanghaft fürsorglich sind, zwei recht verschiedene Arten von Kindheitserfahrungen findet. Bei einer davon wird dem Kind das Gefühl gegeben, es sei dafür verantwortlich, einen Elternteil zu umsorgen: Das war eindeutig bei Visha so und auch im Fall von Julia (siehe Kapitel 12). Bei der anderen Art von Erfahrung folgt die Disposition zu zwanghafter Fürsorge auf unterbrochene und unzulängliche Bemutterung, die in totalem Verlust kulminiert. Die Personen, denen die Fürsorge zugewendet wird, sind bei den beiden Arten von Fällen gewöhnlich verschieden. Bei der erstgenannten Art von Erfahrungen wird die Fürsorge wahrscheinlich auf einen Elternteil oder, im späteren Leben, einen Ehegatten gerichtet. Nach der Erfahrung unzulänglicher oder unterbrochener Bemutterung kann sie auf weniger spezifische Weise ausgeteilt werden, beispielsweise an andere Kinder, einschließlich fremder. Besonders in solchen Fällen wird ein Kind, nachdem es jede wirksame Bemutterung verloren hat, ein Muster entwickeln, bei dem es nicht traurig ist und sich nach Liebe und Unterstützung für sich selbst sehnt, sondern intensiv an der Traurigkeit anderer Anteil nimmt und den Antrieb verspürt, alles in seiner Kraft Stehende zu tun, um anderen zu helfen und sie zu unterstützen. So steht die umsorgte Person stellvertretend für denjenigen, der die Fürsorge gibt (siehe Kapitel 9). Dies scheint bei der vierjährigen Kathy der Fall gewesen zu sein, die kurz nach dem Tod ihres Vaters großen Anteil am Wohl eines anderen Kindes nahm, das ebenfalls seinen Vater verloren hatte (Kapitel 16).

Ein weiteres Beispiel hierfür ist der Fall von Patricia[129], einem neunzehnjährigen Mädchen, der von Root (1957) beschrieben wurde. Sie war in die Therapie gekommen wegen wiederkehrender Anfälle von Übelkeit und Erbrechen mit allgemeiner Angst vor Depressionen. Die Symptome hatten sich kurz nach ihrer zwei Jahre zurückliegenden Heirat entwickelt.

„Eines Abends, als Patricia zehneinhalb Jahre alt war, war ihre Mutter bei einem Verkehrsunfall auf der Stelle getötet worden. Der Vater hatte am Steuer gesessen. Zunächst war Patricia und ihrem zwei Jahre älteren Bruder gesagt worden, die Mutter sei im Krankenhaus. Am nächsten Tag erfuhren sie, dass sie tot war.

Patricia, so erfahren wir, hatte schon ‚viel Erfahrung damit, ihre Mutter zu vermissen; die Mutter war ständig als Lehrerin berufstätig gewesen und hatte auch zu Hause Stunden gegeben'. Patricia war hauptsächlich von einem Hausmädchen versorgt worden. Die Mutter, die finanziell der Hauptversorger der Familie war, wird beschrieben als ehrgeizig, gewissenhaft und ständig besorgt um das Benehmen und die Gesundheit der Kinder. Brechmittel und Klistierspritze wurden häufig benutzt; nur wenn Patricia krank war, zeigte die Mutter ihr große Anteilnahme. Wie die Mutter hatte auch der Vater strenge Maßstäbe, und selbst wenn Patricia gute Leistungen brachte, kritisierte er alle möglichen Mängel. Beide Eltern scheinen den älteren Bruder vorgezogen zu haben.

Nach dem Tod der Mutter übernahm Patricia die Verantwortung für die Führung des Haushalts. Da ihr Vater und ihr Bruder ihr dabei keine Hilfe gaben, war dies eine schwere Arbeit, über die sie heftigen Groll empfand, die sie aber weiterhin gewissenhaft erledigte. Später erinnerte sie sich an Zeiten, zu denen sie ihre Mutter vermisst hatte, etwa als sie ihre

Periode bekam und auch bei Anlässen, bei denen ihr Vater besonders gedankenlos und kritisch gewesen war.

Unter diesen Umständen ist es nicht überraschend, dass Patricia in ihren Teenagerjahren begierig war, von zu Hause fortzukommen. Weil sie daher in der Schule gute Leistungen gezeigt hatte, ging sie schon mit 16 Jahren fort in ein College. Sie konnte es kaum erwarten, erwachsen zu sein und eine eigene Familie zu haben; innerhalb von neun Monaten hatte sie einen Mitstudenten geheiratet.

Die Kindheit ihres Mannes war nicht glücklicher gewesen als ihre eigene. Seine Mutter hatte an einer chronischen Krankheit gelitten und war gestorben, als er zehn Jahre alt war, im gleichen Alter, in dem Patricia ihre Mutter verloren hatte. Er hatte den Ruf, verbittert zu sein, und Patricia hatte es auf sich genommen, ihm darüber hinwegzuhelfen. Infolgedessen übernahm sie alle Verantwortung und fühlte sich bald belastet durch seine Abhängigkeit von ihr. Die sexuellen Beziehungen waren nicht glücklich. Kurz nach der Heirat wurde sie depressiv, konnte sich nicht mehr konzentrieren, verließ das College und verbrachte einen großen Teil ihrer Zeit im Bett.

Während der Behandlung war die erste Aussage, die Patricia über ihre Mutter machte, dass sie ‚eine wunderbare Frau' gewesen sei. Da diese Bemerkung mit Nachdruck, aber ohne Gefühl gemacht wurde, vermutete der Analytiker, Patricias Gefühle für ihre Mutter seien nicht ungemischt, was später auch offenkundig wurde. Er bemerkte auch, dass Patricia ‚zuerst nicht begreifen konnte, auch nicht intellektuell, dass sie ihre Mutter vermisste'. Dennoch nahm sie tiefen Anteil am Unglück anderer und, mit Roots Worten, ‚verschob oft ihre Traurigkeit auf etwas anderes oder fühlte sich für jemand anderen traurig'. Sie konnte beispielsweise über ein verwaistes Bettlerkind Tränen vergießen. Später in der Analyse stellte sich heraus, dass sie nicht geglaubt hatte, dass ihre Mutter gestorben war, und dass sie weder zu dieser Zeit noch später jemals Kummer geäußert hatte. Dennoch war es offenkundig, dass sie sich in Gedanken viel mit ihrer Mutter beschäftigte. In ihren Träumen und Phantasien beispielsweise erschien beständig ihre Mutter. In einigen gab es eine glückliche Wiedervereinigung. In anderen hatte sie ein Bild von ihrer Mutter im Sanatorium oder erlebte eine erschreckende Szene, in der ihre Mutter Gesichts- und Kopfverletzungen hatte. Mit der Zeit wurde sie besser fähig, ihre Mutter zu betrauern, und beschrieb es so, als ‚lasse sie ihre Mutter gehen'. Sie erinnerte sich auch, wie sie sich verlassen gefühlt hatte, als sie sieben Jahre alt gewesen war und ein Hausmädchen, an dem sie gehangen hatte, fortgegangen war. Es hatte einen tränenreichen Abschied gegeben, der in der Analyse mit großen Emotionen und Weinen erinnert wurde."

Kommentar

In diesem Fall gibt es so viele Merkmale, die uns zuvor schon begegnet sind, dass kein großer Kommentar nötig ist. Patricias Kindheit scheint ganz ähnlich gewesen zu sein wie die von Vishas Mutter; beide hatten eine tüchtige Mutter, die so mit ihrer Lehrerinnenkarriere beschäftigt war, dass die Tochter nicht viel von ihr sah und stattdessen in die Obhut von Hausmädchen gegeben wurde. An mindestens eines dieser Mädchen hatte Patricia eine starke Bindung entwickelt und entsprechend gelitten, als das Mädchen gegangen war. Es scheint daher klar, dass Patricia schon vor dem Tod der Mutter unter deren häufiger Abwesenheit gelitten hatte wie auch unter dem Verlust mindestens einer Ersatzperson, an die sie gebunden gewesen war.

Nach dem Tod ihrer Mutter trauerte sie nicht und hatte, so weit sie das konnte, ihre Traurigkeit und ihre Sehnsucht danach, umsorgt zu werden, unterdrückt. Stattdessen hatte sie sich sehr bemüht, das gesittete und hilfreiche Kind zu sein, das ihre Mutter erwartet hatte. Daher strebte sie danach, erwachsen und unabhängig zu sein, wobei ein Element von zwanghafter Selbstgenügsamkeit mitwirkte. Dennoch fühlte sie sich zu jenen hingezogen, die wie sie selbst einen Verlust erlitten hatten, trauerte für sie und sorgte für sie. Der Ehemann, den sie sich auswählte, brauchte, wie sie glaubte, ihre Fürsorge und scheint wohl kaum ihr gegenüber fürsorglich gewesen zu sein.

Es ist ungewiss, warum genau Patricia nach ihrer Heirat zusammenbrach, wenn auch klar ist, dass sie sich selbst Verantwortung aufgeladen hatte, die für ihren vorherigen psychischen Zustand viel zu groß war. Was ihre somatischen Symptome betrifft, so ist es nicht unwahrscheinlich, dass sie, wie Root vermutet, mit der Tatsache verbunden waren, dass ihre Mutter ihr in ihrer Kindheit nur dann viel Zeit und Fürsorge gewidmet hatte, wenn sie unwohl war. Ihre sexuellen Schwierigkeiten sind, wie ich glaube, sekundär zu ihren zwischenmenschlichen Schwierigkeiten.

Intensivierte zwanghafte Selbstgenügsamkeit

Zwei der in Kapitel 19 beschriebenen Fälle, Henry und Geraldine, illustrieren deutlich, wie ein Trauerfall jede Tendenz, die ein Kind möglicherweise schon hat, seinen Wunsch nach Liebe zu verleugnen und stattdessen seine totale Selbstgenügsamkeit zu behaupten, stark intensiviert. In beiden Fällen gibt die Geschichte der unglücklichen Beziehung zur Mutter klare Hinweise darauf, warum jedes der Kinder sich so entwickelte. Die gleiche Art von Hintergrund liegt im Fall Patricia vor, wenn auch ihre spätere Selbstgenügsamkeit weniger evident ist als ihre zwanghafte Fürsorge.

Bei seiner Beschreibung der Behandlung einer verheirateten Frau von 27 Jahren mit schweren emotionalen Problemen zitiert Mintz (1976) einige

Bemerkungen der Patientin, die auf dramatische und tragische Weise die schlimme Lage enthüllen, in der sich ein vierjähriges Kind befand, als es jede Bindungsfigur verloren hatte.

„Frau G kam in die Analyse, weil sie sich reizbar, depressiv und mit Hass und ‚Bösem' gefüllt fühlte. Außerdem war sie bei ihrem Mann frigide, fühlte sich emotional losgelöst und fragte sich, ob sie fähig sei zu lieben.

Als Frau G drei Jahre alt war, ließen sich ihre Eltern scheiden. Ihr Vater verließ das Haus, und ihre Mutter, die viele Stunden arbeitete, hatte wenig Zeit für sie. Ein Jahr später, als Frau G vier Jahre alt war, wurde sie in ein Waisenhaus gebracht und blieb dort 18 Monate lang. Danach kam sie zwar wieder zu ihrer Mutter zurück, doch die Familienbeziehungen blieben gestört und unglücklich. Frau G ging früh von zu Hause fort. Ehe sie 21 war, war sie schon zweimal verheiratet und geschieden gewesen. Ihr gegenwärtiger Ehemann war ihr dritter.

In den frühen Phasen der Analyse erinnerte sich Frau G nur äußerst widerstrebend an die schmerzlichen Ereignisse ihrer Kindheit; und wenn sie es tat, brach sie weinend und schluchzend zusammen. Dennoch ermutigte ihr Analytiker sie, sich diese Dinge in allen Einzelheiten wieder ins Gedächtnis zu rufen, weil er glaubte, dies werde ihr helfen. Gleichzeitig beachtete er mit mindestens gleicher Aufmerksamkeit ihre Beziehung zu ihm selbst, in der, wie zu erwarten, alle zwischenmenschlichen Schwierigkeiten, die sie in anderen engen Beziehungen hatten, wiederkehrten.

Unter vielen anderen Dingen aus ihrer Kindheit, die schmerzlich gewesen waren, erinnerte sich Frau G auch daran, wie traurig sie gewesen war, als sie sich von ihren Lieblingstieren trennte und in das Waisenhaus geschickt wurde. Manchmal träumte sie von ihrer Zeit dort mit dem Gefühl, überwältigt zu werden. Sie erinnerte sich daran, dass sie sich unter den vielen Kindern sehr klein gefühlt hatte, dass es dort kein Spielzeug gab, dass die Behandlung hart war und dass sie sich manchmal absichtlich schlecht benommen hatte, um geschlagen zu werden.

Die emotionalen Konflikte in Frau Gs Beziehung zu ihrem Analytiker wurden unweigerlich akuter, als nach vier Jahren beschlossen wurde, die Analyse nach weiteren sechs Monaten aus finanziellen Gründen zu beenden. Frau G träumte und tagträumte nun offener von ihrem Analytiker. Sie hatte von Anfang an erkannt, dass die Trennung schmerzlich sein würde. Trennungen hatten sie immer zornig gemacht und, wie sie es ausdrückte, ‚Zorn macht mich traurig, weil das das Ende bedeutet ... Ich fürchte, Sie werden mich verlassen oder mich hinauswerfen oder wegstellen'. Der Analytiker erinnerte sie an ihr Gefühl, als sie in das Waisenhaus geschickt wurde. Frau G, die darum kämpfte, sich als selbstgenügsam zu erleben, rief aus: ‚Ich halte mich an mich selbst ... ich sorge ganz allein für mich.'

Ein paar Monate später, als die Beendigung nahte, verband sie das, was sie gegenüber dem Analytiker fühlte, mit dem, was sie früher ihrer Mutter gegenüber gefühlt hatte: ‚Ich möchte meine Mutter nicht freilassen – ich möchte sie nicht gehen lassen – sie wird mich nicht los.' Aktive Sehnsucht nach Liebe und Fürsorge und Zorn auf diejenigen, die sie ihr verweigert hatten, waren zurückgekehrt.

Andere Episoden zeigten, wie sie innerhalb der stützenden analytischen Beziehung fähig geworden war, den Schmerz von Sehnsucht und Trauer zu ertragen. Beispielsweise war zu Anfang der Analyse Frau Gs Katze gestorben, doch das war ihr gleichgültig gewesen. Das hatte sie so erklärt: Wenn ich mich davon verletzen ließe, würde mich alles traurig machen. Eine Sache würde den Rest auslösen.' Gegen Ende der Analyse jedoch, als eine weitere Katze starb, weinte sie.

Obwohl die Therapie das Gefühlsleben der Patientin wiederhergestellt hatte und dazu geführt hatte, dass sie bessere Beziehungen eingehen konnte, einschließlich der zu ihrer Mutter, zeigte eine Nachfolgeuntersuchung fünf Jahre später, dass sie, wie zu erwarten gewesen war, verwundbar blieb im Hinblick auf Situationen, die Angst und Traurigkeit auslösen, wie etwa Trennung und Verlust."

Natürlich gibt es viele ähnliche Fallberichte über zwanghafte Selbstgenügsamkeit, die sich nach einem Sterbefall in der Kindheit entwickelt hat, z. B. in Schriften von Deutsch (1937) und von Fleming und Altschul (1963). In wenigen jedoch, wenn überhaupt, sind angemessene Informationen enthalten über die Persönlichkeitsentwicklung und die Familienbeziehungen vor dem Verlust, über die Umstände des Verlusts oder darüber, was danach geschah, wozu auch gehört, was dem Kind gesagt wurde und wann. Der Grund für diese Unterlassungen ist teilweise, dass die meisten dieser Patienten viele Jahre nach dem Verlust in die Behandlung kamen, und teilweise, dass zur Zeit ihrer Behandlung die betreffenden Kliniker nicht wussten, wie relevant diese Dinge sind.

Dennoch besitzen einige dieser Fälle ein weit mehr als historisches Interesse. Im Einzelnen dokumentieren einige von ihnen mit großer Klarheit, wie unter der harten Schale der behaupteten Selbstgenügsamkeit eines Erwachsenen eine starke Sehnsucht schlummert, geliebt und umsorgt zu werden. Das Folgende ist einer Schrift von Helene Deutsch über das Fehlen von Trauer entnommen, die 1937 veröffentlicht wurde.

„Der Patient war Anfang 30, als er ohne sichtbare neurotische Schwierigkeiten aus nicht-therapeutischen Gründen in die Analyse kam. Das klinische Bild war das eines hölzernen und affektlosen Charakters. Deutsch beschreibt, er habe eine völlige Blockierung des Affekts ohne die leiseste Einsicht gezeigt. In seinem grenzenlosen Narzissmus betrachtete er seinen Mangel an Emotion als außerordentliche Kontrolle'. Er hatte keine Liebesbeziehungen, keine Freundschaften, keine wirklichen Interessen irgendeiner Art. Allen Arten von Erfahrungen gegenüber zeigte er die gleiche stumpfe und apathische Reaktion. Es gab keinen Eifer und keine Enttäuschung ... Es gab keine Trauerreaktionen beim Verlust von Individuen, die ihm nahe standen, keine unfreundlichen Gefühle, keine aggressiven Impulse.

Was die Geschichte des Patienten betrifft, so erfahren wir, dass seine Mutter gestorben war, als er fünf Jahre alt war, und dass er auf ihren Tod ohne Gefühl reagiert hatte. Später hatte er nicht nur die Erinnerung an seine Mutter verdrängt, sondern auch alles andere, was ihrem Tod vorausgegangen war.

Helene Deutsch berichtet weiter, aus dem mageren Kindheitsmaterial, das er in der langsamen und schwierigen analytischen Arbeit gebracht habe, habe man nur negative und aggressive Einstellungen gegenüber seiner Mutter entnehmen können, vor allem während der vergessenen Periode, die offenbar mit der Geburt eines jüngeren Bruders verbunden waren. Die einzige Reaktion der Sehnsucht nach seiner toten Mutter verriet sich in einer Phantasie, die während mehrerer Jahre seiner Kindheit fortbestand. In dieser Phantasie ließ er die Tür seines Schlafzimmers offen in der Hoffnung, ein großer Hund werde zu ihm kommen, sehr freundlich zu ihm sein und alle seine Wünsche erfüllen. Assoziiert mit dieser Phantasie war eine lebhafte Kindheitserinnerung an eine Hündin, die ihre Jungen allein und hilflos zurückgelassen hatte, weil sie kurz nach deren Geburt gestorben war."

Euphorie und Depersonalisierung

Ein gewisses Maß an Euphorie ist ein nicht seltenes Merkmal bei Kindern und Jugendlichen, die nicht trauern. Kathy (Kapitel 16), Henry (Kapitel 19) und Howard (vorliegendes Kapitel) sind Beispiele hierfür. Eine Erklärung dieser Reaktion ist nicht leicht. Mehrere Motive scheinen dabei eine Rolle zu spielen.

In einigen Fällen ist wahrscheinlich die Euphorie ein Ausdruck der Erleichterung darüber, dass unangenehme Einschränkungen, die der verstorbene Elternteil auferlegte, nun aufgehoben sind. Dieses Motiv mag eine Rolle gespielt haben bei Henry, der sich gegen seine ihn disziplinierende Mutter auflehnte, und vielleicht auch bei Howard. Dasselbe Motiv scheint auch eine Rolle gespielt zu haben im Falle der Frau Anfang 40, die sich nach fast 20 Ehejahren von ihrem Mann getrennt hatte und deren Bericht über ihre Erfahrungen (berichtet von Weiss, 1975) in Kapitel 9 wiedergegeben wurde.

Bei der Suche nach anderen Motiven für eine euphorische Reaktion können wir uns leiten lassen von der vierjährigen Kathy, deren gesund fortschreitende Trauer um ihren Vater in Kapitel 16 beschrieben ist. In den ersten Wochen, in denen Kathy zwischen Trauer und leichter Euphorie hin und her schwankte, versicherte sie aufrichtig: „Ich will nicht traurig sein."

Einige Monate später, als sie zu verstehen versuchte, warum ihr Vater gestorben war, machte sie außerdem klar, dass sie sein trauriges Aussehen mit seinem Tod in Zusammenhang gebracht hatte: „Ich habe immer gemeint, wenn man sehr glücklich ist, wird man nicht sterben." Sehr glücklich zu sein oder vielmehr sich und andere davon zu überzeugen, dass man glücklich ist, ist daher ein Schutz dagegen, selbst zu sterben.

Wahrscheinlich können einige Fälle von Überaktivität zumindest teilweise auf dieselbe Art erklärt werden. Mitchell (1966) weist scharfsinnig darauf hin, dass das typischste und auch erschreckendste Charakteristikum eines toten Tieres oder eines toten Menschen dessen Unbeweglichkeit ist. Was also ist natürlicher für ein Kind, das fürchtet, es könne sterben, als in Bewegung zu bleiben? Vorstellungen davon, andere Familienmitglieder vor dem Sterben zu behüten oder sogar die Toten wieder lebendig zu machen, können bei diesen Reaktionen ebenfalls eine Rolle spielen.

Nicht selten trifft man euphorische Reaktionen bei solchen Personen an, die ein verlängertes Fehlen bewusster Trauer erleben; sie haben möglicherweise auch Erfahrungen von Depersonalisation. Beides wird anschaulich in einem Bericht über ein adoleszentes Mädchen, das seine Mutter verlor, aufgezeichnet von Wolfenstein (1966).

> „Ruth war gerade 15 Jahre alt geworden, als ihre Mutter an einer Gehirnblutung plötzlich starb. Kurz nach der Beerdigung stellte Ruth fest, dass sie nicht mehr weinen konnte. Sie verspürte eine innere Leere, als trenne eine Glaswand sie von dem ab, was um sie herum geschah.
>
> Zur Zeit des Todes ihrer Mutter war Ruth bereits seit sechs Monaten in Behandlung (aus Gründen, die nicht genannt werden). Als sie in der Woche nach ihrem Verlust in die Sitzung kam, bemerkte sie: ‚Diese Woche wird es wohl ziemlich schlecht gehen', womit sie implizierte, dass sie sich bekümmert fühlte. Sie wirkte allerdings häufig ganz anders. Einmal beispielsweise erschien sie in übermütiger Stimmung und erklärte, sie habe einen lustigen Aufsatz geschrieben, in dem sie sich selbst zu ihren Leistungen in der Schule gratulierte und aus verschiedenen unangenehmen Vorkommnissen komische Situationen gemacht hatte. Jedes Mal, wenn sie in einer solchen Stimmung war, begrüßte sie das als Ende ihres Kummers.
>
> Wie brüchig diese euphorischen Stimmungen waren, zeigte sich in einigen ihrer Träume. In einem Traum beispielsweise versuchten sie und ihr Vater aus einer Stadt zu entkommen, die von einer Katastrophe betroffen war, waren aber dann umgekehrt, weil sie versuchen wollten, die Sterbenden und die Toten zu retten.
>
> Einige Monate nach dem Tod ihrer Mutter wurde Ruth depressiv. Sie klagte, nichts mache ihr mehr Spaß, weder das Zusammensein mit Freunden noch das Hören von Musik; alles, was ihr früher Freude gemacht hatte, hatte seine Würze verloren. Sie hatte das Gefühl, nichts zu haben, auf das

sie sich freuen könne, jede Anstrengung war ihr zu viel, sie wollte nichts mehr tun, als im Bett zu liegen. Oft hatte sie das Gefühl, weinen zu müssen. Für Ruth war jedoch keine dieser Empfindungen bewusst auf irgendeine Weise mit dem Tod ihrer Mutter assoziiert. Stattdessen machte sie sich selbst Vorwürfe wegen der Sinnlosigkeit solcher Gefühle; oder sie schrieb sie ihrer Unfähigkeit zu, mit ihren Schulkameradinnen auszukommen. Obwohl die Therapeutin wiederholt versuchte, Ruth dabei zu helfen, die Verbindung zwischen ihrer Depression und ihrem Verlust zu sehen und zu fühlen, blieb dies für Ruth eine rein intellektuelle Übung.

Dennoch gab es unverkennbare Anzeichen für das, was ihre Gefühle wirklich waren. Sie sagte, manchmal nachts im Bett sei sie verzweifelt vor Frustration, Wut und Sehnsucht. Sie pflegte dann die Laken aus dem Bett zu ziehen, sie zur Form eines menschlichen Körpers zusammenzurollen und zu umarmen. Zum anderen hatte sie das Gefühl, wenn sie mit jemandem sprach, dass sie sich nicht wirklich an die Person wende, die vor ihr stand. Als sie gefragt wurde, mit wem sie denn dann wohl spreche, antwortete sie, es könne ihre Mutter sein. Dies schien jedoch nichts weiter zu sein als eine Spekulation, an der ihre Gefühle nicht beteiligt waren.

Erst im zweiten Jahr nach ihrem Verlust begann Ruths Sehnsucht nach ihrer Mutter deutlicher hervorzutreten. Ruth hatte schon seit langem Übergewicht gehabt, und ihre Mutter hatte sie wiederholt gedrängt, Diät zu halten. Jetzt fing sie damit an, und nach einigen Monaten war sie überraschend schlank. Am Vorabend ihres Geburtstages unternahm sie allein eine lange Wanderung und kehrte in einem Zustand träumerischer Euphorie zurück. Am Abend ihres Geburtstages jedoch begann sie mit einer ‚Fressorgie', die viele Wochen anhielt. Die Erklärung für diese Abfolge wurde erst später deutlich. Sie schien, nachdem sie dem Wunsch ihrer Mutter entsprochen und eine Diät durchgehalten hatte, damit zu rechnen, dass ihre Mutter an ihrem Geburtstag zurückkehren werde: Dieser Handel war nicht aufgegangen.

Dennoch blieben Hoffnungen auf die Rückkehr der Mutter bestehen. Sie hatte das Gefühl, als warte sie ständig auf etwas. Sie meinte, es solle eine Regelung geben, dass Leute fünf Jahre lang tot seien und dann wiederkehrten.

Mit der Zeit begann Ruth ihre Sehnsucht nach ihrer Mutter und ihren Schrecken über ihren Verlust mit voller Kraft zu spüren. Wie bei anderen Kindern und Adoleszenten, die in diesem und den vorhergehenden Kapiteln beschrieben wurden, stellten sich diese Erfahrungen dann ein, wenn die Analytikerin abwesend war oder eine Abwesenheit bevorstand. Bei einer solchen Gelegenheit klagte Ruth: ‚Wenn meine Mutter wirklich tot wäre, dann wäre ich ganz allein", bei einer anderen: ‚Wenn ich vor mir selbst zugeben würde, dass meine Mutter tot ist, dann hätte ich schreckliche Angst.' Vier Jahre nach dem Tod der Mutter schließlich, als sie zu einem anderen Therapeuten überwechseln sollte, schrieb Ruth ihrer Analytikerin einen Brief, in dem sie die Worte einer Kantate zitierte, in der sie mitsang und in der der Chor den verzweifelten Gefühlen ertrinkender Kinder Ausdruck gab: ‚Mutter, liebe Mutter, wo sind deine Arme, um mich zu halten? Wo ist deine Stimme, die den Sturm besänftigt? Ist niemand da, der mir helfen kann? Kannst du mich hören, Mutter?' Dies, so schrieb sie, drücke genau ihre eigenen Gefühle aus.

In ihrem Bericht über den Fall führt Wolfenstein nur wenige Einzelheiten über Ruths Familie, die Persönlichkeiten oder Tätigkeiten ihrer Eltern, über die Familienbeziehungen und Ruths Erfahrungen mit ihren Eltern an. Es ist auch nicht klar, wie Ruth nach dem Tode ihrer Mutter versorgt wurde; sie scheint bei ihrem Vater gelebt zu haben, und zwar mindestens, bis er drei Jahre später wieder heiratete. (Geschwister werden nicht erwähnt.)

Soweit Ruth ihre Mutter in den Sitzungen nach ihrem Verlust erwähnt hatte, hatte sie dies in idealisierten Begriffen getan, womit sie, wie wir erfahren, teilweise das wiedergab, ‚was im Familienkreis gesagt wurde'. Ruth behauptete, sie beginne zu erkennen, welche bemerkenswerte Frau ihre Mutter gewesen sei. Vor allem verweilte sie bei einem Geschehnis, das im Jahr davor eingetreten war, bei dem sie selbst überaus bekümmert und ihre Mutter sehr mitfühlend und verständnisvoll gewesen war. In Ruths Vorstellung wurde dieses Bild ihrer Mutter archetypisch für ihre Beziehung, und sie ‚neigte dazu, die zahlreichen realen Schwierigkeiten und Frustrationen in ihrem Zusammenleben mit der Mutter zu beschönigen'. Woraus diese wirklichen Schwierigkeiten und Frustrationen bestanden, sagt Wolfenstein allerdings nicht."

Kommentar

Nach den Gründen für alle diese Auslassungen braucht man nicht lange zu suchen. Bei der Vorlage des klinischen Materials beabsichtigt Wolfenstein, ihre These zu illustrieren, dass Kinder und Jugendliche aufgrund der primitiven Phase ihrer Ichentwicklung unfähig zu trauern sind. Da sie sich nicht mit der alternativen Auffassung befasst, die ungünstige Familienerfahrungen impliziert, werden keine hierfür relevanten Daten angegeben. Selbst die Tatsache, dass Ruth schon vor dem Tod ihrer Mutter emotionale Probleme hatte, derentwegen sie in Therapie war, wird nicht als relevant angeführt. Eine alternative Auffassung ist die, dass Ruths Reaktionen in keiner Weise typisch für die Trauer von Adoleszenten sind, sondern eine pathologische Variante, die sich im Prinzip nicht von den Beispielen Erwachsener unterscheidet, die ein längeres Fehlen bewusster Trauer erleben, wie es in Kapitel 9 beschrieben wird. Zur Unterstützung dieser Ansicht möchte ich insbesondere auf die folgenden Merkmale von Ruths Verfassung hinweisen:

- ihre länger dauernde Unfähigkeit zu weinen oder Sehnsucht nach ihrer Mutter zu empfinden;
- ihre unangebrachten Anfälle von Euphorie;
- ihre darauf folgende Depression, in ihrer Psyche völlig losgelöst von dem Verlust, den sie erlitten hat;
- die Vorwürfe die sie sich selbst wegen ihrer „sinnlosen" Gefühle macht;
- das Entsetzen, das ihr das Eingeständnis einflößt, ihre Mutter sei tot.

Aus diesen Merkmalen und anhand der in Kapitel 12 und 13 vorgetragenen Theorien möchte ich eine Reihe von Schlüssen über die Art und Weise ziehen, wie Ruth von ihrer Mutter behandelt worden war. Erstens schließe ich, dass Ruths Mutter in der Regel Ruths Wünschen nach Liebe und Fürsorge barsch und uneinfühlend gegenüberstand, vor allem jedem Kummer oder jeder Angst, die Ruth möglicherweise bei Abwesenheiten der Mutter äußerte. Als Folge dieser Behandlung ist damit zu rechnen, dass Ruth mit dem Wissen heranwuchs, dass Sorgen und Tränen nicht mit Trost belohnt werden, sondern mit Vorwürfen, und dass es als kindisch, albern oder sinnlos angesehen wird, wenn man unglücklich ist, weil die Mutter mit allem Möglichen, nicht aber mit dem Kind beschäftigt ist, und dass man Mutters Billigung dann gewinnt, wenn man sich heiter und glücklich gibt. Außerdem würde ich den Schluss ziehen, dass Ruth von ihrer Mutter die Vorstellung haben sollte, sie sei eine tüchtige Frau, die ihrer Tochter alle Fürsorge gab, die man vernünftigerweise erwarten kann. Ein auf solche Weise großgezogenes Kind wird natürlich Angst davor haben, auf einen Verlust mit Kummer, Sehnsucht und Tränen zu reagieren.[130]

Depersonalisation

Die Beschreibung, die Ruth von ihren Gefühlen kurz nach dem Begräbnis ihrer Mutter gab, ist typisch für den Zustand, der als Gefühl von Unwirklichkeit, von Depersonalisation oder Derealisation bezeichnet wird: Sie verspürte eine innere Leere, als trenne eine Glaswand sie von dem, was um sie herum geschah.

Andere Beispiele für diesen Zustand, die wie bei Ruth mit Anfällen von Euphorie abwechseln, werden von Fast und Chethik (1976) beschrieben. Der folgende Bericht, der aus ihrer Schrift entnommen ist, illustriert lebhaft gewisse psychische Zustände eines Mädchens, dessen Mutter Suizid verübte, als das Kind sieben Jahre alt war.

> „Im Alter von zehn Jahren, drei Jahre nach dem Suizid ihrer Mutter, begann Esther[131] mit einer intensiven Psychotherapie, die zwei Jahre dauerte. Sie lebte zu dieser Zeit mit ihrem Vater und ihrer Stiefmutter. Was ihre Probleme betrifft, so erfahren wir, dass sie gelegentlich eine lär-

mende Überaktivität zeigte, die ‚ihre Umgebung zum Eingreifen veranlasste'. Auch heißt es, sie habe sich an einen Lehrer geklammert und ihn mit ihrem ‚ungestümen und turbulenten Verhalten' dominiert.

Im Verlauf der Therapie beschrieb Esther etwas von ihrem Phantasieleben. Sie sagte, bevor sie sich schlafen lege, ‚wolle' sie einen bestimmten Traum. Dieser war mit der Zeit ausgeschmückt worden und hatte gewöhnlich folgende Form. ‚Sie erhob sich aus ihrem Bett, schwebte durch das Haus und stieg auf in einen wolkigen Bereich, in dem sich ihre Mutter befand. Ihre Mutter erschien in einem langen, schimmernden Gewand, das mit schönen Juwelen besetzt war, und war von einer besonderen, glänzenden Aura umgeben. Im Hintergrund befand sich das Haus ihrer Mutter, das die Aufschrift trug: Hier wohnt Miriam S.'

Esther entwickelte auch ein Spiel, in dem sie selbst als Präsidentin einer großen Bank oder eines Konzerns auftrat. Sie war sehr gefragt, ja unentbehrlich, war immer beschäftigt und strich ungeheure Gewinne ein. Wenn sie dieses Spiel während ihrer Sitzungen spielte, wandte sie sich gelegentlich einer imaginären Masse zu, die sie umgab, verbeugte sich tief vor ihren ‚Fans', schüttelte ihre Hände hoch über ihrem Kopf und murmelte: ‚Ich bin großartig.'

Wie bei Ruth jedoch gingen solche Gefühle nicht unter die Haut. Mit dem Fortschreiten der Therapie begann Esther darüber zu sprechen, dass sie sich übersehen und vergessen fühlte. In der Vergangenheit hatte das dazu geführt, dass sie sich lärmend und überaktiv benahm; jetzt pflegte sie sich häufig auf der Couch zusammenzurollen und am Daumen zu lutschen. Sie fand auch den Mut zu beschreiben, wie sie sich nach dem Tod ihrer Mutter gefühlt hatte. ‚Nachdem das Begräbnis vorüber war und alle Verwandten gegangen waren, hatte sie große Angst bekommen. Alles im Haus hatte angefangen, schattenhaft auszusehen. Nichts um sie herum wirkte real.' Sie erinnerte sich auch daran, wie sie einmal von der Schule nach Hause gekommen war und allein im Haus gestanden und gerufen hatte: ‚Mummy, Mumray, Mummy', und niemand hatte geantwortet. Ihre Stimme war ihr als bloßes Echo erschienen. Das war die furchterregendste Sache, an die sie sich erinnern konnte. Als sie dies während der Therapie einem tröstenden Erwachsenen erzählte, schluchzte sie heftig.

Es scheint, als hätten sich während Esthers gesamter Behandlung Dinge, die mit ihrer Beziehung zur Mutter zu tun hatten, als zentrales Thema erwiesen. Unter vielem anderen beschrieb Esther, wie sie nach dem Suizid der Mutter das Gefühl gehabt hatte, diese habe sie verlassen. Sie fühlte sich auch hin- und hergerissen zwischen ihrer Loyalität gegenüber ihrer Mutter und ihrer Bindung an ihre Stiefmutter."

Kommentar

Im Original des Fallberichts werden zu wenige Informationen über Esther und ihre Eltern gegeben, als dass ein ausführlicher Kommentar möglich wäre. Ihre Mutter, das ist kaum zu bezweifeln, hatte erhebliche emotionale Probleme, und diese hatten vermutlich einen ungünstigen Einfluss auf die Beziehungen zwischen Mutter und Tochter. Außerdem stellt der Tod eines Elternteils durch Suizid besondere Probleme, von denen das Gefühl der Überlebenden, verlassen worden zu sein, nur eines ist. Im nächsten Kapitel werden diese Probleme eingehender diskutiert.

Identifikatorische Symptome: Unfälle

In Kapitel 9 wurde erwähnt, dass es unter Erwachsenen, deren Trauer einen pathologischen Verlauf nimmt, eine Minderheit gibt, die das Gefühl entwickelt, den Verstorbenen auf irgendeine Weise in sich zu tragen. Besonders auffallend sind solche Fälle, in denen der Hinterbliebene Symptome entwickelt, die eine Wiederholung jener sind, unter denen der Verstorbene gelitten hatte. Eine Reihe von Beispielen von Kindern, die ebenfalls derartige Symptome hatten, ist in der Literatur angeführt. Zwei sind bereits erwähnt worden.

In Kapitel 19 ist in dem Bericht über Henry, dessen Mutter starb, als er achteinhalb Jahre alt war, eine Beschreibung des Vorfalls enthalten, wie er während einer therapeutischen Sitzung plötzlich die Hand an die Brust hielt und behauptete, er habe da einen schrecklichen Schmerz und erleide einen Herzinfarkt. Er brachte diesen Schmerz unmittelbar mit der Operation in Verbindung, der sich seine Mutter wegen einer Erkrankung an Brustkrebs hatte unterziehen müssen. Das führte dazu, dass er sich erinnerte, wie seine Mutter darauf bestanden hatte, er solle zu Hause seine Schulaufgaben machen, statt in die Klinik zu kommen. Vermutlich ist es auch relevant, dass diese Episode erfolgte, als seine Stiefmutter einen Herzanfall gehabt hatte.

Im Falle von Addie, deren Mutter gestorben war, als sie vier Jahre alt war (vorliegendes Kapitel), schien die Halsversteifung, unter der sie litt, eindeutig mit dem Tod ihrer Mutter zusammenzuhängen; welche Verbindung aber zwischen ihr und möglichen Symptomen der Mutter bestanden haben mag, bleibt unklar. Da die Mutter an Leukämie gestorben war und auch bei den Angriffen des Vaters Verletzungen davongetragen hatte, könnte ein steifer Hals durchaus eines ihrer Symptome gewesen sein.

Zwei weitere Beispiele junger Kinder, die Symptome entwickelten, welche eine Wiederholung der Symptome eines sterbenden Elternteils oder Großelternteils waren, können hier angeführt werden.

Krupp (1965) berichtet von einem Jungen, Paul[132], dessen Vater plötzlich an einer Gehirnblutung gestorben war, als Paul sechs Jahre zählte. Kurz vor seinem Tod hatte der Vater über rasende Kopfschmerzen geklagt. Kurz danach begann auch Paul, der beim Tod seines Vaters zugegen gewesen war, unter Kopfschmerzen zu leiden, und in den folgenden drei Jahren behauptete er in Stressperioden, „rasende Kopfschmerzen" zu haben, immer mit denselben Worten. In der Folgezeit entwickelte Paul viele andere Probleme, darunter antisoziales Verhalten, ein starkes Schuldgefühl und ständige Vergeltungsangst. Hinweise darauf, warum er sich so entwickelt haben könnte, werden nicht gegeben. Ein weiteres Beispiel ist einem Bericht Eriksons (1950, S. 21–27) über einen kleinen Jungen, Sam, entnommen, der seinen Großvater väterlicherseits verlor, als er drei Jahre alt war. Die Großmutter, die für längere Zeit bei der Familie zu Besuch war, war nicht bei guter Gesundheit, und Sam war ermahnt worden, sich ihr gegenüber freundlich zu benehmen. Eines Tages wurde Sam bei seiner Großmutter zurückgelassen, während die Mutter ausging. Bei ihrer Rückkehr fand die Mutter Sam neben der am Boden liegenden Großmutter, die einen Herzanfall erlitten hatte. Die Großmutter lebte nur noch einige Monate und starb im Haus der Familie. Dennoch versuchte Sams Mutter mit allen Mitteln, diese Tatsachen vor ihm zu verheimlichen. Um die plötzliche Abwesenheit der Großmutter zu erklären, hatte sie ihm gesagt, die Großmutter sei in eine ferne Stadt gezogen; in dem Versuch, den Sarg hinwegzuerklären, hatte sie ihm erzählt, er enthalte die Bücher der Großmutter. Es war jedoch offenkundig, dass Sam sich nicht hatte täuschen lassen.

Fünf Tage nach dem Tod der Großmutter entwickelte Sam während der Nacht einen Anfall von Atemnot, von dem es hieß, er habe einem Epilepsieanfall geglichen. Es wurde angemerkt, dass er an diesem Abend vor dem Schlafengehen seine Kissen genauso aufgebaut hatte, wie die Großmutter das zu tun pflegte, um Blutstauungen zu vermeiden; wie sie hatte er im Sitzen geschlafen.

Unfälle

Viele Kliniker glauben, dass unglückliche Kinder, einschließlich derer, die einen Trauerfall erlitten haben, mehr als andere Kinder zu Unfällen neigen. In Bezug auf die Umstände wird dies durch umfangreiches Datenmaterial gestützt, wenn ich auch keine diesbezüglichen epidemiologischen Nachweise kenne.

Zwei der in diesem und den vorhergehenden Kapiteln beschriebenen Kinder erlitten im Verlauf der Therapie Unfälle. Kurz nachdem sie die Beisetzung von Präsident Kennedy gesehen und erste Hinweise auf die Beerdigung ihrer Mutter gegeben hatte, stürzte Geraldine in der Turnhalle und brach sich das Bein (Kapitel 19). Kurz bevor er die Sitzungen mit seinem Therapeuten beenden sollte, fiel Seth von einer Fensterbank, die er erstiegen hatte, und brach sich den Ellbogen. Man wird sich erinnern, dass der sechsjährige Seth anwesend gewesen war, als zwei Jahre zuvor seine Mutter aus dem Bett gefallen war und nicht mehr hatte aufstehen können.

Von einem weiteren Kind, das einen Bruch erlitt, in diesem Fall an einem bedeutsamen Jahrestag, berichtet Bonnard (1961). (Im Original des Berichts wird der Junge John genannt. Hier bezeichnen wir ihn als Jack, um eine Verwechslung mit dem in Kapitel 24 erwähnten einjährigen John zu vermeiden.)

„Einige Monate lang war Jack, jetzt beinahe 13 Jahre alt, nicht zur Schule gegangen und aus diesem Grunde an eine Klinik verwiesen worden. Bei einer Befragung stellte sich auch heraus, dass er mindestens ein Jahr lang zu Hause Haushaltsgeld gestohlen hatte, wenn dies der Schule auch nicht bekannt war. Bis diese Schwierigkeiten begannen, hatte er den Ruf gehabt, ein stets wohlerzogener und vernünftiger Junge zu sein.

Zehn Monate vor seinem Besuch in der Klinik, als Jack zwölf Jahre alt gewesen war, war seine Mutter an Brustkrebs gestorben. Fünf Jahre zuvor hatte sie eine Mastektomie gehabt; in den zehn Monaten vor ihrem Tod hatte sie im Krankenhaus gelegen, weil sie sich bei einem Sturz aufgrund von Metastasen den Oberschenkel gebrochen hatte. Der Vater war von der tödlichen Natur der Erkrankung erst fünf Wochen vor dem Tod seiner Frau unterrichtet worden. Vor Jack hatte man diese verheimlicht, bis er kurz vor dem Tod seiner Mutter zufällig davon erfuhr.

Jack war eines von drei lebenden Kindern in einer eng verbundenen Familie. Es gab einen vier Jahre älteren Bruder und eine neun Jahre jüngere Schwester, die ein Jahr nach der Mastektomie der Mutter geboren worden war. Außerdem war ein Jahr vor der Operation der Mutter ein Baby geboren worden, das aber nicht überlebt hatte.

Im Verlauf der Interviews mit dem Vater und mit Jack stellte sich heraus, dass beide einander bitter kritisierten. Der Vater war zornig und verzweifelt über das Verhalten seines Sohnes und stellte sich vor, er werde einmal zu einem Kriminellen heranwachsen. Jack dagegen klagte, sein Vater habe seine Frau alle Arbeit im Haus und mit den Kindern tun lassen und dann auch noch mit ihr genörgelt. Jetzt, so fuhr er fort, verziehe der Vater das kleine Mädchen, das unter anderem sein Bett teile. Einige Monate lang hatte Jack einen großen Teil der Küchenarbeit und des Kochens für die Familie erledigt.

Seit dem Tod seiner Mutter war Jack darüber verbittert gewesen, dass man ihn über ihre Krankheit im Dunklen gelassen hatte, und machte sich noch immer viele Gedanken darüber, wer oder was dafür verantwortlich gewesen war. Einer seiner Gedanken war, dass nach dem Tod des Babys die Milch der Mutter ungenutzt geblieben und schlecht geworden sei. Ein weiterer, der vermutlich daher rührte, dass er Gespräche von Verwandten mitangehört hatte, besagte, der Vater habe Unrecht daran getan, die

Mutter so bald nach ihrer Operation schon wieder zu schwängern. Was den Bruch anging, so gab er zuerst dem Hund die Schuld, der die Mutter angerempelt hatte, so dass sie das Gleichgewicht verlor, und beschuldigte dann auch den Rest der Familie, einschließlich seiner selbst, weil alle im Bett gelegen und zugelassen hatten, dass die Mutter ihnen den Morgentee brachte, obwohl es ihr nicht gut ging. Dann stellte sich heraus, dass Jack sich am ersten Jahrestag des Sturzes seiner Mutter den Ellbogen gebrochen hatte."

Kommentar

Zwei Merkmale sind in diesem Fall auffallend, nämlich erstens das Schweigen über den wahren Zustand der Mutter mit den sich daraus ergebenden Ungewissheiten über die Ursachen und zweitens die starke Tendenz aller Familienmitglieder, sich entweder gegenseitig oder selbst zu beschuldigen. Die Tatsache, dass Jacks Unfall am Jahrestag dessen stattfand, was für ihn vermutlich ein entscheidendes Ereignis bei der tödlichen Krankheit seiner Mutter gewesen war und worüber offenbar alle Mitglieder der Familie starke Schuldgefühle empfunden hatten, wird kaum ein Zufall gewesen sein.

Anhand der relativ wenigen aufgezeichneten Fälle ist es nicht leicht, die genauen Umstände zu identifizieren, die bei bestimmten, aber nicht allen Kindern dazu führen, dass sie entweder die gleichen Symptome wie der verstorbene Elternteil entwickeln oder aber einen Unfall erleiden unter Begleitumständen, die in einem engen Zusammenhang stehen mit der Krankheit oder dem Tod des Elternteils. Man kann höchstens sagen, dass in allen hier vorgetragenen Fällen die Trauer einen pathologischen Verlauf nahm. In den meisten Fällen war das Kind zugegen gewesen, als der Elternteil, der später starb, einen schweren Schmerzanfall oder einen Unfall erlitt. In den meisten Fällen war auch versucht worden, die Sache vor dem Kind geheim zu halten. Auch Anschuldigungen spielten eine große Rolle; es kann sein, dass in sämtlichen Fällen das jeweilige Kind sich in gewissem Maße die Schuld an der Katastrophe gab. So häufig aber alle diese Umstände zu sein scheinen, jeder von ihnen kann auch in Fällen vorkommen, in denen sich die Kinder nicht auf diese spezielle Weise entwickeln, und daher kann keiner als pathogen in Bezug auf die betreffenden Störungen betrachtet werden.

Wo ein Kind oder Erwachsener Symptome entwickelt, die ein Abbild der Symptome eines Verstorbenen sind, liegt es natürlich nahe, diese als identifikatorisch anzusehen. Zur Erklärung dessen aber, warum sie bei bestimmten Individuen auftreten, bei anderen aber nicht, bringt uns diese Bezeichnung nicht viel weiter. Sie zeigt auch nicht klar auf, welche psychologischen Prozesse hier am Werk sein könnten. Zu Behandlungszwecken ist unser mangelndes Verständnis zum Glück aber kein großes Handikap, da die therapeutische Aufgabe klar ist, sobald die Störung einmal als Folge misslungener Trauer erkannt wurde.

Das Gleiche gilt für Unfälle. Bei einigen davon, vielleicht bei allen, spielt das Motiv des Wunsches nach Wiedervereinigung mit dem Toten eine große Rolle, mehr oder weniger bewusst assoziiert mit Suizidgedanken. Wie wir in Kapitel 17 und auch an früherer Stelle des vorliegenden Kapitels sahen, sind solche Gedanken mit Sicherheit vorherrschend bei solchen Individuen, seien es Kinder, Adoleszenten oder Erwachsene, die in der Kindheit einen Elternteil verloren haben.

Schlussfolgerung

In diesem umfangreichen Kapitel wird ein Versuch unternommen zu illustrieren, wie eine breite Vielfalt psychiatrischer Störungen verstanden werden kann als Reaktion von Kindern auf den Tod eines Elternteils, wenn diesem Tod gewisse spezifizierbare Umstände vorangehen oder folgen. Bei einigen Störungen sind die Kausalzusammenhänge deutlich zu sehen; bei anderen sind sie dunkler, wenn auch in Umrissen zu erkennen. Alle aber bedürfen weiterer Forschung.

In der Vergangenheit ist der Macht, die diese Umgebungsvariablen über den Verlauf der Trauer haben, viel zu wenig systematische Aufmerksamkeit gewidmet worden. Dadurch wurde traditionellen Hypothesen wie der Entwicklungsphase oder der autonomen Phantasie das Feld überlassen. Heute wissen wir, dass die relevanten Umstände desto regelmäßiger gefunden werden, je klarer sie spezifiziert sind und je sorgfältiger der Fall untersucht wird. Beim gegenwärtigen Stand unseres Wissens glaube ich daher, die einzige sichere Annahme für den Kliniker besteht darin, dass in jedem Fall hinter dem Rauch, der aus der Angst, den Selbstanschuldigungen oder anderen Symptomen oder Problemen eines Kindes besteht, ein Feuer brennt, das durch eine erschreckende oder Schuldgefühle auslösende Erfahrung des realen Lebens entzündet wurde. In keiner Situation zeigen sich diese Abläufe deutlicher als nach dem Suizid eines Elternteils.

22 Auswirkungen eines elterlichen Suizids

Anteil der elterlichen Todesfälle durch Suizid

In früheren Kapiteln wurde auf die Tatsache aufmerksam gemacht, dass zwar die Todesquoten von Männern und Frauen in einem Alter, in dem sie wahrscheinlich Kinder haben, relativ niedrig sind, dass aber der Anteil der Todesfälle durch Suizid hoch ist im Vergleich zu dem bei Männern und Frauen anderer Altersgruppen. Das bedeutet, dass im Vergleich zu Todesfällen durch andere Ursachen der Tod eines Elternteils durch Suizid nicht ganz ungewöhnlich ist. In der Tat legen britische Zahlen nahe, dass bei Kindern, deren Eltern in den Zwanzigern sind, nicht weniger als einer von 15 Vätern und eine von 17 Müttern sterben.[133]

Angesichts der traumatischen Umstände, die einen Todesfall durch Suizid umgeben, und der starken Tendenz, die Tatsachen vor Kindern zu verheimlichen, wäre es nicht überraschend, wenn der Verlust eines Elternteils durch Suizid zu einer deutlich höheren Inzidenz und vielleicht auch einem höheren Maß von Psychopathologie führen würde als Todesfälle durch andere Ursachen. Entsprechende Daten fehlen, aber das verfügbare Material deutet darauf hin, dass beide Annahmen wahrscheinlich sind.

Das Material stammt sowohl aus Übersichtsdaten als auch aus therapeutischen Untersuchungen.

Funde aus Übersichten

Es gibt drei Übersichten, zwei davon wurden in Kapitel 18 beschrieben, welche Funde präsentieren, die eine ungewöhnlich hohe Inzidenz von psychiatrischen Störungen nach dem Suizid eines Elternteils nahe legen.

Bei ihrer Untersuchung einer Kontrastgruppe von Personen, die in der Kindheit einen Elternteil verloren hatten, nun aber ein normales Leben in einer Gegend Kaliforniens führten, vermerkten Hilgard u. a. (1960), dass in keinem dieser Fälle der Tod des Elternteils durch Suizid erfolgt war. Die Inzidenz unter der Vergleichsgruppe psychiatrischer Patienten dagegen betrug 6,3 Prozent. In der zweiten Untersuchung an 83 Kindern und Adoleszenten aus Michigan, die einen Elternteil durch Tod verloren hatten und aufgrund psychiatrischer Probleme überwiesen worden waren, stellten Arthur und Kemme (1964) fest, dass in zehn Fällen (12 Prozent) der Tod des Elternteils durch Suizid erfolgt war. Ohne relevante Statistiken über die Selbstmordraten für Kalifornien und Michigan kann man hierzu kaum einen Kommentar abgeben. Dennoch scheint bei der Gruppe aus Michigan die Inzidenz hoch zu sein.

Die dritte Übersicht, die von relevanten Funden berichtet, ist die *follow-up*-Untersuchung der Ehegatten von 44 Suizidanten in einer Grafschaft in Südengland, durchgeführt von Shepherd und Barraclough und in Kapitel 10 teilweise beschrieben. Unter den 24 Überlebenden waren 13 Mütter, die insgesamt 28 Kinder zwischen zwei und 17 Jahren hatten, als die Väter Suizid verübten, sowie fünf Väter mit insgesamt acht Kindern, die den gleichen Altersstufen angehörten, als ihre Mütter Suizid verübten. Die Informationen über die Kinder wurden im Laufe von zwei Interviews von den überlebenden Elternteilen erhoben; das erste Interview fand innerhalb einiger Wochen nach dem Suizid statt, das zweite fünf bis sieben Jahre später. Die Daten über die 36 Kinder (14 Jungen und 22 Mädchen) werden in Shepherd und Barraclough (1979) wiedergegeben.

Beim Versuch einer generellen Einschätzung dieser Kinder anhand von *follow-up*-Informationen und Kriterien von Gesundheit, Schul- oder Arbeitsleistung, Beziehung zum überlebenden Elternteil und Zugehörigkeit zu einer stabilen Familie wurden nur 15 als angemessen funktionierend bewertet. 16 wurden als unzulänglich funktionierend eingeschätzt; bei den übrigen fünf fehlte es an Informationen. Unter den unzulänglich funktionierenden Personen waren fünf, die seit dem Suizid des Elternteils wegen psychologischer Störungen behandelt worden waren; die Mutter eines sechsten Individuums sagte, ihr Sohn sei vor dem Suizid an einen Psychiater überwiesen worden, und sie plane eine erneute Überweisung. Damit ergibt sich in dieser Gruppe eine Inzidenz erklärter psychiatrischer Störungen von 15 Prozent.

Die Häufigkeit war hier signifikant größer als bei einer Vergleichsgruppe von Kindern, die in derselben Gemeinde lebten. Ob sie auch höher gewesen wäre als bei einer Gruppe von Kindern, die einen Elternteil aus anderen Gründen als Suizid verloren hatten, ist nicht klar, denn ein solcher Vergleich wurde nicht angestellt. Im Hinblick auf die hohe Inzidenz (15 Prozent) bei den Kindern von Suizidanten ist das jedoch nicht unwahrscheinlich.

Die Störungen der Kinder nahmen im Wesentlichen die Form von Angst oder Fehlverhalten an. 15 hatten nach dem Suizid größere Angst, und obwohl diese bei neun Kindern nach fünf Jahren nicht mehr evident war, war sie bei sechs Kindern bestehen geblieben. Sie zeigte sich in ständigen Fragen nach der Gesundheit des überlebenden Elternteils und in der Furcht, er oder sie könne von zu Hause fortgehen oder sterben. Die Eltern von 14 Kindern hatten Klagen über deren Verhalten; vier dieser Kinder waren der Polizei bekannt. Einige der Kinder gaben sich selbst die Schuld am Suizid des Elternteils; andere beschuldigten den überlebenden Elternteil. Kein Kind hatte einen Suizidversuch unternommen, aber eines hatte einen solchen angedroht.

Die Eltern von 18, nämlich die Hälfte der Kinder, hauptsächlich der jüngeren, hatten versucht, den Suizid geheim zu halten. Dennoch hatten vier ihn kurz danach entdeckt – in der Zeitung, bei Verwandten oder beim Mithören von Gesprächen – ; weitere zwei entdeckten die Wahrheit später; die Eltern der übrigen zwölf glaubten, ihre Kinder wüssten noch immer nichts davon. Die Eltern der übrigen 18 Kinder hatten sich bemüht, die Kinder zu informieren, wenn auch nicht immer so, dass man erwarten konnte, die Kinder würden die Information verstehen.

Ein Vergleich wurde angestellt zwischen den Kindern, die bei der Nachfolgeuntersuchung verhältnismäßig gut entwickelt wirkten, und denen, bei denen das nicht der Fall war. Im Hinblick auf Alter, Geschlecht, soziale Klasse, Familiengröße und Geschlecht des verlorenen Elternteils wurden keine Unterschiede festgestellt. Am ausgeprägtesten waren die Unterschiede hinsichtlich der Umstände vor dem Suizid. Kinder, die weniger gute Fortschritte machten, hatten eher Eltern gehabt, die sich getrennt hatten, zumindest zeitweise, oder die eine abnorme Persönlichkeit aufgewiesen hatten.

Funde aus therapeutischen Untersuchungen

Aus der Studie von Shepherd und Barraclough könnte man den Schluss ziehen, dass die Häufigkeit psychiatrischer Störungen nach dem Suizid eines Elternteils zwar relativ hoch ist, dass aber an der Psychopathologie nichts Ungewöhnliches ist. Es muss jedoch daran erinnert werden, dass alle ihre Daten aus zweiter Hand von dem überlebenden Elternteil erhoben wurden. Wenn man die Kinder selbst gesehen und die Interaktion in der Familie eingehender untersucht hätte, hätte sich vielleicht ein anderes Bild ergeben.

Darum ist es nützlich, sich einer Studie von Cain und Fast (1972) zuzuwenden, die an der Universität von Michigan eine Gruppe von 45 Kindern zwischen vier und 14 Jahren untersuchten, die alle einen Elternteil durch Suizid verloren und eine psychiatrische Störung entwickelt hatten. In allen Fällen stehen Daten über die Einschätzung der Patienten bei ambulanter Untersuchung zur Verfügung, in vielen Fällen auch Daten aus therapeutischen Interviews und in neun Fällen Daten aus einer ausgedehnten stationären Behandlung. Das Intervall zwischen dem Suizid des Elternteils und der Untersuchung betrug einige Tage bis zu über zehn Jahre.

Etwa 60 Prozent der Kinder entfielen auf eine von zwei Hauptgruppen: (a) Kinder, die traurig, von Schuldgefühlen bedrückt, zurückgezogen, ängstlich und gehemmt waren; (b) Kinder, die zornig, streitsüchtig und argwöhnisch waren und schlecht organisiertes und aggressives Verhalten aufwiesen. Die Schwere der Psychopathologie reichte von verhältnismäßig milden neurotischen Störungen bis zu schweren Psychosen. Die Häufigkeit der Psychosen, nämlich bei elf von 45 Kindern, war außerordentlich hoch im Vergleich zu Kindern mit anderem Hintergrund. Zu Recht oder Unrecht schreiben die Autoren diese große Häufigkeit einer Kombination des

Einflusses des Suizides mit seiner Kette von Konsequenzen und des Familienhintergrundes vor dem Suizid zu, der, wie in den von Shepherd und Barraclough aufgezeichneten Fällen, häufig schwer gestört gewesen war.

Außer der hohen Inzidenz schwerer Psychopathologie in dieser Fallreihe fiel Cain und Fast noch auf, dass zwei spezielle Arten von pathogener Situation in der Symptomatologie der Kinder eine sehr große Rolle gespielt hatten. Es handelte sich dabei einmal um Situationen, in denen intensive Schuldgefühle erzeugt werden, und zum anderen um Situationen schwer verzerrter Kommunikation. Wir wollen die Auswirkungen beider betrachten.

In den Fällen, in denen der Elternteil schwer gestört gewesen war, vor allem in solchen, in denen es Suiziddrohungen oder einen entsprechenden Versuch gegeben hatte, war das Kind häufig von dem anderen Elternteil oder dem Hausarzt verwarnt oder gescholten worden, es „rege die Mutter auf", es „mache sie verrückt", es müsse sehr ruhig und sehr brav sein und dürfe nicht mit der Mutter streiten oder sie aufregen. In dieser Schuldgefühle einflößenden Atmosphäre war es unvermeidlich, dass das Kind, wenn der Selbstmord irgendeiner noch so trivialen Reiberei zwischen Elternteil und Kind gefolgt war, davon überzeugt war, diese Episode habe den Suizid verursacht. Besonders wahrscheinlich war das, wenn der Elternteil auf die Episode so reagiert hatte, als sei dies der Tropfen, der das Fass zum Überlaufen bringt.

In anderen Fällen hatte das Kind vor dem Suizid das Gefühl bekommen, alles, was zwischen seinen Eltern nicht in Ordnung war, sei seine Schuld. In einigen Fällen hatte es außerdem auch noch das Gefühl gehabt, es sei dafür verantwortlich sicherzustellen, dass der drohende Elternteil seine Drohungen nicht verwirkliche; daraus ergab sich ein schweres Gefühl der Verantwortung, wenn der Suizid dann schließlich erfolgte, während das Kind draußen spielte oder aus anderen Gründen nicht im Hause war. Es gab auch Fälle, in denen die wiederholten Drohungen und Gesten eines Elternteils ein immer mehr erschrecktes und verzweifeltes Kind dazu getrieben hatten zu wünschen, und zwar bewusst und zornig, es „möge es doch endlich tun". Viele dieser Kinder berichteten in der Therapie nicht nur, wie vollkommen sie sich selbst für das Geschehen verantwortlich fühlten, sondern beharrten auch auf dieser Behauptung, ganz gleich, was der Therapeut sagen mochte. Der Fall von Dan und seiner Familie, beschrieben von Arthur (1972), liefert einen detaillierten und aufschlussreichen Bericht über einen derartigen Ablauf.[134]

> „Dan war das älteste von sechs Kindern eines hart arbeitenden Vaters und einer gestörten und labilen Mutter. Beide Eltern hatten eine schwierige Kindheit gehabt. Der Vater hatte seinen eigenen Vater verloren, als er noch sehr jung war, und obwohl seine Mutter schwer gearbeitet hatte, um das Zuhause zu erhalten, war es nicht leicht gewesen, mit ihr zu leben.

Dans Mutter war von einer Tante und einem Onkel aufgezogen worden, bei denen sie ein außerordentlich unglückliches Leben gehabt hatte; sie scheint großgeworden zu sein mit „einem tiefen Gefühl von Wertlosigkeit, einem Hunger nach Liebe und der Entschlossenheit, ein glücklicheres Leben zu finden". Sie und Dans Vater hatten ganz spontan geheiratet, beide in dem Wunsch, bei dem anderen die Sicherheit zu finden, die sie nie besessen hatten. Die Streitigkeiten begannen bald. Die Mutter fühlte sich immer mehr gefesselt durch ihre wachsende Familie, der Vater arbeitete härter und härter und war immer länger von zu Hause abwesend. Mit der Zeit fühlte sich die Mutter mehr und mehr einsam und ungeliebt. „Gefangen in dem Dilemma ihrer Unfähigkeit, Liebe zu akzeptieren, wenn sie angeboten wurde, und ihrem fortbestehenden Bedürfnis nach exzessiven Beweisen dafür, dass sie geliebt wurde, wurde sie immer häufiger depressiv, fordernder gegenüber ihrem Mann und ihren Kindern und weniger interessiert an ihrem Heim. Mit der Zeit begann sie, aktiv anderswo Liebe zu suchen. Der Vater wurde zwar argwöhnisch, sagte aber nichts.

Dennoch wurden die Streitigkeiten schlimmer; die Eltern schrien einander an, drohten mit Trennung und Scheidung und bewarfen einander mit Gegenständen. Bei diesen Anlässen suchten sich beide der Unterstützung der Kinder zu versichern und verlangten, die Kinder sollten wählen, bei wem sie im Falle einer Trennung bleiben wollten. Gelegentlich hatte die Mutter mit Suizid gedroht.

Eines Abends, als der Vater auf einer Geschäftsreise war, versuchte die Mutter sich und die Kinder durch Autoabgase zu töten. Alle außer Dan, dem ältesten Kind, starben. Er kam deshalb nicht um, weil er durch das Läuten des Telefons aufgeweckt wurde; der Vater hatte die Mutter anrufen wollen. Als Dan zum Telefon gegangen war, war er über eines seiner toten Geschwister gestolpert und hatte das dem Vater gegenüber erwähnt. Der Vater, der offenbar das Schlimmste vermutete, hatte dem Jungen gesagt, er solle in der Garage nachsehen. Später, als er hörte, was der Junge gefunden hatte, hatte er ihn angewiesen, die Nachbarn und die Polizei zu rufen.

Der Abend, den die Mutter für ihre Tat gewählt hatte, war der Abend ihres Hochzeitstages. Sie hatte auf eine Feier gehofft, doch stattdessen war ihr Mann nicht zu Hause.

Als er von der Polizei gefunden wurde, fühlte sich Dan krank und benommen und hatte heftige Kopfschmerzen. Er wurde in ein Krankenhaus gebracht und blieb dort 24 Stunden. Dann kam er für eine Woche zu Freunden und danach zu einem Onkel und einer Tante, wo er zusammen mit seinem Vater blieb. Nur ganz allmählich erkannte er, was geschehen war.

Ziemlich bald begann Dan wieder über Übelkeit, Benommenheit und Kopfschmerzen zu klagen; als dafür keine organische Ursache gefunden wurde, überwies man ihn in psychiatrische Behandlung.

Während der ersten Sitzungen bestritt Dan, dass seine Mutter und seine Geschwister tot seien; er behauptete, sie seien nur irgendwo zu Besuch. Als er daran erinnert wurde, dass man sie beerdigt hatte, beschloss er, sie sollten exhumiert werden, damit man sehen könne, ob sie wirklich in den Särgen seien. Später, als er die Wahrheit zu akzeptieren begann, gab er abwechselnd sich selbst alle Schuld oder beschuldigte andere. Einmal meinte er, der Gasmann sei verantwortlich; dann wieder hatte der Vater die Schuld; meist aber war er selbst der Schuldige.

Nicht lange vor dem Suizid der Mutter, erklärte er, als seine Eltern gestritten und die anderen Kinder sich dafür entschieden hatten, bei der Mutter zu bleiben, hatte er gesagt, er werde beim Vater bleiben. Dies, so meinte er, hatte die Mutter so unglücklich gemacht, dass sie sich selbst aus dem Weg geräumt hatte. Da seine Brüder und Schwestern beschlossen hatten, bei der Mutter zu bleiben, waren sie nun mit ihr zusammen, und er war zurückgelassen worden. Er selbst hatte in Wirklichkeit auch bei der Mutter bleiben wollen, hatte aber den Vater gewählt in der Hoffnung, dies werde die Mutter beeinflussen, zu Hause zu bleiben; stattdessen hatte sie nur geweint. Jetzt wünschte er, bei ihr zu sein wie die anderen Kinder. Außerdem verdiente er es, bestraft zu sein, und deshalb wäre es am besten, tot zu sein.

Als Dan über seine Mutter sprach, wurde offenkundig, dass die Beziehung zwischen ihnen nie leicht gewesen war und dass seine Gefühle für sie äußerst ambivalent waren. Zu ihren besten Zeiten war sie eine liebevolle Mutter gewesen und hatte mit ihm und seinen Geschwistern eine Menge Spaß gehabt. Dennoch hatte sie die Kinder oft vernachlässigt, so dass diese sich um sich selbst kümmern mussten; die meisten Aufgaben waren dabei Dan als ältestem Kind zugefallen. Manchmal, so gab er zu, sei er sehr wütend auf sie gewesen, und mindestens einmal hatte er ihr gesagt, er wünsche, sie wäre tot. Wieder und wieder jedoch kam er auf sein eigenes Schuldgefühl zurück. Wenn er sich nur bei dem entscheidenden Anlass nicht dafür entschieden hätte, beim Vater zu bleiben, dann wären Mutter und die Geschwister jetzt noch am Leben.

Der Vater kam nur in die Klinik, um Hintergrundinformationen zu liefern, denn er selbst wollte nicht an der Behandlung teilnehmen. Es war jedoch offenkundig, dass er viele Probleme hatte. Abwechselnd lobte und kritisierte er seine Frau. Auch sagte er, er habe sich sehr bemüht, es ihr recht zu machen, und dann wieder, man habe es ihr nicht recht machen können. Er ... gab zu, er habe sie manchmal gefühllos behandelt, indem er ihre Wünsche nach Aufmerksamkeit missachtete, sie schlug und sich absichtlich weigerte, ihr nachzugeben. Auch er fühlte sich für ihren Tod verantwortlich. Er hatte sie veranlasst, seine Frau zu bleiben ... und war grausam gewesen, indem er die Kinder zwang, zwischen ihnen zu wählen. Dies hatte sie tief verletzt, dessen war er sicher. Er machte sich auch Gedanken über seine häufige Abwesenheit und vor allem über seine Abwesenheit am Abend ihres Hochzeitstages.

Die Behandlung ging in diesem Fall nicht gut voran. Der Vater begann zu drohen, auch er werde Selbstmord begehen. Er benahm sich auch äußerst gereizt gegenüber Dan und gegenüber dem Onkel und der Tante, bei denen sie lebten. Außerdem geriet Dan in Kämpfe mit anderen Kindern. Dann eines Tages verließ der Vater ohne Vorankündigung die Stadt und nahm Dan mit sich."

Kommentar

Angesichts der familiären Probleme ist nicht überraschend, dass Dan durch den Tod seiner Mutter verwirrt und verstört war. Das Ausmaß jedoch, indem er sich selbst weiterhin die Schuld daran gab, und vor allem sein Grübeln über den Anlass, bei dem er sich dafür entschieden hatte, beim Vater zu bleiben, verlangen nach einem Kommentar.

Aus dem vorgelegten Material geht deutlich hervor, dass Dan von den drei unmittelbar Beteiligten – Dan, Mutter und Vater – am wenigsten Schuld traf. Warum also, so könnten wir fragen, beharrte er darauf, er sei der Schuldige? Die wahrscheinlichste Erklärung ist, wie ich glaube, dass er gegen beide Eltern tiefe Zorngefühle hegte und beide anklagte; aus verschiedenen Gründen aber konnte er nicht wütend auf sie sein und richtete seinen Zorn daher gegen sich selbst. Seiner Mutter gegenüber hatte er oft die Beschützerrolle spielen und sie trösten müssen, vor allem, wenn der Vater fort war und sie sich deprimiert und einsam fühlte. Vor seinem Vater hatte er eindeutig Angst, sowohl dann, wenn der Vater die Beherrschung verlor als auch dann, als er mit Suizid drohte. Wenn diese Einschätzung richtig ist, war Dans Reaktion auf den Tod seiner Mutter eine Reaktion chronischer Trauer; die Prognose für seine Zukunft muss als ungünstig angesehen werden.

Die zweite Art von pathogener Situation, die bei den von Cain und Fast durchgeführten Familienuntersuchungen vorherrschte, ging mit extrem verzerrter Kommunikation einher. In fast jeder dieser Familien hatte der überlebende Elternteil es nicht nur vermieden, mit den Kindern über das Geschehene zu sprechen, sondern hatte dieses Thema auch aktiv aus Gesprächen ausgeschlossen. Einige hatten gebeten, die Kinder möchten nie fragen. Andere wurden wütend über die Nachfragen der Kliniker. Einige weigerten sich zuzuhören, wenn ihre Kinder Fragen stellten. Die meisten Kinder jedoch hatten schnell begriffen, dass es sich um ein verbotenes Thema handelte, so dass der betreffende Elternteil später ehrlich, aber mit Erleichterung sagen konnte, sie hätten „nie gefragt".

Bei etwa einem Viertel dieser Fallreihe hatte das Kind persönlich irgendeinen Aspekt des Todes des Elternteils miterlebt; nur hatte der überlebende Elternteil darauf bestanden, der Tod sei nicht durch Suizid erfolgt, sondern durch eine Krankheit oder einen Unfall. „Ein Junge, der gesehen hatte, wie sein Vater sich erschoss, hörte später an diesem Abend von seiner Mutter, der Vater sei an einem Herzanfall gestorben; ein Mädchen, das den Leichnam seines Vaters in einem Wandschrank hängend fand, erhielt die Auskunft, der Vater sei bei einem Autounfall umgekommen; zwei Brüdern, die ihre Mutter mit aufgeschnittenen Pulsadern gefunden hatten, wurde gesagt, sie sei beim Schwimmen ertrunken" (Cain und Fast, 1972, S. 102). Wenn das Kind erzählte, was es gesehen hatte, hatte der überlebende Elternteil versucht, es ihm auszureden, entweder, indem er es lächerlich machte, oder indem er behauptete, das Kind sei verwirrt durch etwas, das es im Fernsehen oder in einem bösen Traum gesehen habe. Die dadurch entstandene Verwirrung wurde manchmal noch verstärkt, wenn das Kind von verschiedenen Personen oder sogar von dem überlebenden Elternteil selbst verschiedene Versionen des Sterbefalles hörte.

Ein großer Teil der psychologischen Probleme der Kinder schien direkt darauf rückführbar, dass die Kinder derartigen Situationen ausgesetzt gewesen waren. Zu den Problemen gehörten chronischer Argwohn gegenüber anderen Menschen, Hemmung der Neugier, Misstrauen gegenüber den eigenen Sinnen und eine Tendenz, alles als unwirklich zu empfinden. Während der Therapie stellte sich heraus, dass einige der Kinder zwei oder mehr verschiedene und miteinander unvereinbare Systeme von Ideen, Überzeugungen und Plänen hatten, jedes mit den entsprechenden Gefühlen. Der folgende Bericht handelt von einem elfjährigen Jungen, Bob, dessen Vater zwei Jahre zuvor Suizid verübt hatte und der, wie festgestellt wurde, drei voneinander getrennte Überzeugungssysteme hatte (Cain und Fast, 1972, S. 104).

> „Das erste System besagte, sein Vater sei an einem Herzanfall gestorben; das nämlich hatte man dem Kind gesagt. Zu diesem System gehörten gewisse hypochondrische Befürchtungen und vorübergehende Symptome sowie die Überzeugung, sein eigenes lärmendes Verhalten könne den Herzanfall verursacht haben. Deshalb bemühte sich der Junge, sich ruhig und brav zu benehmen, und hatte den starken Wunsch, ein Arzt zu werden, der in der Lage sei, Notoperationen durchzuführen.
>
> Das zweite Glaubenssystem hatte den Inhalt, der Vater sei bei einem Autounfall gestorben. Dazu schienen häufig wiederkehrende Alpträume und eine Tendenz zu gehören, sich gefährlichen Tätigkeiten zu widmen und kleine Verletzungen zu ertragen.
>
> Das dritte System besagte, der Vater habe sich selbst getötet. Dazu gehörten die Überzeugung, er sei für den Suizid seines Vaters verantwortlich, Abscheu vor sich selbst und auch vor dem Vater und Misstrauen gegenüber jeder männlichen Autorität."

In ihrem wertvollen Beitrag nahmen Cain und Fast auch Bezug auf den starken Drang, Suizid zu verüben, den einige dieser Kinder später selbst entwickeln. Die in der Vergangenheit vorgebrachte Auffassung, eine Neigung zu Suizid könne auf irgendeine Weise durch die Gene weitergegeben werden, wird stark in Frage gestellt durch die Umstände des Handelns der Kinder, das manchmal auf fast unheimliche Weise mit den Umständen des Suizids des Elternteils verbunden ist. Wir können aus zahlreichen von Cain und Fast angeführten Beispielen zwei auswählen: Das eine betrifft ein 18-jähriges Mädchen, das sich eines Nachts ganz allein und in derselben Weise und am gleichen Strand wie seine Mutter viele Jahre zuvor ertränkte; das andere einen 32-jährigen Mann, der mit seinem Wagen über dieselbe Klippe fuhr, über die sein Vater 21 Jahre vorher auch gefahren war. Es scheint, dass einige dieser Individuen viele Jahre lang mit dem tiefen Glauben, ja der Überzeugung gelebt haben, sie würden eines Tages durch Suizid sterben. Einige ergeben sich still in ihr Schicksal. Andere suchen Hilfe.

Natürlich wird bei dem Bemühen, diese seltsamen Fälle zu verstehen, der Begriff der Identifikation angeführt. Ein anderer Ansatz, der noch weiter erforscht werden muss, ist der, dass der Drang, den diese Menschen verspüren, dem Elternteil nachzueifern, buchstäblich dem Verlangen entspringt, dem toten Elternteil dorthin zu folgen, wohin er gegangen ist, und ihn (oder sie) dann dort zu finden. Diese Vermutung wird glaubwürdig durch die Art und Weise, in der ein Mann sich äußerte: Ehe er 30 sei, so sagte er, werde er seinem „Rattenfänger"-Vater ins Wasser folgen. Zur gegebenen Zeit tötete er sich und hinterließ einen einfachen, nichts sagenden Abschiedsbrief.

23 Reaktionen auf Verlust im dritten und vierten Lebensjahr

Ich weinte, und nichts geschah, und du kamst nicht.

Sarah Ferguson, *A Guard Within*

Verbleibende Fragen

In den vorhergehenden Kapiteln wurde Material vorgelegt, das zeigt, dass die Art und Weise, wie Kinder und Adoleszenten auf den Verlust eines Elternteils reagieren, sich wenig davon unterscheidet, wie Erwachsene einen Elternteil oder Ehegatten betrauern. Soweit es Unterschiede gibt, drehen sie sich im Wesentlichen um die Tatsache, dass Kinder und Adoleszenten noch empfindlicher sind als Erwachsene im Hinblick auf die Umstände, die einem Verlust vorangehen, diesen umgeben und ihm nachfolgen.

Noch nicht geklärt wurde die Frage, wie Kinder, die jünger als vier Jahre sind, auf Verlust reagieren. Reagieren sie, wenn die Umstände günstig sind, ähnlich wie ältere Kinder und Adoleszenten? Und falls ja, in welchem Alter beginnen sie damit? Und wie haben wir, falls sie es nicht tun, die Unterschiede zu verstehen? Ist der Einfluss ungünstiger Bedingungen auf ihre Reaktion ähnlich oder anders als der Einfluss solcher Bedingungen auf die Reaktionen älterer Kinder? Natürlich sind dies die eigentlichen Fragen, mit denen dieser Band eröffnet wurde; jetzt jedoch können wir sie in einer wesentlich breiteren Perspektive untersuchen.

Im vorliegenden Kapitel betrachten wir Kinder im dritten und vierten Lebensjahr, einem Alter, in dem sie Sprache wahrscheinlich gut verstehen und beherrschen; im nächsten Kapitel werden wir uns den sehr viel schwierigeren Problemen von Kindern im ersten und zweiten Lebensjahr zuwenden.

Reaktionen unter günstigen Umständen

In Kapitel 16 sahen wir, dass unter günstigen Umständen schon vierjährige Kinder ebenso wie Erwachsene in der Lage sind, Bilder des Verstorbenen und Erinnerungen an ihn festzuhalten und wiederholtes Auftreten von Sehnsucht und Traurigkeit zu ertragen. Indem sie ihre Fähigkeit benutzen, ihre Erinnerungen an die verlorene Beziehung und die damit verbundenen intensiven Gefühle von den gegenwärtigen zu unterscheiden, sind sie wie Erwachsene unter ähnlichen Umständen fähig, das Beste aus jeder neuen

Beziehung zu machen, die ihnen möglicherweise angeboten wird. Obwohl Berichte darüber, wie noch jüngere Kinder auf den Tod eines Elternteils reagieren, extrem selten sind, gibt es Grund zu der Annahme, dass sich die Reaktionen sogar von zweieinhalbjährigen Kindern wenig von denen älterer Kinder unterscheiden, vorausgesetzt, dass ihre Fragen und Erinnerungen nicht entmutigt werden. Wir sind Marion J. Barnes (1964) Dank schuldig für den folgenden detaillierten Bericht darüber, wie ein kleines Mädchen auf den Tod seiner Mutter reagierte.

Winnie trauert um ihre Mutter

In Kapitel 16 wurde beschrieben, wie Winnies ältere Schwester Wendy, vier Jahre alt, auf den plötzlichen Tod ihrer Mutter reagierte, der nach dem Aufflackern einer multiplen Sklerose eintrat; die Mutter hatte diese schon seit sieben Jahren gehabt, doch zuvor hatte die Krankheit geruht. In diesem Fall hatte man nicht nur gute Kenntnisse über die Familie vor der unerwarteten Tragödie, sondern es war auch möglich, in engem Kontakt zu bleiben mit beiden Kindern, der vierjährigen Wendy und der zweieinhalbjährigen Winnie, dem verwitweten Vater und der Großmutter mütterlicherseits, und zwar für zwölf Monate nach dem Todesfall. Für Einzelheiten über die Familie und die Lebensumstände der Kinder nach dem Tod der Mutter verweise ich den Leser auf den über Wendy gegebenen Bericht.

> „Während der ersten zweieinhalb Lebensjahre war Winnies Entwicklung ereignislos verlaufen; sie war zu einem glücklichen, aufgeschlossenen kleinen Mädchen herangewachsen, ihrem Alter auf allen Ebenen um einiges voraus.' Sie war überaus gesprächig und hörte vom Aufstehen bis zum Schlafengehen nicht auf zu reden.
> Als die Mutter starb, beschloss der Vater, den Kindern zu sagen, was geschehen war, dass die Mutter in der Erde begraben werden würde und dass dies das Ende sei. Wir wissen, dass Winnie diese Information auf einer Ebene korrekt verzeichnete, denn als drei Wochen später Wendy sang: ‚Meine Mommy kommt zurück, ich weiß, dass sie zurückkommt', erwiderte Winnie: ‚Mommy ist tot und kommt nicht zurück. Sie ist in der Erde bei dem „Turmwasser".' Auch bei anderen Gelegenheiten äußerte Winnie ähnlich sachliche Feststellungen: ‚Meine Mommy ist tot. Sie kommt nie mehr zurück.'
> Auf einer anderen Ebene aber war Winnie natürlich alles andere als überzeugt, dass die Mutter nie zurückkehren würde. Einige Wochen lang blieb sie so heiter wie gewöhnlich. Es gab keine spontanen Erwähnungen der Mutter, und sie schien das Thema der Abwesenheit der Mutter aktiv zu vermeiden. Obwohl sie es beispielsweise früher sehr genau damit ge-

nommen hatte, wem welches Auto gehörte, bezeichnete sie jetzt den Wagen ihrer Mutter als ‚Daddys Auto'. Dennoch gab es deutliche Hinweise darauf, dass die Mutter Winnies Gedanken nie fern war. Eines Abends etwa, als die Großmutter die Schürze der Mutter trug, fuhr Winnie sie an: ‚Nimm diese Schürze ab!' Bei einer anderen Gelegenheit sechs Wochen nach dem Tod der Mutter, als die Kinder Geschenke zum Valentinstag machten, versicherte Winnie: ‚Ich mache meines für Mommy.' Wendy berichtigte sie: ‚Das kannst du nicht. Sie ist tot.' Darauf antwortete Winnie: ‚Pst, sag das nicht.' Als sie ein andermal nachts ihr Bett nass gemacht hatte, rief sie nach der Mutter.

Obwohl Winnie während dieser Zeit keine Traurigkeit äußerte und die Abwesenheit der Mutter nie erwähnte, zeigte sie deutlich, dass sie sie vermisste. Beispielsweise suchte sie häufiger als früher Trost bei ihrer Decke und begann auch, an ihrem rechten Ohr zu ziehen, so dass es sich rötete und anschwoll. Sie hatte wenig Appetit und verlor etwas an Gewicht. Wenn sie gebeten wurde, etwas zu tun, das sie nicht mochte, war sie nicht länger die selbstbehauptende kleine Dame, sondern wurde jetzt mild und gefällig; außerdem war sie im Gegensatz zu früher damit zufrieden, ruhig für sich allein zu spielen.

Während dieser Zeit führten der Vater und die Großmutter regelmäßig Gespräche mit der Therapeutin über die Fortschritte der Kinder. Die Therapeutin, besorgt über Winnies Zustand, empfahl, die Großmutter und das Hausmädchen sollten Winnie viel körperliche Bemutterung zukommen lassen: ‚Ich riet ihnen, Winnie in den Arm zu nehmen und mit ihr zu sprechen, wie es die Mutter getan hatte, und die Alltagsroutine der Mutter so weit wie möglich beizubehalten. Ich machte auch den Vorschlag, bei diesen Gelegenheiten die Mutter entsprechend zu erwähnen, etwa: „Früher bist du immer mit Mommy zum Einkaufen gegangen. Jetzt ist sie fort, und nun nehme ich dich mit zum Einkaufen!" Oder: „Mommy hat dir jeden Nachmittag eine Geschichte vorgelesen. Nun werde ich das tun." Ich schlug auch vor, der Vater solle mit Winnie darüber reden, dass manche kleinen Mädchen meinen, die Mutter werde krank oder sterbe, wenn die Kinder ungezogen sind, dass dies aber nicht stimmt. Nach diesen kleinen Veränderungen im Umgang mit ihr wurde Winnie bald wieder wie früher, und die Symptome verschwanden. Noch immer sprach sie nicht spontan von ihrer Mutter. Das Hauptmerkmal ihres Verhaltens war ihre Suche nach Mutter-Substituten – die Großmutter, das Hausmädchen, der Vater und manchmal ihre Schwester Wendy. Sie wirkte glücklich und zufrieden und zeigte keine Anzeichen von Störung, solange sie umsorgt und geliebt wurde, und dies geschah.'

Sieben Monate nach dem Tod der Mutter, als Winnie drei Jahre und einen Monat alt war, begann sie plötzlich über ihre abwesende Mutter zu sprechen. Ihrem Vater gegenüber rief sie eines Tages aus: ‚Daddy, ich bin so traurig. Ich vermisse meine Mommy so sehr.' In den folgenden Tagen und Wochen sprach sie ausführlich über ihre Mutter, stellte Fragen über den Tod und fragte nach ihrer eigenen Gesundheit und der anderer Familienmitglieder. Das war eine so auffallende Veränderung, dass sich die Frage stellt, warum sie gerade zu diesem Zeitpunkt eintrat.

Die Erklärung der Therapeutin Marion J. Barnes lautet, dass Winnie erst Kummer über den Verlust ihrer Mutter äußern konnte, nachdem die Großmutter fähig gewesen war, Trauer über den Verlust ihrer Tochter zu äußern. Das war ihr vorher nicht möglich gewesen, wie sie meinte deshalb, weil sie dem Wohl der Kinder so viel Aufmerksamkeit widmen musste. Sie meinte, das Zusammentreffen eines religiösen Festes und Winnies Eintritt in den Kindergarten hätten als Auslöser gewirkt.

Bei mehreren Gelegenheiten im Kindergarten erwähnte Winnie, sie habe keine Mutter. Das tat sie besonders dann, wenn sie sich mit anderen Kindern verglich. Manchmal lag die Betonung auf der Tatsache, dass die Mutter tot war. Als etwa ein anderes Kind sagte: ‚Wenn deine Mutter dich abholen kommt...', worauf Winnie berichtigte: ‚Meine Mutter ist tot, sie kommt nicht.' Bei anderen Gelegenheiten zeigte sich Sehnsucht nach der Rückkehr der Mutter. Als ein anderes kleines Mädchen davon sprach, seine Mutter werde kommen, um es abzuholen, antwortete Winnie: ‚Meine Mutter wird mich auch abholen – aber nicht wirklich, weil meine Mutter tot ist.' Als einmal die Kindergärtnerin einem anderen Kind half, einen Gruß an seine Eltern zu schreiben, bemerkte Winnie mit viel Gefühl: ‚Ich wünschte, meine Mutter würde zurückkommen.' Bei einer anderen Gelegenheit, als Wendy und Winnie davon gesprochen hatten, dass ihre Mutter tot war, zog sich Winnie in eine Ecke zurück und setzte sich in den Schaukelstuhl; dort weinte sie nur einen kurzen Augenblick und kehrte dann zu ihrem Spiel zurück.

Während der ersten sechs Monate im Kindergarten war Winnie ausgeprägt empfindlich gegen Trennungen. Von Anfang an hielt sie sich an Wendy und suchte bei ihr Sicherheit, und wenn Wendy krank war, war sie ungewöhnlich still und aß ihr Mittagessen nicht. Bei einer anderen Gelegenheit war die Kindergärtnerin nicht da, und Winnie blieb den ganzen Tag in Wendys Nähe und war traurig und still.

Winnie hatte auch Befürchtungen, sie könne ihre anderen Pflegepersonen verlieren. Eines Morgens wechselten der Vater und das Hausmädchen scharfe Worte über irgendeine Kleinigkeit. Als Winnie mit ihrer Großmutter im Kindergarten ankam, weigerte sie sich, dort zurückzubleiben, und wurde also wieder nach Hause mitgenommen. Als sie gefragt wurde, was denn nicht in Ordnung sei, erklärte sie, sie habe Angst, das Hausmädchen könne fort sein, wenn sie heimkomme. Winnie war auch bestürzt, als die Großmutter in Urlaub gefahren war; sie begann deshalb in der Nase zu bohren, bis sie wund war. Auch jeder Hinweis darauf, dass jemand starb, verursachte ihr Angst.

Obwohl sich Winnie am Ende der zwölf Monate gut zu entwickeln schien, äußerte Barnes Besorgnis über ihre Fähigkeit, auf Stresssituationen zu reagieren, insbesondere lange Trennungen, und wies auf ihre rasche Flucht in somatische Symptome hin."

Kommentar

Dieser Bericht zeigt, dass unter günstigen Umständen sogar ein zweieinhalbjähriges Kind nach dem Tod der Mutter fähig ist, einen Prozess der Trauer zu durchlaufen, der alle Merkmale aufweist, die für die gesunde Trauer älterer Kinder und Erwachsener typisch sind. Allerdings gab es eine Verzögerung von sechs Monaten zwischen Winnies verbalem Akzeptieren der Tatsache, dass die Mutter tot war, und ihrem offenen Ausdruck von Sehnsucht. Barnes' Erklärung, dass diese Verzögerung die verzögerte Trauer der Großmutter widerspiegelt, ist nicht unwahrscheinlich; ohne Kenntnis vieler weiterer Fälle jedoch kann man sich darauf nicht verlassen.

Man kann auch nicht mit Sicherheit sagen, welches Element der Ratschläge, die dem Vater, der Großmutter und dem Hausmädchen gegeben wurden, die darauf folgende Besserung von Winnies Zustand bewirkte. Die wertvollste Veränderung war jedoch mit großer Wahrscheinlichkeit die aktive physische Bemutterung, die man Winnie daraufhin zuteil werden ließ.

Winnies Weigerung, im Kindergarten zu bleiben, nachdem sie den scharfen Wortwechsel zwischen Vater und Hausmädchen gehört hatte, und ihre Angst, beim Heimkommen werde sie das Hausmädchen nicht mehr vorfinden, können als Beispiel einer Schulverweigerung („Schulphobie") gesehen werden, die bei einem dreijährigen Kind im Kontext eines der (in Kapitel 18 von Band II) für diesen Zustand als charakteristisch postulierten familiären Interaktionsmuster auftritt.

Ohne eine wesentlich größere Zahl derartiger deskriptiver Berichte über Kinder, die im dritten Lebensjahr einen Elternteil verlieren und verständnisvoll umsorgt werden, kann man nicht feststellen, wie weit die von Winnie gezeigten Reaktionen allgemein üblich sind. Es gibt jedoch einiges Material darüber, wie Kinder dieses Alters auf eine Trennung von ihrer Mutterfigur für Zeiträume von einigen Tagen oder Wochen reagieren, und dieses Material lässt vermuten, dass Winnies Reaktionen ziemlich typisch sind. Zwei Beispiele folgen.

Thomas, zwei Jahre und vier Monate alt, und Kate, fast zweieinhalb, waren das ältere Paar der vier Kinder, die James und Joyce Robertson in Pflege nahmen, während die Mutter der Kinder ein neues Baby zur Welt brachte (Robertson und Robertson, 1971).[135] Thomas war nur zehn Tage von seiner Mutter getrennt, Kate jedoch blieb 27 Tage. Unter den sehr günstigen Pflegebedingungen, die ihnen geboten wurden, bewahrten beide Kinder ein lebhaftes Verständnis für das, was mit ihnen geschah, und beide äußerten explizit Sehnsucht nach ihrer abwesenden Mutter. Dennoch gab es auch signifikante Unterschiede. Diese schreiben die Robertsons, wie ich glaube zu Recht, der sehr unterschiedlichen Art zu, wie die beiden Kinder zu Hause von ihren Eltern behandelt worden waren, und zwar sowohl im Hinblick auf das von ihnen erwartete Verhalten als auch auf die angewandten Disziplinierungsmethoden.

> „Thomas' Vater war warmherzig und aufgeschlossen, seine Mutter zärtlich und liebevoll. Beide hatten viel Verständnis für ihren Sohn und waren stolz auf seine Leistungen. Thomas selbst war ein aktives, sicheres und freundliches Kind, das gut sprach.
>
> Nachdem er sein Pflegeheim mehrmals besucht hatte, ehe er dort untergebracht wurde, fand Thomas sich dort bald gut zurecht. Während der meisten Zeit war er gutgelaunt, freundlich und fähig, sich an den Spielen und anderen angebotenen Aktivitäten zu freuen. Nach zwei Tagen jedoch begann er sowohl Traurigkeit über die Abwesenheit seiner Eltern als auch Zorn darüber zu äußern. Er sprach viel von seiner Mutter und liebkoste manchmal ihre Fotografie. Es gab auch Zeiten, zu denen er lange über sein Zuhause, sein Spielzeug und seine Eltern nachgrübelte. Eines Tages sagte er in weinerlicher Stimmung: ‚Ich denke an mein Schaukelpferd zu Hause. Meine Mummy sagt: „Was für ein schöner Tag, Thomas." Ich habe meine Mummy am liebsten.' Gelegentlich wies er die Aufmerksamkeit seiner Pflegemutter zurück und ließ erkennen, es sei die Rolle seiner Mutter, sich um ihn zu kümmern: ‚Du sollst nicht mit mir schmusen, meine Mummy schmust mit mir.' Diese sehr klare Unterscheidung zwischen seiner Beziehung zu seiner Mutter und der zu seiner Pflegemutter wurde, wie zu erwarten, auch nach seiner Rückkehr nach Hause beibehalten. Als seine Pflegemutter ihn etwas später dort besuchte, war er zwar freundlich zu ihr, aber auch vorsichtig, und während des ganzen Besuches blieb er nahe bei seiner Mutter."

In ihren Kommentaren vermerken die Robertsons, dass Thomas während der gesamten Zeit seiner Abwesenheit von zu Hause in der Lage war, seine Gefühle frei zu äußern: „Am dritten Tag äußerte er seine Traurigkeit und Angst mit fast erwachsenem Verständnis für die Situation."

Die Erziehung des zweiten dieser Kinder, Kate, zweieinhalb Jahre alt, unterschied sich in gewisser Weise von der Thomas', wenn Kate auch wie dieser aus einem stabilen und liebevollen Zuhause kam.

> „Kates Erziehung war, mit den Worten der Robertsons, ‚eher streng gewesen. Der Vater schlug sie, verließ sich aber ebenso sehr auf Verbote, die in ruhigem, aber bedrohlichem Ton ausgesprochen wurden. Obwohl die Mutter weicher war ... stellte sie hohe Anforderungen.' Dieser Behand-

lung entsprechend war Kate selbst kontrollierter, als dies bei einem Kind ihres Alters üblich ist.

Während der 27 Tage ihres Pflegeaufenthalts war Kate wie Thomas meist heiter, aktiv und kooperativ. Wie er aber äußerte auch sie Sehnsucht nach ihren abwesenden Eltern und war gelegentlich zornig auf sie, weil sie sie nicht nach Hause holten.

Während der ersten paar Tage bemühte sich Kate besonders, kooperativ und freundlich zu sein, und gelegentlich hörte man, wie sie sich selbst die Instruktionen und Verbote ihrer Eltern wieder vorsagte: ‚Iss deine Kartoffeln auf‘, oder: ‚Sei ein braves Mädchen, weine nicht‘. Sie war damit so erfolgreich, dass sie erst am sechsten Tag weinte, als sie mit ihrer Pflegemutter an einem fremden Ort bei fremden Menschen war. Kurz darauf, in der zweiten Woche, äußerte sie Angst, verloren zu werden, und klammerte sich mehr an als sonst. Sie weinte auch leichter und wirkte manchmal sorgenvoll und träumerisch. Bei einem derartigen Anlass murmelte sie: ‚Was sucht Kate?‘ – eine Bemerkung, die darauf hinzuweisen scheint, dass sie zeitweilig die Identität der Person, nach der sie sich sehnte und die sie suchte, aus den Augen verlor.

Während der dritten und vierten Woche der Abwesenheit der Mutter wurde zwar Kates Beziehung zu ihrer Pflegemutter tiefer, doch ihre Sehnsucht nach ihrer eigenen Mutter bestand fort und war zunehmend mit Zorn untermischt. Zuerst sagte sie traurig: ‚Ich möchte zu Mummy und Daddy‘; etwas später dann veränderte sich ihre Stimmung, und sie verkündete: ‚Ich mag meine Mummy nicht. Mummy ist böse.‘ Sie begann auch zu fürchten, ihre Eltern liebten sie nicht und wollten sie vielleicht nicht wiederhaben; die Pflegemutter tat ihr Bestes, um solche Ängste zu zerstreuen.

Als schließlich der Tag ihrer Heimkehr kam, wurde Kate angespannt und überaktiv. Auf der ganzen Autofahrt durch London leugnete sie, dass sie nach Hause fuhr, und sang fröhliche, unsinnige Lieder. Erst als sie ihre Straße erkannte, ließ sie die Verstellung fallen und rief aus: ‚Das ist das Haus von meiner Mummy.‘ Beim Eintreten begrüßte sie ihre Mutter sofort und war während der nächsten Stunde damit beschäftigt, die Beziehung wieder aufzubauen. Ihre Pflegemutter dagegen, die sie vier Wochen lang beständig umsorgt hatte und die ruhig dabei saß, ignorierte sie völlig.‘

Während ihres ganzen Aufenthalts bei den Pflegeeltern war Kate wesentlich gehemmter als Thomas im Ausdruck ihrer Gefühle. Selbst während der Heimfahrt vermied sie es noch immer, ihre Hoffnung einzugestehen. Ich vermute, dass dies daran lag, dass in Kate die Hoffnung mit Furcht vermischt war, der Furcht, sie könne verloren gehen, und vor allem der Furcht, ihre Eltern könnten sie vielleicht nicht mehr haben wollen. Dies kann, wie ich glaube, als Folge der Art und Weise angesehen werden, wie die Eltern sie behandelten. Sie bestanden nicht nur darauf, dass sie ein braves Mädchen sei und nicht weinen sollte, sondern hatten ihr meinen Schlussfolgerungen nach in dem Bemühen, sie zu disziplinieren, auch häufig gedroht, sie nicht zu lieben. Ein Beispiel dafür könnte sein: „Wir mögen/lieben kleine Mädchen nicht, wenn sie ungezogen sind!" Wenn dies in dem „ruhigen, aber bedrohlichen Ton" geäußert wurde, den die Robertsons vermerkten, und von Kate wörtlich genommen wurde, so wäre es außerordentlich angsterregend für ein kleines Kind von zweieinhalb Jahren.

Aus den Berichten der Robertsons über diese beiden Kinder geht deutlich hervor, dass beide, abgesehen von Kates vorübergehendem Lapsus (der später im vorliegenden Kapitel nochmals erwähnt werden wird), ein klares Bild von der abwesenden Mutter bewahrten, während sie von ihr getrennt waren, und dass beide mit der Unterstützung der Pflegemutter keine Schwierigkeiten hatten, Mutter und Pflegemutter zu unterscheiden. Zugegeben, die Zeiträume, in denen sie dies taten, waren relativ kurz (zehn bzw. 27 Tage), und außerdem konnte den Kindern wiederholt versichert werden, dass die Mutter zurückkehren würde. Dennoch waren die Reaktionen beider Kinder denen von Winnie ähnlich genug, um vermuten zu lassen, dass Letztere in keiner Weise atypisch waren.

Diese Funde führen zu gewissen vorläufigen Schlussfolgerungen. Eine lautet, dass sogar schon zweieinhalbjährige Kinder unter günstigen Bedingungen einen Elternteil in einer Weise betrauern können, die denen älterer Kinder und Erwachsener sehr ähnlich ist; die zweite besagt, dass ebenfalls wie bei älteren Kindern und Erwachsenen das gezeigte Reaktionsmuster sehr stark beeinflusst wird von den Erfahrungen, die die Kinder mit ihren Eltern gemacht hatten, ehe der Verlust eintrat.

Wir wollen nun betrachten, wie Kinder dieser Altersgruppe reagieren, wenn die Bedingungen ungünstig sind, was nur zu oft der Fall ist.

Reaktionen unter ungünstigen Bedingungen

Es ist das Schicksal vieler kleiner, von ihren Familien getrennter Kinder, dass sie keine Ersatzmutter haben, die sie liebevoll umsorgt. Doch selbst wenn ein Kind solche Fürsorge erfährt, kann es durchaus sein, dass seine Pflegemutter nicht erkennt, dass das Kind sie nur als Notlösung betrachtet oder sich weiterhin nach seiner abwesenden Mutter sehnt; und selbst wenn sie es erkennen sollte, ist es durchaus möglich, dass sie sich entweder nicht in seine Empfindungen einfühlt oder deren Äußerung entmutigt, vor allem, wenn dies längeres Weinen, Zeiten reizbarer Unzufriedenheit oder Wutausbrüche mit sich bringen würde. Die Versorgung eines trauernden Kindes ist eine anspruchsvolle und undankbare Arbeit; es ist daher kaum verwunderlich, wenn Pflegepersonen ungeduldig und reizbar werden. Es ist also keineswegs ungewöhnlich, dass ein kleines Kind, nachdem es einen Elternteil verloren hat, starkem Druck ausgesetzt wird, seine Trauer zu „vergessen" und stattdessen sein Interesse dem zuzuwenden, was immer sein gegenwärtiger Versorger für eine Ablenkung hält.

Nicht selten sind die Pflegebedingungen unterschiedlich, je nachdem, ob die Mutter eines Kindes gestorben oder aus anderen Gründen abwesend ist. Leider ist es so, dass keine detaillierten Berichte aus erster Hand darüber zur Verfügung stehen, wie Kinder im dritten und vierten Lebensjahr reagieren, wenn die Umstände nach dem Tod der Mutter ungünstig sind. Aus diesem Grunde beziehe ich mich im Folgenden nur auf Berichte darüber, wie kleine Kinder dieses Alters reagieren, wenn sie in einem Kinderheim oder einem Krankenhaus untergebracht werden. Das sind Situationen, in denen die Pflegebedingungen oft besonders ungünstig sind, denn in der Regel hat das Kind nicht nur keine bestimmte einzelne Pflegerin, die für es sorgt, sondern kann möglicherweise auch noch mit vielen anderen Kindern gleichen Alters im Wettbewerb stehen, um Fürsorge zu erhalten.

Obwohl in dieser Hinsicht die Umstände für Kinder, deren Mutter gestorben ist, häufig nicht anders sind als die für solche Kinder, die wieder zu ihrer Mutter zurückkehren sollen, gibt es bestimmte besondere Bedingungen, die eher für Kinder gelten, die nur zeitweilig von der Mutter getrennt sind, als für solche, die die Mutter für immer verloren haben. Ein Kind im Krankenhaus beispielsweise wird wahrscheinlich in ein Gitterbett eingesperrt und einer Vielfalt medizinischer Prozeduren unterzogen, die immer fremd, vielleicht schmerzhaft und mit Sicherheit angsterregend sind. Außerdem übt eine Mutter, bevor sie ihr Kind vorübergehend verlässt, sei es im Krankenhaus, sei es in einem Kinderheim, möglicherweise Druck auf das Kind aus, den eine sterbende Mutter nicht ausüben würde. Ein besonders interessantes Beispiel dafür ist die Mutter, die ihr Kind wiederholt ermahnt, nicht zu weinen, während sie fort ist, und es anweist, ein braver Junge zu sein, was bedeutet, dass es sein Schicksal ohne Klagen akzeptieren soll. Außerdem erweckt ein verwaistes Kind möglicherweise bei Erwachsenen mehr Mitgefühl als ein Kind, das nach einer Mutter quengelt, die bald zurückkehren wird.

Bei der Lektüre des Folgenden muss man daher im Sinn behalten, dass einige der beschriebenen ungünstigen Bedingungen wahrscheinlich seltener auf Kinder zutreffen, die einen Elternteil durch Tod verloren haben, und häufiger auf solche Kinder, die eine nur vorübergehende Trennung durchmachen.

Wir beginnen mit dem Bericht über einen gerade zweijährigen Jungen, der seine Mutter elf Wochen lang nicht sah, als er in einem Kinderheim untergebracht war.[136] Er zeigt, wie ein Kind dieses Alters trotz vieler ungünstiger Faktoren weiterhin auf die Rückkehr seiner Mutter hofft. Daneben zeigt er noch vieles andere, etwa, wie schwierig es für ein Kind unter diesen Umständen ist, eine vertrauensvolle oder auch nur freundliche Beziehung zum Vater während der Besuchszeiten aufrechtzuerhalten, sowie die enorme emotionale Belastung aller Beteiligten bei der Wiedervereinigung.

Owen sehnt sich fortgesetzt nach seiner Mutter

„Owen war zwei Jahre und zwei Monate alt, als er in einem Kinderheim untergebracht wurde, weil seine Mutter wegen einer Operation, die durch eine alte Rückenverletzung notwendig geworden war, in ein Krankenhaus gehen musste. Obwohl die Mutter selbst das Krankenhaus nach fünf Wochen verlassen konnte, kam Owen erst weitere sechs Wochen später nach Hause, also nach insgesamt elf Wochen und vier Tagen, einer wesentlich längeren Zeit als vorgesehen. Während dieser Zeit wurde er regelmäßig von seinem Vater besucht, sah seine Mutter aber nicht. Botschaften von der Mutter an den Sohn wurden bei neun Gelegenheiten ausgerichtet, wenn der an der Forschungsarbeit beteiligte Sozialarbeiter, der die Mutter besuchte, Owen im Kinderheim sah; die Mutter schickte ihm jedoch kein Spielzeug oder andere berührbare Dinge, die das Kind an sie erinnert hätten.

Familie. Owen war das zweite Kind einer stabilen Mittelklasse-Familie. Er hatte eine sechs Jahre ältere Schwester, Sheila. Die Mutter versorgte ganztags das Heim und die Familie. Der Vater war Staatsbeamter.

Die Mutter hatte eine ziemlich unglückliche Kindheit gehabt und war mit dem Gefühl herangewachsen, unzulänglich und ihrer selbst unsicher zu sein. Sie überspielte dies, indem sie sich angenehm und gesellig gab, weshalb sie bei Bekannten beliebt war. Innerhalb des Hauses jedoch war sie übermäßig kontrollierend. Sie war unfähig zu Kompromissen und meinte, alle sich aus ihrer Haltung ergebenden Kämpfe gewinnen zu müssen. Die Folge war eine Tendenz zu dominieren und sowohl gegenüber ihrem Mann als auch gegenüber den Kindern zu nörgeln.

Der Vater, der ebenfalls eine schwierige Kindheit gehabt hatte, wirkte stets ruhig und gewissenhaft und wies der Mutter und den Kindern gegenüber eine bemerkenswerte Geduld und Nachsicht auf. Ob hinter dieser friedfertigen Haltung andere Gefühle standen, wurde nicht festgestellt.

Aus den Aussagen, die die Mutter in einer Reihe langer Interviews über Owen machte, ergab sich folgendes Bild. Er war immer von ihr versorgt worden, doch obwohl die Beziehung zwischen ihnen eng war, war sie nie reibungslos gewesen. Sie erzählte, als er ein Baby war, sei er immer unzufrieden gewesen und habe unablässig geschrien. Auch während seines zweiten Lebensjahres hatte er, wenn er auch tagsüber heiter gewesen war, viel geschrien, wenn man ihn abends zu Bett gebracht hatte. Jetzt, da er gerade zwei Jahre alt war, sagte sie kritisch von ihm, er sei ein ‚kleiner Störenfried' mit einem eigenen Willen. Kämpfe zwischen Mutter und Sohn waren recht häufig. Vor kurzem, als sie sich ihm gegenüber ziemlich willkürlich verhalten hatte, hatte sein Wutanfall mehr als zwei Stunden gedauert. Sie, entschlossen zu siegen, hatte ihn in sein Zimmer gebracht und gesagt, er solle dort bleiben, bis er ruhig sei. Später hatte er nachgegeben und war heruntergekommen, um sich zu vergewissern, dass sie ihn noch liebte.

Aufenthalt im Kinderheim. Als er von seinem Vater im Kinderheim verlassen wurde, weinte Owen bitterlich und klammerte sich verzweifelt an ihn. Während des restlichen Nachmittags weinte er weiter und wollte nicht essen. In der Nacht wachte er auf und rief: ‚Mummy, Daddy!' Am nächsten Morgen hatte er aufgehört zu weinen und schien sich alle Mühe zu geben, sich zu beherrschen; er sah verwirrt aus und rieb sich die Augen. Wenn irgendetwas von ihm erwartet wurde, begann er heftig zu weinen und weigerte sich zornig.

Während der ganzen ersten Wochen war seine Qual offensichtlich. Nach dem Besuch seines Vaters am dritten Tag weinte er heftig und versuchte, seinem Vater nach draußen zu folgen. Den Pflegerinnen näherte er sich kaum; deren Versuche, ihn zu trösten, scheiterten alle.

In der zweiten Woche weinte er weniger und wirkte häufig emotional losgelöst. Als ihn beispielsweise sein Vater besuchte, sprach er kein einziges Wort; als sein Vater fortgegangen war, schluchzte er einige Augenblicke still vor sich hin, dann saß er da und starrte in die Luft.

In den folgenden Wochen wurde diese Art von Verhalten noch ausgeprägter. Manchmal begrüßte er seinen Vater mit einem oberflächlichen Lächeln, zu anderen Zeiten schien er ihn nicht zu erkennen. Alles, was er wollte, waren die Süßigkeiten, die der Vater mitbrachte. Ähnlich war es, wenn der Vater sich verabschieden wollte; Owen zog sich dann zurück und weigerte sich, ihn anzusehen, obwohl der Vater wiederholt versuchte, ihm liebevoll auf Wiedersehen zu sagen. Nach einem dieser Besuche schien Owen zweimal nahe daran zu weinen, doch beide Male beherrschte er sich.

Bei den Besuchen seines Vaters während des zweiten und dritten Monats behandelte Owen ihn weiter auf diese distanzierte Weise. Einer der Pflegerinnen gegenüber jedoch wurde er liebevoller, und er schien Trost zu suchen, wenn er sich an sie schmiegte. Im Hinblick auf Spielzeug und andere Dinge war er extrem possessiv und wurde rasch wütend, wenn ihm irgendetwas vorenthalten wurde.

Er hatte während dieser ganzen Monate seine Mutter nicht gesehen; dennoch war es offensichtlich, dass er sie nicht vergessen hatte. Immer wieder hörte man ihn mit leiser Stimme ‚Mummy' murmeln. Einmal, sechs Wochen nach seinem Eintritt in das Kinderheim, hörte er eine Stimme auf dem Gang. Er wandte sich dem nächsten Erwachsenen zu und rief: ‚Mummy!' Offenbar meinte er, seine Mutter sei endlich gekommen.

Wiedervereinigung. An dem Morgen, an dem Owen nach Hause gehen sollte, schluchzte er zunächst bitterlich, dann wurde er gefügig, unterwürfig und traurig. Als ihm gesagt wurde, sein Vater sei gekommen, um ihn abzuholen, zeigte er keine Reaktion. Er antwortete auch nicht, als der Vater ihn begrüßte. Seine einzige Aktion bestand darin, dass er sich fest an alle seine Besitztümer klammerte. Während der ersten Hälfte der 90-minütigen Fahrt nach Hause saß er still auf dem Schoß seines Vaters; erst gegen Ende der Fahrt wurde er lebhafter und begann über das zu sprechen, was er durch das Fenster des Autos sah. Als der Vater jedoch ankündigte: ‚Wir gehen jetzt heim zu Mummy', schien er das nicht zu hören. Als sie das Haus erreichten, sah er außerdem verwirrt aus und wollte nicht aus dem Auto aussteigen. Er war jedoch bereit, sich von seinem Vater hereintragen zu lassen.

Als seine Mutter ihn mit ‚Hallo, Owen' begrüßte, schien er das wieder nicht zu hören; er blieb still und ausdruckslos auf den Knien seines Vaters sitzen. Als seine Mutter ihm ein neues Spielzeugauto gab, nahm er es lustlos an und ignorierte es dann; einen Keks, den sie ihm anbot, nahm er und knabberte daran, doch ohne Interesse. Er war nur darauf bedacht, eng beim Vater zu bleiben. Selbst als 20 Minuten später seine größere Schwester hereinstürmte, um ihn zu begrüßen, wandte er sich nur von ihr ab. Wie die Mutter war auch Sheila zutiefst verwirrt von seinem Ausdruck. ‚Das ist nicht Owens Gesicht', sagte sie immer wieder, ‚das ist ein anderes Gesicht.'

Es dauerte 50 Minuten, bis Owen das erste Anzeichen von Belebung aufwies. Dies geschah, nachdem die Mutter ein Buch gebracht hatte, das er besonders gern hatte; er sah es mit ihr zusammen an und zeigte Anzeichen von Wiedererkennen und Interesse. Bald sammelte er alle seine Besitztümer und Spielsachen um sich; er bat auch um Orangensaft. Dann erlaubte er seiner Mutter, ihm seinen Mantel anzuziehen, und war bereit, seinen Vater zum Einkaufen zu begleiten. An diesem Abend musste der Vater 20 Minuten bei ihm sitzen, ehe Owen einschlief.

Während seiner ersten Tage zu Hause suchte Owen stets bei seinem Vater Trost und ignorierte die Angebote seiner Mutter. Am zweiten Tag jedoch machte er kleine Annäherungen an sie, und am vierten Tag war er bereit, sich von ihr trösten zu lassen. Am Ende der ersten Woche wandte er sich häufiger an sie; aber erst am elften Tag, den er zu Hause verbrachte, kam die volle Stärke seiner Gefühle für sie zum Ausdruck. Manchmal hörte man ihn dann vor sich hin murmeln: ‚Meine Mummy, meine Mummy, meine Mummy'; allmählich fing er an, ihr Dinge zu zeigen mit ‚Sieh mal, Mummy', und sich auch an sie zu wenden, wenn er Trost suchte.

Während des zweiten Monats zu Hause wurde er spontaner ihr gegenüber: Er wünschte, sie solle seinen Arm fester küssen, wenn er sich wehgetan hatte, er küsste sie, ehe er mit seinem Vater ausging, und kam kurz zu ihr zurück, ehe er seine Spiele wieder aufnahm. Er konnte jedoch auch extrem starrsinnig sein (wie seine Mutter), und die Konflikte zwischen ihnen kehrten wieder. Er weinte auch viel, wenn er schlafen sollte und nicht jemand bei ihm blieb. Der Vater nahm ihn zu Spaziergängen mit und brachte ihn abends zu Bett, und beide schienen die Gesellschaft des anderen zu genießen.

Im dritten Monat schienen die Beziehungen zwischen Owen und seiner Mutter wiederhergestellt. Er hatte seine Erfahrung deshalb jedoch keineswegs vergessen, wie ein Ereignis zeigte, das 16 Wochen nach seiner Heimkehr geschah. Einer der Forscher, den er während seines Aufenthaltes im

Kinderheim regelmäßig gesehen hatte, kam zu Besuch, und es ergab sich zufällig, dass er das Haus im gleichen Augenblick verließ, in dem auch Owen mit seinem Vater ausging. Owen schrie laut; erst nachdem man ihm versichert hatte, er werde nicht in das Kinderheim zurückgebracht, beruhigte er sich wieder.

Kommentar

Wenn man Owens Reaktion mit denen von Winnie, Thomas und Kate vergleicht, fallen zwei Merkmale auf. Das erste ist die Intensität seiner Qual und Verzweiflung während der ersten Tage seiner Abwesenheit von zu Hause, das zweite das Ausmaß, in dem er sich emotional von seinen Eltern löste. Beide Arten von Reaktionen treten, und zwar in derselben Abfolge, regelmäßig bei Kindern dieser Altersgruppe auf, die an einen fremden Ort mit fremden Menschen gebracht werden, wo nicht eine einzelne Person als Mutterersatz wirkt.

Das Phänomen der emotionalen Lösung ist von besonderem Interesse. Innerhalb von etwa zehn Tagen nach seinem Eintritt in das Kinderheim waren alle Reaktionen verschwunden, die Owen normalerweise seinem Vater gegenüber gezeigt hatte, und er wirkte vollkommen zurückgezogen und an ihm uninteressiert. Das Gleiche trat ein, als er zuerst seine Mutter wiedersah. Dennoch gab es auch Anzeichen dafür, dass seine Bindung an die Eltern bestehen blieb. Einige Male, etwa nach dem Abschied seines Vaters nach einem Besuch, wurde beobachtet, dass Owen kurz mit den Tränen kämpfte; und nach seiner Rückkehr nach Hause hielt er sich eng an seinen Vater und wandte sich an ihn, um getröstet zu werden. Außerdem gibt es Anzeichen dafür, dass er während seines gesamten Aufenthalts in dem Kinderheim noch immer eine Erinnerung an seine Mutter hatte und nicht gänzlich an deren Rückkehr verzweifelt war, wie seine wiederholten stillen Erwähnungen der Mutter zeigen und auch die Hoffnung, die er äußerte, als er im Gang eine Stimme hörte. Außerdem wurde seine Beziehung zu seiner Mutter zwar wesentlich langsamer wiederbelebt, als die zu seinem Vater, war aber nach etwa zehn Tagen wieder lebendig und nahm eine Form an, die erkennbar der ähnlich war, welche vor der Trennung bestanden hatte.

In vielen dieser Aspekte ähnelt Owens Zustand dem eines längeren Fehlens von Trauer und kann anhand ähnlicher Begriffe verstanden werden. Wendet man den empfohlenen begrifflichen Rahmen an, so kann Owens Verhalten als Folge der Systeme betrachtet werden, die sein Bindungsverhalten regelten, sowohl an seine Mutter als auch an seinen Vater, und die deaktiviert worden waren mittels des im Dienste der Abwehr stehenden Ausschlusses des größten Teils, wenn auch nicht des gesamten sensorischen Einflusses, der sie aktiviert hätte. Auf ähnliche Weise kann seine Wiederherstellung als Folge zunehmenden Akzeptierens dieses sensorischen Einflusses angesehen werden.

Obwohl die Studie von Heinicke und Westheimer (1966) und frühere Untersuchungen von Robertson zeigen, dass Owens Reaktionen recht typisch sind für Kinder seines Alters, die auf diese Weise untergebracht werden, ist es nicht unwahrscheinlich, dass die häufigen Konflikte, die er vor der Trennung mit seiner Mutter hatte, zur Intensität seiner Reaktionen beitrugen. Wenn man sich erinnert, wie seine Mutter mit ihm umzugehen pflegte, ist es zumindest möglich, dass seine Unterbringung in einem Kinderheim von ihm gedeutet wurde als eine Bestrafung, die sie ihm auferlegte. Will man bewerten, wie groß die Wahrscheinlichkeit ist, dass Owen so dachte, so ist eine Bemerkung von großer Bedeutung, die die Mutter dem an der Forschungsarbeit beteiligten Sozialarbeiter gegenüber machte. Die Mutter beklagte sich bitter über Owens dauernde Wutanfälle; dann erzählte sie, sie fühle sich nun derartig erschöpft, dass sie ihrem Mann gedroht habe, ihre Sachen zu packen und die Kinder in ein Heim zu schicken.

In Owens Fall kann zwar das Material dafür, dass er durch den vorherigen Umgang mit seiner Mutter stark beeinflusst war, als unzulänglich angesehen werden, doch in Berichten über andere Kinder sind die Nachweise hierfür unverkennbar. In Kapitel 1 werden beispielsweise kurze Berichte gegeben über zwei kleine Kinder, den gerade über dreijährigen Patrick und Laura, die zwei Jahre und fünf Monate alt war, deren Reaktionen während vorübergehender Trennungen von der Mutter und dem Zuhause deutlich einige der Auswirkungen solcher Wortwechsel zeigen. Beide Kinder waren von der Mutter ermahnt worden, nicht zu weinen, und beide gaben sich große Mühe, dies zu befolgen, doch da keines der Kinder dabei ganz erfolgreich war, brachen vielsagende Fragmente des Verhaltens und Fühlens durch, das sie zu unterdrücken suchten. In jedem der Berichte (einer von Anna Freud und Dorothy Burlingham, der andere von James Robertson) werden genügend Details angeführt, um beide Komponenten des Konflikts sichtbar zu machen, in dem das Kind befangen ist, nämlich einerseits seine intensive Sehnsucht nach der abwesenden Mutter und der starke Drang, nach ihr zu weinen oder andere zu bitten, sie zu suchen, und auf der anderen Seite das angestrengte Bemühen, solche Gefühle und Verhaltensweisen nicht zu äußern, sondern stattdessen die Situation ohne Einwendungen zu akzeptieren.

Patrick bemüht sich, seine Sehnsucht zu unterdrücken

> „Eines dieser Kinder, Patrick, ein Junge von drei Jahren und zwei Monaten, war von seiner Mutter, ehe sie ihn in dem Kinderheim zurückließ, ermahnt worden, ein braver Junge zu sein und nicht zu weinen. Außerdem hatte sie die Drohung hinzugefügt, wenn er nicht gehorche, werde sie ihn

nicht besuchen. Aus seinem darauf folgenden Verhalten geht deutlich hervor, dass er diese Drohung nicht nur äußerst ernst genommen, sondern sie auch so gedeutet hatte, dass die Mutter ihn, wenn er nicht gehorche, für immer dort lassen würde. Einige Tage lang war es seine Hauptsorge, das Weinen zu vermeiden und sich selbst und jedem, der es hören wollte, zu versichern, seine Mutter *werde* kommen und *werde* ihn nach Hause holen, Versicherungen, die er mit betontem Kopfnicken noch unterstrich. Als die Tage vergingen, wurden diese Versuche, sich selbst zu versichern, dass seine Mutter wirklich kommen werde, zwanghafter und automatischer, und wurden ausgearbeitet durch Erwähnung all der verschiedenen Kleidungsstücke, die die Mutter ihm anziehen werde, ehe sie ihn nach Hause mitnähme.

Der nächste Schritt war, dass weiterer Druck auf ihn ausgeübt wurde, diesmal von einem Mitglied des Personals, das ihm sagte, er solle die monotonen Wiederholungen seiner Versicherungen, die Mutter werde kommen, unterlassen. Wieder bemühte sich Patrick zu gehorchen und wiederholte seine Formel nicht mehr laut. Wie sein Verhalten zeigte, blieb er jedoch ganz damit beschäftigt, sich selbst davon zu überzeugen, dass seine Mutter zurückkommen werde; anstelle von Worten jedoch benutzte er Gesten, die zeigten, wie seine Mutter kommen, ihm seinen Mantel und seine Mütze anziehen und ihn mit sich nehmen würde. Einige Tage später wurden diese Gesten reduziert auf ein bloßes flüchtiges Schnippen seiner Finger."

Ich glaube, die in Patricks Verhalten beobachteten Veränderungen sind ein verlässlicher Hinweis auf die Art des psychologischen Prozesses, der in ihm ablief. Die Sehnsucht nach seiner abwesenden Mutter bleibt die ganze Zeit über aktiv; Schritt für Schritt jedoch wird ihre Äußerung unterdrückt, bis die Zeichen dafür fast verschwunden sind. Von Anfang an ist ihm verboten, nach seiner Mutter zu weinen, und zwar unter Androhung von etwas, das er für Verlassen hält. Dennoch ist er noch in der Lage, einen gewissen Trost zu finden, indem er nicht nur sich selbst versichert, dass seine Mutter kommen wird, um ihn zu holen, sondern auch diejenigen, die ihn versorgen, dazu auffordert, seine Hoffnungen zu teilen und zu bestätigen. Später jedoch wird ihm auch dieses Maß an Trost verweigert. Er darf seine Sorgen oder seine Hoffnungen nicht mehr mitteilen. Infolgedessen zieht er sich in sich selbst zurück, steht allein in einer Ecke und versucht noch immer, sich zu trösten, indem er schnippende Bewegungen mit Händen und Lippen macht, wobei sein Gesicht aber einen absolut tragischen Ausdruck trägt.

Man kann sich, wie ich glaube, keinen lebhafteren Bericht darüber vorstellen, wie ein Zustand natürlichen Kummers in einen Zustand pathologischer Trauer verwandelt wird. Nicht nur seine Hoffnungen verblassen, sondern, was noch wichtiger ist, ihm wird zunächst von seiner Mutter und dann von der Pflegerin verboten, all das zu tun, von dem er weiß, dass es ihm dabei helfen könnte, die vermisste Mutter zurückzugewinnen. Kein Protest ist erlaubt, da er ja „brav" sein muss. Auch das Weinen ist verboten, ebenso wie später das Aufzählen der Hilfe seiner Pflegepersonen. Er wird dadurch völlig machtlos gemacht; so wird er immer hilfloser und hoffnungsloser. Sein Endzustand würde, sähe man ihn bei einem Erwachsenen, schnell als depressive Störung diagnostiziert werden.

Der Bericht über Patrick wirft nicht nur Licht darauf, wie Sehnsucht gehemmt und ein Gefühl von Hilflosigkeit erzeugt wird, sondern auch auf den Ursprung und die Funktion der Identifikation mit dem verlorenen Menschen. Für Patrick war es offenkundig von größter Wichtigkeit, dass er sowohl sich selbst als auch dem Pflegepersonal mitteilen konnte, welche Hoffnungen und Erwartungen er hatte. Es war auch von außerordentlicher Bedeutung für ihn, dass ihm diese Hoffnungen bestätigt wurden, wie sein heftiges Schluchzen beweist, wann immer jemand ihm widersprach. Anfangs äußerte er sich direkt und verbal. Später jedoch waren ihm die Worte verboten; da nahm er seine Zuflucht zu Gesten und benutzte zu diesem Zweck genau die Handlungen seiner Mutter, deren Ausführung er sich vorstellte, wenn sie endlich kommen würde, um ihn abzuholen.

In diesem Fall scheint es daher vertretbar zu sagen, dass Verhalten, welches korrekt als identifikatorisch bezeichnet wird, als Kommunikationsmittel dient: Er nahm seine Zuflucht zu diesem Verhalten anstelle des Sprechens, als ihm dieses verboten wurde, weil das Verhalten das einzig verbliebene Mittel war, in dem er sich selbst und seiner Umgebung gegenüber die Hoffnungen und Erwartungen ausdrücken konnte, an die er sich klammerte. Als solches ist es eindeutig Teil eines pathologischen Zustandes.

Ob identifikatorisches Verhalten nach einem Verlust häufig als abweichendes Kommunikationsmittel dient, können wir nicht sagen; es wäre nützlich, wenn Beispiele im Lichte dieser Möglichkeit untersucht würden.

Lauras Sehnsucht wird verkleidet

Das zweite in Kapitel 1 erwähnte Kind, in dem ein Konflikt sichtbar ist zwischen kummervoller Sehnsucht und dem Versuch, ein „braves" Kind zu sein und nicht zu weinen, ist Laura, ein kleines Mädchen von zwei Jahren und fünf Monaten, das während seines achttägigen Aufenthaltes im Krankenhaus von James Robertson beobachtet und gefilmt wurde (Robertson, 1952). Auch hier spielten Ermahnungen der Mutter, das Kind solle nicht weinen, und Bemühungen der Pflegerinnen, Laura von der vermissten Mutter abzulenken, eine große Rolle bei der Erzeugung des Konflikts und der Unterdrückung der Sehnsucht des Kindes und der Äußerung dieser Sehnsucht.[137]

„Laura war zwei Jahre und fünf Monate alt und sollte zur Behandlung eines Nabelbruchs für acht Tage in ein Krankenhaus gebracht werden[138]; zuvor war sie stets von ihrer Mutter versorgt worden. Obwohl Laura ein Einzelkind war, war ihre Mutter bereits im fünften Monat mit ihrem zweiten Kind schwanger. Die Ehe erschien stabil, die Familienbeziehungen glücklich. Die Mutter widmete Lauras Pflege viel Zeit und erwartete viel von ihr. Vor allem bestand sie darauf, dass Laura nicht weinte. Zweifellos lag es an der Kombination aus der liebevollen Pflege der Mutter und ihrem Bestehen auf Beherrschung, dass Laura selten weinte und im Allgemeinen eine für ihr Alter ungewöhnliche Beherrschung ihrer Gefühlsäußerungen aufwies. Sie machte den Eindruck eines intelligenten und relativ reifen kleinen Mädchens.

Obwohl Lauras Eltern versucht hatten, sie auf den Aufenthalt im Krankenhaus vorzubereiten, hatte Laura wahrscheinlich nicht verstanden, dass sie dort allein sein würde. Zunächst war sie der Krankenhausschwester gegenüber freundlich, dann vorsichtig, und erst als sie ausgekleidet wurde, begann sie nach ihrer Mummy zu schreien und wollte fortlaufen. Innerhalb von zehn Minuten jedoch hatte sie ihre Gefühle unter Kontrolle und wirkte ruhig. Von da an wechselte sie zwischen ruhiger Resignation und offener Sehnsucht nach der Mutter, die je nach den Umständen mehr oder weniger stark geäußert wurde.

Für einen großen Teil der Zeit war Laura allein in ihrem Gitterbett. Oft sah sie bedrückt und traurig aus, hielt ihren Teddybär in einem Arm und die Decke, die sie ihr Baby nannte und von zu Hause hatte mitbringen dürfen, im anderen. Da sie weder weinte noch Aufmerksamkeit forderte, hätte ein Uneingeweihter sie leicht für ‚angepasst' halten können. Doch wann immer eine Krankenschwester erschien, um kurz mit ihr zu spielen (was zum Zweck der Untersuchung eigens so eingerichtet worden war), kamen Lauras Gefühle zum Ausdruck. Ihr Gesicht verzog sich zum Weinen, und sie wiederholte mit mehr oder weniger Nachdruck: ‚Ich will meine Mummy, ich will meine Mummy jetzt.' Nie heulte oder schrie sie wie viele andere Kinder; immer war ein gewisses Maß von Zurückhaltung deutlich, wenn auch die Intensität ihrer Gefühle nie zu bezweifeln war. Wenn die Krankenschwester wieder ging, kehrte Laura zu der traurigen Beherrschung zurück, die sie vorher aufgewiesen hatte; das ständige Bohren in ihrem Gesicht und ihrer Nase jedoch, das zwei Stunden nach ihrer Aufnahme ins Krankenhaus begonnen hatte, verriet die Spannung, unter der sie stand.

Obwohl sie selbst wenig weinte, war Laura häufig sehr teilnehmend, wenn andere Kinder weinten. Bei einem derartigen Anlass schrie ein kleiner Junge herzzerreißend. Laura war sofort besorgt und verlangte, die Mutter des Jungen solle gebracht werden. Ein wenig selbstgerecht rief sie aus: ‚Ich weine nicht, siehst du!' Dann sagte sie nachdrücklich: ‚Holt die Mummy dieses Jungen!' Ein paar Tage später verkleidete Laura die Sehnsucht nach ihrer Mutter, indem sie einer Krankenschwester gegenüber behauptete: ‚Meine Mummy weint nach mir – geh sie holen!' Ein oder zwei Tage später, als ein neu eingeliefertes Kind heftig weinte, sah Laura, selbst sehr beherrscht, mit gespanntem Ausdruck zu und versuchte dann, das Kind zu trösten: ‚Du weinst, weil du deine Mummy willst; weine nicht. Sie wird morgen kommen.'

Lauras Mutter konnte das Kind ungefähr jeden zweiten Tag besuchen. Obwohl Laura ihre Mutter sofort erkannte, dauerte es jedes Mal eine Weile, ehe sie sie begrüßte. Bei den beiden ersten Besuchen brach Laura in Tränen aus, als sie ihre Mutter sah; beim ersten Besuch wandte sie sich außerdem ab. Dann folgte ein Intervall von einigen Minuten (beim ersten Besuch zwei Minuten, beim zweiten zehn), ehe sie anfangen konnte, Freude zu äußern. Danach wurde sie schnell wieder zu dem glücklichen Kind, das in intimem Kontakt mit der Mutter spielt und das sie zu Hause gewesen war. Als die Mutter sagte, sie müsse gehen, wurde Laura ängstlich; als die Mutter dann ging, wandte sie den Kopf ab. Obwohl sie nicht weinte, veränderte sich ihr Ausdruck, und sie wurde ruhelos. Obschon erst Nachmittag war, verlangte sie, mit ihren verschiedenen Besitztümern zu Bett gelegt zu werden, und untersagte der Krankenschwester, den Stuhl fortzubringen, auf dem ihre Mutter gesessen hatte.

Beim dritten und vierten Besuch weinte Laura nicht, sah aber bestürzt aus und machte keinen Versuch, mit ihrer Mutter in Kontakt zu treten. Nach einer Weile taute sie auf. Beim vierten Besuch, als der Vater zehn Minuten nach der Mutter eintrat, erhielt er eine wärmere Begrüßung; als er ging, murmelte Laura leise: ‚Ich gehe mit dir.' Sie bestand jedoch nicht darauf, und als ihre Eltern gingen, schien sie die Tatsache, dass sie sie zurückließen, zu ignorieren.

Am letzten Morgen schluchzte Laura: Die Mutter hatte ihr am Abend zuvor gesagt, am nächsten Tag werde sie nach Hause gehen. Laura hatte die Nachricht für sich behalten; ihre Beherrschung jedoch war vorübergehend geschwunden. Als ihre Mutter aber kam, um Laura abzuholen, blieb Laura vorsichtig hinsichtlich der Äußerung irgendeiner Hoffnung, und erst als die Mutter ihre Straßenschuhe brachte, gestattete Laura sich Freudensprünge. Dann sammelte sie all ihre kostbaren Besitztümer ein und marschierte mit ihrer Mutter davon. Auf dem Weg nach draußen ließ sie ein Buch fallen, und eine Krankenschwester hob es für sie auf. Offenbar in der Annahme, die Schwester werde das Buch behalten, schrie Laura wütend und entriss ihr das Buch – bei weitem das heftigste Gefühl, das sie während der gesamten acht Tage gezeigt hatte."

Zwischenkommentar

Die Beobachtung Lauras lässt keinen Zweifel daran, dass sie während ihres ganzen Aufenthalts ständig an ihre Mutter dachte und sich nach ihr sehnte. Ein nicht einfühlender Beobachter jedoch hätte diese Anzeichen leicht übersehen und ihre Bedeutung ignorieren können. Oft war Lauras potentiell intensive Sehnsucht nach der Mutter verkleidet, etwa, als sie behauptete, ihre Mutter weine nach ihr und nicht umgekehrt. Bei anderen Gelegenheiten hörte man sie ohne Emotion und wie nebenbei die Worte „Ich will meine Mummy, wohin ist meine Mummy gegangen?" in Bemerkungen über ganz andere Dinge einschieben. Bei einem solchen Anlass, von dem bereits in Kapitel 1 berichtet wurde, hatte sie aus dem Fenster des Krankenhauses eine Dampfwalze beobachtet, die gerade aus dem Gesichtsfeld verschwunden war. Mitten in ihrem Monolog: „Ich will die Dampfwalze sehen, ich will die Dampfwalze sehen", äußerte sie, wie beiseite gesprochen, die Worte: „Ich will meine Mummy sehen!"

Wie man sich erinnern wird, setzte Lauras Mutter hohe Erwartungen in ihre Tochter und bestand vor allem darauf, dass sie nicht weinte. Auch die Krankenschwestern müssen ihre Präferenzen wohl deutlich gemacht haben. Keiner der Erwachsenen wollte ein unglückliches kleines Mädchen sehen, das herzzerreißend nach seiner Mutter schrie und zutiefst übel nahm, wie man es behandelte. Laura, die sich darüber zweifellos klar war, tat ihr Bestes, um diesen Erwartungen zu entsprechen und ihre Wünsche und Gefühle für sich zu behalten. Selbst als der Augenblick ihrer Rückkehr nach Hause kam, vermied es Laura ebenso wie Kate, zu viel zu erhoffen, um nicht wieder enttäuscht zu werden. Da ihre Bitten wiederholt umsonst gewesen waren, lernte sie, dass Bemühungen um Veränderung fruchtlos sind, und so war sie resigniert und verzweifelt. Wie Patrick wurde Laura daher von Tag zu Tag hilfloser und hoffnungsloser.

Ein weiteres Merkmal, das aus dem Bericht über Laura hervorgeht, ist ihre starke Disposition, für andere zu sorgen. Obwohl sie selbst wenig weinte, war sie stets besorgt, wenn andere Kinder weinten, und tat alles, was sie konnte, um sie zu trösten. Diese Tendenz kleiner Kinder, die nicht von der Mutter versorgt werden, einander gegenseitig zu bemuttern, wurde von Dorothy Burlingham und Anna Freud während der Kriegsjahre festgestellt (Burlingham und Freud, 1944). Obwohl ein kleines Kind offenbar im Trösten anderer auch selbst ein gewisses Maß an Trost finden kann, gehen die Meinungen darüber auseinander, wie gesund dies für die zukünftige Entwicklung ist; wir kommen am Ende des Kapitels auf dieses Thema zurück.

Wir wollen nun sehen, wie Laura sich nach ihrer Heimkehr verhielt.

„Während der ersten Tage zu Hause war Laura unruhig und reizbar und bekümmert, wann immer die Mutter auch nur für einen Augenblick außer Sichtweite war. Danach jedoch schien sie wieder wie früher geworden zu sein, und man hätte meinen können, dass die acht Tage im Krankenhaus, so qualvoll sie zu der Zeit auch gewesen waren, nun vorbei und vergessen seien. Es gab jedoch zwei Episoden, aus denen hervorging, dass dies nicht so war.

Die erste ergab sich aus einem unglücklichen Zufall. Eines Abends, sechs Monate nach Lauras Heimkehr, wurde ihren Eltern der Film gezeigt. Ohne dass jemand davon wusste, kroch Laura in das Zimmer und sah zufällig sich selbst in den letzten Szenen auf der Leinwand. Als danach Licht gemacht wurde, war sie rot und aufgeregt und rief zornig aus: ‚Wo *warst* du die ganze Zeit, Mummy? Wo *warst* du?' Dann brach sie in lautes Weinen aus, wandte sich von ihrer Mutter ab und ging zu ihrem Vater, um sich trösten zu lassen. Ihre Eltern waren, was nicht verwunderlich ist, erstaunt über die Intensität der Gefühle, die Laura zeigte, und auch beunruhigt, weil sie sich wütend von ihrer Mutter abgewandt hatte.

Die zweite Episode ereignete sich drei Monate später, kurz nach Lauras drittem Geburtstag. Laura, die von ihren Eltern zu einer Ausstellung mitgenommen worden war, schien glücklich, in dem dort für Kinder zur Verfügung gestellten Spielzimmer zu bleiben, trotz der Aufseherinnen in weißen Kitteln, die sie an die Krankenschwestern des Hospitals hätten erinnern können. Als jedoch ein Fotograf erschien, wurde sie hysterisch, und es dauerte eine Stunde, bis ihre Eltern sie beruhigen konnten. Offensichtlich hatte die Kamera sie plötzlich an ihre frühere Erfahrung erinnert."

Weiterer Kommentar

Diese beiden Episoden deuten stark darauf hin, dass Laura trotz der augenscheinlichen Erholung von der qualvollen Erfahrung eine Tendenz beibehielt, auf Erinnerungen daran sowohl mit Wut wie mit Angst zu reagieren.

Es gab noch eine weitere Episode in Lauras Leben, bei der ihre Reaktionen durchaus von ihrem achttägigen Aufenthalt im Krankenhaus beeinflusst gewesen sein könnten. Es handelte sich um einen Zeitraum von vier Wochen; in dieser Zeit wurde sie von ihrer Großmutter mütterlicherseits versorgt, während ihre Mutter das neue Baby bekam. Lauras Reaktionen wurden nicht beobachtet; die Informationen darüber stammen von ihren Eltern und von der Großmutter. Das Interesse liegt in der Art und Weise, wie sie beide Eltern nach ihrer Rückkehr behandelte.

„Vier Monate nach dem Drehen des Films, als Laura zwei Jahre und neun Monate alt war, ging die Mutter ins Krankenhaus, um das neue Baby zu bekommen. Sie war vier Wochen fort, und in dieser Zeit sah Laura weder ihre Mutter noch ihren Vater. Der Großmutter zufolge, deren Bericht mit Vorsicht aufzunehmen ist, war Laura zuerst mürrisch gewesen, dann aber ‚sehr glücklich'.

Lauras Wiedervereinigung mit der Mutter begann, als die Mutter, nun zu Hause, am Telefon mit ihr sprach. Laura war aufgeregt, weil sie die Stimme ihrer Mutter hörte, und begierig, nach Hause zurückzukehren. Eine halbe Stunde später kam sie an, und die Mutter konnte hören, wie sie an die Eingangstür schlug und rief: ‚Mummy, Mummy.' Als die Mutter jedoch die Tür öffnete, sah Laura sie bestürzt an und sagte: ‚Aber ich will meine *Mummy*.' Während der nächsten beiden Tage schien Laura ihre Mutter nicht zu erkennen und war, wenn auch nicht unfreundlich, so doch emotional vollkommen losgelöst. Dies war natürlich für die Mutter sehr bestürzend.

Ihren Vater behandelte Laura ganz anders. Als er ein oder zwei Stunden nach Lauras Rückkehr nach Hause kam, war Laura für ein paar Augenblicke stumm; sie erholte sich jedoch schnell und war rasch freundlich. Der Vater hatte es so eingerichtet, dass an diesem Tag sein Urlaub begann, und in den folgenden Tagen kamen er und Laura gut miteinander aus. Die Eltern, verwirrt über Lauras Verhalten der Mutter gegenüber, nahmen an, sie erinnere sich vielleicht nicht mehr an sie. Darum probierten sie aus, ob Laura noch ihre Lieblingspuppen und verschiedene Haushaltsgegenstände wiedererkennen würde, was natürlich der Fall war.

Zwei Tage nach ihrer Rückkehr schien Lauras Beziehung zu ihrer Mutter wiederhergestellt, wenn sie sie auch noch manchmal mit ‚Nana' anredete, was die Mutter ärgerlich fand. In diesen Tagen hatte Laura keine anderen Anzeichen von Erregtheit gezeigt, keine Wutausbrüche, keine Schlafstörungen und keine Ess-Störungen."

Verzerrungen der Persönlichkeitsentwicklung

Die Berichte darüber, wie Laura und Patrick während ihres Aufenthalts an einem fremden Ort reagieren, an dem niemand sie bemutterte oder sich in ihre traurige Lage einfühlte, zeigen sowohl, wie intensiv und beständig ein kleines Kind sich nach seiner abwesenden Mutter sehnt, als auch, wie bemüht es ist, allen Anweisungen zu gehorchen, die die Mutter ihm gegeben hat, damit es nicht protestiert, selbst wenn das bedeutet, dass es sich unablässig bemühen muss, alle natürlichen Reaktionen zu unterdrücken – nämlich lauten und zornigen Protest gegen das, was geschieht, und ein starkes Verlangen nach der Rückkehr der Mutter. Indem sie den Wünschen der Mutter entsprachen, wollten natürlich beide Kinder die Strafen vermeiden, die ihrer Meinung nach hinter den Worten der Mutter standen: Für Patrick war das die Drohung, die Mutter werde ihn verlassen, und für Laura die Drohung, die Mutter werde ihr Verhalten missbilligen und ihr ihre Liebe vorenthalten.

Bei beiden Kindern gibt es Grund zu der Schlussfolgerung, dass das vorhandene Bewusstsein der Sehnsucht und des Zorns, die durch diese Situation ausgelöst worden waren, sich vom Bewusstsein der Situation loslöste – in traditionellen Begriffen, dass bestimmte Verdrängungsprozesse am Werk waren. Lauras Wünsche konzentrieren sich auf die Dampfwalze. Patrick, dem vorgeworfen wird, er wiederhole sich ständig, hört auf, über seine abwesende Mutter zu sprechen, und beschäftigt sich stattdessen mit einer Reihe von Bewegungen, die schnell ihren Sinn verlieren. Dies führt mich zu der Vermutung, dass beide Kinder in Gefahr waren, das aus den Augen zu verlieren, was sie sich wünschten, wie es anscheinend auch mit Kate geschah, wenn auch nur für einen Augenblick, als sie ihre Frage aussprach: „Was sucht Kate?"

Die Verzerrungen der Persönlichkeitsentwicklung, die bei diesen beiden Kindern auftraten, nahmen recht verschiedene Formen an. Da er niemanden hatte, der seine Sehnsucht unterstützte oder ihm half, das Bewusstsein dessen zu bewahren, was er sich wünschte, wurde Patricks Verständnis dessen, was ihn unglücklich machte, vermutlich ständig schwächer. Wenn diese Einschätzung richtig ist, war Patricks Zustand im Begriff, zu einem Zustand chronischer Trauer zu werden. Lauras Zustand dagegen tendierte zu übermäßigem Selbstvertrauen und übertriebener Fürsorge. Zugegeben, sie wirkte viel glücklicher, wenn sie die anderen Kinder tröstete, als wenn sie um ihre eigene Mutter trauerte. Dennoch halte ich die Annahme für gefährlich, dass ihre Fähigkeit, im Trösten anderer Erleichterung zu finden, einen günstigen Schritt in ihrer Persönlichkeitsentwicklung darstellt. Es ist nämlich nicht schwer zu sehen, wie in einer Situation länger fehlender Fürsorge Lauras Besorgnis um den Kummer anderer, kombiniert mit einer starken Tendenz, die Äußerung ihres eigenen Wunsches nach Fürsorge zu unterdrücken, sich als festes Muster zwanghafter Fürsorge hätte etablieren können.

Indem ich Lauras fürsorgendes Verhalten daher als potentiell pathologisch einschätze, unterscheidet sich meine Position von der vieler anderer Autoren. In einer jüngst erschienenen Schrift von McDevitt (1975) beispielsweise, einem Mitglied der Gruppe von Margaret Mahler, wird eine traditionelle und gegensätzliche Auffassung vertreten. Zunächst vermerkt McDevitt, wie ein Kind vom Alter von etwa 16 Monaten an, wenn seine Mutter fort ist, „im symbolischen Spiel seine Puppe bemuttern und dieses Spiel benutzen kann, um sich selbst zu trösten", und dann kommentiert er: „Diese Verschiebung der Mutter-Kind-Beziehung auf die innere Welt gestattet eine fortdauernde Beziehung zum Liebesobjekt während dessen Abwesenheit." Dabei impliziert er, dass diese „Verschiebung" ein Schritt in der gesunden Entwicklung ist. Wie bereits angedeutet, teile ich diesen Optimismus nicht. In den Begriffen der hier vorgetragenen Theorie ist das betreffende Verhalten als *Alternative* zur Suche nach Fürsorge zu betrachten. Weil es außerdem eine Form von Verhalten ist, die mit der Suche nach Fürsorge nicht vereinbar ist, und auch aufgrund eben der Tatsache, dass es ein gewisses Maß an Trost bringt und oft von den Erwachsenen sehr begrüßt wird, besteht immer die Gefahr, dass routinemäßig zum Umsorgen anderer Zuflucht genommen wird, wann immer die Suche nach Fürsorge für das Selbst die angemessene Reaktion wäre.

24 Reaktionen auf Verlust im zweiten Lebensjahr

Eine Übergangsperiode

Je jünger ein kleines Kind ist, desto schwerer lässt sich sagen, wie seine Reaktionen auf den Verlust der Mutter am besten begrifflich gefasst werden könnten. Eine Übersicht über das Datenmaterial legt folgende Konzeptualisierung nahe. Vor dem Alter von sechs Monaten sind die Reaktionen so verschieden von den späteren, dass der Begriff der Trauer mit ziemlicher Sicherheit unangemessen ist. Zwischen sieben und etwa 17 Monaten nehmen die Reaktionen Formen an, die den Reaktionen älterer Kinder ähnlich genug sind, um ihre Beziehung zur Trauer sorgfältig zu erörtern. Vom Alter von etwa 17 Monaten an entsprechen die Reaktionen immer mehr den in den vorhergehenden Kapiteln beschriebenen, so dass die dabei erreichten Schlussfolgerungen anwendbar werden.

Um die Erörterung auf ein vertretbares Maß zu beschränken, habe ich mich widerstrebend entschlossen, die Reaktionen, die bei Kindern unter etwa 16 Monaten zu beobachten sind, nur sehr kursorisch zu behandeln. So können wir unsere Aufmerksamkeit hauptsächlich auf die in den letzten acht Monaten des zweiten Lebensjahres sichtbaren Reaktionen konzentrieren. Diese Zeit ist nicht nur eine sehr interessante Übergangsperiode, über die es nicht an Kontroversen fehlt, sondern auch eine, über die es etliches Datenmaterial gibt. Außerdem ist dieses Material von Forschern aufgezeichnet worden, die in zwei deutlich unterschiedenen Traditionen arbeiten, nämlich Klinikern, die Probleme von Bindung, Trennung und Verlust untersuchen, und Psychologen, die sich mit der kognitiven Entwicklung befassen. Da ich glaube, dass die Materialien aus beiden Quellen kompatibel sind, und da die von den kognitiven Psychologen entwickelte Theorie sowohl den Daten besser entspricht als auch zusammenhängender ist als die von den Klinikern entwickelte, beziehe ich mich bei der Interpretation der Funde ebenso auf die kognitive Theorie wie auf die Bindungstheorie. Bevor wir uns jedoch mit theoretischen Fragen befassen, müssen wir das Datenmaterial erörtern.

Reaktionen unter günstigen Bedingungen

Wir beginnen mit dem Bericht über ein kleines Mädchen von siebzehn Monaten, das zehn Tage lang bei den Robertsons in Pflege war.

„Jane, 17 Monate alt, als sie in Pflege genommen wurde, war das jüngste von vier Kindern, die James und Joyce Robertson versorgten, während ihre Mütter neue Babys bekamen (Robertson und Robertson, 1971). Sie war ein lebhaftes, anziehendes Kind, das von seiner jungen Mutter mit Hingabe und Phantasie umsorgt worden war. Beide Eltern erwarteten ein hohes Maß an Gehorsam, und Jane verstand bereits viele ihrer Verbote.

Im Verlauf mehrerer Wochen wurde Jane mit der Pflegefamilie vertraut gemacht, was sich als schwieriger erwies als bei den beiden älteren an der Untersuchung beteiligten Kindern, Thomas und Kate (siehe Kapitel 23). Als Jane jedoch in Pflege kam, fühlte sie sich einigermaßen wohl in ihrer neuen Umgebung, und als es soweit war, war sie bereit, die volle Bemutterung von der zur Verfügung stehenden Ersatzperson zu akzeptieren.

Während der ersten drei Tage war Jane fröhlich und lebhaft. Sowohl die Fröhlichkeit jedoch als auch das intensive Lächeln, das sie an ihre Pflegeeltern richtete, wirkten recht künstlich und dazu bestimmt, als Reaktion ebenfalls Lächeln zu erzeugen; wenn sie zu lächeln aufhörte, wurde ihr Gesicht angespannt und leer.

Der von den Robertsons gewonnene Eindruck, dieses Lächeln sei künstlich und als Beschwichtigung gedacht, wurde später von Janes Mutter in vollem Umfang bestätigt. Nachdem sie die Filmaufzeichnung über diese frühen Tage gesehen hatte, gab sie den Kommentar: ‚Jane lächelt häufig genauso, wie wenn ich mit ihr böse war und sie versucht, mich zu besänftigen.'

Am vierten Tag hatte sich Janes Stimmung verändert. Sie war nicht länger fröhlich, sondern häufig ruhelos und verstimmt und neigte zu reizbarem Weinen. Sie zeigte auch eine Tendenz, am Daumen zu lutschen, und wollte gehätschelt werden. Auf die Pflegeeltern machte sie den Eindruck eines Kindes, das ‚unter Stress steht ... und gelegentlich verwirrt ist'.

Zufällig lebten die Pflegeeltern im gleichen Wohnblock wie Janes Eltern, so dass Jane, wenn sie im Gemeindegarten spielte, den die Familien (zusammen mit anderen) teilten, nicht weit vom Tor zum Garten ihrer Eltern entfernt war. In den ersten vier Tagen schien sie dieses Tor nicht zu bemerken. Am fünften Tag jedoch ging sie hin und versuchte, es zu öffnen, was nicht gelang. Sie blickte über die Mauer in den leeren Garten, schüttelte den Kopf, lief zurück in den Gemeindegarten und schien dann unsicher, wohin sie gehen sollte. Am folgenden Tag versuchte sie erneut, das Tor zu öffnen, und diesmal gelang es. Sie lief den Weg herunter und versuchte als Nächstes, die Tür zur Wohnung ihrer Eltern zu öffnen. Da sie damit keinen Erfolg hatte, kehrte sie um, schloss sorgfältig das Gartentor und stand dann einige Minuten da und starrte das leere Haus an. Als sie an diesem Tag zur Wohnung der Pflegemutter zurückkehrte, wollte sie nicht eintreten und äußerte zum ersten Mal seit der Trennung von ihrer Mutter das Wort: ‚Mama'.

Jeden Tag während Janes zehntägiger Abwesenheit wurde sie von ihrem Vater eine Stunde lang besucht. Zuerst spielte sie glücklich mit ihm und weinte, wenn er ging. Gegen Ende ihres Aufenthalts jedoch schien sie ihn deutlich zu ignorieren, wenn er da war, doch sobald er aufbrechen wollte, klammerte sie sich an ihn und weinte.

Als die Mutter kam, um sie nach Hause zu holen, erkannte Jane sie sofort. Zuerst war sie ein wenig unsicher und schüchtern, doch bald lächelte sie auf liebenswürdige und vielleicht beschwichtigende Weise. Das Spiel, Pennies in eine Börse zu stecken, das sie mit ihrer Pflegemutter gespielt hatte, setzte sie ruhig mit ihrer Mutter fort; danach erwartete sie ihre gesamte Versorgung wieder von der Mutter.

Nach Janes Rückkehr waren die Beziehungen zwischen ihr und ihren Eltern für eine Weile belastet. Manchmal entsprach sie den Wünschen der Eltern, manchmal tat sie das Gegenteil. Die Versuche der Eltern, dies durch Schläge zu korrigieren, führten zu Weinanfällen von zuvor nicht gesehener Heftigkeit.

Gegen Ende ihres zehntägigen Pflegeaufenthalts schien Jane sich fest an die Pflegemutter gebunden zu haben und wollte ungern auf sie verzichten. Aus diesem Grund besuchte die Pflegemutter sie während der ersten Wochen mehrmals zu Hause. Zuerst wurde sie von Jane herzlich willkommen geheißen, doch als Janes erneuerte Beziehung zu ihrer Mutter sicherer wurde, waren diese Besuche Anlass zu Konflikt, und Jane schien kaum zu wissen, an wen sie sich wenden sollte."

Kommentar

Trotz der sehr günstigen Pflegebedingungen und ihrer augenblicklichen Fröhlichkeit während der ersten Tage war Janes Verhalten von Anfang an das eines unsicheren und vielleicht verwirrten Kindes. Obwohl sie erst 17 Monate alt war und nur rudimentäre Anfänge von Sprache besaß, war sie dennoch fähig, klar zwischen ihrer Mutter und ihrer Pflegemutter zu unterscheiden. Zuerst erkennt sie ihr eigenes Zuhause und den Garten; später erinnert sie sich an ihre „Mama"; während der ganzen Zeit lässt sie keinen Zweifel daran, wo ihre Präferenz liegt. Als ihre Mutter kommt, um sie nach Hause zu holen, wechselt sie außerdem sofort von der Pflegemutter zur Mutter über. Diese Beobachtungen zeigen, dass Jane während ihrer ganzen zehntägigen Abwesenheit von zu Hause die Erinnerung an die abwesende Mutter in schnell zugänglicher Form bewahren konnte und so in der Lage war, nicht nur mit gut geplanten Aktionen zu reagieren, als sie die Mutter zum ersten Mal wiedersah, sondern dies auch konnte, sobald sie das Gartentor identifiziert hatte. Darüber hinaus ist ihre darauf folgende Erwähnung von „Mama" der Beweis dafür, dass sie sich, nachdem sie das Tor gesehen hatte, auch an das Bild ihrer abwesenden Mutter erinnern konnte.

In den meisten Aspekten war das Verhalten von Lucy, ein Jahr und neun Monate alt und das vierte Pflegekind der Robertsons, dem von Jane ähnlich. Obwohl sie vier Monate älter war als Jane, konnte Lucy nicht sprechen. Dennoch gab es Beweise dafür, dass auch sie die Erinnerung an ihre abwesende Mutter in rasch zugänglicher Form bewahren und schnell sowohl auf eine Erinnerung an die abwesende Mutter während der Trennungszeit[139] als auch bei der Wiedervereinigung auf die Mutter selbst reagieren konnte.

Die Robertsons werfen die Frage auf, ob Jane oder Lucy ohne irgendwelche greifbaren Erinnerungen an die Mutter die kognitive Fähigkeit besaßen, sich ein Bild der Mutter[140] ins Gedächtnis zu rufen; ohne diese, so dürfen wir vermuten, könnte ein Kind die Sehnsucht nach der Wiedervereinigung mit der Mutter weder erleben noch äußern. Während es deutlich war, dass diese Fähigkeit bei den beiden älteren Kindern, Thomas und Kate, gut entwickelt war (siehe Kapitel 23), durfte dies bei den beiden jüngeren sicherlich bezweifelt werden. Dennoch bieten die Beobachtungen an diesen beiden Kindern allein noch keine ausreichenden Gründe für die Schlussfolgerung, zu der die Robertsons neigen, nämlich dass Kinder in der Mitte des zweiten Lebensjahres noch keine Fähigkeit zur Erinnerung haben. Einige Kinder dieses Alters besitzen sie zweifellos, wie gewisse Beobachtungen von Piaget nachweisen (siehe nächstes Kapitel). Dennoch bleiben noch viele damit verbundene Fragen offen. Wie lange beispielsweise kann ein Kind im zweiten Lebensjahr in wieder abrufbarer Form ein Modell seiner abwesenden Mutter bewahren, sei es, um sich an sie zu erinnern, sei es, um sie wiederzuerkennen? Wie lange hält seine Sehnsucht nach der Mutter an? Was geschieht mit dem Modell, wenn es aufhört, abrufbar zu sein? Feste Antworten darauf sind trügerisch.

Sicher ist, dass während des zweiten Lebensjahres in den kognitiven Fähigkeiten des Kindes große Veränderungen stattfinden, so dass Operationen, die in den ersten Monaten weit über sein Vermögen hinausgehen, am Ende dieses Jahres durchaus im Bereich des Möglichen liegen. Eine Illustration hierfür ist ein ziemlich kurzer Bericht von Furman (1974, S. 55) über einen kleinen Jungen, Clive, der gerade zwei Jahre alt geworden war, als sein Vater starb. Er zeigt eindeutig, dass ein Kind in diesem Alter ohne Schwierigkeiten mindestens einige Wochen lang die Erinnerung an einen abwesenden Elternteil bewahren und dessen Abwesenheit betrauern kann.

> „Clives Mutter half dem Kind, wie angenommen wurde mit Erfolg, zu verstehen, dass sein Vater nicht zurückkehren würde. Danach verbrachte Clive einige Wochen lang viel Zeit damit, die täglichen Spielaktivitäten zu wiederholen, die er mit seinem Vater genossen hatte; auch ‚bestand er wieder und wieder darauf, die Spaziergänge zu machen, die er mit seinem Vater gemacht hatte, bei den Geschäften stehen zu bleiben, bei denen sein Vater stehen geblieben war, und sich an spezifische Punkte zu erinnern'. Wie Furman anmerkt, fand Clives Mutter diese offenen Anzeichen für Clives Traurigkeit und Sehnsucht schwer zu ertragen."

In früheren Kapiteln haben wir wiederholt bemerkt, dass es für Erwachsene nicht leicht ist, die länger andauernde Sehnsucht eines hinterbliebenen Kindes zu ertragen, vor allem, wenn sie selbst ebenfalls von diesem Verlust betroffen sind; wir sagten auch, dass die Schwierigkeiten des Erwachsenen die Schwierigkeiten des Kindes noch vergrößern. Trotz der Einstellung seiner Mutter jedoch beharrte Clive darauf, seine Bindung an seinen toten Vater auf eine Weise beizubehalten, die der gesunden Trauer eines älteren Menschen sehr ähnlich scheint.

Reaktionen unter ungünstigen Bedingungen

Wir wenden uns nun Beobachtungen an Kindern zu, die etwa im gleichen Alter sind wie Jane und Lucy, die aber, wie der etwas ältere Owen, der im vorigen Kapitel beschrieben wurde, in einem Kinderheim untergebracht sind und nicht kontinuierlich von einer einzelnen Person versorgt werden. Wir nehmen Bezug auf Berichte über zwei Kinder, beide ausführlich aufgezeichnet von Beobachtern, die auf diesem Gebiet sehr erfahren sind, und von diesen als einigermaßen repräsentativ angesehen. Ein Bericht, der über John, 17 Monate alt, stammt von James und Joyce Robertson (1971). Der zweite, über die 16 Monate alte Dawn, wurde von Christoph Heinicke und Ilse Westheimer aufgezeichnet (1966). Die Reaktionen der beiden Kinder weisen viele auffallende Ähnlichkeiten auf. Um die Darlegung zu vereinfachen, erfolgen jedoch zuerst die Beschreibung von Johns Reaktionen sowie deren Vergleich mit den Reaktionen von Jane und auch von Laura (Kapitel 23); die Beschreibung Dawns stellen wir zurück.

John gibt die Hoffnung auf Fürsorge auf

„John war ein Jahr und fünf Monate alt, als er neun Tage in einem Kinderheim verbrachte, weil seine Mutter ein neues Baby bekam; der Vater befand sich in einem kritischen Stadium seiner beruflichen Laufbahn, Verwandte standen nicht zur Verfügung. Das Kinderheim war anerkannt und gebilligt wegen seiner Ausbildung von Kinderschwestern; zu dieser Zeit aber wurden den Schwestern Pflichten zugeteilt und nicht Kinder. Infolgedessen war keine einzelne Schwester für Johns Pflege verantwortlich. Außerdem fand John sich als eines unter vielen anderen Kindern wieder, von denen die meisten von Geburt an in dem Heim gewesen waren und sich ‚lärmend, aggressiv, selbstbehauptend und fordernd' verhielten.

Aufenthalt im Kinderheim. Die Wehen der Mutter setzten nachts ein, und sie ließ John auf dem Weg ins Krankenhaus in dem Kinderheim zurück. Als er am nächsten Morgen von Mary, einer jungen, lächelnden Krankenschwester, begrüßt wurde, reagierte er freundlich und tat beim Ankleiden mit. Er war auch freundlich zu den anderen jungen Schwestern, die kamen und gingen. Abends brachte Mary ihn zu Bett, aber sie blieb nicht bei ihm. John war enttäuscht und schrie protestierend.

Auch der zweite Tag begann einigermaßen gut. Einen großen Teil der Zeit verbrachte John ruhig spielend in einer Ecke, entfernt von den anderen Kindern, und gelegentlich suchte er nach einer Kinderschwester, die ihn bemuttern könnte; seine Annäherungsversuche wurden jedoch leicht übersehen, und häufig stießen ihn andere Kinder beiseite. Den größten Teil des Tages blieb er ruhig und beklagte sich nicht; das änderte sich jedoch, als sein Vater ihn besuchte. Als der Vater aufbrach, um nach Hause zu gehen, weinte John und kämpfte, um mitgenommen zu werden. Schwester Mary gelang es, ihn zu trösten, doch als auch sie gehen musste, weinte John erneut.

Vom dritten Tag an wurde John immer bekümmerter, stand manchmal verloren an einem Ende des Raumes, manchmal weinte er lange und traurig. Obwohl er noch immer versuchte, der einen oder anderen Schwester nahe zu kommen, spielte er nun häufiger ruhig in einer Ecke oder krabbelte auch unter einen Tisch, um dort allein zu weinen. Am fünften Tag waren seine Annäherungen an die Schwestern seltener geworden, und selbst wenn eine der Schwestern versuchte, ihn zu trösten, reagierte er kaum. Danach wandte er sich stattdessen einem riesigen Teddybären zu, den er umarmte. Er weinte aber auch viel ‚in stiller Verzweiflung, rollte sich dabei manchmal herum und rang die Hände. Gelegentlich schrie er wütend, aber an niemanden im Besonderen gerichtet, und bei einem kurzen Kontakt schlug er Schwester Mary ins Gesicht'.

Als ihn der Vater am sechsten Tag wieder besuchte, nachdem er zwei Tage nicht gekommen war, kniff und schlug John. Dann erhellte sich sein Gesicht, er holte seine Straßenschuhe und ging hoffnungsvoll zur Tür; dann aber folgte die Enttäuschung, als der Vater ohne ihn fortging. John ging hinüber zu Schwester Mary und blickte seinem Vater mit gequältem Ausdruck nach. Dann wandte er sich auch von Mary ab und setzte sich abseits, wobei er seine Decke in den Arm nahm.

In den folgenden Tagen bot John ein Bild der Verzweiflung. ‚Er spielte nicht, aß nicht, stellte keine Forderungen und reagierte höchstens einige Sekunden lang auf die flüchtigen Versuche der jungen Schwestern, ihn aufzuheitern.' Als ein anderes Kind versuchte, ihn vom Knie einer Schwester zu vertreiben, war ein ärgerlicher Ton in seiner Stimme. Ansonsten aber lag er lange Zeit ‚in apathischem Schweigen auf dem Boden, den Kopf auf den großen Teddybären gebettet'.

Als am achten Tag zur Teezeit der Vater kam, weinte John konvulsivisch und konnte weder essen noch trinken. Am Ende des Besuches war er vollkommen verzweifelt; niemand konnte ihn trösten. Er krabbelte von Schwester Marys Knie, kroch in eine Ecke und lag weinend neben dem Teddybären, ohne auf die Bemühungen der verwirrten jungen Schwester zu reagieren.

Rückkehr nach Hause. Am Morgen des neunten und letzten Tages war Johns Zustand unverändert; als seine Mutter kam, um ihn abzuholen, hing er reglos auf dem Schoß einer der Schwestern. Beim Anblick seiner Mutter begann er sich herumzuwerfen und laut zu weinen. Mehrmals warf er einen verstohlenen Blick auf die Mutter, aber jedes Mal wandte er sich ‚mit lautem Weinen und erregtem Ausdruck' wieder ab. Nach einigen Minuten nahm die Mutter ihn auf den Schoß, doch er wehrte sich und schrie, bäumte sich auf und lief weinend von seiner Mutter fort zu Joyce Robertson (die als Beobachterin anwesend war). Diese beruhigte ihn und gab ihn nach einer angemessenen Weile seiner Mutter zurück. Dann lag John still auf dem Schoß seiner Mutter, blickte sie aber nicht ein einziges Mal an.

Als kurz danach der Vater kam, machte sich John wieder von seiner Mutter los. Dann, in den Armen seines Vaters, hörte er zu weinen auf und sah seine Mutter zum ersten Mal direkt an. ‚Es war ein langer, harter Blick', sagte diese, ‚so hat er mich nie zuvor angesehen.'

Während der ersten Woche zu Hause weinte John viel; bei der geringsten Verzögerung wurde er ungeduldig und hatte viele Wutanfälle. ‚Er wies seine Eltern auf allen Ebenen zurück – er akzeptierte weder Zuwendung noch Trost, wollte nicht mit ihnen spielen und zog sich physisch zurück, indem er in sein Zimmer ging und die Tür schloss. In der zweiten Woche war er ruhiger; in der dritten Woche jedoch wirkte er trauriger als je zuvor. Die Wutanfälle kehrten wieder; er verweigerte die Nahrung, verlor an Gewicht und schlief schlecht; jetzt jedoch begann er sich anzuklammern. Seine Eltern, schockiert über seinen Zustand, widmeten ihm ein Höchstmaß an Aufmerksamkeit und taten, was sie konnten, um sein Vertrauen wiederherzustellen. Ihre Bemühungen hatten einen gewissen Erfolg, und die Beziehungen zu seiner Mutter wurden viel besser.

Diese Verbesserung war jedoch brüchig, wie sich zeigte, als Joyce Robertson, die ihn im Kinderheim beobachtet hatte, zweimal zu Besuch kam. Nach ihrem ersten Besuch, vier Wochen nach Johns Heimkehr, aß er wieder einige Tage lang nicht und wies die Aufmerksamkeiten seiner Eltern zurück. Das Gleiche geschah nach ihrem zweiten Besuch drei Wochen später: Fünf Tage lang war John äußerst gestört und zum ersten Mal offen feindselig gegen seine Mutter.

Follow-up. Als John drei Jahre später, er war inzwischen viereinhalb Jahre alt, wieder aufgesucht wurde, war er ein hübscher, lebhafter Junge, der seinen Eltern viel Freude machte. Die Berichte der Eltern zeigten jedoch, dass er noch immer ungewöhnliche Angst davor hatte, seine Mutter zu verlieren, und stets aufgeregt war, wenn sie nicht da war, wo er sie erwartet hatte. Es gab auch Tage, an denen er augenscheinlich aus heiterem Himmel ihr gegenüber feindselig und provozierend wurde."

Kommentar

Wenn man Johns Reaktionen während der Trennung von seinen Eltern betrachtet, muss man zwei Vergleiche anstellen. Beim ersten Vergleich wird das Alter konstant gehalten, und man untersucht den Einfluss veränderter Bedingungen; im zweiten Vergleich werden die Bedingungen konstant gehalten und der Einfluss verschiedener Altersstufen untersucht.

Was den ersten Vergleich angeht, so kann man Johns Reaktionen denen von Jane gegenüberstellen, die im vorigen Abschnitt beschrieben wurden. John und Jane waren gleichaltrig, 17 Monate alt, und waren für die gleiche Zeitspanne fort, nämlich neun bzw. zehn Tage. Während Jane jedoch von geschickten Pflegeeltern versorgt wurde, hatte John keine einzelne Kinderschwester, die für ihn sorgte.

Sowohl John als auch Jane suchten die Gesellschaft verfügbarer Ersatzfiguren, und beide reagierten freudig auf alle Aufmerksamkeiten, die ihnen zuteil wurden. In Janes Fall konnte sich die Beziehung entwickeln, so dass ihr Verhalten bald einige der typischen Merkmale einer stabilen Bindung aufwies. In Johns Fall erwies sich das trotz all seiner Bemühungen als unmöglich. Immer wieder näherte er sich einer Kinderschwester und erwartete und erhoffte eine mütterliche Reaktion, doch immer wieder wurde er enttäuscht.

Beide Kinder versuchten also, mit einer Ersatzmutter oder potentiellen Ersatzmutter eine Version der Beziehung nachzuvollziehen, die sie mit der eigenen Mutter gehabt hatten. Gleichzeitig jedoch unterschieden beide Kinder den Ersatz mit äußerster Deutlichkeit vom Original, und jedes der Kinder erkannte seine eigene Mutter sofort. Jane machte, wann immer sie die Wahl hatte, die Bevorzugung ihrer Mutter klar, schätzte ihre Pflegemutter aber weiterhin. Johns Reaktionen auf seine Mutter waren wesentlich komplexer, doch es bestand nie ein Zweifel daran, dass sie es war, die die intensivsten Emotionen in ihm auslöste.

Das bringt uns zu den Unterschieden zwischen den Reaktionen von John und Jane. Jane, die eine Ersatzfigur hatte, an die sie sich binden konnte, war während ihrer Abwesenheit von zu Hause vergleichsweise zufrieden und reagierte erfreut auf ihre Mutter, sobald sie sie wiedersah. John, der keine Ersatzfigur hatte, die ihm Zeit und Aufmerksamkeit hätte geben können, gab die Hoffnung auf, von irgendjemandem umsorgt zu werden. Nach und nach hörte er auf, Bindungsverhalten an die Kinderschwester zu richten, und wandte sich stattdessen dem unbelebten Teddybären zu. Er spielte wenig und weinte viel. Nachdem er diese Erfahrungen eine Woche lang gemacht hatte, fand er auch keine Erleichterung mehr, wenn sein Vater oder eine Kinderschwester ihn zu trösten suchte. Genauso war es, als endlich seine Mutter erschien. Statt sie zu begrüßen und ihr Angebot liebender Fürsorge willkommen zu heißen, machte er sich von ihr los und blickte finster. Sein tiefer Groll darüber, wie sie ihn behandelt hatte, und seine fortbestehende Angst, dies könne sich wiederholen, waren deutlich zu sehen.

Eindeutig also bewahrten beide Kinder ein rasch abrufbares Modell der abwesenden Mutter im Gedächtnis und behielten auch das Potential, mit intensivem Gefühl auf sie zu reagieren, sobald sie sie wiedersahen. Die Frage, ob John während seines Fernseins fähig war, sich an seine Mutter zu erinnern und sich aktiv nach ihr zu sehnen, muss offen bleiben.

Was den zweiten Vergleich angeht, so können Johns Reaktionen denen eines der älteren Kinder gegenübergestellt werden, Laura. John und Laura waren für die gleiche Zeitspanne von zu Hause fort (neun bzw. acht Tage), und beide wurden nicht von einer bestimmten, einzelnen Kinderschwester versorgt. Während John jedoch erst siebzehn Monate alt war und noch über keinerlei Sprache verfügte, besaß die zwei Jahre und vier Monate alte Laura ein für ihr Alter gutes sprachliches Ausdrucksvermögen.

In ihren Reaktionen wiesen die beiden Kinder viele Ähnlichkeiten auf. Beide waren unglücklich während ihres Fernseins von zu Hause, beide weinten viel, beide wandten sich zum Trost an einen Teddybären. Beide spielten nur unbeständig. Beide unterschieden klar zwischen den Schwestern im Heim und ihren eigenen Eltern. Als die Mutter wiederkam, reagierten beide mit starken Gefühlen. Beide nahmen ihr das Geschehene sehr übel, John sofort und unter Ausschluss fast alles anderen, Laura verzögert und erst, nachdem sie an die Episode erinnert worden war, weil sie den Film gesehen hatte, in dem sie selbst mit ihrer Mutter das Krankenhaus verließ. Vorher war die Tiefe von Lauras Groll völlig verborgen gewesen.

Der Gegensatz zwischen John, der seinen Groll offen äußerte, und Laura, die ihren verbarg, ist Teil eines allgemeineren Unterschiedes zwischen den beiden Kindern. Laura, eindeutig vom Druck ihrer Eltern beeinflusst, ein braves Mädchen zu sein und nicht zu weinen, bemüht sich während ihres ganzen Aufenthalts, ihre Tränen und jeden anderen aktiven Ausdruck ihrer Sehnsucht nach ihrer Mutter und ihre Wut darüber, verlassen worden zu sein, zurückzuhalten; die meiste Zeit über ist ihre Beherrschung wirksam. John dagegen weist wenige oder gar keine Anzeichen dafür auf, dass er seinen Gefühlsausdruck zu kontrollieren sucht. Dieser Unterschied spiegelt einen Unterschied in der psychischen Organisation wider, der für die betreffenden Altersstufen charakteristisch ist. Laura, vier Monate über den zweiten Geburtstag hinaus, ist verhältnismäßig gut dazu ausgerüstet, wenn nötig Verhaltensformen zu unterdrücken, die stark in ihr angeregt werden; der erst 17 Monate alte John dagegen muss diese psychische Ausstattung erst noch entwickeln. Als Beweis dafür, dass Kinder nach dem zweiten Geburtstag eine Fähigkeit zur Kontrolle besitzen, steht Laura nicht allein: Jedes der anderen fünf in Kapitel 23 beschriebenen Kinder, einschließlich des jüngsten, Owen, bewies dies auch.

Zusätzlich zu diesem großen Unterschied des Grades, in dem Laura und John den Ausdruck von Gefühlen kontrollierten, und dem damit verbundenen Verhalten unterschieden sich die beiden Kinder auch deutlich in dem Ausmaß, in dem jedes von ihnen während des Fernseins Anzeichen dafür aufwies, dass es mit der fehlenden Mutter beschäftigt war. John wies keine eindeutigen Beweise hierfür auf (wenn das auch nicht ausschließt, dass er dennoch an die Mutter dachte). Laura dagegen zeigte deutlich, dass sie ständig an die Mutter dachte und sich auch nach ihr sehnte. Dennoch sollte angemerkt werden, dass ein weniger informierter und einfühlender Beobachter die Beweise hierfür hätte übersehen oder deren Bedeutung nicht erkennen können.

Die zugrunde liegende Annahme beim Vergleich von Johns Reaktionen zuerst mit denen von Jane und dann mit denen von Laura ist, dass Johns Reaktionen recht typisch für ein Kind seiner Altersgruppe sind, das unter den beschriebenen Bedingungen versorgt wird. Das Vertrauen in diese Annahme wird verstärkt, wenn man Johns Reaktionen mit denen von Dawn[141] vergleicht.

Dawn wird traurig und depressiv

Dawn war 16 Monate alt, als sie 15 Tage in einem Kinderheim verbrachte. Sie entstammte einer Familie der Arbeiterklasse, in der es noch einen älteren Jungen von sechs Jahren gab. Der Vater behandelte die Kinder sehr ungleich; er bevorzugte Dawn vor ihrem Bruder, der nicht sein Sohn war. Die Mutter, von simplem Charakter, hielt ihr Heim tadellos in Ordnung und widmete sich ganz den Kindern. Sie nahm dem Vater seine Haltung ihrem Sohn gegenüber übel, was zu Streitigkeiten zwischen den Eheleuten führte.

Aufenthalt im Kinderheim. Während des ersten Tages war Dawn aktiv und recht heiter, augenscheinlich war sie sich der Situation nicht bewusst. Am nächsten Morgen jedoch weinte sie verzweifelt nach ‚Mummy und Daddy'. Lange stand sie an der Tür, durch die ihr Vater verschwunden war. Versuche des Personals, sie zu trösten, blieben erfolglos. Während der folgenden drei Tage grämte sie sich weiter und war untröstlich; meist sah man sie in der Nähe der Tür stehen. Am fünften Tag kam der Vater zu seinem einzigen Besuch. Dawn erkannte ihn sofort, und als er sie aufhob, klammerte sie sich weinend an ihn. Später ließ sie sich für eine Weile absetzen, doch als er ging, warf sie sich auf den Boden und schrie nach ihm.

Für die Schwestern war es immer schwierig, sie zu Bett zu bringen, bis sie entdeckten, dass Dawn bereit war, allein zu bleiben, wenn man ihr eine Flasche mit Milch gab. Auch zu anderen Zeiten saugte sie an der tröstenden Flasche und hielt nur kurz inne, um nach ihrem Vater zu weinen. Auch sah man sie oft ihren Teddybären umarmen.

Zu gewissen Zeiten konnte Dawn extrem aktiv sein und hatte Freude daran, Kinderwagen umherzuschieben. Zu anderen Zeiten sah es aus, als irre sie umher und suche nach etwas.

Während der letzten fünf Tage ihres Aufenthaltes war Dawn häufig ruhig und neigte dazu, in die Luft zu starren. Dann wirkte sie traurig und verloren, und beide Beobachter benutzten das Wort depressiv, um sie zu beschreiben. Diese depressiven Perioden jedoch wurden gelegentlich von plötzlichen Lachausbrüchen unterbrochen.

Bei mehreren Gelegenheiten gab es deutliche Beweise dafür, dass Dawn mit ihren abwesenden Eltern beschäftigt war. Am elften Tag verkündete sie einem der Beobachter: ‚Heute kommt Daddy.' Obwohl sie zu diesem Zeitpunkt nicht bestürzt schien, als man ihr sagte, er werde nicht kommen, brach sie in unkontrollierbares Schluchzen aus, als später die Mutter eines anderen kleinen Mädchens kam. Am 13. Tag hörte sie, als sie die Beobachterin erspähte, sofort zu spielen auf und begann, nach ihrer Mutter zu weinen.

Während dieser letzten Tage wirkte Dawn zwar gelegentlich heiter, doch sie weinte weiterhin viel und hatte einen traurigen Ausdruck. Manchmal fand sie Trost bei den Schwestern, doch sie suchte ihn nie; es schien ihr auch gleichgültig zu sein, welche der Schwestern sich um sie kümmerte.

Rückkehr nach Hause. Als der Vater sie, zehn Tage nach seinem einzigen Besuch, abholte, weinte Dawn laut und streckte die Arme aus, um aufgehoben zu werden. Sie beruhigte sich zwar, als sie in seinen Armen war, weinte jedoch wieder intensiv, als er sie für einen Augenblick absetzte. Danach klammerte sie sich eng an ihn.

Leider gab es keine Gelegenheit zu beobachten, wie Dawn ihre Mutter begrüßt hätte, denn sobald die Mutter Dawn erblickte, lief sie herbei, nahm sie aus dem Arm des Vaters und drückte sie in einer tränenreichen Umarmung an sich. Während der Autofahrt nach Hause saß Dawn ruhig auf dem Schoß der Mutter. Als sie wieder in der häuslichen Wohnung war, erforschte Dawn bald die vertraute Umgebung und begann eifrig mit ihrem Lieblingsspielzeug zu spielen. Die Apathie und Traurigkeit, die sie im Kinderheim gezeigt hatte, waren verschwunden und durch eifrige Aktivität ersetzt worden.

Während der ersten Tage zu Hause schien Dawn etwas distanziert von ihrer Mutter. Erst am sechsten Tag beispielsweise äußerte sie das Wort ‚Mummy', und auch das nur auf Aufforderung. Als die Tage vergingen, wurde sie jedoch liebevoller und begann, auf den Schoß ihrer Mutter zu klettern; auch war sie darauf bedacht, in der Nähe der Mutter zu bleiben, und hatte Wutausbrüche, wenn sie daran gehindert wurde. In diesem und anderen Aspekten ähnelte Dawns Verhalten sehr dem anderer kleiner Kinder, die für eine Weile an einem fremden Ort mit fremden Menschen gewesen waren."

Kommentar

Da die Ähnlichkeiten zwischen Dawns Reaktionen und denen von John so offenkundig sind, ist kaum ein Kommentar nötig. Beide zeigen großen Kummer, beide sind begierig, nach Hause zurückzukehren, als der Vater sie besucht, keines von beiden findet viel Trost in den Aufmerksamkeiten der Schwestern. Beide Kinder umarmen häufig einen Teddy. Am Ende der Trennung jedoch sind Dawns Beziehungen zu ihren Eltern wesentlich weniger beeinträchtigt als die Johns zu seinen Eltern; der Grund hierfür ist nicht klar.

Während John während seiner Abwesenheit von zu Hause keine Anzeichen dafür aufwies, dass er an seine abwesenden Eltern dachte, war dies bei Dawn der Fall. Zunächst kündigt sie an, ihr Vater werde sie besuchen, und später am gleichen Tag schluchzt sie untröstlich, als ein anderes Kind Besuch bekommt. Zwei Tage später beginnt sie nach ihrer Mutter zu weinen, sobald sie die weibliche Beobachterin erblickt. Diese Beobachtung legt nahe, dass Dawn vielleicht einen Augenblick lang gemeint hat, die Beobachterin sei ihre Mutter, ähnlich wie Owen die Stimme auf dem Korridor fälschlich für die seiner Mutter hielt.

Es gibt Beobachtungen an anderen Kindern, die im gleichen Alter und sogar jünger sind und bei denen man ebenfalls festgestellt hat, dass sie in Gedanken mit ihren abwesenden Eltern beschäftigt sind. Ein Bericht von Anna Freud und Dorothy Burlingham (1974) befasst sich mit einem kleinen Mädchen von 17 Monaten, das drei Tage lang nichts anderes sagte als „Mum, Mum, Mum"; es ließ sich zwar gern von der Schwester auf den Schoß nehmen und umarmen, bestand aber die ganze Zeit darauf, der Schwester dabei den Rücken zuzudrehen, um sie nicht zu sehen. Einen weiteren Bericht von James Robertson erwähnten wir bereits in Kapitel 1. Philip, 13 Monate alt und damit noch zu jung, um sprechen zu können, war in einem Kinderheim untergebracht worden; dort war er traurig und wurde dabei beobachtet, wie er die mit dem Lied „Round and round the garden" assoziierten Bewegungen vollzog, mit denen seine Mutter ihn zu Hause aufzuheitern pflegte, wenn er erregt war.

Angesichts dieser Beobachtungen kann man, wie ich meine, durchaus sagen, dass es zahlreiche Kinder von 16 Monaten und darüber gibt, die die Fähigkeit besitzen, das Modell eines abwesenden Elternteils in abrufbarer Form im Gedächtnis zu behalten und die sich während eines Aufenthalts bei fremden Menschen in Intervallen an dieses Modell erinnern; weiter kann man sagen, dass sie dies nicht nur dann können, wenn man ihnen eindeutige Erinnerungsstücke zeigt, sondern auch zu anderen Zeiten. Im Hinblick auf Piagets Funde (auf die im folgenden Kapitel Bezug genommen wird) gibt es keinen Grund, davon überrascht zu sein. Dennoch müssen wir uns daran erinnern, dass es andere Kinder geben mag, bei denen die Fähigkeit in der ersten Hälfte des zweiten Lebensjahres noch nicht vorhanden ist, sondern sich erst später entwickelt.

In diesem Kapitel beschränken sich die ungünstigen Bedingungen, auf die aufmerksam gemacht wird, auf die Abwesenheit einer stabilen Ersatzmutter. Man könnte also fragen, welche Rolle die zahlreichen anderen ungünstigen Bedingungen, die in den vorhergehenden Kapiteln erörtert wurden, während des zweiten Lebensjahres eines Kindes spielen. Haben vor allem Dinge, die einem Kind gesagt werden – Ermahnungen, nicht zu weinen, Drohungen, das Kind abzuweisen oder zu verlassen, Schuldzuweisungen –, auf Kinder im zweiten Lebensjahr auch eine Auswirkung, wie dies bei Kindern im dritten Lebensjahr und darüber eindeutig der Fall ist? Eine Antwort könnte lauten, dass dies nicht möglich ist, weil Kinder unter zwei Jahren, da es ihnen an Sprache fehlt, den Sinn des Gesagten nicht begreifen können. Man könnte hier aber auch anderer Ansicht sein und auf die Tatsache hinweisen, dass ein Kind Gesten versteht und daher sein Begreifen dessen, was zu ihm gesagt wird, immer wesentlich fortgeschrittener ist als seine Fähigkeit, sich selbst zu äußern. Ein ähnliches Problem ergibt sich bei Kindern, die einen Elternteil durch Tod verloren haben. Kann die Information, dieser Elternteil werde nie wiederkommen, von einem so kleinen Kind auf irgendeine Weise verstanden werden?

Meiner Ansicht nach haben wir keine Möglichkeit, diese Fragen zuverlässig zu beantworten. Natürlich ist das Verständnis eines sehr kleinen Kindes begrenzt, aber es fehlt vielleicht nicht völlig. Außerdem unterscheiden sich Kinder in ihrer Entwicklungsgeschwindigkeit sehr stark, und Eltern unterscheiden sich erheblich in ihrer Bereitschaft und ihrer Geschicklichkeit zur Kommunikation. Solange wir also nicht über wesentlich mehr Datenmaterial verfügen, tun wir gut daran, uns nicht festzulegen.

Das bringt uns erneut zu den Kontroversen darüber zurück, ob kleine Kinder trauern. Davon waren wir ausgegangen. Da ein großer Teil der Meinungsverschiedenheiten sich darum dreht, wie verschiedene Denkschulen Form und Geschwindigkeit der frühen kognitiven Entwicklung konzipieren, werden wir im letzten Kapitel betrachten, was darüber bekannt ist und auch, welche Implikationen das für unser Problem zu haben scheint.

25 Reaktionen kleiner Kinder im Licht der frühen kognitiven Entwicklung

Entwicklung des Konzepts der Personpermanenz

In den frühen Jahrzehnten der Psychoanalyse war sehr wenig bekannt über die Entwicklung sowohl der kognitiven Fähigkeiten eines Kindes als auch seiner Beziehungen zu seinen Eltern in den ersten zwei oder drei Lebensjahren. Infolgedessen wurden die verschiedensten recht willkürlichen Vermutungen angestellt; viele dieser Vermutungen waren stark beeinflusst von der Annahme, dass das Interesse eines Kindes an Personen notwendigerweise sekundär zu seinem Wunsch nach Nahrung und von diesem abgeleitet ist. Das eine Extrem war also die feste Überzeugung, dass ein erst zweijähriges Kind noch so von seinen physiologischen Bedürfnissen dominiert ist, dass es seine Zuwendung prompt auf jede Person verschiebt, die diese im Augenblick erfüllt. Am anderen Extrem wurden erst einige Monate alten Säuglingen komplexe kognitive Fähigkeiten und Beziehungen zur Brust als Teilobjekt zugeschrieben. Auf der Basis dieser Gedanken wurden von Psychoanalytikern zwei oder mehr sehr verschiedene Theorien sozialer Entwicklung erarbeitet, die notwendigerweise zu stark divergierenden Theorien der Trauer führten.

Dank der systematischen Studien einer ständig zunehmenden Zahl von Entwicklungspsychologen brauchen wir uns heute nicht mehr auf Mutmaßungen zu verlassen. Vieles muss zwar noch in Erfahrung gebracht werden, doch heute wird allmählich ein verlässlicher Umriss der kognitiven und sozioemotionalen Entwicklung während der frühesten Jahre verfügbar. In diesem Kapitel zeige ich kurz, wie die Reaktionen von Kindern auf Trennung und Verlust im Licht dieser Funde betrachtet werden können.

Im Hinblick auf die kognitive Entwicklung nehme ich zuerst und vor allem Bezug auf die Arbeit von Piaget (siehe vor allem *La construction du réel chez l'enfant*, 1937, und Play, Dreams and Imitation in Childhood, 1951) sowie auf die Arbeit von Bower (1974), dessen einfallsreiche Experimente ihn nicht nur zur Unterstützung von Piagets Konzepten, sondern auch zu deren Ausarbeitung und Verdeutlichung geführt haben. Bowers Arbeit legt nahe, dass ein Säugling während seines ersten Lebensjahres in seiner kognitiven Entwicklung wesentlich weiter fortgeschritten ist, als Piaget ursprünglich annahm; viele andere Arbeiten weisen ebenfalls in diese Richtung (siehe die kritische Übersicht von Gratch, 1977). Mit kognitiver Entwicklung sind die Schritte gemeint, mit denen ein Kind voranschreitet und die dazu führen, dass sein Verhalten nicht mehr ausschließlich von der

Reizzufuhr abhängig ist, sondern stattdessen von Regeln geleitet wird, die es in die Lage versetzen, Information aus der Wahrnehmung mit Information aus dem Gedächtnis zu kombinieren. Mittels dieser Regeln wird das Kind fähig, mehr oder weniger genau vorherzusagen, was in seiner Welt wahrscheinlich geschehen wird, und entsprechend zu planen und, zu reagieren.

Piaget wies als Erster darauf hin, dass der Säugling erst nach Ablauf der Hälfte des ersten Lebensjahres versucht, nach einem interessanten Objekt zu suchen, dessen Verschwinden er gesehen hat. Vor diesem Alter unternimmt er nicht nur keinen Versuch, das Objekt zu suchen, sondern behandelt auch denselben Gegenstand, wenn er später wieder erscheint, als sei es ein anderer (dies wurde aus der Latenz der Reaktion und damit verbundener Maßnahmen geschlossen). Aus den Augen, aus dem Sinn – das scheint also hier wirklich zuzutreffen. Bower vermutet den Grund dafür darin, dass ein Säugling vor dem Alter von fünf Monaten ein Objekt anscheinend nur anhand von zwei seiner zahlreichen möglichen identifizierenden Charakteristika erkennen kann, nämlich entweder daran, dass es am gleichen Platz bleibt, oder daran, dass es einer beständigen Bahn folgt. Auf der Hand liegende Merkmale wie Größe des Objekts, Form und Farbe, auf die Erwachsene sich gewöhnlich verlassen, um bestimmte Gegenstände zu identifizieren, werden in den frühen Monaten nicht benutzt.

Vom Alter von etwa fünf Monaten an jedoch tritt eine deutliche Veränderung ein. Von jetzt an haben Größe, Form und Farbe Bedeutung. Dies hat zur Folge, dass ein Gegenstand, der nach einem Intervall wieder erscheint, als derselbe Gegenstand erkannt und behandelt wird. Außerdem wird ihm nun eine fortdauernde Existenz zuerkannt, auch wenn er sich außer Sicht befindet, was sich daran zeigt, dass das Kind den Gegenstand sucht. Zugegeben, viele Monate lang geht die Suche des Säuglings noch traurig in die Irre, und er macht zahlreiche merkwürdige Fehler. Zuerst beispielsweise wird er, selbst wenn er sehen konnte, wo ein Objekt verborgen wurde, dieses dennoch nicht da suchen, sondern entweder an dem Ort, an dem er das Objekt zuletzt sah, oder an einem Ort, an dem er es zuvor gefunden hatte. Später, wenn er erkannt hat, dass fehlende Gegenstände an einer großen Vielzahl von Orten verborgen sein können, hat er immer noch Schwierigkeiten zu merken, dass verborgene Objekte im Inneren eines Behälters an einen anderen Ort bewegt werden können. Wenn beispielsweise in seiner Gegenwart eine Münze unter einer von zwei gleichen Tassen verborgen wird und die Tassen dann vertauscht werden, wird er die Münze dennoch unter der falschen Tasse suchen, nämlich unter der, die jetzt an der Stelle steht, an der er die Münze zuletzt gesehen hat. Erst mit 15 Monaten oder mehr wird er wahrscheinlich in der Lage sein, dieses Problem zu lösen.

Selbst wenn ein Säugling also angefangen hat, nach einem Gegenstand zu suchen, dessen Verschwinden er gesehen hat, verbessert sich sein Wissen darum, wo danach zu suchen ist, nur Schritt für Schritt und führt schließlich zu einer effizienten Leistung. Aus diesen Beobachtungen schließen Piaget und andere Erforscher der kognitiven Entwicklung, dass Säuglinge in den späteren Monaten des ersten Lebensjahres und in den frühen Monaten des zweiten zunehmend fähig werden, ein Objekt als etwas zu begreifen, das unabhängig von ihnen existiert. Es wird gesagt, dass das Kind im Laufe dieser Entwicklungsstadien das Konzept der Objektpermanenz erwirbt.

Piagets eigene Experimente wurden hauptsächlich mit kleinen Gegenständen wie Schlüsseln und Streichholzschachteln durchgeführt, und es entsteht die Frage, ob seine Schlussfolgerungen hinsichtlich der Entwicklung des Konzepts einer Person gelten. Das gegenwärtig verfügbare Datenmaterial legt nahe, dass dies im Prinzip der Fall ist, wenn es auch gewisse Unterschiede gibt; zum Beispiel entwickelt sich beim Säugling die Kenntnis von Personen etwas früher als die Kenntnis von Dingen, wie Piaget selbst überzeugt voraussagte. Besonders interessant aber ist die ebenfalls von Piaget vorausgesagte Tatsache, dass die Geschicklichkeit des Kindes beim Suchen und Finden von Personen in zunehmend schwierigen Situationen Schritt für Schritt die gleichen Stadien durchläuft wie seine Geschicklichkeit im Suchen nach Dingen (Décarie, 1965; Bell, 1970; Brossard in Décarie, 1974).

Die Bindung eines Säuglings an eine erkannte Mutterfigur nimmt zwischen dem vierten und siebenten Lebensmonat eine rasche Entwicklung. Weil aber vor dem Alter von fünf Monaten sein Konzept eines Objekts noch primitiv ist, lässt sich ein merkwürdiges Verhalten beobachten. Wie wir gesehen haben, lässt das Datenmaterial beispielsweise vermuten, dass ein Säugling von etwa zwölf Wochen denkt, ein Objekt sei entweder definiert durch den Ort, den es einnimmt, oder aber durch die Bahn, der es folgt, nicht durch beides. Darum scheint er bislang nicht zu erkennen, dass ein Objekt sich erst an einem Ort befinden und sich dann an einen anderen Ort bewegen kann, und auch nicht, dass es nicht gleichzeitig an zwei Orten sein kann. Diese Gedanken sind empirisch zu beleben; wenn nämlich einem Säugling von weniger als fünf Monaten mehrfache Bilder seiner Mutter gezeigt werden (mittels einer optischen Vorrichtung), so ist er nicht verwirrt, sondern interagiert fröhlich nacheinander mit jeder der „Mütter". Sollten jedoch eines oder zwei der Mutter-Bilder durch Bilder von Fremden ersetzt werden, so weiß er durchaus, wen er vorzieht. Sobald er dagegen das Alter von fünf Monaten überschritten hat, begreift er die Eigenschaften von Objekten dergestalt, dass der Anblick mehrfacher Bilder seiner Mutter überaus verwirrend wird: Er weiß inzwischen, dass er nur eine Mutter hat und dass sie nicht sichtbar an zwei oder drei Orten gleichzeitig gegenwärtig sein kann (obwohl er sich dessen, wie wir später sehen werden, nicht immer ganz sicher ist).

Aus diesen und anderen Beobachtungen kann geschlossen werden, dass ein Säugling während dieser mittleren Monate *des* ersten Lebensjahres irgendeine elementare Repräsentation seiner Mutterfigur entwickelt. Seine Fähigkeit aber, sie zu erkennen, wenn sie da ist, ist nicht das Gleiche wie die

Fähigkeit, sich an sie zu erinnern, wenn sie abwesend ist; es gibt Grund zu der Annahme, dass die letztere Fähigkeit sich erst in den letzten Monaten des ersten Lebensjahres entwickelt. Dieser Entwicklungsschritt wird illustriert durch eine von Schaffer berichtete Feststellung (1971), die bereits in Kapitel 3 von Band II beschrieben wurde. Wenn ein Säugling von sechs Monaten so platziert wird, dass seine Mutter außer Sicht hinter ihm sitzt, und man ihm dann ein fremdes Objekt präsentiert, so verhält er sich, als sei seine Mutter nicht da. Wenn dagegen ein Kind von zwölf Monaten in der gleichen Situation ist, dreht es sich gewöhnlich nach seiner Mutter um und wendet sich an sie, ehe es entscheidet, wie es reagieren wird. Innerhalb dieser zugestandenermaßen engen räumlichen und zeitlichen Grenzen also haben Einjährige, die zu Hause aufgezogen wurden, keine Schwierigkeiten zu wissen, wo ihre visuell abwesende Mutter ist, oder dieses Wissen zu benutzen.

Dem entspricht auch die Tatsache, dass ein sicheres Kind, dessen Mutter auf seine Signale eingeht, etwa im letzten Viertel des ersten Lebensjahres fröhlich für eine Weile allein spielt, offenkundig in dem Wissen, dass seine Mutter, wenn auch visuell nicht anwesend, in der Nähe und verfügbar ist, wenn es nach ihr verlangt (Stayton und Ainsworth, 1973).

Wie zu erwarten, unterscheiden sich Säuglinge erheblich in Bezug auf das Alter, in dem sie alle diese kognitiven Fähigkeiten entwickeln, ob sie nun auf unbelebte Objekte oder eine so wichtige Person wie die Mutter angewandt werden. Was die Letztere betrifft, so weisen einige Säuglinge bereits mit sieben Monaten eine begrenzte Fähigkeit auf, sie zu finden, und können mit neun Monaten alle oder die meisten Probleme lösen. Bei anderen dauert dies einige Monate länger (Bell, 1970; Brossard in Décarie, 1974). Wie ebenfalls zu erwarten, ist das Alter, in dem ein Säugling diese Fähigkeiten entwickelt, stark von seinen Erfahrungen beeinflusst. Ein Säugling, dessen Mutter auf seine Signale reagiert und zahlreiche soziale Interaktionen mit ihm vollzieht, ist wahrscheinlich weiter fortgeschritten als ein Säugling, dessen Mutter weniger aufmerksam ist. Weil Säuglinge sich so sehr unterscheiden im Hinblick auf das Alter, in dem sie das Konzept der Personpermanenz oder, genauer, der Mutterpermanenz erwerben, müssen alle Feststellungen, die Stadien der kognitiven oder emotionalen Entwicklung mit dem chronologischen Alter in Verbindung bringen, mit Vorsicht behandelt werden.

Mit der Entwicklung seines Konzepts der Personpermanenz wird ein Kind zunehmend fähig, sich das Woher und Wohin und das Tun abwesender Personen vorzustellen. So wird in den ersten Monaten des zweiten Lebensjahres ein Kind, das sich gesund entwickelt, fähig, sich auf sein allgemeines Wissen zu beziehen, um abzuleiten, wohin eine verschwundene Person gegangen sein und wie sie dorthin gekommen sein mag. Zur Illustration dieser Leistung führt Piaget eine Gelegenheit an, bei der eines seiner Kinder, Laurent, einige Tage jünger als 18 Monate, nacheinander gefragt wurde, wo abwesende Mitglieder der Familie seien. Als Antwort zeigte er jedes Mal den Ort an, an dem er die betreffende Person vermutete, offenbar in seiner Meinung entweder dadurch beeinflusst, wo die Person eine Stunde vorher gewesen war, oder aber durch das Wissen um die üblichen Beschäftigungen der betreffenden Person.

Aus Beobachtungen wie diesen ziehen kognitive Psychologen den Schluss, dass die meisten Kinder von 18 Monaten oder mehr, die in einem aufmerksamen Zuhause aufgezogen wurden, nicht nur die äußere Welt symbolisch repräsentieren können, sondern auch fähig sind, ihre Repräsentationen zu manipulieren. Dadurch kann ein Kind Aktionen der Vergangenheit rekapitulieren und Aktionen der Zukunft voraussehen, was einschließt, dass es die Lösung eines Problems mit rein kognitiven Mitteln und ohne Rückgriff auf Handeln erreicht. Diese kognitiven Leistungen, so glauben Piaget und viele weitere Linguisten, liefern dem Kind eine notwendige (wenn auch vielleicht noch nicht ausreichende) Grundlage, um mit dem Begreifen und Erzeugen von Sprache zu beginnen (Cromer, 1974).[142]

Obwohl das Werk Piagets und anderer, die in der gleichen Tradition arbeiten, vermuten lässt, dass ein Kind nicht vor der Mitte des zweiten Lebensjahres fähig ist, sich auf alle diese komplexeren Weisen an sein Vorstellungsmodell von der Welt zu erinnern und es zu benutzen, zeigt es auch, dass das Kind dennoch während der vorhergehenden zwölf Monate zu verschiedenen embryonalen Graden von Repräsentation fähig ist. Es ist also außerordentlich irreführend, wenn man so spricht, als sei das Repräsentationsmodell eines Kindes von seiner Bindungsfigur vor einem gewissen Alter oder Entwicklungsstadium nicht vorhanden und danach vorhanden. Das Modell ist vielmehr so zu denken, dass es sich während der mittleren Monate des ersten Lebensjahres entwickelt, von da an zum Erkennen und zu elementarer Suche zur Verfügung steht und, wenn die Monate vergehen, zunehmend auch zur Erinnerung und zu kognitiven Operationen verfügbar ist. Dieser Art der Konzeptualisierung der frühen Entwicklung schreibe ich ein wesentlich größeres erklärendes Potential zu als den traditionell von Psychoanalytikern vorgetragenen. Die schwerwiegenden Mängel des häufig angeführten Konzepts der „libidinösen Objektkonstanz" werden kurz erörtert.

Bereiche, über die wir noch zu wenig wissen, sind die Länge der Erinnerungsspanne eines Säuglings oder Kleinkindes und die Bedingungen, die das Kind in die Lage versetzen, bedeutsame Menschen und Orte nach unterschiedlichen Zeitintervallen wiederzuerkennen oder sich an sie zu erinnern. Was bekannt ist, lässt jedoch vermuten, dass ein Säugling während der frühen Monate eine beträchtlich längere Erinnerungsspanne für visuelle Information hat, als manchmal angenommen wird (siehe Übersichten von Cohen und Gelber, 1975, und Olson 1976[143]). Fagan beispielsweise legt Nachweise dafür vor, dass ein fünfmonatiger Säugling, dem nur zwei Minuten lang die Fotografie eines Gesichts gezeigt wurde, dieses Gesicht noch nach zwei Wochen wiedererkennen kann. In diesem Licht ist es kaum überraschend, dass Bower (1974) beobachtet, wie fünf und sechs Monate alte Säuglinge, die zu einem zweiten Besuch in das Laboratorium gebracht werden, oft zu erkennen geben, dass sie sich daran erinnern, was bei ihrem ersten Besuch etwa einen Tag vorher geschah, und ihre Reaktionen erneut auszuprobieren beginnen, ehe die Tests anfangen. Ebenfalls nicht überraschend sind die Beobachtungen von Ainsworth und ihren Kollegen (Ainsworth u. a., 1978), dass zwölf Monate alte Kinder, die zum zweiten Mal einer fremden Situationsabfolge ausgesetzt wurden, und zwar zwei Wochen nach dem ersten Durchlauf, eindeutig vorhersahen, was geschehen würde, und entsprechend reagierten. Was die Entwicklung der spontanen Erinnerung angeht, so ist unsere Information noch ganz unzulänglich, und es wäre daher unklug, Schlüsse zu ziehen. Solange wir nicht wesentlich mehr Kenntnisse haben, ist es vor allem voreilig zu schließen, wie es einige Kliniker tun, dass ein Kind unter 18 Monaten ohne von Erwachsenen dargebotene Erinnerungshilfen ganz unfähig ist, nach einem Intervall von ein oder zwei Tagen Personen oder Orte wiederzuerkennen.

Zusammenfassend sollte festgestellt werden, dass experimentelle Untersuchungen der Geschicklichkeit kleiner Kinder im Wiedererkennen von Objekten nach einem zeitlichen Intervall uns mit einiger Sicherheit erwarten lassen, dass die Fähigkeit eines Kindes, seine Mutter zu erkennen und sich an sie zu erinnern, sich Wochen, ja vermutlich Monate vor seiner Fähigkeit entwickelt, ein anderes Objekt oder eine andere Person zu erkennen oder zu erinnern. Die Gründe hierfür liegen zum Teil in der Tatsache, dass die Mutter eine wesentlich größere emotionale Bedeutung für das Kind hat als irgendetwas anderes, und zum Teil in der Tatsache, dass es wesentlich zahlreichere und vielfältigere Erfahrungen hinsichtlich der Interaktion mit ihr hat – durch Sehen, Hören, Riechen und Berühren – als mit irgendeiner anderen Person oder einem anderen Objekt.

Libidinöse Objektkonstanz: ein unbefriedigendes Konzept

Bei der Erörterung von Problemen der Trauer in der Kindheit führen viele Psychoanalytiker das Konzept der „Objektkonstanz" an, manchmal ausgedehnt auf „libidinöse Objektkonstanz". Da ich dieses Konzept für überaus unbefriedigend halte, benutze ich es nicht. Wie Fraiberg (1969) bemerkt, wird der Begriff inzwischen auf eine Reihe ganz unterschiedlicher Arten benutzt, wobei die Unterschiede teilweise die gemischte Herkunft des Konzepts widerspiegeln und teilweise eine Verschiebung in der Bedeutung des Wortes „Konstanz". Das Konzept wurde eingeführt von Hartmann (1952) im Zusammenhang mit dem Gegensatz zwischen dem, was damals gehalten wurde und von einigen Psychoanalytikern noch heute gehalten wird für eine Entwicklungsphase, in der ein Säugling kein Interesse an irgendeinem „Objekt" (Person) hat außer in den Augenblicken, in denen das Objekt (die Person) seine physiologischen Bedürfnisse befriedigt, und einer wesentlich späteren Phase, von der angenommen wird, dass das Kind in ihr eine emotionale Bindung an eine unterschiedene Person entwickelt: Hartmann spricht von einem langen Weg von dem Objekt, das nur so lange existiert, wie es Bedürfnisse befriedigt, bis zu der Form von befriedigenden Objektbeziehungen, die Objektkonstanz einschließt. Im folgenden Jahr verband Hartmann (1953) sein neues Konzept mit Piagets bereits etabliertem Konzept der Objektpermanenz. Teilweise infolge dieser Verbindung und teilweise aus anderen Gründen benutzen Psychoanalytiker den Begriff Objektkonstanz inzwischen auf nicht weniger als drei deutlich verschiedene Arten.

a) Ein Gebrauch ist die schlichte Gleichsetzung von Objektkonstanz mit Piagets Objektpermanenz. So benutzte Spitz den Begriff (1957), und so wird er auch von Furman (1974) verwendet.

b) Eine zweite Verwendungsart lehnt jede Verbindung zur kognitiven Psychologie ab und reserviert den Begriff zur Bezeichnung der Fähigkeit des Kindes, Objektbesetzung ungeachtet von Versagung oder Befriedigung aufrechtzuerhalten; es wird postuliert, dass diese Phase in scharfem Gegensatz steht zu einer vorhergehenden Phase, in der das Kind das Objekt als nicht existierend und nicht notwendig betrachtet, wenn nicht gerade ein Bedürfnis oder ein libidinöser Wunsch besteht (A. Freud, 1968). Dieser Gebrauch des Begriffes stimmt mit Hartmanns ursprünglichem Vorschlag überein und wurde von Anna Freud und den von ihr Beeinflussten übernommen.

c) Eine dritte Verwendungsart, die der zweiten entstammt, aber nicht mit ihr identisch ist, benutzt den Begriff der Objektkonstanz für das Entwicklungsstadium, in dem ein Kind „für eine gewisse Zeitspanne von der Mutter getrennt bleiben und dennoch mit emotionaler Ausgeglichenheit funktionieren kann, vorausgesetzt, es befindet sich in einer einigermaßen vertrauten Umgebung" (Mahler, 1966). In Mahlers Entwicklungsschema wird die Entwicklung dieser Fähigkeit der vierten Unterphase von Trennungs-Individuation zugeordnet, die sich etwa vom 25. bis zum 36. Monat erstreckt. Außer Mahler selbst benutzen auch ihre Kollegen Pine (1974) und McDevitt (1975) den Begriff auf diese Weise.

Infolge dieser verschiedenen Verwendungsweisen variiert das Alter, in dem ein Kind die libidinöse Objektkonstanz erreichen soll, von sechs Monaten bis zum Ende des dritten Lebensjahres.

Wir wollen diese drei Verwendungsarten im Licht des in der vorliegenden Arbeit vorgeschlagenen Entwicklungsschemas betrachten.

Da die erste Verwendung synonym ist zu den Begriffen „Objektpermanenz" und „Personpermanenz", die im Bereich der kognitiven Psychologie bereits etabliert sind, ist der neue Begriff redundant. Außerdem entsteht durch die Verwendung von Objektkonstanz in diesem Sinne die Gefahr einer Verwechslung mit „Wahrnehmungskonstanz", die sich auf die Fähigkeit bezieht, ein Objekt als gleich groß, gleich geformt und gleich gefärbt wahrzunehmen, auch wenn eine Änderung seiner Richtung oder seiner Beleuchtung es dem Auge anders erscheinen lassen. (Nach Bower, 1974, ist diese Fähigkeit bereits im Alter von 22 Wochen nachweisbar.)

Der zweite Gebrauch nimmt zwei unterschiedliche Entwicklungsphasen an, eine frühe Phase, die bis weit in das zweite Lebensjahr hinein andauert und in der das „Objekt" für das Kind nur existieren soll, solange es bedürfnisbefriedigend ist, und eine spätere Phase, die der Objektkonstanz, in der dies nicht mehr so ist. Da jedoch die Vermutung, dass es zwei solcher Phasen gibt, nicht mit dem Datenmaterial übereinstimmt, ist es nicht nötig, einen besonderen Begriff einzuführen.

Das Konzept, auf das die dritte Verwendungsart angewandt wird, sieht auf den ersten Blick aus wie ein Äquivalent des Konzepts der sicheren Bindung, wie sie sich gegen Ende des dritten Lebensjahres im Verhalten von Kindern manifestiert; ich habe dieses Konzept in früheren Bänden erörtert, vor allem in Kapitel 21 von Band II. Es ist jedoch etwas anders.

Mahlers Denken enthält die Tendenz zu der Annahme, erst dann, wenn ein Kind fähig wird, kurze Trennungen mit Gleichmut zu ertragen, z.B. einen Morgen in einer Spielgruppe, könnten wir zu Recht sagen, es habe die Fähigkeit entwickelt, psychische Repräsentationen seiner abwesenden Mutter hervorzurufen (z.B. Mahler, 1966). Das scheint zu implizieren, sobald das Kind fähig sei, eine psychische Repräsentation der Mutter hervorzurufen, werde es auch fähig sein, kurze Trennungen mit Gleichmut zu ertragen. Ich sehe keine Beweise dafür, dass diese beiden Entwicklungsschritte gleichzeitig auftreten. Im Gegenteil, das Material zeigt, dass die Fähigkeit, ein Vorstellungsmodell hervorzurufen, sich unabhängig von der Fähigkeit entwickelt, Trennungen der angenommenen Art zu ertragen, und dass sie dieser gewöhnlich um ein oder zwei Jahre vorausgeht; im Falle einer pathologischen Entwicklung mag sie dies sogar um eine unbestimmte Zeitspanne tun. Obwohl also die Fähigkeit, ein Vorstellungsmodell hervorzurufen, notwendig ist, wenn ein Kind, das sich seinem dritten Geburtstag nähert, solche Trennungen mit Gleichmut ertragen soll, sind damit noch keineswegs alle Bedingungen hierzu erfüllt (ein Punkt, auf den auch McDevitt, 1975, hinweis). Damit sie erfüllt sind, muss nicht nur die dann jeweils vorliegende äußere Situation vertraut sein und das Kind selbst gesund und nicht erschöpft, sondern das Modell der abwesenden Mutter, welches das Kind hervorruft, muss diese auch als verlässlich verfügbar und ihm gegenüber positiv eingestellt repräsentieren. Diese Entwicklung ist, wie das Material zeigt, nicht nur von der Reifung gewisser kognitiver Fertigkeiten abhängig, sondern auch von der Form, die das Modell des Kindes von seiner Mutter annimmt; diese wiederum hängt in hohem Maße davon ab, wie die Mutter das Kind behandelt. Darum wird die Entwicklung einer sicheren

Bindung nicht einfach als ein Reifungsstadium begriffen, sondern als ein Schritt auf nur einigen bestimmten Pfaden des Netzes von Entwicklungswegen, die einem Kind ursprünglich offen stehen.[144]

Obwohl die Unterschiede zwischen diesen Formulierungen zum Zweck der Theoriebildung sehr folgenschwer sind, ist das nicht unbedingt so, wenn es um die Behandlung von Patienten geht. Es ist z. B. interessant, dass die von Fleming (1975) empfohlenen therapeutischen Prinzipien, die von Mahlers Entwicklungsschema abgeleitet sind, denen außerordentlich nahe stehen, die ich selbst aus der Bindungstheorie abgeleitet habe (Bowlby, 1977).

Die Rolle der Personpermanenz bei der Bestimmung von Reaktionen auf Trennung und Verlust

Wenn Daten darüber, wie Säuglinge und sehr kleine Kinder auf die zeitweilige Abwesenheit der Mutterfigur reagieren, im Lichte der früher beschriebenen Funde untersucht werden, so erscheinen keine Unvereinbarkeiten. Tatsächlich erhellt jede Datengruppe die andere.

Im Alter von etwa sechs Monaten wird ein Säugling, falls er beweglich ist, versuchen, seiner Mutter aus dem Zimmer zu folgen, und wird sie bei ihrer Rückkehr begrüßen. Dennoch gibt es in diesem Alter keinen Grund zu der Annahme, dass er während ihrer Abwesenheit Zugang hat zu irgendeinem Keim einer Vorstellung, die er von ihr haben mag. Dies wird illustriert (wenn auch nicht bewiesen) durch das zuvor erwähnte Experiment von Schaffer (1971), bei dem sich Säuglinge von sechs Monaten ganz anders verhielten als solche von zwölf Monaten. Nicht einer dieser jüngeren Säuglinge drehte sich um, um sich an seine direkt hinter ihm sitzende Mutter zu wenden, wenn er mit einem fremden Objekt konfrontiert wurde. Alle schienen vollkommen von dem dargebotenen Objekt absorbiert und hatten die Nähe der Mutter ganz vergessen.

Eine weitere Illustration hierfür ist, dass Kinder von 26 Wochen und weniger, wenn sie ohne die Mutter an einen fremden Ort gebracht werden, Fremde als Mutterersatz akzeptieren, ohne dass sich das Niveau ihrer Reaktionsbereitschaft merklich verändert und ohne dass sie den Protest und den Kummer zeigen, die für das wenig ältere Kind typisch sind. Vom Alter von sieben Monaten an jedoch bemerkt ein Kind in dieser Situation nicht nur die Veränderung, sondern tut auch durch dauernden Verdruss und die Ablehnung der fremden Betreuerinnen sein intensives Missfallen kund. Darüber hinaus verhalten sich etwa die Hälfte der sieben- bis neunmonatigen Säuglinge und fast alle, die über zehn Monate alt sind, wenn sie nach dreiwöchigem Krankenhausaufenthalt wieder nach Hause zurückkehren, extrem anklammernd und schreien exzessiv, wann immer die Mutter abwesend ist.[145] Diese Beobachtungen stimmen deutlich überein mit der Hypothese, dass im dritten Viertel des ersten Lebensjahres das Vorstellungsmodell eines Säuglings von seiner Mutter zu Zwecken des Vergleichs während ihrer Abwesenheit und zum Wiedererkennen nach ihrer Rückkehr leicht zugänglich wird. Sie stimmen auch überein mit der Ansicht, dass ein Säugling während dieser Monate eine Fähigkeit entwickelt, seine Mutter als eine Person zu begreifen, die unabhängig von ihm selbst existiert.

Ehe ein Kind sprechen kann, ist der einzige Beweis dafür, dass es an seine abwesenden Eltern denkt, von Beobachtungen seines Verhaltens abzuleiten. Da jedoch nur sehr wenige Beobachter die Relevanz solcher Beobachtungen bemerkt haben, bleibt unser Wissen lückenhaft. Die wenigen verfügbaren Berichte sind daher von großem Interesse. Ein Bericht über Beobachtungen während einer Längsschnittuntersuchung, die von Margaret Mahler unternommen wurde, stammt von McDevitt (1975). Er beschreibt das recht typische Verhalten eines Säuglings, der einen gewissen Grad von Personpermanenz erreicht hatte und von seiner Mutter an einem (für den Säugling) ziemlich fremden Ort zurückgelassen wurde.

„Eines Morgens, als Donna neun Monate und zwei Wochen alt war, wurde ihr Ausdruck plötzlich sehr ernst, als sie beobachtete, wie ihre Mutter den Raum verließ. Als sich die Tür schloss, begann sie ruhelos zu werden; sie setzte sich sofort hin und steckte ein Spielzeug in den Mund. Während der halbstündigen Abwesenheit ihrer Mutter war Donna ständig am Rande der Tränen, konnte kaum abgelenkt werden und blickte wieder und wieder zur Tür, oft mit einem sorgenvollen Ausdruck."[146]

Es herrscht kein Mangel an Berichten über Kinder im zweiten Lebensjahr, die in einem Krankenhaus oder einem Kinderheim zurückgelassen wurden und die die Tür beobachten, durch die ein Elternteil fortgegangen ist, und zwar ständig während mehrerer Tage, in der offenkundigen Hoffnung, den Vater oder die Mutter durch diese Tür wiederkehren zu sehen. Ein Beispiel dafür ist die 16 Monate alte Dawn, die, in einem Kinderheim zurückgelassen, tagelang in der Nähe der Tür stand und untröstlich war (Kapitel 24). Ähnlich stimmen die Hoffnungen, die sowohl in der 17 Monate alten Jane erwachten, als sie am fünften Tag das Tor zum Garten ihrer Eltern bemerkte, als auch in der 16 Monate alten Dawn, als sie im Kinderheim augenscheinlich die Beobachterin irrtümlich für ihre Mutter hielt (beschrieben im vorigen Kapitel), völlig überein mit dem, was wir aufgrund unserer gegenwärtigen Kenntnisse der frühen kognitiven Entwicklung erwarten würden.

Personen und Orte: Folgen der engen psychischen Verbindung

An früherer Stelle des vorliegenden Kapitels wurden Beobachtungen erwähnt, die zeigen, dass ein Kind unter zwölf Monaten, wenn es nach einem verschwundenen Objekt sucht, dies höchstwahrscheinlich da tut, wo es das Objekt zuletzt gesehen oder aber gefunden hat, und dass es sich in Bezug auf seine verschwundene Mutter ähnlich verhält. Obwohl diese Tendenz,

Personen an bestimmten Orten zu lokalisieren und sie nur schwer anderswo denken zu können, sich im Laufe der Entwicklung verringert, scheint sie nicht ganz zu verschwinden. Tatsächlich legt die allgemeine Erfahrung nahe, dass sie bei vielen Menschen lebenslänglich bestehen bleibt.[147] Auf ihr Fortbestehen können, wie ich annehme, bestimmte allgemeine Merkmale der Trauer zurückgeführt werden.

Eines davon ist die starke Tendenz Trauernder jeden Alters, das lebhafte Gefühl zu haben, einen toten Angehörigen an einem Ort zu sehen oder zu hören, an dem dieser sich oft aufzuhalten pflegte. Ein zweites Merkmal ist die möglicherweise universelle Tendenz Trauernder, an den Verstorbenen so zu denken, als sei er an einem bestimmten Ort lokalisiert – vielleicht im Grab, im Himmel, an einem seiner Lieblingsplätze oder, wie in Japan, in einem besonderen Schrein. Die Fähigkeit, so zu denken, bringt im Allgemeinen ein Gefühl von Stabilität und Trost. Noch ein weiteres Merkmal ist vielleicht die verwirrende Tendenz des Trauernden, manchmal so an die verlorene Person zu denken, als sei sie gleichzeitig an zwei Orten. Ein Beispiel dafür ist das hinterbliebene Kind, das gleichzeitig weiß, dass sein Elternteil für immer fort ist, und erwartet, er oder sie werde bald zurückkehren.

Bei seiner Diskussion der Entwicklung der Personpermanenz hat Piaget (1937) von Beobachtungen berichtet, die beleuchten, wie sich solche unvereinbaren Glaubenssysteme möglicherweise entwickeln. Die folgenden Beobachtungen[148] betreffen seine jüngere Tochter Lucienne.

> „Im Alter von 15 Monaten befindet sich Lucienne mit ihrer Mutter im Garten. Ihr Vater kommt. Sie sieht ihn kommen, erkennt ihn und lächelt. Dann fragt ihre Mutter sie: „Wo ist Papa?" Merkwürdigerweise zeigt Lucienne nicht direkt auf ihn, sondern wendet sich dem Fenster seines Arbeitszimmers zu, wo sie ihn zu sehen gewohnt ist, und weist dorthin. Obwohl sie ihren Vater gerade aus einer Entfernung von nicht mehr als etwa einem Meter gesehen hat, wendet sich Lucienne, als ihre Mutter ‚Papa' sagt, sofort erneut seinem Arbeitszimmer zu.
>
> Drei Monate später, mit 18 Monaten, verhält sich Lucienne ähnlich, diesmal in Bezug auf ihre ältere Schwester. Jacqueline war eine Woche lang krank gewesen und hatte im Bett gelegen, und Lucienne hatte sie dort besucht. An diesem Tag konnte Jacqueline wieder aufstehen, und Lucienne hatte unten mit ihr gespielt. Trotzdem jedoch ging Lucienne später die Treppe hinauf, deutlich in der Erwartung, Jacqueline noch in ihrem Schlafzimmer zu finden.
>
> Ähnliche Episoden ereigneten sich wieder, als Lucienne zweieinhalb und dreieinhalb Jahre alt war. Bei letzteren Gelegenheiten hatte Lucienne ihren Paten nach einem Besuch wieder fortgehen sehen. Danach kehrte sie ins Haus zurück und ging direkt in das Zimmer, in dem er geschlafen hatte. ‚Ich möchte sehen, ob der Pate fort ist', verkündete sie. Dann ging sie allein in das Zimmer und bestätigte: „Ja, er ist fort."'

Diese Beobachtungen demonstrieren nicht nur, wie eng eine Person in der Welt eines kleinen Kindes mit einem bestimmten Ort assoziiert ist, sondern auch, wie leicht das dazu führt, dass eine Person buchstäblich als an zwei Orten gleichzeitig anwesend begriffen wird. Außerdem lassen sie die Annahme sehr fragwürdig erscheinen, dass solche „Spaltungen im Ich" notwendigerweise so pathologisch sind, wie klinische Theoretiker gewöhnlich annehmen, und dass ihre Ursprünge auf die frühesten Lebensmonate zurückgehen müssen. Im Gegenteil, Piagets Beobachtungen und Schlussfolgerungen sprechen stark für die in früheren Kapiteln vertretene Auffassung, dass inkompatible Überzeugungen dieser Art auf allen Altersstufen ein normales Vorkommnis sind und dass die Frage, ob sie zu einer Pathologie führen, davon abhängt, wie viel Gelegenheit ein hinterbliebenes Kind oder ein älterer Mensch hat, seine Unsicherheit mit einem verständnisvollen und vertrauenswürdigen Gefährten zu besprechen.

Relevanz für eine Theorie der Trauer

Im Lichte dieser Gedanken und der zuvor wiedergegebenen Beobachtungen scheint es gute Gründe dafür zu geben, kleinen Kindern mindestens vom Alter von 16 Monaten an den Keim einer Fähigkeit zur Trauer zuzuschreiben. Dies impliziert, dass sie, wie im Fall von Jane, die Fähigkeit besitzen, ein Bild der abwesenden Mutter zu errichten und zu bewahren, die Mutter von der Pflegemutter zu unterscheiden und genau zu wissen, wen sie bevorzugen. Es impliziert auch, dass sie die vermisste Figur nur widerstrebend aufgeben und sich, wenn sie die Gelegenheit dazu haben, nur allmählich an die neue Figur binden.

Zuerst scheint es sich bei der Zeitspanne, während derer die Unterscheidung zwischen alt und neu und die Bevorzugung der alten Figur aufrechterhalten werden kann, wohl eher um Wochen als um Monate zu handeln; bis etwa zum zweiten Geburtstag erfordert dies möglicherweise die aktive Kooperation der Pflegemutter. Der Grund für die Konzeptualisierung der Reaktionen von Kindern dieses Alters mit den gleichen Begriffen wie bei älteren Kindern und Erwachsenen ist der, dass die ontogenetische Kontinuität der Reaktionen dadurch betont wird, so dass Unterschiede der Reaktionen in verschiedenen Altersstufen als Variationen eines gemeinsamen Themas untersucht werden können.

Wie die Reaktionen von Kindern zwischen etwa sechs und 16 Monaten zu charakterisieren sind, bleibt jedoch eine offene Frage. Falls die kognitiven Psychologen zu Recht glauben, dass ein Kind von weniger als etwa 17 Monaten nur eine überaus begrenzte Fähigkeit zu symbolischem Funktionieren hat, mag der Begriff Trauer unangemessen sein. Während dieser ganzen Altersspanne jedoch zeigt ein Kind manifesten Kummer, wenn seine vertraute Bindungsfigur fehlt, und mit dem Vergehen der Monate sucht es sie mit zunehmender Kompetenz. Selbst wenn das Kind angemessene Pflege erhält, sind Kummer über die Trennung und Elemente des Suchens vorhanden; nach der Wiedervereinigung zeigt das Kind eine Art von Genesung, deren Geschwindigkeit und Grad sowohl von der Länge der Trennung als auch von den Pflegebedingungen während der Trennung abhängen. Weil die Betrübnis so eindeutig eine Reaktion auf die Abwesenheit eines deutlich unterschiedenen Individuums ist, hat man zumindest gute Gründe für die Fortsetzung der Praxis, sie als Kummer zu bezeichnen, wie es seit langem üblich war (siehe Kapitel 1).

Bei der Betrachtung dieser Materie bin ich mir natürlich darüber klar, dass ein großer Teil der Debatte darüber, ob kleine Kinder trauern, infolge der Auffassungen entstanden ist, die ich in während der späten fünfziger und frühen sechziger Jahre veröffentlichten Schriften vertreten habe. In diesen Schriften war mein Ziel zu betonen, dass die Bindung eines Kindes an eine Mutterfigur sich während des ersten Lebensjahres entwickelt, in hohem Grade unabhängig davon, wer das Kind füttert, dass das Kind nach dem Alter von sechs Monaten offen bekümmert ist, wenn es seine Mutter verliert, und dass, welche Unterschiede auch immer bei einem Vergleich der Reaktionen der frühesten Jahre mit denen späterer Jahre bestehen, die Ähnlichkeiten beider evident und wichtig sind. Die Debatte, die sich daraus ergab, hat nichts erbracht – weder empirische Beobachtung noch theoretische Argumente –, das mich zu einer Veränderung dieser Auffassung veranlasst.

Verändert hat sich meine Position insofern, als ich heute dem Einfluss wesentlich mehr Gewicht beimesse als früher, den die Bedingungen, unter denen das Kind während der Trennung von der Mutter, sei diese zeitweilig oder dauerhaft, versorgt wird, auf die Reaktionen des Kindes ausüben. Im Hinblick darauf war die Arbeit der Robertsons mit Kindern im zweiten und dritten Lebensjahr besonders wertvoll, weil sie auf die mildernden Auswirkungen guter Fremdpflege aufmerksam machte. Doch auch hier sind für mich die Ähnlichkeiten in der Art, wie sehr kleine Kinder, ältere Kinder und Erwachsene reagieren, ebenso auffallend wie die Unterschiede. Es sind nämlich keineswegs nur die Reaktionen sehr kleiner Kinder auf Verlust, die von den Familienbedingungen beeinflusst werden, welche nach dem Verlust herrschen. Das Gleiche gilt, wie wir in den Kapiteln 15, 19 und 21 sahen, auch für ältere Kinder und Adoleszenten; und, wie wir in Kapitel 10 sahen, ebenfalls für Erwachsene. Tatsächlich hat mich bei der Vorbereitung dieses Bandes nichts mehr beeindruckt als das Beweismaterial, das den auf allen Altersstufen durchdringenden Einfluss des Familienlebens eines Menschen auf die Art und Weise zeigt, wie er auf Verlust reagiert.

Epilog

Damit ist eine bereits überlange Arbeit beendet. Die meisten der Probleme, von denen ich ausgegangen bin, sind erforscht worden; um bei ihrer Lösung zu helfen, ist ein neuer begrifflicher Rahmen vorgeschlagen worden.

Während der ganzen Arbeit habe ich mich auf Probleme der Ätiologie und Psychopathologie konzentriert, da ich glaube, dass wir nur dann, wenn wir Ursachen und Wirkungsweise psychiatrischer Störungen begriffen haben, in der Lage sein werden, effiziente Maßnahmen zu deren Behandlung oder Prävention zu entwickeln. Meine Strategie bestand darin, eine Gruppe von mutmaßlichen Kausalfaktoren auszuwählen – den Bruch oder drohenden Bruch einer affektiven Bindung –, den Folgen nachzugehen und dabei so weit wie möglich jene anderen Bedingungen zu identifizieren, die vor, während oder nach diesem Bruch bestehen und die Folgen positiv oder negativ beeinflussen. Anhand einer Untersuchung des Datenmaterials aus vielen Disziplinen und Ländern war es möglich aufzuzeigen, wie gewisse Kombinationen von Umständen zu bestimmten Formen von Persönlichkeitsstörung führen und wie diese nicht nur das Individuum betreffen, sondern fast immer auch Mitglieder seiner Familie. Zu diesen Störungen sind viele häufige klinische Störungen zu zählen, zu denen auch Angst- und phobische Zustände, Depression und Suizid und auch Störungen des Elternverhaltens und der Ehe gehören. Insgesamt handelt es sich hier um Arten von Störungen, an denen eine Mehrzahl all jener leiden, die heute in der westlichen Welt die Aufmerksamkeit der Kliniker auf sich ziehen.

Obwohl der Bruch von Bindungen und die Erfahrungen, die damit verbunden sind oder darauf folgen, zweifellos eine kausale Rolle bei diesen und anderen Zuständen spielen, wissen wir nicht, wie groß diese kausale Rolle ist und unter welchen Umständen genau sie sie spielen. Um das herauszufinden, wird weitere Forschung unter Verwendung eines breiten Spektrums von Methoden erforderlich sein. Erst wenn das geschehen und der begriffliche Rahmen selbst verfeinert, ausgearbeitet und erprobt sein wird, werden wir wissen, wie weit die beschriebene Untersuchung sich als produktiv erweist.

Bis dahin aber gibt es Schlussfolgerungen, auf die wir uns, wie ich meine, verlassen können. Intime Bindungen an andere menschliche Wesen sind der Angelpunkt, um den sich das Leben eines Menschen dreht, nicht nur im Säuglings-, Kleinkind- oder Schulalter, sondern auch während der Adoleszenz und der reifen Jahre bis hinein in das Alter. Aus diesen intimen Bindungen bezieht der Mensch seine Stärke und Lebensfreude, und durch das, was er beiträgt, gibt er anderen Stärke und Lebensfreude. Darüber sind sich die zeitgenössische Wissenschaft und die traditionelle Weisheit einig.

Wir dürfen daher hoffen, dass unser gegenwärtiges Wissen trotz all seiner Mängel stichhaltig genug sein möge, um uns bei unseren Bemühungen zu leiten, denen zu helfen, die bereits unter Schwierigkeiten leiden, und vor allem vorbeugend zu wirken, damit nicht andere in die gleiche Lage geraten.

Anhang

Danksagungen

Für meine Patienten, die ihr Bestes getan haben, um mich zu erziehen

Bei der Vorbereitung dieses Bandes haben mir wieder viele Freunde und Kollegen großzügig mit Rat und Tat geholfen und mich ermutigt. Ihnen allen gegenüber fühle ich mich zu tiefem Dank verpflichtet.

Besonderen Dank schulde ich Colin Murray Parkes. In den frühen sechziger Jahren, als ich mich mit dem Phänomen des Trauerns befasste, lenkte er meine Aufmerksamkeit auf die Lehre Darwins und auf die Rolle, die der Wunsch des Trauernden, die verlorene Person zurückzugewinnen, spielte. Wir haben uns zusammengetan, und Parkes begann zuerst in London und später in Boston mit seinen Untersuchungen über Witwen, wodurch unser Verständnis in so hohem Maß gefördert wurde. Er hat die Kapitel in Teil II dieses Bandes über die Trauer von Erwachsenen durchgesehen und viel wertvolle Kritik sowie eine Reihe von Vorschlägen beigesteuert. Auch Robert S. Weiss und Emmy Gut haben Kapitel gelesen und wertvolle Anregungen dazu gegeben. Ich glaube, dass die Kapitel dadurch sehr gewonnen haben – für die verbliebenen Schwächen bin ich allein verantwortlich.

Beverley Raphael hat freundlicherweise die Richtigkeit meiner Zusammenfassung ihrer Arbeit in Kapitel 10 überprüft, und George Brown hat das Gleiche für meine Zusammenfassung seiner Arbeit in Kapitel 14 und 17 geleistet. Der Schlussabschnitt von Kapitel 4 geht großenteils auf eine Diskussion mit Mary Main zurück. Zu denen, die mir anderweitig geholfen haben, gehören Mary Salter Ainsworth und Dorothy Heard, die die beiden Entwürfe zu fast jedem Kapitel gelesen und zahlreiche wertvolle Vorschläge dazu gemacht haben.

Auch diesmal ist das Manuskript von meiner Sekretärin, Dorothy Southern, angefertigt worden, die von Anfang bis Ende jedes Wort, das in diesen Bänden steht, mit unermüdlichem Eifer und großer Hingabe getippt hat, oft sogar mehrmals. Margaret Walker und das Personal der Tavistock Library haben mir mit gewohntem Erfolg in bibliothekarischen Angelegenheiten geholfen. Für die Zusammenstellung der Literaturhinweise und andere editorische Hilfe bin ich Molly Townsend, die auch das Register angefertigt hat, zu Dank verpflichtet. Ihnen allen gilt mein herzlichster Dank. Die vielen Einrichtungen, die von 1948 an die Forschung, auf der diese Arbeit basiert, unterstützt haben, sind in Band I genannt worden. Ich stehe ihnen allen gegenüber in tiefer Schuld. Während der Zeit, in der dieser Band entstanden ist, habe ich von der Tavistock Clinic und dem Tavistock Institute of Human Relations freundliche Hilfe in der Form erhalten, dass sie mir auch nach meiner Pensionierung großzügig Büroräume und andere Einrichtungen zur Verfügung gestellt haben.

Den Verlegern, Autoren und anderen unten aufgeführten Personen danke ich für die Erlaubnis, aus veröffentlichten Werken zu zitieren. Genauere bibliographische Angaben über sämtliche zitierte Werke finden sich in den Literaturhinweisen am Ende des Bandes.

Tavistock Publications, London, und International Universities Press Inc., New York, in Hinblick auf *Bereavement: Studies of Grief in Adult Life* von C. M. Parkes; International Universities Press Inc., New York, in Hinblick auf „Aggression: its role in the establishment of object relations" von R. A. Spitz in *Drives, Affects and Behavior,* herausgegeben von R. M. Loewenstein; für „Notes on the development of basic moods: the depressive affect" von M. S. Mahler in *Psychoanalysis: A General Psychology,* herausgegeben von R. M. Loewenstein, L. M. Newman, M. Schur und A. J. Solnit; für „Contribution to the metapsychology of schizophrenia" in *Essays on Ego Psychology* von H. Hartmann; Academic Press Inc., New York, in Hinblick auf „Episodic and semantic memory" von E. Tulving in *Organization of Memory,* herausgegeben von E. Tulving und W. Donaldson; McGraw Hill Book Co., New York, in Hinblick auf „Social use of funeral rites" von D. Mandelbaum in *The Meaning of Death,* herausgegeben von H. Feifel; Prentice-Hall International, Hemel Hempstead, Herts., in Hinblick auf „The provisions of social relationships" von R. S. Weiss in *Doing Unto Others,* herausgegeben von Z. Rubin; John Wiley, New York, in Hinblick auf „Death, grief and mourning in Britain" von G. Gorer in *The Child and his Family,* herausgegeben von C. J. Anthony und C. Koupernik, und in Hinblick auf *The First Year of Bereavement* von I. O. Glick, R. S. Weiss und C. M. Parkes; Basic Books, New York, in Hinblick auf *Marital Separation* von R. S. Weiss; dem Herausgeber der *Psychological Review* in Hinblick auf „A new look at the new look" von M. H. Erdelyi; dem Herausgeber von *Psychosomatic Medicine* in Hinblick auf „Is Grief a Disease?" von G. Engel; der Universität von Chicago und dem Herausgeber von *Perspectives in Biology and Medizine* in Hinblick auf „Toward a neo-dissociation theory" von E. Hilgard; International Universities Press Inc., New York, und dem Herausgeber von *Psychoanalytic Study of the Child* in Hinblick auf „Children's reactions to the death of important objects" von H. Nagera und in Hinblick auf „Anaclitic Depression" von R. A. Spitz; dem Herausgeber des *American Journal of Psychiatry* in Hinblick auf „Symptomatology and management of acute grief" von E. Lindemann; dem Herausgeber des *Journal of the American Psychoanalytic Association* in Hinblick auf „Separationindividuation and object constancy" von J. B. McDevitt; dem Herausgeber von *Archives of General Psychiatry* in Hinblick auf „Children's reactions to bereavement" von S. I. Harrison, C. W. Davenport und J. F. McDermott jun.

Anmerkungen

1 Obwohl in diesem Werk durchgehend von „Mutter" und nicht von „Mutterfigur" die Rede ist, ist in jedem Fall die Person gemeint, die ein Kind bemuttert und an die es gebunden ist. Für die meisten Kinder ist diese Person selbstverständlich die natürliche Mutter.
2 Siehe Band II, Kapitel 2.
3 Einzelheiten über Heinickes Untersuchungen werden in Band II, Kapitel 1, aufgeführt.
4 Für die weitere Diskussion darüber, wie Laura während und nach ihrem Aufenthalt im Krankenhaus reagierte, siehe Kapitel 23 und 25.
5 Über diese Beobachtung von James Robertson wird in Bowlby, Robertson und Rosenbluth (1952) berichtet.
6 Berichte über die in den Hampstead Nurseries angestellten Beobachtungen sind zuerst während des Krieges in Großbritannien (Burlingham und Freud 1942, 1944) und in den Vereinigten Staaten (Freud und Burlingham 1943) veröffentlicht worden. Sie sind jetzt in einem Band von Anna Freuds gesammelten Werken (Freud und Burlingham 1974) wiederabgedruckt worden, und Seitenangaben im Text beziehen sich auf diese Veröffentlichung. In dem nachfolgenden Bericht ist das Pseudonym Patrick, das ursprünglich in der Ausgabe von 1943 benutzt, in der Ausgabe von 1974 jedoch in Billie umgeändert worden ist, beibehalten worden, weil ich in früheren Veröffentlichungen von mir, in denen ich mich auf den Fall bezogen habe (z. B. Bowlby *et al.*, 1952), das Pseudonym Patrick benutzt habe.
7 „Processes of Mourning" (1961b) und „Pathological Mourning and Childhood Mourning" (1963).
8 Siehe auch die kritischen Aufsätze von Anna Freud, Max Schur und René Spitz, die im Anschluss an die Veröffentlichung des ersten meiner drei Aufsätze in Band 15 von *The Psychoanalytic Study of the Child* (1960) abgedruckt worden sind; siehe auch Wolfenstein (1966).
9 „Trauerarbeit im analytischen Sinn bedeutet für uns den Versuch, eine äußere Tatsache (Verlust des besetzten Objekts) zu akzeptieren und entsprechende innere Veränderungen (Abziehung der Libido vom verlorenen Objekt, Identifizierung mit ihm)" (A. Freud 1980, Bd.VI, S.1782).
10 Es soll hier angemerkt werden, dass dieser Gebrauch des Begriffs *„detachment"* (Entfremdung, Ablösung) sich radikal von dem anderer Wissenschaftler unterscheidet, die damit entweder die Tendenz eines Kindes bezeichnen, von seiner Mutter fort Erkundungsausflüge zu machen, oder das wachsende Selbstvertrauen, das es zeigt, wenn es älter wird (ein Thema, das in Band II, Kapitel 21, erörtert worden ist).
11 Die folgende kurze Zusammenfassung ihrer Befunde ist dem ersten Kapitel von *Trennung* entnommen.
12 Aus einem Brief an Ludwig Binswanger, der einen Sohn verloren hatte.
13 Nach Strachey (1957) findet sich der erste Hinweis in einem Manuskript vom 31. Mai 1897, von dem Freud eine Kopie an Fliess sandte (Freud 1954).

[14] In Kapitel 6 und 7 von *The Expression of the Emotions in Animals and Man* analysiert Darwin die bei Angst, Kummer und Verzweiflung beteiligten Muskelbewegungen und gezeigten Ausdrücke und vertritt die Ansicht, dass sie sich alle vom Gebrüll eines Säuglings herleiten. „In allen Fällen von Kummer, sei er nun groß oder klein, neigt unser Gehirn aufgrund einer langen Gewohnheit dazu, an bestimmte Muskeln den Befehl auszusenden, sich zusammenzuziehen, als ob wir noch Säuglinge wären, die gleich zu brüllen anfangen; doch wir sind in der Lage, diesem Befehl zum Teil entgegenzuwirken", und zwar durch Mittel, die uns unbewusst sind.

[15] Ein weiterer berühmter Engländer, der eine ähnliche Ansicht vertrat, ist Winston Churchill. Er beschreibt seine Gefühle während der Flucht aus einem Gefangenenlager folgendermaßen: „Als die Hoffnung geschwunden war, war auch die Furcht vergangen."

[16] Zum Beispiel: „Eine solche Ambivalenz der Gefühle scheint bis zu einem gewissen Maße normal zu sein" („Zur Dynamik der Übertragung", G. W., VIII., S. 372f). „Von solcher Ambivalenz ist bei einem Menschen bald mehr, bald weniger in der Anlage vorgesehen" *(Totem und Tabu,* G. W., IX., S. 77f). „... das Unbewusste aller Lebenden ist von solchen Todeswünschen, selbst gegen sonst geliebte Personen, übervoll" („Über die Psychogenese eines Falles von weiblicher Homosexualität", G. W., XII., S. 290).

[17] Die Kapitel 3 bis 10 des ersten Bandes dieses Werkes enthalten eine ausführlichere Darstellung dieses Paradigmas. Außerdem wird der Leser auf die im Vorwort genannte Monographie von Emanuel Peterfreund (1971) verwiesen, vor allem auf seine Kritik an den Konzepten der psychischen Energie und des Ich (Kapitel 3 und 4) und seine klare Darstellung der Grundkonzepte von biologischer Ordnung, Organisation, Information und Kontrolle (Kapitel 7 bis 12). Siehe auch seinen kürzlich verfassten Artikel „On Information and System Models for Psychoanalysis" (Peterfreund, im Druck).

[18] Bei dem, was folgt, bin ich Dixons *Subliminal Perception* (1971) zu Dank verpflichtet, Normans Einführung in die menschliche Informationsverarbeitung (1976) und einem Aufsatz von Erdelyi (1974) über Wahrnehmungsabwehr und Aufmerksamkeit.

[19] Die hier wiedergegebenen Berichte sind Norman (1976, S. 31) entnommen.

[20] Das Beweismaterial legt nahe, dass bewusste Wahrnehmung erfordern könnte, dass Input von zwei verschiedenen Arten, jede von angemessener Intensität, von einem höheren Zentrum aufgenommen wird. Die eine Art übermittelt spezifische Informationen und läuft über das klassische afferente System. Die andere Art vermittelt nichtspezifische Reize und läuft über das retikuläre Aktivierungssystem. Weil die Übermittlung durch das klassische System schneller geht als die durch das retikuläre System, bliebe genügend Zeit dafür, dass (a) der sensorische Input durch das klassische System zu einer Bedeutung außerhalb des Bewusstseins verarbeitet würde und dass (b) eine Botschaft, die von dieser Bedeutung abhängig ist, dem retikulären System vermittelt würde, bevor die Intensität der nichtspezifischen Reize, die vom retikulären System übertragen werden, bestimmt worden ist. Auf diese Weise wäre es möglich, dass die Intensität der nichtspezifischen Reize, die übertragen werden, um so reguliert zu werden, entweder über die für bewusste Wahrnehmung erforderliche Stufe erhoben wird oder darunter bleibt, je nachdem, welche Bedeutung dem Input während seiner

vorangehenden Einschätzung außerhalb des Bewusstseins zugemessen worden ist.
21 Man nimmt an, dass die durch die Sinnesorgane empfangene Information anfänglich in einer Anzahl extrem kurzzeitiger Speicher festgehalten wird, von denen jeder mit einem einzelnen sensorischen Modus verbunden und fähig ist, mit großen Mengen minimal verarbeiteter Information umzugehen. Diejenigen, die visuelle und auditorische Daten annehmen, sind von Neisser (1967) als „ikonisch" bzw. „echoisch" bezeichnet worden.
22 Alle Forscher erkennen das große Problem, die Erscheinungswelt des Bewusstseins mit Konzepten der Informationsverarbeitung zu verbinden. Shallice (1972) erklärt, das Problem habe eine gewisse Ähnlichkeit mit dem, zwei benachbarte Gebiete der Wissenschaft zusammenzubringen.
23 Casey (1973) hat die neuralen Mechanismen diskutiert, die das Bewusstsein von Schmerz vermitteln, sowie die Mittel, durch die das Bewusstsein ausgeschaltet werden kann, wie es unter Bedingungen starker Erregung geschieht, beispielsweise beim Kampf, bei anstrengendem Sport und unter Hypnose. Wie im Falle visueller und auditorischer Wahrnehmung gibt es Nachweise dafür, dass es zur bewussten Wahrnehmung von Schmerz erforderlich ist, dass der durch zwei unterschiedliche Systeme vermittelte Input in einem höheren Zentrum empfangen wird. Das eine ist ein rasch wirkendes System, das Informationen über den Sitz einer Störung liefert, das andere, das langsamer arbeitet, sorgt für die aversiven und emotionalen Komponenten. Das Beweismaterial legt nahe, dass es wie im Falle der visuellen und auditorischen Wahrnehmung einen Mechanismus geben könnte, durch den neurale Erregung in dem langsamer arbeitenden System blockiert und daran gehindert werden kann, das höhere Zentrum zu erreichen, so dass die emotionalen und aversiven Komponenten ausgeschlossen sind und kein Schmerz empfunden wird. Selbst in diesem Falle gibt es oft ein begrenztes Bewusstsein dessen, dass in irgendeinem Teil des Körpers nicht alles in Ordnung ist. Ein weiteres Mittel zur physiologischen Unterdrückung von Schmerz wird nahe gelegt durch die Entdeckung von Substanzen, die von der Hypophyse und vom Gehirn abgesondert werden (Endorphine und Enzephaline) und die eine den Opiaten vergleichbare analgetische Wirkung haben (Jeffcoate *et al.* 1978).
24 Hilgard (1974) beschreibt die Vorgehensweise, durch die das automatische Schreiben herbeigeführt wird: Während linke Hand und Unterarm ohne jedes Unbehagen in Eiswasser gehalten wurden, wurde die rechte Hand in einen Kasten gelegt, der zum automatischen Schreiben oder dazu hergerichtet war, durch Druck auf eine Taste auf einer numerischen Skala Schmerz zu verzeichnen. Der hypnotisierten Versuchsperson wurde dann gesagt, die Hand werde über alles berichten, was die Versuchsleiter wissen müssten, die Versuchsperson selbst aber werde der Hand keine Aufmerksamkeit schenken und nicht wissen, was diese mitteile, ja nicht einmal wissen, dass sie überhaupt etwas tue. Die Vorgehensweise für das automatische Sprechen wird detailliert beschrieben in Knox *et al.* (1974).
25 In einem Übersichtskapitel bemerkt Tulving, dass experimentelle Arbeit über das Gedächtnis natürlicherweise in diese beiden Klassen fällt, und schließt daher, dass die Unterscheidung sich möglicherweise als heuristisch wertvoll erweisen wird. Er vergleicht die beiden Gedächtnissysteme in den Begriffen der Natur der zur Speicherung ausgewählten Information, der Netze, innerhalb derer sie gespeichert wird, und der Mittel, durch die sie abgerufen wird.

26 In der umfassenden Liste von Abwehrmechanismen, die Sperling (1958) zusammengestellt hat, erscheinen die folgenden: Krankheiten, Charakter, Symptomkomplexe, Affekte, physiologische Zustände und Prozesse, psychologische Zustände und Prozesse, Kunstformen und Verhalten sowohl sozialer als auch antisozialer Art. Aus dieser Vielzahl von Phänomenen beschränke ich die Aufmerksamkeit auf jene, die zusammen eine zentrale Stellung in dem Konzept einzunehmen scheinen, nämlich Abwehrprozess, Abwehrverhalten und Abwehrüberzeugung. Die hier vertretene Position ist in allen wesentlichen Aspekten dieselbe wie die von Peterfreund (1971).

27 Zwar wäre der Begriff „Inaktivierung" grammatikalisch korrekt, doch ich folge Peterfreund (1971) und benutze „Deaktivierung". Der Vorteil dieser Bezeichnung besteht darin, dass sie diesen Zustand unterscheidet von dem eines Verhaltenssystems, das in einem gegebenen Moment nur zufällig inaktiv ist, aber auf die übliche Weise jedem potentiell aktivierenden Input zugänglich bleibt.

28 Das ist natürlich ein ganz anderes Kriterium als diejenigen, die gewöhnlich von Psychoanalytikern herangezogen werden und sich entweder mit der Verteilung psychischer Energie befassen oder mit dem Grad des erlebten psychischen Schmerzes.

29 In einer früheren Schrift (Bowlby, 1961b) wurde angenommen, der Verlauf der Trauer könne in drei Hauptphasen unterteilt werden, doch diese Aufteilung ließ eine wichtige erste Phase aus, die gewöhnlich recht kurz ist. Die früher mit 1, 2 und 3 nummerierten Phasen sind daher umbenannt worden in Phase 2, 3 und 4.

30 Bei der Konzentration auf diese Aspekte des Trauerns können wir den sozialen und ökonomischen Folgen eines schmerzlichen Verlustes nur begrenzte Aufmerksamkeit widmen. Diese sind häufig ebenfalls von großer Bedeutung, besonders vielleicht im Falle von Witwen in westlichen Kulturen. Leser, die an diesen Aspekten interessiert sind, werden auf die Berichte von Marris (1958) und Parkes (1972) über die Erfahrungen von Londoner Witwen und von Glick *et al.* (1974) über die Erfahrungen von Bostoner Witwen verwiesen.

31 Traditionell ist der Begriff „Verleugnung" benutzt worden, um den Unglauben zu bezeichnen, dass der Tod eingetreten ist; doch Verleugnung hat immer auch einen Sinn von aktivem Widerspruch. Unglauben ist neutraler und zum allgemeinen Gebrauch besser geeignet, besonders weil die Ursache von Unglauben oft unzulängliche Information ist.

32 Verhalten, das beeinflusst ist von der Erwartung, es werde schließlich zu einer Wiedervereinigung kommen, ist bei vielen Frauen zu beobachten, deren Mann sie verlassen hat oder deren Ehe in einer Scheidung endete. Marsden (1969) untersuchte 80 solcher Frauen, die alle Kinder hatten und von staatlicher Unterstützung abhängig waren; viele von ihnen lebten seit fünf Jahren oder länger nicht mehr mit ihrem Mann. Marsden bemerkt die auffallende Ähnlichkeit der von diesen Frauen gezeigten Reaktionen mit den Reaktionen nach einem Sterbefall und schreibt (S. 140): „Die emotionale Bindung der Mutter an den Vater war mit dem Fortgang nicht glatt zerbrochen. Fast die Hälfte der Mütter, von denen viele den Kontakt zu dem Vater ganz verloren hatten, hatten ein Gefühl der Sehnsucht nach ihm ... Es war offensichtlich, dass eine beträchtliche Minderheit der Frauen trotz gegenteiliger Beweise und manchmal viele Jahre lang an dem Gedanken festhielten, sie würden irgendwie wieder mit dem Vater ihrer Kinder vereinigt werden." Eine der Frauen war drei Jahre zuvor in ein neues Haus um-

gezogen und hatte ihre Habseligkeiten noch immer nicht ganz ausgepackt, da sie nicht glauben konnte, der Umzug werde von Dauer sein.

33 Einige Daten besagen, dass die Inzidenz von Zorn je nach Geschlecht des Trauernden variiert und auch nach der Lebensphase, in der es zu einem Todesfall kommt. Feststellungen der Harvard-Studie beispielsweise, die eine noch höhere Inzidenz von Zorn bei Witwen zeigen, weisen für Witwer eine geringere Inzidenz auf (siehe S. 43); und Gorer (1965) glaubt, er trete weniger häufig nach dem Tod eines älteren Menschen auf – einem zeitlich angemessenen Sterben – als nach dem Tod eines Menschen, dessen Leben noch nicht vollendet war. Die niedrige Inzidenz von Zorn, die von Clayton *et al.* (1972) berichtet wird, ist vielleicht darauf zurückzuführen, dass ihre Stichproben sowohl älter waren, als auch zu einem Drittel aus Witwern bestanden.

34 Schon früh in seinem Werk hatte Freud (1916) über die Art und Weise, auf die ein Traum miteinander unvereinbare Wahrheiten ausdrücken kann, bemerkt: „Wenn jemand einen seiner teuren Angehörigen verloren hat, so produziert er durch längere Zeit nachher Träume von besonderer Art, in denen das Wissen um den Tod mit dem Bedürfnis, den Toten wiederzubeleben, die merkwürdigsten Kompromisse abschließt. Bald ist der Verstorbene tot und lebt dabei doch weiter..., bald ist er halb tot und halb lebendig" (GW, XI, S. 191).

35 Diese Feststellung ist jedoch schwer zu interpretieren, weil die verheirateten Frauen für deutlich depressiver befunden wurden als ihre männlichen Gegenstücke.

36 Als Anteil aller, die den Stichprobenkriterien entsprachen, war die endgültige Stichprobe wie folgt abgeleitet:

den Kriterien entsprechend	349	
keine Kontaktaufnahme möglich	75	
tatsächlich Kontakt aufgenommen mit	274	
		% der Kontaktierten
verweigerten die Teilnahme	116	40
für untauglich befunden	43	16
verweigerten spätere Interviews	42	15
machten alle Interviews vollständig mit	68	26
insgesamt kontaktiert	269	97

Die jeweiligen Anteile von Witwern und Witwen, die von diesen Verringerungen betroffen waren, waren ähnlich. (Diese Ziffern, entnommen aus Tabelle Eins in Glick u. a. [1974], lassen fünf Fälle unerklärt.)

37 Im Gegensatz zu Rees' eigener Erklärung scheint die große Mehrzahl der von ihm berichteten Erfahrungen zu den Sinnestäuschungen gehört zu haben, nämlich Fehlinterpretationen sensorischer Reize, und keine Halluzinationen gewesen zu sein.

38 In einem Brief an einen Freund (Cecil, 1969).

39 Zitiert von Klaus und Kennell (1976).

40 In Band II der vorliegenden Arbeit wird am Ende des 18. Kapitels von einer 45-jährigen Frau berichtet (nach Moss, 1960), die seit ihrer Kindheit unter einer intensiven Furcht vor Hunden gelitten hatte. Während der Therapie wurde das darauf zurückgeführt, dass ihre Mutter ihr die Schuld am Tod einer jüngeren

Schwester gegeben hatte, zu dem in Wirklichkeit der Hund der Familie beigetragen hatte.

41 Ich bin Robert Weiss dafür zu Dank verpflichtet, dass er meine Aufmerksamkeit auf diese Funde und ihre Implikationen lenkte.

42 Bei den folgenden Generalisierungen habe ich die Arbeiten einer Reihe von Anthropologen herangezogen, die in den letzten Jahren über das Thema geschrieben haben, Raymond Firth, Geoffrey Gorer, David Mandelbaum, Phyllis Palgi und Paul C. Rosenblatt, ebenso wie die klassischen Texte von Durkheim, Frazer und Malinowski. Dank schulde ich auch einem Überblick über *Cross-cultural*-Studien, der gemeinsam von einem Psychoanalytiker und einem Rabbiner unternommen wurde, George Krupp und Bernard Kligfeld.

43 Eine Untersuchung der Entwicklung von Hitlers fanatischem Antisemitismus lässt stark vermuten, dass dieser nach dem Tod seiner Mutter an Krebs im Jahre 1907 begann, als Hitler 18 Jahre alt war. Während ihrer Krankheit war sie von einem jüdischen Arzt behandelt worden. Die Behandlung, die er ihr gab und die durchaus unangebracht gewesen sein könnte, scheint ihr große Schmerzen verursacht zu haben und hat ihren Zustand vielleicht verschlimmert. Auf jeden Fall machte Hitler ihn für den Tod seiner Mutter verantwortlich und betrachtete danach alle Juden als Feinde.

44 Bei der Erörterung der verschiedenen Stadien des Trauerns, die von der jüdischen Religion vorgeschrieben werden, nimmt Pollock (1972) an, dass jedes mit einer der psychologischen Phasen in Verbindung gebracht werden kann, durch die die gesunde Trauer fortschreitet.

45 Der hier wiedergegebene Bericht stammt aus Firths *Elements of Social Organization* (1961), worin Hinweise gegeben werden auf die verschiedenen Bücher und Artikel, in denen er die Tikopia-Gesellschaft beschrieben und analysiert hat.

46 Die Beschreibungen der Träume entsprechen, leicht verdichtet, dem Bericht von Firth. Die Zitate sind die Aussagen des Vaters, wie Firth sie übersetzt hat.

47 Ursprünglich waren 55 angeschrieben worden; von diesen hatten 23 dem Interview zugestimmt, sieben hatten es verweigert, die übrigen waren entweder nicht erreicht worden oder hatten nicht geantwortet. Von den 23 Frauen, die zugestimmt hatten, waren zur Zeit des Interviews drei entweder krank oder abwesend.

48 Für die Literatur über körperliche Krankheit siehe Parkes (1970c).

49 Andere Studien berichten von einer noch höheren Inzidenz depressiver Zustände etwa ein Jahr nach dem Trauerfall. So litten von 132 Witwen in Boston, USA, und 243 in Sydney, Australien, die von Maddison und Viola mittels eines 13 Monate nach dem Trauerfall vorgelegten Fragebogens untersucht wurden, 22 Prozent unter Depression, und mehr als die Hälfte davon wurden für behandlungsbedürftig gehalten. Von 92 älteren Witwen und Witwern, die im Durchschnitt 61 Jahre alt waren, in St. Louis, Missouri, untersucht und 13 Monate nach dem Trauerfall interviewt wurden, wiesen 16 zahlreiche depressive Symptome auf, und zwölf dieser 16 Personen waren während des ganzen Jahres beständig depressiv gewesen (Bornstein *et al.*, 1973).

50 Die von ihnen benutzten Kriterien zur Diagnose von Depression waren die folgenden: Zur Zeit des Interviews gab die Person zu, gedrückter Stimmung zu sein, charakterisiert durch das Gefühl von Depression, Traurigkeit, Verzagtheit, Entmutigung, Schwermut etc., sowie vier der folgenden acht Symptome aufzuwei-

sen: 1. Verlust von Appetit oder Gewicht, 2. Schlafschwierigkeiten, 3. Erschöpfung, 4. Agitation (Gefühl der Ruhelosigkeit) oder Verlangsamung, 5. Verlust des Interesses, 6. Konzentrationsschwierigkeiten, 7. Schuldgefühle, 8. Wunsch, tot zu sein, oder Suizidgedanken.

51 Dass Clayton und ihre Kollegen diese Zustände nicht als Fälle klinischer affektiver Störung klassifizieren, führen Brown und Harris als bestürzendes Beispiel für die logische Verwirrung an, die immer dann entsteht, wenn ätiologische Annahmen in diagnostische Definitionen eingebaut statt unabhängig untersucht werden.

52 Dieser gekürzte Bericht ist entnommen aus Wolff u. a. (1964b), die diese Mutter als Frau Q bezeichnen. Im vorliegenden Band wird sie als Frau *QQ* bezeichnet, um sie von einer hier bereits als Frau Q erwähnten Frau zu unterscheiden.

53 Bei dieser Studie wie auch bei anderen (z. B. Sachar *et al.*, 1967, 1968) ist festgestellt worden, dass die Ausschüttungsquote gewisser Steroide ziemlich übereinstimmend mit dem Ausmaß variiert, in dem ein Mensch sich der stressreichen Situation stellt oder seine Aufmerksamkeit von ihr ablenkt. Obwohl der absolute Spiegel von Person zu Person sehr unterschiedlich ist, ist doch die Ausschüttungsquote wahrscheinlich desto höher, je mehr er sich bemüht, mit der quälenden Situation fertig zu werden. Im Gegensatz dazu zeigen die Quoten keine Korrelation zu dem Ausmaß des offenen Affekts; sie bleiben niedrig *sowohl* bei der chronischen Trauer, bei der der offene Affekt eher groß ist, *als auch* bei längerem Fehlen von Trauer, wenn nur geringe oder keine Äußerung von offenem Affekt stattfindet. Übereinstimmend mit diesen Funden war die Ausscheidungsquote dieser Steroide bei Frau QQ niedrig, als ihre Aufmerksamkeit von ihrem Sohn abgelenkt und auf ihre eigenen Leiden gerichtet war, und wies einen deutlichen Anstieg auf während der letzten beiden Tage, in denen sich ihre Haltung änderte und sie sich intensiv mit dem Kind beschäftigte.

54 Dieser Patient wurde während einer früheren Untersuchung von Parkes (1965) gesehen, bei der er Patienten interviewte, die in einem psychiatrischen Krankenhaus waren, und zwar wegen eines Zustandes, gewöhnlich depressiv, der sich innerhalb von sechs Monaten nach einem Trauerfall entwickelt hatte. Der Bericht ist unverändert entnommen aus Parkes (1972, S. 112f).

55 Informationen über Frau J finden sich in Parkes (1972, S. 48, 81, 89 und 125) sowie in einer persönlichen Mitteilung. Weitere Hinweise auf den Fall stehen in Kapitel 11.

56 Dieser Bericht ist eine neu geschriebene Version des von Parkes (1970a) gegebenen.

57 Gardner und Pritchard (1977) beschreiben sechs Fälle, in denen der Hinterbliebene den Leichnam des Verstorbenen für Zeiträume zwischen einer Woche und zehn Jahren im Hause behielt. Von diesen Personen waren zwei manifest psychotisch, eine war eine ältere und exzentrische Witwe, die ein Einsiedlerleben führte. Die drei anderen jedoch waren ledige Männer, deren Mutter, mit der alle drei stets zusammengelebt hatten, gestorben war. Einer von ihnen, der den Leichnam für zwei Jahre behalten hatte, ehe dieser von einem Fensterputzer entdeckt wurde, hatte das Schlafzimmer seiner Mutter zu einem Weiheraum gemacht und erklärte: „Ich konnte nicht akzeptieren, dass sie gestorben war, ich wollte, dass alles weiterging wie immer."

58 Ein ausführlicher Bericht findet sich in Bowlby (1963). Weitere Feststellungen

aus diesem Fall einer Mutter und ihres Sohnes, die als Frau Q und Stephen bezeichnet sind, stehen in Band II der vorliegenden Arbeit in den Kapiteln 15 und 20.

[59] Der folgende Bericht, zur Vermeidung von Theorie neu formuliert, ist entnommen aus dem Anhang zu Wolff et al., (1964b).

[60] Dies ist eine freie Wiedergabe eines von Parkes beschriebenen Falles (1972, S.140f).

[61] Dieser ebenfalls neu formulierte Bericht stammt von Wolff u. a. (1964b).

[62] Informationen über die Beziehung zwischen Julia und ihrer Mutter werden in Kapitel 12 gegeben.

[63] Nicht alle Reaktionen auf den Tod von Haustieren jedoch sind gesund. Sowohl Keddie (1977) als auch Rynearson (1978) berichten von Fällen chronisch gestörter Trauer nach dem Tod eines Haustieres. In den von Rynearson beschriebenen drei Fällen erwachsener Frauen schien sich jede der Patientinnen in der Kindheit einem Haustier als Ersatz für eine extrem unglückliche Beziehung zur Mutter zugewandt zu haben. In allen Fällen war die gestörte Reaktion auf den Verlust des Haustiers eine Reflexion der intensiv schmerzlichen Erfahrungen, die die Patientinnen mit ihren Müttern gemacht hatten, ehe sie schließlich an der Beziehung verzweifelt waren und sich stattdessen dem Haustier zugewandt hatten.

[64] Ich schulde Emmy Gut Dank für diesen Erklärungsvorschlag.

[65] Frau M, die ein paar Monate zuvor einen älteren Bruder verloren hatte und wenige Tage später einen nahen Freund, gehörte zu einer Gruppe von Witwen, für die eine ungünstige Prognose gestellt worden war und die bereit waren, während der ersten Trauermonate therapeutische Interviews zu erhalten. Raphaels Projekt wird in der zweiten Hälfte des nächsten Kapitels beschrieben. Der obige Bericht über Frau M ist eine freie Wiedergabe von Raphaels Bericht.

[66] James Barrie, der Autor von *Peter Pan*, berichtet, wie er vom Alter von sechseinhalb Jahren an versuchte, den Platz eines verstorbenen älteren Bruders einzunehmen, dessen Tod seine Mutter gebrochen hatte. Der ältere Bruder, David, kam im Alter von elf Jahren durch einen Unfall beim Schlittschuhlaufen ums Leben. David war das zweite von acht Kindern gewesen und stets der Liebling seiner Mutter. Sie hegte großen Ehrgeiz für ihn. Ruhig, fleißig und erfolgreich in der Schule, war er für das geistliche Amt bestimmt. Nach seinem plötzlichen Tod wurde die Mutter bettlägerig und auf Dauer invalide; sie überließ es einem älteren Mädchen, als Mutter für die jüngeren Kinder zu wirken.

Barrie berichtet von seinen Versuchen, David zu ersetzen. Es begann kurz nach dem Verlust. Seine Mutter lag zu Bett und hielt das Taufkleid in der Hand, in dem alle Kinder getauft worden waren. James schlich herein und hörte seine Mutter ängstlich fragen: „Bist du das! Bist du das?" Da er glaubte, sie wende sich an seinen toten Bruder, antwortete James mit einer kleinen, einsamen Stimme: „Nein, er ist es nicht, ich bin es nur." Später sagte ihm seine Schwester, er solle die Mutter dazu bringen, über David zu sprechen; und das tat sie dann auch, und zwar so sehr, dass ihre Inanspruchnahme durch den toten Jungen James das Gefühl gab, völlig ausgeschlossen zu sein. Von da an war James nach den Worten seiner Biographin Janet Dunbar (1970, S.22) „von dem intensiven Wunsch besessen, David so ähnlich zu werden, dass seine Mutter den Unterschied nicht sehe."

Es scheint, dass an der Festlegung von James' Rolle, David zu personifizieren, seine Schwester, seine Mutter und er selbst einen gewissen Anteil hatten. Natürlich gab diese Rolle James einen Zugang zu seiner Mutter, den er sonst nicht gehabt hätte. Außerdem handelte er als Vertrauter seiner Mutter fast wie ein Hinterbliebenenberater; aufmerksam lauschte er ihren langen Berichten über ihre eigene gestörte Kindheit. Als sie acht Jahre alt gewesen war, war ihre eigene Mutter gestorben, und sie hatte die Rolle der „kleinen Mutter" für ihren Vater und ihren jüngeren Bruder übernommen, der ebenfalls David hieß. Man sollte daran denken, dass die obigen Informationen, da sie aus einem von Barrie selbst über seine Mutter geschriebenen Buch stammen, durchaus voreingenommen sein könnten, wissentlich oder unwissentlich.

Als Erwachsener hatte Barrie viele emotionale Probleme. Seine Ehe blieb unvollzogen. Einerseits entwickelte er starke platonische Beziehungen zu verheirateten Frauen; auf der anderen Seite entwickelte er eine zwanghafte Fürsorge, vor allem für fünf Jungen, die Waisen waren und denen gegenüber er sich überaus Besitz ergreifend verhielt. Ein Freund, der ihn gut kannte, schrieb: „... er wirkt auf mich mehr als alt, ja ich frage mich, ob er überhaupt je ein Junge *war*." Es ist nicht schwer, in seinen Stücken und Geschichten Themen entweder aus der Kindheit seiner Mutter oder aus seiner eigenen Beziehung zu ihr aufzuspüren.

67 Dieser Bericht ist unverändert übernommen aus Parkes (1972, S.60).
68 Weiß wagt die Vermutung, in diesem Zustand seien die Bindungsgefühle auf das Selbst gerichtet worden, und er schlägt als mögliche Beschreibung „narzisstische Bindung" vor. Ich bezweifle jedoch, dass das eine brauchbare Formulierung ist. Er gibt keinen klaren Beweis dafür, dass Bindungsgefühle tatsächlich auf das Selbst gerichtet sind – nur dafür, dass die betreffende Person behauptet, völlig frei von Bindungen an andere zu sein, und auch so handelt.
69 Keddie (1977) und Rynearson (1979) berichten von jeweils drei Fällen, sämtlich Frauen. In einem Falle hatte die Patientin im Alter von drei Jahren eine tiefe Bindung an einen jungen Hund entwickelt, den sie kurz nach dem Verlust beider Eltern durch das Zerbrechen der Ehe bekommen hatte. In drei Fällen waren die Patientinnen wiederholt von ihren Müttern abgelehnt worden und hatten sich stattdessen einem Hund oder einer Katze zugewandt. In zwei Fällen scheinen die Patientinnen das Haustier als stellvertretend für ein Kind angesehen zu haben, die eine nach dem Verlust eines Sohnes im Säuglingsalter, die andere nach einer frühen Hysterektomie.
70 Wann immer ein Vergleich angestellt wird zwischen der Inzidenz eines potentiell pathogenen Faktors in einer Gruppe von Patienten und seiner Inzidenz in der gesamten Population, der die Patienten entnommen sind, wird der Unterschied zwischen beiden wahrscheinlich unterschätzt, und zwar deshalb, weil nicht als solche erklärte Fälle des Zustandes in der Vergleichsgruppe vorliegen können.
71 Die Kriterien für kurzfristige Vorwarnung waren die weniger als zwei Wochen vorher erfolgte Warnung, der Zustand des Ehegatten werde wahrscheinlich zum Tode führen, und/oder die weniger als drei Tage zuvor erfolgte Warnung, der Tod stehe unmittelbar bevor.
72 Parkes bezeichnet diese Witwe als Frau Q, doch um ein mehrmaliges Vorkommen dieses Buchstabens zu vermeiden, nenne ich sie hier Frau Z. Ein umfassenderer Bericht über die Ehe von Frau Z wird in Kapitel 11 gegeben.
73 In Großbritannien wurden diese Probleme von der Royal Commission on One Parent Families untersucht (Königl. Komm. für allein erziehende Eltern; A. d. Ü.),

deren Bericht zahlreiche Empfehlungen ausspricht (Finer Report, H.M.S.O. 1974).

[74] Unterschiedliche Feststellungen in beiden Städten betrafen die Tatsache, dass in Boston nicht aber in Sydney, Witwen mit ungünstigem Ausgang fanden, ihre emotionalen Bedürfnisse seien nicht erfüllt worden; dies waren vor allem ihr Bedürfnis nach Ermutigung und Verständnis, um ihnen zu helfen, Kummer und Zorn zu äußern, und ihr Bedürfnis nach Gelegenheiten, ausführlich und detailliert über ihren Verlust zu sprechen. Diejenigen mit gutem Ausgang dagegen äußerten keine derartigen ungestillten Bedürfnisse. (Merke: In Band I, Kapitel 8, dieser Arbeit wird darauf hingewiesen, dass „Bedürfnis" zweideutig und daher zu vermeiden ist. In dem Zusammenhang, in dem Maddison es verwendet, ist es synonym mit Wunsch.)

[75] Die Einschätzungsinterviews wurden so spontan und zeitlich unbegrenzt durchgeführt wie irgend möglich und dauerten gewöhnlich mehrere Stunden. Es wurde ein Interviewplan benutzt, der sechs Arten von Information abdecken sollte: (a) demographische, (b) eine Beschreibung der Ursachen und Umstände des Todes, die dann zu einer Erörterung der dadurch ausgelösten Gefühle führte, (c) eine Beschreibung der Ehe, (d) das Vorkommen weiterer Todesfälle im gleichen Zeitraum und andere größere Lebensveränderungen, (e) das Ausmaß, in dem Angehörige, professionelle Helfer und andere Personen als hilfreich empfunden worden waren oder nicht, (f) Ausfüllen eines Kontrollbogens, auf dem bewertet werden konnte, ob derartiger Austausch stattgefunden hatte und, falls ja, ob er als hilfreich, nicht hilfreich oder keines von beiden empfunden worden war, und falls nein, ob ein solcher Austausch erwünscht gewesen wäre oder nicht. Da die meisten Witwen gern bereit waren, ihre Erfahrungen zu besprechen, wurde der größte Teil dieser Informationen spontan gegeben. Wenn das nicht der Fall war, brachte der Interviewer relevante Punkte zur Sprache und sagte, es gäbe Dinge, die andere Frauen nach einem Trauerfall erlebt hätten, und ob dies wohl auch für die Witwe gelte, die gerade interviewt wurde.

Ein wahrscheinlich ungünstiger Ausgang wurde vorausgesagt, wenn die Interviewdaten ergaben, dass eines oder mehrere der folgenden Kriterien erfüllt waren:

1. zehn oder mehr Beispiele dafür, dass die Witwe das Gefühl hatte, der Austausch mit anderen Menschen sei nicht hilfreich gewesen oder ihre Bedürfnisse seien nicht erfüllt worden;
2. zehn oder mehr Beispiele dafür, dass die Witwe das Gefühl hatte, der Austausch mit anderen Menschen sei nicht hilfreich gewesen, kombiniert mit einer Todesart, die als belastend für die Hinterbliebene beurteilt wurde;
3. die Witwe hatte innerhalb von drei Monaten vor oder nach dem Verlust noch einen oder mehrere weitere Stressoren erlitten;
4. Zusammentreffen einer belastenden Todesart, einer Ehe, die der Form nach als pathologisch beurteilt wurde, und des Gefühls der Witwe, mindestens eines ihrer Bedürfnisse sei nicht erfüllt worden.

Kriterium 1 wurde von den Antworten abgeleitet, die auf dem während des Einschätzungsinterviews verwendeten Kontrollbogen angekreuzt worden waren. Die Zuverlässigkeit von Beurteilungen anhand der Kriterien 2, 3 und 4 wurde überprüft und erwies sich als zufrieden stellend im Hinblick auf Urteile über das

Auftreten zusätzlicher Stressoren und auch über eine pathologische Form der Ehe. (Die Korrelationen der Urteile dreier voneinander unabhängiger Gutachter über diese Kriterien betrugen 95 Prozent.) Die Zuverlässigkeit der Beurteilungen der Todesarten war jedoch nicht zufrieden stellend (Korrelation 65 Prozent). Über die Hälfte der Witwen, bei „denen ein schlechter Ausgang als wahrscheinlich angesehen wurde, wurden anhand von Kriterium 1 ausgewählt.

[76] Von den vier benutzten Kriterien war das für einen ungünstigen Ausgang aussagekräftigste das Kriterium 1 (zehn oder mehr Beispiele dafür, dass die Witwe entweder den Austausch mit anderen Personen als nicht hilfreich empfunden oder das Gefühl gehabt hatte, ihren Bedürfnissen sei nicht entsprochen worden). Kriterium 1 war auch mit der Wirksamkeit der Beratung verbunden: Witwen, bei denen auf der Grundlage dieses Kriteriums ein schlechter Ausgang vorhergesagt worden war, erwiesen sich als diejenigen, denen die Beratung am meisten geholfen hatte.

[77] Bei den 31 Witwen, denen eine Beratung angeboten worden war, reichte die Anzahl der Interviews von eins bis acht; am häufigsten waren es vier. Von den 27, die ebenfalls weiterverfolgt wurden, waren zehn mindestens einmal in Gegenwart minderjähriger Kinder interviewt worden, in einigen Fällen auch in Gegenwart anderer Angehöriger oder Nachbarn. Bei weiteren zwei Personen waren Angehörige oder Nachbarn bei mindestens einer Gelegenheit zugegen gewesen (persönliche Mitteilung).

[78] Eine ähnliche, wenn auch aktivere Technik, abgeleitet von der Pionierarbeit von Paul und Grosser (1965) und von denselben Prinzipien ausgehend, hat sich als wirksam erwiesen, um Patienten zu helfen, die mit den verschiedensten klinischen Syndromen in eine psychiatrische Klinik eingewiesen wurden und deren Krankheit sich nach einem Trauerfall entwickelt hatte (Lieberman, 1978). In diesen wie in vielen ähnlichen Fällen waren die Symptome von dem Einweisenden oder dem ersten psychiatrischen Interviewer gewöhnlich nicht mit dem Verlust in Zusammenhang gebracht worden. Siehe auch die von Sachar u. a. (1968) bei einer kleinen Gruppe depressiver Patienten angewandte therapeutische Technik.

[79] Die folgende Tabelle zeigt die Anteile jeder der beiden Gruppen, die diese Merkmale beim *follow-up* nach zwei bis vier Jahren aufwiesen.

Zustand	Gruppe von Witwen und Witwern		
	Viele Meinungsverschiedenheiten	Wenig oder keine Meinungsverschiedenheiten	P-Wert
Sehnsucht	63%	29%	<0.05
Depression	45%	14%	<0.05
Angst	82%	52%	<0.05
Schuld	63%	33%	<.005
mäßige bis schlechte körperliche Gesundheit	39%	10%	0.05
N	38	21	

80 Dieser Bericht ist unverändert übernommen aus Parkes (1972, S. 135ff). Um die doppelte Verwendung von Buchstaben zu vermeiden, nenne ich diese Witwe Frau Z (statt Frau Q wie im Original). Ein kurzer Hinweis auf diesen Fall steht in Kapitel 10.
81 Freie Wiedergabe eines Berichts von Parkes (1972, S. 109f und 125ff).
82 St. Christopher's Hospice in Südlondon ist dazu bestimmt, Sterbenden auf humane Weise die letzte Pflege zuteil werden zu lassen und auch die Hinterbliebenen zu stützen.
83 In der traditionellen Terminologie würde man sagen, dass Sehnsucht und Vorwurf verschoben und verdrängt werden.
84 Für einen umfassenden Überblick über das psychoanalytische Denken hinsichtlich depressiver Störungen siehe Mendelson (1974).
85 Eine neuere Untersuchung der Reaktionen von Analysanden auf den Tod ihres Analytikers von Lord, Ritvo und Solnit (1978) zeigt eine starke Assoziation zwischen einer Geschichte von Verlust und Deprivation in der frühen Kindheit und Trauerstörungen. Von 27 untersuchten Patienten reagierten zehn mit „komplizierter und verlängerter Trauer" und elf mit „normaler" Trauer. Alle zehn Patienten der ersten Gruppe waren „bedeutsamer emotionaler Deprivation" ausgesetzt gewesen, wozu entweder tatsächliches oder psychologisches Verlassenwerden gehörte oder auch beides. Im Gegensatz dazu war die Inzidenz solcher Erfahrungen bei Personen, die mit normaler Trauer reagierten, wesentlich geringer.
86 In der Harvard-Studie über Trauerfälle berichten Parkes *et al.*, dass die Personen, die hohe Ambivalenzwerte aufwiesen (siehe Kapitel 11), mit signifikant höherer Wahrscheinlichkeit Eltern hatten, die getrennt oder geschieden waren, als die Personen mit einem niedrigen Wert; die Inzidenz betrug 27 Prozent bzw. 0 Prozent. Ein signifikanter Unterschied bestand auch in Bezug auf den Verlust der Mutter durch Tod; hier lag die Inzidenz bei 33 bzw. bei 17 Prozent. Im Gegensatz dazu war die Inzidenz des Verlustes des Vaters durch Tod umgekehrt, nämlich 7 Prozent bzw. 30 Prozent.
87 Freie Wiedergabe eines Berichts von Volkan (1975, S. 340–344).
88 Freie Wiedergabe des Berichtes von Bemporad (1971).
89 Seit der Niederschrift von Kapitel 19, Band II, in dem enge Verbindungen zwischen phobischen Zuständen in Kindheit und Erwachsenenalter diskutiert wurden, ist weiteres Datenmaterial veröffentlicht worden. In einer *Follow-up*-Studie an 100 Adoleszenten, die wegen Schulphobie behandelt worden waren, stellte sich heraus, dass nach einem Intervall von durchschnittlich drei Jahren etwa ein Drittel unter schweren emotionalen Störungen litt; dazu gehörten auch sechs Jugendliche (fünf Mädchen und ein Junge), die schwere und dauerhafte agoraphobische Symptome entwickelt hatten (Berg u. a., 1976). Bei einer anderen Untersuchung wurde festgestellt, dass von den 11- bis 15-jährigen Kindern einer Gruppe agoraphobischer Frauen nicht weniger als 14 Prozent an einer Schulphobie litten. Bei den Müttern dieser Kinder lag mit größerer Wahrscheinlichkeit als bei anderen Müttern ebenfalls eine Vorgeschichte von Schulphobie in der Kindheit vor (Berg, 1976). Diese Funde sprechen stark für die Annahme, dass die beiden Zustände psychopathologisch vieles gemeinsam haben.
90 Dieser Bericht ist eine gekürzte Wiedergabe eines recht umfangreichen Fallberichts von Lind (1973), bei dem sie Bezug nimmt auf Material aus dem Überweisungsschreiben, aus kurzen Notizen nach jeder der insgesamt 19 zweimal

wöchentlich stattfindenden therapeutischen Sitzungen und aus einem Bericht, den der Patient selbst nach dem Ende der Behandlung schrieb. Darin schildert er seine Verfassung vor und nach der Behandlung. Das historische Material, so merkt sie an, „wurde erst nach seiner Veränderung in mehr als fragmentarischer Weise mitgeteilt". Vom wissenschaftlichen Standpunkt aus liegt ein großer Mangel darin, dass alle Informationen über die Kindheit des Patienten von diesem selbst stammen und daher unbestätigt bleiben.

91 Die Diskussion der Psychopathologie dieses Patienten in den Begriffen der in Kapitel 4 skizzierten Theorie erfolgt gegen Ende des nächsten Kapitels.

92 Tagebuchauszug nach dem Tod von Lytton Strachey (D. Garnett, Hrsg., 1970).

93 Die hier vorgetragene Auffassung hat einige Elemente mit der von Sullivan gemeinsam, wie sie von Mullahy (siehe Sullivan, 1953) verdeutlicht wird, nämlich dass die Art, wie ein Kind sich selbst einschätzt, die Art widerspiegelt, wie es von den bedeutsamen Erwachsenen in seinem Leben eingeschätzt wird. Es gibt jedoch einen Unterschied. Während Sullivan annimmt, dass ein Kind solche Ansichten passiv akzeptiert, teilweise, weil es ihm an Erfahrung fehlt, etwas anderes zu tun, teilweise, weil es die Konsequenzen eigenen Denkens fürchtet, wird in der hier vertretenen Auffassung postuliert, dass ein Kind nicht nur die Einschätzungen anderer passiv akzeptiert, sondern auch aktiv zu seinen eigenen Einschätzungen, möglicherweise zu völlig anderen, seiner selbst und anderer Personen gelangt.

94 Lewis, *Surprised by Joy*, 1955. Siehe auch die Erinnerungen seines älteren Bruders im Vorwort zu *Letters* (W. H. Lewis, Hrsg., 1966).

95 Eine Schilderung dieses Tests findet sich in Band II, Kapitel 17. Das Prinzip, nach dem er angelegt ist, besteht darin, der Person eine Reihe von Bildern zu zeigen, die die verschiedensten Situationen darstellen, in denen ein Individuum von gleichem Alter und Geschlecht wie die Person eine Trennung, einen Verlust oder die Gefahr eines Verlusts erlebt. Dann wird die Person gefragt, ob sie je eine derartige Situation erlebt habe, und wenn ja, wie sie sich gefühlt und gehandelt habe. Wenn sie keine derartige Erfahrung gemacht hat, wird sie gebeten, sie sich vorzustellen und zu sagen, wie sie wohl fühlen und handeln würde. Eine für fünfjährige Kinder geeignete Version dieses Tests ist entwickelt und vorläufige Funde sind mitgeteilt worden von Klagsbrun und Bowlby (1976).

96 Entwurf G, etwa Januar 1895, *Aus den Anfängen der Psychoanalyse,* Imago Publishing, London, 1950.

97 Um meine Überzeugung widerzuspiegeln, dass es echte Artunterschiede gibt zwischen klinischer Depression und einer normalen depressiven Stimmung, bezeichne ich im Folgenden die klinischen Zustände, die manchmal „klinische Depressionen", manchmal „klinische depressive Zustände" oder auch „depressive Erkrankungen" genannt werden, als „depressive Störungen". Meine Gründe für die Verwendung dieser Terminologie sind folgende: Erstens glaube ich, dass die klinischen Zustände am besten als gestörte Formen von etwas zu verstehen sind, das sonst eine gesunde Reaktion ist; zweitens ist der Begriff Störung zwar mit dem medizinischen Denken vereinbar, aber nicht spezifisch an das medizinische Modell gebunden wie die Begriffe „klinisch" und „Erkrankung".

98 Ein häufiges Motiv, warum ein Elternteil, gewöhnlich die Mutter, auf diese Weise mit dem Kind spricht, liegt darin, dass sie sicherstellen will, dass das Kind zu Hause bleibt und sich um sie kümmert (wie in Kapitel 12 in dem Abschnitt „Er-

fahrungen, die zu zwanghafter Fürsorge disponieren" beschrieben). Diese Art von Druck wird oft ganz irreführend fälschlich als übermäßiges Beschützen, als *overprotection*, betrachtet.

Berücksichtigt man diese falsche Kennzeichnung, so sieht man, dass die von Parkes (1979) erreichten Schlussfolgerungen mit den oben postulierten Arten von Kindheitserfahrungen übereinstimmen. Aufgrund einer Fragebogenuntersuchung an 50 depressiven Patientinnen und 50 Kontrollen kommt er zu dem Schluss, dass die depressiven Patientinnen mit signifikant größerer Wahrscheinlichkeit als die Kontrollen von ihren Müttern meinten, diese hatten sie mit einer *Kombination* aus „geringer Fürsorge" und „starker *overprotection*" behandelt. Die Zahlen betragen 60 Prozent bzw. 24 Prozent.

[99] Da es zum Zweck der Forschung wesentlich war, den Zeitpunkt des Beginns der Symptome genau aufzuzeichnen, benutzten die Untersucher eine besondere Interviewmethode, die auch für die Patientinnengruppe verwendet wurde. Eine Überprüfung ihrer Gültigkeit, bei der das von einer Patientin genannte Datum des Beginns mit dem unabhängig davon von einem Angehörigen genannten Datum verglichen wurde, erwies sich als zufrieden stellend.

[100] In einer vergleichbaren Studie von Paykel (1974) wurden zwei Drittel der Ereignisse, die als dem Auftreten einer depressiven Erkrankung vorausgehend erkannt wurden, als „Abgänge" (exits) klassifiziert, was ungefähr dem entspricht, was Brown und Harris als Verlust oder erwarteten Verlust bezeichnen.

In einer anderen Studie jedoch, die von einer Gruppe unter William Bunney durchgeführt wurde (Leff, Roatch und Bunney, 1970), wurden die am häufigsten vor dem Beginn einer Depression auftretenden Ereignisse als „Bedrohungen der sexuellen Identität" beschrieben; die nächsten in der Reihenfolge der Häufigkeit waren „Veränderungen in der ehelichen Beziehung". Außer bei sieben Patienten, die den Tod eines nahe stehenden Menschen erlebt hatten, wurde die Kategorie des Verlusts nicht benutzt. Eine Durchsicht ihrer Daten zeigt jedoch, dass in einer Reihe von Fällen, etwa bei Scheidung, Trennung von einem Freund oder Verlassenwerden, das betreffende Ereignis ebenso gut oder noch besser als Verlust hätte kategorisiert werden können.

[101] Jahrestage standen nicht auf der von Brown und Harris benutzten Liste vorher definierter Ereignisse. Sie wurden ausgelassen wegen der methodologischen Schwierigkeiten, systematische Informationen darüber einzuholen, und nicht, weil sie für unwesentlich gehalten worden wären (persönliche Mitteilung).

[102] Berichtet in Friedman und Katz (1974, S. 151).

[103] Perioden der Evakuierung während des Krieges wurden nicht berücksichtigt, weil nicht bei allen Personen Informationen darüber eingeholt worden waren. Einzelheiten siehe in Brown u. a. (1977).

[104] Mit Sicherheit kommen solche Veränderungen bei Affenbabys vor. McKinney (1977) berichtet beispielsweise in einer Übersicht über Studien tierischer Modelle depressiver Störungen, dass bei viermonatigen Rhesusaffen, die sechs Tage lang von ihren Müttern getrennt waren, größere Veränderungen festgestellt wurden sowohl im peripheren als auch im zentralen Hirn-Amin-System der Tiere.

[105] Eine derartige Studie wurde 1976 von Dr. Beverly Raphael in Sydney, Australien, begonnen. Die Feststellungen der Pilotphase, beschrieben in Raphael u. a. (1978), stimmen mit den in diesem und in späteren Kapiteln vorgenommenen Generalisierungen überein.

106 Kurz vor Drucklegung dieses Bandes wurde ich auf die Veröffentlichung eines anderen größeren Werks von einer Klinikerin aufmerksam gemacht, Lora Heims Tessman (1978), die sich mit den Reaktionen von Kindern und Adoleszenten auf den Verlust eines Elternteils befasst. Obwohl die Arbeit sich hauptsächlich mit dem Verlust durch Scheidung beschäftigt, gibt es auch ein langes Kapitel über den Verlust durch Tod.
107 Als er ein Porträt seiner Mutter erhielt, die gestorben war, als er kaum sechs Jahre zählte.
108 Der Fall Wendy ist eine gekürzte Fassung eines Berichts in einer Schrift von Barnes (1964). Der Fall Kathy ist eine gekürzte Fassung eines ebenfalls von Barnes stammenden Berichts in dem Buch von Furman (1974, S. 154–162).
109 Angesichts der unsicheren Gesundheit der Mutter scheint eher möglich zu sein, dass die Hauptquelle von Wendys Angst in Hinweisen bestand, die sie Äußerungen der Großmutter oder des Vaters oder auch der Mutter selbst entnommen hatte, sie seien besorgt über den Zustand der Mutter (siehe Band II, Kapitel 18).
110 Wahrscheinlich könnte die offene Bevorzugung Kathys durch den Vater die Erklärung für einige von Teds Problemen sein (J. B.).
111 Zum Glück wusste Bess' Vater, wie er zu reagieren hatte. Freundlich gab er zur Antwort: „Wenn wir Mami so sehr vermissen, möchten wir gerne glauben, dass sie nicht wirklich tot ist. Sicher wird das ein trauriges Abendessen für uns beide." (S. 24f).
112 Wendys aus Hoffnungen und Erwartungen entstandene Fehldeutung hat eine fast exakte Parallele in der Erfahrung einer Witwe mittleren Alters, deren Mann auf der Straße ganz plötzlich an einem Herzanfall gestorben war. Sieben Monate nach seinem Tod kam ein Polizist zu ihr in die Wohnung und teilte ihr mit, ihr Mann habe einen kleinen Unfall gehabt und sei ins Krankenhaus gebracht worden. Sofort dachte sie bei sich, wie recht sie daran getan habe, die ganze Zeit zu glauben, ihr Mann sei doch noch am Leben, und sie habe nur geträumt, er sei tot. Einen Augenblick später jedoch, als ihre Zweifel wuchsen, fragte sie den Polizisten, zu wem er denn wolle; es stellte sich heraus, dass es sich um ihre Nachbarin handelte.
113 Gut erörtert werden diese praktischen Probleme von Furman (1974, S. 26 und 68).
114 Dieses Beispiel, ebenso wie der Hinweis auf Richard Steele, ist entnommen aus Mitchell (1966).
115 Beispiele werden in den Kapiteln 21 und 22 angeführt. Siehe auch den Fall einer Frau, die unter einer Hundephobie litt, berichtet von Moss (1960) und am Ende von Kapitel 18 in Band II beschrieben.
116 In Großbritannien ist der Anteil der Todesfälle durch Unfall oder Suizid in den jüngeren Altersgruppen viele Male höher als in den älteren. Tabelle 6 zeigt die Prozentsätze von Männern und Frauen unter 45 Jahren und solchen zwischen 45 und 64 Jahren, die im Jahre 1973 starben.

Altersgruppe	% der Todesfälle durch	
	Unfall	Suizid
15–44	20,6	6,5
45–64	1,9	1,3

Die Zahlen sind entnommen aus der Registrar-General's Statistical Review für England und Wales für 1973 (H.M.S.O. 1975).
[117] Zitiert von Raphael (1973).
[118] Die Anzahl der Patienten in jeder Stichprobe betrug:

Geschlecht	Anzahl der Patienten mit Verlust von			
	Vater	Mutter	keinem von beiden	Gesamt
Männlich	9	6	157	172
Weiblich	20	17	257	294
Gesamt	29	23	414	466

[119] Obwohl keine der anderen Unterschiede zwischen den Mittelwerten statistische Signifikanz erreichte, ist es bemerkenswert, dass sechs männliche Patienten, die die Mutter verloren hatten, einen relativ niedrigen Wert für Abhängigkeit und einen hohen Wert für Selbstgenügsamkeit aufwiesen. Dies legt eine Reaktion in Richtung auf zwanghafte Selbstgenügsamkeit nahe. Die männlichen Patienten wiesen also das umgekehrte Bild auf wie die weiblichen.
[120] Von einem elfjährigen Mädchen, dessen Eltern für einige Jahre im Ausland waren.
[121] Birtchnell zeigte in dieser Untersuchung Folgendes: Wenn eine Stichprobe psychiatrischer Patienten, die einen frühen Verlust durch Tod erlitten hatten, mit einer Kontrollgruppe aus der allgemeinen Population verglichen wurde, wies Erstere eine Überrepräsentation älterer Geschwister auf, die dem gleichen Geschlecht angehörten wie der verstorbene Elternteil und die auch jüngere Geschwister hatten, welche versorgt werden mussten.
[122] In einer längeren Schrift beschreibt Wolfenstein (1969) beispielsweise den Fall von Mary, die im Alter von 19 Jahren zur Behandlung kam, weil sie depressiv war, Gefühle von Derealisation hatte und dachte, die beste Lösung für alle wäre es, wenn sie sich umbrächte. Ihr Vater war fünf Jahre zuvor gestorben. Marys Beziehung zu ihrer Mutter war nie glücklich gewesen; in der Beschreibung der Mutter heißt es, sie habe „depressive Tendenzen" und neige dazu, „das Kind durch langes Schweigen zu bestrafen" (S. 444). In ihren Kommentaren äußert Wolfenstein die Überzeugung, Marys Probleme mit ihrer Mutter, zusammen mit zwei kurzen Hospitalisierungen vor dem Alter von vier Jahren, hätten Marys Vertrauen zu ihrer Mutter bereits vor dem Tod des Vaters erschüttert. Trotzdem jedoch schließt sie ihre Schrift mit der Generalisierung, dass „Trauer als schmerzlicher, aber adaptiver Prozess des allmählichen Rückzugs der Besetzung des verlorenen Objekts erst nach dem Durchlaufen der Adoleszenz als Mittel zur Verfügung steht" (S. 457). In Kapitel 21 des vorliegenden Bandes wird von einem anderen adoleszenten Mädchen berichtet, das von Wolfenstein behandelt wurde, bei dem Umgebungsfaktoren ebenfalls eine große Rolle bei der Bestimmung des Ausgangs gespielt zu haben scheinen.
[123] Im Original dieses Berichts wird der Junge als Patrick bezeichnet. Der Name wurde hier in Peter geändert, um eine Verwechslung mit dem dreijährigen Kind zu vermeiden, das in den Kapiteln 1 und 23 erwähnt wird.
[124] Diese Information, hier in Winnicotts Worten wiedergegeben, lieferte Peter während seines zweiten Interviews bei Winnicott. Einen großen Teil dieser In-

formation hatte Peter erhalten, als er sich nach dem ersten Interview mit seiner Mutter unterhielt. Die Mutter, verblüfft über die Veränderung Peters nach seinem ersten Kontakt mit Winnicott, hatte angefangen, sich an Ereignisse aus Peters Kindheit zu erinnern, und auch bei einer Freundin Informationen eingeholt. Dann hatte sie Peter erzählt, was geschehen war, und er hatte offenbar höchstes Interesse dafür gezeigt.

125 Es scheint, als habe sie die Aspirintabletten im Laufe von drei Tagen eingenommen.

126 In Kapitel 4 wird angenommen, dass diese Erinnerungen sequentiell in einer speziellen Form gespeichert wird, von Tulving (1972) als episodische Speicherung bezeichnet.

127 Ihren Vater, der kurz nach ihrer Geburt umgekommen war, hatte sie nie gekannt; nach dem Tod ihrer Mutter soll sie von „wechselnden Pflegeeltern" aufgezogen worden sein.

128 Der Fallbericht sagt nicht, wer Addie zum Grab brachte. Da die Großmutter diesem Gedanken sehr abgeneigt war, ist es wahrscheinlich der Therapeut gewesen.

129 In Roots Bericht ist die Patientin nicht mit einem Pseudonym bezeichnet; hier jedoch wird zur besseren Darlegung und späterer Bezugnahme eines verwendet.

130 Die Theorie adoleszenter Entwicklung, die Wolfenstein in ihrer Schrift aus dem Jahre 1966 übernimmt, hat eine unbeabsichtigte Tendenz zur Unterstützung des Gedankens, ein Adoleszent, der eine zwanghafte Selbstgenügsamkeit entwickelt (oder, in Winnicotts Begriffen, ein „falsches Selbst"), entwickle sich zufrieden stellend. Tränen beispielsweise werden als regressiv bezeichnet; man glaubt, im Verlauf der normalen Entwicklung sei der Jugendliche „gezwungen, ein wichtiges Liebesobjekt aufzugeben", und „die Erfordernisse der Entwicklung verlangten eine radikale Ablösung der Besetzung von den Eltern". Diese Auffassung, dass die Entwicklung des Adoleszenten einen radikalen Rückzug der Bindung von den Eltern verlangt, leitet sich aus der Abhängigkeitstheorie her und wird noch immer häufig vertreten. Wie ich in Kapitel 21 des zweiten Bandes zeige, wird sie von den Funden empirischer Untersuchungen nicht gestützt.

131 Im Original trägt dieses Kind das Pseudonym Ruth, das hier geändert wurde, um Verwechslungen mit dem zuvor erwähnten Fall zu vermeiden. Über die Familienbeziehungen, die Umstände des Suizids der Mutter oder den Grund für Esthers Behandlung werden keinerlei Informationen mitgeteilt.

132 Zur Erleichterung von Verweisen ist auch für diesen Jungen ein Pseudonym gewählt worden.

133 Die Zahlen für England und Wales für das Jahr 1973, entnommen aus dem Registrar-General's Statistical Review (H.M.S.O. 1975), zeigen folgende Prozentsätze für Todesfälle durch Suizid in drei Altersgruppen.

Altersgruppe	Männer	Frauen
15–24 Jahre	6,2 %	7,1 %
25–44	7,0 %	5,8 %
45–64	1,1 %	1,5 %

Diese Zahlen zeigen, dass die Schätzung von Shepherd und Barraclough (1976), der Anteil der Todesfälle von Eltern durch Suizid betrage 2,5 %, zu niedrig ist.

Ihre Schätzung beruht auf der Anzahl überlebender Kinder von 100 Individuen, die Suizid begingen; viele dieser Individuen jedoch waren in einem höheren Alter, als bei einem Kind unter 17 Jahren zu erwarten gewesen wäre.

[134] Dans Alter ist nicht angegeben. Aus der Tatsache, dass er das älteste von sechs Kindern war, und aus anderen Informationen geht hervor, dass er etwa zwischen zehn und 14 Jahre alt war, als seine Mutter Suizid verübte. Da Dan nur wenige Wochen später zum ersten Mal gesehen wurde, war es möglich, ziemlich viele Hintergrundinformationen einzuholen sowohl über den Ablauf der Ereignisse als auch über die emotionalen Probleme der Mutter, und zwar von Dans Vater und anderen Verwandten ebenso wie von Dan selbst.

[135] Dieses Projekt wird im ersten Kapitel von Band II beschrieben; dort erscheinen ausführlichere Berichte über die vier Kinder. Auszüge werden hier wegen der Relevanz des Materials für die augenblickliche Diskussion wiederholt.

[136] Dieser Junge war eines von zehn kleinen Kindern, deren Reaktionen während und nach dem Aufenthalt in einem Kinderheim systematisch beobachtet wurden von meinen Kollegen Christoph Heinicke und Ilse Westheimer. Der hier wiedergegebene, stark gekürzte Bericht entstammt der besonders ausführlichen Darstellung, die die Autoren vorlegen in *Brief Separations* (1966), S. 112–158.

[137] Der folgende Bericht ist entnommen aus dem Führer zum Film von James Robertson (1953) und einer Diskussion der psychologischen Bedeutung von Lauras Verhalten von Bowlby, Robertson und Rosenbluth (1952). Das Kind wurde mit seinen Eltern und den Krankenschwestern des Hospitals gefilmt, wenn diese anwesend waren; außerdem wurde Lauras Verhalten während aller wachen Stunden ihres Aufenthalts beobachtet. Details darüber, wie der Film hergestellt wurde und wieso Laura ausgewählt wurde, sowie über Plan und Methode der Filmarbeit werden in dem Führer angegeben.

[138] Es handelt sich dabei um einen schmerzlosen Zustand, der, wie man heute weiß, gewöhnlich auch unbehandelt in Ordnung kommt. 1951 wurde er häufiger operiert als heute. Die Operation selbst ist ein geringfügiger Eingriff, der häufig ambulant durchgeführt wird.

[139] Ein Bericht über Lucy wird in Kapitel 1 von Band II gegeben. Die Erinnerung an die Mutter war die Mitnahme in einen Park, wo sie früher oft mit der Mutter gewesen war.

[140] In diesem Zusammenhang hat der Begriff „Bild" dieselbe Bedeutung wie der in der vorliegenden Arbeit benutzte Begriff „Vorstellungsmodell".

[141] Dieser Bericht ist eine stark gekürzte Version des Berichts von Heinicke und Westheimer (1966, S. 84–112).

[142] Weil der Sprachgebrauch eines Kindes weit hinter seinem Gebrauch nichtverbaler Repräsentationsmodi zurückbleibt, neigen Erwachsene ständig dazu, die kognitiven Fähigkeiten eines kleinen Kindes zu unterschätzen.

[143] Nach Durchsicht des Datenmaterials schließt Olson: „Die einfachste Verallgemeinerung ist, dass Säuglinge im Alter zwischen drei und sechs Monaten visuelle Stimuli nicht sehr schnell vergessen, wenn sie sie ursprünglich lange genug gesehen haben und relativ wenig spezifische Interferenz vorliegt."

[144] Ein Kind, das zwanghafte Selbstgenügsamkeit entwickelt, mag auch eine Fähigkeit aufweisen, kurze Trennungen mit scheinbarem Gleichmut zu ertragen; das Vorstellungsmodell von seiner Mutter aber, das es vermutlich entwickelt hat, ist natürlich ein ganz anderes.

¹⁴⁵ Diese Beobachtungen, die von H. R. Schaffer berichtet werden (Schaffer, 1958; Schaffer und Callender, 1959), stimmen überein mit denen von Spitz (1946a) in seiner bahnbrechenden Arbeit. Zu den Reaktionen von Säuglingen nach der Übergabe an Adoptiveltern siehe auch Yarrow (1963).

¹⁴⁶ Obwohl McDevitt anmerkt, dass Donna empfindsamer gegenüber dem Kommen und Gehen ihrer Mutter war als andere Kinder, sieht er die Form ihrer Reaktion als typisch für die Entwicklungsphase an, in der sie sich befand.

¹⁴⁷ Experimente von Wright u. a. (1975) legen nahe, dass es ein grundlegendes Charakteristikum der menschlichen Informationsverarbeitung sein könnte, dass die Lokalisation eines Gegenstandes routinemäßig und automatisch codiert und im Gedächtnis gespeichert wird, zusammen mit anderer Information über den Gegenstand. Die Versuche, bei denen Bilder benutzt wurden, wurden mit Kindern und jungen Erwachsenen verschiedener Altersstufen von fünf Jahren bis zu 18 und 23 Jahren durchgeführt und erbrachten auf allen Altersstufen ähnliche Resultate. Es ist daher möglich, dass eine starke Assoziation zwischen Person und Ort ein spezielles Beispiel für eine allgemeine Tendenz ist.

¹⁴⁸ Der hier wiedergegebene Bericht ist ein Auszug aus dem Material, das in Beobachtung 51 auf S. 58f der englischen Übersetzung von 1955 vorgelegt wurde.

Literatur

Ablon, J. (1971). ‚Bereavement in a Samoan Community.' *Brit. J. med. Psychol.* 44: 329–37.
Abraham, K. (1911). ‚Notes on the Psychoanalytical Investigation and Treatment of Manic Depressive Insanity and Allied Conditions.' In Abraham, Selected Papers on Psycho-analysis. London: Hogarth, 1927. New edition, London: Hogarth, 1949; New York: Basic Books, 1953.
- (1942a). ‚A Short Study of the Development of the Libido.' In Abraham, *Selected Papers on Psycho-analysis.* London: Hogarth, 1927. New edition, London: Hogarth 1949; New York: Basic Books,1953.
- (1924b). ‚The Influence of Oral-erotism on Character Formation.' In Abraham, *Selected Papers on Psycho-analysis.* London: Hogarth, 1927. New edition, London: Hogarth, 1949; New York: Basic Books, 1953.
- (1925). ‚Character-formation on the Genital Level of Libido-development.' In Abraham, *Selected Papers on Psycho-analysis.* London: Hogarth, 1927. New edition, London, Hogarth, 1949; New York: Basic Books, 1953.
Adam, K. S. (1973). ‚Childhood Parental Loss, Suicidal Ideation and Suicidal Behaviour.' In E. J. Anthony & C. Koupernik (eds.), *The Child in his Family; The Impact of Disease and Death.* New York and London: John Wiley.
Ainsworth, M. D., & Boston, M. (1952). ‚Psychodiagnostic Assessments of a Child after Prolonged Separation in Early Childhood.' *Brit. J. med. Psychol.* 25: 169–201.
Ainsworth, M. D., Blehar, M. C, Waters, E., & Wall, S. (1978). *Patterns of Attachment: Assessed in the Strange Situation and at Home.* Hillsdale, N. J.: Lawrence Erlbaum.
Albino, R. C.,& Thompson, V. J. (1956). ‚The Effects of Sudden Weaning on Zulu Children.' *Brit. J. med. Psychol.* 29: 177–210.
Anderson, C. (1949). ‚Aspects of Pathological Grief and Mourning.' *Int. J. Psycho-Anal.* 30: 48–55.
Anthony, E. J. (1973). ‚A Working Model for Family Studies.' In E. J. Anthony & C. Koupernik (eds.), *The Child in his Family: The Impact of Disease and Death.* New York & London: John Wiley.
Anthony, S. (1971). *The Discovery of Death in Childhood and After.* London: Allen Lane, The Penguin Press.
Arthur, B. (1972). Parent suicide: A Family Affair. In A. C. Cain (ed.), *Survivors of Suicide.* Springfield, Illinois: C. C. Thomas.
Arthur, B., & Kemme, M. L. (1964). ‚Bereavement in Childhood.' *J. Child Psychol. Psychiat* 5: 37–49.
Averill, J. R. (1968). ‚Grief: Its Nature and Significance.' *Psychol. Bull.* 70: 721–48.

Balint, M. (1952). ‚New Beginning and the Paranoid and the Depressive Syndromes.' In Balint (ed.), *Primary Love and Psycho-Analytic Technique.* London: Hogarth, 1953.
- (1960). ‚Primary Narcissism and Primary Love.' *Psychoanal. Quart.* 29: 6–43.

Barnes, M. J. (1964). ‚Reactions to the Death of a Mother.' *Psychoanal. Study Child.* 19: 334–57.
Barry, H. Jnr., Barry, H. III, & Lindemann, E. (1965). ‚Dependency in Adult Patients following Early Maternal Bereavement.' *J. Nerv. Ment. Dis.* 140: 196–206.
Beck, A. T. (1967). *Depression: Clinical, Experimental and Theoretical Aspects.* London: Staples Press; New York: Harper & Row. Republished by University of Pennsylvania Press with changed subtitle *Depression: Causes and Treatment*, 1972.
Beck, A. T., & Rush, A. J. (1978). ‚Cognitive Approaches to Depression and Suicide.' In G. Serban (ed.), *Cognitive Defects in the Development of Mental Illness.* New York: Brunner Mazel.
Becker, D., & Margolin, F. (1967). ‚How Surviving Parents Handled their Young Children's Adaptation to the Crisis of Loss.' *Amer. J. Orthopsychiat.* 37: 753–57.
Becker, H. (1933). ‚The Sorrow of Bereavement.' *J. Amer. Soc. Psychol.* 27:391–410.
Bedell, J. (1973). ‚The Maternal Orphan: Paternal Perceptions of Mother Loss.' Presented at Symposium on bereavement, New York, Nov. 1973. Foundation of Thanatology.
Bell, S. M. (1970). ‚The Development of the Concept of Object as related to Infant-Mother Attachment.' *Child Dev.* 41: 291–311.
Bemporad, J. (1971). ‚New Views on the Psycho-dynamics of the Depressive Character.' In S. Arieti (ed.), *World Biennial of Psychiatry and Psychotherapy*, Vol. 1. New York: Basic Books.
Bendiksen, R., & Fulton, R. (1975). ‚Death and the Child: An Antero-pective Test of the Childhood Bereavement and Later Behaviour Disorder Hypothesis.' *Omega* 6: 45–59.
Berg, I. (1976). ‚School Phobia in the Children of Agoraphobic Women.' *Brit. J. Psychiat.* 128: 86–9.
Berg, I., Butler, A., & Hall, G. (1976). ‚The Outcome of Adolescent School Phobia.' *Brit. J. Psychiat.* 128: 80–5.
Bernfeld, S. (1925, Eng. trans. 1929). *The Psychology of the Infant.* London: Kegan Paul.
Bibring, E. (1953). ‚The Mechanisms of Depression.' In P. Greenacre (ed.), *Affective Disorders.* New York: International Universities Press.
Binger, C. M., Ablin, A. R., Fuerstein, R. C, Kushner, J. H., Zoger, S., & Mikkelsen, C. (1969). ‚Childhood Leukemia: Emotional Impact on Patient and Family.' *New England J. Med.* 280: 414–18.
Binion, R. (1973). ‚Hitler's Concept of Lebensraum: The Psychological Basis.' *History of Childhood Quarterly* 1: 187–215.
Birtchnell, J. (1971). ‚Early Death in relation to Sibship Size and Composition in Psychiatric Patients and General Population Controls.' *Acta Psychiatrica Scandinavica* 47: 250–70.
– (1972). ‚Early Parent Death and Psychiatric Diagnosis.' *Social Psychiat.* 7: 202–10.
– (1975a). ‚The Personality Characteristics of Early-bereaved Psychiatric Patients.' *Social Psychiat.* 10: 97–103.
– (1975b). ‚Psychiatric Breakdown following Recent Parent Death.' *Brit. J. med. Psychol.* 48: 379–90.
Bond, D. D. (1953). ‚The Common Psychological Defense to Stressful Situations

and the Patterns of Breakdown when they Fail.' In *Symposium on Stress*, sponsored jointly by the Division of Medical Sciences National Research Council and the Army Medical Service Graduate School, Walter Reed Army Medical Center, Washington D. C., March 1953.

Bonnard, A. (1961). ‚Truancy and Pilfering associated with Bereavement.' In S. Lorand & H. Schneer (eds.), *Adolescents*. New York: Hoeber.

Bornstein, P. E., Clayton, P. J., Halikas, J. A., Maurice, W. L., & Robins, E. (1973). ‚The Depression of Widowhood after Thirteen Months.' *Brit. J. Psychiat.* 122: 561–6.

Bower, T. G. R. (1974). *Development in Infancy*. San Francisco: W. H. Freeman.

Bowlby, J. (1944). ‚Forty-four Juvenile Thieves: Their Characters and Home Life.' *Int. J. Psycho-Anal.* 25, 19–52 and 107–27.

– (1951). *Maternal Care and Mental Health*. Geneva: WHO; London: HMSO; New York: Columbia University Press. Abridged version, *Child Care and the Growth of Love*. Harmondworth, Middx: Penguin Books, second edition, 1965.

– (1953). ‚Some Pathological Processes Set in Train by Early Mother-Child Separation.' *J. ment. Sci.* 99: 265–72.

– (1954). ‚Psychopathological Processes Set in Train by Early Mother-Child Separation.' In *Proceedings of Seventh Conference on Infancy and Childhood* (March 1953). New York: Jos. Macy Jnr Foundation.

– (1957). ‚An Ethological Approach to Research in Child Development.' *Brit. J. med. Psychol.* 30: 230–40. Reprinted in Bowlby 1979.

– (1958). ‚The Nature of the Child's Tie to his Mother.' *Int. J. Psycho-Anal.* 39: 350–73.

– (1960a). ‚Separation Anxiety.' *Int. J. Psycho-Anal.*, 41: 89–113.

– (1960b). ‚Grief and Mourning in Infancy and Early Childhood.' *Psychoanal. Study Child* 15: 9–52.

– (1960c). ‚Ethology and the Development of Object Relations.' *Int. J. Psycho-Anal.* 41: 313–17.

– (1961a). ‚Separation Anxiety: A Critical Review of the Literature.' *J. Child Psychol. and Psychiat.* 1: 251–69.

– (1961b). ‚Processes of Mourning.' *Int. J. Psycho-Anal.* 42: 317–40.

– (1961c). ‚Childhood Mourning and its Implications for Psychiatry.' *Amer. J. Psychiat.* 118: 481–98. Reprinted in Bowlby 1979. Bowlby, J. (1963). ‚Pathological Mourning and Childhood Mourning.' *J. Am. psychoanal. Ass.* 11: 500–41.

– (1977). ‚The Making and Breaking of Affectional Bonds.' *Brit. J. Psychiat.* 130: 201–10 and 421–31. Reprinted in Bowlby 1979. Bowlby, J. (1979). *The Making and Breaking of Affectional Bonds*. London: Tavistock Publications.

Bowlby, J., Robertson, J., & Rosenbluth, D. (1952). ‚A Two-year-old Goes to Hospital.' *Pschoanal. Study Child* 7: 82–94.

Bozeman, M. F., Orbach, C. E., & Sutherland, A. M. (1955). ‚Psycho-logical Impact of Cancer and its treatment.' III The Adaptation of Mothers to the Threatened Loss of their Children through Leukemia: Part I. *Cancer* 8: 1–19.

Brown, F. (1961). ‚Depression and Childhood Bereavement.' *J. ment. Sci.* 107: 754–77.

Brown, G. W., & Harris, T. (1978a). *The Social Origins of Depression: A Study of Psychiatric Disorder in Women*. London: Tavistock Publications.

–, (1978b). ‚Social Origins of Depression: A Reply.' *Psychol. Med.* 8: 577–88.
Brown, G. W., Harris, T., & Copeland, J. R. (1977). ‚Depression and Loss.' *Brit. J. Psychiat.* 130: 1–18.
Bunch, J. (1972). ‚Recent Bereavement in Relation to Suicide.' *J. Psychosomat. Res.* 16: 361–6.
Bunney, W. E. and others (1972). ‚The „Switch Process" in Manic depressive Illness.' Parts I, II and III. *Arch. Gen. Psychiat.* 27: 295–319.
Burlingham, D., & Freud, A.(1942). *Young Children in War-time.* London: Allen & Unwin.
–, (1944). *Infants Without Families.* London: Allen & Unwin.

Cain, A. C. (ed.) (1972). *Survivors of Suicide.* Springfield, Illinois: C. C. Thomas.
Cain, A. C, & Cain, B. S. (1964). ‚On Replacing a Child.' *J. Amer. Acad. Child Psychiat.* 3: 443–56.
Cain, A. C, & Fast, I. (1972). ‚Children's Disturbed Reactions to Parent Suicide.' In Cain (ed.), *Survivors of Suicide.* Springfield, Illinois: C. C.Thomas.
Caplan, G. (1964). *Principles of Preventive Psychiatry.* New York: Basic Books.
Casey, K. L. (1973). ‚Pain: A Current View of Neural Mechanisms.' *Amer. Scientist* 61: 194–200.
Cecil, D. (1969). *Visionary and Dreamer.* London: Constable.
Chodoff, P., Friedman, S. B., & Hamburg, D. A. (1964). ‚Stress, Defenses and Coping Behaviour: Observations on Parents of Children with Malignant Disease.' *Amer. J. Psychiat.* 120: 743–9.
Clayton, P. J. (1975). ‚The Effect of Living Alone on Bereavement Symptoms.' *Amer. J. Psychiat.* 132: 133–7.
Clayton, P. J., Desmarais, L., & Winokur, G. (1968). ‚A Study of Normal Bereavement. AMPT. *J. Psychiat.* 125: 168–78.
Clayton, P. J., Halikas, J. A., & Maurice, W. L. (1972). ‚The Depression of Widowhood.' *Brit. J. Psychiat.* 120: 71–8.
Clayton, P. J., Halikas, J. A., Maurice, W. L., & Robins, E. (1973). ‚Anticipatory Grief and Widowhood.' *Brit. J. Psychiat.* 122: 47–51.
Clayton, P. J., Herjanic, M., Murphy, G. E., & Woodruff, R. Jnr (1974). ‚Mourning and Dreams: Their Similarities and Differences.' *Can. Psychiat. Ass. Journal* 19: 309–12.
Cohen, M. B., Baker, G., Cohen, R. A., Fromm-Reichmann, F., & Weigert, E. (1954). ‚An Intensive Study of Twelve Cases of Manicdepressive Psychosis.' *Psychiatry* 17: 103–37.
Cohen, L. B., & Gelber, E. R. (1975). ‚Infant Visual Memory.' In L. B. Cohen & P. Salapatek (eds.), *Infant Perception: From Sensation to Cognition, Vol. I: Basic Visual Processes.* New York :Academic Press.
Corney, R. T., & Horton, F. J. (1974). ‚Pathological Grief following Spontaneous Abortion.' *Amer. J. Psychiat.* 131: 825–7.
Cromer, R. F. (1974). ‚The Development of Language and Cognition: The Cognition Hypothesis.' In B. Foss (ed.), *New Perspectives in Child Development.* Harmondsworth, Middx: Penguin Books.

Darwin, C. (1872). *The Expression of the Emotions in Man and Animals.* London: Murray.

Décarie, T. Gouin (1965). *Intelligence and Affectivity in Early Childhood.* New York: International Universities Press.
- (1974). *The Infant's Reaction to Strangers.* New York: International Universities Press.
Deutsch, H. (1937). ‚Absence of Grief.' *Psychoanal. Quart.* 6: 12–22.
Dixon, N. F. (1971). *Subliminal Perception: The Nature of a Controversy.* London: McGraw-Hill.
Dunbar, J. (1970). *J. M. Barrie: The Man Behind the Image.* London: Collins.
Durkheim, E. (1915). *The Elementary Forms of the Religions Life.* London: Allen & Unwin.

Eliot, T. D. (1930). ‚The Bereaved Family.' *Ann. Amer. Political and Social Sciences* 160: 184–90.
- (1955). ‚Bereavement: Inevitable but not Insurmountable.' In H. Becker &R. Hill (eds.), *Family, Marriage and Parenthood.* Boston: Heath.
Engel, G. (1961). ‚Is Grief a Disease?' *Psychosomat. med.* 23: 18–22.
Engel, G., & Reichsman, F. (1956). ‚Spontaneous and Experimentally Induced Depressions in an Infant with a Gastric Fistula.' *J. Amer. Psychoanal. Ass.* 4: 428–52.
Erdelyi, M. H. (1974). ‚A New Look at the New Look: Perceptual Defense and Vigilance.' *Psychol. Rev.* 81: 1–25.
Erikson, E. H. (1950). *Childhood and Society.* New York: W. W. Norton. Revised edition, Harmondsworth, Middx: Penguin Books, 1965.

Fagan, J. F. (1973). ‚Infants' Delayed Recognition Memory and Forgetting.' *J. Experimental Child Psychol.* 16: 424–50.
Fast, L, & Chethik, M. (1976). ‚Aspects of Depersonalization-derealization in the Experience of Children.' *Int. Rev. Psycho-Anal.* 3: 483–90.
Fairbairn, W. R. D. (1941). ‚A Revised Psychopathology of the Psychoses and Psychoneuroses.' *Int. J. Psycho-Anal.* 22. Reprinted in *Psychoanalytic Studies of the Personality.* London: Tavistock Publications, 1952. Also in *Object-Relations Theory of the Personality.* New York: Basic Books, 1954.
- (1952). *Psychoanalytic Studies of the Personality.* London: Tavistock Publications. Published under the title of *ObjectRelations Theory of the Personality.* New York: Basic Books, 1954.
Fenichel, O. (1945). *The Psychoanalytic Theory of Neurosis.* New York: Norton.
Ferguson, S. (1973). *A Guard Within.* London: Chatto & Windus.
Firth, R. (1961). *Elements of Social Organization,* 3rd edition. London: Tavistock Publications.
Flavell, J. H. (1974). ‚The Development of Inferences about Others.' In T. Mischel (ed.), *On Understanding Other Persons.* Oxford: Blackwell.
Fleming, J. (1975). ‚Some Observations on Object Constancy in the Psychoanalysis of Adults.' *J. Amer. Psychoanal. Ass.* 23: 742–59.
Fleming, J., & Altschul, S. (1963). ‚Activation of Mourning and Growth by Psychoanalysis.' *Int. J. Psycho-Anal.* 44: 419–31.
Fraiberg, S. (1969). ‚Libidinal Object Constancy and Mental Representation.' *Psychoanal. Study Child* 24: 9–47.
Frazer, J. G. (1933–4). *The Fear of the Dead in Primitive Religion,* 2 vols. London: Macmillan.

Freud, A. (1949), ‚Certain Types and Stages of Social Maladjustment.' In K. R. Eissler (ed.), *Searchlights on Delinquency.* London: Imago.
- (1960). ‚A Discussion of Dr. John Bowlby's Paper „Grief and Mourning in Infancy and Early Childhood".' *Psychoanal. Study Child* 15:53–62.
- (1968). Contribution to Panel Discussion, 25th I. P. A. Conference, Amsterdam, 1967. *Int. J. Psycho-Anal.* 49: 506–12.

Freud, A., & Burlingham, D. (1943). *War and Children.* New York: International Universities Press.
- (1974). *Infants Without Families and Reports on the Hampstead Nurseries 1939–1945.* London: Hogarth.

Freud, A., & Dann, S. (1951). ‚An Experiment in Group Upbringing.' *Psychoanal. Study Child* 6: 127–68.

Freud, E. L. (ed.) (1961). *Letters of Sigmund Freud.* London: Hogarth; New York: Basic Books.

Freud, S. (1912). ‚The Dynamics of the Transference.' *SE**12: 97–108.
- (1912–13). *Totem and Taboo. SE* 13: 1–162.
- (1917). ‚Mourning and Melancholia.' *SE* 14: 243–58.
- (1920). ‚A Case of Homosexuality in a Woman.' *SE* 18: 147–72.
- (1921). *Group Psychology and the Analysis of the Ego. SE* 18: 67–143.
- (1923). *The Ego and the Id. SE* 19: 12–66.
- (1926). *Inhibitions, Symptoms and Anxiety. SE* 20: 87–172.
- (1927). ‚Fetishism.' *SE 21:* 149–57.
- (1933). *New Introductory Lectures on Psycho-Analysis. SE* 22: 7–182.
- (1938). ‚Splitting of the Ego in the Defensive Process.' *SE* 23: 271–8.
- (1954). *The Origins of Psychoanalysis: Letters to Wilhelm Fliess 1887–1902.* London: Imago.

Friedman, R. J., & Katz, M. M. (eds.) (1974). *The Psychology of Depression.* New York, London: John Wiley.

Friedman, S. B., Mason, J. W., & Hamburg, D. A. (1963). ‚Urinary 17–hydroxy-corticosteroid Levels in Parents of Children with Neoplastic Disease.' *Psychosom. Med.* 25: 364–76.

Friedman, S. B., Chodoff, P., Mason, J. W. & Hamburg, D. A. (1963). ‚Behavioral Observations on Parents Anticipating the Death of a Child.' *Pediatrics* 32: 610–25.

Furman, E. (1974). *A Child's Parent Dies: Studies in Childhood Bereavement.* New Haven, London: Yale University Press.

Furman, R. A. (1964a). ‚Death and the Young Child: Some Preliminary Considerations.' *Psychoanal. Study Child* 19: 321–33.
- (1964b). ‚Death of a Six-year-old's Mother during his Analysis.' *Psychoanal. Study Child* 19: 377–97.
- (1968). ‚Additional Remarks on Mourning and the Young Child.' *Bull. Philadelphia Ass. of Psychoanalysis* 18: 51–64.
- (1969). ‚Sally'. In R. A. Furman & A. Katan (eds.), *The Therapeutic Nursery School.* New York: International Universities Press.

---

* The abbreviation *SE* denotes the Standard Edition of *The Complete Psychological Works of Sigmund Freud,* published in 24 volumes by the Hogarth Press Ltd, London and distributed in America by W. W. Norton, New York.

- (1973). ‚A Child's Capacity for Mourning.' In E. J. Anthony & C. Koupernik (eds.), *The Child in his Family: The Impact of Disease and Death.* New York: John Wiley.

Gardner, A., & Pritchard, M. (1977). ‚Mourning, Mummification and Living with the Dead.' *Brit. J. Psychiat.* 130: 23–8.

Garnett, D. (ed.) (1970). *Carrington: Letters and Abstracts from her Diaries.* London: Jonathan Cape.

Gartley, W., & Bernasconi, M. (1967). ‚The Concept of Death in Children.' *J. Geriet. Psychol.* 110: 71–85.

Gero, G. (1936). ‚The Construction of Depression.' *Int. J. Psycho-Anal.* 17: 423–61.

Glick, I. O., Weiss, R. S., & Parkes, C. M. (1974). *The First Year of Bereavement.* New York: John Wiley, Interscience.

Glover, E. (1932). ‚A Psycho-analytic Approach to the Classification of Mental Disorders.' *J. ment. Sci.* 78, reprinted in *On the Early Development of Mind* by E. Glover. London: Imago (later by Allen & Unwin).

Gorer, G. (1965). *Death, Grief and Mourning in Contemporary Britain.* London: Tavistock Publications.

- (1973). ‚Death, Grief and Mourning in Britain.' In E. J. Anthony & C. Koupernik (eds.), *The Child in his Family: The Impact of Disease and Death.* New York: John Wiley.

Granville-Grossman, K. L. (1968). ‚The Early Environment of Affective Disorders.' In A. Coppen & A. Walk (eds.), *Recent Developments of Affective-Disorders.* London: Headley Bros.

Gratch, G. (1977). ‚Review of Piagetian Infancy Research; Object Concept Development.' In W. F. Overton & J. H. Gallagher (eds.), *Knowledge and Evelopment,* Vol. 1. New York and London: Plenum Press.

Great Britain (1975). Office of Population Censuses and Surveys. *The Registrar-General's Statistical Review of England and Wales for the Year 1973,* Part I (A), tables, medical. London: HMSO.

- (1976). Office of Population Censuses and Surveys. *The Registrar-General's Statistical Review of England and Wales for the Year 1973,* Part I (B), tables, medical. London: HMSO.

Greer, S., Gunn, J. C, & Koller, K. M. (1966). ‚Aetiological Factors in Attempted Suicides.' *Brit. Med. J.* 2: 1352–5.

Halton, W. (1973). ‚A Latency Boy's Reaction to his Father's Death.' *J. Child Psychotherapy* 3: No. 3, 27–34.

Halpern, W. I. (1972). ‚Some Psychiatric Sequelae to Crib Death.' *Amer. J. Psychiat.* 129: 398–402.

Hamburg, D. A., Hamburg, B. A., & Barchas, J. D. (1975). ‚Anger and Depression in Perspective of Behavioral Biology.' In L. Levi (ed.), *Parameters of Emotion.* New York: Raven Press.

Hansburg, H. G. (1972). *Adolescent Separation Anxiety: A Method for the Study of Adolescent Separation Problems.* Springfield, Illinois: C. C. Thomas.

Harris, M. (1973). ‚The Complexity of Mental Pain Seen in a Six-year-old Child following Sudden Bereavement.' *J. Child Psychotherapy,* 3, No. 3, 35–45.

Harrison, S. L, Davenport, C. W., & McDermott, J. F. Jnr (1967). ‚Children's Reactions to Bereavement: Adult Confusions and Misperceptions.' *Arch. Gen. Psychiat.* 17: 593–7.
Hartmann, H. (1952). ‚The Mutual Influences in the Development of Ego and Id.' *Psychoanal. Study Child 7:* 9–30, reprinted in *Essays on Ego Psychology* by H. Hartmann. New York: International Universities Press, 1964.
- (1953). ‚Contribution to the Metapsychology of Schizophrenia.' *Psychoanal. Study Child* 8: 177–98, reprinted in *Essays on Ego Psychology* by H. Hartmann. New York: International Universities Press, 1964.
Heinicke, C. M. (1956). ‚Some Effects of Separating Two-year-old Children from their Parents: A Comparative study.' *Hum. Rel.* 9: 105–76.
Heinicke, C. M., & Westheimer, I. (1966). *Brief Separations.* New York: International Universities Press; London: Longmans.
Hilgard, E. R. (1964). ‚The Motivational Relevance of Hypnosis.' In D. Levine (ed.), *Nebraska Symposium on Motivation,* Vol. 12, Lincoln, Neb.: University of Nebraska Press.
- (1973). ‚A Neodissociation Interpretation of Pain Reduction in Hypnosis.' *Psychol. Rev.* 80: 396–411.
- (1974). ‚Toward a Neo-dissociation Theory: Multiple Cognitive Controls in Human Functioning.' *Perspectives in Biology and Med.* 17: 301–16.
Hilgard, J. R., & Newman, M. F. (1959). ‚Anniversaries in Mental Illness.' *Psychiatry* 22: 113–21.
Hilgard, J. R., Newman, M. F., & Fisk, F. (1960). ‚Strength of Adult Ego following Childhood Bereavement.' *Amer. J. Orthopsychiat.* 30: 788–98.
Hobson, C. J. (1964). ‚Widows of Blackton.' *New Society* 24 Sept. 1964.
Hofer, M. A., Wolff, C. T., Friedman, S. B., & Mason, J. W. (1972). ‚A Psychoendocrine Study of Bereavement.' *Psychosomat. Med.* 34: 481–504.
Horn, G. (1965). ‚Physiological and Psychological Aspects of Selective Perception.' In D. Lehrman, R. A. Hinde, & E. Shaw (eds.), *Advances in the Study of Animal Behaviour,* Vol. 1. New York: Academic Press.
- (1976). ‚Physiological Studies of Attention and Arousal.' In T. Desiraju (ed.), *Mechanisms in Transmission of Signals for Conscious Behaviour.* Amsterdam: Elsevier.

Jacobson, E. (1943). ‚Depression: The Oedipus Conflict in the Development of Depressive Mechanisms.' *Psychoanal. Quart.* 12: 541–60.
- (1946). The Effect of Disappointment on Ego and Superego Formation in Normal and Depressive Development.' *Psychoanal. Rev.* 33: 129–47.
- (1957). ‚Denial and Repression.' *J. Amer. Psychoanal. Assoc.* 5: 61–92.
- (1965). ‚The Return of the Lost Parent'. In M. Schur (ed.), *Drives, Affects, Behaviour.* New York: International Universities Press.
Jeffcoate, W. J. and others (1978). ‚ß-endorphin in Human Cerebrospinal Fluid.' *Lancet* 2: 119–21.
Jones, E. (1953). *Sigmund Freud: Life and Work,* Vol. 1. London: Hogarth; New York: Basic Books.

Kaplan, D. M., & Mason, E. A. (1960). ‚Maternal Reactions to Premature Birth Viewed as an Acute Emotional Disorder.' *Amer. J. Orthopsychiat.* 30: 539–47.

Kaplan, D. M., Smith, A., Grobstein, R., & Fischman, S. E. (1973). ‚Family Mediation of Stress.' *Social Work* 18: 60–9.
Kay, D. W., Roth, M., & Hopkins, B. (1955). ‚Aetiological Factors in the Causation of Affective Disorders in Old Age.' *J. ment. Sci.* 101: 302–16.
Keddie, K. M. G. (1977). ‚Pathological Mourning after the Death of a Domestic Pet.' *Brit. J. Psychiat.* 131:21–5.
Kennard, E. A. (1937). ‚Hopi Reactions to Death.' *Amer. Anthropologist* 29: 491–4.
Klagsbrun, M., & Bowlby, J. (1976). ‚Responses to Separation from Parents: A Clinical Test for Young Children.' *Brit. J. Projective Psychology and Personality Study* 21: No. 2, 7–27.
Klaus, M. H., & Kennell, J. H. (1976). *Maternal-infant Bonding.* St Louis, Mo.: C. V. Mosby.
Klein, M. (1926). ‚The Psychological Principles of Infant Analysis.' In *Love, Guilt and Reparation and Other Papers, 1921–1946.* London: Hogarth, 1947. Boston: Seymour Lawrence/Delacorte.
- (1932). *The Psycho-analysis of Children.* New edition, London: Hogarth; Boston: Seymour Lawrence/Delacorte.
- (1935). ‚A Contribution to the Psychogenesis of ManicDepressive States.' In *Love, Guilt and Reparation and Other Papers, 1921–1946.* London: Hogarth, 1947; Boston: Seymour Lawrence/Delacorte.
- (1936). ‚Weaning.' In J. Rickman (ed.), *On the Bringing Up of Children.* London: Kegan Paul. Reprinted in *Love, Guilt and Reparation and Other Papers, 1921–1946.*
- (1940). ‚Mourning and its Relation to Manic-depressive States.' In *Love, Guilt and Reparation and Other Papers, 1921–1946.*
- (1945). ‚The Oedipus Complex in the Light of Early Anxieties.' In *Love, Guilt and Reparation and Other Papers, 1921–1946.*
- (1948). *Contributions to Psycho-Analysis 1921–1945.* London: Hogarth. Reprinted, with additional papers, in *Love, Guilt and Reparation and Other Papers, 1921–1946.*
Klein, M., Heimann, P., Isaacs, S., & Riviere, J. (1952). *Developments in Psycho-analysis.* London: Hogarth.
Kliman, G. (1965). *Psychological Emergencies of Childhood.* New York: Grüne & Stratton.
Kliman, G., Feinberg, D., Buchsbaum, B., Kliman, A., Lubin, H., Ronald, D., & Stein, M. (1973). ‚Facilitation of Mourning During Childhood.' Presented at Symposium on bereavement at New York Foundation of Thanatology.
Kluckhohn, C. (1947). ‚Some Aspects of Navaho Infancy and Early Childhood.' In *Psychoanalysis and the Social Sciences,* Vol. 1. New York: International Universities Press.
Knox, V. J., Morgan, A. H., & Hilgard, E. R. (1974). ‚Pain and Suffering in Ischemia: The Paradox of Hypnotically Suggested Anesthesia as Contradicted by Reports from „The Hidden Observer".' *Arch. Gen. Psychiat.* 30: 840–7.
Koller, K. M., & Castanos, J. N. (1968). ‚The Influence of Parental Deprivation in Attempted Suicide.' *Med. J. Australia* I: 396–9.
Kovacs, M., & Beck, A. T. (1977). ‚An Empirical-clinical Approach toward a Definition of Childhood Depression.' In J. G. Schulterbrandt & A. Raskin (eds.),

Depression in Childhood: Diagnosis, Treatment and Conceptual Models. New York: Raven Press.

Kris, E. (1956). ‚The Recovery of Childhood Memories in Psychoanalysis.' *Psychoanal. Study Child* II: 54–88.

Krupp, G. (1965). ‚Identification as a Defense against Anxiety in Coping with Loss.' *Int. J. Psycho-Anal.* 46: 303–14.

Krupp, G. R., & Kligfeld, B. (1962). ‚The Bereavement Reaction: A Cross-cultural Evaluation.' *J. of Religion and Health* 1: 222–46.

Leff, M. J., Roatch, J. F., & Bunney, W. E. (1970). ‚Environmental Factors Preceding the Onset of Severe Depressions.' *Psychiatry* 33: 293–311.

Lehrman, S. R. (1956). ‚Reactions to Untimely Death.' *Psychiat. Quart.* 30: 564–8.

Levinson, P. (1972). ‚On Sudden Death.' *Psychiatry* 35: 160–73.

Lewis, C. S. (1955). *Surprised by Joy: the Shape of my Early Life.* London: G. Bles (reprinted Fontana 1959).

– (1961). *A Grief Observed.* London: Faber.

Lewis, E. (1976). ‚The Management of Stillbirth: Coping with an Unreality.' *Lancet* 2: 619–20.

Lewis, E., & Page, A. (1978). ‚Failure to Mourn a Stillbirth: An Overlooked Catastrophe.' *Brit. J. med. Psychol.* 51: 237–41.

Lewis, W. H. (ed.) (1966). *Letters of C. S. Lewis: with a Memoir by W. H. Lewis.* London: G. Bles.

Lieberman, S. (1978). ‚Nineteen Cases of Morbid Grief.' *Brit. J. Psychiat.* 132: 159–63.

Lind, E. (1973). ‚From False-self to True-self Functioning: A Case in Brief Psychotherapy.' *Brit. J. med. Psychol.* 46: 381–9.

Lindemann, E. (1944). ‚Symptomatology and Management of Acute Grief.' *Amer. J. Psychiat.* 101: 141–9.

– (1960). ‚Psycho-social Factors as Stressor Agents.' In J. M. Tanner (ed.), *Stress and Psychiatric Disorder.* Oxford: Blackwell.

Lipson, C. T. (1963). ‚Denial and Mourning.' *Int. J. Psycho-Anal.* 44: 104–7.

Longford, E. (1964). *Victoria R. I.* London: Wiedenfeld & Nicolson.

Lord, R., Ritvo, S., & Solnit, A. J. (1978). ‚Patients' Reactions to the Death of the Psychoanalyst.' *Int. J. Psycho-Anal.* 59: 189–97.

MacCurdy, J. T. (1925). *The Psychology of Emotion.* London. Kegan Paul.

McDevitt, J. B. (1975). ‚Separation-individuation and Object Constancy.' *J. Amer. Psychoanal. Ass.* 23: 713–42.

McDonald, M. (1964). ‚A Study of the Reaction of Nursery School Children to the Death of a Child's Mother.' *Psychoanal. Study Child* 19: 358–76.

MacKay, D. M. (1972). ‚Formal Analysis of Communicative Processes.' In R. A. Hinde (ed.), *Non-verbal Communication.* Cambridge: Cambridge University Press.

Mackay, D. G. (1973). ‚Aspects of the Theory of Comprehension, Memory and Attention.' *Q. J. Exp. Psychol.* 25: 22–40.

McKinney, W. T. Jnr (1977). ‚Animal Behavioral/biological Models relevant to Depressive and Affective Disorders in humans.' In J. G. Shulterbrandt & A. Raskin (eds.), *Depression in Childhood: Diagnosis, Treatment and Conceptual Models.* New York: Raven Press.

Maddison, D. (1968). ‚The Relevance of Conjugal Bereavement to Preventive Psychiatry.' *Brit. J. med. Psychol.* 41: 223–33.
Maddison, D., & Viola, A. (1968). ‚The Health of Widows in the Year following Bereavement.' *J. Psychosomat. Res.* 12: 297–306.
Maddison, D., Viola, A., & Walker, W. L. (1969). ‚Further Studies in Bereavement.' *Aust. & N. Z. J. Psychiat.* 3: 63–6.
Maddison, D., & Walker, W. L. (1967). ‚Factors Affecting the Outcome of Conjugal Bereavement.' *Brit. J. Psychiat.* 113: 1057–67.
Magee, B. (1977). *Pacing Death.* London: Kimber.
Mahler, M. S. (1961). ‚On Sadness and Grief in Infancy and Childhood.' *Psychoanal. Study Child* 16: 332–51.
Mahler, M. (1966). ‚Notes on the Development of Basic Moods: The Depressive Affect.' In R. M. Loewenstein, L. M. Newman, M. Schur & A. J. Solnit (eds.), *Psychoanalysis: A General Psychology. Essays in Honor of Heinz Hartmann.* New York: International Universities Press.
Main, M. B. (1977). ‚Analysis of a Peculiar Form of Reunion Behavior in Some Daycare Children: Its History and Sequelae in Children who are Home-reared.' In R. Webb (ed.), *Social Development in Childhood: Day-care Programs and Research.* Baltimore: Johns Hopkins University Press.
Malinowski, B. (1925). ‚Magic, Science and Religion.' In J. Needham (ed.), *Science, Religion and Reality.* London: The Sheldon Press, reprinted in: *Magic, Science and Religion and Other Essays* by B. Malinowski. Boston, Mass: Beacon Press, 1948.
Mandelbaum, D. (1959), ‚Social Use of Funeral Rites.' In H. Feifel (ed.), *The Meaning of Death.* New York: McGraw Hill.
Mandler, G. (1975). *Mind and Emotion.* New York: John Wiley.
Marris, P. (1958). *Widows and their Families.* London: Routledge & Kegan Paul.
– (1974). *Loss and Change.* London: Routledge & Kegan Paul.
Marsden, D. (1969). *Mothers Alone.* London: Allen Lane, the Penguin Press.
Mattinson, J., & Sinclair, I. A. C. (1979). *Mate and Stalemate: Working with Marital Problems in a Social Services Department.* Oxford: Blackwell.
Mendelson, M. (1974). *Psychoanalytic Concepts of Depression,* 2nd edition. New York: Halsted Press (John Wiley).
Miller, J. B. M. (1971). ‚Children's Reactions to the Death of a Parent: A Review of the Psychoanalytic Literature.' *J. Amer. Psychoanal. Ass.* 19: 697–719.
Miller, S. I., & Schoenfeld, L. (1973). ‚Grief in the Navajo: Psychodynamics and Culture.' *Int. J. Soc. Psychiat.* 19: 187–91.
Mintz, T. (1976). ‚Contribution to Panel Report on Effects on Adults of Object Loss in the First Five Years,' reported by M. Wolfenstein. *J. Amer. Psychoanal. Ass.* 24: 662–5.
Mitchell, M. E. (1966). *The Child's Attitude Toward Death.* London: Barry & Rockliff; New York: Schocken Books.
Moss, C. S. (1960). ‚Brief Successful Psychotherapy of a Chronic Phobic Reaction.' *J. Abnorm and Soc. Psychol.* 60: 266–70.
Murray, H. A. (1937). ‚Visceral Manifestations of Personality.' *J. Abnorm, and Soc. Psychol.* 32: 161–84.

Nagera, H. (1970). ‚Children's Reactions to the Death of Important Objects: A Developmental Approach.' *Psychoanal. Study Child* 25: 360–400.

Nagy, M. (1948). ‚The Child's Theories Concerning Death. *J. Genet. Psychol.* 73: 3–27.
Neisser, U. (1967). *Cognitive Psychology.* New York: Appleton-Century-Crofts.
Norman, D. A. (1976). *Memory and Attention: Introduction to Human Information Processing,* 2nd edition, New York: John Wiley.

Olson, G. M. (1976). ‚An Information Processing Analysis of Visual Memory and Habituation in Infants.' In T. J. Tighe & R. N. Leaton (eds.), *Habituation: Perspectives from Child Development, Animal Behavior and Neurophysiology.* Hillsdale, N. J.: Lawrence Erlbaum.
O'Neill, E. (1956). *Long Day's Journey into Night.* London: Jonathan Cape.
Orbach, C. E., Sutherland, A. M., & Bozeman, M. F. (1955). ‚Psychological Impact of Cancer and its Treatment.' III The Adaptation of Mothers to the Threatened Loss of their Children through Leukemia. *Cancer* 8: 20–33.

Palgi, P. (1973). ‚The Socio-cultural Expressions and Implications of Death, Mourning and Bereavement arising out of the War Situation in Israel.' *Israel Ann. Psychiatry* 11: 301–29.
Pantin, C. F. A. (1968). *The Relation between the Sciences.* London: Cambridge University Press.
Parker, G. (1979). ‚Parental Characteristics in Relation to Depressive Disorders.' *Brit. J. Psychiat.* 134: 138–47.
Parkes, C. M. (1964a). ‚Recent Bereavement as a Cause of Mental Illness.' *Brit. J. Psychiat.* 110: 198–204.
– (1964b). The Effects of Bereavement on Physical and Mental Health: A Study of the Case-Records of Widows.' *Brit. Med. J.* 2: 274–9.
– (1965). ‚Bereavement and Mental Illness.' *Brit. J. med. Psychol.* 38: 1–26.
– (1969). ‚Separation Anxiety: An Aspect of the Search for a Lost Object.' In M. H. Lader (ed.), *Studies of Anxiety.* British Journal of Psychiatry Special Publication No. 3. Published by authority of the World Psychiatric Association and the Royal Medico-Psychological Association.
– (1970a). ‚The First Year of Bereavement.' *Psychiatry* 33: 444–67.
– (1970b). ‚„Seeking" and „Finding" a Lost Object: Evidence from Recent Studies of the Reaction to Bereavement.' *Soc. Sci. & Med.* 4: 187–201.
– (1970c). ‚The Psychosomatic Effects of Bereavement.' In O. W. Hill (ed.), *Modern Trends in Psychosomatic Mediane.* London: Butterworth.
– (1971). ‚Psycho-social Transitions: A Field of Study.' *Soc. Sci. & Med.* 5: 101–15.
– (1972), *Bereavement: Studies of Grief in Adult Life,* London: Tavistock Publications; New York: International Universities Press.
– (1975a). ‚Unexpected and Untimely Bereavement: A Statistical Study of Young Boston Widows.' In B. Schoenberg *et al.* (eds.), *Bereavement: Its Psychosocial Aspects.* New York: Columbia University Press.
– (1975b). ‚Determinants of Outcome following Bereavement.' *Omega* 6: 303–23.
– (1975c). ‚What Becomes of Redundant World Models? A Contribution to the Study of Adaptation to Change.' *Brit. J. med. Psychol.* 48: 131–7.
– (in preparation). *Stress of Illness.*
Parkes, C. M., Benjamin, B., & Fitzgerald, R. G. (1969). ‚Broken Heart: A Statistical Study of Increased Mortality among Widowers.' *Brit. Med. J.* 1: 740–3.

Parkes, CM., & Brown, R. (1972). ‚Health after Bereavement: A Controlled Study of Young Boston Widows and Widowers.' *Psychosomat. Med.* 34: 449–61.
Paul, N. L., (1966). ‚Effects of Playback on Family Members of their own Previously Recorded Conjoint Therapy Material.' *Psychiat. Res. Reports* 20: 175–87.
Paul, N. L., & Grosser, G. (1965). ‚Operational Mourning and its Role in Conjoint Family Therapy.' *Community Mental Health J.* 1: 339–45.
Paykel, E. (1974). ‚Recent Life Events and Clinical Depression.' In E. K. E. Gunderson & R. D. Rahe (eds.), *Life Stress and Illness.* Springfield, Illinois: C. C. Thomas.
Paykel, E. S., Prusoff, A. B., & Klerman, G. L. (1971). ‚The Endogenous-neurotic Continuum in Depression: Rater Independence and Factor Distributions.' *J. Psychiat. Res.* 8: 73–90.
Peterfreund, E. (1971). ‚*Information, Systems, and Psychoanalysis.*' Psychological Issues, Vol. VII, Monogr. 25/26. New York: International Universities Press.
- (1980). ‚On Information and Systems Models for Psychoanalysis.' *Int. Rev. Psycho-Anal.*
Piaget, J. (1937, Eng. trans. 1954). *The Construction of Reality in the Child.* New York: Basic Books. Also published under the title *The Child's Construction of Reality.* London: Routledge & Kegan Paul, 1955.
- (1951). *Play, Dreams and Imitation in Childhood.* London: Routledge & Kegan Paul; New York: Norton.
Pine, F. (1974). ‚Libidinal Object Constancy: A Theoretical Note.' In L. Goldberger & V. H. Rosen (eds.), *Psychoanalysis and Contemporary Science,* Vol. 3. New York: International Universities Press.
Pollock, G. H. (1961). ‚Mourning and Adaptation.' *Int. J. Psycho-Anal.* 42: 341–61.
Pollock, G. (1972). ‚On Mourning and Anniversaries: The Relationship of Culturally Constituted Defence Systems to Intra-psychic Adaptive Processes.' *Israel Ann. Psychiat.* 10: 9–40.
Prugh, D. G., & Harlow, R. G. (1962). ‚„Masked Deprivation" in Infants and Young Children.' In *Deprivation of Maternal Care: a Reassessment of its Effects,* WHO Public Health Papers, 14. Geneva: WHO.
Purisman, R., & Maoz, B. (1977). ‚Adjustment and War Bereavement Some Considerations.' *Brit. J. med. Psychol.* 50: 1–9.

Rado, S. (1928a). ‚An Anxious Mother.' *Int. J. Psycho-Anal.* 9: 219–26.
- (1928b). ‚The Problem of Melancholia.' *Int. J. Psycho-Anal.* 9: 420–8.
Raphael, B. (1973). ‚Care-eliciting Behaviour of Bereaved Children and their Families.' Paper presented at section on Child Psychiatry, Australian and New Zealand College of Psychiatrists.
- (1975). ‚The Management of Pathological Grief.' *Aust. and N. Z. J. Psychiat.* 9: 173–80.
- (1976). ‚Preventive Intervention with the Crisis of Conjugal Bereavement.' Thesis submitted for degree of M. D., University of Sydney.
- (1977). ‚Preventive Intervention with the Recently Bereaved.' *Arch. Gen. Psychiat.* 34: 1450–4.
Raphael, B., Field, J., & Kvelde, H. (1978). ‚Childhood Bereavement: A Prospective Study.' Paper presented at 9th International Congress of Child Psychiatry and Allied Professions, Melbourne, 1978.

Raphael, B., & Maddison, D. C. (1976). ‚The Care of Bereaved Adults.' In O. W. Hill (ed.), *Modern Trends in Psychosomatic Medicine.* London: Butterworth.
Rees, W. D. (1971). ‚The Hallucinations of Widowhood.' *Brit. Med. J.* 4: 37–41.
Rees, W. D., & Lutkins, S. G. (1967). ‚Mortality of Bereavement.' *Brit. Med. J.* 1:13–16.
Rickarby, G. A. (1977). ‚Four Cases of Mania associated with Bereavement.' *J. Nerv. and Ment. Dis.* 165: 255–62.
Rickman, J. (1951). ‚Methodology and Research in Psychopathology.' *Brit. J. med. Psychol.* 24: 1–25.
Robertson, J. (1952). Film: *A Two-year-old Goes to Hospital.* (16 mm, 45 mins; guidebook supplied; also abridged version, 30 mins). London: Tavistock Child Development Research Unit; New York: New York University Film Library.
– (1953). *A Guide to the Film ‚A Two-year-old Goes to Hospital'.* London: Tavistock Child Development Research Unit, 3rd edition, 1965.
Robertson, J., & Robertson, J. (1971). Young Children in Brief Separation: A Fresh Look.' *Psychoanal. Study Child* 26: 264–315.
Rochlin, G. (1953). ‚Loss and Restitution.' *Psychoanal. Study Child* 8: 288–309.
– (1967). ‚How Younger Children View Death and Themselves.' In E. A. Grollman (ed.), *Explaining Death to Children.* Boston: Beacon.
Root, N. (1957). ‚A Neurosis in Adolescence.' *Psychoanal. Study Child* 12: 320–34.
Rosenblatt, A. D., & Thickstun, J. T. (1977). ‚*Modern Psychoanalytic Concepts in a General Psychology*', Parts 1 and 2. Psychological Issues Monogr. 42/43. New York: International Universities Press.
Rosenblatt, P. C. (1975). ‚Uses of Ethnography in Understanding Grief and Mourning.' In B. Schoenberg *et al.* (eds.), *Bereavement: Its Psychosocial Aspects.* New York: Columbia University Press.
Roth, M. (1959). ‚The Phobic Anxiety-depersonalisation Syndrome.' *Proc. Royal Soc. Med.* 52: 587–95.
Rutter, M. (1966). *Children of Sick Parents.* London: Oxford University Press.
– (1972). *Maternal Deprivation Reassessed.* Harmondsworth, Middx: Penguin Books.
– (1976). ‚Separation, Loss and Family Relationships.' In M. Rutter & L. Hersov (eds.), *Child Psychiatry,* Ch. 3. Oxford: Blackwell.
Rynearson, E. K. (1978). ‚Humans and Pets and Attachment.' *Brit. J. Psychiat.* 133: 550–5.

Sachar, E. J., Mackenzie, J. M., Binstock, W. A., & Mack, J. E. (1967). ‚Corticosteroid Responses to the Psychotherapy of Reactive Depressions. I. Elevations during Confrontation of Loss.' *Arch. Gen. Psychiat* 16: 461–70.
Sachar, E. J., Mackenzie, J. M., Binstock, W. A., & Mack, J. E. (1968). ‚Corticosteroid Responses to the Psychotherapy of Reactive Depressions. II. Further Clinical and Physiological Implications.' *Psychosomat. Med.* 30: 23–44.
Schaffer, H. R. (1958). ‚Objective Observations on Personality Development in Early Infancy.' *Brit. J. med. Psych.* 31: 174–83.
– (1971). *The Growth of Sociability.* Harmondsworth, Middx: Penguin Books.
Schaffer, H. R., & Callender, W. M. (1959). ‚Psychological Effects of Hospitalization in Infancy.' *Pediatrics* 24: 528–39.

Searles, H. E. (1958). ‚Positive Feelings between a Schizophrenic and his Mother.' *Int. J. Psycho. Anal.* 39: 569–86.
Seligman, M. E. P. (1975). *Helplessness: On Depression, Development and Death.* San Francisco: W. H. Freeman.
Shallice, T. (1972). ‚Dual Functions of Consciousness.' *Psychol. Rev.* 79: 383–93.
Shambaugh, B. (1961). ‚A Study of Loss Reactions in a Seven-year-old.' *Psychoanal. Study Child* 16: 510–22.
Shand, A. F. (1920). *The Foundations of Character*, 2nd edition. London: Macmillan.
Shepherd, D., & Barraclough, B. M. (1974). ‚The Aftermath of Suicide.' *Brit. Med. J.* 1: 600–3.
– (1976). ‚The Aftermath of Parental Suicide for Children.' *Brit. J. Psychiat.* 129: 267–76.
Siggins, L. D. (1966). ‚Mourning: A Critical Survey of the Literature.' *Int. J. Psycho-Anal.* 47: 14–25.
Smith, J. H. (1971). ‚Identificatory Styles in Depression and Grief.' *Int. J. Psycho-Anal.* 52: 259–66.
Sperling, S. J. (1958). ‚On Denial and the Essential Nature of Defence.' *Int. J. Psycho-Anal.* 39: 25–38.
Spitz, R. A. (1946a). ‚Anaclitic Depression.' *Psychoanal. Study Child* 2: 313–42.
– (1946b). Film: *Grief, a Peril in Infancy.* New York: New York University Film Library.
– (1953). ‚Aggression: Its Role in the Establishment of Object Relations.' In R. M. Loewenstein (ed.), *Drives, Affects and Behaviour.* New York: International Universities Press.
– (1957). *No and Yes.* New York: International Universities Press.
Stayton, D. J., & Ainsworth, M. D. S. (1973). ‚Individual Differences in Infant Responses to Brief Everyday Separations as related to Other Infant and Maternal Behaviors.' *Developmental Psychol.* 9: 226–35.
Stengel, E. (1939). ‚Studies on the Psychopathology of Compulsive Wandering.' *Brit. J. med. Psychol.* 18: 250–4.
– (1941). ‚On The Aetiology of the Fugue States.' *J. Ment. Sci.* 87: 572–99.
– (1943). ‚Further Studies on Pathological Wandering.' *J. Ment. Sci.* 89: 224–41.
Strachey, J. (1957). Editor's Note to the Standard Edition of Freud's ‚Mourning and Melancholia'. *SE* 14: 239–42.
Sullivan, H. S. (1953). *Conceptions of Modern Psychiatry*, 2nd edition. New York: Norton.

Tanner, J. M. (ed.) (1960). *Stress and Psychiatric Disorder.* Oxford: Blackwell.
Tennant, C, & Bebbington, P. (1978). ‚The Social Causation of Depression: A Critique of the Work of Brown and his Colleagues.' *Psychological Mediane* 8: 565–75.
Tessmann, L. H. (1978). *Children of Parting Parents.* New York: Jason Aronson.
Tooley, K. (1975). ‚The Choice of Surviving Sibling as „Scapegoat" in Some Cases of Maternal Bereavement: A Case Report.' *J. Child Psychol. and Psychiat.* 16: 331–41.
Trivers, R. L. (1971). ‚The Evolution of Reciprocal Altruism.' *Quart. Rev. Biol.* 46: 35–57.

Tulving, E. (1972). ‚Episodic and Semantic Memory.' In E. Tulving & W. Donaldson (eds.), *Organization of Memory.* New York: Academic Press.

Tuters, E. (1974). ‚Short-term Contracts: Visha.' *Social Work Today* 5: 226–31. Reprinted in J. Hutten (ed.), *Short-term Contracts in Social Work.* London: Routledge & Kegan Paul, 1977.

Volkan, V. (1970). ‚Typical Findlings in Pathological Grief.' *Psychiat. Quart.* 44: 231–50.

– (1972). ‚The Linking Objects of Pathological Mourners.' *Arch. Gen. Psychiat.* 27: 215–21.

– (1975). ‚„Re-grief" Therapy.' In B. Schoenberg *et al.* (eds.), *Bereavement: Its Psychosocial Aspects.* New York: Columbia University Press.

Waller, W. W. (1951). *The Family: A Dynamic Interpretation.* New York: Dryden.

Ward, A. W. M. (1976). ‚Mortality of Bereavement.' *Brit. Med. J.* 1: 700 bis 2.

Wear, L. E. (1963). ‚Disorders of Communion: Some Observations on Interpersonal Tensions in General Practice.' *Lancet,* Jan. 1963, 103–4.

Weiss, R. S. (ed.) (1974). *Loneliness.* Camb., Mass.: MIT Press.

– (1975a). ‚The Provisions of Social Relationships.' In Z. Rubin (ed.), *Doing Unto Others.* New York: Prentice Hall.

– (1975b). *Marital Separation.* New York: Basic Books.

Wing, J. K., Cooper, J. E., & Sartorius, N. (1974). *The Measurement and Classification of Psychiatric Symptoms: An Instruction Manual for the Present State Examination and CATEGO Programme.* London: Cambridge University Press.

Winnicott, D. W. (1945). ‚Primitive Emotional Development.' *Int. J. Psycho-Anal.* 26: 137–43. Reprinted in *Through Paediatrics to Psycho-Analysis* by D. W. Winnicott. London: Hogarth, 1957; New York: Basic Books.

– (1953a). ‚Psychoses and Child Care'. *Brit. J. med. Psychol.* 26: 68–74. Reprinted in *Through Paediatrics to Psycho-Analysis.*

– (1953b). ‚Transitional Objects and Transitional Phenomena.' *Int. J. Psycho-Anal.* 34: 89–97. Reprinted in *Through Paediatrics to Psycho-Analysis.*

– (1954). ‚Mind and its Relation to Psyche-soma.' *Brit. J. med. Psychol.* 27: 201–9. Reprinted in *Through Paediatrics to PsychoAnalysis.*

– (1960). ‚Ego Distortion in Terms of True and False Self.' Reprinted in *The Maturational Processes and the Facilitating Environment* by D. W. Winnicott. London: Hogarth, 1965. New York: International Universities Press.

– (1965). ‚A Child Psychiatry Case Illustrating Delayed Reaction to Loss.' In M. Schur (ed.), *Drives, Affects, Behavior* Vol. 2. New York: International Universities Press.

Wolfenstein, M. (1966). ‚How Is Mourning Possible?' *Psychoanal. Study Child* 21: 93–123.

– (1969). ‚Loss, Rage and Repetition.' *Psychoanal. Study Child* 24: 432–60.

Wolff, C. T., Friedman, S. B., Hofer, M. A., & Mason, J. W. (1964a). ‚Relationship between Psychological Defenses and Mean Urinary-17-Hydroxy-corticosteroid Excretion Rates. I A Predictive Study of Parents of Fatally Ill Children.' *Psychosomatic Med.* 26: 576–91.

Wolff, C. T., Hofer, M. A., & Mason, J. W. (1964b). ‚Relationship between Psychological Defenses and Mean Urinary 17-Hydroxy-corticosteroid Excretion Rates. II. Methodologic and Theoretical Considerations. *Psychosomatic Med.* 26: 592–609.

Wolff, J. R., Nielson, P. E., & Schiller, P. (1970). ‚The Emotional Reaction to a Stillbirth.' *Am. J. Obstet. and Gynaecol.* 108: 73–6.

Wretmark, G. (1950). ‚A Study in Grief Reaction.' *Act. Psychiat. et Neurol. Scand. Suppl.* 136.

von Wright, J. M., Gebhard, P., & Karttunen, M. (1975). ‚A Developmental Study of the Recall of Spatial Location.' *J. Exp. Child Psychol.* 20: 181–90.

Yamomoto, J., Okonogi, K., Iwasaki, T., & Yoshimura, S. (1969). ‚Mourning in Japan.' *Am. J. Psychiat.* 125: 1660–5.

Yarrow, L. J., (1963). ‚Research in Dimensions of Early Maternal Care.' *Merill-Palmer Quart.* 9: 101–11.

Personenregister

Ablon 171, 184f
Abraham, Karl 39f, 195, 206
Adam 287, 288f, 290f, 299
Ainsworth 29, 417, 719
Altschul 27, 148, 303, 358
Anderson 135, 195
Anthony 260, 304
Arthur 301, 346, 370, 373ff

Barchas 250
Barnes, Marion J. 263, 268, 380ff, 445
Barraclough 179f, 371f, 373, 447f
Barrie, James 43f
Barry 291
Bebbington 248
Beck, Aaron 236, 238f
Becker 252, 253, 258, 279, 304
Bedell 280
Bell 416, 417
Bemporad 212, 442
Bendiksen 282
Berg 442
Bibring 35, 236
Binger 113, 116, 119
Binswanger, Ludwig 4341
Birtchnell, John 169f, 285, 286f, 291, 299
Bond 161
Bonnard 367f
Bornstein 108f, 143, 144, 154, 175, 436
Boston 29
Bower 414, 415, 419, 421
Bozeman 111, 113
Brossard 416, 417
Brown, Felix 285
Brown, George 100, 139, 181, 239, 249, 285, 292ff, 437, 444
Bunch 147
Bunney, William 164, 245, 444
Burlingham, Dorothy 19, 20ff, 393f, 397, 412, 431

Cain 158, 159f, 179, 198, 372, 373, 376, 377f

Callender 449
Caplan, Gerald 106, 186, 192
Carrington 219
Casey 433
Castanos 287
Chethik 363f
Chodoff 112, 117
Churchill, Winston 432
Clayton 84, 85, 95, 108f, 139, 143f, 174, 182, 435, 437
Cohen 226
Corney 148
Cowper, William 262
Cromer 418
Cullberg 121

Darwin, Charles 32, 35, 90, 322, 432
Decarie 416, 417
Desmarais 174
Deutsch, Helene 26, 27, 41, 148, 206, 242, 358
Dixon 56, 57, 432
Dunbar, Janet 438
Durkheim, Émile 36, 125, 436

Eliot 23, 36
Engel 48f
Erdelyi 53, 58f
Erikson, Erik H. 366

Fagan 418
Fairbairn 41
Fast 363f, 372, 376, 377f
Fenichel, Otto 195
Ferguson, Sarah 379
Firth, Raymond 123ff, 128, 129–131, 177, 436
Fleming 27, 148, 303, 358, 422
Fliess 235, 431
Fraiberg 419
Frazer 125, 436
Freud, Anna 19, 20ff, 23, 27, 30, 41, 412, 420, 431

Freud, Sigmund 11, 22, 25, 31, 33ff, 37, 39, 41ff, 48, 62, 100, 142, 195, 205, 235, 335, 339f, 431, 435
Friedman 112, 119, 444
Fulton 282
Furman, Erna 27, 252, 253ff, 260, 261, 262, 273, 303, 304, 325f, 339, 341ff, 347, 349, 404, 420, 445
Furman, Robert A. 27, 261, 304

Gardner 437
Garnett, D. 443
Gelber 418
Gero 40, 206
Glick, Ira O. 83, 85, 95f, 98, 100f, 102f, 107, 139, 143, 175, 183, 254, 257, 279f, 304, 434, 435
Goldman, W. 347
Goodwin 245
Gorer, Geoffrey 85, 93, 97, 102, 109, 123, 138f, 146f, 160, 171, 175, 184, 254, 304, 435, 436
Granville-Grossmann 285
Gratch 414
Greer 287
Grosser 441

Halton, William 350
Hamburg, David A. 111, 112, 250
Hansburg 234
Harlow 157
Harris, Martha 343ff
Harris, Tirril 181, 239–249, 292, 296, 437, 444
Harrison 255
Hartmann, Heinz 419f
Heinicke, Christoph 29f, 19, 22, 28, 392, 405, 431, 448
Hilgard, E. R. 58, 61–64, 74, 299–301, 370, 433
Hitler, Adolf 436
Hobson 36, 85, 95, 107, 108
Hofer 113, 117
Holland, Christopher 319–324
Hopkins 173
Horn 57
Horton 148

Jacobson, Edith 32, 35, 40, 148, 195, 206
Janet 62f

Kaplan, David M. 113, 116, 119
Katz 444
Kay 173
Keddie 438, 439
Kemme 301, 346, 370
Kendell, Robert 295
Kennard 126
Kennedy, John F. 255, 328, 333, 366
Kennell 120f, 435
Kipling, Rudyard 337
Klagsbrun 443
Klaus 120f, 435
Klein, Melanie 32, 34, 35, 38, 39, 40, 42f, 186, 303
Kligfeld, Bernard 175, 436
Kliman, Ann und Gilbert 27, 252, 253, 258f, 272f, 279, 304, 339f
Knox 63
Koller 287
Kovacs 238
Krupp, George 148, 162, 175, 365f, 436

Leff 444
Lehrman 175
Levinson 175
Lewis, C. S. 120, 121f, 231, 443
Lewis, W. H. 443
Lieberman 441
Lind 442f
Lindemann 32, 38, 89, 135, 155, 156, 171, 175, 201, 291
Lipson 148
Livingston, Dr. R. B. 57
Longford 146
Lord 442
Lutkins 100

Machlup, Marilyn R. 341
Mackay 50, 64f
Maddison 85, 100, 108, 132, 145, 173, 175, 178f, 181, 186–188, 190, 195, 203, 230, 436, 440
Magee, Bryan 82
Mahler, Margaret 27, 400, 420, 423

Personenregister **469**

Main 77
Malinowska, Bronislaw 123
Malinowski 125, 436
Mandelbaum, David 123, 126ff, 436
Mandler 58
Maoz 174
Margolin 252, 253, 258, 279, 304
Marris 33, 36, 85, 92, 93, 95, 101, 107, 131, 254, 258, 273, 434
Marsden 174, 434
Mason, John W. 111, 112
Mattinson 201
MacCann, Mary E. 325–330
Maccurdy 164
McDevitt 400, 420, 423
McKinney 444
Mendelson 442
Miller 27, 162, 303
Milton 34
Mintz 356f
Mitchell 360, 445
Moss 435f, 445
Mullahy 443
Murray 162

Nagera 27, 256, 304
Nagy 260
Neisser 433
Norman 58, 65f, 432

Olson 418, 448
O'Neill, Eugene 205
Orbach 111

Page 121f
Palgi, Phyllis 123, 126, 132f, 258, 304, 436
Palmer, Samuel 110
Pantin, C. F. A. 16, 44
Parkes, Colin Murray 83, 86, 88ff, 92f, 94, 95, 98, 100, 101, 105ff, 131, 137, 139, 142f, 144, 150f, 161ff, 169ff, 173, 175, 181, 182f, 185, 195f, 198, 202, 434, 436, 437, 438, 439, 442, 444
Paul 186, 441
Paykel 293, 444
Peterfreund, Emanuel 12, 70, 73, 432, 434

Piaget, Jean 404, 412, 414ff, 418, 420, 424f
Pine 420
Pollock 155, 175, 436
Pritchard 437
Prugh 157
Purisman 174

Rado 195
Raphael, Dr. Beverly 108, 154f, 158, 173, 177, 178f, 186, 188, 192f, 203, 254, 438, 444, 446
Rees 85, 97, 100, 102, 107, 109, 435
Rickarby 164
Ritvo 442
Roatch 444
Robertson, James und Joyce 386–386, 392, 394ff, 401ff, 404, 405–407, 412, 426, 431, 448
Root 148, 354, 356, 447
Rosenblatt, Paul C. 12, 128, 436
Rosenbluth 431, 448
Roth 173, 214
Rush 238
Rutter 284f, 299
Rynearson 438, 439

Sachar 238, 437, 441
Sand 88
Schaffer, H. R. 417, 422, 449
Schönfeld 162
Schuh, Oscar 205
Schuh, Ursula 205
Schur, Max 431
Seligman 236
Shallice 433
Shambaugh, Benjamin 312ff, 318
Shand 32, 34f, 36, 38f
Shepherd 179f, 371f, 373, 447f
Siggins 175
Sinclair 201
Smith 37, 238
Solnit 442
Spencer 167
Sperling 434
Spitz, René A. 19, 22, 41, 420, 431, 449
Stayton 417
Stengel 41, 331, 333f

Strachey, Lytton 431, 443
Sullivan 443
Sutherland 111

Tanner 201
Tennant 248
Tennyson, Alfred Lord 305
Tessman, Lora Heims 445
Thackeray 252
Thickstun 12
Trivers 124
Tulving 66, 430, 433, 447
Tuters, Elizabeth 318, 324

Viola 100, 108, 145, 173, 181, 186, 436
Volkan 148, 153, 175, 442

Walker 108, 145, 173, 181, 186
Waller 33

Ward 100
Wear 203f
Weiss, Robert S. 83, 101f, 107, 317, 359
Weiß 164f, 174, 439
Westheimer, Ilse 19, 28f, 392, 405, 448
Wing 241
Winnicott, Donald 64, 156, 215ff, 306–312, 446f
Winokur 174
Wolf 112
Wolfenstein 27, 304, 351, 360ff, 431, 446, 447
Wolff 73, 121, 140f, 238, 437, 438
Wretmark 171
Wright 449

Yamomoto 131
Yarrow 449

Sachregister

Abhängigkeit 46
Abhängigkeitsbedürfnis 45
Abspaltung 136
Abwehr 12f, 30
–, manische 317
– und pathologische Trauer 33
– und Entfremdung 30
– und Informationsverarbeitung
  50–78, 223
–, Wahrnehmungs- 52, 56, 58
Abwehraktivität, Ablenkungsrolle der
  50, 70f
Abwehrausschluss 51f, 58f, 73ff
–, Nutzen des 76ff
Abwehrkonzepte 49
Abwehrmechanismen 50, 68, 73, 136,
  434
Abwehrprozesse 51
– als Bestandteil von Trauer 30, 41,
  136f
Abwehrüberzeugung 50, 434
Adoleszenz s. *Trauerverlauf in
  Kindheit*
Affekt, Blockierung des 358
Affektäußerung, offene 141
Agoraphobie 135, 212, 214
Aggression 43
– als gestörte Trauer bei Kindern
  349–352
– und Depression 225, 239
Alkoholismus 135, 180, 215, 286
Alter zum Zeitpunkt des Verlusts und
  Trauerverlauf 18, 172f
Altruismus, reziproker 124
Ambivalenz in Beziehungen 36, 40
– und gestörte Trauer 194, 204, 432
Amnesie 51, 326, 329, 330f
–, posthypnotische 74
Analgesie, hypnotische 62, 63
Angst 43f, 228, 338ff
– bei Kindern 72, 209, 274
– selbst zu sterben 339f
– und Trauer 12, 33f, 100, 192
– vor weiterem Verlust 338f

Angstbindung 194
– und gestörte Trauer 287, 291f
Anklammern 45, 202
Ausdrucksbewegungen, Kummer und
  35, 90
Ausschluss im Dienste der Abwehr
  s. *Informationsausschluss*

Beanspruchtsein, introspektives 73
Bemutterung, gegenseitige von
  Kindern 397, 400
–, unzulängliche 209, 213, 354
Beobachter, versteckter 63
Besetzung, narzisstische 159
Bestattungsritus, soziale Funktion des
  (s. a. *Trauersitten*) 123ff, 129
– der Hopi-Indianer 126, 163
– der Kota 126ff
– der Navajo 163
– der Samoa-Gemeinde 184f
Betäubungsphase s. *Trauerphasen*
Bewusstsein, Deaktivierung von
  Systemen 332ff
– und Informationsverarbeitung
  59–64
Beziehungen, affektive (s. a. *Bindung*)
  225, 229, 236
–, angstvolle und ambivalente 195ff
–, Disposition zu 202f, 209ff
–, Eltern-Kind-, Umkehrung der
  300f, 311
–, Herstellung von 223, 237, 414f
Beziehungsmuster, familiäre und
  Trauerverlauf in der Kindheit
  80, 297f, 299, 301, 303, 306, 317f,
  324, 352, 356, 358, 362, 368, 372f,
  376f
Bindung (s. a. *Beziehung*)
– an die Mutterfigur 40
–, ängstliche 47
–, handlungsmäßige 60
–, kognitive Komponente 61
–, Konzept der sicheren 421
–, narzisstische 439

–, Qualität der und Verlauf der Trauer 168ff
–, Wiederherstellen der 47f
Bindungsbeziehungen 46, 290
Bindungsfigur *(s. a. Mutterfigur)* 45f, 72, 80, 155, 165, 222f
–, Idealisierung der 225f, 229
–, Repräsentation der 416, 418, 421, 448
–, Vorstellungsmodelle der 60f, 223, 224f, 232, 227f
Bindungstheorie 44ff, 102, 401
Bindungsverhalten 12, 24, 48, 70, 77, 208, 214, 335, 408
–, Abwesenheit des 28
–, Aufgeben des 47
–, Auslösen von 47, 77
–, Deaktivierung von 74f, 230, 332ff
–, Definition 45ff
–, Formen des 45, 48
–, Muster, gestörte 47
–, Neuorganisation des 27
–, nicht beantwortetes 74, 218
–, Organisation des 47, 60, 167
–, Phase des Protests 48
–, Ziel von 45, 47
Bindungswünsche 165
Blutrache 125

Charakterstörung 31

Deaktivierung von Bindungsverhalten 74f, 230, 332ff
– von Systemen 69f, 74, 230, 332ff
– und Bewusstsein 332ff
Denken, Organisation des 70, 306, 334
– und Trauer 94
Depersonalisation 360, 363ff
Depression *(s. a. Störung, depressive)* 31, 40f, 94, 139, 182, 206, 235ff, 354f
– als Reaktion auf Verlust 121, 134f, 144, 239ff, 436
–, endogene 243
–, episodische 148, 331
–, Form und Schwere 292ff
–, Kindheitserfahrungen und 236
–, klinische 243, 335, 441, 443
–, kognitive Theorie 239

–, melancholische 39
–, neurotische 292ff
–, psychotische 292ff
– und Aggression 225, 239
depressive Position 38
– Störung s. *Störung, depressive*
Derealisation, Gefühl von 363, 446
Dissoziation 136, 138
Dissoziationstheorie 62f

Ego, exekutives 61f, 64
Ehemuster und gestörte Trauer 201ff
Ehepartner, Verlust des s. *Verlust*
Einsamkeit und Trauer 93, 95, 122
–, emotionale 101f
Eltern-Kind-Beziehung s. *Beziehung*
Endorphine 433
Energie, psychische 44, 335, 432, 434
Entfremdung 28ff
–, Dauer der 29
– und Abwehr 30
Entpersönlichung 156
Entwicklung, kognitive 27, 401, 404, 414–426
Enzephaline 433
Erinnerungsspanne von Säuglingen 418f
Erinnerungsstücke, Behandlung von 153
Erkennen, Prozess der 53
Erkenntnispsychologie 44, 50, 55, 57
Erwachsenen, Trauer bei
  s. *Trauerverlauf bei Erwachsenen*
Ethologie 11, 44
Euphorie als Reaktion auf Verlust 136, 163ff, 363
– bei Kindern 359ff
–, Zusammenbruch der 165
Exterozeptoren, Input aus 62, 69

Familienbeziehungen
  s. *Beziehungsmuster, familiäre*
Feindseligkeit, generalisierte 22
Fixierung 40, 47, 195, 206
Fühlen, Organisation des 70, 306, 334
– und Trauer 94
Fürsorge, zwanghafte 152, 353ff, 439, 442f

–, Disposition zu 194, 198ff, 204, 208, 212ff
–, intensivierte 115, 353ff
Furcht und Kummer 32f

Gedächtnisspeicher *(s. a. Kurzzeitspeicherung, Langzeitgedächtnis, Speicherung)* 64ff, 69
–, Kommunikationsschranken im 64
Gefühle, unbewusste 64
Gefühlsbindung 122
–, Behauptung der Unabhängigkeit von 202f, 214
–, Disposition zu 214–218
Geschlecht der Hinterbliebenen und Trauerverlauf 83ff, 102ff, 172ff

Hauptsystem(e) des geistigen Apparats *(s. a. Selbst)* 58f, 65, 68, 332, 334, 335, 377
–, Aufgabe der 58
–, Deaktivierung von 69f, 332
–, System A 61, 64
–, System B 61, 63
–, System C 63, 64
Haustiere, Reaktion auf Tod von 168f, 438
Hautreaktion, galvanische 55
Hass und Trauer 33, 35f
– auf das verlorene Objekt 37
Hilflosigkeit, erlernte 236
Hopi-Indianer, Bestattungsritus der 126, 163
Hypnose 58
–, Informationsverarbeitung unter 61ff
Hypochondrie 135, 157, 180
Hysterie 31, 157

Ich 27, 38
Ichspaltung 42, 335, 425
Ichstärke von Kindern und Trauer 291f, 258
Idealisierung der Bindungsfigur 225, 227, 229
Idealisierung von Verstorbenen 131, 158, 192, 198f
Identifikation 99, 378

– mit dem verlorenen Objekt 33, 37, 99, 156f, 275f, 394f
–, primäre 205
–, projektive 152
Identifikatorische Symptome 161ff
–, Unfälle als 365ff
Identität des verlorenen Objekts und Trauerverlauf 168ff
Individuation 45
Information(en), selektiver Ausschluss von 51ff, 61, 74, 220
–, adaptiver Wert 51
– als aktiver Prozess 62
– Speicherung von 66ff
Informationsausschluss im Dienst der Abwehr 57f, 61, 136f, 223, 334, 409
–, begünstigende Bedingungen 73ff
–, Folgen des 68ff
–, Natur der Informationen 73f
–, Nutzen des 76ff
Informationsverarbeitung *(s. a. Wahrnehmung)* 12, 136, 193, 432, 449
–, analytischer Mechanismus 55
– und Abwehr 50ff, 193
– und Bewusstsein 59ff
– unter Hypnose 61ff
Initialinput, Grad des 57
Input *s. sensorischer Input*
Interaktionsmuster und gestörte Trauer 194–204
Interozeptoren, Input aus 60, 62

Jahrestage 144, 274, 299, 309, 327f, 333, 367, 368, 444
– als Auslöser des Zusammenbruchs 153, 156

Kind(er) *s. Trauerverlauf in Kindheit/Adoleszenz*
Kind, *s. Verlust eines Kindes*
Kindheitserfahrungen und gestörte Trauer 205–218, 224, 227, 229f
–, Bemutterung, unzulängliche 213, 354, 371
–, Drohungen 210ff
– und depressive Störung 235ff, 250
Kindheitstrauer, Konzept der 39ff

Kleinkinder s. *Trauerverlauf bei Kleinkindern*
kognitive Voreingenommenheit s. *Voreingenommenheit*
Kontrolltheorie 11f, 44
Kopfjagd 125
Kota, Bestattungsritus der 126ff
Kultur(en), Trauer in anderen 123–133
Kummer *(s. a. Trauer, Verlust)* 17, 26, 32, 87
–, Abwesenheit von 26
–, akuter 20, 32
–, chronischer 292
–, Dauer des 17
–, Fehlen von bewusstem 135, 148ff, 156
–, Furcht und 32
– im Kleinkindalter 18–23
–, pathologischer Verlauf 22
– und Ausdrucksbewegungen 35, 90
–, Zorn und 32, 36
Kurzzeitspeicherung *(s. a. Gedächtnisspeicher, Langzeitgedächtnis, Speicherung)* 58f
Krankheit, gestörte Trauer und 134ff, 148f
– und Verlust 100ff, 149, 173, 182f, 263f
Krippentod 121

Langzeitgedächtnis *(s. a. Gedächtnisspeicher, Speicherung)* 51, 58f, 65
Leid, Motivation und 33f, 47f
Leugnung 24, 73, 136, 434
Libido-Theorie 38
Lokalisierung der Anwesenheit von Verstorbenen 96ff, 156–163
–, angemessene 156
–, Fehllokalisierung 99
– im Selbst 161ff
– in anderen Menschen 157ff
– in Tieren und Objekten 160f
Loslösung, emotionale 74, 391
–, kognitive 71f, 138, 206

manische Erkrankungen 164
Melancholie 31, 36ff, 139, 195, 205
Motivation und Leid 33, 47f

Mutter, Erinnerung an die 386, 404, 408f, 412
–, Fähigkeit zur 404, 423, 425f
–, Sehnsucht nach der 385, 392, 404, 412
–, Unterdrücken der 392ff
–, Unterscheidung von Pflegemutter und Mutter 384, 386f, 403, 408
–, Verkleidung der 394ff
–, Verlust 231, 254, 284f, 286, 291
–, Wiedervereinigung mit der 22, 91f, 387, 389f, 399, 404
Mutterfigur *(s. a. Bindungsfigur)*
–, Bindung an die 40, 416
–, Repräsentation der 416
–, Trennung von der 18, 30, 383, 422
–, Verlust der 11, 18, 28, 30
–, Wut auf die abwesende 22
Mutterpermanenz 417
Muttersubstitute, Suche nach 381

Nachtangst 302
Nahrungsverhalten 45
Narzissmus, primärer 205
–, sekundärer 38
Neurophysiologie 44, 50
neurophysiologische Prozesse und Depression 250

Objektbeziehungen 37f, 45, 420
Objektkonstanz, libidinöse 27, 418, 419ff
Objektpermanenz 416, 420f
Oralität 33, 46
Overprotection 444

Parathymie, primäre 40
Personenpermanenz 27, 414ff, 420
– und Reaktion auf Trennung und Verlust 422ff
Persönlichkeit der Hinterbliebenen und Verlauf der Trauer 174ff
–, Funktionsphasen der 11
Persönlichkeitsentwicklung 303
–, Verzerrung der 399f
Persönlichkeitstyp und gestörte Trauer 194ff

Pflegemutter, Unterscheidung zwischen Mutter und 384, 386f, 403, 408
Pflegeverhalten 46
Phantasie 224
Phasen der Trauer s. *Trauerphase*
Poriomanie 333
Projektion 43, 136
Protestphase, kritische 19
Pseudologie 331
Psychoanalyse 11ff, 25f, 39, 51, 62, 68, 75, 134, 172, 205f, 281, 302f, 337, 352, 419f
psychoanalytische Theorie der Trauer 16, 24, 30f, 32ff, 42, 80, 228
Psychotherapie 60f, 135, 188ff

Reaktionsbildung 136
Register, sensorisches 58
Regression 46, 47, 225
Reinkarnation, Glaube an 158, 160, 261
Religion und Verlauf der Trauer 123f
Rückkehr der Verstorbenen, Glaube an die 146

Samoa-Gemeinde, Trauersitten 184ff
Schemata, kognitive 239
Schmerz, Bewusstsein von 62f
Schreiben, automatisches 63, 64
Schuldgefühle bei Kindern 275, 290, 300, 308, 318, 351
–, dauerhafte 346ff
– und Trauer 17, 34, 104, 141f, 177, 195, 228
– und Verlust durch Suizid 178ff
–, Ursprünge der 352f, 373
Schulphobie 213, 214, 383, 442
Schulverweigerung 119, 201, 212, 311, 324, 383
Selbst/Selbste (*s. a. Hauptsysteme*) 64ff, 68, 332
Selbst, falsches 64, 156, 447
–, Lokalisierung des Verstorbenen im 161ff
–, Vorstellungsmodelle vom 118, 135, 219, 223f
–, wahres 64, 68

Selbstgenügsamkeit, zwanghafte emotionale 194, 214, 324, 336, 349, 356, 446
–, intensivierte 353ff, 356ff
Selbstvertrauen, zwanghaftes 166, 400
Selbstvorwürfe und Trauer 24, 104, 116, 135, 142f, 195
– bei Kindern 275, 337
Selbstwahrnehmung (*s. a. Vorstellungsmodelle*) 64
Selbstwertgefühl, Verlust des 239
Sehnsucht nach dem verlorenen Objekt 24, 35, 42, 86, 268, 272, 359, 384, 392, 411
–, Phase der 87ff
sensorischer Input (*s. a. Informationsverarbeitung*)
–, selektiver Ausschluss 52, 62
–, Veränderungen des 56
–, Verarbeitung des 56f, 64
–, zentrale Kontrolle des 50f, 56
sensorisches Register 58
Sexualverhalten 12, 45
Sorge, zwanghafte s. Fürsorge
Spaltung 72, 138, 335
Speicherung (*s. a. Gedächtnisspeicher, Langzeitgedächtnis*)
–, Arten und Konflikte 67f
–, episodische 66ff
–, Kommunikationsschranken der 64
–, semantische 66ff
Sprechen, automatisches 63
Störung, depressive (*s. a. Depression*) 205f, 235–250
–, Ätiologie 240, 242, 250
–, Kindheitserfahrungen und 236ff
–, kognitive Theorie 296
–, Lebensereignisse, jüngere, und 242ff
–, neurophysiologische Prozesse 250
– und chronische Trauer 138f, 244, 245f.
– und Verlust 139, 195f, 239ff
– und Verlust eines Elternteils 246, 285
–, Verwundbarkeitsfaktoren 248
–, Wirkungskräfte 248
Störung, psychiatrische 285, 287, 298

–, erwachsene Patienten 285, 287, 298
–, kindliche Patienten 158, 284f, 371, 377
Stressoren 47ff, 181
Stresszustände 47
Suche nach dem verlorenen Objekt 87f, 91, 93, 333
Suizid 138f, 147, 202, 215, 278
– als Wiedervereinigung mit dem verlorenen Objekt 147f, 290, 328, 341–346
–, Anteil an Todesfällen 370
–, Auswirkungen eines elterlichen 370ff
–, Verlust durch 178ff
Suizidgedanken und Elternverlust 287ff
–, Motive 290, 331, 369, 378
Symbiose 45, 205

Technik, dissoziative 62
Tod, Leugnung von Kindern 273
–, Unzeitigkeit des 85, 92, 125, 175, 176, 309, 318, 324
–, Vorstellungen von Kindern 260f, 302, 341
–, Weiterleben nach dem 146
Todestrieb 43
Todeswünsche, unbewusste 228
Trauer (s. a. Kummer, Verlust)
–, Abwehrprozesse als Bestandteil 30, 41, 136f
– als biologisches Ungleichgewicht 49
–, Angst und 33, 34f, 43, 134f, 175, 338ff
–, Aufgabe der 25
–, Einsamkeit und 93, 101f, 332
–, gesunde 18, 25, 27, 30, 32f, 37f, 41, 88, 99, 121, 134, 137, 141, 155, 168, 174, 184, 188, 221f, 232f, 235, 252, 259f, 262ff, 405
–, Hass und 35f
– in anderen Kulturen 123–133
–, Motivation 33ff
–, öffentliche 26
–, psychoanalytische Theorie der 22, 24, 32, 37, 42

– und Identifikation 22, 37, 136, 154, 275, 339, 378, 394
– und Schuldgefühle s. dort
– und Selbstvorwürfe s. dort
–, Unterschiede zwischen Erwachsenen und Kindern 23ff, 28, 277f
–, vorwegnehmende 117
–, Wiederkehr aktiver 101
–, Zorn und 35f, 87ff, 175, 195, 232, 274, 302, 351
Trauer, chronische 135, 138ff, 148, 153, 157f, 193, 198f, 214
– bei Kindern 302, 377, 400
–, Voreingenommenheiten und 224ff
–, Vorhersagbarkeit der 143ff
– und Depression 139, 246, 344
Trauer, gestörte Formen bei Erwachsenen
–, Auslöser des Zusammenbruchs 153ff
–, chronische s. dort
–, Euphorie s. dort
–, Fehlen von 151f, 166, 177, 215, 229f, 336f, 358ff
–, Kindheitserfahrungen und 205–218, 224f, 230, 232, 235ff, 255f
–, Mumifizierung 146f
–, physiologische Komponenten der 151f
–, Voreingenommenheiten und 229
– und Krankheit 134ff, 148f
– und Persönlichkeitstyp 194–204
Trauer, gestörte Formen bei Kindern/Adoleszenten 305ff, 332f, 370ff
–, Angst, selbst zu sterben 339ff
–, Angst vor weiterem Verlust
–, Auswirkungen eines elterlichen Suizids 370–378
–, chronische s. dort
–, Depersonalisation 359, 363ff
–, Euphorie *s. dort*
–, Fürsorge, intensivierte zwanghafte 353ff
–, Hoffnung auf Wiedervereinigung 341–346
–, Selbstgenügsamkeit, intensivierte zwanghafte 356ff

Sachregister   **477**

–, Schuldgefühle, dauerhafte 346ff
–, Überaktivität 349ff
Trauer, pathologische 16, 22, 26f, 31ff, 37, 42, 74, 86, 88, 99, 134ff, 167, 184, 194, 203, 253, 285, 305ff, 337, 365, 368, 393, 400
–, therapeutische Intervention 188ff
– und Identität des verlorenen Objekts 168ff
Trauerarbeit, Ich und 27
Trauerfähigkeit, Konzept der Kindheitstrauer 39ff
– von Kindern/Adoleszenten 23–28, 256, 262ff, 303, 362f
– von Kleinkindern 379, 383, 386, 413
Trauerfälle in der Kindheit und psychiatrische Störungen 281ff, 292ff
–, erwachsene Patienten 285ff, 298
–, kindliche Patienten 284f, 372f, 377
Trauerphasen, Betäubung 86, 87, 114, 120, 135, 143
– des Unglaubens an Diagnose 114ff
–, Desorganisation und Verzweiflung 86, 93, 118, 134, 236
–, Reorganisation 86, 93, 118, 236
–, Sehnsucht und Suche 86, 87
Trauerprozess 28, 48
Trauersitten *(s. a. Bestattungsritus)*
–, Funktion der 26, 93, 163
– in anderen Kulturen 123ff
Trauerstörungen *(s. a. Trauer, gestörte Formen)* 162, 171f
– und Geschlecht 172f
Trauerverlauf bei Erwachsenen 80, 93, 114, 136, 145, 167–193
–, Alter und 173f
–, beeinflussende Variablen 168
–, gestörter Verlauf s. *Trauer, gestörte Formen*
–, Identität der verlorenen Person und 168ff
–, kognitive Voreingenommenheiten und 222f, 233
–, Persönlichkeit des Hinterbliebenen und 167f
–, psychologische Faktoren 182f
–, soziale Faktoren 182f

–, therapeutische Intervention 188ff
–, Ursachen und Umstände des Verlusts 174ff
–, unvollständiger 135, 157
Trauerverlauf in der Kindheit/ Adoleszenz, Elternverhalten gegenüber Kind 278ff
–, Erinnerung an den verlorenen Elternteil (s. a. Mutter) 272f
–, gestörter Verlauf s. Trauerverlauf, gestörte Formen bei Kindern
–, Ichstärke und 291f, 258
–, Informationen über Sterbefall 257ff, 277, 297, 301, 310
–, Leugnung des Todes 273
–, Sehnsucht nach dem verlorenen Elternteil (s. a. Sehnsucht) 272f
–, Umgebungsfaktoren 292ff
–, Umkehrung der Eltern-Kind-Beziehung 300, 312
–, Vorstellungen über den Tod 260f, 302, 341
– und Beziehungsmuster in die Familie 297f, 303, 305f, 352f, 356, 358, 362, 368, 373, 376
Trauerverlauf bei Kleinkindern, Bemutterung, gegenseitige 397, 400
–, emotionale Loslösung 391
–, Erhalt der Bindung 391
–, Erinnerung an die Mutter 385, 404, 408, 412
–, Fähigkeit zur 379, 383, 386, 413
–, Persönlichkeitsentwicklung 399f
–, Sehnsucht nach der Mutter 385, 392, 404, 412
–, Suche nach Muttersubstituten 381
–, Trennung von der Mutterfigur 18, 30, 383, 422
–, Unterdrücken des 392ff
–, Unterscheidung von Mutter und Pflegemutter 384, 386f, 403, 408
–, Verkleidung der 394ff
–, Wiedervereinigung mit der Mutter 22, 91f, 387, 389f, 399, 404
Traurigkeit und Depression 235f
Traum/Träume, tröstliche 87
Trennung von der Mutterfigur 18, 30, 383, 422

– und Wut 22, 91
Trennungsangst bei Kindern 302
Trieb(e) 33, 44
Tröster, voreingenommene Wahrnehmung potentieller 230f

Überabhängigkeit s. *Angstbindung*
Überaktivität bei Kindern nach Trauerfall 349ff, 360, 364
Überich 60
Überzeugungen und Trauerverlauf 184ff
Umherwandern, zwanghaftes 41, 326, 331, 333
Unbewusstes, dynamisches 70
Unfälle als identifikatorische Symptome 365ff
–, Motive 369
Unwirklichkeit, Gefühl der 156

Vater, Verlust des 254f, 284, 291
Verdrängte(n), Wiederkehr des 70
Verdrängung 62, 136, 138, 400
– als Deaktivierung eines Systems 69f
Vergegenwärtigung, Prozess der 94
Vergeltungsangst 366
Verhalten, Organisation des 70, 74, 306, 334
Verhaltenssystem, Deaktivierung eines 69f
Verleugnung 229, 434
Verlust (s. a. *Kummer, Trauer*)
–, Alter und 17, 172f
–, Depression als Reaktion auf 121, 134f, 144, 239ff, 436
– durch Suizid 178ff
– in der Kindheit 27, 39, 41ff
–, Reaktion auf 39ff, 50, 79
–, Reaktion auf Tod eines Haustieres 168, 438, 439
–, verspätete 155
– und kognitive Voreingenommenheit 222ff
–, Ursachen und Umstände des 174ff
Verlust des Ehepartners, Dauer der Trauer 100ff
–, emotionale Einsamkeit 101

–, Gefühl der Anwesenheit des Verstorbenen 96f
–, Phasen der Trauer 86ff
– und Krankheit 100ff
–, Unterschiede zwischen Witwen und Witwern 102ff
–, Weiterbestehen der Beziehung 96
–, Wiederverheiratung 96, 104, 175, 180
Verlust eines Elternteils 246, 252ff, 263, 272f, 280
Verlust eines Kindes, Beziehung der Eltern und 119
–, Ersetzung durch neues Kind 119
–, Euphorie als Reaktion 163
–, Geschlecht und 173
–, Hoffnung 118
–, Konflikte zwischen Eltern und sterbendem Kind 116
–, Phasen der Trauer 113ff
–, Reaktion auf totgeborene Kinder 120ff
–, Unglaube an Diagnose 114
–, vorweggenommene Trauer 117
Verlust des Mutter (s. a. *Mutter, Mutterfigur*) 11, 16, 23, 28, 231, 254, 284, 286, 291
Verlust des Vaters 254f, 284, 291
Verneinung 73
Verschiebung 72, 94, 136, 138, 221
Viel-Stadien-Theorie der Wahrnehmung 53
Voreingenommenheiten, kognitive, Interaktion der 233f
– und chronische Trauer 224ff
– und Fehlen von Trauer 229ff
– und gesunder Trauerverlauf 222f
–, Wahrnehmung potentieller Tröster 230f
Vorstellungsmodell(e), Neuformung der 94, 118, 136, 238
– von Bindungsfiguren 60f, 223, 224f, 232, 227f
– vom Selbst 118, 135, 219, 223f

Wahrnehmung (s. a. *Informationsverarbeitung*) 220, 227
– als Prozess des Erkennens 53

–, bewusste 59
–, physiologische Mechanismen der 57
–, Selbst- 64
–, unterschwellige 52f, 56, 57
–, Viel-Stadien-Theorie der 53
Wahrnehmungsabwehr *(s. a. Abwehr, Informationsausschluss)* 52f, 56, 57, 58, 61, 432
Wahrnehmungskonstanz 421
Wahrnehmungswachsamkeit 56
Weinen 47f, 90
– nach der Mutter 191
– von Kindern bei Verlust 273
Weiterleben nach dem Tod 146
Wiedervereinigung, mit dem verlorenen Objekt 41, 89, 92, 369
– mit der Mutter 22, 91f, 387, 389f, 399, 404
–, Suizid als 147f, 290, 328, 341ff
Wiederverheiratung nach Verlust des Ehepartners 96, 104, 175, 180
Witwe/Witwer
   s. Verlust eines Ehepartners
Wut, Fortbestehen der 144
– und Trauer 36, 86, 91f, 104, 114, 125, 135, 178
– und Trennung 22, 91

Zorn 195, 227
– bei Kindern 274, 302, 350
– in der Phase der Sehnsucht 87, 91
– und Kummer 32, 36
– und Trauer 35, 87
Zuhören, dichotomes 53, 54

John Bowlby
Bindung

Aus dem Englischen von Gertrud Mander
(Bindung und Verlust; 1)
2006. ca. 440 Seiten. (978-3-497-01830-7) kt

Im Band „Bindung" beschreibt John Bowlby Wesen und Funktion der Bindung. Seine Erkenntnisse leitet er aus eigenen Untersuchungen ab, bei denen er beobachtete, wie Kinder im Alter von 6 Monaten bis zu 3 Jahren auf die Trennung von ihrer Bezugsperson reagierten. Dabei verbindet Bowlby die Psychoanalyse mit der Verhaltensforschung und entwirft gleichzeitig eine eigenständige Theorie des instinktiven Verhaltens.

John Bowlby
Trennung

Zorn und Angst
Aus dem Englischen von Erika Nosbüsch
(Bindung und Verlust; 2)
2006. ca. 364 Seiten. (978-3-497-01831-4) kt

In dem Band „Trennung" behandelt John Bowlby u. a. folgende Fragen. Welche Auswirkungen hat die Trennung von der Bezugsperson auf das Kleinkind? Wie äußert sich der damit verbundene Schmerz? Welche Folgen hat diese im Kindesalter erlittene Trennung für den Erwachsenen?

Alle drei Bände sind auch im attraktiver Schuber erhältlich:

Bindung und Verlust (Band 1–3)

Bindung und Verlust (Band 1–3)
Aus dem Englischen von Getrud Mander, Erika Nosbüsch
und Elke von Scheidt
2006. ca. 1292 Seiten. (978-3-497-01833-8) Paperback im Schuber

℞ reinhardt
www.reinhardt-verlag.de